황구연 민담집

Series of Korean Literature at China

이 전집은 대산문화재단의 2006년 해외한국문학연구 지원을 받았습니다.

연세국학총서 73
중국조선민족문학대계 24

황구연 민담집

연변대학교 조선문학연구소
김동훈·허경진·허휘훈 주편

보고사

● 권 철
중국 연변대학 조문학부 졸업. 연변대학 조문학부 교수로 재직하며 민족연구소장을 역임하고, 현재 조선문학연구소 고문으로 있다. 저서로『광복전조선민족문학연구』,『중국조선족문학』등이 있다.

● 김동훈
중국 중앙민족대 중문학과 졸업, 중앙민족대와 연변대 교수를 거쳐 현재 상해공상외대 한국어 학부장으로 있다. 연변대조선언어문학연구소 소장, 북경대조선문화연구소 고문 역임. 저서로는『중국조선족구전설화연구』,『조선족문화』,『중국조선족문학사』(공저),『간명한국백과전서』(주필),『중국조선족문화사대계』(총주필) 등이 있다.

● 허경진
한국 연세대 국문학과 및 동 대학원 졸업. 목원대 국어교육과 교수를 거쳐 현재 연세대 국문학과 교수로 있다. 2005년부터 중국 연변대 겸직교수로 재직중이다.

● 허휘훈
중국 연변대 조문학부 및 동 대학원 졸업. 문학박사. 현재 연변대 조문학과 교수로 있다. 연변대 조선문학연구소 소장, 연변민간문예가협회 이사장이다. 저서로『조선민간문화연구』,『조선문학사』(공저),『중조한일민담비교연구』(주필) 등이 있다.

연세국학총서73
중국조선민족문학대계 24

황구연 민담집

초판 1쇄 발행 _ 2007년 6월 28일

주편자 _ 김동훈·허경진·허휘훈
　　　　연변대학교 조선문학연구소
발행인 _ 김흥국
발행처 _ 도서출판 보고사
등　록 _ 1990년 12월(제6-0429)
주　소 _ 서울시 성북구 보문동 7가 11번지 2층
전　화 _ 922-5120/1(편집) 922-2246(영업)
팩　스 _ 922-6990
메　일 _ kanapub3@chol.com
홈페이지 _ www.bogosabooks.co.kr
ISBN _ 978-89-8433-425-0(94810)
　　　　978-89-8433-401-4(세트)
정　가 _ 32,000원

＊잘못된 책은 바꾸어 드립니다.
＊저자와의 협의에 의하여 인지는 생략합니다.

간 행 사

　우리 조상들이 중국 땅에 이주해온 이후, 오랜 역사를 통해 탁월한 저력으로 독자적인 문화를 창출해냈고 또한 많은 문화유산을 물려주기에 이르렀다. 그 가운데 우리 조상들의 알찬 삶의 지혜와 다양한 경험들이 축적되어 있다. 바로 이 때문에 문화유산 중 큰 비중을 차지하는 구비문학과 기록문학이 소중하며, 다시 읽어야할 보전(宝典)으로 남게 되었다.
　과경(跨境)민족으로서의 중국 조선민족은 19세기 후반이래로 수차의 문화적 격변의 시대를 살아왔다. 이른바 개화기의 격류 속에서는 전통문화와 서구문화사이의 갈등, 한문학과 국문문학 간의 교체를 경험했고, 식민지시대에는 국문문학의 문체혁신과 일제에 의해 책동된 전통문화의 쇄멸 말살이라는 시련을 겪기에 이르렀다. 이런 변화와 역경 속에서도 중국 땅에 망명하였거나 이 땅에서 유·이민 혹은 정착민으로 생활해온 우리 겨레의 지조 있는 애국문인들은 결코 붓을 던지지 않았다. 류인석, 김택영, 신규식, 신채호, 안중근, 리상룡, 김정규, 김소래, 최서해, 염상섭, 주요섭, 최상덕, 강경애, 현경준, 김창걸, 안수길, 박영준, 황건, 김조규, 윤동주, 박팔양, 이육사, 함형수, 리학성, 천청송, 김학철, 윤해영, 채택룡, 설인 등 헤아릴 수 없이 많은 문학도와 시인, 작가들이 바로 필설로 그 시대를 증언해온 대표적인 지성인들이다.
　그들 중에는 고국을 떠나 갈바람에 흩날리는 낙엽처럼 정처 없이 떠돌다 두만강, 압록강을 건너와 허허 넓은 만주벌판, 낯선 이국땅 서러운 추녀 밑에서 간도아리랑을 부른 망향시인이 있었고 하늬바람 불어치는 산해관을 넘어 북경, 서안, 상해, 무한 등 천년고도에 떠돌이로 남아 언론매체를 빌어 '천고'를 울리고 '진단'을 노래하고 청구의 '광명'을 만방에 호소한 청년전위가 있었는가 하면 백산, 흑수, 송료, 제로, 태항, 중원의 고전장에서 융마일생을 수놓아 가며 목숨을 바친 무명용사도 있었다. 여순, 나가사끼, 후꾸오까의 감옥에서 단지혈맹의 뜻을 굽히지 않고 다리를 절단해가면서도 끝까지 혁명의 지조를 지켜왔거나 끝내 '한 점 부끄럼 없이' 꽃처럼 피어나는 피를 민족의 제단 앞에 바친 암흑기의 푸른 별들도 있다. 그들은 문자에 앞서 몸으로 지탱해온 삶 그 자체가 더 고결하고 값진 것으로 여겨왔던 것이다. 그들의 피와 땀으로 가꾸어온 문화의 숲은 헌걸찬 우리 민족의 에너지를 부단히 충전시켜 주는 불멸의 혈맥, 끈질긴 생명력의 고동으로 무성하게 자라고 있으며 영광과 비애의 굴곡, 흥망과 성쇠의 기복이 교차되는 수많은 역사 주체의 명멸을 간직한 채 굳건하고 강인한 기백으로 오늘날까지 민족의 정기를 면면히 이어주고 있다.

그들이 남긴 풍부한 문학유산은 그동안 중외(中外)학자들에 의하여 적지 않게 발굴 연구되었으나, 지금까지의 연구는 단편적인 자료에 근거를 둔 것으로서 그 진면목을 체계적으로 파악하기에는 역부족이라고 할 수 있다. 이런 의미에서 중국 조선족과 광복 전 재중 한인, 조선인들의 문학 자료를 체계적으로 발굴, 정리, 출판하는 것은 정체(整体)적인 민족문학연구에서 대단히 중한 작업이 아닐 수 없다. 그들이 남긴 문학 자료는 지금도 중국각지와 해외의 여러 도서관, 박물관, 문서보관소에 신문, 잡지, 일기, 필사본, 프린트본, 활자본 등 형식으로 흩어져있다. 이런 현실을 감안하여 본 대계는 선배들이 중국 땅에 남긴 문학 자료들을 집대성하여 후세인들로 하여금 문화민족으로서의 자긍심을 갖게 하고 애국애족의 정신을 계승 발양하며 문학, 언어, 역사, 민속, 언론, 사회 등 여러 분야를 망라한 학계인사들에게 21세기 중국 조선민족문화의 새로운 비약을 위한 계통적인 연구 자료를 제공하는데 그 목적과 의의가 있다.

중국조선민족문학의 진수를 정리, 간행하기 위한 계획이나 준비 작업은 연변대학 조선언어문학연구소(현재의 조선문학연구소)의 창립과 더불어 20세기 80년대부터 본격적으로 시작되었다. 권철교수를 비롯한 연변대학 조선언어문학연구소의 조선문학 관계 선배학자들은 1950년대부터 벌써 재중조선인

문학자료 수집에 착수하였고 1990년에는 권철, 조성일, 최삼룡, 김동훈 등 네 연구원의 공동 집필로 된 ≪중국조선족문학사≫를 공개출판하기에 이르렀다. 1992년 연변대학 조선언어문학연구소(현재의 조선문학연구소)는 한국 숭실대학교 인문대학과의 공동연구과제로서 소재영, 권철, 김동훈, 조규익 교수를 중심으로 집필한 ≪연변지역조선족문학연구≫를 펴냈다. 같은 시기에 김영덕, 최문식 교수를 비롯한 연변대학 고적연구소에서는 ≪류린석전집≫, ≪김택영전집≫, ≪윤동주유고집≫, ≪한양가≫, ≪연변조사실록≫ 등 중국지역에서 발굴, 정리한 17권의 민족고전을 출판하였다.

　이와 동시에 문학현장의 사실을 증언하기 위해 두 연구소 산하의 수십 명의 연구원들은 연변의 각 현시와 북경의 백림사, 상해의 서가회, 남경의 용반리, 심양시 서류보관소 그리고 하얼빈, 대련, 서안, 남통 등지의 도서관, 박물관 등 중국 국내 수백처의 자료관을 누비면서 우리 민족의 해방 전 문학자료들이 흩어져 실려 있는 ≪천고≫, ≪진단≫, ≪천고≫, ≪진단≫, ≪독립신문≫, ≪민성보≫, ≪북향≫, ≪만선일보≫, ≪카톨릭소년≫, ≪광복≫, ≪신한청년≫, ≪조선의용대통신≫, ≪한민≫, ≪연변문화≫ 등 신문과 잡지, 그리고 지난 세기 초부터 이 땅에서 유전되었던 ≪백두산민담≫, ≪장백산강강지략≫, ≪초등소학수신≫용 우화집과 ≪싹트는 대지≫, ≪재만조선인시집≫, ≪혈해지창≫ 등 최초의 소설집, 시집 및 극본들을 속속 발굴하였으며 무려 1,500만자에 달하는 작가문학 자료와 800여 수의 민요, 2,000여 편의 전설과 민담을 수집하였다. 그들은 하늘을 비상하는 나비가 아니라 발로 땅을 기어 다니는 지네와 같이 지나간 역사와 문화현장에 파고들어 문학현상 자체를 자기의 피부로 촉감하고 확인함으로써 오늘의 이 방대한 민족문학대계의 탄생을 준비하였던 것이다.

　본 대계의 출간과 관련하여 우리는 다음과 같은 몇 가지 원칙에서 이 사업을 추진키로 하였다.

　첫째, 본 대계에는 중국 조선족 작가와 재중 한국인, 조선인 작가들이 건국(1949년) 이전에 창작한 시, 소설, 일반 산문, 극작품 등 일체의 문예작품들을 수록한다.

　둘째, 우리 문학의 세 가지 큰 갈래인 조선문 문학, 한문문학, 구비문학을 통해 역사적으로 이룩한 모든 양식을 함께 수록한다. 먼저 건국 전에 창작된 작품을 30권에 나누어 1차적으로 간행하고 이를 더욱 확대하여 진정한 의미의 문학대계가 되게 한다.

셋째, 구비문학작품은 건국 전에 수집된 것과 건국 후에 수집된 것을 망라하며, 그 내용이 해방 전에 이미 구전으로 전승되었음을 감안하여 이를 모두 1차 간행분에 포함시킨다.

넷째, 언어상으로나 역사적으로 가치가 있는 일부 원전은 원전과 현대어역을 동시에 수록한다. 현대어역을 통하여 한문과 원전의 감상을 가능하게 하고 정확한 원전의 제시로 그 연구의 자료가 되게 한다. 단 일부 한시와 고문은 번역 사업이 미처 미치지 못해 원문만 그대로 싣기로 한다.

다섯째, 건국 전의 작가문헌은 그 문체들이 발생한 시대적 선후를 염두에 두면서 한시, 현대시, 소설, 산문, 희곡 순으로 배열하고 구비문학은 민요, 전설, 민담 순으로 배열한다. 건국 이후의 작품은 대부분 쉽게 찾아볼 수 있는 것들이어서 2차적으로 그 출간을 계획해보려 한다.

1차 간행에 교부된 작품집 목록은 아래와 같다.

　　　제1-3권 한시집
　　　제4-6권 시집(조선문)
　　　제7-13권 소설집
　　　제14-16권 산문집
　　　제17권 희곡집
　　　제18권 민요집
　　　제19권 문헌설화
　　　제20-21권 전설집
　　　제22-27권 민담집
　　　제28-29권 중국에 번역 소개된 문학작품
　　　제30권 별책(색인)

끝으로 본 대계가 편집 출판되는 동안 관심 있는 모든 분들의 협력과 질정을 바라며 어려운 가운데도 이 사업에 동참해주신 편찬위원, 책임편자, 역주자 여러분과 연변대학 고적연구소 임원들에게 감사드린다.

그리고 본 사업의 취지를 이해하고 편집비를 지원해주신 한국 대산문화재단, 2005년도 연세특성화지원금으로「중국내 한국관련 문헌자료집성사업단」을 지원해주신 한국 연세대학교의 후의에 감사드리며, 아울러 편집과 교정에서 제작에 이르기까지 노고를 아끼지 아니한 보고사 여러분께도 고마움을 표한다.

2005년 12월 26일

중국 연변대학교 조선문학연구소 전 소장 김동훈
중국 연변대학교 조선문학연구소 소장 허휘훈
한국 연세대학교 국학연구원 허경진

편집위원 명단

명예주필: 권 철
주　　편: 김동훈, 허경진, 허휘훈
감　　수: 권 철, 전성호

편찬위원: **중국** 권　철(연변대 조선문학연구소 고문, 교수)
　　　　　　　　김경훈(연변대 조선-한국학학원 부교수, 문학박사)
　　　　　　　　김동훈(원 연변대 조선문학연구소 소장, 교수)
　　　　　　　　김병민(연변대 총장, 교수, 문학박사)
　　　　　　　　김영덕(원 연변대 고적연구소 소장, 교수)
　　　　　　　　김호웅(연변대 조선-한국학연구중심 주임, 교수, 문학박사)
　　　　　　　　리광일(연변대 조선-한국학학원 교수, 문학박사)
　　　　　　　　전성호(원 연변문학예술연구소 소장, 연구원)
　　　　　　　　채미화(연변대 조선-한국학 학원 원장, 교수, 문학박사)
　　　　　　　　최문식(연변대 민족연구원 원장, 교수)
　　　　　　　　최삼룡(연변문학예술연구소 연구원)
　　　　　　　　허휘훈(연변대 조선문학연구소 소장, 교수, 문학박사)

　　　　　　일본 오오무라 마스오(일본 와세다대 교수)

　　　　　　한국 고운기(연세대 국학연구원 연구교수, 문학박사)
　　　　　　　　김영민(연세대 국문과 교수, 문학박사)
　　　　　　　　김　철(연세대 국문과 교수, 문학박사)
　　　　　　　　유중하(연세대 중문과 교수, 문학박사)
　　　　　　　　이경훈(연세대 국문과 교수, 문학박사)
　　　　　　　　전인초(연세대 중문과 교수, 문학박사)
　　　　　　　　최유찬(연세대 국문과 교수, 문학박사)
　　　　　　　　표언복(목원대 국어교육과 교수, 문학박사)
　　　　　　　　허경진(연세대 국문과 교수, 문학박사)

책임편찬 : 허휘훈 · 김재권
편　찬　자 : 허휘훈 · 김재권 · 박창묵 · 권기호 · 조선미

● 일러두기

이 ≪대계≫는 다음과 같은 요령으로 엮었다.

1. 중국 조선족의 기록, 구비문학작품을 비롯하여 재중한인(韓人), 조선인이 중국 지역에서 창작한 작품들을 함께 수록하였다.
2. 20세기 전반기에 창작 발표된 문학작품을 일차적 선제대상으로 확정하였다.
3. ≪대계≫ 각권의 출판은 한시, 현대시, 소설, 산문, 희곡, 민요, 전설, 민담 순으로 배열하였다.
4. 한시와 기타 한문(漢文)으로 쓰인 원전은 매 편마다 원문을 앞에 싣고 역문을 뒤에 함께 수록하여 상호 참조하기에 편리하도록 하였다.
5. 원전에 나오는 일부 지명, 인명, 전고, 방언과 알기 어려운 글자, 누락, 오기 등에 대해 필요한 주를 달았다. 주석표기는 원문(혹은 역문)에 번호를 붙이고 해당 면 하단에 각주(脚注)함을 원칙으로 하였다.
6. 고한문 원전은 번체자로 표기하고 이해가 어려운 한자어의 경우에는 괄호 안에 한자를 넣어 병기하였다.
7. 간행사와 일러두기 그리고 해설은 한국에서의, 작품의 맞춤법·띄어쓰기·외래어 표기는 중국에서의 현행 조선말 규범원칙을 따르되, 어학적·민속적 가치가 높은 해방 전 원전은 원문 그대로 수록하였다.
8. 본문은 연변의 표기방식대로 실었으며, 해설은 한국의 표준법에 맞추어서 윤문하였다.
9. 이 ≪대계≫에서 사용한 주요 부호는 다음과 같다.
    1) ( ) : 음이 같은 한자를 병기함.
    2) [ ] : 음은 다르나 뜻이 같을 때나 혹은 풀이한 한문을 병기함.
    3) ≪ ≫ : 책명, 작품명, 대화나 인용을 나타냄.
    4) 〈 ? 〉 : 불확실한 경우를 나타냄.
    5) □ : 원전 또는 원문에서 누락된 문자를 나타냄.
    6) 주석은 ①②로 표시하여 해당 면 하단에 표기함.

차 례

간행사 … 5
일러두기 … 11
해제: 중국 조선족 민담구술대가 황구연과 그 구비전승에 대하여·허휘훈 … 17

천생배필
– 김재권 정리

박어사와 평양명기 로화 … 31
천냥에 좌수벼슬을 산 권백정 … 38
벽동군수 … 45
총명한 처녀 … 54
선비의 딸과 가토정승 … 59
임진사와 그의 며느리 … 63
총명한 선우송 … 70
삿갓가마 … 73
환갑잔치의 유래 … 78
림백공 … 83
신관사또의 버릇을 뗀 소년 … 93
발해왕 발터와 뽕나무 … 98
송도사의 이야기 … 103
보배쌈지 … 109
황희정승에 대한 이야기 … 115

두 대장부 … 127
서울량반에게 풀을 먹인 시골소년 … 134
부장소년 … 137
귀신을 항복시킨 부인 … 141
방이와 방삼이 … 145
현명한 각시 … 150
도토리참봉 … 156
김삿갓의 이야기 … 161
천생배필 … 176
무당의 귀신놀음 … 180
효자가 불여악처라 … 188
골탕먹은 량반 … 190
범잡은 로인 … 194
지혜로운 소년 … 197
불에 타죽은 부자 … 199

리항복에 대한 이야기 … 203
반디불 … 219
개 꼴 망 신 … 229
례는 정에서 나온다 … 233
개보다 못한년 … 236
린색한 부자 … 241
량반을 때린 상놈 … 243
망신당한 스님 … 246

삼쾌정 … 249
《물레》와 《무명》 … 274
죄는 지은데로 간다 … 278
삼계탕 … 282
지주와 총명한 아이 … 285
조상님의 분부 … 289
모친의 렬녀정문을 불사르다 … 293

파경노
- 김재권 박창묵 정리

옥섬탄 … 301
절구통을 재판한 원님 … 308
시골선비와 팥죽장사할미 … 311
금강산신선이 된 나무군총각 … 318
10년뒤에 처가로 다시 가다 … 325
효자와 감 세알 … 329
호랑이처녀와 호원사 … 333
말 잘하는 리방의 실수 … 338
산이 절구를 삼키고 물이 구슬을 토하다 … 343
안장왕과 구슬아기 … 350
효자와 호랑이 … 355
파경노 … 358
총명한 녀인 … 367
남산 … 370
은혜갚은 뱀 … 373

도미와 그의 안해 … 376
귀돌이와 천문도사 … 382
두 선비 … 393
며느리 글덕을 입다 … 395
제 색시를 찾아 장가들다 … 399
설랑과 가실이 … 403
구렁덩덩 신선비 … 411
해와 달 … 420
걸교절의 유래 … 425
맏며느리 … 429
보리밭만 지나도 취한다 … 431
한식의 유래 … 433
우는 애를 문밖에 내놓지 않는다 … 437
사람집에 손님이 안 오면 집안이 망한다 … 440
망평귀안과 전안례 … 442

≪호미난방≫ … 444
≪오신수≫와 ≪오갈피≫에 깃든 이야기
   … 447
에밀레종 … 450
≪옥루몽≫에 깃든 이야기 … 454
≪동의보감≫침구편에 깃든 이야기 … 458
단군 … 460
고주몽 … 462
박혁거세 … 468
선덕녀왕의 예언 … 471
솔거와 로송도 … 474
최치원의 이야기 … 477
왕건 … 485
역동선생 … 493
불가사리 … 495
주원장과 리성계 … 501
산정기를 타고난 황희 … 504
황희정승의 일화 … 506
성삼문의 이야기 … 510
신사임당과 ≪초충도≫ … 517
화석정 … 520
숙종대왕의 일화 … 522
소년부사 … 533
남씨부인의 원을 풀어준 박문수 … 538
구석편과 룡녀 … 542
태원의 세가지 보배 … 546
마룽도상에서 일만대의 화살을 안기다 …
   557

지은보은(知恩报恩) … 562
손숙오의 음덕 … 565
리백의 일화 … 567
한 장 편지로 나라 기개를 떨치다 … 571
글 잘하는 소소매 … 575
두목지의 일화 … 579
결초보은 … 580
그림속의 미녀 … 583
화공과 선비 … 586
안해덕에 정승되다 … 595
종의 의리 … 600
오위장이 된 시골선비 … 603
효자 … 608
명의가 된 돌파리의원 … 611
두 번대머리 중의 래력 … 613
시골선비와 반오 … 619
배은망덕 … 623
롱을 잘하는 임금 … 626
토끼와 거부기 … 631
효자와 금붕어처녀 … 636
나무군총각과 말하는 남생이 … 641
금방망이 … 648
혹떼러 갔다가 혹을 붙여왔다 … 652
≪왕의 귀는 나귀귀다≫ … 657
궁냥깊은 거부기 … 665
봉의 김선달의 이야기 … 667

해제
중국 조선족 민담구술대가 황구연과
그 구비전승에 대하여

허휘훈

황구연은 조선족의 으뜸가는 민간이야기 구연가로서 류덕배(劉德培), 왕해홍(王海洪), 장동승(張東昇), 조연옥(曹衍玉), 위현덕(魏顯德), 근정신(靳正新), 사도화(司徒華), 윤보란(尹宝蘭), 진지녀(秦地女) 등과 함께 중국의 10대 민간이야기구연대가1)로 널리 알려진, 중국의 구비설화 구연에서 정상급 수준을 대표하는 우수한 민간예술가의 한 사람이다. 그는 줄곧 시골에서 농사로 일생을 보내면서 무려 천여 편에 달하는 민간이야기들을 구술하여 세인들을 놀라게 하였으며, 견식이 넓고 비교적 높은 문화적 함양(涵養)과 예술적 소질을 갖춤으로써 독특한 문인형의 민간이야기구연가로 일컬어져 왔다. 황구연과 그의 구비전승은 조선족의 훌륭한 문화재부 뿐 아니라 중국 나아가서 세계적 범위에서도 귀중한 문화재부로 되기에 손색이 없다. 그리하여 길림성 민간문예가협회와 연변민간문예가협회에서는 황구연의 구비전승을 조선족의 대표적인 민간문화재로 지정하여 길림성과 연변조선족자치주의 《무형문화유산 대표작 명부》에 등재하였다. 따라서 황구연과 그 구비전승에 대한 연구를 통해 그 문화적 의미를 밝히고, 황구연과 그 구비전승이 조선족의 문화발전사에서 차지하는 위치에 대해 자리매김하는 것은 중요한 문화적 가치와 학술적 의의를 갖는다.

---

1) 필자가 《중국예술보》, 《중국민간문예학년감》과 기타 구비설화 구연자 상관자료들을 검토하여 확인한 결과에 의한 것임.

(1)

　황구연은 1909년 2월 27일 경기도 양주군 은현면 도하리의 한 선비 가정에서 출생했다. 조선조 초기의 이름난 역사인물인 황희 정승의 23대손으로 태어난 그는 다섯 살부터 할아버지와 아버지 슬하에서 천자문 공부를 시작했고, 일곱 살부터는 서당에 다니면서 ≪소학≫, ≪대학≫, ≪론어≫, ≪맹자≫, ≪주역≫, ≪춘추≫ 등을 배웠다. 그는 서당에서 공부하는 기간에 조부와 부친으로부터 많은 교훈적인 이야기들을 들었으며 특히 서당훈장으로 있던 리련 선생에게서 많은 이야기들을 들은 바, 그 가운데는 신화와 전설, 조선의 력대 명인들에 대한 이야기, 민족사에 관한 이야기 및 중국문화에 관한 이야기 등이 풍부하게 들어있었다. 리련 선생은 황구연에게 많은 옛말들을 들려주었을 뿐 아니라 그에게 민담구연가의 꿈도 심어주었다. 그리하여 황구연은 일찍 동년시절부터 민간문학의 세례를 잘 받을 수 있었으며 그것은 후일 그가 민담구연가로 성장하는 데 결정적인 역할을 하였다.
　그 후 황구연은 1927년에 서울농업전문학교에 입학하였고 1931년에 졸업했다. 학업을 마친 뒤 고향에 돌아가 농업기사로 일하였다. 그는 농촌으로 다니며 일하는 기회를 타서 시골 노인들과 자주 접촉하면서 그들로부터 많은 옛말들을 들었다. 1937년 그는 부모처자를 고향에 남겨둔 채 홀로 두만강을 건너 중국의 룡정으로 왔다. 당시 그는 룡정 일대를 전전하면서 측량학교에서 공부하기도 하고 공직에 나가 일을 보기도 했다. 후에 그는 일제의 박해를 피해 조선으로 나갔다가 부모처자와 함께 룡정 일대에 다시 들어왔다. 그런데 그는 또 홀로 룡정 지역으로부터 흑룡강성 영안현으로 옮겨갔다. 이 기간에 그는 막벌이도 하고 농사도 지으면서 어렵게 지냈다. 그러나 힘든 생활 속에서도 그에게 위안이 되는 것은 옛말이었다. 그는 추위에 떨고 굶주림에 시달리면서도 사람들에게 어릴 때부터 생생히 기억해온 이야기들을 들려주기도 하고, 또 남들이 들려주는 이야기들을 하나하나 귀담아 듣기도 했다. 이러는 과정에 그는 구비설화 구연가로서의 재간을 키워나갔고 자신의 민담보물고를 더욱 풍부히 하였다. 그때 그는 민중들 속에서 전승되고 있던 많은 민간이야기들을 얻어듣고 기억해두었는데, 그 대부분은 향토전설, 조선족의 천입사와 관련된 이야기, 항일설화 등과 발해국에 관한 이야기들이었다.

　해방 후 황구연은 부모처자가 살고 있는 길림성 연길현(현재의 룡정시) 팔도구 룡수평으로 돌아왔다. 그는 토지개혁에도 참여했고 한때 연변조선족자치주 정부의 농업고문으로 있기도 했다. 그 후 1957년 반우파투쟁이 확대될 때 그 피해를 우려하여 흑룡강성 동경성으로 이주했다. 1961년 다시 연변으로 돌아와 팔도구 룡수촌에서 살면서 농사를 지었다. 그때에도 그는 늘 동네에 나가서 이야기판을 벌리고 자기가 알고 있는 옛말들을 아낌없이 마을사람들에게 들려주었고, 또 마을의 남녀노소를 가리지 않고 옛말 잘 하는 사람이면 스승으로 모시고 이야기들을 전수받았다. 이는 황구연 나름대로의 독특한 문학 수련으로서 자신의 민담 구연수준을 끊임없이 제고해가는 한편 또 자기의 이야기 주머니도 날 따라 풍부하게 채워갔던 것이다.

　그러나 《문화대혁명》이 일어난 뒤 황구연은 옛말 때문에 《낡은 문화 전파자》라는 감투를 쓰게 되였고 잡귀신으로 지목되여 비판을 받게 되였다. 그리하여 그는 다시는 옛말을 입 밖에 내지 않겠다고 속으로 다짐하고 10년 동안 입을 다물고 지냈다. 후일 황구연은 그때 자신의 소회를 이렇게 피력한 바 있다.

　　　《어떤 사람은 옛말을 거짓말이라 하지만 들어보면 그 가운데 우리를 깨우쳐주는 좋은 이야기가 많지요. 참말이지 우리 조상들이 우리에게 물려준 소중한 재산이지요. 그런데 그런 옛말을 했다고 해서 10년 대동란때 이 늙은이가 혼이 났습니다. 그래서 다시는 옛말이라는건 입밖에 내지 말자고 마음먹었습니다.》[2]

　개혁개방이 후 황구연은 사상해방의 봄기운을 느꼈고 또 당시 룡정일대에서 구비문학 조사수집사업을 진행하고 있던 전 연변민간문예가협회 부주석 김재권 등을 알게 되면서 좋은 세상이 왔고 또 자신을 알아주는 좋은 선생님

---

[2] 권철, 김동훈 주편: 중국조선민족문화사대계(2) 문학사, 민족출판사, 2006년, 624쪽.

들까지 모처럼 찾아왔으니 옛말을 관속에 가지고 갈 수 없다고 생각하고 이야기 주머니를 다시 열었다. 그는 1983년 7월부터 선후로 26차에 걸쳐 무려 1천여 편에 달하는 구비전승물들을 구연하였다. 5년 동안 황구연을 수십 번씩 찾아다니며 그 구비전승 발굴사업을 책임지고 진척시켜온 김재권에 의하면, 1983년에는 민담을 위주로 옛말 290편을 구연했고, 1984년에는 신화, 위인전설과 역사이야기를 위주로 180여 편을 구술했으며, 1985년에는 전설과 항일설화를 위주로 120여 편을 구술했고, 1986년에는 세태설화와 야담, 소화를 위주로 200편을 구술했으며, 1987년에는 격언, 속담, 수수께끼와 관련된 이야기 280여 편을 구술했다 한다.

그리하여 황구연은 한낱 평범한 농민으로부터 일약 전국적으로 널리 알려진 문화명인이 되었으며, 연변민간문예가협회와 길림성민간문예가협회로부터 ≪민담구연예술가≫라는 명예칭호를 수여받게 된다.

1986년 5월 황구연은 결혼 60돐을 맞아 해방 후 조선족 사회에서 처음이 되는 회혼례를 치르게 되고, 그 소식이 연변텔레비와 중앙텔레비에 방송되면서 국내외문화계의 주목을 끌게 된다. 그것은 회혼례의 주인공이 바로 옛말을 천여 편씩이나 구연한 민담대가였기 때문이다.

그 뒤 황구연은 건강상태가 나빠져서 하반신을 운신치 못하는 상황에서도 일종의 비장한 사명감으로 민담구연을 계속 이어갔다. 그는 생명의 마지막 순간까지도 민담구연을 민족의 전통문화를 전수하는 성스러운 일로 간주한 것이다.

1987년 12월15일 황구연은 79세를 일기로 타계했다.

그는 림종시에 ≪후손들에게 천경 땅을 물려주기보다 한권의 책을 물려주는 것이 낫다≫는 의미심장한 말을 남기였다.

(2)

황구연은 조선족뿐아니라 전반 중국의 구비설화 구연에서 정상급에 오른 민담가로서 무려 천여 편에 달하는 주옥같은 설화를 구연하여 세인들을 놀라게 하였다. 그가 구술한 민간이야기들은 1983년부터 ≪연변문학≫, ≪예술세계≫, ≪아리랑≫, ≪장백산≫, ≪도라지≫, ≪송화강≫, ≪새마을≫, ≪청년생활≫, ≪연변일보≫, ≪흑룡강신문≫ 등 조선문 잡지와 신문 그리고 ≪산서민간문학≫, ≪하북민담≫, ≪중국민담≫ 등 관내에서 발간되는 한문 잡지들에 200여 편이 발표되었다. 1986년 이후에는 황구연이 구술한 설화들을 골라 묶은 설화집들이 출판되었는데, 조선문으로 된 황구연민담집 ≪천생배필≫, ≪파경노≫ 등과 한어로 된 황구연민담집 ≪황구연고사집≫ 등이 대표적인 설화집들이다.

≪천생배필≫은 황구연의 첫 구비전승 작품집으로서 1986년에 연변인민출판사에서 출판되었다. 이 책에는 황구연이 구술한 45편의 설화가 수록되어있다. 그중 9편은 전설이고 36편은 민담이다.

≪파경노≫는 황구연의 두 번째 구비전승 작품집으로서 1989년 민족출판사에서 출판되었다. 이 책에는 황구연이 구술한 설화 81편이 수록되어있는데 그중에는 신화 3편, 전설 34편, 민담 45편 등이 있다.

≪황구연고사집≫은 한문으로 된 황구연의 구비전승 작품집이다. 이는 이미 조선문으로 나온 황구연 민담집 ≪천생배필≫과 ≪파경노≫두 책에서 67편을 골라 한문으로 번역한 것인데 1990년 중국민간문예출판사에서 출판되었다. 이 책의 제목은 중국의 민간문예연구 분야에서 태두(泰斗)로 불리는 종경문 선생이 친필로 쓴 것으로서 황구연에 대한 선생의 존경과 찬탄의 마음을 담고 있다.

황구연이 남겨놓은 구비전승물들은 높은 문화적 가치로 하여 조선족의 우수한 문화적 재부로 된다. 특히 그가 구연한 설화들은 민족문화전통의 뿌리를 캐고 민족의 정체성을 인식하고 민족적 자부심을 확립하려는 취지로부터 조선족의 독특한 삶과 생각을 생생한 문학적 형상을 통해 잘 반영하고 있으며 그들의 현실에 대한 소망과 미래에 대한 꿈도 잘 보여주고 있다. 따라서 황구연이 구연한 설화들이 갖는 문화적 가치는 아래와 같은 몇 개 방면에서 찾아볼 수 있다.

우선 문화적 정보의 함유량이 풍부한 것이다. 황구연이 구술한 민간이야기들 가운데는 《단군》, 《고주몽》, 《박혁거세》 등 신화이야기들이 있는가 하면 또 《선덕녀왕의 예언》, 《솔거와 로송도》, 《최치원의 이야기》, 《왕건》, 《리성계》, 《황희정승의 일화》, 《성삼문의 이야기》, 《신사임당과 초충도》, 《숙종대왕의 일화》, 《남씨부인의 원을 풀어준 박문수》, 《김삿갓의 이야기》 등 유명한 역사인물들에 관한 전설이야기들도 많으며 그리고 《옥섬탄》, 《파경노》, 《김선달》, 《천생배필》, 《반디불》 등과 같이 민간의 생활세태를 다양하게 보여준 민담들과 《망평귀안과 전안례》, 《환갑잔치의 유래》, 《한식의 유래》, 《걸교절의 유래》, 《맏며느리》 등 조선민족의 전통적인 민속의 유래에 관한 이야기들도 많다. 또한 조선족의 천입사, 개척사를 보여주는 이야기들과 연변지역의 향토풍물에 관한 이야기들도 있으며 조선족들에게 전해진 한족, 만족, 몽골족 등 이웃에 사는 형제민족들의 민간설화도 적지 않다. 이를테면 《구석편과 룡녀》, 《마릉도상에서 일만대의 화살을 안기다》, 《지은보은》, 《손숙오의 음덕》, 《리백의 일화》, 《한장의 편지로 나라 기개를 떨치다》, 《글 잘 하는 소소매》, 《두목지의 일화》, 《결초보은》 등이 그러한 설화들이다.

이처럼 황구연의 민간이야기들은 민족의 태고시기 역사문화로부터 조선족의 천입, 개척에 이르기까지의 오랜 역사적 과정을 생생한 형상적 화폭으로 펼쳐 보이면서, 그 속에서 면면히 이어져온 민족문화전통과 역사적인 문화교류, 민족적인 생활면모, 민족적인 문화심리 등을 잘 보여주는 여러 방면의 역사문화 자료들을 풍부히 담고 있다. 이런 자료들은 조선족의 역사, 민속, 언어 등에 관한 연구와 조선족과 기타 형제민족들 간의 문화교류에 대한 연구에서 중요한 가치를 갖는다.

둘째로 이야기 유형들이 풍부하고 다채로운 것이다. 황구연의 구전설화는 국제적으로 통용되는 설화 3분법에 따른 신화, 전설, 민담 등을 모두 망라하고 있다. 그중 신화는 4편으로서 민족의 대표적인 시조신화를 거의 포함시키고 있으며 그 기본적인 서사구조는 동일 유형의 문헌신화들에 접근된다. 다음으로 전설은 황구연 구전설화 전반에서 약 1/3을 차지하며 그 갈래도 인물전설, 역사전설, 동식물전설, 풍속전설, 지방풍물전설 등으로 다종다양하다. 그리고 민담이 가장 많은 비중을 차지하는데, 그 가운데는 조선반도로부터 들어온 전래민담과 그 변이형태 그리고 중국에 천입한 뒤 생겨난 자생적인 민담도 있다. 황구연이 구술한 민담들을 한국학계에서 많이 이용하고 있는 최인학의 《한국민담분류색인》에 대입해보면 무려 100여개의 유형에 대입되어 높은 대입률을 보이며, 또 동일유형에 속하는 각 편들이 매우 적어서 높은 비반복률을 보인다.

셋째로 조선족 민간문학의 변이를 보여주는 중요한 이본들로 간주할 수 있는 작품들이 적지 않게 들어있는 것이다. 이를테면 《단군》, 《고주몽》, 《방이와 방삼이》 등이 그러한 작품에 속한다.

황구연의 민간이야기들 속에 들어있는 《단군》은 옛 문헌에 기록된 것과 기본적으로 비슷하지만 이야기가 보다 구체적이다. 이는 중국 조선족의 구비전승가운데서 발견된 중요한 신화전승 자료의 하나로서 《단군신화》의 이본의 하나로 볼 수 있다. 《중국 각 민족의 종교와 신화 대사전》에서는 《삼국유사》, 《제왕운기》, 《세종실록・지리지》, 《응제시주》 등에 실려 있는 《단군신화》의 기록들을 언급하면서, 황구연의 민간이야기에 들어있는 《단군》을 《단군신화》의 이본의 하나로 다루고 있다.3)

황구연의 민간이야기들 속에 들어있는 《고주몽》도 역시 옛 문헌에 수록된 신화자료들 못지않게 이야기가 구체적이고 그 내용이 풍부하여 《고주몽신화》의 이본의 하나로 볼 수 있다. 이 이야기도 《중국 각 민족의 종교와 신화 대사전》에서 《고주몽신화》의 이본의 하나로 취급하였다.4) 이에 앞서 요녕성의 조선족 민담구술가 김덕순의 민간이야기가운데서도 《고주몽신화》가 발견되었다. 황구연이 구술한 《고주몽》과 김덕순이 구술한 《고주몽신화》는 전승경로가 서로 다르지만 양자가 모두 중국조선족의 구비전승에서 발견된 신화자료로서 주목된다.

황구연의 민간이야기에 나오는 신화들은 민족 신화가 오랜 역사적 과정을 거쳐 전해오면서 나타낸 강한 문화적 생명력을 충분히 과시하고 있다. 이 신

---

3) 《중국 각 민족의 종교와 신화 대사전》, 학원출판사, 1990년, 62페지.
4) 《중국 각 민족의 종교와 신화 대사전》, 학원출판사, 1990년, 63페지.

화자료들은 민족 신화의 전승과정 특히는 문헌신화의 민간에로의 회류(回流)와 같은 현상을 연구하는데 의의를 가지며 신화전승의 지역적 변이를 탐구하는데도 가치가 크다.

그리고 ≪방이와 방삼이≫는 조선반도에서 널리 전승되어온 ≪방이와 그 동생≫설화의 변이형태로서 판소리계소설 ≪흥부전≫ 소재전설의 전승과 변이과정을 연구하는데 자료적 가치가 있다고 하겠다.

넷째로 황구연의 민간이야기들은 민족성이 두드러지게 발현되고 있다. 대개 민족에게는 그에 고유한 민족전통과 민족생활이 있다. 민족전통과 민족생활에는 해당민족의 역사적으로 형성 민족적 관습과 민족적 풍취가 뿌리를 내리고 있으며 그것은 풍속세태를 통하여 구체적으로 표현된다. 따라서 민간문학의 민족성은 많은 경우에는 전통적인 민속생활에 대한 묘사에서 두드러지게 나타난다. 이 점에서 볼 때 황구연의 민간이야기들은 그 대부분이 민족전통과 민족생활을 묘사하는데 주력하면서 드높은 민족적 긍지와 자부심을 나타내고 있다. 그리하여 그의 민간이야기들은 민족의 전통문화지식을 형상적으로 가르치는 생활교과서로 되기에 손색이 없으며 특히 민족의 미풍양속과 그 유래를 올바르게 알려주는 귀중한 자료로서 조선족의 민속문화를 연구하는데 도움을 주게 될 것이다.

다섯째로 황구연의 민간이야기들은 그 구술주체의 독특한 개성도 잘 보여준다. 황구연은 견식이 넓은 문인형의 민간이야기 구술가로서 비교적 높은 문화적 함양(涵養)과 예술적 소질을 갖추었고 또한 뛰어난 기억력과 구연재능을 구비한 바, 그의 민간이야기들에 소장되어 있는 풍부한 문화정보들은 그가 우수한 민간이야기 구술가일뿐 아니라 수준 있는 민간학자로 되기에도 손색이 없다는 것을 잘 말해준다. 황구연이 무려 천여 편에 달하는 민간이야기들을 구술할 수 있었고 그 내용범위가 민족의 역사문화의 여러 면들에 폭넓게 소급될 수 있었던 것은 그의 문인형 구연가로서의 특성과 관련된다 하겠다.

이런 특성으로 하여 황구연의 구연물들은 그 이야기구성이 비교적 완비하며 편단적이거나 누락된 것들이 거의 없고 와전된 것도 거의 찾아볼 수 없다. 또한 그의 구연물들은 이야기성이 강하고 전반 구조가 잘 짜여졌으며 또 구비전승으로서의 구두성도 잘 살림으로써 언어표현이 실감나고 생생하며 생활적이고 청신하다. 그리고 그의 구연물들은 대부분 지덕인 색채가 강하며 보통 민간구연물들에서 흔히 보이는 옅고 가벼운 재치와는 확연히 다른 원숙한 예술적 기량을 잘 보여준다.

이처럼 황구연은 자기의 구연물들을 통해 기타 조선족 민간이야기 구술가들과 구별되는 자기에게 특유한 구연예술의 풍격을 뚜렷이 보여주고 있다.

황구연의 구연물들을 통해 우리는 민간문학 분야에서 나타난 문화민족으로서의 조선족의 높은 지혜와 재능을 잘 알 수 있는 것이다.

(3)

황구연과 그 구비전승은 조선족문화발전사에서 중요한 자리를 차지하고 있다. 따라서 황구연의 구비전승에 대한 학술적인 연구를 진행하여 그 문화적 의미와 가치를 밝히는 것은 자못 중요한 문화적 의의를 갖는다.

지금까지의 황구연과 그 구비전승에 대한 연구 상황을 살펴보면 1980년대 말부터 황구연과 그 구비전승 연구가 시작되었는데, 일부 소개적인 글과 황구연과 그 구비전승을 간접적으로 다룬 논저들이 나왔다. 황구연과 그 민담에 대한 최초의 연구물로는 1989년에 나온 두 번째 황구연민담집의 서문 ≪귀중한 재부, 비옥한 토양≫이다. 이 글에서는 황구연의 생애를 소개하고 그의 구비전승에 대해 간략하게 평가하였다. 그 후 1999년에 발표된 허휘훈의 논문 ≪김재권의 민간설화수집정리성과와 그 문화적가치≫와 김도훈의 저서 ≪중국조선족 구전설화 연구≫에서는 황구연과 그 구비전승에 대하여 부분적으로 논술하고 있다. 전자에서는 조선족의 제2세대 민간문학채록가의 대표적인물의 한사람인 김재권의 민간설화수집정리성과에 대해 고찰하면서 그의 중점적인 채록업적으로 황구연의 발견을 거론하였고 처음으로 황구연구비설화가 갖는 문화적 가치에 대하여 학술적 차원에서 논술하였다. 후자는 조선족 구비설화를 신화, 전설, 민담 세부분으로 나누어 논술하고 또 설화전승자에 대한 분석도 진행하였는데 이 부분에서 황구연을 문인형 구술가로 자리매김하고 황구연의 민담전승자로서의 특징에 대해 정확하게 짚고 있으나 구체적인 분석은 결여되어 있다. 그러기에 상기한 두 논저는 비록 황구연과 그 구비설화에 대한 학술적 연구의 시도는 보여주었으나 황구연과 그 구비설화를 주되는 연구대상으로 삼은 전문적인 연구에 의한 업적은 아닌 아쉬움을 남겼다.

20세기에 들어선 뒤 황구연과 그 구비전승에 대한 연구는 새로운 국면을 맞게 된다. 황구연과 그 구비설화를 연구한 학위논문이 나오기 시작했고 황구연과 그 구비전승에 관한 학술토론회도 열리였다.

2003년에는 주송희(연변대학 조문학부)의 석사학위논문 ≪황구연 구전설화연구-설화류형과 모티프를 중심으로≫가 발표되었다. 이 학위논문은 황구연의 두 민담집인 ≪천생배필≫, ≪파경노≫와 기타 민담집인 ≪혀부종≫에 수록된 황구연구비설화 166편을 텍스트로 삼고 그 유형분류와 모티프 분류를 진행하고 그것을 토대로 황구연구전설화에서 특징적인 부분을 이루는 시조담, 명인담, 유래담, 출세담, 재주담, 효도담, 응보담, 지혜담 등 설화유형에 대한 분석을 통해 황구연의 구전설화의 문화적 의미를 해명하고자 하였다. 이 학위논문은 황구연구비설화를 전격적으로 연구한 첫 학위논문으로 주목된다.

2004년에는 연변민간문예가협회의 주최로 황구연과 그 구비전승에 관한 학술토론회가 열리였다. 회의에서는 우상렬의 ≪황구연민담의 특징에 대한 비교 연구≫, 주송희의 ≪황구연민담에 대한 분류학적 연구≫, 김려화의 ≪황구연민담의 동물상징에 대한 연구≫, ≪황구연민담에 대한 분류학적 연구≫, 조단의 ≪황구연민담에서의 금기주제 작품에 대한 문화학적 해석≫, 김인향의 ≪황구연민담에서 보여진 민족적 특성≫, 최삼룡의 ≪황구연의 민담구연가로서의 특징에 대한 연구≫ 등 논문들이 발표되었다. 이 학술토론회는 황구연과 그 구비전승에 대한 연구가 본격적인 단계에 들어서고 있음을 알리는 중요한 회의로 되었다.

×　　　×　　　×

황구연과 그 구비전승은 조선족 민간문학 분야에서 발굴된 귀중한 문화재이다. 그 속에는 힘든 현실 속에서도 희망을 잃지 않고 좋은 날을 향해 힘껏 나아가고자 하는 민중들의 삶과 꿈이 알알이 새겨져있다. 그것은 또한 오랜 세월을 두고 간직해오면서 끊임없이 이야기해온 민족성에 대한 민중적인 생각도 형상적으로 잘 보여주고 있다. 구비문학을 연구하는 한 학자는 이렇게 말한바 있다. ≪구비문학은 민족문학의 원류이며 또한 영원히 살아있는 문학인 동시에 민족의 보편적인 공동소유의 문학이다.≫ 우리는 황구연의 구비전승도 이렇게 이해해야 할 것이다.

천생배필

– 김재권 정리

박어사와 평양명기 로화

옛날 평양에 이름난 명기인 로화라는 녀자가 있었다. 인물이 천하일색이라 양귀비도 못 비기고 노래 잘 부르고 춤 잘 춰서 그를 한번 본 남자치고 반하지 않는 사람이 없었다고 한다. 그래서 평양감사는 물론이요 륙방나리들까지도 명기 로화한테 반하여 침을 서발씩이나 흘리며 오금을 못쓰다나니 평양성의 정치는 말이 아니였다.

이때문에 조종에서는 벌써 세번이나 감사를 바꾸었다. 새로 부임하는 감사마다 ≪제아무리 재간있고 지혜있는 기생이기로 어찌 기생 하나 마음대로 다루지 못하며, 제아무리 절세의 미인이라도 사람일터인즉 계집의 얼굴에 혹하여 정사를 그르치리오!≫하고 호언장담하고 내려왔지만 정작 로화를 앞에 불러다 놓고 보면 오금을 쓰지 못하고 제 품에 넣을 궁리만 하다보니 불과 반삭이 못되여 모두 파직당하군 하였다.

조정에서는 이 일로 하여 문무백관이 의논한 끝에 전하에게 상주하여 박문수-박어사를 보내여 기생의 머리를 베고 평양성을 순치하게 하였다.

감사와 나리들을 제 마음대로 쥐락펴락하여 이름을 떨친 평양명기 로화는 빨래줄 같이 길게 늘인 연줄로 팔도 암행어사 박문수가 자기를 잡으러 온다는것을 남 먼저 알고 깜짝 놀랄 대신 도리여 즐거이 웃었다.

≪이제야 내 소원을 이룰 때가 되였구나!≫

기생 로화가 지금까지 정조를 지키며 산것은 단 한가지 소원을 성취하려는것이였으니 그것인즉 남아중의 호걸인 박문수를 한번 만나보고 그에게 첫 순정을 바치려는것이였다. 그런 로화인지라 박문수가 서울을 떠나 어느날쯤이면 평양성에 들어서겠다는것을 짐작하고 박어사를 맞을 준비에 서둘렀다.

로화는 연지곤지 찍고 몸을 곱게곱게 단장한 다음 평양감사 부중으로 들어갔다.

≪사또님께 아뢰옵나이다. 암행어사 박문수대감께서 미거한 소첩을 잡으러 온

다하니 사또님께서는 소첩 죽는것이 불쌍치 않사옵나이까?≫
≪어찌 불쌍하지 않겠느냐?≫
≪그러하오시다면 소첩을 살려주옵소서. 소첩을 살려주신다면 그 은혜 백골난 망이라 잔명이 붙어있는 한 사또님을 받들어 모시겠나이다.≫
그 소리에 감사는 아닌밤중에 차시루떡이라도 생긴듯 반가와서 로화의 고운 손을 덥석 잡고
≪그렇다만 전하의 령을 받고 오는 어사의 행차라 내 힘이 모자라는걸 어찌겠느냐?≫
하고 진정으로 한탄했다.
≪어이하여 그런 말씀 하시옵니까. 사또님의 힘으로도 능히 할수 있는 일이옵니다.≫
≪그렇다면 내 어찌 못하겠느냐? 그래 어서 말해봐라. 날보고 어떻게 하란말이냐?≫
감사는 벌써 로화가 섶을 지고 불속에 뛰여들라면 서슴없이 뛰여들 지경이 되였다.
≪다름아니라 대동강 나루터 건너에다 초가 한채를 이삼일내로 지어주옵소서.≫
아마 박문수가 와있는 동안 그것에 피신해있을 모양이라고 넘겨짚은 감사는
≪거야 뭐 어려울게 있느냐. 래일중으로 짓게 하겠노라.≫
하고 흔연히 대답하고나서 리방을 불러 여차여차하라고 분부하였다.
감사의 명령이라 목수와 미장이들이 모여들어 하루사이에 대동강 나루터 맞은켠 숲속에다 아담한 초가 한채를 지었다.
그후 며칠이 지나 로화는 또 감사를 찾아왔다.
≪사또님, 래일 하루동안만 대동강에 배를 띄우지 못하게 하고 나루터에 사람 하나 얼씬 못하게 하여주옵소서.≫
하고 청을 드니 감사는 그 말에 쾌히 수락하였다.
암행어사 박문수가 폐포파립하고 해와 동갑하여 대동강에 이르니 오르내리는 쪽배 한척 없고 건너다 보이는 나루터엔 사람의 그림자 하나 얼씬하지 않는지라 괴이쩍게 여기면서 강역을 오르내리는 사이에 해가 넘어갔다. 조급해난 박어사가 강기슭을 따라 한참 올라가는데 난데없는 빨래방치소리가 들려왔다. 박어사가 그리로 다가가니 한 부인이 방금 행군 빨래를 맨손에 들고 가는것이였다.

《옳거니. 집이 멀고보면 이곳에 나와 빨래하기가 만무하고 맨손에 빨래를 들고 가는것을 보면 분명 가까운 곳에 집이 있으렸다. 그러니 그 집에 가서 사정하여 강을 건느리라.》

박어사는 이렇게 생각하고 부지런히 녀인의 뒤를 따랐다. 한마장도 못가서 숲속에 초가가 나타났다.

《주인 계시옵니까?》

대답이 없어 재차 부르니《누구를 찾으시는지요?》하며 문을 빠끔하게 열고 내다보는것은 방금 들어간 그 녀인이 분명했다.

《지나가는 과객이온데 말씀 좀 물읍시다. 강을 건느려고 하는데 가까운 곳에 나루터가 없습니까?》

《맞은켠에 나루터가 있사오나 웬 일인지 오늘은 쪽배 한척 보이지 않고 사람도 얼씬하지 않더이다.》

《허참, 맹랑하군! 그럼 미안하지만 댁에서 하루밤만 묵어갈수 없겠습니까?》

《여쭙기 황송하오나 이 집에는 저 혼자뿐이옵니다.》

《예, 그렇습니까. 이거 실례했습니다. 이 근처에 다른 인가는 없소이까?》

《예. 다른 집은 없나이다.》

날이 저물어 녀인의 얼굴 모습은 똑똑히 볼수 없으나 은쟁반에 옥을 굴리는듯한 청아한 목소리와 깍듯한 례의범절로 보아 비범한 녀인임을 알수 있었다.

《주인께서는 언제쯤 돌아오십니까?》

《가군께서는 3년전에 훌쩍 집을 나가신 후로 여직 종무소식이옵니다.》

갈수록 심산이라더니 말을 물을수록 실수만 하게 된 박문수는 그만 면구스러워 입을 꾹 다물고 망설이는데 녀인은 버들로 엮은 삽짝문을 열어주며

《루추한 집이오나마 들어가셔서 다리쉼이라도 하시옵소서.》

하고 권하였다.

《남녀유별인데 제가 어찌 들어가겠습니까?》

《그렇다고 한지에서 밤을 지낼수는 없지 않사옵니까?》

망설이던 박어사는 저녁이나 얻어 먹고 떠나려고 성큼 집에 들어가 보니 밖에서 보기와 달리 단간방이였다.

《올라앉으세요. 제가 얼른 저녁진지를 지어 올리겠사옵니다.》

부인이 어느사이에 저녁을 지어 밥상을 차려놓았다.

《시장하시겠사오니 찬없는 밥이오나마 많이 드시옵소서.》

박어사가 부인의 일거일동을 지켜보며 이모지모를 뜯어보니 비록 옷은 수수하게 입고 분화장은 안했어도 흙속에 묻힌 옥이요, 팔도를 돌면서도 보지 못한 미인인데다가 언어행실 또한 나무랄데 없고 작식솜씨까지 이만저만이 아니였다.

《이 정신 좀 봐!》부인이 깜짝 놀라더니 식장속에서 술병을 꺼내왔다.

《지난번 제사에 쓰고 남은 청주온데 바깥분이 안계시다보니 깜박 잊었나이다.》

부인은 청주 한종지를 따라 어사에게 권하였다.

《부인께서 부어주는 술이니 달게 받겠습니다. 헌데 말타고 보면 견마잡히고 싶다고 이럴바엔 맞상함이 좋을듯하옵니다.》

《황송한 말씀이옵니다.》

《권주가도 있었으면 제격이겠는데요.》

《소첩은 가무에 대해선 그믐밤이옵니다.》

박어사가 단숨에 굽을 내고 종지를 돌려주며 《자, 부인도 한잔하시오…》하고 술병을 들었다. 그러나 녀인은 딱 잡아떼었다.

《아니, 아니옵니다. 전 정말 모르옵니다.》

박어사가 밥상을 물릴 때는 밤도 어지간히 깊었을때였다.

《잘 먹었습니다.》

박문수가 인사를 하고 자리를 차며 일어나니 부인이

《아니, 이 밤중에 어딜 가신다고 일어나십니까. 방은 비좁아도 주무시고 가셔야지요.》

하고 만류하였다.

《허지만 단간방이라…》

그 말에 부인이 제격 행주치마를 벗어 단간방 중간에다 휘장삼아 가로치며

《이 행주치마를 벽으로 삼고 손님은 방에서 주무시고 저는 정지에서 자면 되지 않사옵니까.》

하고 깨끗한 이부자리를 폈다. 그리고 녀인은 돌아앉아 대수 요기하고 설겆이를 끝내고는 바느질을 시작했다.

그 거동에 박어사는 이 녀자는 필시 로화겠다고 짐작했다.

박어사는 약주가 속에 들어가서 몸을 후끈후끈 덥히는데다가 손바닥만한 앞치마를 가운데 놓고 동서남북, 아래우가 휑하니 건너다보이는 외딴집 단간방에서

미인을 지척에 두고 제아무리 별의별 일을 다 겪은 팔도어사라 해도 도시 잠을 청할수 없음을 느꼈다.

한동안 침묵이 흘렀다. 그러다가 로화가 먼저 네가 제아무리 박달나무처럼 단단한들 휘여들지 않나 어디 보자 하고 속궁이를 하며

《비가 오려나? 날씨도 무덥네.》

하며 겉옷을 벗었다.

《꽃이 피여 나비를 부르나 향기가 없으니 어찌하리요.》

하고 속으로 혼자말을 하며 박문수는 부러 곤히 자는척 코를 드렁드렁 골았다.

그러니 로화가 바느질을 끝내고 가위로 실밥을 베고는

《개구하니 량각거리요(입을 벌리니 두다리가 벌려지고) 유의하니 쌍유하누나.(뜻이 있으니 다리도 한데 합치누나.)》

하고 시조 삼아 읊었다.

그 말에 박문수는 《오! 로화야, 네 과시 문장이로다!》하는 말이 튀여나가는걸 참느라 하다가 기침을 쿨럭하고 깊는바람에 그만 다리를 로화의 무릎우에 올려놓게 되였다. 그러나 로화는 박문수의 다리를 들어서 살며시 밀어놓으며

《서울 량반님께서 먼길을 오시더니 곤하신게로구나.》

하며 천연스럽게 수작하였다.

이렇게 되자 박문수는 참을수 없어 일어나 랭수 한사발을 청해 마시고 말을 걸었다.

《그대는 누구인데 어이하여 청춘에 홀로 지내나?》

《젊으나젊은 나이에 뉘라서 혼자 살기를 즐기겠습니까. 팔자 기박하여 남편을 잃고 외로이 있습니다.》

《혼자 살기가 소원이 아니거든 엎딘김에 절이라고 말이 났던바에 나와 함께 사는것이 어떠하오?》

《성도 이름도 모르는 초면에 어찌 몸을 기탁하오리까.》

《허허. 나는 보다싶이 이렇게 떠돌아다니며 빌어먹는 필부라 이름성명을 물어 무엇하겠나.》

《제가 어머님 생전에 관상을 좀 배웠사온데 대감께서는 어찌 소첩을 속이려 하시옵니까?》

《허허허. 내가 속였나, 자네가 먼저 날 속였지. 오는 말이 고와야 가는 말이

곱다고 처음부터 자네가 나를 속이고 거짓말을 하는데야 낸들 어찌 진정을 말하겠나. 안그런가 로화, 하하하!》

《제가 로화라면 손님은 저를 잡으러 오신 암행어사 박문수대감나리겠습니다?!》

박문수가 그렇다고 하자니 어명을 어기는것으로 되고 아니라고 하자니 눈감고 야옹하는 격이라

《자네가 관상을 볼줄 안다니 자네 생각이 그렇다고 치세나.》

하고 말했다.

《그걸 뭘로 믿으랍니까? 소첩이 마패를 보자고는 할수 없으니 제 팔에다 이름 석자만 써주옵소서.》

로화는 사뿐 일어나더니 먹과 붓을 가지고 와서 팔을 내들었다. 박문수가 아무런 생각없이 붓에 먹을 찍어 그 내민 팔에다《암행어사 박문수》라 쓰니 로화는 인차 돌아앉아 바늘로 글자를 따라 쏙쏙 찌르고나서 쓱쓱 문다졌다. 그러자 팔에는 지울래야 지울수 없는 박문수의 이름이 새겨졌다.

《맘속을 우러러 모시던 사또님을 앉아서 뵈옵고 또 저의 몸에 천금같이 귀중하신 존함을 남기였으니 소첩은 죽어도 원이 없나이다.》

그 소리에 박문수는 껄껄 웃으며

《로화! 지금 내가 꽃 본 나비라, 꽃송이 웃음짓고 손짓해 불러서 찾아왔으니 나를 반겨 맞으라!》

고 했다.

《심산속 절벽우에 뿌리박고 아름답게 핀 꽃에 가시까지 돋았으니 꺾기가 쉽지 않사옵니다.》

그 소리에 박문수 얼굴이 갑자기 어두워지더니 천둥같이 소리쳤다.

《이년! 감사를 오이 주무르듯하고 어사또마저 희롱한 죄 태산같아 릉지처참을 당하고도 남음이 있겠거늘 그래도 할 말이 있느냐?》

《어사또님께 아뢰옵니다. 미물의 새도 죽을 때는 찍 소리를 내고 죽는다거늘 하물며 만물의 령장으로 고고성을 울리며 태여났다가 죽을 때 어찌 소리없이 죽겠나이까?! 그러하오니 소첩의 말을 들으신 연후에 릉지처참을 하옵소서. 소첩의 죄 태산같다 할진대 나라의 국록을 먹으면서 우로는 임금전하를 모시고 아래로는 만백성을 거느린 량반나리들이 나라의 정사와 백성들의 질고는 돌보지 않고

밤낮 술과 계집에 파묻혀있고 백성들의 재물을 략탈하는 죄는 무슨 죄악에 비기나이까? 이번 평양감사만 봐도 기생 로화를 간음하려고 일개 기생의 말을 듣고 우로는 임금님을 속이고 어사또의 행사를 방해하여 오늘 하루동안 배들이 강에 나가지 못하게 하고 또 이 집을 지어 어사또님을 꾀이도록 하였으니 이 죄는 어떠하옵니까? 나라 조정대신의 신분으로 있으면서 기생 로화를 품에 안아보려고 어사또께서 소첩을 잡으러 떠났다고 기별해온 죄는 무슨 죄옵니까? 장부일언이 중천금이라 하거늘 어명을 받들어 기생 로화를 잡으러 나온 사또의 몸으로 잡으라는 로화는 잡지 않고 놀이개로 삼으려 하오니 이 죄는 또 무엇에 비기오리까? 이렇게 허구많은 탐관오리들을 잡을 대신에 일개 하잘것 없는 기생을 잡고저 성지를 내리는 임금이나 어명이라고 줏대없이 순종하여 나온 박어사의 죄는 무엇에 비기나이까? 나를 잡으러 여기까지 올것이면 차라리 남대문에서 어사출두를 하시여 탐관오리와 간신들을 잡고 보면 평양성이 아니라 온 나라가 무사하여 태평성대를 이룰줄로 아니이다.≫

그 마디마디 구절마다 심장을 찌르는지라 박어사는

≪네 과시 명기답도다! 말도 통쾌하고 씨원하게 잘했다!≫

하고 진심으로 로화의 식견과 지혜를 칭찬하여 시조로 로화를 가송하니 로화 또한 계면쩍고 부끄러워 눈물을 흘리며 시조로 화답하여 박어사를 칭송하니 한쌍의 원앙새 물우에서 노니는듯, 한쌍의 비둘기 맑고 푸른 창공에서 훨훨 춤추며 날아예는듯하였다.

박어사는 이렇게 죽일 사람을 죽이지 않고서도 일은 일대로 처사하고 자기의 소원은 그대로 성취하면서 평양성을 순치하게 되였다. 한편 자기의 소원하던 바를 이룬 로화도 박어사를 통하여 남대문 출두까지 하여 나라 대사를 바로 잡게 하였으니 아닌게 아니라 그는 명기중의 명기여서 그 이름이 오늘날까지 전해져 내려오고있다.

천냥에 좌수벼슬을 산 권백정

옛날 경상도 안동이라는 곳에는 권씨네가 많이 살고 있었다. 그러다보니 안동에는 량반도 권씨요 상놈도 권씨요 백정도 권씨였다.
그때 좌수라고 하면 그리 높은 벼슬은 아니였으나 《안동좌수》라고 하면 성망이 대단했다.
그때는 안동김씨가 권력을 틀어쥐고 세상만사를 쥐락펴락하는 때라 《안동좌수》만은 령의정의 자손이 아니면 못한다고까지 했다. 왜냐 하면 안동은 고려공민왕이 란을 피하여 와있었던 곳이였고 또 이름난 률곡선생이 안동좌수로 있었던 까닭에 그후부터 후임으로 부임하는 부사와 좌수도 그 직분이 높았기때문이였다.
안동부중에 리방이 하나 있었는데 그는 안동부사가 남달리 아끼고 사랑하는 사람이였다. 그런데 믿는 도끼에 발등을 찍힌다고 그 리방이 국고금 천냥을 변상탐오한데서 안동부사는 골머리를 앓았다. 그때 법에도 천냥이면 무조건 사형에 언도하였다. 법에 의하면 리방은 죽어야 하였으나 부사가 하도 아끼고 사랑하던 신하여서 즉시 죽이지는 못하고 래일 죽인다 모레 죽인다 하면서 옥에 가두고 질질 끌고 있었다.
이런 때에 리방네 집에 손님이 찾아왔다.
《리방나으리 계십니까?》
집구석에 들어박혀 식음을 전폐하고 있던 리방의 아들이 밖을 내다보니 권백정이 문앞에 엎드려 있었다. 그래서 《안계시오!》하고는 문을 닫았다. 이튿날 그맘때가 되자 또 《리방나으리 계십니까?》하고 찾기에 내다보니 또 권백정이였다.
《안계시오.》
권백정은 두말없이 물러가더니 사흩날에 또 왔다. 없다고 하는데도 이번에는 물러가지 않았다.
《묻기는 황송하오나 어디 가셨습니까?》

련 사흘씩이나 찾아 온것을 봐서 무슨 사연이 있겠다고 생각한 리방의 아들은
《자네도 알다싶이 부친은 국고금 천냥을 동용해 쓴것으로 하여 옥에 갇혀있네.》
라고 했다.
《그렇습니까. 그럼 지금도 천냥만 있으면 옥에서 나올수 있습니까?》
《암, 있구말구! 하지만 청빈관이던 우리 집에 천냥이 아니라 백냥돈이라도 어디 있겠나.》
권백정은 엎딘채 담배쌈지속에서 천냥짜리 어음을 꺼내며
《받으십시오.》
하고 내밀었다. 리방의 아들은 버선발로 마루에 나가 두손으로 어음을 받아들고 보고 또 봐도 틀림없는 천냥짜리 어음인지라 감격하여 혀가 다 굳어져 말이 제대로 되지 않았다.
《아니, 이걸 정말 우릴 주는것입니까?!》
《저같은것이 만명이 있으면 뭘 합니까. 리방나으리 같은 분이 계셔야지요.》
권백정은 이렇게 말하고는 전날과 같이 아무런 말도 없이 뒤도 돌아보지 않고 돌아갔다.
리방의 아들은 한시가 급한지라 즉시 부사를 찾아갔다. 부사 역시 반가와서 어음을 받고는 즉시 리방을 내놓으라고 옥에 라졸을 띄웠다.
리방의 일가식솔들이 옥문앞에서 기다리다 놓여나오는 리방을 눈물과 기쁨으로 맞았다.
《애들아, 이게 어찌 된 일이냐?!》
아들은 백정 아무개가 천냥짜리 어음을 갖다준 이야기를 하였다. 리방은 그 말을 듣자 그 길로 권백정을 찾아갔다.
《권백정 있나?》
《예.》
권백정은 버선발로 달려나와 리방을 사랑방으로 모시였다.
《자네가 먼저 들어가게나!》
《황송한 말씀입니다. 상놈이 어찌 리방어르신님과 자리를 같이 할수 있겠습니까.》
서로 사양하다보니 누구도 사랑방에 들어갈수가 없었다.

≪세상에 이보다 더 고마운 일이 없거늘 뭐라고 자네에게 감사를 드렸으면 좋을지 모르겠네.≫

≪과찬의 말씀이옵니다.≫

≪아닐세. 나를 낳은건 부모요, 목숨을 건져준건 은인이라구 이 은혜를 어떻게 갚았으면 좋겠는지 모르겠네.≫

≪은혜랄게 있습니까. 리방님의 신세를 많이 지고서도 갚을 길이 없었는데 저그마한 일을 가지고 뭘 그러십니까.≫

≪아닐세. 내가 생전에 못갚으면 후대에 가서라도 꼭 갚도록 하겠네. 그러니 무슨 일이 생기면 어려워 말고 날 찾아오게나.≫

≪황공하옵니다!≫

리방은 그후에 계속 리방노릇을 하게 됐는데 몇달후 뜻밖에도 권백정이 그를 찾아왔다.

≪리방나으리 계시옵니까?≫

백정의 목소리를 알아들은 리방이 얼른 나와 백정을 일뤄세우며 방에 들어가자고 했다.

≪황송하옵니다. 제가 어찌 감히 리방님댁으로 들어 갈수 있겠습니까.≫

≪그럼 무슨 일이 있는 모양인데 어려워 말고 말을 하게.≫

≪좀 어렵습니다.≫

≪하, 무슨 일이지 말을 해야 알지?≫

≪어렵습니다.≫

권백정은 어렵다는 말을 세번 거듭하고는 돌아갔다. 권백정은 이튿날 또 와서 역시 ≪어렵습니다.≫는 세마디 말을 남기고는 돌아갔다. 사흗날 밤에 또 왔다.

≪무슨 일인지 말을 하게.≫

≪어렵습니다.≫

≪이 사람아, 자네와 나 사이에 말못할것이 뭐 있나? 죽으라고 하는 말보다 더 어려운 일은 없을걸세. 자네가 나보고 죽으라 해도 나는 유감없이 죽을 사람이야. 그러니 도대체 무슨 요구인지 말을 하게.≫

그제서야 권백정은 머리를 땅에다 박으며

≪좌수차접을 하나 얻어주십소.≫

라고 했다. 정말 어려운 일이였다. 상놈중에서도 상놈인 백정을 량반중에서도 량반으로 만들어달라니 어려운 일이 아닐수 없었다. 그러나 백정의 은혜로 오늘날 해빛을 보게 되고 리방노릇을 계속 할수 있게 되였다는것과 지난날 자기 입으로 어려운 일이 있으면 찾아오라고 했으니 못하겠다는 말을 할수가 없었다.

《가만있게. 내 사또어른께 여쭤보지.》

리방은 얼른 관복을 입고 부중으로 들어갔다.

밤중에 리방이 들어온것을 보아 무슨 급한 일이 있겠는데 말끝마다 《어렵습니다.》, 《어렵습니다.》하는지라 부사는

《무슨 일이 그렇게도 어려운고? 자네가 나를 믿고 들어온 이상 어려워도 말을 해야 알게 아닌고?》

하고 진정으로 말하였다.

《어렵습니다.…》

리방은 자기가 등한하여 임금님께 올리는 봉물을 도적놈들에게 털리운후 하는수 없어 국고금 천냥을 꺼내여 봉물을 사서 올려보낸것과 그 돈때문에 옥살이하게 된것을 권백정이 어음을 갖다주어 살아난 사실을 이실직고 하였다.

《권백정은 소인을 살리기 위해 가산을 탕진하고 가난해도 량반이 돼보고 죽었으면 원이 없겠다면서 좌수차접을 요구하옵니다!》

다 듣고난 부사는 리방의 자기에 대한 믿음에 감심되였고 또 백정의 의리에 동정이 가서

《실함이라던가?》

하고 물었다. 실함이란 량반문서뿐아니라 좌수란 관직까지 주는것을 말하며 차함이란 량반이란 문서뿐이요, 관직은 없었다.

《차함이랍니다.》

《그럼 자네가 쓰게나.》

글 잘 쓰는게 리방인지라 안동좌수 권아무개라고 쓰니 부사가 도장을 꾹 찍어주었다. 리방은 고패절을 하고 그길로 달려나와 그걸 권백정에게 주었다.

리방이 권백정을 보내고 가만히 생각해보니 안동읍에서 권백정이라면 모르는 사람이 없는데《좌수차함》을 가졌다고 해도 그를 좌수라고 불러줄 사람은 없을것이요, 혹시나 권백정이 나도 이젠 《좌수》라고 좌수차함을 내보이는 날에는 자기가 돈 천냥을 받고 차함을 떼준것으로 되니 부끄러운 일이라, 멀직이 이사나 가라고 할걸 하고 후회하였다.

그런데 그 이튿날 밤에 《좌수》 권백정이 그를 찾아 왔다.
《리방나으리 계시옵니까?》
《어서 들어오게나.》
《제가 어찌 들어가겠습니까.》
《그럼 무슨 일에 왔나?》
《제가 이사를 가겠습니다.》
그 말에 리방은 대단히 반가왔지만 겉인사치례로
《갑자기 이사는 무슨 이사인가?》
하고 물었다.
《네가 분에 넘치는 좌수차함을 가졌으나 대낮같이 환한 안동땅에서 어찌 량반노릇을 할수 있겠습니까. 또한 내가 <좌수차함>을 가졌다는걸 다른 사람들이 알게 되면 리방나으리와 부사님의 얼굴에 먹칠하는것으로 되지 않겠습니까. 그래서 시골로 갈가 하옵니다. 헌데 달반이 지나서 10월초이튿날이 제 환갑날이오니 나으리께서 잊지 말고 내려오셔서 <권좌수>라고 한번만 불러주시면 원이 없겠습니다.》
별로 어려운 일이 아니여서 리방은 쾌히 응낙했다. 자기를 살려준 은인에게 《좌수차함》까지 떼주었을라니 진짜좌수로 한번 불러줌이 뭘 그리 대단하랴 싶었다.
《그렇게 하세. 헌데 이사갈 곳을 알아야 찾아가지.》
권백정은 쪽지를 꺼내 리방에게 주었는데 거기에는 충청도 계산리라는 주소가 적혀 있었다.
《아니, 자넨 벌써 이사를 갔나?》
《예. 한달전에 시골에 내려가 집과 땅마지기나 사놓았습니다.》
《그랬었군. 그래 언제쯤 떠나려나?》
《지금 떠나는 길에 잠간 들렸나이다.》
《이런 법이 어디 있나. 은인과 리별주도 한잔 못하고 헤여지다니. 어서 들어오게!》
《고맙습니다. 10월초이튿날 다시 뵈옵기를 바라옵니다.》
《념려말게. 내 꼭 가지. 가고말고.》
그러자 권백정은 들고 온 비단보자기를 리방앞에 내놓으며

《받아두십시오. 길이 머니 오실 때 말이나 나귀를 사서 타고 오십시오. 그럼 소인은 물러가오니 옥체 보전하옵소서.》

하고 절을 하고는 그 길을 훌쩍 떠나가버렸다.

리방은 은인의 마지막 은혜를 갚는것이 환갑날이라고 생각돼서 손꼽아 기다리다가 그날이 되니 부사한테 말미를 얻고 충청도 계산리를 찾아갔다. 환갑전날에 도착하여 주막에서 묵으면서 권백정의 집까지 알아둔 후에 이튿날 환갑상을 받았을 때 들어갔다. 리방은 마당에 들어서자 말에서 내려 <이리 오너라!>하고 하인을 불러 아무개가 왔노라고 전갈하게 하고는

《안동부중의 리방이 좌수님께 문안 드리옵니다!》

하고 소리지르며 마당 한쪽에서부터 두손을 이마에 얹고 들어가 권좌수앞에 넙적 엎드려 인사를 올렸다.

그러자 의관을 버젓이 갖춰 쓰고 점잖게 앉아서 상을 받고 있던 권백정이

《너 먼길 오느라고 고생했노라.》

하고 한마디를 하고는 수염을 쓰다듬으며

《이리 오너라!》하고 하인을 부르더니

《리방님을 객실에 모시고 주안상을 차려올려라.》

고 분부했다.

이런 광경을 바라보는 사람들은 깜짝 놀랐다. 지금까지 명색은《좌수》라고는 하지만 하는 거동을 보아 어디서 굴러다니던 량반나부랭이가 아니면 돈냥이나 있는 부자놈이 거짓 량반행세를 하지 않는가고 의심하던 고을과 마을사람들은 술잔이나 얻어 먹자고 가득 모여왔다가 난데없이 나타난 안동부중의 리방을 초개같이 여기는 권백정을 보자 두눈이 퉁사발이 되고 입은 동대문이 되였다.

이리하여 권백정은 비로소 진짜 량반이 되였고 량반중의 량반인 좌수로 되였다. 환갑상을 물리기 바쁘게 객실로 나온 권좌수는 리방 앞에 무릎을 꿇고 앉아 의관을 벗으며 빌었다.

《리방나으리, 죽을 죄를 졌사옵니다.》

그바람에 리방이 되려 깜짝 놀라 의관을 얼른 씌워주며 꿇어앉아

《좌수님, 이게 웬 일이십니까?》

하고 연해연방 문밖을 가리키며 눈치질 했다.

밤이 깊어서야 두 사람은 속심을 나누었는데 리방이 먼저 털어 놓았다.

《이 사람아, 세상에 사람나고 돈났다지만 돈만 있으면 행세할수 있는 세상인데 뭘 그러나. 그리고 이세상에 량반과 상놈이 따로 있는줄 아나. 지금은 돈만 있으면 량반이고 세도를 부리는 놈이 곧 량반일세. 그러니 달리 생각 말고 량반행세를 하고 싶으면 실컷 해보게나.》

《리방나으리께선 여직 저의 속심을 모르시고 하시는 말씀이옵니다. 소인이 결국은 천냥에 좌수벼슬을 산 셈이지만 리방나으리의 의리와 비하면 천냥이 다 뭡니까. 제가 좌수차접을 요구한것은 다름아니라 통은 통으로 때고 매는 매로 갚아야 한다고 량반이랍시고 행세하는 꼬락서니가 하두 눈꼴사나와서 량반의 이름을 가지고 거들먹거리며 행세하는 량반들을 혼쌀내기 위해섭니다.》

《알만하네. 내가 좌수차함을 써주었을뿐아니라 오늘은 만세상에 공포까지 했으니 소원대로 하게나!》

그때부터 좌수 권백정은 량반나으리들만 골라 가면서 다스렸는데 이름도 모를 세금과 터무니 없는《례물》에 밑천을 잃게 된 량반들은 계산리에서는 더는 살수가 없어 뿔뿔이 외지로 이사를 갔다. 그후부터 량반이 없는 마을에서 권백정은 백성들과 함께 형님, 동생하며 의좋게 살았다고 한다.

벽동군수

　옛날 한 고을에 돈냥은 있었으나 출신이 미천해서 량반들한테 업신 받으며 살아가는 공서방이라는 사람이 있었다.
　공서방은 생각하고 생각하던 끝에 돈을 주고 벼슬자리를 사서라도 앙갚음을 하기로 마음먹었다. 매관매직을 식은 죽 먹기로 하는 세상인지라 돈만 있으면 못할 일이 없을것만 같았다. 그래서 공서방은 뢰물과 돈을 한바리 싣고 서울로 올라갔다.
　서울에 올라가서 두루 수소문하던 끝에 권세가 서울장안에서도 다섯손가락안에 꼽힌다는 한 재상네 집을 찾아서 뢰물과 돈을 내놓으면서 온 뜻을 아뢰였다.
　공짜라면 양재물도 밑굽을 낸다는 재상은 공서방더러 사랑방에 묵으면서 기다리라고 하였다.
　공서방이 사랑방에 가니 자기처럼 벼슬깨나 얻어볼가 해서 묵고 있는 사람이 십여명 잘 되였다. 그래서 공서방은 어떻게 하나 재상나리한테 잘 보이려고 새벽부터 밤늦게까지 그 집 종들과 같이 좋은 일 궂은 일을 가리지 않고 닥치는대로 다 하였다. 그런데 한달이 지나고 두달이 지나도 벼슬에 대한 소식은 없었다. 공서방은 아마 바빠서 그렇겠거니 하고 또 기다렸다. 석달이 지나도 소식이 없으니 공서방은 먹인 돈과 재물이 적어서 그런가 보다 하고 여겨 집에 기별은 띄워 궤속의 돈을 몽땅 가져오게 하였다. 돈을 받을 때 같아서는 당금 한자리 줄것 같더니 또 반년이 훌쩍 지났건만 감감무소식이였다. 이럭저럭 또 1년이 지나갔다. 그래도 안되니 공서방은 이미 돈을 먹이던바에 기어이 성사하려고 이번에는 시골에 내려가서 밭을 몽땅 팔아가지고 돈을 한바리 싣고 올라왔다. 자기가 없는 사이에 초시벼슬자리 하나쯤이라도 생기지 않았나 해서 급급히 돌아왔지만 또 허사였다. 먹은 소 똥을 눈다고 공서방은 그래도 락심하지 않고 밭을 판 돈을 재상과 그의 세 아들에게 계속 먹이였다.
　이렇게 3년 세월이 다 가는 때에 기다리던 벼슬 대신에 뜻밖에도 시골에서 속히 돌아오라는 기별이 왔다. 집에 있는 처자들이 당금 굶어죽게 되여 밥동냥을 떠나게 된다는 기막힌 사연이였다.

그제서야 공서방은 꿈속에서 와뜰 놀라 깨여났다. 공서방은 마지막으로 재상을 찾아가 하직을 고했다. 그래도 사람의 가죽을 쓴 만큼 얻어먹은것이 있으니 자기의 딱한 사정을 봐서 행여나 자그마한 고을의 원님쯤이라도 시켜주지 않을가 생각했다. 그런데 꿈밖에도 재상은 ≪거 안됐구만. 그럼 내려가 보게나.≫하는 싱거운 대답 한마디를 하고는 덜컥 문을 닫아버렸다. 그바람에 공서방은 치미는 울화를 참을수 없어 재상의 유들유들한 볼따귀를 치고 싶었지만 꾹 참고 물러나와 관가를 찾아 재상을 상소했다. 그러나 헛수고였다. 공서방은 관가에서 미친놈으로 몰려 쫓겨나왔다.

공서방은 하늘을 우러러 하소연하고 땅을 치며 통곡해도 아무런 소용이 없었다. 전에는 그래도 돈냥이 있어 량반들의 천대와 멸시를 받으면서도 호의호식하며 살았는데 지금은 수중에 돈 한푼 없으니 눈앞이 캄캄했다. 공서방은 몇번이나 자결하려고 한강물을 들여다 보다가도 굶주린 처자들의 얼굴이 물우에 비끼는것 같아 마음을 고쳐먹고 터벅터벅 고향으로 발길을 돌리였다.

공서방이 서울을 벗어나 한 자그마한 산골마을을 지나는데 밭뚝에 아이들이 모여서 ≪와! 와!≫ 소리지르며 떠들고 있었다. 공서방은 쉬여갈겸 겸사겸사해서 그리로 다가가 보니 작은 구멍으로 땅벌들이 분주히 드나들고 있었다. 아이들은 땅벌들이 쏠가봐 가까이는 접근하지 못하고 흙덩이를 던지며 떠들고 있는 판이였다.

땅벌을 이윽토록 들여다보던 공서방은 문뜩 한가지 꾀가 생각나서 무릎을 탁 쳤다. 공서방은 돈 몇푼을 아이들에게 주면서 마을에 가서 뒤웅박 하나와 꿀 한숟가락에 백지 몇장을 사고 나머지는 엿을 사먹으라고 하였다. 아이들은 좋아라고 환성을 올리며 가더니 이윽해서 물건들을 사가지고 돌아왔다. 공서방이 뒤웅박안에다 꿀을 바른 다음 땅벌구멍에 갖다대니 삽시간에 땅벌들이 몽땅 뒤웅박속에 들어갔다. 공서방은 뒤웅박덮개를 닫고 구멍만 두어곳 뚫어놓았다. 그다음엔 백지로 싸고 또 싼 다음에 그걸 가지고 서울로 되돌아 올라왔다. 재산까지 거덜이 나고 땅과 집마저 내놓고 보니 죽으려고까지 생각했던 공서방인지라 복수할 마음이 생겼던것이다.

재상이 어째서 되돌아 왔는가고 의아해서 묻자 공서방은 시치미를 떼고 능청스럽게 대답했다.

≪글쎄 우리 집 안사람이 좁은 생각에 내가 서울로 올라와 기생한테 빠지지 않았나 해서 거짓기별을 했던거지요. 그래서 한바탕 욕을 하고는 곧 돌아왔지요.≫

≪그래.≫

재상은 그런 말은 건성으로 들으면서 공서방이 들고 있는 물건만 흘끔흘끔 훔쳐보고 있었다.

≪그런데 혹시 그 사이에 벼슬자리가 생겼으면 빈손으로는 벼슬을 받을수가 없겠으니 우리 집에서 대대로 내려오는 가보를 가지고 왔습니다.≫

≪가보라니 그게 뭔가?≫

그 말에 재상은 군침까지 꿀꺽 삼키며 바싹 다가 앉았다.

≪네. 저의 집에서 몇대째나 물려내려오는 보배입지요. 밤중에 아무도 없을때 혼자서 가만히 보셔야 한답니다.≫

아마도 굉장한 보물이겠다고 생각한 재상은 뒤웅박을 받아서 벽장속에 넣고는 어서 밤중이 되기를 기다렸다. 밤이 깊어지자 애첩까지 내보내고 문을 꽁꽁 걸어 놓은후 초조히 기다리느라니 온몸에 땀이 나는지라 옷을 홀랑 벗고는 벽장속에서 뒤웅박을 꺼냈다. 백지로 여러겹 싼것을 한겹한겹 벗기니 나중에 뒤웅박이 나왔는데 흔들어보니 윙윙 소리가 나는지라 뚜껑을 여니 웬걸, 독이 오를대로 오른 땅벌들이 왁 쓸어나오며 재상의 발가벗은 온몸에 새까맣게 달려들었다. 연신 ≪아이쿠!≫하고 소리를 지르며 두손을 물에 빠진 놈처럼 허우적거리며 막을수록 땅벌들이 사정없이 쏘는 바람에 그의 온몸은 꼭 마치 끓는 물로 튀를 해놓은 돼지처럼 퉁퉁 부어올랐다.

그와 때를 같이하여 밤중이 되기를 고대하던 공서방은 살며시 일어나 뒤간에 가서 똥을 백지에 싸서 들고 재상이 있는 방으로 갔다. 그가 창문을 뚫고 들여다보니 아니나다를가 생각던대로 재상이 큰대자를 하고 자빠진채로 숨을 가쁘 쉬고 있었다. 공서방은 창문을 뚫고 손을 들이밀어 문고리를 벗긴후 방에 들어가 재상을 가로타고 앉아 그의 입을 벌리고 똥을 쑤셔넣으며 중얼거렸다.

≪공짜라면 양재물도 처먹을 두상 같은게 이거나 실컷 처먹어라!≫

그제서야 어지간히 속이 풀린 공서방은 빗자루를 찾아 까맣게 죽은 땅벌들을 말끔히 쓸어 뒤웅박에 넣었다. 연후에 재상을 반듯이 눕혀놓고 이불까지 푹 씌운 다음에 아무 일도 없었던듯이 사랑방으로 돌아왔다.

이튿날 아침, 재상네 집은 벌의 둥지를 쑤셔놓은것처럼 야단법석이였다. 아들 삼형제가 아침 문안을 드리려고 재상의 방으로 들어가보니 엊저녁까지만해도 말짱하던 부친이 무슨 놈의 급살병에 걸렸는지 온몸이 연등처럼 부었는데 입안에서는 구린내가 나는지라 그들은 부친이 죽을 때가 된줄로만 생각하고 의원을 부른다, 조정에 다 알린다, 일가친척들에게 기별을 띄운다 하며 울고불고 야단법석이였다.

사당에 묵고 있던 선비들도 우르르 몰켜와서 한마디씩 하는데 그속에는 공서방도 아닌보살하고 끼여있었다.

울음소리에 깨여난 재상은 눈을 간신히 뜨며 사방을 휘둘러 보았다. 그는 전신이 부어서 몸을 마음대로 움직일수 없고 목구멍에 똥이 막히여 말할수 없고 숨쉬기가 가쁠뿐이였지 정신만은 올똘했다. 그래서 그는 공서방이 눈에 뜨이자 분이 상투밑까지 치밀어 말은 못하고 손시늉으로 공서방을 가리키고는 다시 자기 입을 가리키였다. 그 뜻인즉 저놈이 내 입에다 똥을 처넣었으니 당장 릉지처참을 하라는 뜻이건만 아들들은 그런 뜻을 알리만무했다. 아버지가 거듭 손짓을 해서야 큰아들이 그뜻을 알았다는듯이 《네, 알만합니다.》하고는 동생들에게

《공서방의 재물을 많이 받아 먹었으니 우리들이 알아서 그한테 벼슬자리를 주라는것 같네.》

하고 설명해주었다. 그 말에 재상은 더구나 울화가 치밀어 견딜수가 없었다. 자기에게 똥을 먹인 놈에게 벼슬을 주겠다니 가슴이 터질 노릇이였다. 그는 너무도 안타까와 바람벽을 쾅쾅 치고나서 공서방을 가리켰다.

이때라고 생각한 공서방은 꿇어 앉으며

《대감님, 너무 심려하지 마십시오. 저야 차차 자리가 나지면 자제분들이 의례 알아서 보내줄것이 아닙니까.》

하고는 옆에 있는 아들 삼형제를 보며

《아버님께서는 당신 생전에 나에게 벼슬자리를 정하는걸 보시고 싶어서 그러시는가보네.》

하고 한마디 슬쩍 비치였다.

《옳습니다. 아버님께서 동쪽벽을 자꾸 치시는건 공서방을 벽동군수로 보내라는 뜻이 분명합니다.》

형이 제딴에는 그럴듯하게 알아 맞혔다고 두 동생을 보며 빙그레 웃으니 두

동생은 그 말이 옳다고 머리를 끄덕이였다. 이리하여 삼형제는 그 즉시로 벽동군수 위임장을 써서 공서방한테 주어 떠나 보내였다.

하루 낮과 밤이 지나자 부었던 살이 내리고 목에 걸렸던 똥도 내려가 재상은 즉시 아들 삼형제를 불러 앉히고 죽일놈 살릴놈하고 욕을 퍼부었다.

《에익, 천하에 멍텅구리같은 등신들아! 제 애비에게 똥을 먹인 놈에게 벼슬을 다 주어! 천하에 바보같은 녀석들, 당장 가서 그놈을 잡아 릉지처참을 못해?!》

아들 삼형제는 찍소리 한마디 못하고 줄욕을 먹었다. 그러나 이 일은 내놓고 분풀이 할수도 없는 일이였다. 한것은 그렇게 되면 뢰물을 받아 먹었다는것이 드러날뿐만아니라 더우기는 나라의 재상이 똥을 먹었다는 추문이 퍼질수 있었기 때문이였다. 그래서 맏아들을 보내여 쥐도 새도 모르게 공서방의 목을 베기로 하였다.

재상의 맏아들은 애비덕분에 높은 벼슬을 하지만 사람됨이 제 애비를 신통히 닮아서 옹졸한데다가 절구통에 치마두른것만 보아도 사족을 못쓰는 그런 위인이였다. 그러다보니 그는 《이번에는 나 혼자서 행차하는지라 고운 계집들 맛을 실컷 봐야겠다.》고 별렀다. 벼른 도끼 무디고 낮말은 새가 듣고 밤말은 쥐가 듣는다고 재상의 맏아들이 공서방을 잡으러 가니 그리 알아 처사하라고 재상집 머슴들중에서 공서방의 신세를 많이 진 사람이 공서방에게 벌써 기별을 띄워 공서방은 그를 맞을 준비를 다 해놓고 기다리고 있었다.

이런줄을 모르고 수일만에 벽동땅에 들어선 재상의 맏아들 눈에 웬 소복단장을 한 녀인이 빨래를 해서 이고 아장아장 가고 있는것이 띄였다. 말우에서 넌지시 내려다 보니 그녀는 서울장안에서도 본적도 없는 기가 막히게 고운 미인이였다. 그래 재상의 맏아들은 벌써 환장할 지경이 되여 군침을 흘리며 그 녀자의 뒤를 따랐다. 한참 가니 그 녀자는 객주집으로 들어갔다.

《옳지, 가자고 하는데 순풍이라더니 마침 해도 서산에 기울고 이 집이 또한 주막집이니 오늘밤엔 소원성취하게 됐구나!》

재상의 맏아들은 주인을 찾아 자고 가자고 하였다. 그러자 방금 들어가던 그 녀인이 도로 나와서 그를 방으로 모시였다. 산골주막이여서 그런지 오늘따라 다른 손님은 없고 자기 혼자뿐인데다가 녀자의 남편도 외출했는데 며칠후에야 온다니 재상의 맏아들은 너무나 좋아서 술을 기껏 마시였다. 그는 술상이 나가기 바쁘게 녀자의 치마자락을 붙잡고 통사정을 하였다. 녀자가 방긋 웃으며 이부자리를 펴준후 밖에 나가 대문을 걸고 오겠으니 그더러 먼저 누우라고 했다. 재상의 맏아들이 옷을 홀라당 벗고 자리에 누운지 얼마 안되여 들어온 녀자가 옷고름을 푸는데 밖에서 난데없는 대문을 두드리는 요란스런 소리와 뒤이어 《빨리 나와 문을 열지 않고 뭘 해!》하는 웬 남자의 목소리가 들려왔다.

그 소리에 얼굴이 금시 새파래진 녀자는 빠른 솜씨로 옷고름을 매며
《야단났어요. 저의 남편은 사람 죽이기를 파리 죽이듯해요. 며칠후에 온다더니 왜 벌써 왔을가?》
하고 바들바들 떨었다. 그바람에 재상의 맏아들은 겁이 나서 사시나무 떨듯 와들와들 떨며 녀자의 두다리를 끌어안고 애걸하였다.
《날 좀 살려주어. 얼른 숨겨주오.》
녀자는 집안을 휘 돌아보더니 농짝문을 열고 옷가지를 꺼내고는 그더러 들어가라고 하였다. 재상의 아들이 알몸으로 농짝속에 기여서 들어가자 녀자는 농짝문을 닫고 자물쇠를 잠근 다음 밖으로 나갔다. 대문 여는 소리와 함께 지껄이는 소리가 농짝안에까지 들려왔다.
《왜 꾸물거리면서 이제야 문을 여는거야?》
《초저녁 잠이 들었다가 깨여나 옷을 입느라고 늦었어요.》
집안에 들어와서도 말썽은 계속되더니 나중에는 《찰싹! 찰싹!》때리는 소리에 이어 《때려라, 때려! 사람 죽이기에 이골이 난 놈, 어서 날 죽여라!》하고 악을 쓰는 여자의 말소리와 《죽이라면 못죽일줄 알았더냐!》하고 쥐여박는 남편의 말소리까지 분명히 들렸다. 그리고 이제는 같이 못살겠으니 갈라지자고 녀자가 대드니 남편은 《네간년 없으면 장가 못갈줄 알았더냐!》하고 세간을 나누자고 했다. 그들은 돌아가며 짝이 맞는것은 절반씩 나누었다. 마지막에 농짝에 와서 또 말쌈이 일어났다. 남자는 자기가 번 돈으로 산 농짝이니 자기가 갖겠다 하였고 녀자는 녀자대로 농짝은 녀인의 소유물이니 자기가 가져야 한다고 우기였다.

벌거벗은채로 농짝안에 들어가 간을 졸이며 부부지간의 말싸움을 죄다 듣고 있던 재상의 맏아들은 주인집녀자가 기를 쓰며 농을 가지겠다고 주장하는것은 자기를 살려주기 위해서라고 제 좋은 생각만 했다. 그런데 그들이 서로 양보를 하지 않아 마지막에는 관가에 가서 판결을 받기로 합의를 보았다.

날이 희붐히 밝아오자 남자가 농짝을 지게에 지고 관가로 갔다. 그러자 재상의 맏아들은 그만 혼비백산하고 말았다. 얼마후 귀에 익은 원의 목소리를 알아들은

재상의 맏아들은 정신이 번쩍 들었다. 공서방은 자기가 죽이려 한 아버지의 원쑤이긴 하지만 그래도 그한테 빌붙으면 목숨을 건질수 있다는 생각이 들었던것이다.

《농은 한짝인데 두사람이 다 가지려고 하니 할수 없이 톱으로 켜서 절반씩 가지도록 하라!》

두사람의 말을 듣고난 원님의 판결이 내리자 사령들이 곧 큰 톱을 가지고 달려들어 농을 켜기 시작했다. 그러자 재상의 맏아들은 톱질소리에 질겁하여 눈앞이 캄캄해졌다. 그는 톱날이 상투를 다치자 더는 체면이고 뭐고 생각할 사이도 없이 농짝을 두드리며 사람 살리라고 소리쳤다. 그 소리에 톱질을 그만두고 농짝문을 여니 웬 벌거숭이가 뛰쳐나와 원의 다리를 붙잡고 살려 달라고 애걸복걸하였다.

《공서방, 아니 아니, 사또님, 나요, 나! 제발 살려주오!》

벽동군수인 공서방이 짐짓 놀란체하며

《아니, 이게 나리님이 아니시우? 나리님이 어떻게 돼서…》

《그, 그렇게 됐네.》

이때 녀인의 남편이 칼을 빼들고 재상 맏아들한테 달려들며

《이제보니 저놈이 내 녀편네와 짜고 들어 개지랄을 했구나. 이놈 죽어봐라!》

하고 웨치니 재상의 맏아들은 얼굴이 새까맣게 되여 공서방의 다리사이에다 머리를 틀어박으며 살려달라고 빌었다.

공서방은 그를 자기 방으로 데리고 들어가서 헌옷 한벌을 꺼내여 입히고 날이 저물거든 뒤문으로 가만히 달아나라고 귀띔해주었다. 그리하여 재상의 맏아들은 날이 저물기를 기다려 도망을 하였는데 어찌 혼이 났던지 뒤문으로도 못나가고 수채구멍으로 겨우 빠져 서울로 돌아갔다.

맏아들이 꼴불견이 되여 돌아온걸 본 재상은 기가 막혀 줄욕을 퍼붓고나서 이번에는 둘째가 가서 공서방을 죽이라고 하였다.

둘째는 술을 지고는 못가도 마시고는 가는 사람인지라 혼자서 가게 되는것을 천만다행으로 여겼다. 그는 주막집만 만나면 새벽부터 저녁까지 술을 마시고는 취한 몸을 말잔등에 싣고 가군 했다. 이렇게 가다나니 그는 십여일만에야 겨우 벽동땅에 들어섰는데 들어서자 바람으로 벽동의 명주부터 찾았다. 벽동에는 오과주라는 술이 있었는데 호박씨와 까마귀대가리로 빚은 술이여서 맛도 좋고 향기로 울뿐더러 이 술을 마시면 세상만사가 태평하고 근심이 없게 된다고 했다. 오과주를 량껏 마시고 그 자리에 쓰러졌다가 아침에 깨여난 재상의 둘째아들은 자기가

무엇하러 여기에 왔는지도 모를 지경이였다. 그래서 공서방을 찾아가기는커녕 눌러 앉아 매일 술만 마시였다.

서울 재상네 집에서는 둘째가 돌아올 날이 벌써 지났어도 감감무소식이니 이번에는 셋째를 또 보내였다. 셋째는 아버지의 말을 명심하여 이번에는 중도에 들리지 않고 곧장 벽동군수 공서방을 찾아가려 마음 먹었으나 벽동땅에 들어서고 보니 말도 사람도 다 지친데다가 날까지 저물어 부득불 주막집을 찾아들게 되였다.

셋째는 두 형님의 교훈을 생각해서 술도 안 마시고 주막집 녀편네에게도 눈을 팔지 않았다. 그는 이른저녁을 해먹자 옷을 입은채로 드러누었는데 누가 꽁꽁 동여가도 모르게 단잠에 빠져 코를 드렁드렁 골았다. 잠을 자다가 오줌이 마려워 밖에 나간 그는 삼태성이 기운것을 보아 자정이 넘었다는것을 알았다. 소피를 보고 방에 들어오니 불빛이 흘러나오는 골방문사이로 중얼거리는 소리와 함께 골패를 젓는 소리가 들려왔다. 셋째는 서울 장안에서도 소문난 노름군이며 투전판이라면 모로 기여서라도 가는 위인이여서 골패젓는 소리에 정신이 번쩍 들어 저도 모르게 골방에 찾아 들어갔다.

《이거 밤중에 안됐습니다. 초면이지만 나도 노름을 즐겨하니 같이 놀수 없을가요?》

방안에 있던 사람들은 기다리기나 한것처럼 아무말없이 자리를 내주었다. 그런데 골패만은 자신이 있다고 장담하던 셋째였는데 어떻게 된 노릇인지 번마다 잃는바람에 몸에 지녔던 돈을 몽땅 잃고 나중에는 갓과 옷이며 타고 온 말까지 톡톡 털리고 빈손으로 나앉고 말았다. 그러자 도박판은 끝이 나고 도박군들은 슬금슬금 돌아갔다.

주막집 빈방에 발가숭이로 혼자 남은 셋째는 앞이 캄캄하였다. 당장 래일 아침에 입고 나갈 옷이 없었다. 그는 가슴이 답답하여 마침 웃집마당에 빨래가 널려 있는것을 보고는 그것을 훔쳐입고 도망갈 생각을 하였다. 그래서 구렝이 담 넘어 가듯 슬그머니 담을 넘어가서 옷가지를 걷어들고 나오려는데 갑자기 주막집 문이 열리며《도적이야!》하고 소리치는 바람에 셋째는 덴겁을 해서 빨래가지를 내동댕이치고 담을 넘어 뒤산으로 도망쳤다. 그런데 그의 뒤에서는 장정들이 몽둥이를 들고 계속 따라오며《놀가지 산으로 뛴다! 저놈을 잡아라!》하고 소리지르는 바람에 급해난 셋째는 산속으로 뛰여들어갔다. 그는 나무가지에 온몸이 긁히고 찢기여 피투성이 되였다. 새벽녘에 목에서 겨불내가 나고 목이 말라 죽을 지경이여서 물을 마시러 산골짜기로 내려갔다. 시내물에다 입을 대고 황소처럼 물을 들이키다가 무엇이 텀벙하고 물에 떨어지기에 쥐여보니 그것은 상투에 꽂았던 비취동곳이였다. 그는 그것을 가지고 촌에 가서 옷 한벌과 바꿔 입고 곧 벽동을 떠났다.

하루는 그가 밥을 빌어 먹으러 큰 기와집을 찾아가니 대문밖에 웬 거지가 있었는데 하도 낯익어서 가까이 가보니 다름 아닌 그의 둘째형이였다. 그는 반가와 배고픈것도 잊고

《형님, 이게 대체 어떻게 된 노릇이요?》하고 물었다. 그제서야 둘째는 셋째를 겨우 알아보고 자기는 어떤 주막집에서 오과주를 마시고 세상만사를 잊었다가 술값으로 말까지 빼앗기고 쫓겨난후 이렇게 빌어 먹으면서 집으로 돌아간다는것이였다.

셋째는 둘째형을 이끌고 빌어 먹으면서 겨우 살아 집으로 돌아왔다.

아들 삼형제가 벽동군수를 잡으러 갔다가 잡지도 못한채 거지중에서도 상거지가 되여 돌아온것을 본 재상은 그만 화가 치밀어 《아이구! 우리 집은 망했고나! 아들 삼형제가 주색잡기로 망했고나!》하고 방바닥을 치며 대성통곡하다가 거품을 물고 지랄발광하던 끝에 정신병자가 되고 말았다고 한다.

총명한 처녀

한 시골총각이 서당에 가서 글공부를 하다가 섣달그믐께 방학이 되여 집에 와있었는데 마침 고개너머에 있는 한 훈장의 딸과 약혼이 되였다.
정월 보름날 총각은 각시도 볼겸 장인으로 된 스승님께 세배도 할겸 겸사겸사 하여 처녀의 집으로 갔다. 그가 처녀의 집에 가 인사를 하고 놀다가 돌아가겠다니 장인이 《간다는게 무슨 말이냐? 오늘은 보름이라 저녁을 일찍 해먹는 날이니 저녁을 먹고 가게.》하며 붙잡았다. 그래서 저녁까지 먹고 쥐불놀이를 구경하고 밤이 깊어서야 떠나게 되였다.
집으로 돌아오는 도중에 고개를 하나 넘게 되였는데 그 고개가 바로 도깨비들이 많다고 소문난 귀신고개였다. 하늘을 찌를듯이 높이 솟은 울울창창한 숲속을 터벅터벅 걷던 총각은 고개가 가까와 올수록 정신을 바싹 차렸다. 그가 올리막 중턱에 이르렀을 때 갑자기 뒤에서 이상한 소리가 들려왔다. 총각은 《이 귀신고개에 도깨비들이 있다더니 이제 정말 나오는가보다.》하며 홱 돌아서서 보니 흘러가는 검은 구름떼밖에 더 없었다. 그가 다시 걷는데 또 등뒤에서 왈각달각 소리를 내며 귀신이 따라왔다. 총각은 또 멈춰섰다. 그러니 귀신도 인차 자취를 감추었다.
《정말 귀신은 귀신이구나!》
총각은 걸음을 빨려도 보고 슬렁슬렁 뛰여도 보았지만 귀신은 그냥 그만한 속도로 쫓아왔으며 뛰면 뛸수록 더욱 요란한 소리를 내며 쫓아왔다. 총각은 점점 무서워났다. 머리카락이 곤두서고 심장이 방망이질을 했다. 그래서 그는 고개마루에 올라선 다음에는 두주먹을 부르쥐고 달리기 시작했다. 악을 쓰며 달릴수록 그놈의 귀신은 힘도 안들이고 그만한 거리를 두고 그냥 쫓아왔다. 입속으로 경문을 읽어도 쓸데없었다.
총각은 자기 집앞에 이르자 《귀신이야!》하고 소리 지르며 울바자를 안고 쓰러졌다. 부모들이 달려나와 보니 물투성이 된 아들이 인사불성이 되여 쓰러졌는지라 안아 들여다 가마목에 눕히고 구완했다. 어머니는 아들의 신을 벗긴후 난데없이 발목에 감긴 연줄을 풀어던지고 발을 씻어주었다. 반나절이 지나서야 총각은 정신을 차렸다.

《애야, 도대체 웬 일이냐?》

《귀신고개에서 도깨비를 만났어요.》

《그러게 내가 뭐라더냐. 일찍 돌아오라고 했는데…》

《장인께서 저녁을 먹고 가라기에 늦었어요.》

그날부터 총각은 자리에서 일어나지 못했다. 의원을 부르고 굿을 해도 쓸데없었다. 잔치날은 다가오는데 신랑은 자리에서 일어나지 못하니 부모들의 속은 재가 되였다. 그래서 하는수없이 신랑이 급병에 걸려 잔치날을 미룬다는 기별을 처녀집에 띄웠다.

훈장은 이 기별을 받고 깜짝 놀랐다. 그래서 편지를 가지고 안으로 들어가 부인한테 이야기했다.

《며칠전에 다녀간 사람이 죽을 병에 걸리지 않고서야 잔치날을 미루겠소.》

《무슨 곡절이 있지 않을가요?》

부모들이 주고 받는 말을 잠잠히 듣고만 있던 딸이 느닷없이 남복을 해달라고 졸랐다.

《갑자기 남복을 해선 뭘 하겠느냐?》

《제가 가서 신랑을 보고 오겠습니다.》

《애가 무슨 소릴 하느냐?》

《아버님, 제 말씀 들어보세요. 아버님께서 소녀를 맡기시려고 허락하신 남편이온데 사주단자만 받아도 모르겠는데 잔치날을 며칠 앞두고 병이 중하여 누워있다니 그러다가 죽고 보면 나만 망분과부가 될게 아닙니까? 남편의 얼굴도 보지 못하고 소녀 과부가 되여 독수공방하면 부모님인들 보기 좋겠습니까? 모르면 몰라도 알고서야 어찌 가만 있으며 가만 있은들 내 맘이 편하겠습니까? 남녀가 유별하니 녀자의 몸으로는 갈수 없어 남복을 요구하니 아버지의 옷을 줄여준다면 소녀 입고 가서 내 눈으로 보고 오겠나이다.》

훈장은 딸의 말을 옳게 여겨 부인보고 옷을 줄여서 주라고 했다. 당시 남녀의 구별이란 옷에 있었는데 남자는 바지저고리에다 조끼를 껴입고 녀자는 치마저고리를 입었다. 그리고 머리는 같이 땋았으나 남자는 검정댕기를 매고 녀자는 붉은 댕기를 맸을뿐이였다. 남복을 한 처녀는 머리에 검정댕기를 매자 신랑의 집으로 찾아갔다.

《그동안 기체만강하옵십니까?》

《자넨 누구더라?》

총각의 아버지는 낯모를 미인 총각의 인사를 받으며 되물었다.

《자제분의 글방 친구입니다.》

《그래?》

《아무개 어디로 갔습니까?》

《말 말게. 무슨 놈의 귀신이 붙었는지 누워서 앓고 있다네.》

《아니, 며칠전만 해도 훈장네 집에 놀러 온걸 보았는데요?》

《그러게 귀신이 붙었다질 않나!》

《한번 보고 갈수 없겠습니까?》

총각의 아버지는 먼곳에서 온 친구가 보고 가겠다는데 못한다고 할수 없어서 그를 데리고 아들의 방으로 들어갔다.

《애, 너 그새 몰라보게 축했구나. 대체 어디가 아파서 그러냐?》

처녀가 신랑곁에 쪼크리고 앉으며 병문안을 하자 총각은 녀자처럼 곱게 생긴 이 사람을 눈주어 보았다. 어디서 자주 보던 사람이였는데 도대체 누군지 딱히 생각나지 않았다. 그런데 자기보고 하는 말을 들어보면 자기를 잘 아는 사람이라는것만은 틀림없었다.

《이 앤 지난 보름날 선생님한테 가서 새해 인사를 하고 돌아오다가 도깨비고개에서 귀신을 만났다오. 무슨 놈의 귀신인지 이 애가 서면 그놈도 서고 이 애가 걸으면 그놈도 따라 걸었다오. 그바람에 놀라 병이 났는데 점을 치고 무당을 불러 굿을 해도 효험이 없으니 글쎄 잔치날은 당금인데 이 일을 어쩌면 좋소?》

《어머니, 너무 근심마세요. 그런데 그때 다른걸 본건 없습니까?》

《그날 이 애는 어찌나 놀랐던지 신에 연줄이 따라온것도 모르더구만.》

《들어보니 병이 날 일이 아닌데 병이 났구만요.》

《어떻게 하는 말이요?》

《이 친구가 연줄에 걸려 놀랐군요.》

각시는 이렇게 대답하고 나서 이번엔 총각에게 말했다.

《자네가 공부를 괜찮게 한다 했더니 헛했군그래. 남자대장부가 그만한 일에 놀라구서야 장차 무슨 일을 해내겠나.》

낯도 모르는 사람이 자기가 당해보지도 않고 희떠운 소리를 하는 바람에 총각은 괄시를 당하는것 같아 한마디 대꾸했다.

《자네 모르고 하는 소릴세. 임자가 한번 그놈의 귀신에게 걸려보게. 용뺴는 수가 있나!》

《하하하. 귀신은 무슨 놈의 귀신이야. 자네가 밤길에 오다가 땅에 떨어진 연줄에 걸린걸 모르고 끌고 오다보니 연이 언 땅에 끌리면서 왈가닥 소리를 내게 분명한데 평상시에 그 고개에서 귀신이 나온다는 말을 들은데다가 밤이여서 겁부터 먹다보니 놀란것일세. 자네 정 믿기 어려우면 우리 연을 하나 사다가 내기 하세.》

《사올게 있소. 그날 저녁 신을 벗기며 볼라니 총각 말대로 연줄이 걸려온걸 벗겨서 울바자에 걸어놓은채로 있다니까.》

신랑의 부모들이 들어보니 아들 친구의 말이 그럴사했다. 그때 정월 보름날이면 연놀이를 하다가 액막이들 한다면 연을 떼여버리는 풍습이 있었는데 밤이 되여 바람이 자니까 그 연이 땅에 떨어졌을게고 그것이 발목에 걸린걸 모르고 끌고 오다보니 연대가리의 참대가치가 땅에 끌리면서 소리를 냈을것이 분명했다.

친구와 어머니가 하는 말을 듣고 난 신랑이 벌떡 일어나 밖에 나가 그 연을 발목에다 걸고 걸어도 보고 달려도 보니 과연 연이 땅에 끌리면서 그날 밤에 들은것과 똑같은 소리가 나는것이였다.

《보라구. 그래도 내 말이 틀리는가?》

《젠장! 그런걸 그만 속았네!》

총각의 병은 마음에서 난 병이라 마음이 돌아서니 병이 인차 뚝 떨어졌다. 총각은 다짜고짜 가짜 총각의 손을 덥석 잡아 쥐였으나 누구인지 몰라 망설이다가 그저 《감사하오!》하고 인사하니 오히려 대방에서는 낯이 발개서 손을 빼며 어쩔줄 몰라했다.

그런데다가 부모들마저 아들의 병을 고쳐준 아들친구의 소행에 감동되여 그를 집으로 잡아끄는 바람에 난처하게 된 처녀는 《집에 급한 일이 있습니다. 다음날 잔치에 꼭 오겠습니다.》하고는 쫓기듯 달아났다.

동구밖까지 나오자 처녀는 새별같은 눈을 들어 신랑을 자라나게 바라보며 앵두 같은 입술을 열었다.

《나를 알만하신가요?》

≪그건 내가 묻고 싶던 말이요. 도대체 어디 사는 누구요?≫
≪닷새후면 아실거예요. 잘 계셔요.≫
그 말에 총각은 우두커니 선채로 ≪닷새후라? 닷새후라?≫하고 혼자말로 중얼거리며 그의 뒤모습만 멍하니 바라보고 있었다.
한참후에야 ≪오!…≫하고 무릎을 탁 친 총각은 그제야 그 총각 아닌 ≪총각≫의 류달리 반짝이는 새별같은 눈이며 보동보동한 손이며 꾀꼴새같은 목소리를 생기하고 그가 바로 자기의 안해될 처녀임을 알아차렸다. 그가 막 달려가 둔덕에 올라 바라보니 처녀는 어느새 먼곳에 사라지고 있었다.

선비의 딸과 가로정승

　옛날에는 임금이 아들을 장가보낼 때면 간선을 하였는데 신하들이 수소문하여 전국 방방곡곡에서 인물곱고 학식있고 재능있는 총명한 처녀를 네댓명 뽑아다 놓고 임금이 직접 보면서 선택을 하였다.
　그중에서 한사람만은 간선에 뽑히지만 나머지는 간선을 보였다고 하여 시집을 못가고 궁녀로 되였다. 그것은 장래의 임금하고 말이 있던 사람이 어찌 다른 사람에게 시집을 갈수 있는가 하는데서였다.
　바로 이런 때에 한 선비의 딸이 물망에 올라 간선을 보이게 되였다. 가난한 선비라 딸은 초라한 가마를 타고 아버지는 뒤에서 걸었다. 때는 섣달치고도 가장 추운 소한대목이라 살을 에이는 찬바람속에서 하루종일 걷다보니 짐군들도 맥이 진하여 고개를 넘어서자 주막집으로 찾아갔다.
　가마가 주막집 마당에 이르자 가마문을 열고 《애야, 얼마나 추웠느냐. 얼른 내려서 몸도 녹이고 자고 가자.》라고 하던 늙은이가 갑자기 울음보를 터뜨리며 《애야, 이게 웬 일이냐?》하며 느닷없이 통곡을 하였다.
　그때 마침 선비보다 먼저 와서 주막집에서 저녁을 먹고 있던 한 고을군수로 부임해가던 원님이 초라한 가마가 들어오는것을 내다보고 있다가 가마문을 열던 로인이 곡성을 터뜨리자 라졸을 시켜서 웬 일인가를 알아오라고 했다.
　《사또님께 아뢰옵니다. 상감마마의 부름을 받고 간선에 뽑혀가던 이팔규수가 얼어죽어서 부친되는 로인님이 울고 있는줄로 아뢰옵니다.》
　《뭣이? 그런 변이라구 있나! 죽은지 얼마 안됐으면 구완할수도 있겠으니 속히 들어다 따뜻한 내 방 아래목에 눕히고 구급토록 해라.》
　원님의 분부가 내리자 라졸들은 물론이요 주막집주인과 객들이 모두 일떠나 부산을 피우며 돌아가는데 원님이 손수 사향과 청심환을 더운 물에 타서 한순가락 두순가락 처녀의 입안에다 떠넣었다. 이리하여 처녀는 밤중만에 개복하였다.
　이튿날, 선비와 딸은 원님 앞에 꿇어 앉아

《사또님의 은혜 백골난망이옵니다.》
하고 큰절을 올리였다.
《소저가 개복했으니 천만다행이로다.》
원님은 이렇게 말하며 팔에 끼였던 집토끼 털로 만든 토시를 벗어서 주며 《내 몸에 지닌것이 없으니 이거나마 가지고 가면서 한기를 막도록 하시오. 원로에 조심해가시오.》
라고 했다.
선비와 딸은 너무나 감격하여 눈물을 하염없이 흘리며
《사또님의 은혜 대를 두고 잊지 않겠나이다!》
하고 맹세를 하였다.
원님과 작별하고 올라오는데 딸은 아버지보고 토시를 끼시라 하고 아버지는 딸더러 어서 끼라고 하였다.
《나는 이렇게 활개치며 걷는데 추울리 있나. 가마안에 옹크리고 앉은 네가 춥지. 그러니 내 걱정 말고 어서 네나 끼여라.》
《가마안은 방풍이 되여 춥지 않사오니 늙으신 부친님께서 어서 끼시옵소서.》
그들은 이렇게 서로 사양하다가 결국엔 한짝씩 끼고 서울로 올라왔다.
임금님이 선을 볼 때 구구히 누구의 딸인가고 물을것 없이 보면 인차 알수 있도록 꽃방석마다에다 아무 고을의 아무개라고 아버지 이름을 써놓아 처녀들은 자기 부친의 이름을 보고 그 꽃방석우에 앉도록 했다. 그러면 임금은 룡상우에 앉아서도 묻지 않고서도 누구의 딸이라는것을 알수 있었다.
나라에서 제일 예쁘고 이름난 처녀들이 자기 아버지의 이름을 찾아서 꽃방석우에 나비처럼 사뿐사뿐 꿇어앉는데 한 처녀만은 꽃방석우에 앉지 않고 방석뒤에 꿇어 앉았다. 임금은 그 처녀가 선비의 딸임을 알았으나 어째서 꽃방석우에 앉지 않는지를 알리 없었다.
《저 소저는 어찌하여 방석우에 앉지 않는고?》
《상감마마, 아뢰옵기 황송하오나 뿌리 없는 나무 어디 있으며 부모 없이 태여난 자식이 어디 있겠나이까. 소녀 앉을 방석우에 부친님의 성함이 있사옵기에 깔고 앉을수가 없는줄로 아뢰옵나이다.》
그제야 임금은 과시 총명하고 례의범절이 출중한 효녀로다!하고 속으로 흐뭇하게 생각하며 처녀들의 총명재질을 알고저 이것저것 문의하였다.

≪이 세상에서 무엇이 제일 무서운고?≫

그러자 처녀들은 뒤질세라 법이요, 귀신이요, 량반이요, 임금이요 하고 대답하는데 선비의 딸만은 대답을 안했다.

≪저 소저는 무서운게 없는고?≫

≪예, 있사옵니다.≫

≪그래 뭣이 제일 무서운고?≫

≪식솔은 많은데 쌀독에서 바가지 긁히는 소리가 나는것이 제일 무서운줄로 아리옵니다.≫

(그렇지! 나를 놓고 봐도 국고에 돈과 쌀이 없어서 만백성이 기아에 허덕이고 보면 이보다 더 무서운게 있을가? 과시 나라 쌀독을 책임질만한 주부의 대답이로다.)

임금님은 만족스럽게 생각하면서도 가타부타 대답은 아니하고 또 물었다.

≪이 세상에서 무슨 꽃이 제일 좋은고?≫

그러자 이번에도 처녀들은 너도 나도 하고 모란꽃이요, 매화꽃이요, 장미꽃이요, 련꽃이요 하고 제각기 말하는데 선비의 딸만은≪꽃중에서 제일 좋은 꽃은 목화꽃인줄로 아뢰옵니다.≫라고 대답 올렸다.

임금이 그 뜻을 좀 더 알고 싶어서

≪목화꽃으로 말하면 향기도 없고 빛갈도 보잘것없는데 뭣이 그리 좋은고?≫ 하고 캐물었다.

≪목화꽃으로 말하면 꽃이 피였다 지고 결실하게 되면 목화가 되지 않나이까?≫

≪그래서?≫

≪그것을 타서 만백성은 물론이요, 임금님의 옥체를 보전하시도록 추위를 막을수 있사오니 이보다 좋은 꽃은 없는줄로 아뢰옵니다.≫

이리하여 선비의 딸이 간선에 뽑히여 임금의 아들과 잔치를 했다. 그후 임금이 돌아가고 태자가 왕위에 오르자 선비의 딸은 왕후가 되였다. 그러나 왕후는 종일 가야 웃을줄 몰랐다. 그래서 새임금은 의아쩍게 여겨

≪중전께서는 한낱 시골선비의 딸로서 왕후까지 되였는데도 뭣이 부족하여 웃을줄을 모르시오?≫

하고 롱삼아 물었다.

《상감마마의 은총을 한몸에 지니게 되였사오나 맘속에 숨어 있는 한가지 일을 처리하지 못하여 그러하옵나이다.》

《무슨 사연인지 짐에게도 알릴수 없단말인고?》

《국사에 바쁘도는 상감마마께 심려를 끼쳐드릴가봐 아뢰지 못했나이다.》

《어려워 말고 어서 들려주시오.》

이리하여 선비의 딸인 왕후는 간선 보러 올 때의 일을 이실직고 하고는

《그런 고마우신 사또님이 계셨기에 제가 오늘처럼 상감마마를 모실수 있는 기쁨을 가졌사온데 그 은혜 만분의 하나라도 갚지 못하여 웃지를 못하고 있나이다.》

하고 아뢰였다.

《아! 그런 사연이 있었구려. 용서하오, 중전!》

《성은이 망극하옵니다. 마마!》

임금이 즉시로 령의정을 불러 아무때 수원고개아래 주막집에 들러간 군수를 알아서 대령케 하라고 하명하니 어명이라 불과 며칠만에 그 군수가 어인 영문인지 모르고 불리워왔다.

왕후가 집토끼털로 만든 토시를 군수에게 내보이며 알만한가고 물으니 그는 깜짝 놀라며 아무때에 간선보러 가는 규수에게 준 자기의 토시라고 했다. 왕후는 자기가 바로 그때 그 규수라고 말하고나서 군수를 반겨맞았다. 왕후는 군수를 친부모 모시듯하였다. 후에 군수는 순풍에 돛단듯 벼슬길에 올라 정승으로 되였다. 그래서 사람들은 그를 가토정승이라 불렀다고 한다.

임진사와 그의 며느리

옛날옛적 한 고을에 임계현이라는 진사가 있었다.

임진사는 팔자가 기박했던지 중년에 상처하고 후처를 맞아 들였다. 전처에게서 아들 하나를 둔 그는 후처를 맞아 또 소생을 보았다. 옛말에 후처한테 감투 벗어지는 줄 모른다건만 임진사는 대범한 사람이라 후처가 전처의 아들을 괄시하는것을 눈치채자 아들이 계모한테서 눈치밥을 먹지 않게 하려고 급히 서둘러 장가를 보내였다.

아들이 장가가는 날 임진사는 후행으로 따라갔다. 그런데 첫날밤에 어떤 놈이 신방에 뛰여들어 신랑의 목을 베여갔다.

비보를 들은 각시 아버지는 깜짝 놀란 나머지 딸을 결박지어 뜰아래에 꿇어앉혀놓고 몽둥이찜질을 하며 문초했다.

《이년, 같이 자던 가군이 머리가 달아났으니 이게 웬 일이냐? 바른대로 이실직고하라!》

옷이 찢어지고 머리가 헝클어져 얼굴을 덮었건만 새각시는 그걸 쓸어올릴념도 없이 눈물을 좔좔 쏟으며

《아버님, 다른 사람은 모른다 해도 아버님이야 이 딸이 청백함을 어찌하여 믿지 못하나이까?! 소녀 티끌만한 죄라도 있다면 이 자리에서 생벼락이라도 달게 받겠나이다.》

하고 애절하게 부르며 통곡하다가 기절하여 쓰러졌다.

임진사도 첫날밤에 아들의 머리가 쥐도 새도 모르게 없어졌으니 이는 분명 며느리된 요부가 다른 사내와 짜고들어 죽였거나 아니면 며느리를 탐내여 짝사랑하던 놈이 둘이 곤히 잘 때 아들의 머리를 잘라 갔으리라고 생각했다. 장례를 하던 날 며느리는 시아버지를 보며 《아버님, 소녀 이미 임씨가문의 사람이 되였은즉 죽은 랑군님이라도 따라가서 함께 묻히겠나이다!》하고 관을 붙잡고 따라 나섰다.

(며느리가 정녕 내 아들을 죽였다면 제아무리 흉내를 낸다한들 어찌 저다지도 슬퍼하며 또 지꿎게 따라와 죽기를 바랄소냐!)

이런 생각이 든 임진사는 《뭘하러 쫓아오겠느냐. 죽은 사람은 기왕 죽었으니 산 사람이야 살아서 죽은 사람의 원쑤를 갚아야 하고 루명도 벗어야지.》하고 피눈물을 삼키며 며느리를 준절히 꾸짖었다.

겨우 며느리를 떼여놓은 임진사는 아들의 시체를 묻고 돌아와 그날부터 사랑방에 들어가더니 두문불출하였다.

새각시는 생각할수록 기가 찼다. 자기는 어디까지나 청백하다고 해도 둘이 자다가 남편의 목을 잘라가는것도 몰랐으니 사람들이 자기를 의심해도 변명할 말이 없게 되였다. 그래서 몇번이나 자결하려다가 《남편의 원쑤를 갚고 루명을 벗어야지!》라고 하던 시아버지의 말이 귀에 쟁쟁한지라 마음을 고쳐먹고 원쑤 갚을 생각을 품게 되였다. 헌데 아무리 생각해봐도 자기 집안과 자기 마을에는 남편을 죽일 사람이 없었다. 그러니 신랑집이 아니면 이 마을에 남편을 죽인 원쑤가 있겠다고 짐작했다.

그래서 새각시는 거지행세를 하며 임진사 집 근처에서 빌어먹으며 다니다가 밤이 되면 아무도 모르게 그 집 안채 마루밑에 기여들어가 쪽잠을 자군 했다. 이렇게 하기를 석달이란 세월이 흘렀다. 그러던 어느날 밤, 그 집 키꺽다리종놈이 술이 얼근하여 씨근덕거리며 마님의 방으로 들어가더니

《래일래일 하더니 이젠 석달이 지났수다. 난 더는 못참겠소!》

하며 큰소리치는것이 들려왔다.

(어찌하여 종놈이 야밤중에 내당엘 무랍없이 뛰여들어 저렇게 큰소리를 탕탕 칠가?)

이상한 생각이 든 새각시가 귀를 기울이니 상상외로 마나님의 은근한 목소리가 도란도란 들려와서 저도 모르게 마루밑에서 기여나와 창문에 다가가 귀를 바싹대고 엿듣다가 창호지를 뚫고 안을 들여다보았다. 젊은 마님이 종놈의 손을 잡고 귀에다 입을 대고 소곤소곤 뭣이라고 얼리고 닥치건만 종놈의 말소리는 외려 높아만 갔다.

《그따위 소리는 이젠 귀에 못이 박히도록 들었소. 모가지만 잘라오면 종문서도 없애고 남산의 개똥밭 열마지기에다가 부엌데기 간난이한테 장가까지 보내주고 세간나게 해준다던것이 어느 한가지 성사된게 있소?》

≪목소릴 좀 낮춰! 말이 령감귀에 들어가면 자네나 내나 황천객이 된다는걸 몰라?≫

주인 마누라가 얼굴이 파랗게 질린채 손으로 삿대질하며 엄포를 놓건만 소귀에 경 읽기였다.

≪이래 죽으나 저래 죽으나 한번 죽기는 정해 놓았으니 난 겁나지 않소. 겁이 나면 어서 종문서를 내 앞에서 태워버리고 간난이와 잔치나 시켜주오.≫

≪이 사람아, 자네도 보다싶이 령감이 두문분출하며 아무도 안만나니 말을 할 새가 있어야지. 그리구 간난이는 내 말을 듣고 밤마다 나가있다싶이하여 매일 부부 정을 나누면서두 뭘 그래. 잔치하면 별 다른줄 아나! 자, 여기 술 댓냥 있으니 래일 아침 해정술이나 하게.≫

주인마누라는 허리춤을 헤치더니 또 은전을 내놓았다. 여느때 같으면 입이 헤벌쭉해서 돈을 움켜쥐고 고패절을 하며 돌아갈 종놈이였건만 오늘은 돈을 꺼낼 때 잘 먹고 고이 놀아서 허여멀숙해진 계집의 살결을 보자 딴 마음이 불쑥 생겼다. 중이 고기맛을 보면 빈대를 잡아먹는다더니 총각으로 늙다가 머슴처녀를 상관하더니 담이 커지고 미립이 튼 모양이였다.

≪그까짓 돈으로 날 또 얼리려구요? 흥, 어림두 없수다. 기왕 줄라면 잔치할 돈이라도 주시우.≫

여우보다 눈치가 빠르고 참새골을 쓰는것이 어리숙한 계집들의 재간이라 주인 마누라는

≪그런 돈이 내게 있으면 진작 주었지 속이 재가 되도록 여직 있었겠나.≫

하고 눈을 할기죽거렸다.

≪정 그렇다면 할수 없수다. 장가도 못갈바에는 꿩대신 닭이라고…≫

억대같은 종놈은 징글스럽게 웃었다. 주인마누라는 종놈을 얼리느라고 추파를 던진것인데 종놈은 그런것도 모르고 주인마누라한테 접어들었다.

≪어찌겠소, 내 요구를 들어주겠소? 아니면 령감님께…≫

종놈이 왕패를 내드니 막다른 골목에 이른 계집은 기왕지사 내친 걸음이니 끝을 보고 시름을 놓을수밖에 없다는데서

≪그래, 내 몸을 한 다음에는 아무 소리도 안하지?≫

하고 따지였다. 종놈이 그 소리를 기다렸다는듯 헤헤 웃으며

≪거야 물론이지유…≫

하고 주인 마누라를 끌어안았다. 주인 마누라는 반항할 힘도 없었거니와 반항해도 쓸모없음을 알고 눈을 딱 감고 말았다. 종놈이 두손으로 계집의 몸을 이리저리 주무르니 온몸이 불덩이처럼 달아오른 계집도 참지를 못하고 머슴의 목을 끌어다 제 얼굴에 대고 비비였다.

며느리는 그 꼴을 보고 구역질이 나 물러서서 임진사에게 고하려다가 다시 생각해보았다. 분명 년놈의 작간으로 남편을 죽였겠는데 증거가 없었다. 먼저 남편의 수급을 어디다 묻었는지를 알아야 했다. 그래서 좀 더 상세히 알려고 그길로 종놈의 집울안에 가 숨어서 종놈이 오기를 기다렸다. 밤중이 잘 되여서야 종놈이 돌아왔다. 그러자 녀인의 쨍쨍한 목소리가 들렸다.

《아니, 남을 오라고 해놓고 인차 다녀온다던게 이게 어느땐가요? 오늘은 영낙없이 밭문서와 잔치할 돈을 받아 온다더니 받아 왔겠지요?》

볼부은 소리로 캐고 드는것은 부엌데기 간난이의 목소리였다. 종놈은 마음이 켕기였으나 부러

《허허, 그년이 어떤 계집이라고…》

하고 어물쩍거리려 하였다.

《내 그럴줄 알았어요. 물렁팥죽같은 당신이 여우같은 그년한테 또 속히웠지 별수 있나요. 보아하니 당신은 증거가 똑똑하지 못하니까 이븟아비 제사날 미루듯하는게 안예요?》

《왜 증거가 똑똑치 못해? 그러지 않아도 여우같은 년이 내가 떼온 수급을 보고 내다 묻으라는걸 후일을 생각하고 다락우에 있는 궤속에다 넣어뒀는데두. 내가 종노릇한다고 뼈도 없고 심줄도 없는 무골충인줄 아나.》

《호호호 건 참 잘했어요. 종문서를 돌려주고 잔치돈을 줄 때까지 없애지 말아요.》

《젠장, 암탉이 울면 집안이 망한다는데 뭘 알아 이래라저래라하는거야?!》

《흥, 잔치돈도 못얻어오는 주제에 큰소리는…》

《말두 말아. 그래도 내가 한마디 하니까 발바리처럼 손을 싹싹 비비고 눈물코물 쮀짜면서 품속으로 기여들던데…》

종놈이 흥분해서 아니할 말까지 하다보니 그만 그 내막이 드러나고야 말았다. 시앗을 보면 길가의 돌부처도 돌아앉는다고 간난이는 눈꼴이 사나와 입술을 바르르 떨었다.

≪알았어! 그런 노릇하느라고 이제야 왔지? 훙, 그년은 지은 죄가 두려우니깐 당신 입을 막자고 종놈과 화낭질까지 했군! 내 가만있을줄 알아?≫
≪이년이 말이면 다하는줄 아나?!≫
종놈은 말을 해놓고 보니 잘못되였는지라 완력으로 누르려고 을러멨다.
≪큰소리치면 누가 무서워말줄 아나봐.≫
≪이년이 환장했나, 주먹맛을 봐야 알겠나?≫
종놈이 달려들어 뺨을 답새기는지 찰싹 소리가 연거퍼 나더니 이윽고 녀자가 발악하는 소리가 들려왔다.
≪누구보고 이년이래? 네놈이 언제 내 머리를 얹어주었나? 때려라, 때려! 사람 죽이기에 이골이 난 놈, 어서 죽여라!≫
이제는 모든것이 손금 보듯 환했다. 며느리는 몸을 빼여 임진사가 거처하는 사랑채로 갔다.
≪아버님 계시옵니까?≫
≪누구 찾소?≫
≪예, 아버님께 긴히 여쭐 말씀이 있사오니 문 좀 열어주옵소서.≫
≪아니, 누가 야밤삼경에 이러느냐?≫
≪아버님의 며느리옵니다.≫
문이 벌컥 열렸다.
≪아니 자네가 어떻게 이 밤중에 여길 왔나?≫
며느리는 무릎을 꺾고 앉아 임진사에게 문안한후 자기가 남편의 원쑤를 갚기 위해 석달동안이나 거지로 가장하고 돌아다닌 그 경과를 이야기했다.
≪아버님, 원쑤를 찾았나이다…≫
≪뭣이라?! 그래 그게 어느 놈이더냐?≫
≪바로 이 울안에 있사옵니다.≫
≪내 집안에, 내 집안에 흉수가 있다니?!≫
임진사는 초풍할 지경으로 놀라서 앉은채 썰매를 타며 며느리쪽에 다가앉았다.
며느리가 자초지종을 이야기하니 임진사는 한마디도 놓칠세라 귀담아 들었다. 임진사는 그럴법도 하다만 나와 같이 사는 치마 두른 녀인이요, 명색이 계모인데 설마 자식을 죽였을가?고 생각하더니 말없이 자리를 차고 일어나 곧추 다락으로 갔다. 궤짝마다를 들추다가 마지막 궤속에서 첫날옷에 꽁꽁 싼 아들의 수급을 찾아냈다. 초불을 가까이하고 들여다보니 그때까지도 아들은 눈을 감지 못하고 있었다.

임진사는 그 길로 내당에 들어가 후처 앞에 보자기를 내놓았다. 후처는 악소리를 지르며 뒤로 벌렁 자빠졌다. 임진사는 그년의 머리태를 거머쥐고 엄포를 놓았다.

《이년, 살고 싶으면 이실직고하라!》

살려고 하는것은 사람의 본능인데다가 또 자기가 직접 죽이지는 않았으니 아들까지 낳고 사는 부부지간에 설마 내쫓으랴 싶어서 후처는 사실대로 탄백했다.

《내가 낳은 자식하테 재산을 넘겨 주려고 종놈을 시켜서 죽이게 했사옵니다…》

《어째서 하필 첫날밤에 죽였느냐?》

《그래야만 며느리가 죽인것으로 되겠기에 그랬습니다.》

임진사는 하인더러 인차 종놈을 붙잡아 오라고 했다. 그는 종놈을 끌어오자 후처와 함께 결박하여 골방에 처넣고 밖에 못을 박았다.

그런 다음 창고를 털어 하인과 머슴들에게 재물을 나눠주고 갈데로 가라 하고는 손수 집과 창고에 불을 질렀다.

《이 사람 며느리, 볼 면목이 없네!》

임진사는 백지와 붓을 얻어 무엇을 써서 그것을 품속에 넣고 며느리와 같이 뒤산으로 가서 아들을 다시 매장하였다. 며느리가 남편의 무덤에 쓰러져 하도 슬피 울며 사설하는게 이상해서 임진사가 슬그머니 눈치를 보니 아니나 다를가 며느리는 품속에서 비수를 꺼내여 자결하려고 했다. 그때 임진사가 뢰성벽력같이 소리치며 발로 비수를 쥔 며느리의 손을 차니 비수가 땅에 떨어졌다.

《며느리! 공연한 생각일세. 죽은 사람은 기왕 죽었으니 할수 없거니와 산 사람이 뭣때문에 연고없이 죽겠나. 초년에 고생은 은을 주고도 못사며 고진감래라는 말도 있으니 자네처럼 마음곱고 절개있고 앞길이 구만리같은 청춘이 죽기는 왜 죽겠나! 그래서 내 며늘애기 부친께 상세한 이야기를 썼으니 이걸 가져다 드리고 자네도 팔자를 고치고 잘살게!》

《아버님은요?》

《내 걱정은 말고 어서 떠나게!》

며느리를 본가로 떠나 보낸 임진사는 고향산천을 한바퀴 휘 돌아보고 나서 그 길로 강원도 금강산을 찾아가 머리 깎고 중이 되였으니 그가 바로 후날 임진왜란때 모향산에 있는 서산대사와 함께 불후의 업적을 쌓고 사신으로 일본까지 갔다온 유정(송운대사, 사명당)이라고 한다.

총명한 선우송

옛날 한 고을에 서당이 있었다. 하루는 서당훈장이 쉼시간에 제자들의 지혜를 떠보려고 방에 올방자를 틀고 앉아서

《자, 누구든지 말로써 나를 정지방으로 내려가 앉게 해봐라.》

고 했다. 그러니 학생들이 앞을 다투어가며 너도 한마디 나도 한마디씩 칭찬도 해보고 얼려도 보았지만 훈장은 들었는지 말았는지 태연스레 앉아 담배만 뻑뻑 피우고 있었다.

급해난 아이들은 혹 욕질을 하면 훈장이 노여워 정지방으로 내려오지 않겠나 해서 눈을 감고 입에 담지 못할 쌍욕까지 해보았지만 그래도 훈장은 까딱하지 않았다.

그런데 이때까지도 말 한마디 없이 말뚝처럼 서서 미간을 잔뜩 찌프리고 서있는 아이가 하나 있었다. 그가 바로 가난한 시골집에서 춘하추동 사시절을 하루도 빠지는 날이 없이 10여리 산길을 오가며 부지런히 공부하는 선우송이라는 아이였다.

훈장이 애들을 휘둘러보다가 선우송이를 보자

《너는 어찌하여 말 한마디 없느냐?》하고 물었다. 그제야 선우송이는

《예, 선생님은 정말 어려운 문제를 내놓으셨습니다. 전 선생님을 정지간으로 내려가시게 할수는 없지만 정지간에 앉은 선생님을 방으로 올라오게 할 자신은 있습니다.》

하고 아뢰였다. 그러자 훈장은 코웃음을 치며

《네 소원이 정 그렇다면 어디 해봐라.》

하고 정지방으로 내려가 앉았다. 그러자 선우송이는 입을 싸쥐고 깔깔 웃어대며

《선생님, 선생님께선 이젠 정지간에 내려왔습지요?》

하고 말했다. 벌써 선우송이가 웃는 소리에 《아차!》하고 아이의 지혜에 속아 넘어간것을 알게 된 훈장은 껄껄 웃으며

≪그래그래 내가 졌다, 졌어.≫
하고는 더욱 호탕하게 웃었다.
≪선생님, 하나 더 내십시오.≫
≪자, 그럼 한문제 더 내겠으니 잘 듣고 대답해보아라. 전에 한 로인이 길을 가다가 점심때가 지나서야 한 초가집을 만났는데, 금강산도 식후경이라고 어찌나 배가 고픈지 제집처럼 문을 열고 들여다보니 어른들은 안계시고 너희들 나이나 됨직한 소녀밖에 없었단다. 그 소녀가 하두나 귀엽게 생겼길래 로인은 일부러 벙어리로 가장하고 손짓으로 자기 배와 입을 가리키며 먹을것을 청했단다. 소녀가 알겠다고 고개를 끄덕이고나서 정지간으로 나간지 얼마 안되여 밥상이 들어왔는데 이밥 한사발에 물고기 한토막과 깍두기 한접시에 숭늉 한그릇이였다.
이제부터 잘 들어라. 헌데 새하얀 이밥우에는 뉘 세알이 당그랗게 놓여 있었다. 이를 본 로인은 빙그레 웃으며 머리를 끄덕이더니 밥 한사발과 무우김치 한접시를 게눈감추듯하고 숭늉 한그릇도 밑굽을 내더니 물고기는 네토막으로 내여 돌려 내보냈단다. 접시우에 놓여있는 물고기 네토막을 본 소녀는 그길로 달려들어와 로인님 앞에 무릎을 꿇고 엎드려 절을 하면서 잘못했노라고 용서를 빌었단다. 그러자 로인은 껄껄 웃으시며 기뻐하셨지. 자, 이야기는 예서 끝이 났다. 그러면 그 소녀는 무엇때문에 뉘 세알을 놓았으며 로인은 그걸 보고 어째서 고개를 끄덕이며 웃었겠느냐? 그리고 로인은 무엇때문에 고기를 네토막으로 내여 되돌려 보냈으며 또한 그 뜻이 무엇이길래 소녀는 절을 하며 용서를 빌었는지 얼른 적어서 바치도록 해라. 그리고 더 쓸만한 학생은 로인이 어째서 웃었겠는가를 추리해서 써보도록 해라.≫

지금까지 재미나게 듣고있던 제자들은 훈장의 말씀이 끝나자 웅성거리기 시작했다.

머리를 갸우뚱거리며 생각하는 아이가 있는가 하면 붓대를 입에다 물고 생각하는 아이도 있었고 괜히 백지를 부산스레 매만지는 아이도 있었으나 답안을 쓰는 아이는 하나도 없었다.

그런데 훈장이 문제를 내놓고 담배를 절반도 태우지 못했는데 선우송이가 답안지를 선생님께 바쳤다. 훈장은 의심이 들어서 답안지를 받아들고 즉석에서 내리읽었다. 훈장은 깜짝 놀랐다.

≪소녀가 뉘 세알을 놓은것은 로인님은 <뉘세요?>하고 물은것이옵니다. 그래

서 로인은 소녀의 총명에 감복되여 고개를 끄덕이며 웃었고 밥과 김치를 다 먹는것으로 잘 먹었다는것을 표시했으며 고기를 네토막내여 내보낸것은 자기는 아무개라고 대답한것인데 소녀는 손님이 <어사>(魚四-고기가 넷이니 어사임)라는것을 알고 깜짝 놀라서 그길로 달려와서 잘못했노라고 절을 하며 용서를 바랐습니다. 그러자 암행어사 로인은 소녀를 나무랄 대신에 그의 지혜와 총명에 감복되여 인재를 발견했다고 기뻐서 껄껄 웃었습니다.≫

이리하여 훈장은 선우송이를 장차 나라의 동량지재로 여기고 더욱 잘 가르쳤는데 선우송이는 부지런히 공부하여 후에 과거에 급제하고 부원군으로 됐다고 한다.

삿갓가마

옛날 한 량반의 아들이 절에서 10년동안 공부를 하고는 ≪이만하면 과거를 볼수 있겠지.≫하고 집으로 돌아오고 있었다.
　원래 난봉군인 이 량반의 아들은 범같이 무서운 아버지의 우격다짐에 못이겨 절에 가서 글을 읽었는데 공부를 하면서 불공드리고 돌아가는 유부녀들을 남몰래 겁탈한것이 한두사람만이 아니였다. 그는 집으로 돌아가다가 점쟁이를 만난김에 과거에 급제할수 있겠는지 한번 점을 쳐볼 생각을 했다. 그래서 사람들 틈을 비집고 들어가서 은전 다섯잎을 점쟁이의 손에 쥐여주며 갈길이 바쁘니 자기 점부터 쳐달라고 했다.
　≪하하, 내가 점을 치다가 이런 점은 처음 보았소이다.≫
　≪도대체 점괘가 뭐라고 나왔소?≫
　≪창룡산하 계월침이요, 배년붕반 원무심이라 했소이다.≫(蒼龍山下桂月枕, 配年朋半怨无心)
　≪그게 도대체 무슨 뜻이요?≫
　≪글쎄올시다. 나도 점을 수천번 쳤으나 이런 점은 처음이올시다.≫
　≪그것두 풀지 못하는 주제에 점을 쳐?≫
　량반의 아들은 꽥 소리를 지르며 발길로 점쟁이를 차놓고 엽전을 도로 빼앗아쥐고 훌 가버렸다.
　그런 량반의 아들이건만 운수가 좋았던지 애비의 덕을 입어 중년에야 과거에 급제하여 황해도 해주 부윤으로 내려가게 되였다. 가마에 점잖게 올라앉아 거드름을 피우며 가고가던 그는 어느 갈림길목에 이르렀다.
　이때 저쪽에서 신랑이 탄 꽃가마가 달려오더니 갈길이 급했던지 부윤이 앉은 가마가 지나갈 길을 가로질러 건너갔다.
　≪하잘것없는 신랑가마가 원님의 행차길을 가로건너 가다니? 례의범절도 모르는 저런 방자한놈 봤나?≫

부윤은 괘씸한 생각이 울컥 치미는지라

≪묻지 말고 저안에 있는 놈을 붙잡아 말꼬리에 달고 가자!≫하고 추상같은 령을 내렸다.

리방과 라졸들이 달려들어 신랑의 두손목을 결박지은 다음 그를 말꼬리에다 달아맸다. 말이 천천히 걸어도 뒤발에 채여서 죽겠는데 말에 채찍질까지 하니 신랑은 얼마 가지 않아 죽고 말았다.

그리하여 신랑이 오기를 손꼽아 기다리던 신부는 동방화촉은 고사하고 신랑의 얼굴도 보지 못한채 생과부가 되고말았다. 생각할수록 기막히고 원통했다. 신부는 땅을 치며 통곡하고 하늘을 우러러 하소연해도 미여지는 가슴을 달랠길 없었다. 그러다가 밖에 놓인 꽃가마를 보자 무슨 생각이 들었던지 가마를 령구로 삼아 신랑의 시체를 가마에 모시게 하고 새 이불안을 뜯어내여 자기 가마에 씌운 다음 소복단장하고 가마에 올라앉아 신랑네 집으로 떠났다. 하여 잔치날 난데없는 삿갓가마가 신랑가마의 뒤를 따르게 되였다.

삿갓가마를 타고 시집을 가서 남편의 장례를 지내고 난 새각시는 시아버지를 찾았다.

≪아버님, 참을수가 없나이다. 남편의 원쑤를 꼭 갚겠사오니 남편이 생전에 입던 옷 한벌만 주십시오.≫

아들의 시체를 모시고 삿갓가마를 타고 와서 장례를 지낸것만 해도 보통녀자가 아닌데 피에 맺힌 아들의 원쑤까지 갚아주겠다니 말릴 부모가 어디 있으랴. 그의 시부모들은 그에게 원쑤가 다름아닌 해주부사이니 부디 조심해서 처사하라고 신신당부했다.

그날로 새각시는 남복을 하고 해주로 떠났다. 그런데 기회를 찾아 원쑤를 갚으려 하였으나 그런 기회가 좀처럼 생기지 않았다. 읍내의 아전들도 원님을 만나뵙기가 어려운데 타지방에서 온≪시골총각≫이야 말해 무엇하랴.

새각시는 생각하고 생각하던 끝에 남복을 벗고 기생이 돼야겠다는 생각을 했다. 다른 기생보다 출중하면 계집을 좋아하는 원님을 조용히 만날수가 있을것이며 잘만하면 원님의 부중기생이 될수도 있을것이라고 생각했다. 새각시는 집에 돌아가 재산을 털어가지고 서울로 올라가서 퇴기기생과 명창기생들을 찾아다니며 가무를 배웠다.

그런후에 남동생을 데리고 해주로 내려가서 집을 사고 ≪계월기생집≫이라는 문패를 내걸었다. 그러자 해주일판의 어중이떠중이 활량들과 알건달들이 밀려들더니 계월이는 해주바닥에 둘도 없는 미인이요, 노래 잘 부르고 춤 잘 추는 기생이라는 소문이 쫙 퍼졌고 지어 남자로 생겨나서 계월기생을 못보면 병신이고 대장부 아니라는 말까지 떠돌았다. 그래서 한다하는 량반나으리들도 계월기생을 찾아갔다. 헌데 그들은 계월이가 어찌나 요염한지 보기만 해도 뼈마디가 물러앉아 그의 손목 한번 쥐여보지 못하고 녹초가 되여 새끼를 꼬며 돌아가군 했다.

며칠후에는 계월이란 기생이 어찌나 도고한지 고을량반들의 부름에도 응하지 않고 자기 집에서만 손님을 맞이한다는 소문이 파다하게 퍼졌다. 부중의 벼슬아치들이 남먼저 그를 조용히 만나려고 례물을 보냈건만 한달안에는 이미 약속한 사람들이 꽉 차서 받지 않고 돌린다는것이였다.

발 없는 말이 천리를 간다고 그런 소문이 고운 녀자라면 오금을 못쓰는 해주부윤의 귀에 안들어갈리 만무했다. 기생 계월에 대한 이야기를 얻어들은 부윤은 달밝은 보름밤에 변복을 하고 따라나서는 라졸들을 돌려보낸후 단신으로 살그머니 기생집으로 갔다. 그러자 기방에 앉았던 류방나으리들이 내 꼬리 봐라 하고 줄행랑을 놓는 바람에 계월이는 묻지 않고서도 이자가 바로 사또라는것을 대뜸 알아차렸다.

《얘, 아무개야, 얼른 방을 깨끗이 닦고 새요를 편다음 꽃방석을 내다놓고 사또령감 모셔라. 아무개야, 너는 대문을 닫아 걸고 다른 손님은 받지 말아라.》

사또는 기생이 자기를 위해 부산을 피우는것이 은근히 기뻤다. 사또는 방에 앉자마자 어느새 새옷을 갈아입고 분단장을 다시 하고 들어오는 기생을 보게 되였다. 얼굴은 실로 방금 솟아오른 달덩이요, 몸매 또한 물찬 제비라 아까 문밖까지 마중나와 모시지 않아 고깝던 마음은 봄눈 녹듯 녹아버리고 말았다.

《사또님께 루추한 저의 집을 이렇게 찾아주시니 황송하기 그지없나이다.》

첫날각시처럼 아장아장 걸어들어와 아미를 숙이고 무릎을 꺾고 앉으며 례하는 그 모습이 어찌나 황홀했던지 입을 헤벌리고 엉덩방아를 찧던 사또는 《과시 소문과 다름이 없고나!》라는 생각이 들어 대답을 못하고 있다가 수염을 쓰다듬으며

《그래 재주가 하도 뛰여났다기에 내 한번 보려고 나왔노라.》

하고 점잖게 화답했다. 술잔이 오가고 노래와 시조로 간을 녹이니 얼근하게 된 사또는

≪좋아, 좋아. 그대는 내 품에만 안기려고 다른 놈들을 거들떠보지도 않았구나. 래일중으로 너를 부중기생이 아니라 안해로 맞을테여. 요 귀여운것아!≫
하며 기생을 그러안으려 했다.
≪사또님께서는 취하셨나보옵니다.≫
≪어, 그래그래, 나 취했구나. 기왕 왔던바에 하루밤만 자고 갈가?≫
≪소첩은 하루밤만이라면 싫소이다.≫
≪하하하, 그래? 그럼 오늘부터 영원할 동방화촉에 보금자리를 마련하여라.≫
≪예!≫
계월이는 술상을 물리고 품속에다 비수를 품은 다음 방에 들어와 비단이불을 펴고 베개를 놓았다.
그새를 못참아서 옷을 훨훨 벗어던지던 부윤은 무슨 생각이 들었던지
≪내가 여직 네 이름을 묻지 않았군. 무엇이라 부르느냐?≫
하고 물었다.
≪계월이라 부르옵니다.≫
≪계월이라? 계수나무에 걸린 달이로구나! 그 이름 참 좋다.!≫
≪이름만 좋고 저는 나쁘시단 말씀이옵니까?≫
≪아니, 아니지. 그럴리가 있나.≫
자리에 누우려던 사또는 보름달빛이 베개우를 환하게 비추는지라 그 빛을 따라 밖을 내다보니 달빛아래 거무칙칙한 산이 우뚝 솟았는것이 눈에 띄여
≪저 산 이름이 뭐지? ≫하고 물었다.
≪창룡산이라고 하옵니다.≫
≪뭣이?≫
그말에 사또는 깜짝 놀라서 벌떡 일어났다. 평생 마음속에 잊혀지지 않는것은 절에서 십년동안 공부하고 나오다가 점쟁이를 만나 신수점을 친것인데 그것인즉 ≪창룡산하 계월침이여, 배년봉반 원무심이라.≫라고 한 그것이였다.
(≪창룡산하 계월침≫이란 창룡산아래 계월의 베개란뜻이요, ≪배년봉반≫이란 달이 둘이니 2월 보름이라 바로 오늘이요, ≪원무심≫이란 무엇인가? 옳지, 원(怨)자에서 마음심(心)을 떼고나면 죽을 사(死)자로다. 아차! 내가 오늘 계월의 베개우에서 죽는다는 말이구나! 요렇게 묘하게 맞아떨어질 법이 어디 있단 말인고? 한데 설마 저 계집이 나를 죽이랴? 아니면 어떤 놈이 숨어있단 말인가?)

사또가 이렇게 생각하는데 무슨 낌새를 알아챘는지 계월이가 품속에서 시퍼런 칼을 빼들고 그한테 다가섰다. 계월이는 방금전과는 판판 달리 얼굴이 이그러지고 눈에서는 불이 펄펄 일었다. 사또는 온몸에 소름이 쫙 끼치고 몸이 후들후들 떨려 뒤로 물러 앉았다.

≪너, 너 이년, 장난을 해도 분수가 있지, 이게 무슨짓이냐?≫

≪장난? 흥, 누가 철천지 원쑤와 장난을 한다더냐?≫

≪뭐, 원쑤라니? 나는 오늘 너를 처음 보는데 원쑤라니? 그게 어디 될말이냐? 내가 뭘 잘못했단말이냐?≫

≪잘못한 일이 한두가지냐? 네놈이 부사로 도임하는 첫날부터 무고한 백성을, 그것도 일생에 한번밖에 없는 장가가는 신랑을 처참하게 죽이고서도 죄가 없단말이냐? 지난 반년동안에 네놈이 지은 죄만 하여도 쌓아놓으면 저 창룡산보다 더 높을게다. 그래도 잘못한 일이 없단말이냐? 내가 바로 네 놈의 손에서 처참하게 죽은 그 신랑의 각시다. 그래도 죄가 없단말이냐?!≫

그제야 사또는 ≪원무심≫이란 글자의 함의를 깨닫고 앞을 보니 상대가 녀자건만 눈에 쌍심지를 켜고 비수를 꼬나잡고 다가서는지라 질겁해서 ≪여봐라!≫하고 소리를 지르며 문을 박차고 나가다가 날아드는 몽둥이에 이마빼기를 얻어 맞고 눈앞이 아찔해서 두손으로 머리를 싸쥐고 돌아서는데 어느새 칼이 가슴에 푹 박히니 악! 소리를 지르며 비틀거리다가 꼬꾸라지고 말았다.

그러자 계월이는 다시 소복단장을 하고 제를 지낸후

≪억쇠야, 어서 집에다 불을 질러라, 그리고 빨리 떠나자!≫하고 재촉했다.

그길로 계월이는 삿갓가마를 타고 바람같이 사라졌는데 불을 끄려고 달려나온 사람들은 기생과 사또가 불속에서 재가 된줄 알고

≪미인의 운명이란 단명이라니까.≫

≪창룡산의 호랑이가 죽었으니 인젠 백성들이 기를 펴게 됐네.≫

하고 말했다.

환갑잔치의 유래

옛날 중원에서는 《인간칠십고래희》라고 늙은이 나이 70세가 되면 쓸모없이 밥축만 내는 폐물이라고 땅속에다 혼자 거처할수 있는 집을 지어주고 이레동안 먹을수 있는 생쌀만 주었다고 한다. 그리고 고구려의 한 왕자는 부친의 왕위를 찬탈하기 위하여 중원의 고려장을 본받아 부왕을 산장하고 60이 넘은 로인은 무조건 생장을 하라고 국법을 내였는데 이것을 일러 《고려장》이라고 하였다.

바로 이런 시절에 한 고을에 김서방이라는 사람이 살고 있었다. 그는 땅이 없고 소가 없다보니 남의 집 머슴살이를 하였고 그의 안해는 삯빨래를 하면서 겨우 그날그날을 연명해갔다. 그러던차에 아들 하나를 낳아 기쁘기는 한량 없었으나 그대신 안해가 일할수 없게 되여 가뜩이나 쪼들리던 살림은 더욱 말이 아니였다. 그런데 그 안해가 설상가상으로 산후병으로 시름시름 앓다가 그만 약 한첩 못쓰고 세상을 뜨고 말았다.

안해를 잃은 김서방은 하는수없이 넉달이 된 아들을 꿍져안고 동네방네 떠돌아다니며 젖동냥을 하여 키웠다. 그러다가 아들이 세살이 되던 해에 아들을 데리고 한 대감네 집에 종으로 들어갔다.

대감네 집에는 김서방의 아들과 동갑인 딸이 있었는데 둘은 만나는 날부터 그림자처럼 붙어다녔다. 어려서는 눈만 떨어지면 둘이 함께 소꿉놀이에 팔려 해가 뜨고 지는줄 몰랐고 크면서는 글방에 다니며 글을 배웠다. 이러는 사이에 어느덧 세월은 류수같이 흘러 김서방의 아들은 벌서 열네살이 되였다.

아들은 고생속에서 살아오신 아버지가 편안한 날을 보지 못하다가 이제 몇년 지나 륙십이 되면 《고려장》을 지내야 할 일을 생각하니 기가 막혔다. 그래서 다문 몇해라도 아버지를 더 편안히 쉬게 하려고 자기가 대신 대감집 종으로 들어갔다.

대감네 딸은 비록 김서방 아들이 종이기는 하나 어려서부터 소꿉놀이 신랑인데다가 마음씨 착하고 부지런하고 총명하다는걸 알고 은근히 사모하던차라 여간 기뻐하지 않았다. 그들의 정은 남몰래 점점 깊어갔다. 헌데 그때 김서방은 어느새 륙십세가 되여 당금 고려장을 당하게 되였다.

김서방의 아들은 아버지가 넉달된 자기를 안고 동네방네 찾아다니며 젖동냥하여 자기를 기른 정과 어린 자기가 서모의 손에서 구박을 받을가봐 홀아비로 늙으면서도 후처를 하지 않은 일들을 생각하니 차마 그 아버지를 생장할수 없다고 생각했다. 그래서 아무도 모르게 해빛이 잘 드는 양지쪽 산비탈에다 미리 땅굴을 파 돌집을 지어놓고 아버지가 예순살이 되니 아버지를 그곳에다 모셨다. 아들은 정작 땅굴에 아버지를 두고 생리별을 하자니 발이 떨어지지 않아 피눈물을 쏟으며 아버지의 두손을 마주 잡았다.

《아버지, 국법이라 자식으로서도 어쩔수 없는 일이옵니다. 그렇지만 아버님 생전에 꼭 며느리의 절을 받게 하겠사오니 아무쪼록 진지를 제때에 드시고 해가 뜨면 해빛을 쬐시고 밤이 되면 잡념을 버리시고 일찍이 주무시옵소서.》

그후 아들은 매일 밥을 날라다 뙤창구멍으로 들여 보내고는 그옆에 쭈크리고 앉아 그날그날 듣고 본 일들을 아버지에게 낱낱이 알려 드리여 아버지를 기쁘게 해주었다.

이렇게 하기를 1년이 되던 어느날이였다. 하루는 대감집 딸이 얼굴에 수심을 가득 담고 가만히 김서방 아들을 찾아왔다. 그 사연을 물으니 외국에서 사신이 와서 세가지를 알아맞추라는 난제를 냈는데 아직까지 조정의 문무백관가운데서 아무도 알아맞추는 사람이 없으니 나라에 인재가 없다고 남의 업수임을 받고 침략을 받을것이므로 지금 조정은 물론이려니 온 나라가 수심에 잠겼다는것이였다. 그래서 나라님께서는 이 세가지를 알아맞추는 사람에게는 만금상에 벼슬까지 준다고 했다는것이다.

그날 저녁 아버지의 무덤인 땅굴에 간 김서방의 아들은 《아버지, 석반을 받으세요.》하고는 쭈크리고 앉아 낮에 대감집 딸에게서 들은 이야기를 고스란히 했다. 그릇을 내보내면서 아들의 귀에 대고 여차여차하게 그 세가지를 풀라고 알려주었다.

그 이튿날 김서방의 아들이 대감을 찾아가서 자기가 그 문제를 풀이하겠노라고 여쭈니 대감은 희색이 만면해서 정말로 알아맞추고 돌아오면 내 자네를 사위로 삼겠노라며 즉시 그를 안방에 데리고 들어가 새옷을 갈아입힌 다음 말을 태워 대궐로 보내였다.

웬 시골총각이 난데없이 나타나 국난을 제거해주련다니 왕은 다소 미타하기도 했으나 아무도 나서는 사람이 없으니 행여나 해서 즉각 문무백관을 불러 들이고 외국사신을 모셔왔다.

그 사신이 새조롱을 가리키며 물었다.

《저 새새끼가 무슨 새인고?》

《네. 공작새로소이다.》

《저 새가 이 나라에 온후로 아무것을 먹여도 먹지 않으니 무엇을 먹이면 살려 낼수 있을고?》

《네. 우리 나라 속담에 <산 사람 입에 거미줄이 치랴>라는 말이 있사옵니다. 그러니 납거미줄을 걸어다 먹이면 살줄 아옵니다.》

그래서 당장으로 납거미줄을 걸어다 주니 공작새는 그걸 납작납작 받아먹었다. 그때까지만 해도 고구려에서는 공작새를 기르지 않아 아무도 이걸 아는 사람이 없었던것이다.

그 사신이 또 물었다.

《이 나무방망이는 무엇인고?》

《네. 홍두깨방망이로소이다.》

《보다싶이 이 홍두깨방망이는 앞뒤가 꼭같이 굵은데 대채 어느쪽이 밑이고 어느쪽이 우인고?》

《네. 물에 잠가보면 알것으로 아룁니다.》

《그건 어떻게 하는 말인고?》

《네. 나무는 같은 나무라도 밑쪽은 더 단단하고 무거워 물에 더 잠길것이오나 웃쪽은 그보다 덜 잠길것이옵니다.》

그 말에 사신은 입이 막혀 눈만 디룩거리다가 이번에는 똑같은 백마 두필을 가리키며 물었다.

《저 말 두필은 모두 암컷이고 크기가 털빛갈 할것없이 똑같은데 대채 어느것 이 어미말이고 어느것이 새끼말이겠는고?》

《네. 저 말 두필이 확실히 어미말과 새끼말이라면 소인은 저걸 마구간에 끌고 가서 먹이를 먹여보면 인차 가려낼수 있나이다.》

《어떻게 가려내겠는고?》

《네. 구유 량쪽에다 고삐 길이가 꼭 같게 두 말을 매고 구유 한복판에다 여물을

놓으면 알수 있나이다.≫

≪어떻게 아는고?≫

≪네. 고개를 수굿하고 제앞의 여물만 먹는것은 어미 말이고 제것은 놔두고 남의것부터 후벼다 먹는 말은 새끼말이옵니다.≫

≪그것은 무슨 까닭인고?≫

≪네. 비록 짐승이오나 제 새끼를 사랑함은 사람과 같은가 하나이다. 어미말도 배가 고프니 먹기는 합니다만 제앞의것을 먹을 궁리뿐이지 새끼말의 몫은 거들떠 보지도 않사옵니다. 오히려 철 모르는 새끼말이 제앞의것을 후벼먹어도 가만히 있을것이옵니다.≫

이렇게 되여 김서방 아들은 만금상을 타고 돌아와 대감집 딸과 잔치를 하였다. 며느리의 절을 받은 김서방은 기쁘기는 하였으나 한편 날이 갈수록 근심이 태산같았다. 그러던 어느날 김서방은 아들을 앉혀놓고 자기 생각을 털어놓았다.

≪애야, 네가 이번 걸음에 만금상을 타고 장가까지 들어 내 죽어도 원이 없다만 한가지 근심이 있구나. 이제 앞으로도 나라에 어려운 일이 생기면 또 너를 부를텐데 이 애비가 죽은 뒤에 넌 누굴 보고 물어보겠느냐? 아무래도 장차 너에게 화가 미칠터이니 일찌감치 대왕님께 사실을 고하고 죄를 청하여라. 이 늙은것이 국법을 어기고 남몰래 살아남아 한노릇이니 죽여도 나를 죽일것이다. 하지만 내사 이미 죽은 몸이니 두번 죽은들 아까울게 뭐냐.≫

아들이 곰곰히 생각해보니 아버지의 말씀이 백번 지당한지라 눈물을 흘리며 아버지를 하직하고 임금을 찾아가서 사실대로 아뢰고 형벌을 청했다. 그랬더니 임금은 김서방 아들을 크게 치하하였다.

≪네 과시 효자로다! 너같은 효자가 있기에 나라의 큰일을 해결했는데 어찌 형벌을 가할소냐. 사람이 늙으면 보고 듣고 겪은 일이 많아 지혜가 늘고 견식이 늘거늘 나라의 보배가 아닐수 없다. 그런데도 선왕께서 인간륙십에 고려장이란 법을 내여 생장으로 숱한 인재를 죽이고 인의도덕을 어지럽혔으니 내 오늘 이런 법이 심히 부당했음을 알겠구나. 과인이 명하노니 이 몽매한 <고려장>을 즉각 폐지하도록 하겠으니 그대는 돌아가는 길로 부친님을 그 어두운 땅굴에서 내놓아 해빛을 보게 하고 백년장수하도록 모시여라.≫

집으로 돌아온 김서방 아들은 아버지가 다시 살아나게 되니 기쁘기가 한량없어 큰 잔치를 베풀고 동네방네 사람들을 청하여 하루동안 마음껏 즐기였다.

이때로부터 예순돐이 되면 로인들을 생장하던 악습이 폐지되고 그대신 큰 잔치를 차려 갑자 을축인 60년이 지나고 다시 시작한다는 의미에서 ≪환갑잔치≫가 생겨나게 되였다 한다.

림백공

옛날, 세 송아지친구가 한 글방에서 공부했다. 어느날 저녁에 세 친구가 건너마을 남진사네 집으로 닭도적질을 떠났다.

남진사가 초저녁 잠을 자고 일어나 담배 한대를 붙여물었는데 밖에서 인기척이 나는지라 숨을 죽이고 문틈으로 내다보니 세 소년이 닭우리쪽으로 다가가고 있었다.

(허, 저놈들이 닭잡이를 온 모양인데 어디 보자.)

남진사가 글방아이들임을 알고 지켜보니 한 아이가 다른 아이를 보고 닭굴아래 엎디라고 하니 뚱뚱한 아이가 찍소리도 못하고 엎디였다. 그러자 먼저 말한 아이가 다른 아이보고 ≪얼른 올라서라.≫하니 그 애도 아무 말없이 엎딘 아이의 어깨를 밟고 올라섰다. 그러자 밑에 선 아이가 일어나니 우에 탄 놈이 닭굴에다 손을 쑥 넣으며

≪야, 여봉자 량삼사다.≫(如鳳者兩三四)로 했다. 그러자 밑에 서서 지휘하던 애가

≪야, 잔말말고 소리가 안나게 한손은 날개밑에 넣어 날개죽지를 쥐고 한손으론 모가지를 비틀어서 내려보내라.≫

고 했다.

남진사가 아이들이 지껄이는 소리를 듣고는 ≪허, 그놈이 제법인데. 골 쓰는걸 보니 크면 제갈량도 찜쪄 먹겠는걸! 그리고 올라서서 닭을 붙잡는 애도 괜찮은 놈이야. 여봉자 량삼사라 했으니 봉황같이 큰놈이 서너마리 된다고 닭을 봉에다 비했으니말이지, 그 애는 재목감이야. 헌데 그밑에 엎딘 애는 한뉘 먹기나 좋아하고 남의 심부름이나 하겠으니…≫하고 생각하며 밖을 내다보니 아이들은 어느새 닭을 잡아가지고 달아나고 없었다. 허지만 닭을 잃은것이 아깝지 않았다. 어떤 애들인지 한번 보고 싶었다. 날이 밝자 남진사는 의관을 정제하고 글방을 찾아갔다.

훈장과 수인사가 끝나자 남진사는 애들을 둘러보며 나직이 물었다.
《엊저녁에 누가 우리 집으로 닭동냥을 왔댔노?》
그러자 다른 아이들은 목을 빼들고 사방을 두리번거리는데 세 소년만은 고개를 뚝 떨구고 숨도 제대로 쉬지 못하다나니 즉석에서 탄로가 되였다.
《허허허. 골을 들어라. 내가 너희들을 욕보이러 올것 같으면 엊저녁에 너희들을 붙잡아 가지고 오지 지금 왔겠느냐. 내가 온건 다름이 아니라 너희들의 관상을 보기 위해서다.》
그 소리에 세 소년은 남진사 앞에 꿇어앉아 사죄하였다. 엊저녁 닭을 도적질할 때 밑에 엎딘 그 아이는 김성화요, 올라타고 닭을 붙잡은 애는 리원익이고 곁에서 지휘하던 아이는 림백공이였다.
남진사는 수염을 쓰다듬으며 껄껄 웃고 나서 제 소년을 눈자리나게 뜯어보았다.
《성화, 너는 힘써 공부해야지 그렇지 않으면 친구들 덕분에 감투밖에 못써. 그리고 원익이 너는 닭을 봉에다 비했으니 대감재목이야. 잘하면 령의정도 될수 있다. 그리고 백공이 너는 골이 비상해. 부지런히 공부하면 이름 그대로 백가지에 능한 훈련대장이 될수 있지. 헌데 길에 잘못 들어서면 도적놈이 돼.》
남진사의 말이 끝나자 세 소년은 명심해서 부지런히 공부하겠노라고 다지였다.
부자집 외동아들인 김성화는 부모의 덕분에 돈을 물쓰듯했지만 담이 팥알만해서 제 방귀에도 곧잘 놀라군 했다. 그래서 훈장이나 아이들은 남진사의 말이 끝나자 신통히 맞췄다고 수군거리며 머리를 끄덕였다.
량반의 아들인 리원익은 책만 붙잡고 있다보니 병에 걸린 사람처럼 얼굴에 피기가 없고 몸은 빼빼 말라 바람이 불면 넘어갈것만 같았다. 그는 힘센 백공이한테 꼼짝 못했다. 셋가운데서 힘이 세고 꾀가 많은것은 백공이였다. 림백공이는 홀어머니를 모시고 모자간이 살았다. 어린 나이에도 모친을 도와 이일저일 가리지 않고 하다보니 힘도 세지고 꾀도 늘어났다. 두해전에만 해도 백공의 어머니는 백공이를 글방에 보내고는 두입에 풀칠하기 위하여 엿장사를 하였다. 그런데 백공의 어머니가 장에 갔다가 돌아와 보면 집에 둔 엿이 축이 나군 했다. 그때마다 그는 백공이가 엿을 먹었겠다고 생각했다. 하나밖에 없는 아들이 엿을 먹은것을 가지고 욕할수도 없고 그렇다고 가만두자니 한푼이라도 벌어야만 입에 풀칠이라도 하고 아들애를 공부시킬수 있다는데서 어머니는 꺼내지도 못하게 높은 덕대우에다 올려놓고 장보러 다녔다. 그래도 엿은 그냥 축이 났다.

≪필경 다른 놈이 도적질해 먹는구나! 내 이놈을 붙잡아서 단단히 혼뜨검을 내고 엿값을 받아내야지.≫

이렇게 생각한 어머니는 하루는 장에 갔다가 점심전에 일찍 돌아와 집안에 숨어서 동정을 살폈다. 점심때가 되자 백공이 털썩거리며 집에 들어오더니 다짜고짜 쇠쪼각을 가져다 쇠줄로 열십자로 동이고 쇠줄끝을 노끈으로 매서 화로에 넣어 달구었다가 꺼내서 먼지를 말끔히 씻어내고는 덕대우의 엿그릇에다 던져넣었다. 이윽해서 줄을 잡아당기니 엿이 녹아서 쇠덩이에 잔뜩 붙어나왔다. 백공이는 그걸 맛있게 뜯어먹었다.

어머니는 눈을 꼭 감았다가 떴다. 지각있는 녀인 같으면 ≪애야, 너 먹고 싶으면 어머니보고 달라고 할게지 이게 뭐냐. 너 골을 잘 쓴다만 그런데다 골을 써서 되느냐. 내가 너를 적게 주는것도 그걸 팔아야 쌀을 사고 너를 공부시키기 위해서란다. 허지만 먹고 싶어 달라고 하면 내가 안줄수가 있겠느냐.≫라고 꾸짖었으련만 (옳지! 저 녀석이 하라는 공부는 안하고 저런 골을 써서 쥐 소금녹이듯 엿을 야금야금 녹이는구나!)하고 생각한 어머니는 앞뒤를 생각해보지 않고

≪에익, 도적놈의 새끼 같은게 어디 가 썩어져라. 아득바득 벌어서 뒤를 대줘야 도적놈밖에 안되겠다.≫

하고 줄욕을 퍼부었으며 비자루로 아들을 사정없이 때리였다. 그것이 어린 가슴에다 못을 박아주었던지 그후부터 백공이는 ≪나는 도적놈인데 뭘≫하고 공부는 하지 않고 놀아만댔다. 그래서 속담에 ≪어머니 말은 오지랖에다 받는다.≫는 말이 있는가 보다.

세월은 흘러 10년이 지났다. 공부를 마친 그들 셋은 제각기 헤여졌는데 리원익이는 과거에 급제하여 벼슬길에 올라 경상도 감사로 부임하였다.

림백공이는 인간속세를 떠나 산속에 들어가 도를 닦으며 별의별 재간을 다 배웠건만 어머니의 말을 오지랖에다 받았기때문인지 그만 도적이 되고 말았다. 도적도 일반 도적이 아니였다. 전문 나라의 봉물만 터는 문경새재에 둥지를 튼 도적떼의 괴수였다. 한달에도 여러번씩이나 문경새재의 도적무리한데 나라에 올려보내는 봉물을 털리웠다는 기별을 받은 왕은 경상감사 리원익에게 속히 도적무리를 잡아 바치라는 칙지를 수차 내렸다.

리원익감사는 ≪아이때 버릇이 여든까지 간다더니만 이녀석이 끝내 도적무리의 괴수가 되였구나. 그런데 왜하필 내 관할구역에서 지랄할가?≫하고 언짢게

생각하며 직접 관군과 포도군사를 이끌고 문경새재에 나왔으나 그들이 신출귀몰하는 바람에 도적의 그림자도 못보고 퇴군하였다.

바로 이런 때에 과거도 못본 김성화는 농사하기는 싫어서 방랑길에 올라 떠돌아다니다가 로자돈이 떨어졌다. 경상도 감사가 리원익이라는걸 알게 된 김성화는 《원익이한테 가서 신발값이나 얻어보자.》하고 문경새재를 넘게 되였다.

림백공이는 도적 한놈을 부르더니

《오늘 정오쯤해서 뚱뚱하고 키가 작달막한 선비가 새재를 넘을테니 털끝하나 다치지 말고 잘 모셔오너라.》

하고 분부했다.

림백공이는 앉아서도 천리밖을 내다볼수 있었다. 정오가 되여 도적들이 선비 하나를 데리고 오는데 분명히 김성화였다. 림백공이 마중나가 반겨 맞았다.

《이거 오래간만일세! 그새 잘 있었나?》

《나야 잘 있지. 헌데 듣자니 자네는 산속엘 들어갔다더니 언제부터 여기에 나와있나?》

《그렇게 됐네. 자네 원익이한테 가는 길이지? 가지 말게. 황금이 혹사심이라구 가봤자 좋은 수가 없네. 나와 같이 여기서 놀다가 때가 되면 가게. 그때면 넉넉치는 못해도 자네 줄 로자돈이야 없겠나.》

《예까지 왔다가 안가볼수 있나. 내 갔다가 돌아올때 꼭 들리겠네.》

《정 가겠다면 가보게나. 허지만 날 만났다는 얘기는 하지 말게. 지금 원익이가 날 붙잡겠다고 눈에 쌍불을 켜고있네.》

《난 들을수록 뼁뼁한게 무슨 말인지 모르겠네. 원익이가 뭣때문에 자넬 잡는단말인가?》

《자넨 여직 그믐밤이군그래. 내가 바로 조정에서 만냥에 일생동안 국록을 봉해줄것이니 붙잡으라는 문경새재의 도적괴수일세. 하하하. 자네도 재간이 있으면 나를 붙잡아다 바치고 횡채를 하게나. 아마 그게 경상도 감사한테 가서 구걸하기보다 현명한 처사일걸세.》

김성화는 림백공의 말을 듣더니만 그를 붙잡기는커녕 도리여 무서워서 아무말도 없이 그와 작별하였다.

김성화는 경상감사 리원익의 사랑채에서 며칠을 묵었다. 그런데 그는 도적괴수인 림백공보다도 접촉하기 더 어려웠고 그만큼 마음이 통하지 않았다. 게다가

그 공부를 구실로 자리를 같이 하지 않아서 속심의 말도 제대로 할수 없었다. 그래서 성화는 부러

《난 래일 가겠네.》

하고 비쳐보았으나 더 놀다 가라는 빈말 한마디도 없었고 로자돈 한푼 줄것 같지 않았다. 그래서 돈을 좀 얻으려고 림백공이를 만났던 이야기를 했다. 그래도 원익이는 돈 한푼도 안주고 쓰다달다 말 한마디 없었다. 그러던 그 이튿날에 리원익은 성화가 거짓말로 림백공이가 있다고 했기에 관군들이 헛걸음 쳤다면서 그에게 곤장 열매를 쳐서 내쫓았다.

김성화는 울화가 상투밑까지 치밀어 올랐으나 어쩔수가 없었다. 돈 대신 매를 얻어 맞고 간신히 새재마루에 올라선 김성화를 도적들이 달려들어 꽁꽁 묶었다.

《나는 림두령의 죽마고우다. 놓지를 못하겠느냐?!》

《흥, 친구를 팔아먹은 놈이 무슨 죽마고우냐?》

그 소리에 성화는 대답을 못하고 끌려갔다. 림백공이 성화를 보자 쓴 외보듯하며 랭소했다.

《너 개도 안 먹는 돈에 눈이 어두워 친구를 팔았구나. 저놈을 끌어내다 목을 베여라!》

그 소리에 성화는 벌써 혼이 절반 나갔다. 도적들이 범같이 달려드니 성화의 얼굴은 금시 재빛으로 변했다. 그 꼴을 본 림백공이 껄껄 웃으며

《잘됐네. 내가 뭐라던가? 가지 말라고 했는데도 기어이 발가벗고 승냥이굴로 들어가 곤장대접을 받으니 어떻던가? 그런데다가 친구의 의리도 잊고 내가 여기에 있다고 고자질해서 숱한 군대를 동원케하여 친구사이가 벌어지게 했으니 자네 죄가 가볍지 않다는걸 알만하겠지?》

《사실 난 리원익이가 하두 구두쇠여서 돈이나 좀 얻을가 해서…》

《됐네. 굳은날 개인날 빠짐없이 10년동안 같이 공부하던 정을 생각해서 자네 죄를 용서하네.》

그제서야 김성화가 안도의 숨을 내쉬는데 림백공이 졸개를 불러 창고안의 금은보화와 돈을 몽땅 내오라고 했다. 집무지만한 보물을 보며 김성화는 입을 다물지 못했다.

《모두들 들거라. 인간으로 이 세상에 태여나서 뭘 못해서 발편잠을 못자는 도적놈이 되겠느냐? 이 노릇은 사람이 못할짓이야. 너나없이 가난이 원쑤요, 목구

멍이 포도청이라 할수 없이 이런 일을 했지만 다시는 이런 노릇을 해선 안된다. 너희들은 지금부터 이 금은보화를 힘 자라는 대로 지고 가서 논밭자리를 사고 부모처자를 모시고 잘 살도록 해라!≫

그래도 도적들은 서로서로 헤여지기 아쉬워했으며 더우기 림백공과 떨어지기 싫어서 한사람도 움직이지 않았다. 그러자 림백공은 돌아가며 집과 창고에다 불을 마구 질렀다. 그리고 돌아와서 눈물이 글썽해서

≪애들아, 이제 몇시간만 있으면 포도군관들이 또 온다. 그러니 속히 떠나도록 해라!≫

고 했다. 그제서야 할수 없다는것을 안 도적들은 금은보화를 지고 림백공의 앞에 와서 절을 하고나서 어디론가 사라져버렸다.

≪성화, 자네도 어서 힘껏 지고 떠나게!≫

≪자네는?≫

≪나는 예서 원익이를 만나 보물을 돌려준 다음에 고향으로 가겠네.≫

도적들은 떠나갔다. 헌데 초동만이 도적들의 손에서 자기의 목숨을 구해준 은인이며 또 수십명의 도적들을 사람으로 만든 스승인 림백공을 떨어질수 없다면서 떠나지 않았다. 초동이 어찌나 자기를 데리고 가달라고 매달리는지 림백공은 하는수 없어 초동과 함께 나머지 금은보화를 땅에 묻어놓고는 더욱 깊숙한 산속으로 들어갔다.

경상감사 리원익이가 관군을 거느리고 문경새재에 왔을 때 도적굴은 이미 재무지로 되였고 사람의 그림자도 없었다. 쌀과 비단필우에 림백공이 쓴 쪽지가 놓여있었다. 펼쳐보니 쌀과 비단을 돌려주고 자기는 깊숙한 산속으로 들어가 숨어있을테니 도적떼를 잡아 없앴노라고 조정에다 기별하라는 내용이였다.

경상감사 리원익이가 문경새재의 도적떼를 소멸하고 숱한 비단과 쌀을 빼앗았다는 첩보를 받은 조정에서는 리원익에게 후히 상을 주고 내직으로 소환하여 판서대감의 벼슬자리에 올려 앉히더니 얼마 안지나서는 우의정이 되였다.

바로 리원익이 협조판서로 부임하는 날이였다. 문경새재 깊은 산골에다 초막을 지어놓고 초동과 같이 지내던 림백공은 초동을 시켜 행길옆에 가서 낚시질을 하다가 서울로 올라가는 대감의 행차가 있거들랑 여차여차하라고 일렀다. 그길로 초동이 큰길가 강옆에 앉아서 눈먼 낚시질을 하는데 량반의 행차가 길이 미여지게 올라오고 있었다. 그러자 초동은 노래를 불렀다.

동문서학 같이하던 리원익이
이고장에 누가 있나 살펴보고
발길멈춰 옛정을랑 다시 나누자.

초동이 노래를 세번 불렀더니 리원익이 듣고 자기가 잡자고 해도 잡지를 못한 림백공이가 이제는 량민이 된 모양인데 옛날에 함께 글배우던 정을 생각해서라도 한번 만나봤으면 하는 생각이 들었다. 그래서 행차를 멈추게 하고 초동을 불러 물었다.
《너는 림백공을 어떻게 아느냐?》
《저의 선생님이올시다.》
《누구와 같이 있느냐?》
《저와 단둘이 있사옵니다.》
《너의 선생님을 만나볼수 있느냐?》
《예. 있사옵니다. 소인이 대감님께 길을 인도해드리겠습니다.》
리원익이 생각하기를 두사람밖에 없다는데 숱한 인마를 끌고 가면 혹시 림백공이 자기를 잡으러 가는줄 알고 달아날가봐 혼자 가서 그 사는 꼴이나 보고 오리라 마음 먹었다. 초동을 따라 산굽이를 돌아선 그의 눈엔 바위벼랑에 뿌리박은 소나무가지우에서 새들이 우짖는 천하의 절승속에 자리잡고있는 초라한 초막 한채가 띄였다. 이윽고 훤칠한 키에 눈에 정기를 띤 남중호걸인 림백공이 초막앞에서 리원익을 반겨맞았다.
《오래간만일세. 어서 들어가게.》
리원익이 허리를 굽히고 집안에 들어가 구름노전우에 앉기 바쁘게 림백공이 사죄했다.
《인간세상 일이란 복잡다단하겠는데 나까지 자네를 돕지 못하고 고생만 시켰으니 참 미안하네.》
림백공의 말은 말끝마다에 진정이 넘치건만 리원익에게는 그것이 귀에 거슬리는 상놈들의 말이라 대꾸 한마디도 안했다.
《듣자니 자네는 판서대감이 되여 내직에 입궐한다니 옛날 서당 건너집 남진사의 관상보기가 신통히도 맞았군 그래, 하하하.》
동년시절의 이야기가 원익의 빙설같은 마음을 녹였던지 아니면 대감이 됐다는 말에 마음이 움직였던지 원익이는 빙긋 웃었다.
《어디 나뿐이가, 자네 일도 맞추었지.》
《아니지. 내 일을 맞추지 못했네. 난 도적 괴수를 그만뒀으니까, 하하. 더군다나 훈련대장질은 못해봤으니까.》
《그래. 건 그렇다 하고 자네는 뭣때문에 도적을 하게 됐고 또 어째서 그만뒀나?》
림백공은 리원익을 뚫어지게 바라보며
《자네 그걸 몰라서 묻나?》
하고 물었다.
《난 모르겠네. 진정이야!》
《좋네. 그럼 말해주지. 난 남진사의 예언을 한번 실현시켜보고 싶었네. 그래서 자네가 공을 세워 대감으로 되게 하기 위해 일부러 자네 관할구역에서 나라의 봉물만 빼앗은것이였네. 결국은 자네가 공을 세워 내직에 오르지 않았는가.》
《무슨 리유로 그렇게 했나?》
《자네가 령의정쯤 되면 난 자네의 힘을 빌어 훈련대장이 되여 왜구들을 족칠수 있기때문일세.》
자기의 총명과 자질로 대감이 됐다고 생각하는 리원익이는 림백공의 말은 건성으로 들으며 화제를 딴곳으로 돌리였다.
《자네는 이 산골 외딴초막에서 무슨 멋에 사나?》
리원익의 속마음을 빤히 들여다본 림백공은 한번 본때를 보여주리라 마음 먹었다.
《초가집이 루추하다고만 생각 말게. 이 초막이 이래 보여도 자네가 있을 궁궐보다 못지 않을걸세. 하하하. 믿지 못하겠으면 한번 보게나.》
림백공이 말을 마치고 동창을 열어제꼈다. 때는 삼춘가절 저문 봄이라 만화방창하고 뭇새들이 날아들어 춤 추고 노래하는 좋은 경치였다. 림백공이 동창을 닫고 남창을 여니 오뉴월 삼복철 땡볕이 퍼붓는 불비아래서 농민들이 땀을 흘리며 일하는는 텀벙! 텀벙! 내물에 뛰여들어 미역감는 모습이다.
이번엔 서창을 여니 때는 9월그믐이라 논밭에는 황금물결이 출렁이고 과일나무에는 탐스러운 과일들이 주렁주렁 열렸는데 선녀같은 아가씨들이 과일을 따고 있었다. 리원익이는 저도 모르게 엉뎅이를 들고 머리를 창문쪽으로 돌렸다.

림백공이 아넌보살하며 서창을 닫고 북창을 여니 이번엔 엄동설한에 눈보라가 윙윙거리는 속에서 포수들이 짐승을 쫓아 이리 뛰고 저리 뛰는 정경이 나타났다. 리원익이는 저도 모르게 옷깃을 여미며 목을 움츠리였다.

림백공이 껄껄 웃는 소리에 리원익이는 자기가 꿈을 꾸고있지 않나해서 슬그머니 넙적다리를 꼬집어보기까지 했다.

≪난 그저 이런데서 살아가네.≫

리원익은 백공의 재주가 자기보다 몇백배 낫다는것을 깨달았다. 이런 이인을 붙잡겠다고 날뛴 자기가 더없이 어리석게 느껴졌다. 리원익은 자기의 벼슬이 모름지기 림백공의 덕분이라는걸 깨닫게 되자 송곳방석에 앉은것처럼 송구스러워 ≪관졸들이 기다리니 난 가보겠네.≫하고 자리에서 일어섰다.

≪가보게. 근데 한가지 부탁이 있는데 들어주겠나?≫

≪무슨 부탁인지, 내 힘으로 될수 있다면야…≫

≪있구말구. 내가 천문을 보니 오랑캐들이 지금 꿍꿍이를 꾸미고 있는데 몇년 후에 우리 나라를 쳐올게네. 그때 자네는 령의정쯤 되겠으니 상감님께 여쭈어 나를 훈련대장으로 천거해주게.≫

리원익은 자기가 비록 령의정으로 된다 해도 저렇게 재간있는 사람에게 대장을 시켰다가 모반하면 어쩌랴 싶어 선뜻 대답을 못했다. 리원익의 그런 내속을 알아차린 림백공은 한숨을 길게 내쉬며

≪할수 없지! 사람은 지내봐야 알고 물은 건너봐야 깊고 옅음을 똑똑히 알수 있으니까. 잘 가게!≫

하고는 뒤도 돌아보지 않고 산속으로 사라졌다.

그후 리원익이 령의정이 된지 얼마 안되여 왜놈오랑캐가 이 땅에 조수처럼 밀려들어왔으나 그로서는 막을 힘이 없었다. 그때에야 리원익은 신출귀몰하는 림백공의 모습이 눈앞에 선하고 말소리 또한 귀전에 쟁쟁 들려 오는지라 준마를 잡아타고 문경새재 깊은 골짜기를 찾아갔다.

≪림백공! 백공이 어데 있나?≫

리원익이 목청껏 불렀으나 들려오는것은 메아리뿐이였다. 한참후에 산허리를 감돌던 흰 구름이 서서히 사라지자 거기에 거연히 서서 웃음짓는 림백공이 나타났다.

≪백공이, 내가 왔네. 용서하게나!≫

리원익은 그때에야 ≪재주가 많다고 백공이라 했음을 내 어찌 깨닫지 못했던고! 백공이를 대장을 시켰다면 오랑캐들을 전멸시켰으련만.≫하고 때늦은 후회로 하여 대성통곡하며 림백공을 부르니 그 소리 지금까지 들려오고 있다 한다.

신관사또의 버릇을 뗀 소년

옛날옛적에 있은 이야기이다.

락엽도 지고 뼈만 앙상한 나무가지들이 애처로운 비명소리를 지르는 겨울 어느날, 신창군에 신관사또가 내려왔다. 신관사또를 볼것 같으면 구척 키에 얼굴은 말상이요 볼은 축 처졌는데 쭉 째진 족제비눈은 피발이 선데다가 안개가 낀듯 흐리멍텅하고 목은 자라목이라 옆에서 보는 사람이 답답할 지경이였다. 사또의 이런 꼴만 봐도 사또는 심술사납고 술과 녀자들이라면 오금을 못쓰는 위인이라는것이 뻔했다.

아니나다를가 부임한지 달포가 지나도록 사또는 정사를 볼 대신에 기생점고부터 시작하여 오늘은 산놀이요 래일은 들놀이, 게다가 어중이떠중이 문무관원과 군내의 량반나부랭이들이 엇갈아 청하는 주연에는 한번도 빠질세라 다 참여했다. 그때마다 술에 만취하여 부녀자들을 희롱하니 백성들의 뒤공론과 원망소리가 자자했다.

그러던 어느날, 호방의 초청을 받고 호방네 집으로 갔던 사또는 호방의 처를 보자 그만 첫눈에 환장할 지경이 되여 군내의 일류기생까지도 쓴 외보듯하였다. 허지만 자기밑에 있는 관원의 안해라 감히 범접은 못하고 은근히 추파를 보내며 낚시를 던졌지만 물리지 않았다.

호방과 그의 부인은 보고도 못본척 듣고도 못들은척하며 술과 안주만 권하는지라 사또는 벙어리 랭가슴 앓듯 낑낑 앓음소리까지 내며 모대기다가 관아로 돌아가고 말았다.

사또는 관사에 돌아온 뒤 앉으나 서나 눈을 뜨나 감으나 호방 부인의 솟아오르는 보름달같이 환한 얼굴에 새별같은 눈동자, 제비같은 몸맵시가 눈에 삼삼하여 며칠밤을 뜬눈으로 새우던 끝에 한가지 꾀를 생각해냈다.

아침 조회가 끝나자 신관사또는 호방을 불렀다.

마음씨 비단같아 평생을 남에게 싫은 소리 한번 해보지 못했고 닭의 모가지도 비틀어보지 못한 호방이 계하에 들어서자 신관사또는 말상같은 얼굴에 흉측한 웃음을 지으며 족제비눈에 살기를 띠고 말했다.

《호방을 부른건 다름이 아니라 전날 호방네 집에서 잘 먹은 술과 안주에 체하여 고생하던차에 마침 지나가는 금강산 도사님께 여쭈었더니 겨울철의 멍석딸기가 특효약이라고 하는데 모두들 하는 말이 호방이 아니고서는 그걸 구할수 없다고 하니 내 믿고서 특히 부탁하네. 2,3일내로 꼭 구해다 바치게!》

전날의 행동을 보아 무슨 재앙이라도 닥쳐오리라고 짐작은 했으나 아닌 밤중에 홍두깨 내밀듯 엄동설한에 딸기를 얻어오라고 명령을 받자 호방의 눈앞은 졸지에 캄캄해졌다.

《이건 늑대보다도 비위가 더 두텁고 승냥이보다 지독한 신관사또가 생트집을 잡아 나를 모해하거나 파직을 시키고 내 안해를 가로채자는 수작이다.》

호방은 이렇게 생각하면서도 하는수가 없어 《예!》하고 물러나왔다.

집으로 돌아온 호방은 사랑방에 들어서자 문을 걸고 자리에 누웠다. 세상만사가 귀찮았다. 사내대장부로서 눈을 편히 뜨고 꽃같은 안해를 짐승같은 사또한테 빼앗긴다고 생각하니 입맛이 떨어지고 손맥이 나른한게 차라리 그 꼴을 보지 않고 죽는것만 못하였다.

벌써 몸종과 부인이 여러번이나 다녀갔지만 호방은 문을 안으로 건채 단마디 대답을 하고는 이틀째나 식음을 전폐하고 죽기만을 기다렸다.

이때 호방에게는 애지중지하는 열네살 나는 아들이 있었다. 서당에 가서 공부하던 아들이 이 소식을 듣자 곧 집으로 달려왔다.

《아버님, 비천한 자식이 부친님께서 병환에 계신줄도 모르고 있다가 방금전에야 기별을 받고 달려왔소오니 들어가서 죄를 용서받게 하여 주옵소서.》

《아니, 네가 어찌 왔느냐? 하라는 공부는 하지 않고…》

《예, 부친님께서 병환에 계신다는 소식을 듣고 글이 골속에 들어가지 않아서 선생님께 말미를 청했더니 쾌히 승낙하셨습니다.》

《난 아무 병도 없으니 어서 돌아가거라.》

《아버지, 나라의 비밀이 아닐진대 부자간에 무슨 못할 말이 있어서 하나밖에 없는 자식마저 속이웁니까? 부친님께서 몸에 병은 없다고 해도 마음속에 가득찬 수심이야 어찌 소자를 속일수 있겠습니까? 옛말에 사람의 죽음은 효자로써도 대신할수 없다고 했지만 백지장도 맞들면 가볍다고 했사오니 불효자식이지만

부친님의 근심을 나눠하기를 절절히 바라옵니다.≫

아들의 말에 목이 꽉 메여 눈물을 줄줄 흘리던 호방은 간신히 한마디를 했다.

≪네가 알 일이 아니로다…≫

≪소자 아직은 철부지이지만 아버지의 피줄을 타고 나지 않았사옵니까? 성인들의 말씀에 이르기를 부부간엔 비밀이 있어도 부자간엔 비밀이 없다고 했사온데 한 고을의 호방이란 중임을 맡아보시는 부친님께서 어이하여 이다지도 견식이 좁으시나이까?≫

호방은 하는수없이 문고리를 벗겨주고나서 아들의 물음에 한숨을 지으며 자초지종을 설파하였다.

≪아이구 아버지두! 그만한 일에 뭘 식음까지 전폐하고 초심하시옵니까. 어서 일어나 진지나 드시옵소서. 소자 이 길로 산에 가서 딸기를 따다가 사또님께 바치겠나이다.≫

≪네가 애비라고 위로해서 하는 말은 고맙다만 하늘의 별따기가 엄동설한에 어디 가서 딸기를 따온단말이냐?≫

≪제가 어찌 부친님을 속이겠습니까. 실은 소자에게 사또님의 분부에 대답할만한 방책이 있어서 올린 말씀이오니 그리 아옵시고 일어나 진지상이나 받으시고 귀중한 몸 돌보시기 바라옵니다.≫

이튿날 소년은 군수를 찾아갔다.

≪사또님께 아뢰옵니다.≫

≪무슨 일인고?≫

≪호방의 아들이 사또님을 뵈옵겠다는 전갈이옵니다.≫

≪그래 어서 들라하여라.≫

군수가 웃음집이 흔들흔들해서 자리를 고쳐잡고 내다보니 이마에 피도 마르지 않은 소년인지라 기쁨을 숨기며

≪네, 무슨 일로 왔느냐?≫

하고 물었다.

≪예, 아뢰옵기 황송하오나 그저께 사또님의 분부를 받고 백설이 휘날리는 뒤산으로 딸기 따러 갔던 소인의 부친인 호방께서 뱀한테 발을 물려 옴짝달싹 못하고 있나이다. 그래서 소자 대신으로 이렇게 알리러 왔사옵니다.≫

소년의 말에 귀를 기울이던 사또는 눈보라속에서 뱀한테 물렸다는 소리를 듣자

≪에익, 소보다 더 미련한 놈 같으니라구! 엄동설한에 뱀은 무슨 놈의 뱀이며 설마 뱀이 있다고 한들 어떻게 문단말이냐?≫

하고 혀를 끌끌 찼다. 그 말을 기다리던 소년은 한발자국 다가서며

≪사또님께 아뢰옵니다. 엄동설한에 뱀이 없다는 사또님의 말씀은 천만지당하옵니다. 그런데 어떤 사람은 엄동설한에 산딸기가 있다니 곰보다 더 미련하지 않나이까? 사또님…≫

하고 대꾸했다.

소년의 말에 대답할 말이 없게 된 신관사또는 낑낑 갑자르다가 서글픈 웃음을 지으며

≪내가 호방의 본관에 대한 충성이 어떤가를 떠본것이니 그리 알고 래일부터 나와서 일을 보라고 전해라.≫

하고 슬쩍 말을 돌려댔다. 집에 돌아온 소년은 기뻐서

≪아버님, 소자가 산딸기를 따다가 바쳤더니 사또께서는 매우 기뻐하시며 래일부터 부친님께서 나와 일을 보시라고 했사옵니다.≫

하고 아뢰였다.

≪그게 정말이냐? 네가 무얼 어떻게 했느냐?≫

아들의 이야기를 듣고난 호방은 자기가 담차고 지혜있는 아들애만 못하다고 자신을 꾸짖었다.

그때로부터 보름이 지나서였다.

시골에 사는 소년의 이모가 달려와서 대성통곡하며 말했다. 신관사또께서 사냥을 나왔다가 자기를 보고 수청을 들라고 하는것을 거절했더니 수수께끼를 내고 가면서 3일내로 수수께끼대로 고기를 잡아오지 못하면 자기를 붙잡아가겠다는것이였다.

≪…그래서 생각다 못해 형부님의 도움을 받으려고 이렇게 달려왔습니다.≫

이모는 이렇게 말하며 소년의 어머니를 붙잡고 울었다.

≪어이구, 이놈의 세상에서는 얼굴이 고와도 원쑤구나! 그놈이 나한테 눈독을 들이다가 우리 애한테 망신을 당했는데 이번엔 네가 또 걸려들줄을 꿈엔들 생각했겠니?!≫

어머니가 기가 막혀 눈물을 흘리는데 소년이 다가앉으며 물었다.

≪이모님, 그놈이 무슨 수수께끼를 냈습니까?≫

《글쎄, 줄없는 낚시를 가지고 끝없는 바다에 가서 고기를 잡아오라누나.》
소년이 머리를 갸우뚱거리며 한동안 생각하더니
《이모님, 너무 걱정하지 마세요. 돌아가서 사또가 오면 이렇게 대답하세요…》
하며 여차여차하라고 일러주었다.
사홀만에 신관사또는 백마를 타고 견마잡히고 가마 한채까지 가지고 소년의 이모집을 찾았다.
군수가 농부네 집에 도착하니 물찬 제비같이 고운 몸매에 함박꽃같은 웃음에 보름달같이 환한 부인이 나와서 고래를 숙이며 맞는지라 신관사또는 침을 꿀꺽 삼키며 물었다.
《집주인은 어디 갔느냐?》
그 말인즉 고기를 잡아왔느냐 하는 물음이였다.
《저의 랑군님께서는 발없는 지게를 지고 자루없는 도끼를 가지고 뿌리없는 아들매기를 캐러 갔사옵니다.》
부인의 꾀꼴새같은 목소리에 정신없이 따라 외우던 사또는 사람들이 하하 웃는 바람에 깜짝 놀라 정신을 차리며
《발없는 지게가 어데 있으며 자루없는 도끼로 어떻게 아들매기를 치며 더구나 뿌리없는 아들매기가 어디 있단말이냐?》
하고 을러멨다.
《그렇다면 줄 없는 낚시를 가지고 끝없는 바다에서 어떻게 낚시질로 고기를 잡을수 있사옵니까?》
사또가 농부 안해의 물음에 대답을 못하고 《그건…그건…》하고 쩔쩔매자 옆에 있던 농부들은 배를 그러안고 폭소를 터뜨렸다. 그바람에 개꼴망신을 당한 신관사또는 꼬리 빳빳이 도망치고 말았다 한다.

발해왕 발터와 뽕나무

도문에서 기차를 타고 동경성을 지나 좀 가느라면 산굽인돌이 강가에 돌로 깎아만든 층층대 흔적이 보인다. 이고장 사람들은 이 돌층대를 ≪발해왕의 세번째 발터≫라고 하는데 여기에는 이런 미담이 전해지고 있다.

옛날 발해국의 임금이 왕후를 여의였다. 그러니 문무대신들이 모여앉아 나라에 어머니가 없어서 되겠느냐며 어떤 녀자로 왕후를 삼겠는가 공론을 하게 되였다.

이때 한 대신이 이번의 왕후는 반드시 ≪손에다 백옥을 들고 몸에는 황금치마를 두른 규수여야 한다≫는 말이 만백성들속에 널리 퍼지고 있는데 백성들의 이런 뜻을 받드는것이 좋겠다고 말하였다. 문무백관들이 모두 그 의견에 흔연히 찬동하면서 ≪손에다 백옥을 들고 몸에는 황금치마를 두른 규수≫를 백일안에 찾아내기로 합의를 보았다. 그래서 이튿날부터 수많은 라졸들을 풀어 서울 룡천부(오늘의 동경성) 집집마다를 샅샅이 뒤지게 하는 한편 혹시 서울밖에도 그런 규수가 있을지 모르니 룡천부 동쪽에다 열길이 넘는 망루대를 세우고 밤낮으로 한시도 빼놓지 않고 륜번으로 망을 보게 하였다.

흐르는 물같이 빠른것이 세월이라 어느덧 석달이 지나가고 아흐레날도 저물어갔다. 이제 래일이면 백날되겠는데 오늘까지도 ≪손에다 백옥을 들고 몸에는 황금치마를 두른 규수≫가 나타나지 않았다.

임금도 더는 룡상우에 앉아있지를 못하고 서산우에 올라앉아 저녁해를 바라보며 탄식하였다.

≪내 팔자가 기구해서 그렇듯 현숙한 왕후를 잃었으니 어느 규수가 박복한 나에게 오려고 하리오?≫

≪상감마마, 너무 심려하실 일이 아니온줄로 아옵니다. 손에 백옥을 들고 황금치마를 두른 규수라고 한것은 하늘이 마마의 품덕을 높이 치하하여 선녀를 내려보내시는것으로 아오니 자중하시고 기다리시느라면 뜻이 이룰줄로 아뢰옵니다.≫

례부경의 말을 들으며 눈 한번 깜박하지 않고 련못에 둥실둥실 떠도는 원앙 한쌍을 바라보던 임금은 더욱 탄식하였다.

《글쎄말이요! 미물의 짐승도 짝이 있어 저렇게 즐기는데 우리 나라 15부 62주 5천리 넓고 넓은 곳에 어찌 임금의 짝될 규수가 없겠소만 내 여직 덕을 쌓지 못하고 악만 쌓다보니 천벌을 받는줄로 알고있소.》

이때 망루우에서 망을 보던 라졸들도 서쪽하늘에 붉게 타는 저녁노을을 바라보며 수군거렸다.

《오늘도 헛수고일세. 이젠 내려갑세.》

《그러게 내 뭐라고 했나? 모르긴 해도 손에다 옥을 들고 황금치마 두른 규수가 있다는건 새빨간 거짓말일세.》

《쉬-! 목떨어질 소린 작작하게!》

이때 한 라졸이 누가 듣지 않았나 하여 얼굴이 새파래서 사방을 휘둘러보다가 눈을 비비고 다시 아래쪽을 내려다 보더니 얼굴에 웃음꽃을 활짝 피우며 소리쳤다.

《아! 아니, 저, 저기 나타났네! 나타났어! 임자, 저길 보게, 봤나? 옳지?》

《허허, 이 사람이 헛물만 켜더니 허파에 바람이 들었나? 계집애들처럼 웬 호들갑이야?》

《왕, 왕후란말일세!》

《뭘?! 왕후라? 자네 환장하질 않았나?》

《무슨 소리야. 저기 저 왕후가 눈에 안보여?》

《정말이냐? 어디, 어디 엉?! 옳군!! 옳아! 여보시오, 게 잠간만 서시오!》

그 라졸은 수탉처럼 목을 빼들고 손나발을 불다가

《자넨 눈 한번 깜박이지 말고 그가 어디로 가나 지켜보게. 내 달려가서 모셔오겠네.》

하고는 너무도 기뻐 단숨에 망루를 내려 규수가 나타난 골목길로 달려갔다. 그런데 그 근방에 가서 오가는 사람마다를 죄다 살펴봐야 백옥을 들고 황금치마를 두른 규수는 고사하고 그와 비슷한 사람도 없었다. 그래서 망루를 향해

《야! 어디로 갔나?》

하고 소리쳐 물었다.

《방금 자네 앞을 지나갔네!》

바람결에 간간이 들려오는 친구의 대답소리를 듣고 달려가보니 웬 처녀가 옷이 없어서 마대를 두르고 손에 접시에다 두부 한모를 담아가지고 가고있었다. 너무도 실망한 라졸은 닭 쫓던 개 지붕 쳐다보듯 멀어져가는 처녀를 보다말고 맥없이 돌아왔다.

《아니, 공주는 어찌고 혼자 오나?》

《공주라니? 흥, 자네 눈이 멀었군 그래.》

《뭣이라구?》

《아, 그렇지 않고서야 손에 든 두부를 옥으로 보고 마대 두른것을 황금치마로 보았겠나?》

두 라졸이 하도 맹랑해서 쭈크리고 앉아 담배를 피우는데 례부경대감이 찾아왔다. 그래서 사실을 고했더니 대감은 수염을 쓰다듬으며 이윽토록 생각하더니

《래일은 마지막 날이니 명심해서 살피게나!》

라고 하였다.

이튿날 례부경대감은 친히 임금을 모시고 망루우에 앉아서 어제 나타났댔다는 그 처녀가 다시 나타나기를 고대하고있었다. 그러나 애간장을 태우는 규수는 나타나지 않고 백날의 마지막 해도 서산우에 올라앉았다. 생각같아선 넘어가는 해를 산우에다 붙잡아 매놓고 싶은 임금이였건만 그럴수 없었다. 임금은 한숨을 쉬며 자리에서 일어섰다.

바로 그때였다.

《마마! 나타났소이다! 저기, 저걸 보시옵소서.》

그 소리에 임금과 대감이 라졸의 손길을 따라 내려다보니 아니나다를가 머리태를 길게 땋아드리운 한 규수가 몸에는 황금치마를 두르고 두손엔 백옥을 받쳐든 채 붉게 타는 저녁노을속으로 사라지고있었다.

《상감마마, 이는 분명 옥황상제께서 마마에게 보내주시는 선녀인줄로 아뢰옵니다.》

대감의 말이 끝나기도전에 임금은 너무나 기뻐서

《어서, 어서 가서 정중히 모셔오도록 하오.》하고 재촉했다.

《예! 분부 받들어 모시겠사옵니다.》

례부경이 라졸과 함께 망루에서 내려가 처녀 앞에 다가가 보니 어제 라졸이 하던 말과 다름이 없었다.

허지만 대감은 그 규수가 옷은 비록 람루해도 천하절색임을 첫눈에 알아볼수 있었다. 그래서 대감은 라졸들더러 그 규수를 모시고 다시한번 망루앞을 지나게 하고 자기는 임금을 모시고 다시한번 그 규수를 눈여겨보았다.

임금과 대감이 망루우에서 내려다보니 가까이에서 보는봐와는 달리 틀림없이 황금치마를 두른 규수가 손에 백옥을 들고 지나가는것이였다. 그래서야 대감은 저녁노을빛에 반사되여 마대가 황금치마로 보이고 손에 든 두부가 백옥으로 보였음을 알게 되였다.

임금이 규수를 앞에 불러놓고 보니 과연 진흙속에서 빛을 내는 보석이요, 별중에서도 새별이며 새중에서도 봉황새라 기쁨을 억제할길 없어서 물었다.

《그대 집은 어데 있는고?》
《성밖에 있사옵나이다.》
꾀꼬리같은 그 목소리 또한 은쟁반에 옥을 굴리듯하였다.
《집에는 누구 있는고?》
《년로하신 부친님이 계시옵나이다.》
《음, 알겠다.》

이 처녀는 구차하게 사는 어부의 딸이였다. 평생을 강에다 발을 놓고 고기잡이로 늙어온 로인은 고기를 잡으면 딸을 시켜 물고기 판 돈으로 쌀과 채소를 사다가 하루하루를 살아나가고 있었다. 효녀인 처녀는 늙으신 부친께서 오래오래 살아계시기를 바라서 자기는 죽을 먹으면서도 아버님께는 날마다 술과 두부를 사다가 대접했다.

처녀가 집에 돌아와 두부장을 보글보글 끓여놓고 아버님께 약주를 따라올리며 두부사러 갔다가 돌아오는 길에서 임금님을 만난 이야기를 하는데 갑자기 밖에서 웅성거리는 소리가 나더니 례부장대감이 사령들을 데리고 례물을 가지고 왔다.

그후 좋은 날을 택해 잔치를 하니 그 규수는 왕후가 되고 어부인 처녀의 아버지는 부원군이 되였다.

옛말에 후처한테 감투벗어지는줄 모른다더니 임금이 계비인 왕후를 애지중지하다보니 장인도 궁중에 모시고 친아버지이상으로 받들어 모시였다. 그러나 로인은 고집을 쓰며 매일 30리가 되는 강으로 고기잡이를 다니였다. 이를 민망스럽게 생각한 임금은 라졸들을 시켜 매일 고기를 잡아다 로인께 생선국을 대접시켰건만 로인은 여전히 고기 잡으러 다니였다.

임금도 더는 만류할수가 없음을 알고
≪아버님께서 고기잡이가 그렇게도 소원이시다면 더는 만류하지 않겠나이다.≫
하고는 대신을 시켜 강옆에다 별당을 지어주고 심부름군까지 두어 로인의 시중을 들게 하였다. 이렇게 되자 아버지를 잊지 못하는 딸은 그곳에 가서 살다싶이하였다. 바늘 가는데 실이 간다고 임금도 자연히 이따금씩 거기에 나가보게 되였다. 늙은 장인이 고기잡으러 다니는 길은 비탈길이여서 여간만 불편하지 않았다. 그래서 임금은 석공들을 동원하여 돌층계를 만들고 발터를 만들게 하였다.
왕후는 그때부터 짬만 있으면 아버지를 동무하여 잠시도 놀지 않고 누에를 치고 길쌈도 하였다. 임금이 하지 못하게 하니 옛날에 고생하던 얘기를 하면서 나라의 어머니로서 만백성들이 잘먹고 잘입게 하자면 자기부터 일해야 옳은줄로 여긴다고 대답하였다. 이에 감동된 임금은 신하들에게 명하여 그곳에다 숱한 뽕나무를 심어 왕후가 누에를 치고 길쌈을 하게 하였다.
세월은 흐르고 흘러 천년이 지나 사람도 변하고 산천도 변했지만 발해왕발터자리와 뽕나무만은 오늘까지도 남아서 아름다운 이야기를 전해주고있다.

송도사의 이야기

1

종5품벼슬인 충의부 송도사의 어릴 때의 이야기다.

어린 송도사가 하루는 글방에 갔다가 집에 돌아와 보니 잣나무가지우에 누가 뱀을 달아매놓았는데 뱀은 살겠다고 버둥거렸다. 불쌍한 생각이 든 송도사는 나무가지를 거머잡고 바라올라가서 노끈을 풀어놓으니 뱀이 털썩하고 땅에 떨어졌다. 다가가서 목을 맨 노끈을 풀려고 했으나 매듭이 풀리지 않아 칼로 졸라맨 끈을 베다가 그만 뱀의 모가지 껍질을 좀 베였다. 허지만 뱀은 살아서 달아났다. 그런후로 모가지에 칼자리가 난 뱀이 돌아다니는것이 간혹 그의 눈에 뜨이군 하였다.

하루는 송도사가 변소에 들어가 대변을 보는데 엉치가 때끔하여 돌아보니 목에 칼자국이 난 그 뱀이 풀속으로 달아나는것이였다.

《에익, 배은망득한 놈같으니라구! 네가 아무리 미물이기로서니 죽는 너를 살려줬는데 고맙다는 인사는 못할망정 가죽이 좀 베여졌다고 보복을 한단말이냐?!》

송도사가 욕을 하며 그 뱀을 때려죽이려고 풀속을 두루 헤치며 찾았으나 뱀은 보이지 않았다. 그런데 그날부터 그는 물린 자리가 부어나고 쑤셔나서 이튿날부터는 자리에 누운채 꼼짝달싹 못했다. 어느날 송도사는 그놈의 뱀이 나타난것을 보았다. 송도사는 아픈것도 잊고 벌떡 일어나며

《에익, 고현놈! 네가 물어놓고서는 죽었는가 보러 왔느냐?》

하고 호통을 치며 뱀을 보니 뱀은 아니라는듯 대가리를 홰홰 내두르는데 입에는 풀잎 하나를 물고있었다. 이상한 생각이 들어서

《그걸 붙이란말이냐?》

하고 물으니 뱀은 대가리를 끄덕이더니 풀잎을 떨구고는 어디론가 사라졌다.

그래서 그는 그 풀잎을 주어다 물린 자리에다 붙이니 인차 동통이 멎고 부은것이 내렸다.
　이때 마을에서는 뱀의 소동이 일어났다. 목에 칼자리 난 뱀이 사처로 돌아다니며 사람과 소, 돼지를 닥치는대로 물어놓았는데 물린 사람과 짐승들은 퉁퉁 부어나고 아파서 야단을 쳤다. 의원들이 달려들어 별의별 약을 썼지만 효험이 없었다. 그런데 송도사가 그 풀잎을 가지고 돌아다니며 붙이기만 하면 잠간사이에 낫군하였다. 이리하여 송도사는 자연히 명의로 이름이 났고 뱀의 도움으로 재물을 모으게 되였다.

2

　송도사네 집 뜰안에는 수백년 묵은 큰 잣나무가 있었다. 어느해 봄철에 봉황새가 잣나무우에다 둥지를 틀었다.
　옛날부터 집앞 잣나무에 봉황새가 둥지를 틀고 새끼를 치면 그 집안에 대과가 난다는 말이 있는지라 송도사는 봉황새가 둥지를 틀 때부터 무척 기뻐하면서 누구도 잣나무 근처에는 얼씬도 못하게 하였다.
　봉황새가 새끼를 까고 먹이를 물어다 먹이는데 새끼들은 하루가 다르게 빨리도 컸다.
　하루는 송도사가 바람을 쏘이며 봉황새둥지를 볼라니 구렝이 한마리가 나무를 칭칭 감으며 둥지를 향해 올라가고 있었다.
　송도사가 집으로 달려들어가 활을 가지고 나오니 뱀은 벌써 둥지아래까지 기여올라갔는데 어미봉황새가 구슬픈 소리를 지르며 뱀에게 접어들고있었다. 송도사가 활에 살을 먹여 줄을 당겼다가 슬쩍 놓으니 탁하는 소리와 함께 뱀이 몸뚱아리를 뒤틀더니 철썩하고 잣나무밑에 떨어졌다. 다가가 보니 면바로 뱀의 대가리에 화살이 박혔던것이였다.
　그후 봉황새는 새끼를 쳐가지고 날아갔는데 뱀이 떨어졌던 그 자리에는 소담한 띠가 돋아났다. 송도사는 띠를 잘 가꾸어 가을에 가서 그걸 베여다가 도롱이를 만들었다.
　이듬해 봄이 돌아오자 송도사는 도롱이를 걸치고 들로 나갔다. 정오가 되여 돌아오는데 농부들이 한곳에 둘러앉아 점심을 먹다가 송도사를 보고《송도사님,

여기 와서 목이나 추기십시오.≫하며 술을 권했다. 농부들의 강권에 못이겨 막걸리 한대접을 다 마시고 소고기로 안주를 했는데 질긴 소고기가 이발사이에 끼여 말째였다. 그래서 이발에 끼운것을 빼려고 그는 단단한 풀대를 찾았으나 아직 이른 봄이라 단단한 풀대가 없으니 쓰고 있던 도롱이에서 띠를 끊어서 이몸을 수시였다. 헌데 그날부터 온몸에 열이 나며 퉁퉁 부어나는데 백약이 무효하여 몸져 눕게 되였다. 때는 5월이라 날씨가 하도 무덥기에 송도사는 바람이나 쏘이려고 잣나무 그늘밑으로 자리를 내다놓고 일하러 가라고 아들과 며느리에게 말했다.

아들 며느리가 아버지를 널판우에 들어올리고 널을 들어서 잣나무 그늘밑에 갖다놓으니

≪어, 시원하다! 이렇게 시원한걸…진작 나올걸 그랬구나. 내 걱정말고 어서들 일하러 가게.≫

라고 했다.

아들 며느리가 일 나간지 얼마 안되여 봉황새무리가 잣나무에 날아와 앉았다. 이윽하여 봉황새들이 날아내려 송도사 주위를 빙빙 돌더니 그중 큰놈이 먼저 내려와서 로인의 팔을 툭 쫓고 날아가자 뒤를 이어 다른 봉황새들이 련달아 부리로 로인의 여기저기를 툭툭 쫓고는 날아갔다.

봉황새가 쪼은 자리마다에서 누런 물이 나오더니 송도사는 언제 부었던가싶게 몸이 회복되여 나갈 때는 들리워나간 사람이 들어올 때에는 자기절로 널을 가지고 걸어서 집으로 들어왔다.

≪미물인 봉황새는 자기를 살려줬다고 내 병을 고쳐주었구나! 헌데 만물의 령장이란 사람들이 죄와 은혜를 몰라서야 어찌 사람이라 하겠는가?≫

송도사는 이렇게 생각하면서 매사를 잘 처사했다고 한다.

3

한번은 모두가 잔치집에 가고 송도사 혼자서 집을 지키고 있는데 낯선 길손이 찾아왔다.

≪나으리, 제가 배가 고파서 더는 길을 갈수 없으니 묵은 밥이라도 있으면 한술 주실수 없겠습니까?≫

송도사가 길손을 보니 병으로 몹시 고생하는 사람 같아 차마 거절할수가 없었

다. 그러나 밥이 있고 없는것은 알수 없으나 자기가 먹는 술만은 있는지라
《밥은 있는지 모르겠는데 술은 있으니 한잔하겠나?》
하고 물었다.
《아니, 어찌 그럴수 있습니까.》
《그럼 됐네. 좀 기다리게.》
송도사가 대접을 들고 자기가 늘쌍 떠먹던 술을 뜨려고 광에 들어가 보니 어느때 빠졌는지 큰 뱀 한마리가 술독에 빠져죽은것이 보였다. 그런 술을 주자니 량심이 꺼렸고 안주자니 또 도사체면에 거짓말을 하는것 같아서 망설이던 그는 자기가 먼저 한대접 떠서 마셨다. 아무런 반응도 없었다.
《내가 먼저 먹고 주는데야 일없겠지.》
송도사가 술 한대접을 떠다가 길손에게 주니 아주 맛있게 마셨다.
《한잔 더 먹겠느냐?》
《어찌 그러길 바라겠습니까!》
싫다고 하지 않으니 송도사는 안으로 들어가 또 한대접 떠다가 길손에게 주었다. 길손이 어떻게나 맛있게 마시는지 송도사는 기뻐서 《너 한그릇 더 먹어라.》하며 또 더 떠주었다.
《나으리 황송하옵니다!》
손님은 세대접을 마시고는 고맙다고 백배 사례하고 떠났다. 돌아서 가는 객을 보자 송도사는 그때에야
《아차! 배가 고파서 밥달라고 했으니 빈속이겠는데 술을 세대접이나 마셨으니 받아낼가?》
하고 지켜보는데 아니나다를가 그 길손이 비틀거리며 가다가 제방뚝에 가서 쓰러졌다.
때는 9월이라 낮에는 따뜻해도 밤이 되면 싸늘한지라 《저 사람이 얼어죽지는 않는다 해도 촉한에라도 걸리지 않겠나?》해서 거적을 가져다 그를 덮어주었다. 그래도 마음이 놓이지 않아서 신새벽에 나가보니 사람은 어데로 갔는지 없었다.
《오! 살았구나. 천만다행이다.》
그때부터 몇해후에 송도사의 아들이 술집에서 술을 먹고서 주정군들과 시비를 하다가 그만 주먹질로 한사람을 때려죽이고 말았다. 그때 법은 살인을 하면 죽이거나 또는 대신으로 다른 사람을 보를 세워 옥살이를 시키거나 죽게 할수도 있

때여서 ≪에라, 내야 이만큼 살았으면 됐지. 이제 살면 얼마를 더 살겠느냐. 내가 대신 죽고 아들이나 살리자.≫하고 송도사는 옥으로 찾아갔다.

이리하여 감옥에 갇힌 송도사는 오늘일까 래일일까 하고 죽기만을 기다리는데 하루는 웬 털보옥졸이 들어오더니 다짜고짜 송도사의 귀통을 부리나케 답새기며

≪이놈! 이걸 물고있어. 뱉기만 해봐라. 삼족을 멸하겠다.≫

하고 새끼손가락만큼한 참대가지를 송도사의 입안에 쑤셔넣고 나갔다. 영문도 모르고 뺨만 얻어맞은 송도사는 입안에 넣은것을 뱉지도 못하고있었다.

이윽해서 옥졸들이 쓸어들어왔다. 그들의 손에는 백지와 물통이 쥐여있었다. 그때 사람을 죽일 때면 큰 칼을 씌우고 족쇄를 채운 다음 반듯이 눕혀놓고 얼굴에다 백지를 덮고 그우에다 물을 뿌리면 종이가 얼굴에 착 달라붙어서 숨을 쉬지 못하여 죽었다. 그러면 내다 던지군하였다.

옥졸이 송도사옆에 있는 사람 얼굴에다 백지를 덮어놓고 그우에다 바가지로 물을 떠서 끼얹었다. 이젠 죽을 때가 되였다고 눈을 감고 있으니 역시 자기한테도 그렇게 하였다. 송도사는 갑자기 숨이 막히였다. 그렇다고 꽁꽁 묶이운 놈이 요동칠수도 없었다. 벅적 고아대던 라졸들이 나가자 송도사는 여직 입안에 있는 참대가지를 뱉어버리려고 하였다. 그러던 그는 그때에야 그 옥졸이 참대가지를 입에 넣어준 원인을 알았던것이다. 그래서 그는 혀끝으로 참대가지를 입밖으로 내밀었다. 물에 함뿍 젖은 백지인지라 얼마간 역세질하니 구멍이 났다. 그제서야 숨을 활 내쉬였다. 생각하니 그 털보옥졸의 소행이 대단히 고마웠다. 그러나 들키면 두벌죽음을 당하는 판이라 그는 송장처럼 가만히 누워있었다.

이튿날 새벽이 되자 옥졸들이 와자지껄이며 옥에 들어섰다.

≪이놈은 확실히 죽었군.≫

분명 송도사의 입에다 참대가지를 넣어주던 그 털보옥졸의 말소리였다. 다른 옥졸과 함께 송도사를 관속에 들어넣은 털보옥졸은 ≪이놈도 천당엘 갔네.≫하며 그옆에 있는 시체를 들어 송도사우에 놓았다. 그때는 한 관속에 시체 둘씩 넣어서 내다버리면 친척이 있는 사람은 송장이라도 찾아다가 묻어주었지만 친척이 없는 시체는 승냥이와 여우의 먹이가 되군 했다.

옥졸들이 관을 들고 원님앞에 가서

≪이놈은 죽었습니다.≫

≪이놈도 뒈졌습니다.≫

하니

《응, 내다버려라!》

하고 원님이 대답하자 라졸들은 그 시체를 동구밖에 내다 던지였다.

사방이 조용해지자 자기우의 시체를 떠밀고 바줄을 풀어주는 사람이 있어서 쳐다보니 그가 바로 그 털보라졸이였다.

송도사가 꿇어앉으며

《이 은혜를 어떻게 갚아야 좋을가요?》

하니 털보옥졸이 제각 송도사를 일쿼세우고 나서 자기가 도리여 엎디여 절을 했다.

《그런 말씀 마십시오. 소인이 먼저 대인의 은혜를 입었습니다.》

《아니, 그게 무슨 말이요? 사람을 잘못 보았수다. 난 덕이 없는 사람이라 그런 은혜를 베푼적이 없습니다.》

《몇해전에 나으리께서 집에 혼자 계실때 한사람이 밥동냥을 갔는데 술 세대접을 준 일이 생각나십니까?》

《생각나고말고.》

《그게 바로 저올시다. 그때 문둥병에 걸려서 파직당하고 돌아다니며 류리걸식하다가 대인께서 준 술을 마시고 초동에서 자고 아침에 일어나니 병이 뚝 떨어졌습니다. 그래서 이렇게 다시 옥졸노릇을 하고 있습니다.》

《아! 그런 일이였군!》

송도사는 감회깊이 한마디 했다. 그후에도 송도사는 많은 사람들에게 은정을 베푼 덕에 오래오래 잘 살았다고 한다.

보배쌈지

옛날 한 고을에 소문이 자자한 허선비라는 사람이 살고 있었다. 성이 허씨여서 허선비라고 부르는게 아니라 한문자나 좀 안다고 언문자(조선글)을 천시하면서 뽐내기를 천하에 제밖에 없노라고 우쭐대기에 사람들은 그를 허풍쟁이 선비라는 뜻에서 허선비라고 불렀다.

헌데 그가 단 한가지, 천기를 볼줄 안다는것만은 사실이였고 또 동네방네에 소문도 났다. 허풍쟁이 선비가 아침에 비가 온다면 그날엔 영낙없이 비가 내렸고 날씨가 개인다면 맑은 날씨였다.

허풍쟁이 선비가 그렇듯 영특하게 천기를 알아맞출수 있는것은 그한테 말가죽으로 만든 담배쌈지가 있었기때문이다. 날씨가 흐릴 때면 말가죽담배쌈지가 습기를 받아 눅눅해졌고 개인 날씨에는 말라서 꽛꽛해졌다. 허선비의 허리춤에 매달려있는 담배쌈지가 그런 요술을 부리는것을 모르는 사람들은 먼곳으로 일하러 가거나 먼길을 떠날 때면 의례 허선비를 찾아가서 날씨를 알아 본 다음에야 떠나군 했다.

바로 이런 때에 나라 조정에서는 옥쇄를 잃어버려 궁궐안팎이 끓어번졌다. 삼정승 륙판서가 총동원하여 옥쇄를 찾느라고 소란스레 뛰여다녔고 의심되는 혐의분자는 대신이건 라졸이건, 백성이건 량반이건간에 먼저 하옥시킨후에 문초를 했다. 하지만 옥쇄의 행방은 알길이 없었다. 그래서 나중에는 옥쇄의 출처를 알아내는 사람에게는 귀천여부를 막론하고 만금상에 일생동안 국록을 봉해준다는 방까지 방방곡곡에 내붙였으나 역시 종무소식이였다.

속이 타서 재가 된 임금은 병상에 누운채 나라안의 명인과 도사, 복술, 점쟁이, 《인재》와 《수재》를 총동원하여 옥쇄를 찾으라는 어명을 내렸다. 이리하여 궁궐안에서는 밤낮으로 굿을 하고 점을 치고 경 읽는 소리가 그칠 새 없었고 라졸들에게 붙잡혀 올라오는《인재》와 《수재》들이 길에 늘어섰다.

어명을 받은 라졸들이 인가가 있는 곳은 참빗질하듯 훑는바람에 허선비도 그만 걸려들게 되였다. 웬간한 일에는 기고만장해서 모르는것이 없이 다 안다고 큰소리치던 허선비는 라졸들이 궁궐에 가서 옥쇄를 찾아내라고 하니 온몸에 식은땀을 쫙 흘리며 《전, 전 아무것도 모르나이다!》하고 죽어가는 소리를 하였다. 그런 행동이 오히려 라졸들의 의심을 더 사게 하였다.

《사람마다 이인이라고 하는데 어찌하여 군소리가 이따지도 많은고?》

《저, 실은 저에게 마피로 만든 담배쌈지가 있어서 천기를 좀 알뿐이지 정말 아무것도 모르옵니다.》

《잔소리는 작작하고 어서 가자!》

이리하여 허풍쟁이 선비는 울며 겨자 먹기로 라졸을 따라서 궁궐로 갈수밖에 없었다.

하루이틀 걷는 사이에 무섭던 마음은 차차 가라앉고 허선비는 아무래도 죽을바에는 임금님이나 만나보고 잘 먹고 실컷 놀아보자는 생각까지 하게 되였다.

궁전에 이른 허선비는 임금님을 배알하고 리정승의 안내하에 옥쇄를 두었던 곳과 궁궐안팎을 돌아보았다.

《얼마마한 시간이면 옥쇄를 찾을수 있겠는고?》

《소인에게 이 <보배쌈지>가 있기에 늦잡아도 보름동안의 말미를 주면 찾을수 있나이다.》

이미 죽을것을 각오한 허선비는 문무대신들 앞에서 이렇게 큰소리로 대답했다. 그때부터 허선비는 시름을 놓고 난생처음으로 띠를 풀어놓고 맛있는 술과 기름진 채를 맘껏 먹고 마시며 놀았다.

허선비가 보름동안에 옥쇄를 찾을수 있다는 소문이 퍼질수록 허선비를 보려고 모여드는 사람이 부지기수였다.

구경군들속에는 한 대신도 들어있었다. 십여일이 지나도록 허선비의 거동을 살펴보니 시름없이 먹고 마시고는 노는지라 슬그머니 켕긴 대신은 아닌 밤중에 옥쇄를 후원 늪에다 던지였다. 그리고도 마음이 놓이지 않아 안절부절 못하다가 보름이 다되는 날 밤에는 허선비가 들어있는 문밖에 가서 도적고양이처럼 마루에 살금살금 올라서서 창호지에다 귀를 바싹 붙이고 엿들었다.

이때 허풍쟁이 선비는 날이 새면 나는 죽는다는데서 청주 한 양푼을 단숨에 꿀꺽꿀꺽 마셔도 속이 바작바작 타드는지라 담배를 피우려고 쌈지를 꺼냈다. 부들부들 떨리는 손으로 쌈지를 꺼내던 허선비는 자기가 죽게 된것이 바로 말가죽

으로 만든 이 담배쌈지때문이라고 생각되자
≪에익, 이놈의 마피야! 너때문에 나 죽는다!≫하고 벽력같이 소리 지르며 상우에다 담배쌈지를 줴박는바람에 술상이 부서지면서 술잔과 접시들이 깨여졌다.
문밖에서 간이 팥알만해서 숨소리마저 죽이고 엿듣던 대신은 ≪이놈의 마피야!≫하는 소리에 바지에다 똥을 갈기며 ≪아이쿠!≫하고 털썩 주저앉고 말았다.
허선비가 밖에서 나는 인기척에 문을 활 열어제끼니 웬 사람이 눈이 퀭해서 자기를 보고있었다. 허선비는 그가 자기를 잡으로 온 대신인줄로만 알고 벌떡 일어서니 그 사람은 장꿩처럼 대가리를 두다리사이에 틀어박으며
≪죽을 죄를 졌으니 제발 목숨만 살려주게.≫
하며 쉬파리 앞다리를 비비듯 손을 싹싹 비비며 애걸복걸하였다.
허풍쟁이는 무슨 영문인지를 몰라 말없이 그 대신을 내려다 보았다. 그러자 그 대신은 그 침묵이 사형선고처럼 생각되여 더욱 기가 죽어
≪제발 목숨만 살려 주시면 옥쇄를 찾아바치겠나이다.≫
고 했다. 그제서야 허풍쟁이는 이상한 생각이 들어서
≪너는 웬 놈이냐?≫
하고 소리쳤다.
≪예예, 전 궁전에 있는 성은 마가요 이름은 달이온데 자는 피로서 저, 저…≫
≪이놈, 내가 너를 기다린지도 열흘이 넘었는데 네간 놈이 언감생심 나를 속이려 드니 그 죄를 알겠느냐?≫
얼굴이 백지장이 된 마피대감은 관자노리에서 콩알 같은 땀방울이 뚝뚝 떨어졌으나 감히 씻을 엄두도 못내고 코가 마루에 닿도록 굽석거리며
≪예, 예. 죽을 죄를 졌사와 천벌을 받아도 부족할줄로 아오나 집에는 늙은 부모와 처자들이 있사오니 목숨만 살려주시면 그 은혜 대대손손 갚겠나이다.≫
하며 눈물을 좔좔 흘리였다.
≪이놈, 파리같은 네 목숨이 내 입에 달렸거늘 임금님께 아뢰기전에 실토를 못할가?≫
마피대감은 임금님의 막내딸인 선녀공주가 욕심이 나서 최후 수단으로 옥쇄를 도적질하여 감춰놓고 전하께서 옥쇄를 찾는 사람을 부마로 삼겠다면 내놓으려고 했었다. 그런데 임금이 삼정승 륙판서에게 명하여 도적을 잡으라고 할뿐아니라 천기를 안다는 이인까지 데려왔는데 십여일이 지나며 볼라니 이인께서 신심이

가득하여 술만 마시고 노는지라 그만 겁이 나서 옥쇄를 후원늪에다 던지고도 마음이 놓이지 않아 오늘 가만히 와서 엿들으니 자기의 이름까지 짚으며 죽이겠다기에 그만 이렇게 자백을 했다는것이였다.
그제서야 허선비는
(내가 보름동안 속을 태우며 십년살것을 감소한것도 저놈때문이다. 괘씸하기 짝없으나 이제 옥쇄만 찾고보면 만금상에 일생동안 국록을 먹게 되겠은즉 이것 역시 저놈때문이니 목숨만은 살려줘야겠다.)
고 생각했다.
《음, 네놈의 죄악은 하늘에 닿았은즉 삼족을 멸해도 씨원치 않겠으나 죄없는 부모처자를 생각해서 한번만 용서해줄터이니 환심갱생하여 보은토록하라.》
마피대감이 물러가자 허풍쟁이 선비는 일시에 온몸의 피가 싹 빠진듯 그 자리에 풀썩 주저앉고 말았다. 자기 몸을 살펴보니 전신이 물참봉이 되여 겉옷까지 축축히 젖어있었다.
이튿날 궁궐로 불리워간 허선비는
《임금전하께 아뢰옵나이다. 옥쇄의 출처는 알수 있사오나 시일이 너무 지나서 범인만은 누구인지 알수 없는 줄로 아뢰옵니다.》
하고 여쭈었다. 임금은 옥쇄를 찾는것이 중하고 급했던지라 어서 옥쇄의 출처를 대라고 했다.
《네, 후원 별당의 늪속에 있는줄로 아옵니다.》
임금은 즉시 인부 수백명을 동원하여 늪의 물을 폈다. 그러니 옥쇄가 나졌다. 옥쇄를 찾은 임금은 큰 잔치를 베풀고 허선비에게 친히 어주를 부어주고 만금상을 하사했으며 종3품벼슬에 일생동안의 국록을 봉해주었다. 그리고나서 임금은
《옥쇄가 늪속에 있는줄을 어찌 알았는고?》
하고 물었다. 허선비는 미리 예견했던지라 허리에 찬 담배쌈지를 꺼내보며
《이 신기한 보배가 가르쳐주었나이다.》
하고 서슴없이 대답했다.
《이리 가까이 와서 짐에게 보이도록 해라.》
허선비가 다가가서 몇십년동안 손때가 묻어서 반질반질해진 담배쌈지를 임금께 보여드렸다.
담배쌈지에 끈을 해서 허리에 찬것을 보아 확실히 귀중한 대물림보배겠다고

생각한 임금은 머리를 끄덕이고나서 허선비를 보며 궁궐에 남아있으라고 했다.
그 말에 깜짝 놀란 허풍쟁이는 낑낑 갑자르다가
《임금님의 은혜는 백골난망이오나 집에는 늙으신 부모가 계시오니 돌아가서 상론할 말미를 주옵소서.》
하고 사정하였다.
《네 과시 효자로다! 어서 가서 부모님들을 모시고 오도록 하라.》
이리하여 허선비는 요행 시골로 돌아오게 되였다.
그런데 그는 전번에는 운수가 좋아 묘하게 옥쇄를 찾아 임금의 환심을 사게 되였으나 이제 후날 나라에 일이 생기면 자기를 찾을것이니 그때면 속수무책이 아닌가. 이러나 저러나 죽음을 면하기 어렵다는 생각을 굴리며 읍에 들어서던 허선비는 한가지 좋은 꾀를 생각해냈다.
읍에 들어서면 강이 있었다. 허선비는 강을 건느다가 일부러 물에 빠져 죽는 시늉을 하며 사람 살리라고 아우성을 쳤다. 그 소리에 숱한 사람들이 모여들어 그를 건져냈다. 그런데 허선비는 무엇을 찾으며 돌아치다가 그 자리에 풀썩 주저앉아 땅을 치며 대성통곡하였다.
《아이구, 이 일을 어쩌면 좋단말이야! 아이구, 내 팔자야!》
남녀로소 할것없이 욱 모여들어 그를 에워싸고 웬 일이냐고 물으니 그는 담배쌈지를 잃어벼렸다는것이다.
《이 사람아, 만금상을 탔는데 이제 그 잘난 쌈지를 해선 뭘 한다고 그러나?》
그러자 허선비는《아이구, 돈이 아무리 많아도 쓸모 없지요. 임금님께서는 가속들을 데리고 궁궐에 와 같이 살자고 했는데 방금 강을 건느다가 엎어지는바람에 보배 쌈지를 잃어버렸으니 인젠 난 아무것도 모르는 머저리가 됐으니 왜 울음이 안나오겠습니까?》하며 넉두리를 하였다.
그 말을 곧이들은 마을사람들은
《보배쌈지를 잃어버렸으니 이젠 천기도 알수 없나?》
하고 물었다.
《물론이지요. 그래서 내가 울지 달래 울겠습니까!》
《하, 거참 안됐군!》
이리하여 만금상을 탄 허선비가 보배쌈지를 잃은데서 이제는 아무것도 모른다는 소문이 하루사이에 온 고을에 쫙 퍼졌고 종당에는 궁궐에까지 그 소문이 들어가서 그후부터는 아무도 허선비에게 천기에 대해 묻지를 않았고 임금도 다시는 그를 올라오라는 전갈을 보내오지 않았다.

이때부터 허선비는 다시는 한자나 안다고 허풍을 치지 않았으며 부지런히 언문을 배우고 농사에 힘쓰면서 만년을 성실하게 지냈다고 한다.

황희정승에 대한 이야기

옛날 리조 5백년 력사에서 가장 뛰여난 임금을 세종대왕이라고 한다면 황희는 가장 뛰여난 재상이라고 해야 할것이다. 그도그럴것이 세종대왕은 조선글을 창제한 임금이요, 황희는 태조 리성계때부터 네번째 임금인 세종에 이르기까지 4대에 걸쳐서 임금을 섬기였고 세종때에는 무려 28년동안이나 령의정으로 있으면서 리조건국초기, 나라의 터전을 닦는데 공훈을 세운 사람이기때문이다. 그사이에 다른 재상들과 달리 물질을 탐내지 않고 백성들을 사랑하고 정사를 잘 보는 관리인 그에 대한 아름다운 이야기들은 오늘날까지도 널리 전해지고 있다. 그중에는 이런 이야기들이 있다.

늙은 농부와 두 황소

지금으로부터 5백여년전, 방금 벼슬길에 오른 나젊은 선비 황희는 어느날 들을 지나다가 밭가는 농부를 만났다. 때는 봄이라 농부는 소 두마리에 쟁기를 메워 열심히 밭을 갈고 있었다. 황희가 보니 소 두마리중에서 하나는 누런 황소였고 다른 한마리는 검은 황소였다. 황희는 담배불을 붙이려고 농부가까이에 가서
《수고하십니다. 소들이 힘꼴이나 쓰겠습니다. 저 두마리중에서 어느 소가 힘이 더 쏩니까?》
하고 물었다. 그러자 농부는《와아!》하고 소를 세운후 황희의 옷보매자락을 잡고 저쪽으로 끌고 가 쭈크리고 앉더니 낮은 소리로 황희의 귀에다 대고
《저 누렁소가 힘도 세고 일도 잘합니다.》
하고 낮은 소리로 말했다. 황희는 무심코 물었다가 농부의 대답에서 만족을 얻기보다 농부가 하는 행동이 더 이상하여
《그렇습니까? 그런데 왜 그런 말을 예까지 와서 합니까? 소가 말을 알아듣습니까?》

하고 물었다. 그러자 농부는 정색하고 대답했다.
《알아듣다뿐이겠소. 알아듣기에 가라면 가고 서라면 서질 않소. 그리고 제아무리 짐승이라도 사람을 믿고서 둘 다 있는 힘을 다 내서 일하는데 어느 한쪽만 칭찬해서야 되겠소.》
《네, 정말 그렇군요!》
황희는 농부의 말에서 크게 깨닫는바가 있었다.
(옳거니, 낮말은 새가 듣고 밤말은 쥐가 듣는다고 말이란 함부로 할것이 아니지. 그래서 말 한마디에 살인이 나고 말 한마디에 천냥 싸다군 했군. 그리고 같은 값이면 분홍치마라고 소경도 소경이라기보다 장님이라 부르면 더 듣기 좋지. 그래서 툭해 다르고 탁해 다르다는 말이 있지. 이 농부는 보통사람이 아니야. 실은 나를 훈계함이니 내 평생에 지침으로 삼으리라!)
이렇게 생각한 황희는 얼른 농부앞에 엎디여
《소생이 명심하겠습니다. 정말 고맙습니다!》
하고 깊이 사례하였다.
황희는 이 일을 그후에 두고두고 되풀이 하면서 천하의 사람들을 량반과 상놈의 분별과 층차없이 대하고 좋은 사람과 좋은 일을 널리 표창하면서 정사를 바로 잡아나갔다고 한다.

이는 어디서 생기는지요?

하루는 황정승이 공무를 끝마치고 집으로 돌아오니 그의 딸과 며느리가 서로 제가 옳다고 우기다가 딸이 아버지를 보고 물었다.
《아버니, 이는 옷에서 생기지요. 예?》
《그렇지.》
그러자 딸은 손벽을 치며
《형님 보세요. 제 말이 맞았지요.》
하며 좋아했다.
《아버님, 이는 살에서, 땀에서 생기는것이 아니옵니까?》
《그렇다고말고.》
그러자 며느리는 방긋 웃으며 시누이를 바라보는데 곁에서 듣고 있던 황정승의 부인이 어이없어 한마디 했다.

《대감, 대감께선 무슨 말씀을 그렇게 하시옵니까? 만사에는 다 옳고그름이 있는 법이온데 두편이 다 옳다시면 그게 어디 잘된 판결이라 하겠사옵니까?》

《부인의 말씀도 옳구려.》

황정승의 대답에 부인은 버럭 화를 냈다.

《대감께선 그저 이것도 옳소, 저것도 옳소 하시니 도대체 어느게 옳습니까? 조정에 나가서도 그렇게 일을 보시옵니까?》

그바람에 황정승은 껄껄 웃다가 정색하고 말했다.

《부인, 들어보시오. 두사람이 서로 자기가 옳다고 생각하니 시비를 하는게 아니겠소? 어느 한쪽에서 자기가 틀렸다고 승인한다면야 쟁론할리 있겠소? 게다가 두편에서 모두 일정한 도리가 있기에 굴복하지 않는거요. 이는 확실히 살이 아니면 까지 못하고 옷이 아니면 붙지 못하기때문에 두사람의 말이 다 옳다고 한것이요. 전에 한 사람이 말우에 올라앉자 마부가 나서서 여쭈기를 <주인님, 술이 취하셨나 보옵니다. 갖신과 짚신을 한짝씩 신으셨습니다.>고 하니 주인의 대답인 즉 <모르는 소리지. 길 오른편으로 가는 사람은 내가 갖신을 신은줄로 알게고 길 왼편으로 가는 사람은 내가 짚신을 신은줄로 알터인데 내가 걱정할게 있느냐?>하고 말하더라오. 허허허. 그것처럼 옷과 살의 중간에 틈이 벌어져있어 미묘한것을 내남없이 어찌 다 알겠소. 그러니 매사에서 남을 그르다고 하기전에 먼저 제 잘못이 있는가 없는가를 생각해봐야 하는거지요. 》

황정승의 말을 들은 세사람은 많은것을 깨닫게 되였다고 한다.

말 목을 자른 셋째아들

황정승에게는 아들 삼형제가 있었다. 그중에서도 셋째는 활량으로서 술 잘 먹고 기방을 다니기로 유별났다.

하루는 셋째아들이 술에 얼근히 취하여 뜰안이 좁다하게 새끼를 꼬며 들어오니 황정승이 관복을 입고 사모를 쓰고 마루아래에 내려서며 정중히 그를 맞이했다. 그바람에 셋째아들은 깜짝 놀라서 꿇어앉으며

《아버님, 이게 웬 일이시옵니까?》

하고 물었다.

《애비 말을 안듣는 아들을 자식으로 대할수가 있느냐. 손님으로 대해야지.》

그바람에 셋째아들은 술이 말짱 깨고말았다.

《사나이로 태여났으면 장부답게 살아야지. 장부라면 나라를 위해 큰뜻을 품고 큰일을 해야지. 눈만 떨어지면 술이요, 기방에 묻혀있으니 어찌 사나이라 하겠느냐.》

《아버님! 죽을 죄를 지었나이다. 소자 다시는 심려를 끼치지 않겠사오니 한번만 용서해주옵소서!》

그후 황정승 셋째아들은 오래간만에 친구집에 갔다가 권커니 작커니 하며 술을 한잔 두잔 마시다보니 저도 모르게 얼근히 취하고말았다. 친구가 자고 가라고 붙잡았으나 부모들이 기다린다며 기어이 가겠다고 우기는 바람에 친우들은 할수없이 그를 들어 말안장우에 태웠다. 그런데 친구네 집 대문을 나선지 얼마 안되여 찬바람을 맞아 그는 깜빡 취하여 말잔등우에 쓰러지고말았다.

어느때나 되였는지 그는 진한 분냄새가 코를 찔러 눈을 떠보니 자기는 다름아닌 기생집에 와있었다.

《내가 이게 웬 일이냐? 내가 언제 여게 와 누웠더냐?》

황정승의 셋째아들이 이처럼 성내는것을 처음보는 기생은 단꿈을 꾸려다가 놀란 참새처럼 눈이 데꾼해서 대답했다.

《엊저녁에 술에 취하여 말잔등에 실려오셨기에 안깐힘을 써서 겨우 모셔들였나이다.》

기생의 말을 듣고 그는 말이 엊저녁에 취해서 말잔등에 쓰러진 자기를 싣고 늘쌍 다니던 단골기생집으로 왔음을 알게 되였다.

《에익, 주인의 맘도 몰라주는 미련한 짐승이라구야!》

셋째아들은 벌떡 일어나 장검을 찾아들고 바람같이 마구간으로 가더니 단칼에 말모가지를 베고는 뒤도 한번 돌아보지 않고 집으로 돌아갔다.

그후부터 셋째아들은 술과 기방을 멀리하고 학업에 정력을 몰부으며 정사에 힘을 기울이더니 나중에는 판서로부터 정승까지 하였다고 한다.

《조밥》과 《곤닭알》

한번은 세종대왕이 급한 일이 있어서 황희정승댁으로 찾아간 일이 있었다.

임금이 왔노라고 전갈을 했는데도 이윽해서야 황정승은 맨버선바람으로 나왔다. 세종대왕은 너무도 어처구니 없어서
《짐이 왔음을 번연히 알면서 어이하여 이제야 나오시오?》
하고 하문했다.
《예, 죄송하옵니다! 삭탈관직을 당해도 할말이 없사옵니다. 실은 신이 나이를 먹다보니 이발이 나빠서 먹던 조밥알이 이사이에 끼여 양치질을 하고 나오다보니 지체되였나이다. 마마!》
임금이 아무리 생각해봐야 일국에 일류가는 정승이요 게다가 늙은이인데 설마 조밥을 먹으랴싶어서 순감을 시켜 초가집안으로 들어가 가마뚜껑을 열어보게 하였다. 이윽고 순감은 입쌀 한알 붙지 않은 샛노란 조밥누룽지를 가져왔다.
그제서야 임금은 지난날 황정승의 초가집에 비가 샐때 우산을 쓴 황정승이 이남박을 쓰고 비를 긋는 부인을 보고 《부인은 그래도 괜찮은셈이요. 수많은 백성들은 땅을 온돌로 삼고 하늘을 이불삼아 하늬바람을 마시면서 사는데 부인은 그래도 초가집에서 사니말이요.》
하고 우스개소리를 하며 껄껄 웃었다는것이 정말임을 믿게 되였다.
《백문이 불여일견이라더니 그 말이 과연 틀림이 없었구나!》
이렇게 생각한 세종대왕은 궁궐에 돌아온 즉시 조서를 내려 래일 하루동안 서울4대문으로 시장에 들어오는 물건을 몽땅 사서 황정승네 집으로 가져가라는 어명을 내렸다.
그러나 그날 온 하루동안 비가 오는통에 아무것도 들어오지 않았다. 해질녘에야 닭알 한 광주리가 들어 오기에 그걸 황정승네 집으로 보냈는데 황정승의 부인이 찬을 만들려고 깨보니 몽땅 곤닭알이였다.
이때부터 일이 안될 때에는 《계란유골(닭알에도 뼈가 있다.)》이라고 말이 나왔다고 한다.

황정승의 상소

한 시골에 있는 총각과 처녀가 서로 사랑하고 있었다. 어려서부터 한동네서 같이 자란 두 사람은 부모들의 중매로 배속에서부터 짝으로 태여났다. 두 청춘남녀는 부모들의 뜻을 받들어서뿐만아니라 마음이 맞아서 하루만 못봐도 죽을것처

럼 서로 그리며 사랑하였다. 그러나 총각의 부친이 병으로 오래동안 신고하던 끝에 백약이 무효하여 세상을 뜨다보니 이럭저럭 잔치날을 미루고 있었다.

이런 때에 하루는 젊은 임금이 시골로 사냥을 나갔다가 물긷는 어여쁜 처녀를 보고는 그길로 궁녀로 데려갔다.

사랑하는 처녀를 빼앗긴 총각은 너무나도 처녀가 그립고 보고싶어 매일 사십리가 넘는 궁궐로 달려가군 했다. 그러나 사랑하는 처녀 대신에 키가 넘는 담벽이 그를 맞아주군 하였다. 그래도 총각은 거의 매일 처녀를 찾아갔다.

어느 하루밤 그가 휘영청 밝은 달을 원망하며 밤나무를 타고 올라가 나무에 몸을 숨기고 궁전 뒤뜰안을 살펴보니 기여가는 개미도 죄다 보였으나 사랑하는 처녀의 그림자도 보이지 않았다. 그가 오늘도 헛탕이라고 긴 한숨을 내쉬며 나무우에서 내리려는데 문득 자박자박 걸어오는 발자취소리가 들려왔다. 총각이 숨을 죽이고 눈 한번 깜박하지 않고 그쪽을 바라보니 한 궁녀가 걸음을 멈추고 서서 두손을 합장하며 칠성님께 빌고있었다. 총각은 자기도 모르게 담장안으로 훌쩍 뛰여내렸다. 오매불망 그리던 처녀였다. 총각은 너무도 반가운김에 와뜰 놀라 돌아서는 처녀를 와락 그러안았다. 그바람에 처녀는 놀라서 ≪어마나!≫하고 소리질렀다.

≪나요, 날 모르겠소!≫

그제야 처녀는 님의 목소리를 알아듣고 ≪아이구머니! 이게 꿈인가요, 생신가요?≫하며 총각의 넓은 가슴에 얼굴을 파묻고 눈물을 쏟았다.

처녀의 놀란 소리를 듣고 달려오던 내시가 서로 끌어안고있는 궁녀와 총각을 보자 깜짝 놀라더니 그길로 달려가 상감께 아뢰였다. 왕은 대노하여

≪어떤놈인지 당장 잡아오너라!≫

하고 호령했다.

요란한 발자국소리에 정신을 차린 처녀는 총각을 떠밀어 담밖으로 보내였다. 더벅머리총각을 잡지 못한 임금이 처녀를 붙잡아다 갖은 고문을 다해봤지만 아무런 보람도 없었다. 그래서 더욱 악이 난 왕은 처녀의 마을에 가서 처녀를 사랑하는 총각을 수소문하여 잡아오라고했다.

이리하여 처녀를 빼앗긴 총각은 집에도 있지 못하고 쫓겨다니는 신세가 되였다. 생각할수록 분했으나 어떻게 할 방법이 없었다. 이때 한 늙은 로인이 사연을 듣고 총각더러 황희정승을 찾아가서 청원해보라고 귀띔해주엇다.

이리하여 총각은 변복하고 황정승네 집으로 찾아갔다. 막상 황정승네 집까지 찾아가보니 참대같이 곧고 또한 할일이 태산처럼 쌓였을 황정승이 자기같은 시골 소년을 맞어줄것 같지 않았다. 그래서 그는 생각하던 끝에 자기가 쫓겨다니게 된 경과사를 적어서 담안에다 던지였다.

하루는 황정승의 현명한 부인이 아침을 지으려고 뜨락으로 장 푸러 나갔는데 장독틈에 난데없는 조기가 한두름 있었다. 찬거리가 없는것을 생각하면 냉큼 그걸 들어다가 국을 끓이고 싶었지만 그렇게 되면 남편은 영낙없이 이건 어디서 났느냐 누가 가져왔느냐 하고 지지콜콜 따지고 들것이니 감히 그렇게는 못했다. 그가 담밖으로 던지려고 조기두름을 드니 조기꼬랑지에 난데없는 쪽지가 달려있었다. 하도 이상해서 쪽지를 펼쳐보니 사연인즉 처녀와 총각의 사랑이야긴데 명망높으신 황정승께 도움을 청한다는 간절한 청원이였다. 부인은 될수 있으면 황정승께서 사랑하는 청춘남녀가 배필을 뭇게끔 도와줬으면 하는 생각이 일어났다. 그래서 쪽지를 들고 사랑으로 가다가 그만 멈춰섰다. 이 글쪽지를 보이게 되면 고정한 량반은 이걸 누구한테서 받았는가, 어디서 주었는가 하고 참빗질을 하지 않으면 보지도 않고 그저 물리칠것만 같았다. 그래서 그는 조기를 널어놓고 개를 먹이면서 황정승이 들으라고 푸념을 했다.

《원 대감두, 이젠 로망이시우? 말끝마다 나보고는 청백하라면서도 자기는 뒤구멍으로 뢰물을 받아들이니 이게 무슨 꼴이람, 쯧쯧.》

새벽부터 일어나 경서를 읽고 있던 황정승의 귀에는 느닷없이 두덜거리는 부인의 목소리가 똑똑히 들려왔다. 참을래야 참을수 없게 된 황정승은 문을 열었다.

《부인, 뭐라구요? 내가 뭘 받았단말이요?》

부인은 조기를 가리키며 방금 주었던 쪽지 이야기를 아뢰였다.

《조기에 글쪽지가 달려있다? 어디 좀 봅시다.》

쪽지를 다 읽고난 황정승은 가타부타 말이 없이 그저 고개만 끄덕이였다.

고기 한점도 오르지 못한 아침을 먹은 황정승은 관복을 입고 싱글벙글 웃으며 입궐하였다.

조회가 끝나자 황정승은 정사를 품할 일이 있다면서 임금앞에 나가 뵙기를 청했다. 그리고는 한바탕 하하하 웃음보를 터뜨렸다.

《아니, 경은 무슨 일로 그렇게 웃소?》

《황송하오나 상감마마께서 소신의 말씀을 들어보옵소서. 방금 소신이 입궐하

는데 난데없는 수진드기와 암파리가 싸우지 않겠습니까?≫

≪아니, 이 겨울철에 무슨 놈의 진드기와 파리가 있단말이요? 그리고 진드기에 수컷이 있고 파리도 암파리라는것을 알아보겠더라말이요?≫

≪글쎄 들어보시옵소서. 수진드기가 암파리보고 <파리야, 파리야, 너하고 나하고 같이 살자꾸나>하고 말하지 않겠습니까. 그러자 암파리가 하는 말이 <진드기야, 너는 세상형편을 도무지 모르는구나. 시골의 한 총각이 약혼했던 처녀와 살려다가 요즈음 쫓겨났다는것도 모르니?>하겠지요. 그러자 수진드기가 <아니다. 세상에 그럴법이 어디 있겠니 우리 같은 못난 벌레도 수컷 암컷이 마음만 맞으면 서로 살기 마련인데 만물의 령장인 인간으로서야… 그것도 처녀 총각이 같이 살겠다는데 누가 감히 못살게 한다니? 괜히 세상을 어지럽히는 거짓말을 하지 말아.>하고 말하니 암파리는 암파리대로 <글쎄 옛날에도 잔치하는 신랑신부는 죄를 범해두 용서했다더라만…>하면서 서로 싱갱이질하고 있지 않겠습니까…≫

≪그만, 그만하시오. 경이 무슨 얘기를 하자고 하는지 짐은 알겠소. 처녀 총각을 용서해줄테니 그만하오!≫

이렇게 황정승의 우화로 된 상소에 의해 총각은 아무 일 없게 되였으며 처녀는 궁성에서 나와 총각과 잔치하고 아들딸 낳고 검은 머리 백발이 되도록 살면서 황정승의 우화를 대대손손 전했다고 한다.

황정승과 김종서

황정승에게 사랑하고 아끼는 사람이 있었으니 그가 바로 김종서였다. 언제나 나라의 사직을 만고에 길이 빛내려면 인재를 발견하고 인재를 등용해야 한다고 생각한 황희는 덕재가 겸비한 젊은 김종서를 대왕께 천거하여 례조판서로 삼게 되였다.

례조판서가 된 김종서는 늙은 대신들이 아침 일찍 입궐하여 저녁 늦게까지 일하는것을 보고 몹시 감동된 나머지 례조의 쌀로 밥을 지어 몇번 대신들을 대접했다. 하여 대신들은 례조판서를 칭찬했다. 이 소식을 들은 령의정 황희는 즉시 김종서를 앞에 불렀다.

≪듣자니 근간에 례조판서가 가끔 오찬을 마련하여 여러 대신들을 대접한다는

데 그 돈과 쌀은 어디서 났소?≫

≪례조의것입니다.≫

≪큰 죄를 지었구려! 국고의 비용을 함부로 쓰면 죄가 된다는걸 모르시오? 내남없이 국고에 함부로 손을 댄다면 국정이 어떻게 되겠소? 내 좌의정, 우의정과 상론해서 상감께 이 일을 아뢰여 엄하게 다시리도록 하겠소.≫

령의정 황희는 이렇게 으름장을 놓고는 그길로 죄의정, 우의정을 불러 책벌을 상론하였다. 황정승이 김종서를 자기 뼈와 살처럼 아끼고 사랑한다는것을 잘 아는 두정승은 깜짝 놀랐다.

≪대감, 대감께서 그토록 사랑하고 등용하는 판서인데 그만한 일로 해서 죄를 주시렵니까?≫

≪두 대감께서는 어이하여 나의 맘을 모르시오. 우리는 이미 늙은 몸인데 언제까지나 이 자리에 앉아있겠소? 젊은이들에게 자리를 넘겨줘야지요. 그러자면 계승할 인재가 있어야지요. 한개 초부의 가정에서도 후자를 생각하는데 하물며 사직을 보존해갈 인재가 나라에 없다면 그게 우리들의 죄가 아니고 뭐겠소. 그러니 귀한자식 매로 키우라고 두 대감도 나와 같이 례조판서의 허물을 보면 제때에 바로잡아줍시다.≫

좌의정과 우의정은 령의정의 깊은 심중을 헤아리고 연신 감탄하였고 김종서도 잘못을 뉘우치고 제집의 쌀과 돈을 가져다가 례조의 비용을 갚은 다음 황정승을 찾아가 사과하였다.

이 소식을 들은 임금은

≪황정승은 실로 둘도 없는 명재상이요. 이러한 재상이 길러낸 젊은이들도 장차 나라의 기둥이 될것이요!≫

하며 못내 기뻐하였다.

그후 몇해가 지나 김종서는 호조판서가 되였다. 벼슬이 높아질수록 김종서는 오만해지기 시작했다. 황정승이 한번 단단히 타일러야겠다고 벼르던차에 김판서가 황정승댁으로 문안을 왔다. 황정승이 그를 반갑게 맞아 구김없이 이야기하는데 김판서는 의자에 비스듬히 기대앉아 머리로 방아를 찧었다. 김판서의 거동을 눈여겨보던 황정승이 하인을 불렀다.

≪대감님, 불렀사옵니까?≫

≪그래, 김판서께서 앉아계시는 의자가 한쪽다리가 짧은 모양인데 나무토막을

가져다가 괴여드려라!≫

그 말에 김판서는 어찌나 놀랐던지 잔등에 식은 땀을 흘리며 땅에 꿇어앉아
≪후생이 죄를 지었으니 한번만 기회를 주십시오!≫
하고 진정으로 빌었다.

≪됐소. 지금 판서에 대한 여론이 분분한데 알고나있소? 자기 결함을 볼줄 알아야 하오. 잘못을 알고서도 고치지 않는다면 어떻게 나라의 중임을 떠메고 우로는 상감을 받들어 아래로는 백성들을 다스리겠소. 여문 곡식은 언제나 고개를 숙이는 법이요.≫

이때부터 김종서는 황정승의 말을 폐부에 새기고 자신의 몸가짐과 일거일동에 각별한 주의를 돌린데서 문종왕때에는 우의정, 좌의정까지 지냈다고 한다.

황정승의 ≪유서≫

황정승은 87세까지 대감으로 있었다. 황정승이 나이 많고 늙게 되자 부인은 후생이 근심되여 한가지 소원을 간청했다.

≪대감, 외람된 말씀이오나 우리가 이렇게 살다 죽으면 개칠 몽둥이 하나 없는 집에서 자손들이 어떻게 살겠습니까. 지아비로서 자식들이 먹고 살도록 해줘야지 않겠습니까?≫

≪산 사람 입에 거미줄치는 법 없지요.≫

≪허지만 방도를 대여 가르쳐주셔야지요.≫

부인이 하도 조르니 황정승은

≪그게야 한맘으로 부지런히 덕을 쌓고 손발을 놀리면 될것인데 무얼 걱정하오.≫

하고 한마디 했다.

≪맑은 정신이실 때 유서라도 남기시면 좋을듯하옵니다.≫

≪그럼 자손들이 먹고살도록 방도를 생각해볼테니 내가 부를 때까지 내 방엘 아무도 들여보내지 마시오.≫

≪조석은 어찌하시렵니까?≫

≪내가 먹고 싶으면 부르겠소.≫

황희는 이렇게 말하고 사랑방에 나가 안으로 문을 걸고는 두문불출하였다.

그런데 이틀이 지나고 닷새가 되였어도 진지상을 들이라는 말이 없었다. 부인은 참을수 없어서 창호지에 구멍을 뚫고 들여다보니 황희가 백지를 방바닥에 펴놓고 붓에다 먹을 찍어 무엇인가를 쓸가말가 망설이다가는 붓을 놓군 했다. 엿새되는 날도 그러했다. 이레날 아침에 나가보니 그는 역시 망설이다가 ≪에라 모르겠다!≫하면서 한일자를 쭉 긋더니 붓을 놓고 나와서 밥을 달라고 하였다. 진지상을 물리자 그는 한일자를 쓴 백지를 착착 접어서는 다른 백지로 싸고 또 싸서 잘한후 그걸 아들을 주면서

≪후날 정 바쁜 일이 생기면 펴보도록 해라.≫

고 했다.

자식들은 그것이 무엇인지 모를뿐아니라 부인마저도 그것이 한일자를 쓴 백지라고는 꿈에도 생각지 못했다. 다만 귀중한 ≪유물≫이 아니면 ≪유서≫라고 생각하면서 정 바쁠 때면 펴보라고 했으니 볼수도 없고 해서 고이 간직하고 굳건히 보관했다.

그후에 얼마 안되여 황정승이 세상을 뜨자 파주 금성리에 산소를 썼다. 금성리에서 7리쯤 가면 의화봉이라서 그 봉우리가 있는데 황정승의 장사날 임금이 조상을 와서 그 봉우리에 올라 눈이 모자라는 곳까지 휘둘러 보고 나서 뭇대신들에게 지팽이로 가리키며

≪이 지역의 땅과 산을 모두 황정승의 삿대자리로 하라!≫하고 어명을 내렸다.

그러자 황정승의 장자와 차자가 임금 앞에 꿇어앉아

≪상감마마, 황공하옵니다만 어명을 거두어주시옵소서!≫

하고 빌었다.

≪뭣이? 어인 연고인고?≫

≪소신의 부친은 생전에 청렴한 분이였사온데 이 넓은 땅을 가진다면 백성들의 원망을 자아낼것이옵니다. 전하, 물려주옵소서!≫

이때 셋째아들이 또한 나서서 아뢰였다.

≪상감마마, 상감마마의 은총은 해와 달 같사오나 이렇게 하옵시면 신의 부친의 령혼마저 달가와하지 않을줄로 아뢰옵나이다. 마마, 어명을 거두어주시옵소서!≫

생전에 황정승의 검박함을 잘 아는 임금은 할수없이 삼형제의 말을 들었다.

그후 세월은 흘러흘러 대가 지났는데 북쪽나라에서 사신이 나왔다. 그 나라에

서 서북쪽 땅을 개간하고 곡식을 심었으나 자라지 않기에 이인을 청해다 물었더니 이 땅의 정기가 빠져나가 곡식이 안된다고 했다.

《그럼 그 정기가 어디로 갔단 말씀이요?》

《조선으로 갔소이다.》

이리하여 사신은 조선으로 나왔다고 말했다.

나라의 재상들이 사신을 모시고 서울 남산우에 올라서서 사방을 돌아다보는데 남산밑 초가에서 광채가 뿜겨왔다.

《저 집은 뉘 집이오이까?》

《력대 정승중에서 명망높은 황희정승의 후손의 집이올시다.》

사신은 대궐로 돌아와 임금을 알현하고 환정승의 후손을 대령하여 만날것을 청구했다.

《황정승께서 남긴 유서거나 유물이 없느냐?》

《예, 있소이다. 조부님께서 생전에 남긴것이 있사온데 여직 풀어보지 않아서 뭣인지 모르고 있소이다.》

황희정승의 후손이 종이말이를 가져다가 풀어보니 한일자를 쓴 백지였다.

《분명 이게 옳으냐? 취조를 해야겠다.》

사신이 큰소리를 치자 임금이 노하여 가만있지 않았다.

《안되오! 저 사람은 우리 나라 명망높은 황정승의 후손인데 누가 감히 취조를 한단말씀이요?!》

《그렇다면 이 유물을 가져가겠소.》

《그건 임자와 상론해서 값을 내고 가져가도록 하시오.》

《무얼 얼마나 요구하시오? 요구대로 드리겠소.》

황정승의 품덕을 대대로 이어받은 손자들은 그때 생활이 극히 빈곤하였지만 《집 삼간에 땅이 한마지기면 족하옵니다.》하고 그 사신의 물음에 대답하였다.

이리하여 수만냥의 은전으로도 바꿀수 없는 국보가 흔적도 없이 이국에 팔려갔다고 한다.

두 대장부

옛날 충청도 한 시골에 글방이 있었다.
 어느해 이 글방에서 함께 공부하는 리서방과 공서방이 서울로 과거보러 갔는데 두사람 다 급제하였다. 아래웃집에 사는 이웃인데다가 또 동창생이자 한날한시에 동방급제를 하다보니 두사람 두집사이는 이만저만이 아니였다. 그런데다가 두집 부인들까지 모두 임신하여 두집에서는 기뻐 어쩔줄 몰랐다.
 《이 사람 자네부인도 임신했다지?》
 《그래. 자네처도 그렇다지?》
 《그렇네. 그럼 우리 두집에서 사돈을 정합세.》
 《그랬으면 오죽 좋으련만 배속에 든것이 뭔지 알아야지.》
 《알고 모를게 있나. 두집에서 남녀가 태여나면 짝을 무어주고 모두 남자거나 녀자라면 형제를 무어주면 되잖나.》
 《그렇군. 그럼 그렇게 합세.》
 이렇게 약속을 하고 두 부인께 알리니 그들도 좋아하였다.
 그러나 기쁨뒤에 언제나 슬픔이 따르기 마련인지 리서방은 벼슬을 기다리는 사이에 안해가 아이를 낳은것도 보지 못하고 죽었다.
 리서방이 죽은지 얼마 안되여 리서방 부인은 유복자를 낳고 공서방의 처는 금옥같은 딸을 낳았다.
 공서방은 그해에 본 고을 원으로 되더니 칠년만에는 판서가 되여 온 가족이 서울로 이사를 가게 되였다. 리서방의 유복자와 그의 안해는 믿던 공서방이 훌쩍 떠나고보니 외롭게 되였고 또 생활이 쪼들여 나어린 유복자도 마음놓고 공부를 시킬수 없게 되였다.
 그후 십년세월이 흘러 공판서의 딸은 십칠세라 시집갈 나이가 되였다. 고관대작의 외동딸인데다가 인물 또한 절색이여서 한다하는 대감나리들의 청혼이 그칠새 없었다. 그러나 공판서의 딸은 청혼을 모두 거절하였다. 한편 공판서는 지가가

리서방과 언약한 일이 있었지만 시골의 나무군인 리서방 아들에게 어떻게 딸을 주겠는가해서 딸을 설복하였다.

《애야, 아무래도 마음을 고쳐 먹고 다른 곳에다 말을 떼야겠다.》

《아버님, 그게 무슨 말씀이옵니까? 장부일언은 중천금이라 하였사옵는데 아버님께서 언약하신 일을 어찌 아버님께서 배반하시려 하옵니까?》

《허허. 너희들이 배속에 있을 때 취중에 롱담한걸 가지고 뭘 그러느냐? 그러기에 그 집에서도 청혼하러 오지 않는것이 아니냐?》

《하방의 서민들도 한번 언약한 일은 그대로 실행하옵는데 하물며 조정에서 중책을 떼메시고 일보시는 아버님께서 아녀자들처럼 일구이언하심은 도리에 어긋나는 일인줄로 아옵니다.》

《허허 그년, 곱다곱다 하니까 못하는 소리 없구나. 내 이미 너를 리대감의 둘째며느리로 주기로 마음 먹고 있으니 그리 알아라.》

이리하여 공판서의 딸은 피눈물을 삼키면서 리대감의 둘째며느리로 시집을 갔다. 리대감은 공판서의 딸이 천하절색이라는 말을 듣고 욕심내는 사람이 강변의 모래알같은데다가 자기가 갑자기 병환에 있다보니 어찌될지 모른다며 급히 서둘러 며느리를 삼았던것이다. 그는 아들을 불러놓고

《사나이대장부가 큰일을 하자면 무엇보다 주색에 빠지지 말아야 하느니라. 그러니 오늘 잔치를 한후 래일은 암자에 돌아가서 공부를 마저 하도록 해라.》

하고 명을 내렸다. 그런데다 첫날밤에는 깨알이 쏟아지는 재미를 보려 했으나 또 각시한테 퇴박을 당하고 말았다.

《소녀 몸이 불결하여 오늘 밤엔 모실수가 없나이다. 랑군님께서 큰뜻을 품으시고 학업에 정력을 기울이시여 장부의 뜻을 이루옵기를 바라옵니다. 대장부의 너그러운 마음으로 소녀의 죄를 용서해주옵소서.》

이리하여 신랑은 생각에 생각을 거듭한후 그날 밤으로 절로 떠났다.

서울소식은 시골사람이 먼저 안다고 공판서의 딸이 리대감의 둘째며느리로 들어갔다는것을 들은 유복자는 《괘씸한 계집애. 소꿉놀이할 때부터 신랑신부라는것을 번연히 알면서도 오늘은 내가 못산다고 헌신짝 버리듯하다니. 신의와 사랑을 저버린 년은 살려둘수 없다.》고 마음먹고 비수를 품고 서울로 올라갔다.

그는 리대감의 집까지 알아냈으나 일국 정승의 집이라 감히 대문안으로 들어갈수가 없었다. 유복자는 생각하던 끝에 녀복을 하고 빗장사로 가장하여 《빗사세

요! 빗사세요!≫하며 리대감네 대문께에 다가갔다.
　때마침 리대감의 마누라는 머리가 근질거려 긁던참이라 어서 빗장사를 불러들이라고 했다.
　마님은 보던 책을 놓고 안경을 벗으며 빗장사 처녀를 보더니만 ≪아니구, 곱게 생긴 처녀가 왜 빗장사를 다니나?≫
　하고 물었다.
　≪어머님이 병환에 계셔서 약을 좀 사려구요…≫
　≪그래?! 아이구, 가엾어라!≫
　마님이 참빗을 들고 고를 때 유복자가 마님곁에 놓인 책을 들고 보니 그것은 ≪서상기≫였다.
　≪마님께서는 이야기책 보시기를 즐기시나이까?≫
　≪할 일이 없으니 소일삼아 읽고있네. 처녀도 글을 볼줄 아나?≫
　≪예. 무남독녀라고 아버님 생전에 선생님을 청해다 몇년동안 글을 읽었사옵니다.≫
　≪그래? 거 마침 잘됐네. 난 눈이 어두워 돋보기를 끼고 쉬엄쉬엄 보는것도 한참만 보면 글자가 아물거려 읽고 싶어도 몇줄 못읽고만다네. 과히 바쁘지 않으면 한대목만 읽어주고 가게.≫
　언덕이 없어서 비비지 못하던 유복자는 이거야말로 절호의 기회라 여겨 재간을 다해서 구수하게 읽어내려갔다.
　마님은 유복자가 책을 읽는데 홀딱 반하고 말았다.
　≪이 빗을 내가 다 팔아줄테니 한장만 더 읽어주게.≫
　유복자는 못이기는척하며 감칠맛있게 천천히 읽으면서 바쁜 대목에 가선 해석까지 해주다보니 어느덧 날이 저물었다. 유복자가 이제는 가겠다고 일어서니 마님은 ≪날이 저물었는데 가기는 어딜 간다고 그래. 저녁을 먹고 이야기책이나 마저 읽어주고 래일 가게.≫하며 그를 붙잡았다.
　저녁이 끝나자 마님은 두 며느리와 손자 손녀들을 불러들여 같이 듣게 하였다.
　유복자와 둘째며느리의 눈길이 몇번 마주치게 되자 유복자의 가슴은 물론 둘째며느리의 가슴도 별스레 뛰였다.
　그러나 두사람은 보고도 못본척하며 뛰는 가슴을 애써 달래였다.
　밤이 이슥해서야 이야기책 읽기는 끝났다.

≪오늘 밤은 참 재미있게 보냈네. 그런데 이 처녀를 어느 방에서 재우지? 물론 내 방에서 자야겠는데 새파란 처녀가 늙은 로친곁에서 잠이 오겠나, 호호호. 큰 며느리는 아이가 있어 시끄러울게니 아무래도 둘째며느리가 매일 혼자 자면서 심심하겠으니 말동무해서 같이 자도록해라.≫

부모의 말씀이라 둘째며느리는 겨우 ≪예.≫하고 낮은 소리로 대답하였다. 둘째며느리의 마음은 삼검불처럼 복잡했다. 10년만에 이런 곳에서 그토록 그립고 보고싶던 마음속의 님을 만났건만 정다운 인사의 말 한마디 할수 없었다. 그런데 변복을 하고 찾아온것을 보아선 열에 아홉은 자기를 죽이려 온것인데 여차하면 마음속에 서리고 서린 사연을 이야기도 못하고 죽겠구나 하고 생각하니 기가 막혔다. 한편 마님의 말을 들은 유복자는 ≪일은 순풍에 돛단듯하니 이는 하늘의 도움이로다!≫하는 생각을 하면서도 둘째아들이 없다는 말이 퍽 이상스레 여겨졌다.

리대감의 둘째아들이 사나이대장부답게 큰뜻을 품고 절에 가서 공부하고있음을 유복자가 알리 없었다.

후원 별당으로 돌아온 둘째며느리는 시종을 돌려보낸후 앞뒤문을 닫아걸고 초불을 밝히더니 방석을 내여 유복자에게 드리고나서 이불을 폈다. 그리고 아무 말없이 유복자의 앞에 무릎을 꿇고 앉았다.

≪부인, 나를 알아보겠소?≫

≪10년이면 강산도 변한다고 하였사오니 소년이시던 몸이 이토록 장성하였사와 처음엔 몰라보았으나 앞뒤집에 살면서 눈만 떨어지면 골을 마주대고 소꿉놀이 하던 더구나 배속에서 태여나기전부터 부부로 되였사온데 꿈엔들 잊겠나이까.≫

≪임자 입에서 그런 말이 쉬이 나온단말이요?≫

유복자는 품속에서 시퍼런 칼을 꺼내여 앞에다 놓았다.

≪오직 당신을 한번만이라도 더 보고 당신의 손에서 죽으려고 오늘 이때까지 잔명을 보전해왔사오니 소첩은 죽어도 한이 없겠소이다. 두말씀 말으시고 어서 죽여주옵소서!≫

이 말에 그를 죽이려던 유복자는 그만 뒤로 주춤 물러앉았다.

≪정녕 죽기가 소원이더냐?≫

≪딱한 말씀도 하시옵니다. 세상에 태여난 사람치고 죽기가 소원인 사람이 어디 있겠사옵니까? 죽으려 하는것은 피치 못할 사연으로 살수 없으니 부득불하

는노릇이지요. 소첩은 뜻있는 랑군님을 모시지 못할바엔 차라리 그 님의 손에 죽으려는것이옵니다.≫

≪네 마음이 진정이라면 뭣때문에 나를 배반하고 이집에 시집을 왔느냐? 돈 주고도 살수 없는 참된 사랑을 너는 돈과 명예로 바꾸지 않았더냐?≫

≪사나이대장부의 마음이 어찌 그렇게 옹졸하시며 대장부의 식견이 어찌 그처럼 좁나이까. 소녀 황금과 명예를 탐내여 팔려온것도 아니옵고 초개같은 목숨이 아까와서도 아니였사옵니다. 그저 부모의 엄명이라 부모의 체신을 보고 또…≫

≪또 무엇이냐?≫

≪말한들 누가 믿으며 무슨 소용이 있으리요만 랑군님의 얼굴이나 한번 보고 죽으려 했나이다. 남편은 여직 소녀의 마음은 물론 소녀의 손목 한번 쥐여보지 못하고 절에 가서 글을 읽고있나이다. 오늘 그리던 님의 말씀을 들어보니 절에 간 랑군님이 한결 대장부답다는 생각을 처음 해보게 되옵니다.≫

그 말에 감동되고 부끄러움을 느끼게 된 유복자는 부인앞에 무릎을 꿇고 앉아 망녕된 자기의 언행을 용서하기를 바랐다. 그바람에 놀란 공판서 딸은 유복자를 일으켜 앉히고 그 가슴에 얼굴을 묻었다.

이튿날 아침에 유복자가 떠나려고 하는데 조정에 나가 야순을 선 맏아들이 돌아왔다. 마님은 그에게 엊저녁 일을 자랑삼아 이야기했다. 그랬더니 맏아들은 그 처녀를 한번 보자고 하면서 어서 불러들이라고 하였다. 처녀가 들어오자 이것저것 까근하게 캐여물으면서 처녀의 아래우를 눈자리나게 훑어보던 맏아들은 처녀를 내보내고나서 ≪어머니, 잘 못됐습니다. 처녀가 아니라 총각이 여복을 했습니다.≫하고 놀란 소리를 했다.

≪뭐라구?≫

≪사람들의 출입을 금하고 속히 관악산에 교군을 보내여 둘째동생을 데려와야 겠습니다.≫

≪어서 그리하게.≫

이리하여 어서 가서 둘째동생을 모셔오라고 교군을 보냈다.

유복자와 둘째며느리는 일이 탄로난줄을 알았으나 마님이 붙잡아 앉히고 책을 읽으라는바람에 어쩔수가 없었다.

점심을 먹고 유복자와 둘째며느리가 후원별당에서 소곤소곤 의논하는데 둘째아들이 돌아왔다.

≪무슨 일이 생겼습니까?≫

형은 자초지종을 이야기하고나서 ≪이러니 이 일은 동생이 처리해야지 내가 어떻게 하겠나?≫하고 말했다.

둘째아들은 부친께서 쓰시던 장도를 가지고 각시방으로 들어갔다. 그러자 마님과 맏아들이 쫓아가 창문으로 집안을 들여다보았다.

유복자와 각시는 둘째아들이 장도를 들고 들어오는것을 보자 제꺽 일어섰다.

≪앉소!≫

둘째아들은 자기부터 올방자를 틀고 앉았더니 유복자를 보며 옷을 벗으라고 했다. 유복자는 이미 각오를 했는지라 서슴없이 옷을 훌훌 벗었다. 속옷이 드러났다. 그러자 둘째아들은 속옷만 입은 그를 찬찬히 뜯어보더니 제꺽 칼을 놓고는 넙적 엎드려 ≪떠도는 말을 듣고 실례했소이다!≫하고는 돌아나왔다.

둘째는 나오자마자 자기를 바라보는 어머니와 형을 보며 데퉁스레 말했다. ≪무슨 일을 그렇게 경솔히 처리하십니까. 그 빗장사는 녀자입니다. 난 부끄러워 더 지체할수 없으니 이 길로 돌아가겠습니다.≫

≪기왕 왔던김에 며칠 묵어가려무나.≫

≪대장부는 한번 뜻을 세웠으면 끝을 보아야지요. 어머님, 어떤 일이 있어서 저 규수를 오늘밤까지 집에서 재워보내십시오. 그러지 않고 그냥 보내면 우리 집에서 괄시했기때문에 노여워서 가는것으로 됩니다.≫

둘째는 말을 마치자 뒤도 한번 돌아보지 않고 떠나갔다.

이렇게 당사자가 빗장사를 직접 보고 녀자라고 단정한외에 또 하루밤 더 재워서 보내라는바람에 모두 안도의 숨을 내쉬였다.

그러나 유복자와 각시의 마음은 더욱 착잡해졌다. 뛰는놈우에 나는놈이 있다고 유복자는 둘째의 언행에 머리를 숙이고말았다. 공판서 딸의 변함없는 마음을 안 유복자는 그 마음이 한없이 고마웠으나 자기는 확실히 리대감의 둘째아들보다 못하다고 생각되여 물러서는것이 옳다고 여겨졌다.

≪부인, 물은 건너봐야 알고 사람은 지내봐야 안다는 말이 있소 내 비록 한번밖에 만나보지 못했지만 그대 남편은 나보다 곱절 훌륭한분이요! 저런 대장부가 이 세상에 몇이나 되겠소 그러니 이제부터 나를 생각말고 남편을 잘 섬겨주오≫

유복자는 마님이 붙잡는데도 어머님의 병을 빙자하고 그 자리를 떠났다.

유복자는 자기가 부친이 없이 자란데다가 집이 가난하여 공부를 못해서 세상이 어떻게 돌아가고 있음을 몰랐노라 통탄하고 인재가 되자면 공부를 해야겠다는 뜻을 세우고 그 뜻을 실현하기 위해 이악스레 공부하더니 마침내 서울로 과거보러 올라갔다.

그런데 공교롭게도 유복자는 과장에서 리대감의 그 둘째아들을 만났다. 두사람은 서로 알면서도 모르는척했다. 과거를 본 결과 두사람이 동시에 급제했다.

유복자는 《저 사람은 난놈이다. 인격자다. 그때 그가 내가 남자라고 하고 죽였더라면 두사람의 생명은 말할것도 없고 결국 자기망신이요 집안망신이겠는데 그런 큰 일을 군소리 한마디 없이 묵새겨버렸으니 어찌 사람마다 할수 있는 일이겠는가? 그러더니 끝끝내 과거에 급제했으니 앞으로 큰 인물이 될 사람이로다!》고 생각했다.

둘째도 《네가 녀복을 하고 남의 집 부인방에 뛰여들어 칼끝앞에서도 태산처럼 요지부동하더니 내 생각대로 과시 대장부가 틀림 없구나!》고 생각했다. 그러면서도 두 사람은 이미 지나간 일이라 누구도 그 일을 입밖에 내지 않았다.

그후 두 대장부는 모두 벼슬길에 올랐는데 리대감의 둘째아들은 좌의정이 되고 리서방의 유복자는 판서가 되였다. 그러는 사이에 어느덧 검은 머리엔 서리가 내리고 얼굴엔 거미줄이 친 리서방의 유복자는 환갑상을 받게 되였다.

환갑날 리대감의 둘째아들인 리정승이 오자 둘은 맞상을 하고 권커니 작커니 하였다. 먼저 리서방의 유복자가 입을 열었다.

《정승대감, 내가 누군지 알만하시오?》

그 말에 리대감의 둘째가 웃으며 대답했다.

《하하. 난 리대감이 령의정쯤 하리라 생각했는데 그만 판서에 물앉았구려!》

좌의정으로 된 리대감 둘째아들의 말뜻인즉 마지막까지 참지를 못하고 각시방에서 있는 옛날 일을 꺼내는걸 보니 대장부다운 기질이 모자란다는 뜻이였다.

《소인을 어찌 장부다운 리정승대감의 성품에 비길수 있나이까. 이만큼 된것도 리정승대감과 부인…》

《잠깐, 우리 술이나 듭시다!》

리정승은 리판서가 공판서 딸의 덕분으로 대장부의 체면을 유지했다는 말을 꺼내는줄로 알고 앞질러 그 말을 막았다. 그것은 자기가 오늘 좌의정까지 된것도 공판서 딸의 《대장부가 돼야한다.》는 말을 옳게 여겨 처사한 결과라는것을 너무나도 잘 알고있었기 때문이다.

서울량반에게 풀을 먹인 시골소년

한 시골소년이 난생 처음으로 한양(서울)에 올라와 보니 보고 듣는것이 모두가 생소했다. 그래서 발길이 가는데로 이곳저곳으로 돌아다니며 구경하다나니 배가 출출해났다. 금강산도 식후경이라고 주린 배를 채우려고 음식점을 찾아갔다. 헌데 음식이름이 뭔지 어떻게 먹는지를 몰라서 남들이 먹는것을 보고서야 손짓을 해서 값을 물으면 엄청나게 비싸서 군침을 삼키며 돌아설수밖에 없었다.

이렇게 돌고 돌아다니다가 풀을 파는 집에 이르렀다.

《옳지, 이건 어디서 많이 보고 먹던 음식 같은데 이름이 뭐더라?》

하고 아무리 생각해봐야 이름이 떠오르지 않아서 갑자르다가 또 실수를 할가봐 이름을 부르지 않고

《이건 한그릇에 얼마요?》

하고 물었다.

《한푼일세. 어서 사게나.》

《정말 싸구만. 두그릇만 주오.》

주인은 돈 두푼을 받고 풀 한바가지를 떠가지고 와서

《자네 이걸 어디다 담겠나?》

하고 물었다.

《내 배속에다 담겠소.》

시골소년은 빼앗다싶이 그걸 받아서 선자리에서 훌훌 불며 바가지에서 입을 떼지 않고 굽을 내고 빈 바가지를 내밀었다.

주인은 놀라서 말리려다가 오죽 배가 고프면 메밀풀을 저렇게 맛나게 먹으랴싶어 혀를 차며 또 한바가지 떠주었다.

이때 서울량반 한사람이 지나다가 소년이 풀을 사서 먹는것을 보고는 박장대소했다.

《왜 남을 보며 웃소?》

《아이고, 이 천치같은 녀석아, 너처럼 풀을 사먹는 녀석은 내 머리에 털이 난후 처음 보았다. 하하하.》

서울량반이 비웃는 소리에서 자기가 풀을 먹었다는걸 알게 된 시골소년은 부끄럽기도 했지만 메밀이 나무에서 열리는지 어디에 열리는지도 모르는 서울량반한테서 조롱을 받은것이 더욱 분했다. 그래서 한바탕 골려주려고 시치미를 뚝 따고 말했다.

《이제 보니깐 량반나리께서는 내가 풀을 잘못 알고 사먹거나 돈이 없어서 풀을 사먹는 줄로 아시는 모양인데요. 천만에요. 량반님께서는 모르시고 하시는 말씀이예요.》

《뭣이라고? 그럼 왜 먹느냐?》

서울량반은 눈이 둥그래서 소년의 입만 바라보는데 소년은 호주머니에서 엽전을 꺼내들고 말했다.

《주인님, 이 풀을 내가 몽땅 사겠소.》

그바람에 이번엔 풀방주인이 입을 딱 벌린채 소년을 보다가 자기가 잘못 듣지 않았나 하여 귀까지 우비며 물었다.

《이 풀을 다 사겠다구? 그게 정말인가?》

《정말 아니구. 그래도 지내보니까 도를 닦은 대사님이 다르긴 다릅니다.》

《뭐뭐 도사라니?》

서울량반과 주인은 이구동성으로 물었다.

《예, 실은 우리 집 주인께서 신경통으로 십여년을 고생하다보니 별의별 약을 다 써봤지만 백약이 효험이 없었지요…》

뚱딴지같은 신경통이란 말이 나오자 서울량반은 더욱 귀가 솔깃해서 다잡아 물었다.

《그래서?》

《그런데 하루는 금강산 깊은 산속에서 10여년동안이나 도를 닦은 유명한 도사한테서 밀방을 알게 됐지요. 그분의 말씀이 신경통에는 풀이 명약이라나요. 그래서 일부러 차비까지 팔면서 한양엘 풀사러 올라온 내란말이지요.》

《그러니까 신경통에는 이 메밀풀이 만병통치약이란 말이지?》

《두말이면 잔소리지. 나도 신경통에 걸려서 고생했는데 방금 한사발 먹었더니 동통이 멎었군요. 도를 닦은 도사가 다르긴 달라요.》

시골소년의 말을 귀담아 듣고 일거일동을 눈박아보던 서울량반은
《주인장, 나한테도 한그릇만 주시오. 나도 신경통때문에 고생하는데 마침 잘됐소.》
하며 돈을 꺼냈다. 이때 시골소년이 다가서며
《아니요. 이 풀은 내가 사기로 했소.》
하며 앞을 막았다. 이렇게 되자 서울량반은
《주인장, 옛소. 한그릇에 다서푼이요.》
하며 돈을 던지고는 풀그릇을 빼앗다싶이하며 맛을 보더니
《그런대로 먹을만한데.》
하고는 한사발을 억지로 먹었다.
《호호호.》
시골소년이 배를 끌어안고 웃어대는 바람에 가고오는 손님들이 가득 모였다. 서울량반은 의아해서 물었다.
《이놈아, 어른님이 만병통치약을 잡수시는데 뭐가 그리 우스워서 깔깔대는거냐?》
《아이구 배야. 글쎄 난 풀인줄 몰라서 먹었지만요. 한다하는 서울량반께서야 풀인줄을 변연히 알면서도 그걸 다섯푼씩이나 주고서 사먹는단말이요? 호호호.》
《뭐, 뭣이?》
《호호호. 그러니 한치보기 진짜 바보는 누구요? 호호호.》
그때 모여섰던 구경군들과 풀방주인이 요절할 지경으로 웃는 바람에 서울량반은 얼굴이 지지벌개서 삼십륙계 줄행랑을 놓았다고 한다.

부장소년

옛날옛적 백제의 마지막 임금인 의자왕은 매일 주색에 빠져 나라를 다스리지 않은데서 민심을 잃고 있었다.

이웃나라인 신라에서는 이 틈을 타서 품일장군을 내세워 백제를 치게 하였는데 그 기세는 하늘땅을 뒤엎을듯하여 백제군사들의 머리는 추풍에 락엽떨어지듯하였고 수일만에는 백제의 서울인 사비성을 향해 파죽지세로 쳐들어갔다.

품일장군은 사비성 가까이에 있는 황산벌에다 진을 치게 하고 정탐군을 파견하였다. 정탐군이 돌아와서 보했다.

《장군님, 세상에서 으뜸가는 놀음군인 의자왕은 이미 삼십륙계 줄행랑을 놓았습니다.》

품일장군은 백제군사들에게 숨쉴 틈을 주지 않으려고 황산을 점령하도록 명령하였다.

《군사들은 들으시오! 백제의 의장왕은 삼십륙계 줄행랑을 놓았소. 백제는 이미 서산우에 넘어가는 해로 되였소. 자, 나를 따르시오!》

천지를 진동하는 함성소리와 함께 신라군사들은 황산을 향해 돌격하였다.

황산은 원래 깎아지른 절벽으로서 험하기로 이름난 산이며 군사요충지였다. 이 점을 손금보듯하는 품일장군이였기에 먼저 군사동원을 했던것이다. 그러나 백제군사들은 산우에 진을 치고 있는 우세를 리용하여 신라군사들이 가까이 올때까지 기다렸다가 바위돌을 내리굴리였는데 큰 바위돌이 굴러가며 작은 돌을 빼고 큰 바위가 부서지며 돌사태를 이루는 바람에 신라군사들은 무리죽음을 당하고 부상자는 헤아릴수없이 많았다. 품일장군은 한두번 실패에 물러서지 않고 세번 네번 련이어 군사를 내몰았으나 번마다 실패하고 말았다. 이리하여 백제군사들의 사기는 충천하여 황산우에서 환호성을 올렸으나 신라군사들의 정서는 여지없이 저락되였다. 이제 다시 명령해봤자 군사들이 뿔뿔이 도망갈것이 뻔한지라 품일장군은 황산벌로 철퇴하여 진을 치고 대오를 정돈하는수밖에 없었다.

≪보아하니 왕은 비록 도망쳤으나 백제와 운명을 같이하려는 충신인 계백장군과 그의 군사들이 죽기내기로 싸우는구나. 적은 병력이라고 깔본 내가 어리석었구나!≫

그때 백제의 명장 계백은 5천군사를 거느리고 ≪백제와 운명을 같이할지언정 한발자국도 물러서지 않겠다.≫고 하면서 목숨을 내걸고 황산고지를 지키고 있었다.

품일장군은 무슨 생각에선지 아들 관창을 불렀다.

≪장군님, 저를 부르셨습니까?≫

신라 화랑의 대장으로 있는 부장소년 관창이 보했다.

≪오냐, 게 좀 앉거라. 너는 지금의 사태를 어떻게 생각하느냐?≫

≪무엇보다도 우리 군사들의 사기를 북돋우어 필승의 신념을 갖게 하는것이 급선무인줄 아뢰옵니다.≫

≪옳은 말이다. 네차례의 진공이 실패하다보니 모두 신심이 없어져서 군령만으로는 안될 일이로다. 우리 군사들의 사기를 북돋우는 이 중임을 짊어질 사람은 누구겠느냐?≫

≪두말할것없이 부장인 관창인줄로 아뢰옵니다!≫

≪장하다! 너는 신라의 화랑답구나! 관창아, 너는 나의 아들이지만 외아들보다 더 귀중한건 나라와 백성들이니라. 나라와 백성들을 위하여 너를 죽음터로 보내려는 이 애비의 맘을 알만하냐?≫

≪아버지, 아버지의 뜻이자 곧 나라의 뜻입니다. 그러하오니 죽음의 마당인들 무엇이 두려울게 있겠습니까.≫

≪그렇지! 나라를 위해 사나이답게 싸워 사나이답게 죽는것보다 더 뜻있는 인생이 어디 있겠느냐!≫

이튿날이다.

아침해가 둥실 떠오르자 벌판의 풀잎에 맺혔던 이슬이 빛을 뿌리며 뚝뚝 떨어지기 시작하였다. 갑옷을 입고 투구를 쓰고 말우에 올라앉은 관창소년은 칼을 뽑아들고 백제의 본영인 황산을 향해 홀몸으로 질풍같이 달려갔다.

≪저, 저게 누구냐?≫

≪화랑대장이다.≫

≪품일장군의 아들이라고?≫

《관창이가?!》

신라군사들은 아연해졌다. 관창은 황산밑에 이르자 큰소리로 웨쳤다.

《백제장군 계백은 나와서 내 칼을 받으라!》

쟁쟁한 그 목소리는 황산에 메아리치며 넓은 벌로 울려퍼졌다.

필마단기로 진여에 뛰여들어 약을 올리는 관창이를 보고 참을래야 참을수 없은 백제군사 이십여명이 창과 칼을 들고 마주 달려나왔다.

《너희들은 아까운 목숨을 버릴것 없이 어서 물러가서 계백을 내보내거라.》

백제군사들은 관창이를 사로 잡으려고 사면으로 바싹바싹 죄여들었다. 이때 관창은 사방을 휘둘러보고 약한 고리인 황산으로 올라가는 곳의 졸병 네대여섯놈을 단숨에 쓸어눕히고는 곧추 계백장군이 있는 산꼭대기로 달려올라갔다. 그때 오솔길에 매복해있던 군졸들이 올가미로 말을 꼬꾸라뜨리고 달려들어 관창소년을 사로잡아 꽁꽁 묶어가지고 계백장군한테로 끌고 갔다.

관창이 앞에까지 끌려오자 계백이 단칼에 목을 베려고 칼을 뽑아들며 《네 죄를 알만하냐?》하고 을러메며 칼끝으로 투구를 벗기니 얼굴이 땀투성이된 소년의 영준한 얼굴이 나타났다. 계백장군은 흠칫 놀라 뒤로 한발자국 물러섰다. 이 소년이 방금전에 황산이 쩌렁쩌렁 울리도록 호통을 치고 군사 몇을 한칼에 쓸어눕힌 장수라고는 도저히 믿을수가 없었던것이다.

《네가 방금 무례하게 놀아댄놈이냐?》

《그렇소!》

관창은 조금도 낯빛을 달리하지 않고 의젓하게 대답하였다.

《너 몇살이냐?》

《열여섯살이요.》

《이름은 뭐냐?》

《신라군 부장 관창이요.》

《뭣이?! 신라에 아무리 사람이 없기로 젖내나는 네가 부장이란 말이냐?》

《죽일테면 얼른 죽일것이지 욕보기전에 조롱은 그만 두는게 좋겠소. 장군, 초면이오만 적을 알아야 백전백승한다는 도리쯤은 알고있소?》

《허허허, 당돌한 놈같으니라구. 그래 네 어린 나이에 죽는것도 두렵지 않단말이지?》

《사나이로 태여나서 나라 위해 죽는것이 사나이의 본분인즉 뭣이 두렵겠소.》

마디마다 쇠소리나는 소년의 말에 계백장군은 못내 감탄한 나머지 ≪젖내나는 코흘리개의 목을 자르고 내 어찌 후세사람들의 말밥에 오르랴.≫하는 생각이 들자 친히 결박지은것을 풀어주고

≪돌아가서 부모나 잘 모셔라!≫

하며 놓아주었다.

신라진으로 돌아온 소년은 투구를 고쳐쓰고 랭수를 벌떡벌떡 마시고는 말등에 올라 다시 백제의 진지를 향해 달려가려 했다.

≪부장님, 어데로 가십니까?≫

군사들이 그를 붙잡고 물었다.

≪우리 신라사람은 한번 먹은 마음을 굽힐줄 모르오. 내 계백의 목을 베러 갔다가 뜻을 이루지 못했으니 어찌 다시 가지 않겠소!≫

관창은 이렇게 대답하고는 쏜살같이 달려갔다. 그러나 지칠대로 지친 소년은 사면으로 접어드는 백제군사들과 필사적으로 싸우다 또다시 사로잡히고 말았다. 계백앞에 끌려간 소년은 큰소리로 계백을 꾸짖었다. 계백은 말없이 칼을 뽑아들고

≪네가 정녕 죽기를 원한다면 나도 사양치 않으리라.≫

하며 소년의 목을 베여 관창이 타고 왔던 말안장우에 매여 말을 돌려보냈다. 진중에서 빈말이 돌아오는것을 본 품일장군은 마주나가 말안장에 얹혀있는 아들의 머리를 두손으로 받아안고 아직도 흐르고 있는 피를 옷자락으로 씻었다.

≪장하다 내 아들아! 너 하나로 계백의 혼이 날아나고 백제의 장졸들이 벌벌 떨게 하였으니 너는 신라의 아들이요, 부장됨에 손색이 없도다! 너는 결코 죽지 않고 신라사람들의 마음속에 살아있으리라!≫

그러자 신라의 군사들이

≪부장의 원쑤를 갚자!≫

하고 울부짖으며 성난 사자처럼 백제진으로 돌진해들어갔다.

계백은 결사적으로 달려드는 신라군사들을 막을수 없어서 장졸들과 함께 싸우다가 죽고말았다. 황산의 요새를 점령한 신라군은 승승장구로 사비성으로 쳐들어가 백제의 서울을 완전히 점령하였다. 이리하여 백제는 망하고 말았다.

귀신을 항복시킨 부인

옛날, 전라남도 남원에 오이천이란 군수가 있었다. 이 이야기는 바로 오군수의 어머니에 대한 이야기이다.

오군수의 어머니가 시집을 갈적에 가마에 앉아 광한루를 지나게 되였다. 흔들거리는 문발틈으로 광한루의 아름다운 경치를 보게 된 각시는 《가마를 내려놓아라.》하고 분부했다. 그러자 몸종이 다가서며 물었다.

《아씨, 무슨 분부가 계시옵니까?》

《남녀가 다를게 있느냐, 경치가 아름다운데 내 이제가면 언제 오겠느냐. 바람도 쏘일겸 놀다가자.》

그 말에 신부를 데리고 가던 후행인원들은 깜짝 놀랐다. 남녀 구별이 하늘과 땅같던 시절이라 규중에 있던 녀자의 당돌한 말에 모두 말뚝처럼 서있었다. 그러나 그때 시절에도 시집장가가는 신랑과 신부의 행차앞에서는 임금도 길을 비켜주던 때이라 첫날 시집가는 각시의 분부이니 어쩌지를 못하고 가마를 내려놓았다. 새각시는 긴 치마를 걷어잡고 성큼 내리더니 광한루로 올라가서 사방을 돌아보며 찬탄을 금치 못했다.

《과연 경치가 아름답구나! 이런 좋은 곳에 와서 어찌 물색도 구경하지 않고 가겠느냐? 명창기생을 불러라.》

몸종은 하는수없이 달려가 노래기생을 데려왔다. 놀음판이 끝나자 새각시는

《내가 화대를 주어야겠는데 보다싶이 시집가는 날이여서 몸에 지닌것이 없으니 날 따라가지.》

하며 기생을 데리고 떠났다.

신부는 신랑집에 도착하여 가마에서 내리자마자 절도 하기전에 세간청지기를 불러오라고 했다. 신랑집에서는 웬 일인가 해서 청지기를 불러 대령하였다.

《내 오다가 광한루에서 기생을 데리고 놀았으니 저 기생에게 화대를 후히 줘서 돌려 보내도록 하게.》

청지기가 너무나 어처구니없어 멍하니 쳐다보며 이러지도 저러지도 못하고 머뭇거리니 새각시는 호령하였다.

《날 알기를 어떻게 아는거냐? 내가 이 집 어떤 사람이냐?》

그 바람에 청지기는

《예, 예. 소인이 잘못했사옵니다!》

하고 뒤로 물러 가더니 돈을 갖다가 기생을 주었다. 이러다보니 숱한 구경군들이 수군대는속에서 그만 날이 저물어져 례를 지내지 못하고 이튿날에야 지내게 되였다.

각시는 밤을 자고나서 신랑집의 풍속대로 먼저 후원에 있는 신당으로 가게 되였다.

시아버지, 시어머니가 하는 말이

《우리 집 가법은 무슨 일이나 신당에 가서 먼저 신을 위해야 하네.》

하면서 돼지대가리와 술상을 차려 하인을 주어 보냈다. 하인이 먼저 초불을 켠 다음 술을 부어놓고 절을 올리라고 했다.

새각시가 그 말을 귀등으로 흘러보내며 머리를 들어 앞을 바라보니 녀자귀신을 크게 그려붙인것이 보였다.

《흥, 내가 살아계시는 시부모님한테도 절을 못올렸는데 허수아비인 네년에게 다 먼저 절을 해!》

새각시는 이렇게 중얼거리며 술잔을 들어 녀귀신 그림에다 술을 홱 뿌리며

《절은 못하겠다만 이미 부은 술이니 마지막으로 먹어라!》

하고 소리치고는 깜짝 놀라서 벌벌 떠는 하인을 쓰겁게 바라보다가 돼지대가리를 들어서 귀신 낯반대기에다 쓱쓱 문다지며 말했다.

《돼지처럼 먹기 좋아하는게 마지막으로 실컷 처먹어라!》

그러다보니 귀신은 얼럭덜럭 기름투성이가 되여 꼴불견이 되였다.

《신당안에 마른 나무를 가져다 쌓아라!》

하인이 사시나무 떨듯 떨며 서있는지라 새각시는 발을 구르며 《어서!》하고 소리쳤다. 호령소리에 와뜰 놀란 하인은 덴겁을 하며 뛰여나가더니 이윽고 마른 풀을 안아다 쌓았다. 그러자 새각시는 초불을 들어다 거기에 불을 질렀다.

하인이 초풍할 지경이 되여 달려가 소식을 전하는통에 집안사람들이 왁작 떠들며 달려왔을 때는 이미 불길이 산신당의 룡마루까지 태우고 재가 되여 내려앉을

때였다.
　이때 타래쳐오르는 연기속에서 이상한 소리가 들려왔다. 대를 내려오면서 대접을 잘 받아오다가 눈깜박할사이에 천대를 받고 재가 되니 귀신도 대노했던지 연기속에서 울음소리를 터뜨리며
　《이 지독한 년 두고보자!》
　하고 이를 악물고 내뱉는 소리가 들려왔다. 그바람에 모였던 장정들도 기겁하여 꿇어앉아 비는데 새각시는 오히려 껄껄 웃으며
　《두고보면 네가 나를 어쩔테냐?!》
　하고 맞장구를 쳤다. 그러니 모였던 사람들은 온몸에 소름이 오싹 끼쳐 혀를 한발씩이나 내둘렀다.
　《이젠 망했다!》
　《그 각시가 보통이 아니요!》
　사람들은 제각기 한마디씩 하며 돌아갔다.
　그런 일이 있은 이후 몇달이 지났는데 하루는 새각시가 낮잠이 들가말가하는 비몽사몽간에 그 녀귀신이 찾아왔다.
　《이년! 어서 사당을 짓고 나를 모시지 못하겠니?》
　《홍, 내가 너를 모실게면 그런짓을 했겠니, 개코같은 소린 하지도 말아!》
　《그래 정말 항복 안하겠니?》
　《네한테 항복할게면 이 세상에 태여나지도 않았겠다.》
　《좋다! 그럼 너의 시애비를 잡아가겠다.》
　《잡아갈 재간이 있으면 잡아갈게지, 내가 염라대왕이라고 날보고 묻느냐? 허지만 사람의 인명은 네년이 어쩌지 못해!》
　그런데 이상하게도 산신당을 짓겠다고 과따치던 시아버지가 며느리의 반대에 못이겨 끙끙 앓더니 그만 급사하고 말았다. 시아버지의 장례를 지내고 종국제(석달 열흘만에 지내는 제)까지 지낸후에 귀신이 또 새각시를 찾아왔다.
　《어떠냐, 그래도 항복 안하겠니?》
　《홍, 난 여직 항복이란 말을 모른다!》
　《좋다! 그럼 너의 시에밀 잡아가겠다.》
　《잡아가겠으면 잡아갈게지, 내가 옥황상제더냐.》
　그런데 그날부터 시어머니가 불치의 병에 걸려 신음하다 죽고말았다. 마을사람

들은 새각시가 귀신을 노엽혔기에 재앙을 만났다고 하면서 빨리 산신당을 짓고 제를 지내라고 했다. 그러나 새각시는 들은체도 안했다. 그런데 얼마후에 그 녀귀신이 또 새각시를 찾아와서 으름장을 놓았다.

《이년, 그래도 항복하지 않겠느냐? 좋다, 이번엔 네 남편을 잡아가겠다!》

《잡아가겠으면 잡아갈게지! 그렇다고 내가 네년한테 빌줄 아냐!》

며칠 안되여 남편도 죽고말았다. 어지간한 사람 같으면 간이 떨어져 죽었으련만 새각시는 꿈쩍도 안했다. 집안사람들까지도

《녀자가 살이 세다.》

고 내놓고 말했다. 그럴 때마다 새각시는

《흥, 귀신이 있으면 귀신같은 소릴 한다고 할가?!》

하고 코방귀를 뀌면서

《사람은 한번 났다가 한번 죽기 마련이지. 아무때건 죽겠는데 죽음을 겁나할게 뭐냐…》

고 하였다.

남편의 장례를 치르자마자 녀귀신이 또 새각시를 찾아왔다.

《이년, 그래도 빌지 않겠느냐?》

《빌다니? 내가 빈다고 죽은 남편과 시부모들이 살아날가!》

그러자 녀귀신은 새각시앞에 무릎을 꿇었다.

《내가 졌다. 내가 항복한다! 네 말이 맞다. 너의 시부모나 남편은 죽을 때가 되여 죽었는데 그 날자를 미리 안 내가 너를 떠보자고 으름장을 놓았던게다. 남편까지 죽었지만 네 배속의 아이만은 잘 길러라!》

그리고는 녀귀신은 연기처럼 어디론가 사라졌다.

그후에 녀귀신은 다시 나타나지 않았고 새각시는 정말 아들을 낳았다. 너무 일찍 청상과부로 된 각시는 아들 하나를 남들의 열자식 부럽지 않게 고이 기르고 가르치더니 나중에는 그 아들이 군수가 되고 재상이 되여 영화를 누리게 되였으며 부인은 120살까지 살았는데 그의 자손은 무려 백을 넘었다고 한다.

그때에야 사람들은 《어이구, 귀신은 무슨 놈의 귀신이야! 오군수의 어머니는 산신당을 태워버렸어도 너무나 잘 살고 오래만 삽디다.》고 했으며 나라에서는 오이천의 어머니에게 《귀신을 항복시킨 부인》이란 칭호까지 수여했다 한다.

방이와 방삼이

아득히 멀고 먼 옛날 김씨 선조때의 이야기다. 한 촌부락에 김방이와 김방삼이라는 형제가 따로 살림을 하며 살고 있었다.

형인 방이는 가난하여 밥을 빌어먹으며 하루하루를 연명해갔으나 동생인 방삼이는 부락에서도 첫손가락에 꼽히는 부자였다.

부자인 방삼이는 다욕스럽기 그지없었는데다 린색하기 짝이 없었다. 그러나 청빈한 방이는 어질고 마음이 비단같았다. 하여 한 아버지의 피줄을 타고 한 어머니의 배속에서 나온 형제건만 겉으로부터 속까지 판이하였다.

이웃사촌이란 말이 있다. 방이네 웃집에 사는 로인은 방이의 구차한 살림을 차마 눈뜨고 보고만 있을수 없어서 자기네가 부치던 비탈밭 한뙈기를 주었다.

방이는 동생을 찾아가서 사연을 이야기하고 누에종자와 종곡을 꿔달라고 하였다. 욕심꾸러기인데다가 남이 잘되는것을 보면 배가 아파서 못견디는 동생은 미간을 찌프리더니 어찌다 쾌히 승낙하면서 래일 아침에 자루 가지고 와서 가려가라고 하였다. 고뿔도 남에게 주지 않던 동생이 선뜻 대답하는바람에 형은 오히려 믿을수가 없었다. 그래서 뜬눈으로 밤을 새우고 이른새벽부터 동생네 대문밖에 가서 기다리다가 내여주는 누에와 곡식종자를 받고서야 숨을 활 내쉬였다. 그런데 방이는 동생이 밤중에 종곡과 누에를 삶아서 주리라고는 꿈에도 생각하지 못하였다.

방이는 정성들여 종자를 심고 누에를 길렀다. 세월은 물같이 흘러 누에가 알을 까고 나올 때가 지났건만 감감무소식이더니 어느날 겨우 한마리가 까나왔다. 그런데 이상한것은 누에 눈의 길이가 한치 이상되게 크고 몸뚱이는 보통누에보다 몇배가 되였다.

방이는 이 한마리의 누에를 특별히 보살피면서 정성들여 키웠다. 그랬더니 오이자라듯 날따라 커갔다. 열흘이 지나니 고양이만큼 컸고 한달이 지나니 송아지만하게 자랐다. 방이가 일손이 딸리여 쩔쩔 매자 이웃들에서 모여들어 지게와 다룩지로 뽕나무잎을 실어다 먹이였다. 그러던 어느 하루 동생 방삼이 남몰래 와서 보고는 깜짝 놀라더니 사람들이 없는 틈을 타서 그 누에를 죽여버렸다.

뽕나무잎을 한지게 가득 지고 돌아온 방이는 누에가 죽은것을 보자 대성통곡하였다. 그 울음소리가 얼마나 처량하고 구슬펐던지 눈물을 안흘리는 백성들이 없었고 산천초목도 흐느꼈였다. 그런데 이상하게도 방이의 울음소리가 바람을 타고 퍼지자 사방 백리안에 있는 누에들이 방이네 집으로 모두 모여들었다. 사람들은 그 누에가 왕인데 왕이 죽었으니 방방곡곡의 누에들이 조상을 왔다고 여겼다. 이리하여 방이는 별로 힘도 안들이고 온 동네 사람들과 같이 누에고치를 켜서 나누어가졌다. 그걸 본 방삼이는 심술이 나고 배가 아파서 죽을 지경이였으나 제가 한 일이라 말은 못하고 벙어리 랭가슴앓듯 낑낑 거리기만 하였다.

곡식종자도 다 죽고 겨우 한포기가 살았는데 방이 부처가 알뜰히 여러벌 김을 매고 덧거름을 많이 주었더니 죽순자라듯 매일 자라서 곡식나무가 되더니 가을이 되자 방치같은 이삭이 달리였다. 방이는 하도 신기하여 곡식나무밑에서 먹고 자면서 밤낮으로 지켰다.

하루는 난데없이 이름도 모르고 여직 본적도 없는 큰 새 한마리가 날아들어 곡식이삭을 꺾어물고는 어디론가 훨훨 날아갔다. 방이가 그 새를 따라 산을 넘고 물을 건너가니 그 새는 한 바위틈으로 쑥 들어갔다. 방이는 너무도 맹랑하여 바위밑에 퍼더버리고 앉아 그 새가 나오기를 기다렸다. 그사이에 해는 넘어가고 동산에 둥근달이 솟아올랐다. 기진맥진한데다가 허기까지 든 방이는 바위에 기대인체 어렴풋이 잠이 들었다.

어느때나 되였는지 난데없는 아이들의 말소리와 웃음소리에 방이가 눈을 뜨고 보니 붉은 옷을 입은 아이들이 모여서 장난질을 하고 있었다. 하도 신기하여 숨을 크게 못쉬고 바라보는데 한 애가 ≪야 이젠 배가 고파 못놀겠다.≫하고 하니 다른 아이가 ≪넌 뭘 먹겠니?≫하고 물었다.

≪난 술을 마시고 싶다.≫

≪너는?≫

≪나는 고기가 먹고 싶다.≫

≪또 너는?≫

≪난 떡을 먹을테다.≫

한 아이가 씽긋 웃으며 바위틈에서 깜찍한 금방망이를 꺼내 쥐고 바위를 두드리며 ≪술이 나오너라!≫, ≪소고기가 나오너라!≫하고 연신 웨치니 부르는대로 다 나왔다. 아이들은 깔깔대며 먹고 마시며 놀다가 새날이 밝아오자 금방망이를 바위틈에 끼워놓은채 그림자처럼 사라졌다.

방이는 너무나도 신기한 일이라 돌틈에 끼워놓은 금방망이를 가지고 바위를 치며 ≪밥이 나오너라!≫하고 흉내를 내보았더니 과연 바위에서는 김이 몰몰 나는 하얀 이밥이 나왔다. 방이는 너무나 기뻐서 껑충껑충 뛰여 집으로 달려왔다.

≪여보, 우리도 이젠 잘 먹고 잘 살게 됐소!≫

영문을 몰라 자기를 빠끔히 쳐다보는 안해를 보며 방이는 요술을 피우기 시작했다. 그는 금방망이로 땅을 두드리며 집이 나오라고 하니 네모번듯한 륙간기와집이 생기고 쌀이 나오라고 했더니 창고의 빈독마다에 쌀이 수북수북 쌓이였다. 방이는 쌀과 피륙을 마을사람들에게 나누어주고 동생한테도 한수레 가득 실어보내주었다.

그러자 동생 방삼이는 퉁사발눈이 되여 숨이 턱에 닿아서 헐떡거리며 달려왔다. 형의 말을 듣고 제눈으로 금방망이의 재간을 본 방삼이는 눈이 뒤집혔다. 그는 자기가 누에와 종자를 쪄서 형에게 준것을 몹시 후회하였다. 욕심이 굴뚝같고 비위가 소가죽보다 더 두터운 방삼이는 형에게 요구하였다.

≪형님, 오늘 형님이 잘살게 된건 모두 이 동생의 덕인줄 아오. 그때 형님이 누에 종자와 곡식종자를 달라고 할 때 이 아우가 삶아서 주지 않았다면 이런 일은 꿈에도 있을수 없었을거요. 그러니 그 금방망이를 나한테 좀 빌려주오.≫

동생의 사리사욕과 철면피한 거동에 밸이 꼴렸으나 마음씨 어진 방이인지라 꾹 참으며 조용히 타일렀다.

≪아우, 아우도 알겠지만 보물이란 임자가 따로 있기 마련이네. 잘못하다간 화를 입지. 그러니 아우가 요구하는 물건은 아무것이나 죄다 줄수 있어도 금방망이만은 못주겠네. 이건 나 혼자것이 아니라 전촌 백성들의 명줄일세.≫

≪홍, 개구리가 되더니 올챙이때 일은 깡그리 잊었구만. 그렇게 깍쟁이노릇하겠으면 내가 한것처럼 누에와 종곡을 삶아서 나를 주시오 난 형의것보다 더 크고 더 좋은 금방망이를 얻어오겠소.≫

≪그러면 얼마나 좋겠나. 헌데 종자야 거저 주면 줬지 어떻게 량심을 버리고 쪄서 주겠나. 난 그런 일은 못하겠네.≫

≪어째 내가 더 좋은 금방망이를 얻을가봐 배심이 나오?≫

《무슨 말을 그렇게 하나? 사람은 욕심이 과하면 해를 입기 마련이지. 돈이란것도 많으면 좋을 때도 있지만 해를 입을 때도 있다는걸 알아야 해.》

《원, 고양이 쥐 생각은 그만두오. 천벌을 받는대도 내가 받지 형이 받겠소? 잔말 말고 래일 새벽에 올테니 종곡과 누에를 쪄놓소.》

방이는 동생을 타이르다못해 하는수없이 나중에 요구대로 해주었다.

그후 방삼이는 누에를 쳤는데 정말 한마리를 얻기는 하였으나 보통누에와 다른데가 없었다. 그래서 뱉이 난 그는 발로 누에를 밟아죽이고 코물눈물을 쮜짜봤으나 다시는 더 한마리의 누에도 까나오지 않았다. 그 꼴을 본 백성들은 앙천대소하였다.

그런데 곡식종자는 방삼이의 요구대로 쪄주었더니 한알만 싹이 터서 자랐고 이삭이 무르익을 무렵에는 정말 큰새가 날아와서 그걸 물고 어데론가 날아가버렸다.

《옳지! 그러면 그렇겠지!》방삼이는 너무나 좋아서 덩실덩실 춤을 추며 새를 쫓아갔다.

그가 어느 바위께에 이르니 숱한 도깨비들이 나타났다. 방삼이는 하도 징글스럽고 무서워서 눈을 꼭 감고 두손으로 귀를 막았다. 그러면서도 저놈들이 금방망이를 내놓고 어서 없어지기를 애타게 기다렸다. 그러나 도깨비들은 금방망이를 내놓을 대신 방삼에게로 우르르 몰켜와서 소리질렀다.

《옳지, 잘 만났다. 이놈이 바로 작년에 우리 금방망이를 훔쳐간 놈이로구나!》

《아니요, 그건 내가 아니라 우리 형이요.》

《아니긴 뭐가 아니냐? 얘들아, 이 놈에게 본때를 보여라!》

그러자 숱한 도깨비들이 마구 차고 때리는바람에 방삼이는 찍소리도 못하고 물매를 맞고 쓰러지고 말았다.

《하, 이놈봐라. 꾀병을 하네.》

《공짜로 먹기 좋아하는 놈 실컷 처먹게스리 우리 주둥이를 늘궈줍세.》

《주둥이만 늘굴게 아니라 냄새 잘 맡는 코도 서너발 늘궈줘야지, 하하하.》

이리하여 도깨비들은 달려들어 눈깜짝할사이에 방삼이의 코와 입을 서발씩이나 늘궈놓고는 박장대소하며 늘려주다가 뿔뿔히 헤여져갔다.

간신히 살아난 방삼이는 자기의 코와 입을 다른 사람들이 볼가봐 이튿날 밤에야 도적고양이 모양으로 가만히 집에 돌아와서 집구석에 들어박혀있었다. 그러나 낮말은 새가 듣고 밤말은 쥐가 듣는다고 한입 건너 두입 건너 온 부락사람들이 이 일을 다 알게 되였다. 동네사람들은 방삼의 흉측한 꼴을 보고는 침을 뱉으며 욕설을 퍼부었다.

≪형제간의 의리도 모르고 심보가 고약하기 짝이 없더니 천벌을 받았구나!≫

≪아무렴, 사람들을 속이다못해서 귀신까지 속이려다가 그만 제가 속은셈이지!≫

이렇게 되고보니 방삼이는 너무나도 부끄럽고 창피하여 버럭 성을 내다가 그만 등창이 터져 죽고말았다 한다.

현명한 각시

옛날 한 고을선비의 아들이 시골훈장의 딸한테 장가를 들었다.

밤이 깊어 신랑이 각시방에 들어가 옷고름을 풀어주려고 하니 각시가 마다하면서

《묻기는 죄송하오나 선비의 자제분이신 랑군님께서는 공부를 많이 하셨을줄로 믿사온데 몇해나 글을 읽으셨사옵니까?》

하고 물었다.

《한 7,8년 읽었소.》

《그러하오시면 소첩이 글귀를 드릴터이오니 대구를 지으십시오.》

글깨나 읽은 선비의 자제인지라 시골처녀가 물으면 얼마나 어려운걸 물으랴싶어서

《어서 글귀를 내시오.》

하고 선선히 대답하였다.

《예, 〈몽답천산 각불려라.〉 어서 짝을 채우시지요.》

선비의 아들은 생각할수록 앞이 캄캄한게 도무지 글귀가 떠오르지 않았다. 그래서 하는수없이

《대구를 못짓겠소.》

하고 실토했다.

《남아대장부로서 이만한 글에 대구를 못해서야 되겠습니까. 뒤산너머 절에 유명한 대사가 있사오니 그곳에 가서 이 글에 짝을 지을 때까지 공부하시고 오십시오. 소첩이 그때까지 기다리며 옷과 쌀을 보내드리고 시집에도 기별을 띄울터이니 아무 근심마시고 이 길로 떠나세요.》

사내대장부요, 글을 배웠다는 선비의 아들로서 글을 배우라는데 못하겠다는 말은 못하고 첫날밤에 동방화촉도 이루지 못하고 말았다. 한밤중에 쪼각달빛을 등에 지고 숲속을 헤치며 절을 찾아가는 신랑은 무서운 생각보다도 어떻게 해서

든지 공부를 잘하여 속한 기일내에 대구를 지어가지고 돌아가 천하에 둘도 없는 미인이요, 녀걸중의 녀걸인 부인앞에 보란듯이 나서고 싶은 일념뿐이였다.

산 좋고 물 맑아 공기 좋은 절에는 이름있는 대사외에 또 자기보다 먼저 와서 공부하는 늙은 총각이 있어서 심심하지 않았다. 그래서 선비의 아들은 그 총각을 접장삼아 대사께서 배운 글을 익히였는데 날이 가고 달이 바뀌여도 웃을줄을 몰랐고 얼굴에서는 근심이 떠날줄을 몰랐다. 3년이 지나고 5년이 지났다. 보고싶은 얼굴, 그리운 목소리, 자나깨나 눈앞에 선히 떠오르는 안해를 만나기 위해 꾸준히 글을 배웠다.

그러던 어느날 신랑의 얼굴에는 꽃이 활짝 피였다. 그와 같이 공부하던 총각은 5년만에 처음 웃는 선비를 보며

《여보게, 오늘은 서산에서 해가 뜨지 않았나? 도대체 무슨 일에 웃을 때가 다 있소?》

하고 물었다. 선비의 아들은 너무나 기쁜김에 장가간 첫날밤에 글을 못지어서 동방화촉도 못이루고 쫓겨난 이야기부터 시작하여 오늘에야 비로소 대구를 지어 오후에는 집으로 돌아가게 되여 웃노라고 여직 속에 묻어두고있던 이야기를 털어놓았다.

《각시는 무슨 글귀를 내놓았길래 그리도 어려웠소?》

《<몽답천산 각불려라>는 글이였소.》

《<꿈에 천산을 밟고 다녔어도 다리는 아프지 않고>…그래서 뭐라고 짝을 지었소?》

《영입청파 울부지라.》

《<그림자가 못에 들어갔어도 옷은 젖지를 않네> 야! 참 잘 지었구만. 그러니 오늘밤엔 동방화촉을 이루게 됐구만. 축하하오. 하하하.》

이렇게 너스레를 떨다가 갑자기 마음이 싱숭생숭해진 총각의 머리에는 엉뚱한 생각이 번개같이 떠올랐다.

《첫날밤에 등불아래서 잠간 만난 녀자가 5년이란 세월이 흘렀는데 남편을 쉬이 알아볼가? 증거란 글귀에 짝을 맞추는것이 아무나 가도 될수 있지. 남편을 두고서도 5년동안이나 처녀로 참아온 녀인이라 쉬 말을 들을테지.》

이렇게 생각한 총각은 오늘밤에 자기가 대신 가서 그 녀자를 접할 생각을 했다.

《여보게, 자네는 아마 한시바삐 집에 가고 싶겠지만 5년동안이나 같이 먹고

자고 같이 공부하던 내 맘은 섭섭하네그려. 오늘은 글공부를 그만두고 나와 산놀이나 가서 리별주나 마시고 오후에 떠나게.≫

선비의 아들은 친구의 청에 못이겨 그와 산놀이를 갔다. 총각은 선비의 아들을 데리고 경치가 아주 좋은 벼랑가에 가서

≪옛날옛적에 중이 술에 취하여 그만 이 벼랑밑으로 떨어졌는데 사흘만에야 땅에 떨어지다보니 그 사이에 굶어서 죽었더라네. 하하하.≫

하면서 밑을 내려다 보자니 자기는 눈앞이 아찔해 볼수가 없다며 선비의 아들더러 내려다보라고 하였다. 성미가 참대처럼 곧고 고지식한 선비의 아들이 아무런 준비도 없이 허리를 굽히고 벼랑밑을 내려다볼 때 총각은 그의 궁둥이를 한발길로 콱 차는바람에 선비의 아들은 어쩔사이없이 벼랑밑으로 굴러 떨어졌다.

총각은 그길로 절에 돌아와 선비 아들의 옷을 갈아 입은후 이불을 싸가지고 마을로 내려갔다.

선비 아들의 장인, 장모는 초례때에 그를 한번 보고 5년이란 세월이 흘렀는지라 누구인지 몰라서 어리둥절해있었다.

≪제가 바로 5년전에 이 집에 장가들러 왔다가 뒤산 절당으로 공부하러 떠나간 고을 선비의 아들입니다.≫

그제서야 장모가

≪아이구 이 사람아, 인제야 오나?! 어서 들어가게.≫

하고 부산을 떨며 총각의 팔을 잡아끌고 방으로 안내하더니 이윽하여 치마폭에 바람을 날리며 딸의 방으로 달려갔다.

≪아가, 왔다, 왔어! 네 서방이 왔다. 어서 옷을 갈아입고 기다려라.≫

한참후 장모의 안내로 각시방에 들어선 총각은 깜짝 놀랐다. 초불이 환한 방에 첫날옷을 입은 각시가 그린듯이 앉아있다가 사뿐 일어서며 아미를 숙이는것이였다.

각시를 뚫어지게 바라보던 총각은 닭알같은 침을 꿀꺽 삼키였다. 책에서 보던대로 얼굴은 떠오르는 보름달같고 몸매는 물찬 제비같았으며 눈은 새별같고 입술은 앵두빛에 물든것 같았다.

≪약속을 지키셨는지요?≫

그 목소리 또한 날아왔던 꾀꼴새가 울고 갈 지경이라 총각은 너무도 황홀하여 입을 헤벌린체 넋을 잃고 각시를 바라보다가

≪으 응, 지었소. 당신이 내놓은 글귀는 <몽답천산 각불려라>고 했으니 나는 거기에 <영입청파 울부지라>대구를 지었소. 이만하면 어떻소?≫

하고 다잡아 물었다.

≪수고하셨어요. 오늘 밤엔 동방화촉을 이룹시다. 어서 앉으세요. 원로에 급히 오시느라 시장하시겠는데 제가 나가서 진지상을 들여오리라.≫

각시는 그길로 사랑방으로 나가 아버지를 보고

≪아버님, 제 방에 든 놈은 생면부지의 알건달 같사오니 장정 몇을 불러다 결박지어놓고 문초를 하사이다.≫

하고 아뢰였다. 아버지는 그 말에 깜짝 놀라 어안이 벙벙했다. 저놈은 나쁜놈인데 남편에게 내준 글귀를 아는걸 봐선 필경 무슨 곡절이 있을듯하니 속히 행동해야 한다는 딸의 말을 듣고서야 아버지는 머슴군을 데리고 딸의 방에 들어가서 다짜고짜로 그놈을 결박지어 끌고 나왔다.

≪이놈! 살겠거든 바른대로 실토를 하라!≫

오늘 밤에는 영낙없이 미인과 함께 하루밤을 지새우게 됐다고 좋아하던 총각은 부들부들 떨며 이실직고하였다.

≪아이고! 세상에 이럴 변이 어데 있나!≫

각시 어머니는 사위가 죽은것보다 딸이 청상과부가 되는것이 더욱 안타까와 맨봉당에 풀썩 주저앉아 넉두리를 하였다.

≪어머니, 진정하세요.≫

≪진정하게 됐냐? 네 팔자두 기구하구나…≫

≪제 팔자가 어쨌다고 이러세요? 아버님, 저의 남편은 아직 죽지 않았으니 장정 몇사람을 석불사 뒤산으로 보내세요. 갈 때 장바 몇컬레와 가마를 가지고 가도록 하세요. 그리고 저놈을 길잡이로 끌고 가세요.≫

각시는 이렇게 말하고나서 돌아서서 총각을 보며 엄하게 꾸짖었다.

≪네가 살고 싶으면 속히 이분들을 그 산을 모시고 가거라. 나의 남편은 그렇게 수월히 죽을 사람이 아니니 네가 빨리 가면 속죄할수도 있다. 명심하도록 해라.≫

그래서 총각놈은 사람들앞에 서서 해불을 들고 밤을 새우며 부지런히 걸어 샐녘에야 절벽에 이르렀다.

선비의 아들은 총각이 발로 차는바람에 ≪악!≫소리와 함께 천길벼랑에서 떨어지다가 다행히 바위짬에 뿌리박고 자란 천년묵은 소나무우에 걸려 죽지는 않았으나 올라갈수도 내려갈수도 없어서 소나무우에 앉아있었는데 배가 고프니 솔잎을 뜯어 질근질근 씹고있었다. 그런걸 사람들이 바줄을 타고 내려가 구해냈다.

동구밖까지 나와있던 각시는 남편을 맞아 자기 방으로 모시고 그동안 그립던 정을 나누었다. 그리고 나서

《기왕 랑군님께서 무사히 돌아오셨으니 그 총각을 놓아보내는것이 어떠하십니까?》

하고 물었다. 각시의 넓은 도량에 탄복한 신랑은

《옳소. 생각하면 칼탕을 쳐도 시원치 않겠지만 5년동안 함께 지내던 일과 그의 부모들이 기다리고 있을걸 생각하니 그렇게 할수 없군요. 하니 당신 말대로 합시다.》

하고는 그 즉시로 총각을 돌려보냈다.

그날 밤, 5년만에 동방화촉을 이루며 신랑이 물었다.

《그놈이 내가 아니라는것을 어떻게 알아보았소?》

《그놈이 입이 헤벌리고 들어오는것을 보자 첫눈에 알아보았습니다. 그놈의 입술아래에 기미가 있었습니다.》

《그랬구만! 그런데 내가 죽지 않고 살아있다는걸 어떻게 알고 사람을 띄웠소?》

《랑군님께서 지은 글에 옷이 젖었다면 죽은 사람이겠으나 물속에서도 옷이 젖지 않았다고 했으니 살아계신줄로 짐작했습니다.》

《당신은 언제 누구한테서 한학을 배웠소?》

《부친이 무남독녀라고 저한테 남복을 시키고 독선생을 모셔다 십년동안 배우게 했사옵니다. 그리고 랑군님이 계시던 절에 가서 3년을 더 배웠습니다.》

《그랬었구만. 여보, 부부는 일심동체라는데 래일부터 나는 당신을 선생으로 모시고 계속 글을 배우겠소.》

《가군님 과찬의 말씀에 몸둘바를 모르겠나이다.》

《아니요. 사람이 일생동안 배워도 못다 배우고 죽는것이 글이라고 했으니 난 죽을 때까지 배우겠소.》

《부뚜막의 소금도 가마안에 넣어야 짜다고 한자를 배웠으면 한자를 써먹어야지 죽은 글이나 자꾸 읽으시면 뭘 합니까? 랑군님께서는 올해에 과거를 보셔야지요. 기왕 늦은바에 랑군님께서 과거에 급제하신후 랑군님은 말을 타시고 소첩은

가마에 앉아 풍악을 울리며 시가로 가고 싶나이다.≫

≪그러니까 나의 선생으로 되겠다는것이지요?≫

≪정 그러시다면 부족한대로 쾌히 수락하겠나이다.≫

≪암, 그래야지요. 하하하.≫

만 5년만에 마음껏 웃는 그의 웃음소리는 고요한 밤의 정적을 깨뜨리며 멀리로 울려퍼져갔다.

도토리참봉

옛날 강원도 영월땅에 꿀벌처럼 부지런하고 비단처럼 마음씨 고운 농사군이 살고 있었다.

어느해에 흉년이 들어서 부지런한 농부도 도토리로 연명하게 되였다. 그런데 어느날, 백발로인이 그 농부네 집에 쌀동냥을 왔다. 마음씨 고운 농부는 쌀독밑을 박박 긁어서 로인님께 드리고는 점심때가 되였으니 요기나하고 가시라며 도토리범벅을 내놓았다.

로인님이 맛을 보더니 《둘이 먹다가 한사람이 죽어도 모르겠수다. 주인장, 이건 뭘로 만든겁니까?》하고 물었다.

《산에 가서 도토리를 따다가 잘 우려서 찐 다음에 떡치듯 치고 거기에다 산꿀을 버무린것입니다.》

《아, 그렇군요! 그러기에 다른 음식에 꿀을 버무린것보다 더 달콤하고 맛이 있습니다.》

《로인님께서는 퍽 시장하셨던가보옵니다.》

《아니올시다. 임금님께서도 이런 음식은 못자셔봤을겁니다. 이만하면 진상도 갈만합니다.》

로인이 떠나간 다음에도 농부의 머리속에서는 《진상도 갈만하다.》던 그 말이 떠날줄을 몰랐다.

(정말이야. 아무리 현명하고 백성들을 사랑하는 임금이라지만 1년365일을 삼시로 진수성찬에 묻혀있을것이니 이런 도토리음식은 못자셔봤을거야. 그러니 시골농사군들이 쓰디쓴 도토리마저 없어서 굶고있는걸 모를테지.)

농부는 이런 생각이 들자 임금님께 진상을 드리려고 마음먹었다. 그래서 도토리를 우리고 또 우리고 찧고 또 찧어서 삶은 다음 도토리따러 갔다가 얻어온 산꿀을 섞어서 도토리범벅을 정성껏 해가지고 망태기에 넣어 걸머지고 서울로 떠났다.

시골농부가 며칠을 걸어 서울장안에 들어서고보니 촌닭 관청에 온 격이라 어디가 궁궐이고 어디가 국밥집인지 몰라 두루 수소문하며 돌아다니다보니 해가 넘어갔다. 그런데 서울해는 이상하게도 산우로 넘어가는것이 아니라 기와지붕우로 넘어갔다. 그는 려인숙을 찾아 이리저리 다니다가 남대문을 지나게 되였다. 지친데다가 하루종일 굶은 농부는 우선 조용한 곳을 찾아서 요기를 하려고 남대문 문루우로 올라갔다.

망태기를 벗어 그곳에서 베보자기를 꺼내놓고 《이건 임금님께 진상할거야.》하며 도토리범벅 세덩이를 따로 내놓고 다른 덩이를 쥐더니 《이게 내가 먹을거야.》하고는 그걸 맛있게 먹었다. 먹고나니 소르르 잠이 오는지라 그는 남은것을 얼른 싸서 망태기에 넣고는 그걸 목침삼아 베고 누웠다.

이때 야순을 돌던 숙종대왕이 남대문을 지나다가 《어, 추위! 어허허, 추위!》하는 신음소리를 듣고는 멈춰서서 귀를 기울이더니 시종을 보며 《예서 기다려라.》하고는 곧장 문루우로 올라갔다. 올라가보니 허술한 옷차림의 농부가 새우잠을 자면서 신음을 하고있었다.

《여보시오, 얼른 일어나시오. 이런 곳에서 주무시다가 병이라도 들면 어쩔려고 그러오?》

그러자 농부는 베고 자던 망태기부터 끌어안고 일어나 앉으며 임금의 아래우를 훑어보고나서 그가 순라군도, 도적놈도 아님을 확인한 다음에야

《나, 진상온 사람이요.》

하고 자랑에 찬 목소리로 대답했다.

《진상이라니? 누구한테 뭘 진상한단말이요?》

《임금님께 도토리범벅을 진상하러 왔소.》

숙종대왕이 무엇을 못먹어봤으랴만 도토리범벅이란 말은 처음 듣는 소리여서

《여보시오, 나 좀 맛봅시다.》

하고 농부앞에 쭈크리고 앉았다. 그러자 농부는 숙종대왕의 뺨을 철썩 갈기며

《이놈아! 임금님이 잡수실걸 네가 먼저 먹어?》

하고 소리쳤다.

얼벌한 뺨을 문다지던 숙종대왕은 《내가 바로 임금이다.》는 말을 감히 못했다. 한편 숙종대왕은 이놈이 미친놈이 아니면 분명히 자기에 대한 충성심이 하늘에 닿은 사람이겠다는 생각이 들어서 일부러 허허 웃으며

《실은 내가 잘못했구려. 헌데 상감님께 진상오신분이 이런데서 자다가 병이라도 나면 어쩌겠소? 그리고 혹시 도적놈들한테 털리워도 그렇고…그러니 이렇게 합시다. 내가 오늘밤 잠자리를 마련하주고 래일아침에 진상할곳도 가리켜 드릴테니 그걸 조금만 먹어봅시다.》

하고 다가앉았다. 진상할 곳을 가리켜주겠다는 말에 귀가 벌쭉해진 농부는 반색하며

《정말로 진상할 곳을 아시오?》

하고 다잡아 물었다.

《알고말고. 내 비록 옷은 람루하게 입었어도 서울장안 구석구석 안가본 곳이 없소.》

《그래 정말 가르켜주지?》

《장부일언이 중천금이라고 일구이언해서야 되겠소.》

그러자 농부는 망태기속에서 베보자기를 꺼내더니 큰 덩어리 세 개는 두손으로 받들어 따로 놓으며《이건 임금님께 진상할거요.》하고 말하고나서 작은 덩어리를 쥐여 절반 뚝 끊어《잡숴보시오.》하며 임금님께 드렸다.

도토리범벅을 받아든 숙종대왕은 《저렇게 임금에 대한 마음이 직심스러우니 과연 순박한 농부로다.》하고 생각하며 도토리범벅을 한입 떼서 씹어보니 쓰겁고도 떫어 목구멍으로 넘어가질 않았다. 그러나 자기를 위해서 백리를 왔고 말끝마다 자기에 대한 진정이 흘러넘치는것을 생각해서 눈을 감고 꿀꺽 삼키였다.

《내가 맛을 봤으니 말한대로 주숙할 집을 알선해드리지요. 자, 나를 따라 내려갑시다.》

숙종대왕은 먼저 내려가서 시종을 보고 뭐라고 수군거렸다.

《이분을 따라 가면 잠자리를 마련해주고 래일아침에 어전으로 안내해줄테니 편안히 다녀가시오.》

《이거 정말 고맙수다. 그런데 우린 아직 인사수작도 없었구만…》

《하하하. 난 서울에 사는 선비요. 자는 숙이고 이름은 종이요.》

천자문이라도 읽은 농민이였더라면, 그리고 숙종대왕이 폐포파립하고 야순행을 한다는 이야기만이라도 들었더라면 숙종이 우스개소리로 성은 숙이요, 이름은 종이라고 했으니 이 선비가 바로 숙종대왕이라는것을 알았으련만 농부는 그걸 알리 없었다. 그래서

《숙선비, 래일 다시 만납시다.》
하고는 헤여졌다.
이튿날 농부가 시종을 따라서 눈부신 어전으로 들어가니
《원로에 오시느라고 로고가 많으셨겠소!》
하는 임금의 말소리가 들렸다. 어디서 듣던 목소리라 한번 임금의 얼굴을 쳐다보고 싶었지만 농부는 감히 엄두를 못내고 도토리범벅 세덩이를 시종에게 드리고는 엎딘채로 아뢰였다.
《임금님께서는 미천한 농부가 올리는 변변찮은 음식이오나 잡숴보시옵고 말씀해주시길 바라옵나이다.》
숙종대왕은 엊저녁에 이미 맛을 보았는지라 도토리범벅에 손이 가지 않았다. 허지만 농부의 청에 못이겨 한쪼박을 떼여 입안에 넣으니 엊저녁것과는 달리 감칠맛이 나는게 별맛이였다. 그제야 그는 《옳거니! 엊저녁 내가 맛본것은 농부가 먹다 남은것이였지. 이것은 분명히 임금께 진상하겠다면서 따로 내놓던것이였구나!》하는 생각이 들어 즉석에서 시종을 시켜 도토리범벅을 문무대신들에게 골고루 나누어주어 맛보게 하였다.
《농부는 듣거라, 이런 도토리범벅이 또 있는고?》
《소인이 먹다 남은것이 있사옵니다.》
《그래. 그것도 맛 좀 보게 이리로 올려라.》
그 소리에 농부가 깜짝 놀라 엉뎅이를 땅에 대고 임금을 쳐다보니 아무리 봐도 엊저녁에 자기한테 뺨을 맞은 선비가 분명한지라 다시한번 초풍할지경으로 놀라며 죄를 청했다.
《눈이 있어도 임금님을 알아보지 못하고 괄시한 이놈의 목을 잘라주옵소서!》
문무대신들은 웬 영문인지 몰라 두리번거리는데 임금이 껄껄 웃었다.
《하하하, 짐을 악몽에서 깨여나라고 일깨워주었는데 어찌 형벌이 당할소냐? 형벌 대신에 엊저녁에 맛보던 도토리범벅이나 올려라.》
《이건 안되옵니다. 이건 천민들이나 먹는 쓰겁고 떫은…》
《하하, 농부들도 먹을라니 짐이라고 먹지 못할 리유가 있느냐? 황차 엊저녁에 맛을 보았는데야. 쓴 약에 병을 고친다고 어서 올려라.》
시종이 농부가 마지못해 내놓은것을 보자기채로 들고 가서 아뢰였다.
《옳거니! 엊저녁에 맛보던것이군. 그래 올해 농사는 흉년이란 말이지?》

하고 물었다. 농부는 방금 시종이 임금을 상감마마라고 부르는걸 들었는지라
《상감마마, 아뢰옵기 황송하오나 봄에 가물이 들어서 씨붙임이 안된데다가 여름내내 장마가 지다보니 거둘것이 없는줄로 아뢰옵니다.》
고 했다.
《그러니 농부들은 바로 이런것을 먹겠다.》
숙종대왕이 농부들이 먹는다는 도토리범벅을 쳐들고
《자, 경들도 골고루 맛보도록 하라.》
하고는 얼굴빛을 흐리더니 갈한 음성으로 말했다.
《짐은 농부가 진상온 까닭을 잘 알았노라. 나라의 쌀독을 맡은 농부들이 지금 기아에 허덕이고 있구려. 그래 농부는 소원이 뭔지 아뢰도록 하라.》
《황송하옵니다. 온 동네 사람들이 굶주리고있사오니 목숨이나 부지하도록 대여곡이라도 얼마간 주시옵소서. 새해에 농사지어 갚을터이오니 종곡이나 주었으면 감사하겠나이다.》
숙종대왕은 농사군들의 고달픈 사정을 하소연하고저 자기를 찾아왔고 또 그토록 자기에게 충성하는 농부가 그지없이 고맙게 생각되여 이렇게 말하였다.
《짐은 잊지 않고 보내줄터이니 돌아가서 기다리도록하라.》
《성은이 망극하옵니다. 상감마마!》
농부가 너무도 황송하고 기뻐서 읍한채로 뒤걸음치며 물러서는데 임금이 다시 농부를 불렀다.
《게 좀 섰거라. 농부에게 관직을 주어 나라의 충신으로 봉하려 하니 어서 소원을 말해보도록 하라.》
시골에서 나서 자라 보고 들은것이 없는 농부는 무슨 벼슬이 좋을지 몰라 임금의 거듭되는 물음에 인차 대답을 올릴수 없었다. 그는 나서 자란 영월에 단종왕의 릉원이 있는데 릉원을 지키는 사람을 참봉이라고 부르던것을 생각하고
《꼭 벼슬을 시키려거든 영월참봉이나 했으면 하옵니다.》
고 아뢰였다.
그래서 숙종대왕은 즉석에서 농부를 종9품벼슬인 영월릉원참봉으로 봉하여 가마를 태워 내려보냈다. 후에 그 사연을 들은 영월사람들은 농부를 친절히 《도토리참봉》이라고 불렀다고 한다.

김삿갓의 이야기

하늘과 땅이 생긴후로 온 세상에서 삿갓쓴 방랑시인으로 이름이 나고 소문이 자자했던 김병연이 한번은 천하절승 금강산에 올라 일석봉을 향해 떠났다.
산길 30리는 말이 30리지만 50리도 더 되는것 같았다. 점심때까지 걸은 그는 그만 허기까지 들어 간신히 길을 걷고 있었다. 그러다보니 천하의 절경도 눈에 들어오지 않았다.
김병연이 지친 다리를 끌며 산모퉁이 하나를 막 돌아서는데 웬 아낙네가 나타났다. 병연이는 몹시 반가왔다.
《아, 부인, 말씀 좀 물읍시다. 혹시 이 근처에 절이 있는걸 보시지 못했는지요?》
《근처에는 절이 없습니다.》
《예, 그래요.》
김병연이는 믿음이 수포로 돌아가자 금시에 맥이 탁 풀려 어쩔수 없었다.
《무슨 일로 그러시는지요?》
《예. 실은 하도 배가 고파서 가까운 곳에 절이 있으면 요기라도 할가 해서 그럽니다.》
《그러시다면 절을 찾아갈것 없이 이쪽으로 가세요. 방금 내려오다보니 그곳에서 선비들이 음식을 푸짐하게 차려놓고 시회를 하고있습니다.》
《아! 그렇습니까. 정말 고맙습니다!》
병연이 어디서 그런 힘이 솟아났는지 껑충껑충 뛰여 돌바위를 넘고 숲속을 헤치며 달려갔다. 아니나다를가 조그마한 폭포가 산간의 벽곡을 울리며 장단을 치는 아래에 멍석같은 바위가 있는데 그우에 선비들이 모여앉아 시회를 하고있었다. 채반에는 소고기와 닭고기도 있고 함지마다에는 하얀 이밥이 소복이 담겨있었다. 게다가 술은 표주박으로 떠마시게 돼있어서 병연은 구미가 버쩍 동했다.
《저, 지나가는 과객이올시다. 요기라도 좀 할가 하는데 식은 밥이라도 한술

줄수 없겠는지요?》
《어허, 여기는 량반들이 모여 시회를 하는 곳인데 당신같은 과객이 와서 귀찮게 굴면 어떻게 하오?》
선비 한사람이 나서면서 거절했다.
《하지만 량반이 아니라고 해서 배를 곯으라는 법은 없지요. 금강산도 식후경이라고 했는데 한술만이라도 좀 주십시오.》
《금강산도 식후경이라, 허허, 당신도 문장깨나 좋아하는 모양인데 그렇다면 읊어보시오. 여기는 글을 읽는 사람만 음식을 먹는 곳이니까.》
《예. 그러시다면 음식을 얻어먹기 위해서라도 못하는 글이지만 한수 짓겠습니다. 그런데 미안합니다만 제가 부르는대로 받아써주십시오.》
《아니, 글씨를 쓸줄 모르오?》
《저, 잘 쓸줄 모르니 하는말이지요.》
《자, 다들 보시오. 이 지나가는 길손이 글을 한수 짓겠다는데 우선 듣고봅시다.》
선비들은 뭐가 들을게 있는가 하여 제잡담하며 김병연을 거들떠보지도 않았다.
《그럼 내가 대필을 할터이니 어서 불러보시오.》
《예. 거 소나무라는 글자 두자만 쓰십시오.》
《소나무라 <송송>, 썼습니다.》
《이번엔 잣나무라는 글자 두자만 써주십시오.》
《<백백>, 또 뭐요?》
《이번에는 바위라는 글자 두자.》
《<암암>, 그담엔?》
《돌아간다는 글자 하나.》
《돌<회>자. 오, 그러고보니 <송송백백암암회(松松柏柏岩岩回)>라, 아하, 그것, 참!》 붓을 든 선비가 감탄을 하자 좌중은 그제서야 잡담을 그만두고 모여들었다. 병연은 그들을 못본체하며 계속 불렀다.
《이번엔 물 두자, 산 두자에다 곳이라는 자 두자만 써주시오.》
《음, 그러니 <수수산산처처>라.》
《끝에는 기이하다는 <기>자가 있지요.》
《그래. <수수산산처처기(水水山山處處奇)>라>, 야! 이거 명시인걸! 여보게들

들어보게. ≪소나무 잣나무 바위 사이사이를 돌아가니, 물도 산도 곳곳이 기이하구나!≫

그래서 모두들 김병연의 시재에 깜짝 놀랐다. 금강산의 절경을 노래한 시를 꽤나 봤지만 이렇게 쉬운 글자들로 금강산의 절경을 함축성있게 표현한 시는 처음으로 봤기때문이다. 이로하여 병연이는 시인의 대접을 받으면서 맛있는 음식을 실컷 얻어먹을수 있었다.

≪댁은 분명 선비온데 어째서 글을 못하는체했소?≫

≪예, 이제 배우는걸요.≫

≪정말 별 량반 다 봤소. 이런 시재를 가지고 시침을 떼다니. 여보시오, 젊은 량반, 그렇게 먹지만 말고 어서 한수 더해보오.≫

≪예. 실례가 많소이다.≫

병연은 머리를 끄덕여보이고는 붓을 들어 슬슬 내리쓰기 시작했다.

≪작은 시내가에 솥을 걸어놓고 구미를 돋구는 채를 볶아 두어점 입에 넣으니 한해의 봄빛이 그래도 배속에 전해지누나!≫

≪야, 과연 그럴듯한 시구려! 당신같은 천재와 당신같은 시재를 처음 보았소! 자, 술 한잔 더 하시오.≫

≪아이구, 과찬의 말씀을. 내가 올봄에 하두 배고픈 일을 자주 당해서 써본 시이지요.≫

≪아니요. 일석봉의 로승이나 당신의 짝이 되겠는지…≫

≪일석봉이 예서 얼마나 됩니까?≫

≪바로 앞에 있소.≫

≪자, 그럼 잘 먹고 먼저 실례합니다.≫

김병연이는 천하 문장이라는 로승을 찾아 일석봉을 향해 발걸음을 다그쳤다. 그가 높고 험한 산을 톺아오르니 창암절벽을 등에 진 자그마한 암자 하나가 눈에 띄였다. 그리로 다가가 보니 마침 로승이 마루에 앉아 붓글씨를 쓰고있었다.

김병연은 그 글씨만 보고서도 그가 일가를 이루는 대승임을 알게 되였다.

≪저 스님, 참 잘 쓰십니다!≫

≪뉘신가요?≫

호승은 머리도 들지 않고 물었다.

≪예, 청산과 백운을 벗삼는 나그네올시다. 천하절경 금강산에 들렸다가 천하

제일 일석봉에 올라 천하제일 스승님을 못보면 한이 된다기에 이렇게 찾아왔습니다. 이 보잘것없는 소인한테 좋은 말씀 많이 가르쳐주시옵소서.≫

≪허허. 그래, 아주 변설이군. 금강산을 돌아보셨다니 감회가 깊을테지요?≫

≪예, 방금전에 이런 시 한수를 얻었습니다. <송송백백 암암회, 수수산산 처처기>≫

로승은 아무 말도 없이 어느새 병연이가 읊는 시를 수선지우에다 써놓고는 다시 음미해보는것이였다.

≪<소나무 잣나무 바위 사이사이를 돌아가니, 물도 산도 곳곳이 기이하구나!> 아하! 오래간만에 모처럼 좋은 시객을 만났군요. 자, 올라와 앉으시지요.≫

로승은 그제서야 고개를 들어 병연이를 훑어보는것이였다.

≪스님, 시 한수 듣기를 청하옵나이다.≫

≪나야 내기시를 지어보기는 했습니다만…. 이를 뽑는 내기지요. 그게 소승의 못된 버릇이지요.≫

김병연은 가슴이 철렁 내려앉았다. 허지만 말을 낸바 하고는 물러서기도 싫었다.

≪가르쳐주시는것으로 치고 부르신다면 대구를 이어볼가 하옵니다.≫

이 말에 로승의 눈이 둥그래졌다. 이처럼 담대한 젊은 선비를 처음 보는지라 이윽해서 입을 열었다.

≪그럼 먼저 내가 지을테니 대구를 이으시오.≫

≪예.≫

≪아침에 일석봉에 오르니 구름은 발밑에서 피여나고,≫

≪저녁에 황천물을 마시니 달이 입술에 걸렸도다.≫

≪물가 소나무가 남으로 누운것을 보니 북풍이 불어오는것을 알수 있고,≫

≪란간에 대나무 그림자 동쪽으로 기운걸 보니 해가 서쪽에 저문것을 깨달을수 있도다.≫

≪절벽은 위태로운데 오히려 꽃은 웃으며 있고,≫

≪춘광 가장 좋은 시절에 새는 울며 돌아가누나.≫

≪그림자 늪속에 잠겨도 옷은 젖지 않고,≫

≪꿈에 청산을 밟았으나 다리는 아프지가 않더라.≫

≪돌은 천년이나 굴러 땅에 떨어질 때,≫

《높은 봉은 한자만 더하면 하늘에 닿을듯 싶구나.》
...
  이렇게 화답하는 사이에 밤은 지나가고 새날이 밝았어도 그칠줄을 몰랐다. 시선이 아니며는 상상도 못할 일이였다.
  《아, 오늘에야 시선을 만났구료. 내가 졌으니 내 이를 뽑으시오.》
  《황공한 말씀이옵니다. 스님, 그런 말씀은 삼가하여 주시옵소서.》
  《하아, 덕과 재가 겸비한 선비구려!》
  《과찬의 말씀이라 몸둘바를 모르겠소이다.》
  김병연은 로승의 바래움을 받으며 금강산을 내려 함경도 땅에 들어섰다.
  행장을 걸머메고 구름이 흐르듯 정처없이 떠다니던 김병연이 어느날 한곳에 이르니 해가 꼴깍 넘어갔다. 마침 그곳에 주막집이 있는지라 한숨을 내쉬고는 주인을 찾았다.
  《이리오너라, 게 아무도 없느냐?》
  거듭 불렀으나 대답이 없었다. 이 집에서 자지 못하는 날이면 밖에서 밤을 지내야 할판이라 그가 대답도 기다리지 않고 대문을 어깨로 미니 삐걱소리와 함께 가로지른 빗장이 빠지면서 대문이 열렸다. 병연은 대문안에 들어가서 마치 주인처럼 문빗장을 질렀다. 때는 추석 전석이라 손님들도 없고 하인들도 없는 쓸쓸한 주막집에서 아낙네가 눈이 둥그래서 근심스런 얼굴로 객을 맞아주었다.
  《길가던 나그네 해가 저물어서 하루밤 묵어가겠소이다.》
  자기의 행실이 선비답지 못함을 누구보다 잘 아는 병연이는 주인이 내쫓아도 기어이 묵고야말겠다는 뜻에서 뚝 잘라서 말했다.
  《명절 전석이여서 아이들은 하인이 데리고 큰댁으로 가고 없으니 다른 댁으로 가보시지요.》
  옥을 쟁반에 굴리듯한 녀인의 말에 가까이 다가서며 자세히 보니 그 녀인은 첫인상과는 달리 보기 드문 미인이였다. 녀인의 말을 되새겨보니 주막집에는 자기혼자뿐이니 다른 집으로 가라는 뜻이건만 김병연의 마음속에는 느닷없이 잔물결이 일어났다. 그래서 궁리하던 끝에 수작을 걸었다.
  《허지만 밤도 되고 안주인의 모습이 쓸쓸한대로 청초하고 아름다우니 여기서 잠간 쉬여가겠습니다.》
  아낙네는 쓰다달다 말없이 그 자리에 선채로 렴치없이 마루우에 걸터앉는 나그네를 훑어보다가 눈길이 서로 마주치자 정기도는 나그네의 눈길에서 모름지기 위압감을 느끼며 고개를 돌리였다.

김병연은 주인이 들으라고 혼자말로 중얼거렸다.

《아, 타관땅에서 홀로 나그네가 됐으니 해마다 맞는 명절이라 어버이 생각이 절로 나는구나…》

김병연의 탄식소리가 마치 시조를 읊는것처럼 들리고 가물에 단비처럼 마음에 스며드는지라 녀인은 저도 모르게 한마디 했다.

《선생님, 아주 문장이시군요!》

김병연은 자기의 말을 알아듣고 사람을 알아보는 아낙네가 갑자기 정이 끌렸다. 그래서 《문장이면 뭐랍니까? 이렇게 객지에서 식객노릇이나 하는데요…》하고 더욱 탄식하였다.

《그러시면 집으로 돌아가시지요.》

《강원도 영월땅을 언제 가겠습니까?》

《아이구머니나! 먼곳에서 오셨네요.》

녀인은 놀라면서 쪼크리고 앉았다. 그제야 김병연은 삿갓을 벗어놓고 이말저말 하는 가운데 안주인 형편을 알게 되였다.

안주인은 남편을 잃은지 4, 5년이 되였다. 그사이에 뭇남정네들이 젊은 과부라고 그를 업신여겨 못견디게 굴었지만 그는 이를 악물고 수절하면서 살아왔다. 그런데 변진사란놈은 이 과부의 몸을 빼앗지 못하니 권세를 믿고 그의 동산을 빼앗아갔다. 과부는 너무나 억울하여 관가에다 여러번 상소했지만 한강에 돌던지기였다. 이런 자기의 신세를 이야기하고나서 수줍게 웃는 녀인의 모습은 가냘프면서도 고왔다.

《고생이 많겠습니다. 남아도처유미인(男兒到處有美人)이라 하지만 아주머니 같은 미인은 드물게 봅니다.》

《아니, 이 나그네 선비인줄 알았더니 건달이군요. 당장 나가세요.》

《이 집은 주막이 아닙니까?》

《주막은 주막이되 나그네같은 손님은 받지 않아요!》

《그렇게 단마디로 뿌리친다면 제가 몸둘바를 모르겠습니다. 더구나 죽으라는 것보다 가라는 말이 더 섧다는 말도 있지요.》

《잔말 말고 어서 나가세요.》

《어째서 속에 없는 말씀을 그렇게 하십니까요? 그리고 아주머니의 얼굴을 보니 오늘밤에 나를 쫓아낸후 나보다 더 못된놈이 찾아와서 아주머니의 절개는 물론 생명까지 위협을 받을터이니 맘대로 하시구려. 그럼 전 이만큼 쉬였으니 딴 주막으로 가겠습니다.》

김병연은 본디 마음에도 없는 거짓말을 하고보니 웃음이 절로 터질것만 같아서 억지로 참으며 삿갓을 집어들었다.

《손님은 관상까지 보시나요?》

김병연은 또다시 거짓말을 할수가 없어서 정색을 하니 녀인은 오히려 웃었다. 손님이 자기를 놀려줌을 알았던것이다. 그래서 그는 손님을 골려주고싶은 생각이 불쑥 치밀었다.

《그러시다면 가지 말고 저를 지켜주시면 되지 않습니까? 저하고 얘기는 안해도 말입니다.》

녀인의 야유를 모를 병연이가 아니였다. 그래서 병연은 입맛을 쩝쩝 다시며
《하지만 저는 이 집의 삽살개는 아니니깐요. 이만 실례하겠습니다.》
하고는 일어섰다. 그바람에 녀인은 깜짝 놀랐다. 정말 객이 관상을 볼줄 아시는 분이여서 그의 말대로 나쁜 놈에게 걸려들면 야단이였다.

《그럼 저는 어떻게 해유? 그렇지 않아두 요즈음 못된 도적놈들이 나타나지 않는것두 아니고 엊그제도 술망나니 한놈이 밤중에 뛰여들어 온밤 뜬눈으로 지샜는데요…》

《허허허, 그러게 저와 온밤 이야기하면 되잖습니까?》

김병연이 참지를 못하고 폭소를 터뜨리는바람에 녀인은 눈을 곱게 흘겼다.
《호호호 이 량반, 그러고보니 못된놈이구 어쩌구하면서 공연히 생과부 마음 흔드시네. 그래 나하고 이야기하시면 무슨 도움이 생기십니까?》

《하하, 이렇게 사내마음 몰라주신다구야. 조용한 때에 이렇게 단둘이 만남도 전생의 인연이거늘 어찌 그리 매정하시우?》

《호호호 전 지금껏 황금 만냥을 주겠다고 해도 절개를 굽힌적은 한번도 없는데 그래 오늘밤 절 어쩌자는겁니까?》

《하, 그러지 마시오!》

《글쎄 안돼요!》

《난 대장부가 아니요?》

《전 렬녀가 아닙니까?》

녀인은 이 말을 남기고는 방으로 훌쩍 들어가서 문을 닫고는 틈사이로 김병연의 거동을 살피였다. 여직껏 수많은 선비와 활량들을 상대해보았지만 이 손님처럼 곤추 대드는 나그네는 처음 보았다. 그런데 그것이 이상하리만치 밉지가 않았고 또한 자기 마음이 흔들리고있음을 깨달았다.

김병연은 녀인의 내속을 알수 있는지라 일부러 뒤도 돌아보지 않고 삿갓을 쓴채 뚜벅뚜벅 소리내며 걸어나갔다. 아니나다를가 그가 다섯발자국도 옮기기전에 녀인의 목소리가 등뒤에서 날아왔다.

《여봐라, 게 아무도 없느냐? 그 손님 가지 말라고 일러라!》

김병연은 웃음주머니가 흔들흔들해서 속으로 쾌재를 부르고는 맞장구를 쳤다.

《여봐라, 소피보고 올터이니 손님자리도 그 안방에 펴두라고 일러라.》

《그 말은 난중지난사(難中之難事)라고 여쭈어라. 그리고 그만 주무시라고 일러라.》

《도무지 꿈이 뒤숭숭해서 잠을 이룰수 없다고 일러라.》

녀인의 대답이 없자 김병연은 마루에 앉아 괴나리보짐에서 지필묵을 꺼내놓고 글을 써서 문틈사이로 들여보냈다.

《어머나! 이건 또 무엇인고?》

녀인은 등잔불을 밝혀놓고 그 글을 읽고 또 읽었다. 그러더니만 무슨 말을 어떻게 썼는지 녀인은 그만 옴짝달싹하지도 못하였다.

김병연은 이젠 됐다고 소피를 보고난 뒤 버젓이 정지문을 열고 들어갔다. 녀인은 흠칫 놀라더니만 숫쳐녀처럼 금시 얼굴이 발그레해서 아미를 숙이였다.

《기왕 오늘밤에 댁과 정을 맺게 됐습니다마는…》

《옛말에 하루밤을 자도 만리장성을 쌓는다고 하였는데 소첩은 여직 나리의 존함을 모르고있사옵니다.》

《옳지 그래! 내가 헌 갓을 쓰고 다닌다고 해서 모두들 나를 김삿갓이라 부르니 안주인도 그렇게 불러주시오.》

《알겠습니다.》

녀인은 부엌으로 나가더니 이윽해서 들어왔다.

《오늘은 제가 평생 처음으로 절개를 꺾는 날이오니 부엌에 나가 더운물로 몸을 닦으신후 술을 드시지요.》

김삿갓은 그러한 절차 하나하나가 까다롭게 느껴졌고 번거롭게 생각됐지만 깨끗하고 칼칼한 안주인의 성미가 밉지 않아서 부엌으로 나갔다. 부엌에 나가니 큰 함지에 더운물이 반나마 담겨있었다. 김삿갓이 목욕을 하고 들어오니 녀인은 어느새 술상을 챙겨놓았다.

≪이거 너무나 과분한 대접이라 꿈만 같군요.≫

≪저도 지금 꿈을 꾸고 있었으면 해요.≫

녀인은 술을 따라 김삿갓에게 공손히 권했다. 가슴이 부푼 남녀가 한창 술을 나누며 단꿈을 꾸는데 난데없이 대문을 쾅쾅 두드리는 소리가 들려왔다. 김삿갓이 어인 영문을 몰라 녀인을 바라보니 녀인은 김삿갓곁으로 바싹 다가앉으며 물었다.

≪과객이겠는데 어쩌면 좋아요?≫

≪과객이라면 임자는 가만있소.≫

김삿갓은 나직이 한마디 하고는 크게 소리쳤다.

≪여보시오, 과객. 래일은 명절이라 이 집주인은 큰댁으로 가고 이 집에는 나 혼자 지키고있으니 이 아래 딴 주막으로 가보시오!≫

그러자 밖에서는 아무런 대답도 없었다. 그제야 녀인은 안도의 숨을 내쉬더니 또다시 술을 따라 김삿갓에게 권했다.

≪나리, 소첩이 한가지 청이 있사온데 받아주시겠지요?≫

≪받아주다마다. 내 힘으로 할수 있는 일이라면야.≫

이리하여 안주인은 또다시 자기집 동산을 변진사놈이 권세를 믿고 빼앗아간 일과 그로하여 수차 관가에 송사를 했으나 차일피일 미루다보니 벌써 3년이 지났다는 이야기를 눈물에 섞어하면서 상소장을 써달라고 부탁했다.

≪괘씸한 놈들같으니라구! 념려말게. 꼭 찾도록 래일 아침에 어김없이 써주겠네.≫

세상에 정처럼 흐뭇하고 정처럼 무서운것은 없는 모양이다. 김삿갓은 하도 오랜만에 녀인이 부어주는 술을 정에 끌려 마시고 또 마시다보니 그만 취하여 쓰러지고 말았다. 어느때나 되였는지 김삿갓이 깨나보니 자기는 깨끗한 이부자리 속에 누었는데 녀인은 가물거리는 등잔불밑에 꿔온 보리자루처럼 앉아있었다.

≪하하, 이거 내가 오랜만에 과음을 하고 그만 실례를 했소그려. 지친데다가 과음하다보니 나만 홀로 잠을 잔 모양이구려. 자, 그만 기도를 드리고 불을 끄고

내곁으로 오시오.≫
　그제야 녀인은 한동안 머뭇거리고나서 불을 껐다.
　병연이 재잠에서 깨나보니 창문이 어느새 환한데 부엌에선 그릇 씻는 소리가 들려왔다. 병연은 벌떡 일어나 지필묵을 꺼내놓고 단숨에 상소장을 썼다.
　푸짐한 아침상이 들어오자 김삿갓은 방금 쓴 글을 녀인에게 내주었다.
　≪자, 받으시지요. 사또가 이 글을 보면 꼭 마음이 달라질겁니다.≫
　녀인이 낯을 붉히며 수고했노라고 인사를 하며 그 글을 들여다보니 글에
　≪파간다 파간다 함은 저쪽에서 늘쌍하는 말이요, 잡아오라 잡아오라 함은 본군 사또가 의례하는 말이온데, 어제 오늘 래일하고 미루기만 하니, 천지는 늙지 않고 세월만 가고 이달저달 하는 새에 쓸쓸한 강산은 어느덧 백년이 될것이로다.≫
　라고 썼다.
　≪어머나! 정말 명문이십니다. 저의 집은 원래 과객이 모이는 집이라 저의 집에 묵으시면서 이 송사가 끝나는걸 보신 다음에 떠나세요. 네?≫
　안주인은 진정으로 김삿갓의 글재주에 미칠듯이 반하고말았다. 그래서 한결 이뻐지고 젊어진 미인의 술을 연신 받아마시다보니 김삿갓은 해장술에 그만 또 취하고 말았다.
　그날 녀인은 관가로 들어갔다. 송사장을 받아본 원님은 눈이 둥그래졌다. 난생 처음 보는 송사장이요, 난생처음 보는 명시였다. 그래서 다급히 물었다.
　≪이 글을 누가 썼느냐?≫
　≪지나가던 과객이 썼나이다, 사또님!≫
　≪지금 그 어른이 주막에 계시느냐?≫
　≪소첩이 떠나올 때까지는 계셨나이다.≫
　≪음, 내 오늘중으로 동산을 찾아줄터이니 즉시 돌아가서 그 선생을 내가 한번 만나보기가 소원이라고 전하게.≫
　녀인은 사또의 말에서 김삿갓을 해치자는 마음이 없음을 알자 선뜻 대답했다.
　≪예, 분부대로 꼭 오시게 하겠사옵니다.≫
　녀인이 떠나자 원님은 형방을 불러 지난번에 변진사에 대한 이러저러한 상소문을 폐지한 일이 있느냐고 묻고나서
　≪그럴 법이 어디 있단말이냐? 당장 변진사놈을 잡아 대령하여라!≫
　하고 령을 내렸다.

사령들한테 끌려온 변진사가 사또앞에서 곤장 몇대를 얻어맞고 사또의 추상같은 호령에 질겁하여 순순히 자백하고 승인하는바람에 3년동안이나 끌어오던 동산문제가 그날로 해결이 되고 변진사는 사또의 분부대로 돈 2백냥을 직접 주막집 과부에게 갖다주었다.
그제서야 김삿갓은 관가로 갔다.
《소인 김삿갓 문안드리오!》
김병연을 반겨맞은 사또는 푸짐한 주안상까지 차렸다.
《난 본디 시문을 즐겨해서 글 잘하는 사람은 남녀로소와 귀천여하를 불문하고 가까이하고 한달이 멀다하게 시회를 여는 버릇이 있지요. 오늘 선생의 글을 보니 참을수 없어 부르셨으니 좋은 시나 들려주시지요.》
《과찬의 말씀이라 몸둘바를 모르겠습니다.》
《이런 술좌석에서는 겸손의 말씀이 어울리지 않지요. 어서 한수 읊어주시오.》
《예. 재주는 없으나 사또님의 분부이니 거역할수가 없습니다. 글제를 내시지요.》
《음, 그리자 영자가 어떻소? 실은 접때 그림자 영자를 놓고 선비들보고 한수 지으라고 했지만 모두들 어렵고 힘들다고 하더구만.》
《글쎄요…》
김삿갓은 붓을 들더니 줄줄 써내려갔다.
《나들이 오갈때 나를 따르는
너처럼 공평한건 너뿐일것이고
너와 내가 너무나 흡사하나
실은 내가 너는 아니더라
달이 서산에 기울면
너는 괴이한 형상에 놀라게 되고
때가 정오가 되며는
난쟁이 되여 웃음짓게 하니라
마음은 비록 아름다우나
믿음이 끝이 없으니
광명이 비춰주지 않으면
종적 감추더라!》

《아, 평생 처음 만난 시인이군!》

《황송하옵니다.》

《아니야, 정말 놀라운 시재야!》

어느덧 동헌마루에 황혼이 깃들자 김삿갓은 더 있을수 없어서 사또에게 물러갈것을 아뢰였다. 그러나 사또는 놓아주질 않았다. 그래서 며칠을 묵을수밖에 없었다.

이튿날 아침에 김삿갓은 사또와 함께 산천을 구경하는데 산봉우리들이 우뚝우뚝 솟아 경치가 자못 아름다운지라 저도 모르게

《일봉 이봉 삼사봉

오봉 륙봉 칠팔봉

잠간사이 천만봉

구름 장천 푸른 봉…》

하고 읊조리는데 시내가 버들숲속에서 한 선비가 달려나오며

《선생님은 김삿갓선생님이 아니시옵니까?》

하고 묻는바람에 읊던 시를 중단하였다.

《선비는 뉘시온데 나를 알아보시오?》

《소생은 최백담이라 하옵니다. 선생님, 시 한수 지어주십시오. 소원입니다.》

백담이 하도 진정으로 조르는바람에 김삿갓은 운자를 내라고 하였다. 그러자 선비는 흐르는 시내물을 바라보며《흐를 류》라고 했다.

《강가에서 부르는 그 운자 정말 좋습니다.》

김삿갓은 백담이 운자를 내는걸 보고서도 그가 박식한 선비임을 알고 한수 읊었다.

《산은 칼에 지향하고 하늘은 칠듯이 서있고, 물은 병정의 소리를 배워 땅을 울리며 흐르는구나!》

《과연 삿갓선생님의 독특한 시풍입니다!》

《보아하니 백담선생께서 대구를 할줄로 믿는데요. 돌아올 <회>를 운으로 지으시면 대구가 될것입니다.》

백담은 사양하다가 하는수없이 내구를 하였다.

《산은 강을 건너고싶어

강어구에 서있고

물은 돌을 뚫을듯
돌머리를 돌고있구나!≫
≪어이구, 제 시보다 월등합니다.≫
두 선비가 이렇듯 주고받는것을 본 사또는 관아로 돌아와서 그날 밤에 시회를 열고 고을에서 한다하는 선비와 생원들을 모두 청하였다. 그중에는 고을에서 한다하는 선비들인 원생원, 서진사, 문첨지 등이 들어있었다.
≪오늘 시회에는 재주있는 사람을 한분 청했으니 여러분들이 그 사람의 재주를 직접 보시오.≫
사또의 말이 끝나자 세사람이 벅적 고아댔다.
≪원 사또님두, 근본도 없이 떠돌아다니는 식객을 그토록 재주있는자라고 추겨주시면 이 고을엔 문장 하나 없단 말씀입니까?≫
≪그래서가 아니야.≫
≪아유, 그 사람을 가까이하시다가는 사또님께서 꼭 망신할겁니다.≫
이렇게 지껄이는 원생원이나 서진사 등은 모두다 과거는 고사하고 백일장에도 한번 든적이 없는 자칭 선비들로서 이 고을에서 조상덕에 팔자좋게 풍월이나 한답시고 몰려다니는 패거리였다. 사또는 누구보다도 그들을 잘 알고있었다. 그래서 김삿갓이 한번 본때를 보여 그들의 코대를 보기 좋게 꺾어놓기를 바랐다.
김삿갓이 들어서자 서진사가 먼저 그에게 인사를 한 다음에 말을 걸었다.
≪김장원을 시험하는게 아니라 우리가 지금까지 김장원의 재주를 알고싶어서 그러니 글 한수 짓게나.≫
≪진사님이 청하시는걸 제가 어찌 거절할수 있겠습니까.≫
≪자, 그럼 당송부 8대의 시가를 넣고 그들의 이름을 넣어 글 한수 지어보시오.≫
서진사는 마치 과거의 시관이라도 된듯 오만한 태도였다. 아니꼬운 생각 같아서는≪이놈! 내가 시를 지으면 어쩔테냐?≫하고 삿대질을 하고 싶었지만 김병연은 꾹 참고 붓을 들었다.
당송의 8대 시인이란 리태백, 류종원, 황산고, 백락천, 주자의 도연명, 한택길, 맹도야를 가리키는 말인데 그중에서 리태백은 리적충이라고도 불렸다. 앉은자리에서 이 여덟사람의 이름을 넣어서 글을 짓는다는것은 실로 어려운 일이였다. 그러나 김삿갓은 어렵지 않게 썼다.

《리적충에 백걸음 산발 뿝고
류종원보다 밑 이름이 아름답더라
풍산고속에는 천만 초가 있고
백락촌가에는 기러기만 떼지어가네
주자의 이 못 이름 적막속이요
고연의 명월도 풍요하는지 오래도다
가련한 한택길은 물러가 어디에 있는고
오로지 맹동의 들엔 풀만 가득하구나.》
《하하하. 과연, 과연 시재일세. 그러게 내가 자랑할만하다고 하지 않던가.》
사또가 환성을 올리건만 그 패거리들은 트집을 걸었다.
《김장원, 혹시 그 글은 어디서 한번 써본 글이 아니요?》
《아니, 그게 무슨 말씀이십니까?》
《그렇지 않고서야 어찌 한번도 쉬지 않고 그렇게 술술 써내려갈수 있단말이요?》
《여보시오, 글이 잘못됐다면 잘못됐다고나 할일이지 그런 망발이 어디 있소이까? 지금 누굴 놀리는겁니까?》
《그 말은 서진사가 과했군 그래.》
《롱이온데 그렇게까지 화를 낼 일은 아니옵니다.》
《지나친 롱은 삼가하는게 좋네!》
사또가 한마디 해서야 모두 입을 다물었다. 그러나 서로의 가슴속에는 가시가 돋아나고 있었다. 문생원이 뱀눈을 할기죽거리더니 잔기침을 하며 기껏 한다는 소리가 돌을 들어 제발등을 까는 소리였다.
《김장원, 다시한번 즉흥시를 읊어주게나.》
그러지 않아도 괘씸하기 짝이 없는 놈들에게 한번 골탕을 먹여주지 못해 목구멍까지 올라온 된욕을 억지로 참고있던 김삿갓은 얼씨구 좋다 하고
《예, 어른들께서 또 한수 지으라니 짓겠습니다마는 타작이 나오더라도 나무라지 마십시오.》
하고 다짐을 받았다.
《념려말구 어서 짓게나. 설사 우릴 욕사는 글이라해도 무방할세.》
《해가 지니 원숭이 들로 기여나오고(日落猿生原)

고양이 지나간 자리에 쥐가 모두 죽는데(猫過鼠盡死)
황혼에 모기는 처마밑에 기여들더라 (黃昏蚊詹至) ≫

김병연이 한구절씩 읊을 때 그 패거리들은 멋도 모르고 한구절씩 받아쓰면서 따라외우는데 그래도 맨 먼저 글의 참뜻을 알아낸것은 역시 사또였다. 원숭이, 쥐, 모기로 원생원, 서진사, 문첨지를 비유한 엄청난 욕이였다. 그래서 어찌나 우습고 속이 후련한지 사또는 연신 감탄하며 껄껄 웃었다.

눈치코치 무딘 문첨지는 멋도 모르고 덩달아 께끼였다.

≪해가 지니 원숭이가 들로 나온다, 이 참 재미있는 글이구만!≫

사또의 요란한 웃음소리속에서 무슨 낌새를 눈치챘는지 머리를 기웃거리던 원생원이

≪가만있자. 원숭이, 쥐, 모기 이게 모두 비유가 아닌가?≫하고 참새같이 역은 서진사가 깔깔 웃었다.

≪해가 지니 원숭이가 들로 나온다는 <猿生原>은 바로 원생원 자넬 두고 한 말일세. 하하하.≫

≪에익, 빌어먹을것, 뭘 안다고 눈물코물 쥐여짜며 웃는거냐? 자넨 고양이한테 먹힌 <鼠盡死>가 되였는데도 웃음이 나와? 밥통같은게!≫

≪엉?! 그러고보니 모기가 처마밑에 기여든다는 <蚊詹至>는 문첨지를 욕한게로군.≫

그들은 얼굴이 검으락푸르락해서 주먹을 불끈 쥐고 김삿갓을 노렸지만 김삿갓은 도리여 태연스러 말했다.

≪그러게 제가 뭐라고 했습니까요, 타작이 나오더라도 노여워말라고 미리 여쭈었고 여러분들도 그러마하고 윤허하지 않았습니까?≫

이렇게 되고보니 고을에서 제밖에 없노라던 세사람은 얼굴이 홍당무우가 되여 개꼴망신을 당한채 내 꼴봐라 하고 삼십륙계 줄행랑을 놓고 말았다.

그날 김삿갓은 사또의 푸짐한 대접을 받은후 주막집 녀인과 리별하고 또다시 방랑의 길에 올랐다….

류수같은 세월은 흐르고 흘러 방랑시인 김삿갓이 이 세상을 하직한지도 백하고도 스무해가 지났건만 풍자와 해학으로 썩어빠진 세상과 탐관오리들의 부패상을 적발폭로하던 그의 시는 아름다운 이야기와 더불어 오늘까지도 널리 전해지고있다.

천생배필

옛날 송도에 사는 선비 남송학이 한번은 이모가 사는 섬마을에 놀러 갔었다.
이모네 옆집에는 담을 두른 량가집이 있었는데 그 집에는 선녀라고 부르는 절색의 무남독녀가 있었다. 이름 그대로 선녀는 인물이 절색일뿐만 아니라 글도 잘하여 소문이 났는지라 섬마을은 물론 송도의 한다하는 선비들과 활량들이 그 집의 사위가 되기 위해 문턱이 닳도록 다녔지만 선녀랑자를 직접 본 사람은 하나도 없었다.

하루는 남송학이 이모부의 부탁을 받고 량가집으로 심부름을 갔었다. 마침 그집 주인령감이 고을에서 나온 례방나리와 한담하는중이여서 선비는 하는수없이 기다리게 되였다. 수양버들밑을 거닐던 그는 저도 모르는 사이에 후원까지 들어갔다. 후원의 수양버들숲속에는 큰 련못이 있었는데 때마침 선녀랑자가 거기서 고기에게 먹이를 주고있었다. 이전부터 미인이며 문장가로 소문난 처녀를 단 한번만이라도 만나보았으면 하던 송학이는 오늘 먼 발치에서나마 선녀를 바로보게 되였다. 그를 바라보는 순간, 천하가 불시에 환해지면서 숨이 막히고 가슴이 답답하여 심장의 박동마저 멈추는것 같았다.

《아! 하늘의 선녀도 왔다가 울고 가리라!》

난데없이 들려오는 웬 남자의 감탄소리에 선녀는 와뜰 놀라 고운 손으로 입을 막았다. 주위를 돌아보던 선녀의 눈이 수양버들아래에 서있는 준수하고 훤칠한 사나이의 눈길과 마주치자 얼굴을 붉히며 치마자락을 끌고 별당으로 사라졌다.

단꿈에서 깨여난듯 허전한 마음을 달래며 이모네 집으로 돌아온 송학이는 눈을 뜨나 감으나 선녀의 모습이 눈앞에 삼삼하여 도무지 마음을 진정할수가 없었다.

《아, 내가 선녀랑자를 안해로 삼지 못할바에는 차라리 속세의 인간으로 태여나지 말고 못옆의 수양버들로 자라났더라면 춘하추동 사시절을 밤과 낮이 따로없이 그를 맞고 바래며 한생을 보낼것을…아, 사랑이란 이렇게도 사람을 괴롭게 구는것인가? 삶과 죽음이 사랑속에 있는 모양이기에 그 사랑에 속아서 울고 그

사랑에 귀한 목숨도 초개같이 버리는것인가?≫

　이렇게 밤낮으로 생각하던 송학이는 정열에 끓어넘치는 사랑의 고백을 시로 써서 담장너머로 처녀에게 보내였다. 그러나 손꼽아 기다리는 회답은 없었고 짝사랑에 불타는 송학의 마음은 등잔심지처럼 바질바질 타기만 했다. 송학은 타는 가슴을 달랠 길이 없어 하루에도 두세번씩 담장밖을 에돌며 휘파람을 불었고 그러다가는 또 다시 시를 써서 담장안으로 보내군 하였다. 나중에는
　≪선녀랑자, 초개같은 서생이 체면을 무릅쓰고 여러번이나 목메여 불렀건만 어이하여 대답이 없나이까? 미물의 짐승인 개가 짖어도 이 개하고 구짖을라니 사람이 묻는 말에 욕이라도 하셔야 하지 않겠나이까? 이번에도 대답이 없으시다면 살아서 맺지 못한 인연을 죽어가서라도 맺기 위해 차라리 내 먼저 염라대왕을 찾아가 기다리겠소이다.≫
　라는 위협의 편지도 써보냈다. 그게 효험이 있었던지 아니면 그 무엇이 처녀의 마음을 흔들어 놓았던지 선녀한테서≪선비님은 죽으려 하셔도 죽을수 없는 몸이 옵니다. 모든 일은 죄다 때가 있는줄로 아오니 연분이 있다면 어이하여 만나지 못함을 두려워하겠나이까.≫라는 전갈이 왔다.
　편지의 뜻을 해득한 송학이는 얼마나 기뻤던지 즉석에서 자기의 안타까운 심정을 편지에 썼다.
　≪선녀랑자, 옛말에 이르기를 어진자는 산을 좋아하고 지혜로운자는 물을 좋아한다 하였는데 나는 산을 좋아하고 랑자는 물을 좋아하거늘 산과 물은 떨어질수 없음이라 이 어찌 연분이 아니며 지난날 련못가에서 우연히 만난것도 어찌 하늘의 정해준 연분이라 아니하겠나이까.≫
　이튿날 선녀한테서 회답이 왔다.
　≪덕과 학문을 닦으시는 서생의 몸으로 어이하여 3강5륜을 모르옵니까? 부모의 허락없이 자기마음대로 남자를 따를수 없는것이 녀자인줄 왜 모르나이까?! 하오니, 선비님께서 천한 소녀를 생각하느라 창창한 앞길을 그르치지 말으시고 학업에 정력을 몰부으시여 과거에 급제하신 다음에 소녀의 부모님께 청혼하셔도 늦지 않을것이며 그때면 소녀도 선비님과 백년해로하며 받들어모실가 하나이다. 부디 옥체만강하옵시고 학문을 닦아 연분을 마련하옵기를 두손 모아 비나이다.≫
　송학이는 심절히 느끼는바가 있어
　≪랑자, 내 마음은 언제나 선녀랑자를 따르고 있음을 잊지 마소서. 내 3년 석달

열흘안에 과거급제하고 풍악을 울리며 그대를 맞으러 갈것이니 장부의 천금 같은 언약 잊지 말고 기다려주소이다!》

라고 써서 담장안에 던지고 그길로 송도로 올라갔다.

희망과 사랑은 힘이 되여 송학이는 학업으로 지는 해와 뜨는 달을 맞고 바래였다.

세월은 류수같이 흐르고 흘러 어느덧 한달이 지나고 1년이 지났다. 과년한 처녀이긴 하지만 경국지색으로 소문난 처녀인지라 선녀네 집엔 매파들이 쌀뒤주에 골방쥐나들듯하여 이젠 부모들의 성화 같은 독촉이 날로 심해졌다. 선녀는 첫해에는 나이가 어리다고 잡아뗐고 두번째 해엔 늙으신 부모만 남겨놓고 떠날수 없노라 구실을 댔으나 올해에는 핑게를 댈수도 없었거니와 댄다손쳐도 쓸데없었다. 한것은 이미 지체높은 량반의 아들과 혼사를 하고 잔치날을 기다리고 있었기 때문이였다.

처녀는 안타까운 마음을 안고 오늘일가 래일일가 하고 선비를 기다렸다. 하늘에서 내렸는지, 아니면 땅에서 솟았는지 난데없이 잠자던 처녀의 마음속에 파문을 일으켜놓고 3년 석달 열흘안에 오마 하고 훌쩍 떠나더니 어찌하여 3년이 지나도록 님은 안오실가?… 선녀는 애타는 심정을 하소연할 곳 없어 십여년동안 자기가 던져주는 먹이를 먹고 무럭무럭 자라 꼬리치며 뛰노는 고기들을 보고 중얼거렸다.

《미물의 고기들아! 내가 너희들을 먹여 기른지도 십년이 넘었구나. 십년이면 강산도 변한다는데 너희들은 어이하여 속타는 요 내 마음을 이다지도 몰라주냐. 이제 열흘만 있은면 나는 맘에도 없는 재상집 귀신이 될터인데 그후부터는 누가 너희들에게 먹이를 주며 너희들과 즐길것이냐! 아, 한번 먹은 일편단심 저승에 가서도 변할수 없구나. 기다리는 님은 오지 않고 며칠후면 코빼는 량반자제 날 데리러 온다 하니 안타까운 이 심정을 그 누가 송도에 계시는 랑군님께 전하겠느냐?》

선녀의 말이 끝나기 바쁘게 련못의 물이 부글부글 끓어번지더니 팔뚝같은 고기들이 펄쩍펄쩍 뛰여올랐다. 그래서 선녀는 비단필에 쓴 편지를 꽁꽁 말아서 못에 다 던졌다. 그러자 큰 잉어 한마리가 물우에 뛰여올라 떨어지는 편시를 넙적 받아 물더니 꼬리치며 못속으로 사라지는것이였다.

이때 송도에서 부지런히 공부하여 과거에 급제한 남송학이는 한림학사의 벼슬까지 제수받고보니 너무나 기뻐서 장에 가서 부모님께 드리려고 펄쩍펄쩍 뛰는 잉어 한마리를 사들고 집으로 왔다. 잉어를 깨끗이 씻은 다음 배를 가르니 배속에서 난데없는 비단천이 나왔다. 하도 이상하여 펼쳐보니 자기에게 보내온 선녀의 편지였다. 3년전에 언약한 한시도 잊은적 없는 선녀랑자께서 써보낸 급박한 사연이였다. 송학이가 부모님앞에 엎드려 사연을 아뢰니 부모들은 그더러 인차 떠나라고 하였다. 하여 그는 백마를 잡아타고 나는듯이 섬마을로 달리였다.

한림학사 남송학이 닫는 말에 채직질하여 땀투성이된 몸으로 선녀네 집에 들어가자 신랑마중을 나왔던 사람들은 모두 깜짝 놀랐다. 남송학이 선녀 부친앞에 엎드려 전후사연을 이야기하고 고기배속에서 꺼낸 편지를 내놓으니 신기해하지 않는 사람이 없었다. 선녀부친이 급히 후원으로 들어가 선녀에게 물으니 사실이 그러한지라

《내 딸과 자네의 정성이 룡왕님을 감동시켰나보이다. 하늘과 바다가 정해준 천생배필인데 낸들 어쩌겠나. 헌데 저기 오는 신랑의 말을 들어봐야지.》

로인은 말을 타고 오는 신랑을 마중나가 자초지종 이야기하고나서 처분을 바랐다.

《천생의 연분이란것도 따로 있는 법인데 내 어찌 순종하지 않겠소.》

신랑은 가마를 뒤로 돌리고 말머리를 돌려 오던 길을 되돌아갔다.

이리하여 한림학사 남송학은 천하일색 선녀를 안해로 맞이하여 하루를 스무해 맞잡이로 서로 아끼고 사랑하며 우로는 부모님을 공대하고 아래로는 자녀들을 양육하면서 백년해로했다고 한다.

무당의 귀신놀음

옛날 서울 장안에 외직을 있는 신대감이라 부르는 판서가 있었다.

신대감의 아들이 장성하여 벼슬길에 오르더니 역시 판서가 되였다. 그런데 젊은 아들이 판서가 된지 얼마 안되여 신대감이 죽고말았다.

신대감의 마누라가 미신을 몹시 숭상하여 평시에도 쩍하면 무당을 불러 굿을 하고 점쟁이를 불러 점을 치고 도사를 불러 념불을 하였는데 령감이 죽자마자 아들을 보며

《부친의 영대를 내리게 무당을 불러라.》

하고 재촉이 성화같았다. 하지만 아들은 명색이 대감네 집이라는데서

《량반인 대감네 집에서 무당을 불러 되겠습니까.》

하며 뜨아해하였다..

젊은 판서가 무당을 데려오지 말자고 하는데는 그럴만한 사연이 있었다. 젊은 판서가 부친의 권세를 믿고 장안 네거리를 제집 뜰안 거닐듯하면서 인물 곱고 몸매 좋은 녀자를 보기만 하면 처녀건 과부건 남의 집 유부녀건 가리지 않고 희롱하였다.

한번은 우연히 이름있는 무당의 딸을 보고는 첫눈에 반해서 량반의 체면은 떼여 호주머니에 집어넣고 처녀의 뒤를 밟아 노들이란 마을까지 따라갔다. 그는 그 집을 알아둔후에는 하루건너 뻔질나게 드나들며 처녀를 첩으로 달라고 애걸복걸하였다. 젊은 판서가 숱한 례물을 갖고 온데다가 또 하느님께 골백번도 넘게 맹세를 하면서 처녀를 버리지 않겠다고 하는바람에 이 집에서는 재물에 눈이 어두워진데다가 신대감의 권력이 무서워서 종당에는 승낙하고말았다. 그런데 처녀의 정조를 유린한지 달포가 못되여 대감의 아들은 그 집과 발길을 끊고말았다.

골빙구석에 들어박혀 눈물과 한숨으로 장탄식하는 무남독녀를 바라보던 무당은 서울 대감네 집으로 달려갔다.

그사이에 한 재상의 조카딸을 첩으로 데려온 신대감의 아들은 무당을 쓴 외

보듯하였다. 무당이 언제 딸을 데려가며 어찌하여 요즈음은 발길이 뜸해지느냐고 물으니 신대감의 아들은

《로대감께서 천민이라고 허락하지 않소.》

하고 딱 잡아뗐다. 그후 판서까지 된 신대감 아들은 무당의 딸을 영 차버리고말았다. 이런 남다른 사연이 있었기에 신대감 아들은 혹시 무당인 그 녀자의 어머니가 와서 행패를 부릴지도 모르는 일이라 생각되여 한사코 반대한것이다.

《어이구! 령감의 시신이 식기도전에 넌 날 헌발싸개보다도 못여기는구나. 이이구! 령감은 날 버리고 왜 먼저 갔수?!》

어머니가 방바닥을 두드리며 넉두리하는바람에 아들은 할수없이

《정 소원이시다면 마음대로 하소서.》

하였다.

그때 서울 장안에는 집들이 시루안에 콩나물 들어앉듯했으나 이곳에서는 소위 량반들만 모여살았고 천민과 무당은 시내에서 살지 못하고 많이는 노들이라는 곳에 모여살았다.

그래서 판서네 집에서는 누가 무당을 데려오겠는가하는것이 문제로 되였다. 량반이 무당을 데리러 갈수는 없고 그렇다고 하인을 보내자니 성의가 부족한데다가 믿음성도 없었다.

이런 때에 죽은 신대감의 사촌동생이 술돈이 떨어져서 돈푼이나 얻어갈가 해서 스스로 신대감네 집을 찾아왔다. 그도 량반의 후예여서 선달이라는 감투는 얻어썼으나 서민인데다가 밤낮 술과 녀자들의 치마폭에 싸여 돌아가다보니 신대감네 집에서는 그를 꿈에도 찾지 않았다. 그러나 이런 때에 나타났으니 말 잘하고 술 잘먹는 그를 보내면 영낙없이 이름난 무당을 데려올수 있으리라 생각되여 마님은 친동생이나 만난듯이 기뻐했다.

《선달께서 수골 좀 해야겠네.》

마님은 은전을 보자기에 꽁꽁 싸서 신선달에게 주며 무당의 로비로 가져다주라 하고 또 닷냥을 더 주며 술이나 한잔 하라고 했다.

대감이 돌아갔으니 이제는 푼돈 한잎 얻을수 없게 되였다는 설음에 북받쳐 눈물 코물을 짜던 신선달은 마님의 말에 귀가 번쩍 띄였다.

《수고랄게 있습니까. 응당 해야 할 일이지요.》

신선달은 말은 이렇게 하면서도 주는 돈만은 받아서 호주머니에 쑤셔넣었다.

그때 옆에 서있던 신대감의 아들 젊은 판서가 한마디를 했다.
《같은 값이면 젊은 무당을 모셔오시우.》
《그래봅세.》
신선달은 그 즉시로 할미새처럼 엉뎅이를 달싹거리며 노들마을로 향하였다. 노들에 들어서기도전에 신선달은 명주보자기를 헤치고보니 은전 스무냥이 들어있는지라 거기서 다섯냥을 꺼내여 제 호주머니에 슬쩍 넣고는 수염을 쓰다듬으며 마을에 들어섰다.
우선 이름난 무당집을 수소문해서 찾아가니 문에 자물쇠가 잠겨있었다. 그래서 다른 무당을 찾아가니 그 무당도 불러워 나가고 집에는 꽃봉오리같은 딸이 있었다. 심산중에 아름답게 핀 한송이의 목란꽃이 이슬을 머금고 따사로운 해빛에 활짝 피여 나비를 기다리는듯 아릿다운 그 용모에 구변좋은 신선달도 입을 벌린채 다물지를 못했다. 그렇다고 돌아서자니 어쩐지 발이 떨어지지 않았다.
《이거 맹랑하게 됐군! 오늘밤에 영맬 내리겠으니 기어이 모시고 오라면서 이렇게 로비까지 주었는데…》
신선달은 놀러앉아서 미인과 오손도손 이야기를 나누고싶은 마음이 간절하여 구실을 만드느라고 돈보자기를 매만졌다.
《뉘 댁에서 부르시는지 어머님이 돌아오시면 소녀 여쭈오리라.》
미인의 꾀꼴새같은 목소리에 간장이 스르르 녹는듯하여 신선달은 침을 꿀꺽 삼키며 대답했다.
《실은 신판서의 부친인 신대감께서 돌아가셨는데…》
신선달은 말을 잇지 못했다. 보름달같이 환하던 처녀의 얼굴에 갑자기 그늘이 비꼈기때문이였다. 신선달은 처녀가 놀라는것은 다름아니라 범보다 더 무서운 신대감의 이름을 들었기때문이라고 생각했다.
《대감나으리께서 돌아가시여 영대를 내린다면야 다른 집 일이 아무리 바쁘더라도 가봐야 옳은줄 아옵니다. 근데 모친께서 언제 돌아오실지 모르오니 제가 대신 가면 안되겟나이까?》
그 소리에 신선달은《흥, 돈이라면 배속의 아이도 손을 내민다더니 저 처녀도 에미를 닮아서 돈을 보더니 오금을 못쓰네그려. 어쨌든 닭 대신 꿩이라고 젊은 무당을 데려오라고 했으니 안될게 뭔가. 헌데 저런 미인을 보고 색마같은 젊은 판서가 가만있을가?》하는 생각이 들기는 했으나 인차 정색을 하며

《암, 되다뿐이겠나, 아씨가 가면야 돌아가신 신대감께서는 저승에서도 그 은혜를 잊지 않을걸세.》

하고 너스레를 떨었다. 처녀가 부엌으로 나가더니 인차 주안상이 들어왔다.

《찬은 없어도 술은 얼마든지 받아올수 있사오니 많이 드시옵소서.》

술이라면 지고는 못가도 마시고는 가는 신선달은 조용한 방안에서 꽃같은 처녀가 따라주는 술에 뚜꺼비 파리잡아먹듯 넙적넙적 받아마셨다. 《량반님》이 배속에 들어가자 여직 점잔을 빼던 선달의 본틀이 나와 할 말 아니 할 말 가리지 않고 털어놓았다.

《로대감의 영대를 내리자면 대감님의 래력을 알아야겠는뎁쇼.》

처녀가 신선달의 추잡스런 말도 탓하지 않고 좋은 술에다가 없는 아양과 애교로 안주를 해주니 선달의 마음은 금시 흐뭇해졌다.

《로대감이 비록 몸은 약해뵈여도 강단이 있었지. 소시적부터 로년까지 제기차기를 좋아했고 뜀질도 잘했다네. 게다가 총명과 지혜가 뛰여났었지. 한번은 그가 뚫어진 창문구멍을 백지로 발랐는데 조부가 옆에 있다가 그더러 문장을 지으라고 했다네…》

《그래서요?》

처녀가 다가앉으며 캐묻자 신선달은 흥이 나서 불어댔다.

《그러자 그가 〈달은 비추는 새 거처 얻었고, 바람은 고향길을 잃었고나!〉(月得新照處, 風失故鄕路)라는 글을 지었다네. 이때부터 신대감은 신동으로 불리우게 되였고 후에는 소년시과에 장원급제했다네. 집안의 남녀로소가 지금은 이 일만은 모르는 사람이 없다네…》

신선달의 입을 통하여 알아볼것을 다 알아낸 처녀는 밖에 나갔다가 이윽해서 들어오더니 늦어서 미안하다고 사과하며 자기도 벌주로 한잔만 마시겠다고 했다.

신선달은 영문없이 너무 좋아서 술을 따라서 처녀의 입에다 대주며 한손으로 슬쩍 처녀의 포동포동한 어깨를 끌어안았다.

《아니, 선달님두!》

처녀가 책망조로 눈을 곱게 흘기니 주색잡기에 이름이 난 신선달은 그만 환장할 지경이 되였다.

《이봐, 너무 매정스레 굴지 말아. 인생이란 초로같다 했거늘, 아차 하면 그만인데 뭘 그래? 바람따라 돛을 단다고 한세상 둥글둥글 살아가야지.》

≪허지만 연분이란게 있지 않습니까?≫
≪하하하, 연분이란게 따로 있나. 이렇게 만나면 연분이요, 눈이 맞으면 사랑이지. 안그래? 자…≫
≪선달님께서 소녀의 청구 한가지만 들어주신다면…≫
신선달은 이미 처녀의 말이라면 머리깎고 중이 되래도 될판이라 벌써 뼈다귀까지 물렁물렁하게 삶겨졌다.
≪한가지 아니라 백, 아니 천가지라도 들어주겠네. 어서 말하세.≫
≪장부일언이 중천금이라는데 취중에 그랬노라고 하시면 그때엔 아니할 말도 감투를 벗고 머리깎고 중이 돼야 해요.≫
≪암, 그렇구말구. 날보고 뭘 어떻게 하라는건가?≫
≪다름아니라 제가 방금 밖에 나가 점을 쳐보니 로대감께서 생시에 뜸질을 잘하시더니 메뚜기로 환생해서 나한테로 오지 않겠어요. 그러니 이길로 돌아가서 이 메뚜기를 로대감이 생전에 쓰시던 문갑 오른쪽 서랍속에다 넣어주세요.≫
≪난 또 무슨 어려운 일이라고…≫
≪선달님께선 모르시고 하시는 말씀이웨. 오늘밤에 알터이니 상하지 않게 잘 모시고 가서 아무도 모르게 서랍속에다 넣고 꼭 닫은후 누구든지 열지 못하게 그곳에 앉아서 내가 갈 때까지 지키셔야 하옵니다.≫
≪하, 다른건 별문제 없는데 거 반나절동안 꿔온 보리자루처럼 혼자서 사랑방을 지키자면 오금이 저려날터인데…≫
≪그것 보시옵소서. 요만한것도 못하시겠다더니 누가 믿겠나요. 이게 다 돌아가신 로대감을 위한 일이고 또 우리 두사람을 위한 일이온데 성의만 있다면야…≫
≪아, 아니야. 내가 부러 해온 말이지 실말인줄 아나. 인주게, 못믿겠으면 내 이 길로 떠나겠네.≫
≪호호호, 내 그러실줄 알았사와요. 기왕 차린 상이니 술이나 한잔 더 들고 떠나시옵소서.≫
처녀가 술을 따라서 들고 애교를 부리며
≪자, 눈을 감으시고 아-하고 입을 벌리세요.≫
하니 신선달은 너무 좋아서 시키는대로 눈을 감고 입을 딱 벌리였다.
술을 받아마신 신선달은 끓어오르는 춘정을 이기지 못해 처녀를 끌어안았다. 처녀가 못이기는척하면서 품에 안기여 두루마기주머니에다 무엇을 슬쩍 집어넣고는 미꾸라지 빠지듯 몸을 빼자 선달은 제풀에 무안하여 껄껄 웃었으나 속으로는《여우같은년, 어디 두고보자!》하고 벼르며 자리에서 일어났다.

신판서네 집에서는 저녁에 굿을 하기 위해 하루종일 소잡고 떡치고 야단법석이였다. 땅거미가 스며들자 젊은 무당이 왔다. 신선달한테서 젊은 무당이 온다기에 만시름을 활 놓고 희색이 만면하여 돌아가던 신판서는 무녀를 보는 순간 흠칫 놀라며 온몸에 소름이 쫙 끼침을 느꼈다. 아무리 눈을 비비며 아래우를 훑어보고 뜯어봐도 그 녀자가 틀림없었다. 원쑤는 외나무다리에서 만난다더니… 그런데 저 녀자가 언제 굿하는것을 배웠을가? 신판서는 눈감고 먼산 쳐다보기로 알고도 모르는척했고 무녀 역시 그러했다. 뭐라고 소리를 하며 혼을 부르던 무녀가 성의가 부족하여 혼이 오질 않는다고 하니 돈 백냥이 더보내졌다.

젊은 신판서는 저 녀자에게 저런 재간까지 있는줄은 몰랐다고 하며 은근히 속으로 놀랐고 마음은 그녀를 령험하신 복술님이라 찬탄하고 며느리와 하인들은 무녀의 아름다운 얼굴과 청아한 목소리를 못내 부러워하였다.

이때 문득 무녀가 대감의 혼이 내렸다면서 호령했다.

《이놈들 듣거라! 내가 일생동안 벌어서 온집 식솔들을 먹여살리고 수만냥의 재산을 남겼는데 네놈들의 성의가 이게 뭣이냐?!》

그 소리에 신판서는《저년이 돈을 긁어가자는 수작이구나!》하고 생각하는데 그의 어머니는《예! 예!》하며 연해연방 머리를 방바닥에 조아렸다.

《모두 듣거라! 내가 아이때 지은 <달은 비추는 새거처 얻었고, 바람은 고향길을 잃었고나>하는 시를 아느냐 모르느냐?》 그 소리에 젊은 판서는 와뜰 놀라 부들부들 떨며《무녀가 저 글을 어떻게 알가?》하며 반신반의하는데 다른 사람들은 정말로 돌아가신 로대감의 혼이 온줄로만 여겼다.

《너희들이 내 말을 곧이듣지 않는 모양인데 그렇다면 문갑 오른쪽 서랍을 뽑아 보아라. 그러면 메뚜기가 나올것이다. 그것이 바로 내 혼이 메뚜기로 환생한 것이니 잘 모셔라!》

신판서가 뭇사람들이 숨을 죽이고 이목을 집중한속에서 대를 쥔 사람처럼 떨리는 손으로 간신히 문갑의 서랍을 빼니 그속에서 반나절이나 갇혀있던 메뚜기가 때를 만났다고 풀쩍 뛰여나와 이리 뛰고 저리 뛰였다. 신판서와 그이 어머니가 방석을 두손에 받쳐들고

《아버님! 여기 앉으시소서.》

《아이구 령감! 이리 앉으시우!》
하며 무릎을 꿇고 돌아가다가 서로 골받이를 했다. 허지만 그들 모자는 아프다는 소리 한마디 못하고 닭알만한 혹을 이마에 단채 뱅뱅 맴돌아쳤다.
신선달만이 메뚜기의 출처를 아는지라 그들 모자가 놀아대는 모양이 하도 꼴불견이여서
《하하하! 무당의 귀신놀음에 잘들 놀아댄다.》
하고 앙천대소하였다. 그것이 괘씸하여 신판서는 눈총을 쏘았고 마님은 난데없는 웃음소리에 깜짝 놀라 엉덩방아를 찧다보니 그만 함지짝같은 엉덩판으로 메뚜기를 깔아뭉개였다.
《아이구! 어머니, 아버님을!》
기겁을 한 신판서의 급한 소리에 로친이 엉치를 들고보니 메뚜기가 종이장처럼 납작하게 되였는지라 초풍할 지경이 되여
《아이구 령감! 이게 웬 일이시우?》
하며 대성통곡하였다.
《에익, 괘씸한 놈같으니라구! 선달이 네놈은 딴 맘을 먹고 내 혼백앞에서 호탕하게 웃으며 무엄한짓을 꺼리지 않고 하니 어찌 천벌을 면할소냐? 네놈이 량반의 겉옷을 입고 주색잡기에 빠지더니 오늘은 나를 위할 대신 복술님께 눈독을 들이니 내 너를 어찌 용서할소냐. 얘들아, 내가 다시 죽은 메뚜기로 환생하여 저놈의 호주머니에 들었으니 나를 꺼내여 신당에 모시고 그 앞에서 저 녀석에게 곤장 100대를 안겨라!》
신판서가 뒤걸음치는 신선달을 붙잡고 호주머니를 들추니 그속에는 정말 큰 메뚜기 한마리가 들어있었다. 여직껏 무당의 귀신놀음으로 여겨오던 신선달은 자기 호주머니에서 난데없는 메뚜기가 나오는지라 깜짝 놀랐다.
무녀가 자기 품에 안길 때 쥐도 새도 모르게 메뚜기를 호주머니에 집어넣은줄을 모르는 신선달은 메뚜기 앞에 꿇어앉아 손이야 발이야 하고 빌었다. 게다가 무당이 자기에게 보내는 돈 다섯냥을 도적질한 죄행마저 끄집어내는바람에 신선달은 얼굴이 까매진채 찍소리도 못하고 사정없이 내리떨어지는 매를 맞았다. 스무매를 맞으니 살가죽이 벗겨지고 고기점이 뭉청뭉청 떨어졌으니 50매를 맞으니 엉치뼈가 부서지는바람에 참지를 못해 사람 살리라고 소리치며 나딩굴었다.
《마누라, 귀한 자식은 매로 키우라고 아들이 귀하거든 내앞에서 곤장 20대를

치시오. 마누라가 영맬 내리자는걸 저녀석이 극구 반대한건 그게 다 마누라를 업신여기기때문이요. 그리고 계집질한 진상이 드러날가봐 반대한거요. 오늘 다행히 령험하신 무당이 오셔서 내 혼을 불러주고 내 소원을 풀어주니 죽은 나도 이제는 눈을 감게 됐소. 그러니 사정두지 말고 호되게 때리오. 이녀석! 냉큼 엎드려 볼기를 맞지 못할가? 네놈이 내 아들이라면 곤장20매가 아니라 50매라도 자청해서 달게 맞을지어다!≫

무녀의 말이 끝나자 신판서는 하는수없이 방바닥에 엎드려
≪아버님, 죽을 죄를 졌사옵니다!≫
하고 빌었지만 매는 사정없이 신판서의 살찐 엉치에 떨어졌다. 신판서는 참지를 못하고 연해연방≪아이쿠!≫하고 비명을 질렀다.
≪아버님, 제발 한번만 용서해주옵소서. 소자 다시는 불측한 맘을 먹지 않고 아버님 생전에 효도못한 대신에 제사만은 꼭꼭 지내겠나이다!≫
≪음, 그렇다면 매를 잠시 멈추어라. 네가 회개할 마음이 있다면 어머님을 잘 모시고 매년 나의 제사때면 잊지 말고 알곡 열섬을 무당네 집까지 실어다주도록 해라. 어느 한가지라도 행하지 않으면 그때 가서 곤장을 더 맞을줄 알아라!≫
≪예, 예, 명심하고 실행하겠나이다. 아버님!≫
신판서는 울며 겨자먹기로 이렇게 대답했다.
무당의 귀신놀음에 감쪽같이 얼리운 신판서와 그의 어머니는 그후부터 매년마다 신판서의 제사날이 되면 메뚜기앞에 꿇어앉아 제사를 지냈고 제사가 끝나면 알곡 열섬을 무당네 집으로 실어보냈다.
무녀는 이렇게 원쑤를 갚았고 또 매년 신판서네 집에서 보내오는 곡식은 동네 사람들에게 골고루 나누어주어 함께 잘살았다고 한다.

효자가 불여악처라

옛말에 아무리 효자라고 해도 나쁜 안해보다 못하다(孝子不如惡妻)는 말이 있었다.

옛날 봉화동이라는 자그마한 동네에 효자가 있었다. 원님이 갈릴 때마다 새로 부임한 원님은 효자를 불러다 놓고 효성된 이야기를 듣고는 ≪네 과시 효자로다!≫하며 쌀말이나 주군 했다. 그후 이곳에 새로 부임된 원님은 얼마 안되여 효자를 불렀다.

≪어서 이 당상으로 오르거라. 그래 량친께선 다 생전인고?≫

≪모친께서는 일찍 돌아가셔서 부친만 모신지 20년이 되였사옵니다.≫

≪그래? 여봐라! 이놈을 당장 잡아내려라.≫

원님은 말 한마디를 묻고는 그 대답을 듣자 아무런 연고없이 효자를 잡아내리라고 호령했다. 효자가 깜짝 놀라 원님을 쳐다보는데 라졸들이 달려들어 효자를 대돌아래에다 꿇어앉혔다.

≪그놈에게 곤장을 쳐라!≫곤장이 몸에 떨어졌지만 효자는 이발을 앙다물며 참았다. 필경 원님께서 자기가 효자인가를 시험한다고만 생각했다. 라졸들이 세매를 치니≪그만!≫하고 원님이 직접 내려와서 효자를 부축하여 다시 당상으로 데리고 가 앉혔다.

≪노여워 말게. 자네가 부친을 잘 모시기에 모두들 자네를 효자라고 하지 않나?…≫

원님의 말에 효자는 자기의 생각이 맞았다고 여겼다.

≪헌데 홀아비부친을 모시는게 얼마나 큰 잘못인지아나? 속담에 이르기를 아무리 효자라고 해도 나쁜 안해보다 못하다고 했으니 수십년동안 홀아비부친을 모셨다는건 실상은 잘한 일이 못되네. 그것도 자네가 안해까지 얻고 자식까지 있는 처지에서 말이네.≫

효자는 원님의 말을 들으면서도 도대체 그 뜻이 무엇인지 도무지 갈피를 잡을수 없었다.

《돌아가서 잘 생각해보게. 물론 홀아비부친을 잘 모셨기에 효자지. 약소하나마 이걸 가지고 가게.》

원님이 주는 쌀과 비단은 이전 원님들이 주는것보다 몇곱이나 더 많았다. 효자는 원님의 처사가 도무지 리해되지 않았다. 그가 집에 돌아오니 아버지가 물었다.

《그래, 이번 원님은 어떻더냐?》

효자는 원님의 말을 한마디도 빼놓지 않고 아버지에게 그대로 말씀드렸다. 그러자 아버지는 얼굴에 홍조를 띠우고 무릎을 탁 치며

《아, 과시 명관이로구나!》

하고 고개를 끄덕이는것이였다.

그때에야 효자는 자기가 아무리 삼시로 추운가 더운가 하고 아버지를 문안하고 진지상마다에 고기를 떨구지 않았건만 어머님을 대신할수 없음을 깊이 깨닫고 그 길로 나가 수소문하여 서모 한분을 모셔왔다.

그 소식을 들은 원님은 또 효자를 불렀다.

《효자가 왔군! 잔치를 하느라고 바빴겠네. 쌀과 피륙이 모자라지 않던가?》

원님이 이렇게 물어서야 효자는 전번에 원님께서 쌀과 비단을 그토록 많이 준 의도를 알게 되였다.

《그래 자네 부친은 전과 무엇이 다르던가?》

《아뢰옵기 황송하옵니다! 사또님의 명철하신 가르침을 받았기에 소인은 불효자의 때를 씻게 되였사옵니다. 요즈음 부친께서는 청춘을 회복하신듯 하옵나이다…》

《하하하. 고목에 꽃이 피였으니 기쁜 일일세, 기쁜 일이야!》

원님은

《임자야말로 효자중에 효자일세!》

하고 껄껄 웃고나서 효자에게 더욱 많은 비단과 쌀을 상으로 주었다고 한다.

골탕먹은 량반

 옛날 양주에서 그리 멀지 않은 장재울이라는 곳에 박진사라는 사람이 살고있었다. 박진사는 마음씨 어지고 가난한 사람들을 동정해주기 좋아하는 선비였다. 그런데 그의 사촌동생은 천하에 없는 날치기군이였다.
 하루는 물건을 잔뜩 지고 인 중년부부가 박진사네 집을 찾았다.
 《진사님 계시옵니까?》
 《누구신지 들어오시오.》
 《여쭙기 황송하오나 저는 샘물동치에 사는데 진사님댁에 의지하여 잔명이나마 보존하려고 찾아왔소이니 살펴주시옵소서.》
 박진사가 내다보니 그들의 옷은 람루하기 그지없었고 얼굴은 살이 쑥 빠져 광대뼈가 드러났고 눈은 한치씩이나 들어간것이 여간만 가긍하게 보이지 않았다. 그런 사람들이 자기를 의지하려고 찾아왔다니 박진사는 하인을 불러 서쪽방을 내주라고 분부했다.
 이튿날부터 그 사내는 백정질을 다니였는데 그의 성이 리가라 모두 그를 리백정이라 불렀다. 때는 섣달 그믐께라 여기저기서 소를 많이 잡았는데 리백정은 그런데를 찾아다니며 소를 잡아주고는 살고기를 한칼 썩둑 베내여《이건 박진사님께 드릴것이다.》라고 하며 꼬챙이에다 꿰놓군 했다. 그러나 사람들은 리백정이 박진사네 집에 류숙하고있다는것을 아는지라 누구든지 감히 말을 못했다. 이렇게 그는 소고기를 서너꼬챙이씩 해가지고 와서는 진사님께 드리며《이 고기로 채를 하십시오.》라고 했다.
 그는 이렇게 3년동안을 하루같이 일하더니 돈냥이나 잘 벌었다. 4년째 되던 섣달 그믐날 리백정은 고기안주를 잘 마련한후 술을 받아가지고 박진사가 있는 사랑방으로 들고 갔다.
 《수년동안 진사님의 사랑을 받으며 폐를 많이 끼쳤습니다. 래일은 고향으로 돌아가야겠기에 약소한 술이나마 올리려고 들어왔습니다.》

이튿날, 그는 박진사와 고별하면서 ≪한번 꼭 찾아오십시오.≫라는 말을 남겼다.

그때 박진사의 륙촌되는이가 서산군수로 있었다. 박진사가 륙촌을 만나보러 가다가 괴산을 지나게 되였는데 그때 그는 자기 집에 와있던 리백정이 생각나서 그를 찾아갔다.

리백정은 박진사를 반갑게 맞아주었다. 리백정네 집에서 며칠 묵은 박진사가 떠나려 할 때 리백정은 그럼 돌아올 때 꼭 들려 쉬고 가라고 열당부나 하였다.

박진사가 륙촌동생네 집에 가서 놀고 돌아오는 길로 괴산에 이르니 웬 하인이 그를 붙잡고 인사하는것이였다. 눈여겨보니 그는 리백정의 머슴이였다.

리백정네 집에 이르니 마루우에 왔다갔다하던 리백정이 박진사가 오는걸 보자 버선발로 달려가 맞았다. 리백정네 집에서 며칠 묵은 박진사는 리백정이 그처럼 만류하는것도 마다하고 길을 떠나게 되였다. 박진사가 밖에 나가보니 벌써 좋은 나귀에다 부담을 지워놓았는데 한쪽 부담에는 한삼 세몫을 가득 담고 다른 한쪽에는 안주 황삼을 꼴똑 담았었다.

≪약소한대로 가지고 가주십시오.≫

박진사가 거절하다못해 그대로 가지고 집에 돌아왔다.

박진사 사촌이 이걸 보자 욕심이 나서 몸살을 했다. 소문난 토호인 그는 암탉을 놓아 길렀는데 암탉이 알을 낳게 되면 수탉이 있는 집들을 찾아가서

≪우리 집에는 암탉밖에 없네. 이 알은 자네네 집 수탉이 교미하여 낳은것이니 자네것일세.≫

하며 돌려주군했다. 이렇게 한달두달 지나니 사람들은 량반 박서방은 지나치게 엮은 사람이더니 이제는 머저리로 됐다고 했다. 그러던 그해 봄이 되자 박서방은 둥글소를 사다가 놓아기르더니 가을부터는 집집에서 송아지를 낳게 되면 곧 찾아가서 그걸 끌고 왔다. 주인이 놀라서 왜 남의 송아지를 끌어가는가고 물으면 그는

≪나는 자네 집 수탉이 우리 집 암탉과 교미해서 낳은 알을 몽땅 돌리지 않았소? 이 소는 내 집 황소가 교미해서 낳았으니 그래 우리 집 송아지가 아니고 뭐요?≫

그놈은 이렇게 량반이란 턱을 대고 백성들의 재물을 마구 긁어가는 악한이였다. 그는 사촌형인 박진사가 한번걸음에 적잖게 벌어가지고 온것을 보자 굴뚝같은 욕심이 치밀어 캐고 들었다.

《형님, 서산에 먹을게 많습디까?》
《이 사람아, 서산은 자네도 알다싶이 작은 고을인데 뭘 먹을게 있겠나.》
《먹을게 없다는게 형님은 어디서 이렇게 많이 얻어왔소?》
사촌동생이 따지고 드니 박진사는 할수없이 자기 집에 와있던 리백정이 괴산에 사는데 은혜를 갚느라고 주기에 할수없이 가져왔노라고 이야기했다.
사촌동생이 생각해보니 형이 저렇게 많은 물건을 가져온걸 봐선 량반인 자기가 가서 한번 과따치면 백정인 그놈은 무서워서라도 벌벌 떨면서 한수레 꽉 박아줄 것이라고 생각했다. 그래서 이튿날 새벽에 괴산을 향해 떠났다.
리백정네 집에 이르니 정자관을 쓴 리백정이 장죽을 입에다 물고 마루우에서 왔다갔다하며 부채질을 하고잇었다.
사촌동생이 그 꼴을 보더니만
《저런, 백정놈의 자식같으니라구! 네깐놈이 감히 정자관을 쓰고 장죽을 꼬나들고 량반인체하고 행세를 해? 냉큼 꿇어 엎디지 못할가!》
하고 고래고래 소리쳤다.
리백정이 내려다보니 알건달이며 날강도인 박진사의 사촌동생인지라 《여봐라!》하고 점잖게 하인을 부르더니
《저기 미친놈이 왔으니 붙잡아다 광에 가두도록 해라.》
하고 분부했다. 그러자 장정들이 달려들어 박진사의 사촌동생을 제격 붙잡아 광에다 집어넣고 밖으로 자물쇠를 절컥 잠갔다.
박진사의 사촌동생은 사면이 환이 내다보이는 광에 갇히고보니 더욱 기가 막혀서
《에익, 벼락을 맞을 백정놈아! 냉큼 나를 내놓지 못할가?!》하고 소리쳤다.
《얘들아, 미친개한테는 몽둥이찜질이 제격이니라. 저녀석이 미쳐서 아무 소리나 하며 날뛰는데 미친 사람은 침을 제일 무서워하니라. 가까이 갔다가는 괜히 다치겠으니 긴 장대기끝에다 송곳이나 돗바늘을 박아가지고 사면에서 사정없이 찌르도록 해라!》
하인들이 잠간사이에 장대기끝에다 송곳이며 돗바늘을 박아가지고 통발안에 든 쥐를 찌르듯 이쪽 저쪽에서 찌르니 박진사 사촌동생은 아프다고 소리치며 맴돌았쳤다. 저쪽으로 피해가면 저쪽에서 찌르고 이쪽으로 피해오면 이쪽에서 찌르는지라 그는 앉을래야 앉을수도 서있을래야 서있을수도 없어서 이리뛰고

저리뛰며 사람살리라고 소리치다가 나중에는 맥이 진하여 입을 다물고말았다. 얼마후에 정신을 차린 그는 《이놈의 백정놈! 어디 두고보자. 량반을 괄시한 네놈을 껍질을 벗기고 삼족을 멸하도록 서산군인 조카한테다 고발할테다!》하고 욕을 퍼부었다. 그러자 사방에서 또 침으로 찌르자 그는 끝내 실신하채 입을 봉하고말았다.

그제서야 리백정은

《이제는 저놈의 정신병이 떨어진 모양이니 내쫓도록해라!》

하고 호령했다.

박진사 사촌동생은 아픈것도 잊고 다리야 날 살리라 하고 달아났다. 이리하여 남의 재물을 톡톡히 털어가려던 량반은 《미친놈》으로 몰리여 물매만 맞고 쫓겨나고말았다.

박진사의 사촌동생은 그길로 서산군수로 있는 조카를 찾아가서 상놈인 백정한테 괄시당한 억울한 사정을 상소했다.

자기 삼촌이 백정놈하테 미친개 몰리듯하고 온몸이 성한데라곤 없이 벌집이 된것을 제눈으로 본 서산군수는 형방을 불러 백정놈을 당장 잡아오라고 했다. 형방이 라졸과 함께 박진사 사촌동생을 앞세우고 백정네 집에 와서보니 그 백정이란 사람은 바로 동방급제하여 진사가 되고 후일 판서까지 지낸 리대감이였다. 형방은 박진사 사촌동생을 보고 눈을 편히 뜨고서도 태산을 몰라본 미친놈이라며 눈이 빠지게 욕을 하고나서 귀뺨을 이리치고 저리쳤다. 그바람에 개잡은 포수처럼 우쭐렁거리며 왔던 박진사 사촌동생은 또 뺨을 맞고말았다.

리대감이 임금의 포악한 행실에 불만을 품고 병을 핑게로 고향에 내려와있다가 살림이 하도 구차해서 가짜 백정노릇을 한걸 알길없는 박진사의 사촌동생인 알건달은 이와 같이 리대감의 재물을 빼앗으려다가 그만 개꼴망신을 당하고는 내빼고말았다한다.

범잡은 로인

전에 옛날, 어느 심심산골 한집에 두살난 아들을 가진 젊은 부부가 시아버지를 모시고 살았다.
어느 하루 며느리는 보리방아를 찧으려고 아들을 할아버지에게 맡기였다.
《아버님, 보리방아 찧어야겠는데 이 애를 봐주세요.》
《그래. 이리 가져와.》
로인은 유복자로 태여난 손자를 은이야 금이야 하며 안고 노는데 얼마 못가서 손자가 울음보를 터뜨렸다. 그래서 로인은 손자를 얼려도 보고 업어도 보았지만 손자는 울음을 그치지 않았다. 아무리 유복자로 태여난 단하나밖에 없는 손자지만 하도 우니까 곱지 않았다.
로인은 달래고 달래다 못해서《허허 그놈, 울음도 길다. 저기 호랑이가 온다. 허허, 그냥 울면 호랑이가 물어가게 밖에다 내놓겠다.》하고 위협해봤으나 그래도 아무런 소용이 없었다. 그래서 그는 손자를 포대기에 싼채로 문을 열고 퇴마루에 내놓고 문을 닫고 곰방대를 찾아 담배를 피웠다.
그런데 이윽해서 어린애의 울음소리가 뚝 멎었다.
《허허, 그놈이 밖에 나가더니 무서워서 그친 모양이군!》
그래도 혹시나 해서 로인은 문을 열고 밖을 내다 보니 뜻밖에도 아이가 오간데 없었다. 로인은 혹 며느리가 안아갔는가 해서 짚신을 끌고 방아간으로 가보니 며느리는 땀을 뚝뚝 흘리며 방아를 찧고있었는데 손자놈은 없었다. 로인은 겁이 더럭 났다. 급히 돌아와 집뒤를 돌아봤으나 그림자도 없었다. 그제서야 열에 아홉은 뒤산에 호랑이가 물어갔겠다는 생각이 들었다. 생각할수록 기가 막힌 일이였다. 손자가 없어져 대가 끊어지는것은 둘째로 치고 젊디젊은 며느리를 어떻게 대하랴싶어 눈앞이 캄캄했다. 재가도 안하고 배속에 남은 씨를 받아 그것 하나 바라고 사는 며느리인데 그 애를 호랑이가 물어갔으니 어떻게 며느리를 대하며 무어라고 말하랴.

《에익! 내가 먼저 죽어야겠다. 애두 하나 못보고 밥 축만 내는 등신이 살아서 뭘 하누!》

로인은 광에 들어가 낫과 바를 가지고 뒤산으로 올라갔다. 그는 며느리에게 부담을 끼치지 않기 위해 사람들이 찾지 못할 심산벽곡에 들어가 죽으려 했다.

심산으로 들어간 로인이 안깐힘을 써서 벼랑을 톺아오르니 앞에 범의 굴이 나타났다. 범의 굴을 보자 로인의 머리속에서는 아무래도 죽을바에는 손자놈을 물어간 범과 판가리싸움을 해봐야겠다는 생각이 번개치듯하였다. 죽겠다고 마음을 먹은 로인이라 무서운것이 없었다. 어디서 그런 힘과 용맹이 솟아났는지 로인은 날파람을 일구며 아슬한 벼랑을 톺아올랐다.

범의 굴은 높은 벼랑 낭떠러지중턱에 있었는데 평생을 산에서 산발을 타며 살아온 로인이건만 땀동이를 흘리고서야 겨우 범의 굴에 다달았다. 로인은 손에 낫을 거머쥔채 덮어놓고 범의 굴로 기여들어갔다. 처음에는 굴이 좁더니 들어갈수록 차차 넓어졌다. 마지막까지 들어가니 범은 없고 손자가 포대기에 싸인채 쌔근쌔근 잠자고있었다.

로인은 손자를 보자 너무도 기뻐서 낫을 놓고 그를 덥석 끌어안았다. 그가 손자를 안고 나오려 하는데 갑자기 굴문이 막히며 캄캄해졌다. 그제서야 그가 정신을 바싹 차리고 내다보니 큰범이 뒤걸음쳐 들어오는데 그뒤로 범의 새끼 두마리가 따라 들어오고있었다.

《음, 네놈이 만만한 애를 물어다놓고는 새끼들을 데리러 갔댔구나. 허지만 어림도 없지!》

로인은 손자를 내려놓고 낫을 들고 마주 나갔다. 굴안이 좁아서 낫을 휘두르기가 말째였다. 그래서 낫을 놓고는 뒤걸음쳐 들어오는 호랑이의 꼬리를 덥석 잡아 손에다 감아쥐였다. 마음 놓고 꼬리를 휘두르며 들어오던 호랑이가 깜짝 놀라서 따웅! 소리를 지르며 앞으로 나가니 로인도 마구 끌려나갔다. 그러다가 요행 울퉁불퉁한 바위에 발이 걸리자 로인은 잔뜩 버티고 서서 죽을 힘을 다해 끙!하고 범의 꼬리를 당기니 이번에는 범이 도로 끌려들어왔다. 이렇게 한번은 범이 당기고 다음에는 로인이 당기였는데 시간이 지날수록 로인은 맥이 진하여 범을 당해낼수가 없었다. 이리하여 로인은 범의 꼬리를 잡은채 끌려 굴문까지 나오게 되였다. 이때 손자의 울음소리가 들려왔다. 로인은 그 울음소리에 힘을 얻어 범의 꼬리를 힘껏 잡아당겼다. 호랑이가 울부짖으며 힘을 쓸때 《에라 모르겠다.》하며 손을 놓았다. 그러자 범은 제힘에 못이겨 낭떠러지 바위에다 대가리를 박으며 떨어져 대갈통이 묵사발이 되고말았다. 그러자 로인은 굴안으로 들어가 손자를 품에 안고 낫을 들고 나와 보니 호랑이새끼 두마리가 울부짖는지라 낫으로 그것마저 죽여버리고 집으로 돌아왔다.

≪아버님, 시장하시겠는데 어딜 가셨다 인제야 오시나요?≫

산지사방으로 애타게 찾아다니던 며느리가 시아버지를 반겨맞으며 물었건만 로인은 아무 말도 할수 없었다.

그날 밤 이웃집 나무군총각이 놀러 오자 로인은 입을 열었다.

≪이 사람, 래일 아침에 범의 굴에 가보게.≫

≪거기는 왜요?≫

≪간밤에 내가 꿈을 꾸었는데 호랑이 한마리가 벼랑에서 떨어져 죽었더군.≫

≪아이구! 호랑이 밥이 되자고 거길 가요?!≫

≪내 꿈이 틀리지 않을걸세. 그놈을 갖다가 팔아서 장가나 들게.≫

≪장가가기전에 범의 밥이 되게요.≫

≪허참, 내가 자네를 범에게 물릴 곳으로 보내겠나. 그 범은 죽었으니 이젠 뒤산엔 범이 없네. 두고보게나.≫

이튿날 총각은 행여나 해서 장정 둘을 데리고 뒤산에 가보았다. 과연 범의 굴이 있는 벼랑아래에서 죽은 큰범과 새끼범 두마리, 그리고 거기서 로인의 낫을 본 총각과 장정들은 그제서야 로인이 범을 잡았다는것을 알고 그후부터 그를 ≪범 잡은 로인≫이라고 부르게 되였다.

지혜로운 소년

옛날 어느 한 어촌 서당에 지혜있고 총명하기로 소문난 소년이 있었다.

어부의 아들로 태여난 소년의 이름은 해만이라고 불렀다. 해만이는 어려서부터 아버지와 어머님께 이것저것 묻기를 즐기더니 서당에 들어가 공부한후부터는 ≪신동≫으로 되였다.

해만이 나이 열살나던 해였다.

바다건너 섬나라의 왜놈들은 대륙을 침략하기 위하여 수많은 정탐군들을 파견하였다.

그림장사군으로 가장한 정탐군놈이 륙지에 올라서서 보니 산천이 아름답고 사람들의 의복이 깨끗하고 례절이 밝고 인품이 후한데다가 남녀로소 물론하고 모두가 기력이 왕성해보였다.

정탐군놈은 좀 더 정탐하고 싶었으나 말이 통하지 않았다. 그래서 정탐군은 생각하던 끝에 서당에 찾아가서 훈장과 필담으로 의사를 나누었다. 먼저 훈장이 백지우에다

≪당신은 처자가 있소?≫

하고 썼다. 그러자 정탐군놈은

≪문명례의지국의 선생으로서 먼저 부모의 안부를 묻지 않으니 과시 야만의 풍속이도다.≫

라고 썼다. 훈장은 무망중에 실수를 하고 대꾸도 못한채 해만이를 건너다보았다. 선생님의 눈치를 알아차린 해만이는 제꺽 붓을 들어 이렇게 썼다.

≪우리 나라 풍속에는 부모가 계시면 자식들이 먼길을 떠나지 않소이다. 손님이 먼곳에서 예까지 왔으니 부모가 있고 없는것은 묻지 않고서도 알수있는 일입니다. 그래서 우리 선생님께서는 처자가 있는가고 물은것인데 어찌하여 그렇게 말을 하십니까?≫

왜놈은 소년을 눈자리나게 쏘아보더니 연신 고개를 끄덕이고나서 보짐에서

그림 한장을 꺼내놓았다.

《이 그림의 뜻을 설명하라.》

해만이가 보니 아름다운 모란꽃앞에 백발할머니 한분이 앉아서 혀를 차는데 저쪽으로부터 강아지 한마리가 꼬리를 저으며 달려오고있는 그림이였다. 해만이는 고개를 갸우뚱거리며 그림을 들여다보다가

《할머니가 모란꽃을 보며 <나도 너처럼 아름다운 꽃시절이 있었건만 어느새 검은 머리엔 서리가 내리고 얼굴엔 거미줄이 쳤구나. 쯧쯧>하고 혀를 차니 강아지는 자기를 부르는줄 알고 반기여 꼬리를 저으며 옵니다.》

글을 보고난 왜놈은 눈이 둥그래서 소년을 보더니 다른 그림 한장을 또 내놓았다.

그 그림은 백발할머니가 바가지를 들고 모이를 주며 닭을 부르는 그림이였는데 정탐군놈은 손녀을 보고 이 그림속의 할머니의 년세는 얼마이고 닭과 병아리는 모두 몇마리겠는가고 묻는것이였다.

해만이가 생각해보니 닭은 구구하고 부르는지라 주저없이《할머니의 년세는 99, 81세》라고 쓰고 병아리를 세여보니 여덟마리에 어미닭까지 하면 아홉마리지만 그림밖에 또 병아리가 있을것을 생각하고《9+9=18》이라고 썼다.

왜놈 정탐군은 《과연 총명하도다!》하고 감탄하면서 해만이를 보며 몇살인가고 손시늉으로 물었다.

《소년의 나이는 밭둔덕이 죄다 무너지고 나머지올시다.》

왜놈은 소년이 쓴 글을 보며 아무리 생각을 거듭해봐도 모르겠는지라 머리를 절레절레 흔들었다.

해만이는 밭전(田)자를 쓰고 붓으로 테두리를 지워버렸다. 그러자 열십(十)자가 남았다. 그제서야 왜놈 정탐군은 해만이가 열살난 소년임을 알고 그 지혜에 감탄했다.

《백문불여일견이라고 문명례의지국임에 틀림없구나!》

그리하여 왜놈정탐군은 제풀에 물러나 그길로 본국에 돌아가서

《이웃 대륙나라는 문명례의지국이라 남녀로소가 모두 개명하여 우리 힘으로는 침략함이 불가능하온줄로 아뢰웁니다.》

하고 천황께 아뢰여 한차례의 전쟁을 피면했다고 한다.

그때부터 해만이는《지혜로운 소년》이라 불리우게 되였다 한다.

불에 타죽은 부자

옛날옛적에 한 마을에 고래등같은 기와집이 마을 복판에 자리잡고있었다. 그 기와집 울바자옆에는 쓰러져가는 오두막이 있었다. 기와집에서는 고을에서도 악독하기로 이름난 부자가 살고있었고 오두막에서는 가난한 머슴이 살고있었다.

부자집에는 열두살에 난 머저리 뚱보아들이 있었는데 욕심꾸러기 부자놈은 손자를 일찍 보려고 뚱보아들을 스무살나는 처녀에게 억지로 장가를 보냈다. 허지만 부자의 아들은 눈만 떨어지면 여덟살 난 머슴군의 아들과 놀았다.

머슴군의 아들은 비록 나이는 어리고 홀아버지 슬하에서 자랐으나 남달리 똑똑하고 그 지혜는 어른들보다 못하지 않았다.

어느 겨울날, 머슴군은 산에 가서 부자집 나무를 해서 쪽지게에다 지고 비탈진 눈길을 내리다가 그만 미끄러져 넘어지는바람에 지게다리를 분질렀다. 게다가 발목을 접질러 하는수없이 빈 지게만 지고 간신히 집으로 돌아왔다.

승냥이같이 악독한 부자놈은

《망할놈같으니라구, 나무를 한단도 못해오는 주제에 지게다리까지 분질렀구나. 그래 내 집재산을 탕진할텐가?》

하고 고래고래 소리치며 지게의 버팀대로 사정없이 때렸다. 얼마나 호되게 때렸던지 참나무버팀대가 부러져 두동강이 났다. 그러자 부자놈은 죽일놈살릴놈 하고 펄펄 뛰면서 지게값과 버팀대값을 당장 물어내라고 발을 굴렀다. 그러나 털면 먼지밖에 없는 머슴은 몇푼 안되는 지게값도 물수 없었다. 그러자 부자가 또 다시 머슴을 발로 차고 때리는바람에 머슴은 그만 피를 토하고 그 자리에서 숨지고말았다.

악독하기 짝이없는 부자놈은 빚 대신 여덟살난 아이를 머슴으로 두고 일을 시켰다.

부자놈의 녀편네는 머슴애가 부엌에서 불을 땔 때면 한편으로 쌀과 팥에 섞인 돌을 고르라고 하였고 부자놈은 머슴애가 소를 먹이러 들로 나갈 때면 소잔등에 앉아가면서 새끼를 꼬라고 짚을 갖다주었다. 부자의 뚱보아들은 쩍하면 머슴애을 엎디라 하고는 말처럼 타고 다니면서 못살게 굴었다. 실로 천하에 둘도 없는 악독한 년놈들이였다.

머슴애는 너무도 기막히고 분해서 한일자로 입을 꾹다물고 부자놈을 노려보았다.

《이놈, 눈을 부릅뜨고 보면 어쩔테냐? 오늘 이 짚으로 새끼를 꼬아오지 않으면 쫓겨날줄 알아라.》

부자놈이 으름장을 놓을수록, 더욱 고된 일을 시킬수록 머슴애의 가슴속에서는 아버지 원쑤를 꼭 갚겠다는 생각이 깊어갔다.

머슴애는 너무 배가 고파 산에 가서 소를 놓고는 피나무껍질을 벗겨 가늘게 새끼를 꼬고 참나무가지를 휘여서 차꼬를 만든 다음 벼짚을 세워놓고 그 옆으로 돌아가며 차꼬를 놓았더니 눈먼 메새들이 차꼬에 맞았다. 그래서 죽은 놈은 불에 구워 먹고 산놈은 가지고 놀았다.

애비와 에미를 똑떼닮은 욕심꾸러기인 부자의 뚱보아들놈은 머슴애가 가지고 노는 새가 욕심이 나서 그걸 가지려고 얼리고 닥쳤다. 그러나 총명한 머슴애가 새를 부자놈의 뚱보아들에게 주지 않았다. 머슴애가 먹는 고소한 새고기냄새에 침을 꼴깍꼴깍 삼키며 입술을 빨던 뚱보아이는 머슴애가 주는 참새고기를 먹어보니 천하에 별맛인지라 엿을 많이 줄테니 참새 잡는 방법을 가르쳐달라고 머슴애에게 졸랐다.

《정말 엿을 많이 줄래?》

《응, 거짓말하면 내 목을 잘라라.》

《가르쳐줘두 넌 무서워서 못할거야.》

《힝, 내가 고까짓 참새를 다 무서워할줄 아니?》

《참새가 무서운게 아니라 너의 아버지가 무서워 못한단말이다.》

《홍, 울 아버지는 내 말이면 다 들어주는데?》

《그럼 좋다. 잘 들어라. 이제 집으로 가서 아버지가 있는가 보고 아버지가 없을 때 가만히 광문을 활짝 열어놓으란말이다. 그러면 수천마리 참새가 날아들어가서 곡식을 먹을게다. 그때 살금살금 가서 제꺽 광문을 닫는단말이다.》

《아! 정말 그럴듯한데.》

《그런 다음에 바람구멍에다 마른 벼짚을 틀어막고 거기에다 불을 달아놓는단말이다. 그러면 연기가 광안에 꼴딱 차서 새들이 연기를 먹고 취해 땅바닥에 뚝뚝 떨어진단말이다. 그러면 큰 자루를 가지고 들어가서 비자루로 쓸어담으면 힘도 안들이고 단번에 수천마리를 잡을수 있는데 그것이면 너는 1년내내 새고기만 먹어도 된다.》

《야! 그것 참 묘한 방법인데. 넌 정말 골이 좋구나.》

《근데 내가 시켜줬단 말을 해선 안된다. 그리고 엿을 꼭 많이 줘야 한다.》

《응.》

부자놈의 아들은 입이 함박만해서 집으로 뛰여갔다.

마침 이웃마을 잔치집에 가서 공짜술을 잔뜩 퍼마시고 집에 돌아온 그의 아버지는 술에 취하여 구들장이 들썽들썽하게 코를 골고있었다. 마름도 제 집으로 돌아가고 잔치집에 간 부자의 녀편네는 아직 집에 돌아오지 않았다.

부자의 뚱보아들은 너무 좋아서 고양이걸음으로 사랑방에 들어가 아버지 괴춤에서 열쇠를 끄집어내여다가 광문을 활짝 열어놓고 벼가마니와 조마대를 되는대로 헤쳐놓았다. 그리고 멀직이 피해서 이제나 저제나하고 그쪽을 지켜보고있었다. 이윽하여 참새 몇마리가 쩩쩩거리며 들락날락하더니 수많은 참새들을 불러가지고 광안으로 날아들었다.

그러자 부자의 뚱보아들은 씽 달려가 광문을 쾅하고 닫았다. 그는 새들이 광문을 밀고 나올가봐 땀을 뻘뻘 흘리며 문을 밀고있다가 광안에서 쩩쩩거리며 푸드득푸드득 날아다니는 참새소리를 듣고서야 정신이 번쩍 들어 자물쇠를 잠근후 벼짚단을 가져다 공기통을 틀어막았다. 그리고는 집으로 달려가 불덩이를 가져다가 구멍을 틀어막은 벼짚속에다 넣고 키를 가져다가 키질을 하니 불은 삽시에 지붕이영에 달려 삼단같은 불길이 솟았다. 그걸 본 부자집아들은 더럭 겁이 나서 제 방으로 뛰여들어가 이불을 뒤집어 쓰고 자는척했다.

그사이에 활활 타오르는 불길은 바람을 일구며 더욱 세차게 타번졌다.

《불이야! 불이야!》

사람들이 소리치며 달려왔을 때는 룡마루가 거의 물러앉을 때였다.

술에 잔뜩 취하여 꼬꾸라졌던 부자놈은 매캐한 연기에 숨이 막혀 캑캑거리다가 눈을 또보니 사방이 뻘건데 눈을 뜨고서도 어디가 어딘지 분간할수 없었다. 사람살리라고 소리치고 싶었으나 목구멍이 막히여 소리가 나가지 않았다. 그는 벌떡 일어나 뛴다는것이 그만 기둥에다 골을 박고 벌렁 자빠져 버둥거리다가 대들보가 내려앉는 바람에 불귀신이 되고말았다.

  잔치집에 있다가 집에 불이 났다는 소리를 듣고 허겁지겁 집에 달려온 부자놈의 녀편네는 아들을 부르며 불속에 뛰여들어갔다. 그의 아들은 불붙은 이불을 뒤집어쓰고 벌벌 떨고있었다. 그가 이불을 벗기고 아들을 끌어안으니 뚱보아들은 다짜고짜 어머니의 목을 끌어안고 놓아주질 않았다. 그때 룡마루가 내려앉는바람에 악독한 부자놈의 녀편네와 뚱보아들은 불속에서 타죽고말았다.

리항복에 대한 이야기

지금부터 4백20여년전에 경주리씨가문에 옥동자가 태여났으니 그 이름을 항복이라 지었다.

리항복은 어려서부터 담이 크고 지혜가 출중하더니 과거에 급제하고 조선조14대에 이르러서는 형조판서까지 지내고 임진왜란때엔 공훈을 세워 령의정이 되고 오성부원군에 봉군되였다.

그사이에 리항복은 많고많은 이야기들을 엮었는데 그중에서도 아래의 몇가지는 오늘까지 민가에 널리 전해지고있다.

≪이것이 내 주먹입니까?≫

리항복이네 옆집에는 퇴직한 리대감이 살고있었다. 두집사이에는 키가 넘는 토성이 있었다. 항복이네 집 뜨락에는 큰 배나무가 있었는데 제일 큰가지가 담을 넘어 리대감네 마당에 드리워있었다. 그러나 항복이가 여섯살이 되여 서당에 다니도록 담을 넘어간 큰가지의 배를 한번도 따보지 못했다. 배가 무르익게 되면 리대감네 식솔들과 그 집 하인들이 죄다 따먹었다.

≪아버지, 래일은 담넘아간 큰가지의 배를 먼저 땁시다.≫

≪안된다. 그 집은 세도있는 대감네 댁이다. 우리같은 사람은 그 집 뜰안엔 얼씬도 못한다.≫

≪아버님두 참! 우리 집 배나무에 달린 배를 우리가 따는데 누가 뭐라겠어요?≫

≪그걸 누가 모르느냐. 똥이 무서워 피하는게 아니라 더러워서 피한단다.≫

≪어쨌든 오늘은 소자가 가서 따올테니 아버님은 모르는척하세요.≫

항복이는 이렇게 한마디 하고는 바람개비 모양으로 팔을 휘두르며 집안으로 뛰여가더니 바구니를 들고 쏜쌀같이 달려갔다.

리항복이는 대감네 집 세 대문을 거침없이 들어가더니 곧추 리대감이 거처하는

사랑채로 가서
《리대감님 계시옵니까?》하고 물었다.
《게 뉘 집 애냐?》
집안에서 리대감의 웅글진 목소리가 들려왔다.
《저는 옆집에 사는 항복입니다.》
리항복이는 대답하며 마루우로 성큼 올라가 백지를 바른 창호지에 주먹을 쑥 들이밀며
《대감님, 이것이 내 주먹입니까? 아니면 대감님의 주먹입니까?》
하고 물었다.
아닌 밤중에 홍두깨라더니 시퍼런 대낮에 창호지를 뚫고 들어온 주먹을 돌이 날아들어오는줄 알고 소스라쳐 놀라면서 뒤로 물러앉던 리대감은 뚱딴지같은 물음에 어리둥절했다가 놀란 가슴을 달래며 그래도 량반이랍시고 점잖게 대답했다.
《이놈아, 그것이 네 몸에 달린것인즉 네 주먹이지 어찌하여 내 주먹이란말이냐?》
《저도 그렇게 생각은 했사오나 제 몸은 밖에 있고 주먹은 집안에 있으니 묻습니다.》
《비록 주먹은 집안에 있고 몸은 밖에 있어도 주먹이 네 몸에 달린것이니 네것이 아니고 뭐냐.》
《대감님의 말씀이 그러하오나 말씀과 행동이 다르기에 묻습니다.》
《뭣이라구?》
《다름이 아니라 우리 집 마당에 뿌리박은 배나무 가지가 담을 넘어서 대감네 마당에 드리웠는데 이 배는 어째서 대감네 집에서 따서 자십니까?》
그제야 리대감은 여섯살먹은 아이의 말속에 뜻이 있음을 깨닫고 자기가 잘못했다는것을 깨달았다. 물론 전에도 몰랐던것은 아니였지만 리서방이 어리무던하니 감히 어쩌지 못하리라 생각해서 그랬던것이였다.
리대감은 항복이가 똑똑하다는 말은 들었으나 한낱 코흘리개로만 여겨왔었는데 잡도리하는품이 보통애가 아니요, 크면 인재로 될 재목이라 서뿔리 대해서는 안되겠다고 생각했다. 허지만 아무리 퇴직은 했어도 명색이 대감인지라 코흘리개 아이앞에서 잘못됐노라고 사죄할수 없어서

≪아마 일군들이 따먹은 모양인데 올해부터는 내가 못따게 할터이니 네가 와서 따가도록 해라.≫
하고 넘겨버렸다.
≪예. 그럼 이왕지사는 잠시 묻어두고 오늘부터 분부대로 하겠사옵니다.≫
항복이는 그길로 사다리를 갖다놓고 올라서서 배를 한바구니 뜯어가지고 내려왔다. 리대감과 그 집 식솔들은 얼음판에 자빠진 황소눈이 되여 군침만 꿀꺽꿀꺽 넘기였다.
≪사람의 입이야 다를바 있겠어요. 다 익은 과실이니 맛들 보세요.≫
항복이는 그 집사람들에게도 좀씩 나누어주고는 집으로 돌아왔다.
≪아버님, 배나무를 찾고 배를 따왔어요.≫
전후 이야기를 듣고 배를 받아든 아버지는
≪장하다. 장해!≫
하고 연신 아들을 칭찬했다.

≪책이 밥보다 더 중합니다.≫

리항복은 다섯살부터 서당에 다니면서 글을 배웠는데 어찌나 열심히 글을 읽었던지 집에 와서도 책을 놓을줄 몰랐다.
한번은 리조시기의 시험과목의 하나인 ≪대학≫을 배울 때였다. 정오가 되여 모두가 점심 먹으러 집에 갔건만 항복이만은 서당에 남아 의연히 책을 보고있었다. 그래서 훈장이 지나가는 말로≪너는 밥보다 책이 더 중한 모양이구나.≫고 했다. 그러자 항복이는 머리를 번쩍 쳐들며≪예, 그렇습니다. 나에게는 밥 먹는것보다 책보는게 더 중요합니다!≫하고 챙챙한 목소리로 대답했다. 그 말에 감동된 훈장은
≪그래, 네 말이 옳다. 책이 선생이고 아는것이 힘이란다. 이 힘만 있으면 먹을것도 입을것도 근심없고 더우기 일생을 나라와 백성들을 위해 훌륭한 일을 할수 있단다.≫
하고 격려해주었다. 스승의 말씀은 나어린 항복이의 머리속에 깊이 뿌리박더니 싹이 트고 열매를 맺게하였다.
어느 휴일에 리항복은 집에서 글을 읽다가 더우니 앞내가 수양버들밑에 가서

그늘에 앉아 책을 보고있었다. 얼마나 책에 정신이 팔렸던지 그늘이 양지가 된것도 몰랐고 번개가 치고 우뢰가 울부짖는것도 모르고 책을 읽고있었다.

그때 그의 어머니가 소나기가 내릴것 같아 우산을 들고 내가에 달려가니 번개가 번쩍이고 우뢰소리가 천지를 뒤흔들더니 벼락이 항복이가 앉아있는 버드나무를 쳐 나무중둥이 뭉청 끊어졌다. 어머니가 비명을 지르며 달려가보니 항복이는 십여자 떨어진 곳에 태연스레 앉아서 여전히 책을 읽고있었다. 어머니는 너무나 기가 차서 혀를 내둘렀다.

《아이구, 하느님맙시사! 천명이구나 천명이야! 아무리 책귀신이 달라붙었다고 벼락이 쳐 나무가 끊어졌는데두 그밑에 앉아서 그냥 책을 본단말이냐?》

《어머니두! 벼락은 나무를 쳤는데 내가 어째서 책을 읽지 않겠습니까?》

《그렇게 책을 읽으면 밥이 나오니 죽이 나오니? 그래 넌 배도 안고프냐?》

어머니의 물음에 항복이는 이렇게 대답했다.

《어머님, 지금 소자에게는 밥보다 책보는게 중하답니다！》

신주의 뺨을 때렸다

리항복은 어릴적부터 글을 잘 읽은데다가 총명하여 훈장의 사랑을 받았다.

사람이란 무엇무엇해도 장부다와야 한다는 말을 늘쌍 하는 훈장은 학도들의 담을 키워주기 위하여

《누구든지 밤중에 산신당에 가서 신주의 뺨을 때리고 오는 애한테는 크게 상을 주겠다.》고 하였다.

《선생님, 제가 갔다오겠습니다.》

세 아이가 나섰다. 그런데 첫번째 아이는 가다가 범이 모래를 뿌리는바람에 쫓겨오고 두번째 아이는 산신당안에서 귀신의 소리가 나기에 질겁해서 돌아왔다. 세번째로 리항복이가 갔다.

그날 밤에도 훈장은 오솔길로 해서 산신당 어구에 가 쭈크리고 앉아 리항복이 오기를 기다렸다. 자정이 되자 항복이 씩씩거리며 올라오자 훈장은 모래를 한줌 쥐여 휙 뿌리였다.

《이크! 호랑이가 있다더니 정말 있구나!》

훈장이 말뚝처럼 서서 두리번거리는 항복이에게 두번째로 모래를 뿌리자 항복

이는 돌을 집어들더니 모래가 날아온 방향을 향하여≪이놈! 산신령이라면 좀 점 잖게 놀것이지 이게 무슨짓이냐?!≫하고 준절하게 꾸짖고는 담을 키우느라고 일부러 코노래까지 흥얼거리며 계속 올라갔다.

훈장은 쑥대밭속에서 나와 지름길로 해서 항복이보다 먼저 산신당에 들어가 신주뒤에 숨었다. 리항복이가 산신당앞에 도착하니 안에서 괴상한 소리가 나며 문이 저절로 활짝 열렸다가는 다시 닫기였다. 담이 크기로 이름난 항복이였건만 머리카락이 곤두서고 가슴이 울렁거리는것을 어쩔수 없었다. 항복이는 우뚝 선채 생각했다. 그는 두 아이한테서 성사못한 이야기를 듣고 미덥지 않아 오늘 점심 먹으러도 가지 않고 남몰래 산신당에 들어가보니 나무로 만든 귀신단지외에는 아무것도 없었다. 그런데 이상한 소리가 나다니? 괴이쩍게 여긴 항복이는

≪이놈! 귀신이냐 사람이냐?≫

하고 버럭 소리쳤다. 그러자 사위는 고요해졌다. 그제야 산신당안으로 들어간 그가 소경 막대기견주듯 이리저리 손더듬하는데 난데없는 귀신의 큼직한 손이 그의 손목을 덥석 잡는것이였다. 귀신이 있다더니 정말 있는게로구나 하고 생각한 항복이는≪범에게 물려가도 정신만 잃지 않으면 산다더라.≫하고 귀신 쫓는 경문을 읽었다.

그가 경문을 외워도 손을 놓지 않는것을 보아 귀신이 아니겠다고 생각하는데 얼음장같이 차던 손에서 차차 따스한 온기가 돌았다. 그제야 리항복은 ≪고얀놈, 누굴 놀리는거냐!≫하고 꽥 소리치며 왼손으로 신주의 뺨을 힘껏 갈기니 찰싹 소리와 함께 ≪아이구!≫하고 놀라는 소리는 다름아닌 훈장의 음성이였다.

≪아니, 선생님이? 이거 죄송합니다!≫

항복의 말에 훈장은

≪아니야, 괜찮아. 없는 귀신의 뺨을 어떻게 때리겠나? 그래서 내가 대신 맞은 거지. 허허허. 그러고보니 자네야말로 사나이대장부답네.≫

하고 그를 칭찬했다.

대 갈 못

성격이 개방적이여서 언제나 유모아적으로 학도들과 허물없이 지내는 훈장의 쾌활하고 익살스러운 언행은 나어린 항복이에게 커다란 영향을 주었다. 그래서

어떤 학도들은 훈장의 그림자는 항복이라고까지 하였다.

항복이는 짜개바지를 입고 서당에 다니면서부터 서당으로 오가는 길옆에 있는 야장간에 들려서는 발가락사이에 대갈못을 달고 와서는 헛간 빈독에다 집어넣었다.

야장쟁이가 쥐 소금녹이듯 대갈못이 없어지는게 하도 이상하여 은근히 살펴보았더니 그것은 항복이란놈의 장난이였다. 하루는 항복이가 오는것을 본 야장쟁이는 금방 뽑아낸 뜨거운 대갈못을 항복이가 늘쌍 앉는 곳에다 놓았다 그런줄 모르는 항복이는 참새처럼 재잘거리며 거기에 앉더니 그만 엉뎅이를 데우고말았다. 맘속에 호랑이가 들어앉은 항복이는 데였다는 말은 안하고 혼자 랭가슴만 앓다가 돌아갔다.

이튿날 항복이는 서당에서 돌아오는 길에 참살구를 따서 옷섶에다 안고 질금질금 먹었다. 야장쟁이 옆에 와서도 전과 같이 쪼크리고 앉아서 냠냠 먹으며 이것저것 물었다. 복지경에 불앞에서 일을 하던 야장쟁이는 가뜩이나 목이 갈한데 곁에서 항복이가 냠냠 소리내며 살구를 먹는지라 침을 삼키다 못해 체면을 무릅쓰고

《애야, 거 나도 한알 주렴.》

하고 요구했다.

《건 왜요?》

《자식두! 나도 먹자고 그러지.》

《그럼 내 말대로 하면 주겠어요.》

《어떻게?》

《눈을 꼭 감고 입을 벌리면 제가 살구씨를 빼고 통채로 입안에 넣어주겠어요.》

《그럼 그래라.》

야장쟁이는 쭈크리고 앉아서 눈을 감고 입을 벌리였다. 야장쟁이는 이녀석이 돌이나 입에 넣지나 않을가하여 눈을 살며시 뜨고보니 오지랖에서 그중 큰놈을 골라 입안에 넣어주는것이였다. 야장쟁이는 일어서며 참살구를 와삭와삭 씹다가 그만 구린 내가 코구멍을 찌르는바람에 퉤! 퉤! 구역질을 하며 점심 먹은것까지 왈왈 토해버렸다.

《망할놈의 자식! 어른께 똥을 먹이는 법이 어디 있냐?》

《호호호. 어른이란게 아이들 엉치를 데워놓았으니 똥을 먹어도 싸지요!》

≪이놈아, 네가 대갈못을 도적질해가니 노느라고 그랬지.≫

≪내가 언제 도적질했나요. 나라를 위해서 잠시 보관한거지요. 그런것두 모르면서 어린아일 속였으니 똥을 먹어 싸지요 뭐.≫

야장쟁이는 너무나 어처구니가 없어 달아나는 항복이를 물끄러미 바라만 보았다.

그런데 그때로부터 사십년이 지나 병자호란이 일어났다. 섣달 그믐께 외적이 갑자기 나라에 침입하였다. 겨울이라 가는 곳마다 얼음강판이여서 말한테 마철을 신겨야겠는데 그 많은 군마에다 갑자기 마철을 신기자니 대갈못이 태반부족이였다. 그때 리항복장군이

≪우리 집 광에 가서 대갈못을 가져오너라!≫

고 하였다. 군사들이 리항복장군 집에 달려가보니 세독에 새 대갈못이 가득했다. 그래서 그 대갈못을 가져다 말들한테 신기고 외적을 물리쳤다고 한다.

이름난 장난군

아이때부터 쏠라닥거리기를 좋아하던 항복이는 커서도 그 버릇을 못고치고 장난질하기를 몹시 즐기였다.

항복이와 한흠이는 서당 동창생으로서 딱친구였다. 한흠의 부친이 돌아가자 항복이는 깎아만든 자그마한 신주를 팔소매안에 넣고 갔다.

항복이는 상제인 한흠이에게 인사하고 방에 들어가 곡을 하다가 목침을 메고 누워서 심심하면 ≪어이! 어이!≫하고 한마디씩 곡을 했다. 밖에 서있은 상제인 한흠은 집안에 있는 항복이가 장난질을 하리라고는 생각지못해 그의 곡성을 따라 곡을 안할수가 없어서 막대기를 짚고 서서 ≪아이고 대고≫하며 곡을 하였다. 곡을 하고 하다가 자기딴에도 너무나 지루하고 이상하여 집안을 들여다보니 항복이란 녀석이 팔자좋게 목침을 베고 누워 지랄을 하는지라 곡을 그만두었다. 그러자 항복이는 벌떡 일어나서 나오며

≪난 바쁜 일이 있어서 가봐야겠네.≫

하며 한흠이 붙잡을 새도 없이 울밖으로 달아났다. 항복이는 씩씩거리며 황소숨을 쉬는 한흠이를 보자 팔소매안에서 신주를 꺼내들고

≪이걸 보게, 뭔가!≫

하고는 그걸 도로 소매안에 넣고는 돌아서서 걸어갔다. 한흠이 얼핏보아도 그것이 아버지방에 모신 신주가 분명한지라 따라가며
《애, 그것만은 제발 이리 다구!》
하고 애걸복걸하자 항복이는 《옛다!》하고 그걸 련못에다 던지였다. 깜짝 놀란 한흠이 옷을 벗을새도 없이 늪에 풍덩 뛰여들어 건지고보니 그것은 가짜 신주였다. 말뚝처럼 서서 지켜보던 항복이는 재미있다고 깔깔대며 배를 끌어안고 돌아갔다.
《에익, 개자식! 어디 두고보자!》
한흠이는 때와 장소를 가리지 않고 도에 넘게 장난하는 항복이가 얄미뭐서 쌍욕까지 하였다.
그후 항복의 부친이 돌아가자 부고장을 받은 한흠이는 단단히 보복하리라 벼르며 항복이네 집으로 갔다. 한흠이는 앙갚음을 하려고 저레 목침을 베고 누워서 《어이구! 어이구!》소리를 연해연방 냈다. 그러나 밖에서는 아무런 동정도 없었다. 너무나 싱거워 일어나 밖을 내다보니 항복이가 마루에 걸터앉아서 담배를 피우고있었다.
《애, 너 곡을 하지 않고 뭘 하니!》
《나의 목이 쉬였다고 네가 대신하는데 내가 할턱있니. 친구가 그래서 좋다는 게지. 너 혼자서 하겠으면 실컷해라.》
그바람에 한흠이는 앙갚음도 못하고 웃고말았다.
항복이는 친구들과 장난할뿐아니라 안해와도 곧잘 놀아댔다.
항복이는 장가를 든후에도 낮에는 서당에 가고 밤이면 늦도록 밖에 나가 동무들과 놀다가는 안해가 자기를 기다리다 못해 옷을 벗고 누웠겠다고 생각될 때면 돌아와서 집앞에 있는 떡돌에다 엉뎅이를 깔고 앉아 잔뜩 얼궈가지고 들어가서는 안해의 따뜻한 살에다 대군 했다.
부인이 생각해보니 하루 이틀도 아니고 매일 이런 장난을 하는지라 수양없는 녀자 같으면 남의 집 녀자들한테 반해서 돌아간다고 앙탈을 부릴만도 하건만 그는 전혀 그런 티를 내지 않았다. 그러던 어느 하루저녁에 그는 남편이 돌아올 때쯤해서 부엌에 숨어서 내다보았다.
아니나다를가 겁석거리며 돌아오던 남편은 소피를 보고는 엉뎅이를 떡돌우에 깔고 앉아 잔뜩 얼구는것이였다.

이튿날 밤, 그맘때가 되자 부인은 화로를 들고나가 불을 퍼내여 떡돌을 달구어 놓고는 비자루로 재를 말끔히 쓴 다음 들어왔다. 남편이 털썩거리며 오더니 다짜고짜 바지춤을 내리고 엉뎅이를 얼구려고 떡돌우에 털썩 주저앉았다.
≪아이, 따가와라!≫
엉뎅이를 만지며 방에 들어선 항복이는 그것이 안해의 소위임을 알아차리고
≪당신의 솜씨도 그만하면 괜찮소! 쓸데없는 시샘을 하기보다는 나으니깐!≫
하고 껄껄 웃더니 다시는 그런 장난을 안했다고 한다.

≪정승밖에 못하겠군!≫

서당훈장에게는 지혜롭고 아릿다운 딸이 있었다. 훈장은 리항복의 사람됨을 보고 자청하여 항복에게 딸을 주었다.
리항복은 장가간후에도 부지런히 공부하다보니 반년이나 처가에 가보지 못했다. 그러던 어느 휴식일에 항복이는 삼태기와 다래끼를 들고 물고기 잡으러 갔다. 베잠뱅이를 강가에 벗어놓고 물을 따라 올라가며 고기를 잡을수록 신바람이 났다. 다래끼에 산천어며 붕어, 버들치가 가득 차자 물속에서 나온 항복이 배가 출출해서 사방을 둘러보니 바로 앞마을이 처가집 마을이였다. 고기잡이에 정신이 팔려 5리길이나 왔던것이다.
≪반년만에 처가집 문앞까지 왔다가 그저 갈수야 있나. 장모한테 딸의 소식을 전하면 안해도 기뻐하겠다, 이거야말로 일거량득이 아닌가. 사위가 왔다고 닭을 잡을테니 출출한김에 만포식하고 보면 또한 일거삼득이아닌가?!≫
이렇게 생각한 항복이는 량손에 삼태기와 고리다래끼를 든채 성큼성큼 처가집으로 들어갔다.
이때 점심밥을 지으려고 땔나무를 가지러 나오던 젊은 처남댁이 웬 벌거숭이 사나이가 마당복판으로 들어서는지라 그만 기겁해서 소리치며 집안으로 뛰여들어갔다. 그 소리에 가시어머니 신을 거꾸로 신고 나와 보니 사위인지라 ≪아이구, 망측해라!≫하고 소리를 지르면서 궁둥이를 내흔들며 집에 들어갔다.
그바람에 리항복이가 자기 몸을 내려다보니 실 한오리 걸치지 않았었다. 할수 없이 삼태기로 앞을 가리우고 집에 들어가니 문을 열고 내다보던 장인이 껄껄 웃으며

≪하하하, 사람두! 사나이대장부가 발가 벗었으면 발가 벗은대로 들어와야지 제집에 오면서 쭈물거릴건 뭔가? 난 그래도 자네가 령의정까지는 할줄 알고 딸을 주었는데 오늘 보니 극상해야 정승밖에 못하겠군.≫

하면서 마누라보고 자기가 입던 옷을 내오라고 하였다. 그러나 장모는 ≪아이구, 내 딸을 망쳤구나!≫하며 눈물까지 흘렸다.

처와 장모를 시험치다

리항복이가 집에 돌아와 아무리 생각해봐야 장모의 일이 괘씸하게만 생각되였다. 젊은 처남댁이 발가벗은 자기를 보고 피하는건 리해되나 머리에 흰서리가 내린 장모까지 사위가 발가 벗었다고 망측한 소리를 하며 쓴 외보듯하던것이 눈에 선했다.

≪장인이 훈장노릇하느라고 수십년동안 제집을 알기를 주막집으로 알고 자주 다니지 않았는데 그때만 해도 이쁘다고 소문났던 장모가 성황당같은 빈집을 혼자 지키며 독수공방했을가?≫

의심이 병이라고 생각할수록 장모가 깨끗한 사람같지 않았다. 정말 정조가 굳고 대범한 녀자라면 자식이 피치 못해 알몸뚱인걸 보고 그다지도 부산을 떤단 말인가? 장모가 그럴진대 그속에서 나와 그의 교양밑에 자란 딸은 어떨가? 하여 한번 시험쳐보기로 마음먹었다.

그러던 어느 하루 항복이는 밥술을 놓기 바쁘게 친구네 집으로 놀러 간다고 안해에게 말하고는 책을 들고 나갔다.

남편이 친구인 용섭이네 집으로 자주 다니는걸 안해도 잘 알고있었다. 그래서 그는 요즈음 은근히 남편의 거동을 살피고있었다. 용섭의 처로 말하면 시집온지 3년이 되도록 아이를 못낳았는데 얼굴이 해반주그레하고 새별같은 쌍까풀눈으로 남정들을 끄는 독특한 매력이 있는 녀자였다. 그래서 벌써 아무아무개와 눈이 맞아서 군서방질을 한다는 말이 떠돌고있었다. 안해는 용섭이와 딱친구인 자기 남편이 그녀에게 얼리워 넘어갈가봐 은근히 초심하고있는중이였다.

항복이는 마을을 한바퀴 휘돌아서 안해가 이젠 설겆이를 끝내고 소변보러 나올 때가 됨즉 한지라 옷을 뒤집어쓰고 변소옆 으슥한 구석에 숨었다.

아니나다를가 안해가 밖으로 나오더니 하늘을 쳐다보고 마을길을 바라보더니 변소로 들어갔다. 안해가 속옷을 여미며 변소에서 나오자 항복이는 뒤로 달려들어 그의 입을 뻑 맞추고는 한쪽 코구멍을 막고 ≪나 좀 살려주오!≫하며 그를 구석쪽으로 잡아끌었다. 그러자 안해는 다섯손가락을 쫙 펴서 항복이의 귀쌈을 철썩 답세기고는 치마자락을 거머잡고 집안으로 사라졌다.

≪음, 너는 괜찮구나!≫

항복이는 이렇게 중얼거리며 친구네 집에 가서 놀다가 돌아왔다.

자리에 눕자 안해가 변소에 갔다가 귀신 만난 이야기를 했다. 물론 입맞춘것만은 살짝 빼놓고 말했다.

그해 팔월 추석날이였다. 아침밥을 먹은 항복이는 안해한테 먼저 장모님을 모시고 산소로 가라고 이르고나서 자기는 포수로인네 집에 가서 호랑이가죽을 빌려가지고 처의 할아버지 묘가 있는 뒤산으로 올라갔다.

동산에 붉은해가 둥실 떠오르자 새옷을 떨쳐입은 부인들과 낫을 든 남정네들이 길이 좁다하게 앞서거니 뒤서거니 하면서 묘지로 꾸역꾸역 모여들었다. 항복이가 시켜준대로 늦게야 묘지에 올라온 장모와 안해는 옆에 있는 시아버지 무덤에 온 용섭이 처와 같이 벌초를 한 다음에 제물상을 차려놓고 기다리다 못해 어디가서 술판에 붙은 모양이라고 욕하면서 제단에 술을 부어놓고 절을 하였다.

이때를 삼추같이 기다리던 항복이는 범의 가죽을 뒤집어쓰고 소나무숲속에서 반쯤 몸을 일으키고 ≪따웅!≫ 소리와 함께 흙을 한줌 쥐여 뿌리며 소리쳤다.

≪이년들! 네년들이 제사를 지내지만 몸과 마음은 깨끗하지 못해! 다른 죄는 그만두고 군서방 본것만은 실토를 해라. 군서방을 한번 봤으면 떡을 하나 놓고 두번 봤으면 두개를 놓되 남의것을 보아서는 안되고 날 속이는 날에는 구족을 멸하겠으니 그리 알아라!≫

호랑이가 말을 하고 귀신이 살판치던 시절이라 녀인들은 부들부들 떨면서 산신령이 어찌 모르랴싶어 그릇의 떡을 집어서 앞에다 놓았는데 용섭이 처가 다섯개를 놓고 장모가 아홉개를 놓았다. 리항복이가 눈 한번 깜박이지 않고 안해를 지켜보니 그의 안해는 떡 한개를 가지고 만지작거리다가 절반을 끊어서 놓고는 맨나중에야 내꼬리봐라 하고 꽁무니를 빼는것이였다.

그날 저녁에 항복이가 어째서 제단에 떡 반개를 놓았는가고 씨물씨물 웃으며 물었더니 남편의 얼굴을 빤히 쳐다보던 안해는 그제야 남편의 속임수에 넘어갔다는것을 알고 주먹으로 남편의 가슴을 두방망이질했다. 그리고나서 지난번에 귀신과 입맞춘 이야기를 하지 않았기때문에 떡 반개를 놓았다고 말하고나서 그것도 당신의 수작이라며 행악질을 하였다.
　그러다보니 장모와 용섭이 처가 항복이한테 감쪽같이 속아서 남들이 모르는것을 털어놓은것이 너무나도 분해 펄펄 뛰였으나 떠들수록 자기들의 밑바닥이 들어날판이라 벙어리 랭가슴 앓듯 낑낑거리기만 하였다고 한다.

림 기 응 변

　남달리 부지런히 공부하던 리항복이는 끝내 과거에 급제하여 벼슬길에 오르더니 형조판서까지 되였다.
　어느해, 날이 몹시 가물어 논밭은 쩍쩍 갈라터지고 나무잎들은 가랑잎처럼 말라들었으며 먹을 물이 없어서 백성들이 갈증에 못이겨 신음하였다.
　그리하여 나라에서는 제단을 짓고 기우제를 지내기로 하였다. 임금이 친히 제사를 지내면서 하느님께 빌었더니 맑은 하늘에서 갑자기 우뢰소리 지동치고 검은 구름이 모여들면서 콩알같은 비가 뚝뚝 떨어졌다. 그러자 모였던 사람들과 백성들은 임금님의 만세를 부르면서 춤을 추며 돌아갔다.
　임금은 자기가 제를 지냈기에 비가 왔으니 만백성들이 자기의 령험함을 알도록 하려고 쏟아지는 비를 그대로 맞으면서 흡족해서 그냥 제자리에 서있었다.
　이때 형조판서 리항복이 옆에서 임금님이 비를 그대로 맞고있는것을 보고 감기에 걸릴가봐 일산을 주관하는 신하를 바라보고나서 임금님에게 아뢰였다.
　《상감마마, 일산을 받으소서.》
　그러자 문무백관과 만백성들 앞에서 자기를 뽐내려고 비를 맞고있던 임금은《자네나 받게!》하고 퉁명스럽게 내쏘았다.
　일산은 임금이 쓰는것인데 리항복을 쓰라니, 임금 아닌 자기가 쓴다면 역적으로 물려 참형을 당할판이였다.
　임금도 얼결에 말을 그렇게 하고 보니 잘못됐음을 알고 《아차!》하고 인차 뉘우쳤다. 무심결에 한 말이지만 경들이 모두 들었는데 걷어들일수는 없었다. 하다면 항복이의 목을 베라고 해야겠는데 그것은 터무니없는 형벌이요, 그렇다고 묵과하자니 일후에 임금의 말이 서지않을가봐 이러지고 저러지도 못하고 진퇴량반에 빠져 어떻게 하면 죄없는 형조판서를 살릴수 있겠는가 하고 여러모로 궁리

해보았다. 그때 지혜있고 눈치빠른 리항복대감은 인차 임금님의 내속을 뚫어보고 일산을 주관하는 신하의 손에서 일산을 빼앗아들며

≪상감마마께서 오늘의 일산을 나더러 집산하시란다!≫

하고 일산을 임금님의 머리우에 받쳐들었다. 그러자 임금은 안도의 숨을 내쉬며 마음이 후련해서 빙그레 웃는 얼굴로 일산을 쓴채 문무백관과 만백성을 향해 손을 흔들었다.

또 한번은 이런 일이 있었다. 임진왜란때 한양이 왜놈들의 발길에 짓밟히게 되자 임금은 평양으로 피신했다. 그러자 왜장 소섭이란 놈은 임금을 잡겠다고 평양까지 쫓아오자 임금은 또 의주로 쫓겨갔다.

의주에 이른 임금은 명나라 황제에게 구원병을 청하여 사신을 보냈다. 그러자 명나라 황제의 어명을 받들고 리여송대장이 직접 동생들인 리여백과 리여맥을 데리고 대군을 령솔하여 압록강을 건너왔다.

압록강 푸른 물을 건너 배에서 내려 조선땅을 디딘 리여송장군은 문무대신들의 영접을 받을 대신에 아무런 말도 없이 손을 쑥 내밀었다. 그때 삼정승 륙판서는 물론 내정부와 례의부의 대감들이 모두 그 자리에 있었으나 무슨 뜻인지, 무엇을 달라는지 몰라서 서로 쳐다볼뿐이였다.

이때 형조판서 리항복대감은 ≪명나라 장군이 조선을 지원하여 수만의 병사를 거느리고 온것은 싸우기 위함이요, 싸우자면 지형도가 있어야 하지 않겠는가?≫ 하는 생각이 들어 팔소매안에 넣었던 지도를 꺼내여 리여송이 내민 손우에 올려놓았다.

그러자 리여송장군은 자기가 말 한마디 없이 손만 내밀었는데도 자기의 뜻을 알아맞추는 인재가 있음을 알고 놀라면서 고개를 끄덕이고 발길을 떼였다.

리여송이 삼조 백관의 호위하에 정자에 가서 임금을 만나보니 임금은 키가 작달만하고 얼굴이 칼등같이 좁은게 첫인상에 볼품이 없었다. 예로부터 풍신이 첫째요, 구변이 둘째이고 문장이 셋째라는것을 알고있는 리여송은 저런 임금을 위해서 싸우다가 헛수고만 할것 같아서 그길로 퇴군령을 내리고 돌아섰다.

임금과 문무백관들은 기가 막히여 얼굴빛이 죽어 어쩔바를 몰라 쩔쩔 매였다. 이때 리항복대감이 큰 항아리를 안고 와서 임금앞에 놓으며

≪상감마마, 림기응변하는수밖에 없나이다. 어서 이 독안에다 대고 급히 통곡하시면 소신이 가서 리대장을 돌려세울수가 있나이다.≫

하고는 뛰여나갔다. 임금은 나라가 도탄속에 빠진 때라 사색할 사이도 없이 항아리안에다 대고 대성통곡하였다.

발길을 돌려 말께로 뚜벅뚜벅 걸어가던 리여송은 난데없이 들려오는 울음소리에 몸을 홱 돌리며 웬 일인가고 리항복에게 물었다.

《우리 나라 임금님께서는 대국의 명장이신 리여송대장께서 돌아가시니 이제는 끝장이라며 통곡하는 소리옵니다.》

리여송이 그 말을 듣더니 《인물은 하잘것 없는데 울음소리는 분명 룡의 소리라, 아무래도 신의 덕을 입은 임금이 분명하니 구해야겠구나!》하고 생각하며 다시 돌아섰다. 이리하여 7년만에 임진왜란은 조선 만백성과 명나라 군사들의 힘으로 평정되였다.

소신은 수탉이올시다

리항복대감이 정사를 잘 보고 일을 즉석에서 공정하게 잘 처리할뿐만아니라 임진왜란에서 탁월한 공훈을 세운데서 우로는 임금의 총애를 받았고 아래로는 각 고을 원님들의 경탄을 자아냈다.

형조판서 리항복에 대한 소문이 날수록 충훈부 리도감과 의정부 령의정 리종성의 눈에는 그가 가시처럼 보이였다.

더우기 리항복과 아래웃집에서 살면서 어릴 때부터 항복이가 총명한 아이니 경계할 인물이라고 점찍어놓고 귀뜸해주던 부친의 말을 잊지 않고있던 령의정 리종성은 사실을 통하여 그것을 체험하고있었다. 그리하여 그는 임금에게 《형조판서 리항복은 호시탐탐 정승의 자리를 노리며 그것을 발판으로 룡상에 오르려고 류언비어를 퍼뜨릴뿐아니라 물질로 문무대신들을 매수하고있는줄로 아뢰옵니다.》하고 고자질하였다.

형조판사에게 임진왜란에서 세운 공훈으로 더 높은 벼슬을 봉해주려고 타산하던 임금은 거듭되는 상소를 듣고서도 모르는체할수 없어서

《그렇다면 경의 생각에는 어떻게 조처하면 좋겠는지를 말해보도록 하오.》라고 리정승에게 말했다.

임금이 묻는 뜻을 알아차린 리정승은 임금앞에서 리항복이 재간이 없는 둔재라는것을 나타나게 하기 위하여

≪래일 아침 조회때 상감마마께서 신하들을 보고 선자리에서 닭알 하나씩만 조공으로 바치라고 하면 그때가서 리항복의 재간을 가히 알고도 남음이 있을줄로 아뢰옵니다.≫

고 품했다.

임금도 리항복의 재간을 한번 더 보고싶던차라 그렇게 하자고 대답했다.

령의정 리종성은 그길로 문무대신들을 하나씩 불러다 래일아침 조회때 닭알 한알씩만 가지고 나오면 쓸데가 있을것이라고 귀띔해주고 리항복에게만은 극비에 붙이도록 했다.

이튿날 아침, 3조백관들이 렬을 지어 임금께 아침 문안을 드리는데 문관들이 찬 홍패와 무관들이 칼이 왈랑절렁 소리를 내였다.

≪오늘 짐이 경들의 재간을 직접 보고저하니 경들은 자리를 뜨지 말고 선자리에서 닭알 하나씩만 바치도록 하라.≫

어명이 떨어지기 바쁘게 종1품벼슬아치부터 시작하여 닭알을 바치는데 의정부에서는 삼정승은 물론이요, 좌찬성, 우찬성, 좌참찬으로부터 리조, 호조, 례조, 병조, 공조판서까지 선자리에서 요술을 부리는지 닭알을 척척꺼내여 바치는데 형조판서 리항복만이 기둥처럼 선자리에서 움직이지 못하고있었다.

드디여 임금이 리항복에게 하문했다.

≪경은 어찌하여 닭알을 바치지 못하는고?≫

그러자 리항복은 한발자국나서며 두팔을 올렸다내렸다하며 다리를 툭툭 치고는≪꼬끼오!≫하고 수탉의 울음소리를 내고는

≪상감마마, 소신은 수탉이올시다!≫

고 하였다. 임금은 리항복의 지혜에 또 한번 탄복하여 껄껄 웃었다.

≪옳거니! 옳아! 수탉이 어찌 알을 낳겠소 허허허, 그동안 저 많은 늙고 젊은 암탉들을 거느리느라고 수고가 많았소. 허허허. 경이야 말로 사나이 대장부요. 나라의 충신이로다!≫

그바람에 닭알을 하나씩 바치고 기고만장해서 우쭐거리던 문무대신들은 모두 암탉의 신세가 되다보니 얼굴이 원숭이 볼기짝이 되여 머리도 들지 못한채 리정승을 원망하면서 쩔쩔매였다.

총명한 리항복은 임진왜란때 국난을 수습하고 임금을 도와 공훈을 세운데서 오성부원군에 봉군되고 벼슬은 령의정에 올랐다.

하여 그때부터 그를 리항복이라는 이름 대신에 오성대감이라고 불렀다. 그후 그는 광해주때에 억울하게 역적으로 몰리여 북청으로 귀양가서 그곳에서 사망되였다고 한다. 하나 그에 대한 전설적인 이야기는 오성대감의 이름과 함께 오늘까지 널리 전해지고있다.

반디불

여름밤이면 이곳저곳에서 반디불이 날아다니는데 시골 아이들은 파란 반디불을 쫓아다니며 어서 오라고 손벽친다.
반디불은 어떻게 되여 이 세상에 생겨났고 반디불은 어찌하여 손벽치면 오는가? 여기에는 이런 이야기가 있다.
멀고 먼 옛날 어느 궁벽한 시골에 귀틀집 두채가 있었는데 앞집에는 최서방이 살고 뒤집에는 리서방이 살고있었다. 그들은 감자농사를 지으면서 살았는데 짐승을 잡아도 똑같이 나누어먹었고 산나물을 뜯어와도 네것내것없이 나누어먹으며 친형제처럼 의좋게 지냈다. 게다가 두집 부인들이 또 한날 한시에 잉태까지 하게 되여 최서방과 리서방은 기뻐 어쩔줄 몰랐다.
어느날 리서방이 최서방을 찾아와 싱글벙글 웃으며 물었다.
《형님, 내 할 말이 있는데 들어주시겠수?》
《들으나마나 난 동생 의향대로 하겠네.》
최서방이 빙그레 웃으며 이렇게 대답하니 리서방은 영문을 몰라 또다시 물었다.
《아니 벙어리속은 낳은 에미도 모른다는데 형님은 제가 무슨 말을 할지도 모르면서 내 의향대로 하겠다니 그게 정말이시요?》
《허허허…동생이 말하지 않으면 내 동생속을 모를라구. 이제 우리 두 집에서 오래지 않아 자식들을 보겠는데 아들과 딸을 낳으면 짝을 무어주고 모두 아들이나 딸을 낳게 되면 형제를 맺어주자구.》
《아니, 형님은 어떻게 내 생각을 그렇게도 잘 알아요?》
《그것도 모르고야 어찌 형님 동생하겠나. 동생 생각이자 내 생각이지.》
《형님, 그럼 우린 언약을 맺고 그렇게 합시다요..》
세월은 흐르는 물과도 같이 흘러갔다. 두 부인이 잉태한지 십삭이 되자 최서방의 안해가 먼저 옥골선풍같은 아들을 낳고 뒤이어 리서방의 안해가 꽃같이 이쁜 딸을 낳았다. 최서방네는 아들의 이름을 금강이라 짓고 리서방네는 딸의 이름을 선녀라 지었다. 최서방네와 리서방네는 기뻐 어쩔줄 몰랐다.

일년이 지나 애들의 한돌생진을 쇠게 되였다. 금강의 생일날이 되자 선녀도 곱게 차려입히고 금강이 상받는 옆에 앉히였다. 그런데 금강이가 상우에 놓인 활을 덥석 잡아쥐자 선녀가 화살을 잡아쥐고 금강이를 쳐다보며 방실 웃었다. 그바람에 두집 부모들은 금강이와 선녀는 하늘이 청해준 천생배필이라며 기뻐 야단이였다. 선녀의 생일날에도 금강이를 잘 차려입혀서 선녀옆에 앉히였다. 헌데 선녀가 상우에 놓인 명주실토리를 쥐자 금강이가 실토리에 꽂아놓은 바늘을 빼쥐였다. 그바람에 두집 부모들은 또≪바늘이 가는데 실이 안갈수 있나!≫하며 아주 기뻐하였다. 이러다보니 금강이와 선녀는 젖먹을 때부터 배가 고프면 어머니를 가리지 않고 아무 젖이나 빨아먹었으며 철들기전부터 신랑각시로 되여 서로 돕고 생각해주는것을 마땅한 일로 알게 되였다.

금강이와 선녀는 눈만 떨어지면 함께 소꿉놀이도 하고 부모들의 일손도 도왔다. 금강이가 꼴을 베러 가거나 땔나무하러 갈 때면 선녀도 따라가서 ≪저 꽃을 꺾어줘≫, ≪저 메새 잡아줘≫하고 졸랐다. 그러면 금강이는 두말없이 뛰여다니며 선녀의 청을 들어주었다. 날마다 달마다 이렇게만 하니 선녀는 차츰 자기밖에 모르는 응석둥이로, 세상의 욕심꾸러기로 자라났다.

어느해 봄이였다. 하루는 선녀가 늘 다니는 늪가에가 미나리를 꺾어 헹구다가 그만 미끄러지면서 늪에 빠지고말았다. 때마침 꼴을 베던 금강이가 그걸 보고 정신없이 달려와 그를 건져주었으니말이지 아니면 선녀는 물귀신이 될번했다.

세월은 흘러 금강이도 선녀도 어린 티를 벗고 철들기 시작했다. 어느날 최서방은 금강이를 불러놓고 타일렀다.

≪금강아, 너도 인젠 철부지가 아닌데 례도 올리자 아니한 선녀를 늘 그림자처럼 따라 다녀서야 되니? 그러지를 말라!≫

리서방도 선녀를 타일렀다.

≪선녀야, 너도 이제는 열여섯이나 되는 처녀. 내가 몇번이나 말했지만 나와 금강의 아버지는 너희들이 배속에 있을 때부터 사돈을 정했다. 그러니 금강이는 멀지 않아 너의 신랑이 되겠지만 아직 성례도 이루지 않았는데 밤낮 그를 따라 다녀서야 되느냐? 그러지를 말라!≫

그후부터 금강이는 선녀를 피하여 사냥도 가고 나무하러도 다녔으며 선녀도 역시 혼자서 나물캐러 다녔다. 하지만 그들은 언제나 서로 못내 그리워했다.

그러던 어느날 선녀 어머니는 선녀를 데리고 고을로 혼수감 끊으러 갔다. 두메 골에서 태여나 열여섯해나 고이 자라면서 사람구경도 별로 해보지 못한 선녀는 난생 처음으로 별천지가 따로 있다는것을 제눈으로 보았다. 보는것 듣는것이 모두 새로왔지만 그중에서도 옷단장한 젊은 남녀들과 그들의 손마다에서 반짝이는 보석반지가 눈에 확 안겨왔다. 선녀는 불같은 욕심이 생겨 어머니를 구석진 곳으로 끌고 가서 자기에게도 저런 비단옷과 보석반지를 사달라고 어머니를 졸랐다.

어머니는 딸을 한참이나 바라보다가 한숨을 쉬었다.

《선녀야, 너 정신나간 소리를 하누나! 그렇게 많은 돈이 어찌 너한테 비단옷과 금반지를 사준다는말이냐. 금반지는 몰라도 구리가락지야 금강이가 사주지 않을라구.》

《흥, 그잘난 구리가락진 난 싫어!》

《원 성미두, 그러다간 가마타고 시집도 못가겠다. 쯧쯧.》

《베옷이나 입고 가마타면 뭘 해요. 그렇게 하면 난 시집을 안가겠어요.》

고을 저자에 갔다온후부터 선녀는 이 세상에는 자기와 금강이보다 잘입고 잘사는 사람들이 너무나 많다는것을 제눈으로 보아 알게 되였고 제눈으로 본후로는 그런것을 부러워하면서 몸치장에만 정신을 팔았다.

그해 가을 선녀는 어머니와 함께 노루사슴이 뛰여다니는 뒤산으로 머루, 다래 따러 갔다. 곱게 물든 단풍속에 서있는 선녀는 하늘에서 무지개를 타고 내린 선녀 같았다. 선녀는 기분이 좋았다. 헌데 선녀가 말랑말랑한 다래를 따서 한창 맛있게 먹는데 《쌩!》하는 화살소리가 났다. 선녀는 깜짝 놀랐다. 선녀가 손에 들었던 바구니를 떨구며 놀란 가슴을 부여잡고있는데 저쪽에서 바삭바삭 나무잎 밟는 소리가 나더니 난데없는 포수가 선녀앞에 나타났다.

포수는 절세가인인 선녀를 보고 놀랐다.

《너…너 사람이냐, 귀신이냐?》

선녀앞에 선 포수는 범의 가죽옷에다 화살통을 둘러메고 화살을 들고 섰는데 얼굴은 해맑고 눈은 별처럼 빛을 뿌렸으며 입술은 남달리 붉었다. 선녀는 난생처음으로 외간남자와 마주서니 무섭기도 하고 호기심도 났다.

《저는 귀신이 아니라 사람이애요.》

《사람, 사람이라…》

포수는 한참이나 눈자리나게 선녀를 보고나서 선녀한테 한발자국 다가섰다.

《죄송하오이다, 랑자! 랑자의 가슴을 놀라게 했음을 용서하오. 헌데 그대는 어디 사는 뉘 집 규수이시요? 나는 고을 사는 홍참원의 아들이요.》
이때 어머니가 선녀를 불렀다.
《선녀야, 이리 오너라!》
《예, 곧 가요.》
선녀는 더는 서있지 못하고 머루넝쿨을 헤치며 포수앞에서 사라졌다.
쫓던 노루를 찾을 대신 사라지는 선녀의 뒤모습만 바라보던 포수는 입맛을 쩝쩝 다시며 《선녀라, 선녀! 정말 선녀같은걸!》하고 저 혼자 혀를 찼다.
헌데 웬 일인지 그날부터 선녀의 눈앞에는 산에서 만난 부자집 도련님이 선히 나타났고 그의 귀에서는《사람이냐, 귀신이냐?》하던 소리가 쟁쟁하였다. 선녀는 더는 그 생각을 하지 말아야 하겠다고 눈을 감고 귀를 막아도 눈앞에는 그냥 그 포수가 나타나고 귀에는 그의 말소리가 들리면서 금강이가 낮보이기만 했다. 그런데 엎친데 덮친다고 선녀의 성화에 못이겨 금반지를 사려고 곰의 열과 산삼 두뿌리를 가지고 고을 갔던 금강이가 건달뱅이들에게 잡혀 웅담과 산삼을 빼앗기고 얻어맞기까지 하여 몸져 눕게 되였다.
뜻밖의 재난에 봉착한 두집 부모들은 울며불며 새봄을 맞이했다. 시름과 고통속에서도 대지에는 봄이 왔고 천가지 만가지 꽃들이 다투어피였고 이팔이 된 선녀도 한창 나이라 꽃처럼 예쁘기만 했다. 그러다보니 두집 내막을 모르는 집들에서는 날마다 선녀네 집에 청혼을 다녔다. 고을 사는 홍참원이 보냈다는 매파할멈은 벌써 두번이나 왔댔다. 리서방은 성이 나서 이제 다시 찾아오면 정갱이를 꺾어놓겠다고 으름장까지 놓았다. 날마다 청혼자들이 찾아오니 두집 부모들은 어서 빨리 잔치를 치러야 했지만 금강의 몸이 취서지 못하여 그것도 생각뿐이였다.
하루는 한숨으로 세월을 보내던 선녀가 아지랑이 피는 뒤산으로 산나물 뜯으러 갔다. 선녀는 잠시나마 그윽한 봄향기에 취하여 시름을 덜고 화간에 나는 나비를 쫓아다녔다. 그런데 이때라 홍참원의 아들이 의젓한 차림을 하고 갑자기 나타나 그의 앞을 가로막았다.
《아니, 아니…왜 이러시옵니까?》
《죄송하오. 선녀랑자!》
홍참원의 아들은 선녀앞에 무릎을 꿇고 사죄하듯하였다. 그러자 선녀는 저도 모르게 어서 일어나라 하며 어쩔바를 몰라했다. 때가 된지라 홍참원의 아들은 장광설을 늘어놓았다.

《용서하오, 선녀랑자! 나는 지난 가을에 사냥을 나왔다가 랑자를 본후로는 자나깨나 랑자의 아릿다운 모습이 눈에 삼삼하고 고운 그 목소리 귀에 쟁쟁하여 벌써 석달이나 랑자를 찾아헤맸소이다. 헌데 오늘 마침내 하늘이 내 마음을 알아주어 선녀랑자를 만나게 했사오니 부디 내 정성을 거절하지 받으소서.》

홍참원의 아들은 성경을 외우듯하고는 비단보자기를 풀어헤치고 비단옷과 꽃신, 거울과 화장품을 내놓은후 반짝이는 금반지를 두손으로 선녀에게 받쳐올렸다.

《아! 금반지!》

견물생심이라고 선녀는 금반지를 보자 저도 모르게 소리쳤다. 일은 홍참원 아들이 바라는대로 되여가고있었다. 그는 달콤한 말로 선녀를 끄당겼다.

《오늘이 랑자와 이렇게 만나게 된것도 인연이라고 이젠 나의 소원이 성취되였으니 서슴지 말고 어서 받아주오.》

《아니, 안되옵니다. 전 이미 정해놓은 곳이 있사옵니다.》

《선녀랑자, 나도 진작 알고있소이다. 어찌 부모들이 취중에 혼담을 한것을 믿고 천금같은 몸을 금강이같은 가난한 농군에게 맡겨 한뉘 보리밥에 병신된 남편의 뒤시중만 하며 꽃다운 청춘을 썩이겠소이까. 자랑이 아니라 우리 집을 볼것 같으면 고을에서 첫째가는 갑부라, 돈이 그립겠소, 쌀이 그립겠소, 옷이 그립겠소? 선녀랑자께서 한평생 호강할테니 다시 생각해 보소서!》

고쟁이를 열두벌 입어도 보일것은 다 보이지만 마음이 구름처럼 뜬 선녀는 감언리설에 현혹되여 홍참원 아들의 한치 속도 들여다보지 못하였다.

《비천한 소녀에겐 그런 복이 없는줄로 아옵니다.》

《선녀랑자, 그런것도 아니오. 사람이란 마음 한번 잘 먹으면 없던 복도 있게 되고 하루사이에 신세도 고칠수 있는 법이요.》

《아니, 전 아무것도 몰라요. 어머님이 기다려요.》

선녀는 약해지는 마음을 다잡으며 일부러 거짓말을 하고 달려갔다. 급해난 홍참원의 아들은 손을 흔들며 소리쳤다.

《선…선녀랑자! 이…이 물건은 랑자의것이니 여기다 두고 가오.》

선녀는 등뒤에서 들려오는 그 소리만은 똑똑히 들으며 집쪽으로 달려갔다.

쌍지팽이에 몸을 의지하고 뜨락에서 산책하던 금강이는 숨이 차서 헐떡거리며 달려오는 선녀를 보자 무슨 일이라도 있는줄 알고 다급히 물었다.

≪선녀야, 너 웬 일이냐? 혼자 산에 가서 범이라도 만나지 않았니?≫
선녀는 금시 귀밑이 빨개졌다. 하지만 그는 인차 마음을 다잡고 얼굴에 송골송골 맺힌 땀을 씻었다. 그래도 가슴만은 할딱할딱 뛰고있었다.
≪너 몹시 놀란 모양이로구나?≫
≪아니, 아무것도 아니야.≫
선녀는 새초롬해서 더는 금강이를 상대하지 않고 자기 집으로 달려갔다. 날이 갈수록 오뉴월 녹두껍데기처럼 건드리기 어려운 선녀의 뒤모습을 바라보며 금강이는 저도 모르게 머리를 절레절레 저었다.
점심을 대충 요기하고나서 골방에 홀로 앉아 오만가지 잡생각을 하던 선녀의 귀전에서는 홍참원 아들의 비단옷과 금반지를 두고 가겠다던 말이 맴돌이쳤다.
≪정말 그 금반지와 비단옷들을 두고 갔을가? 정말 나주려고 가지고 왔을가? 그새 누가 가져가지나 않았을가?≫
선녀는 앉아있을수가 없었다. 선녀는 또 나물캐러 간다고 핑게하고는 바구니를 들고 집을 나섰다.
집을 나선 선녀는 급해나서 두주먹을 부르쥐고 산으로 달려갔다. 산에 가보니 홍참원 아들이 가지고 왔던 물건은 그대로 나무밑에 있었다. 금반지는 반짝반짝 빛을 뿌렸고 꿈에도 입어보지 못한 비단옷은 눈이 환하게 안겨왔다. 선녀는 누가 빼앗아가기라도 하듯 그걸 제꺽 품에 끌어안았다. 그러자 홍참원 아들이 눈앞에 선히 나타났다.
≪어떻게 이렇게 감사한이가 있을가! 도련님이 이토록 귀중한 물건을 정말 나한테 주고 갔구나.≫
선녀는 누가 보지나 않나하여 사방을 두리번두리번 살피였다. 산속에는 새우는 소리와 벌레들이 우는 소리뿐 인적기라고는 없었다. 선녀는 오매에도 끼여보고싶던 반짝이는 금반지를 끼니 포동포동 살찐 손이 한결 더 부드러워보였다. 사람의 욕심은 끝이 없었다. 손가락에 금반지끼니 비단옷을 입고싶었다. 선녀는 옷을 안고 호수가에 내려가 얼굴을 씻고 새옷을 입은 다음 거울을 꺼내들고 제 얼굴을 비춰보았다. 평생 처음으로 이렇게 몸단장을 하고 거울을 들여다보던 선녀는 깜짝 놀랐다. 자기 눈도 의심하리만치 아름다운 녀인이 거울속에 나타나 자기를 마주보고있었다. 자기의 몸매를 한번두번 시간 가는줄도 모르게 비춰보다가 너울너울 춤까지 추었다. 꿈이라면 평생에 처음 꾸는 꿈이요, 생시일진대도 평생 처음 당하는 생시였다. 선녀에게는 이보다 더 좋은 때가 없었다. 그뒤로 선녀는 짬만 있으면 남몰래 이 늪가에 와서 비단옷을 입고 금반지를 끼고 거울을 들여다보며 기뻐 어쩔줄 몰라했다.

그러던 어느날이였다. 나무숲속에서 선녀의 일거일동을 지켜보던 홍참원의 아들은 때가 된지라 미리 준비해둔 가마를 가지고 선녀앞에 불쑥 나타났다.

《내 이날 이때까지 기다리다 부친의 승낙까지 받고 선녀랑자를 모시러 왔으니 어서 가마에 앉으시오.》

《아…아니…, 이게…》

선녀는 너무나도 급작스러운 일에 숨이 한줌만해서 말도 제대로 하지 못하였다. 하지만 선녀는 이미 그물안에 든 고기요, 독안에 든 쥐 신세가 되였다. 홍참원의 아들은 선녀야 어떻든 관계치 않고 선녀를 벌쩍 들어 억지다짐으로 가마안에 처넣고 교군들을 보고 불같은 령을 내렸다.

《빨리 가자! 빨리, 빨리!》

이렇게 선녀는 홍참원 아들의 손에 걸려들고 말았다. 선녀가 가마에 앉아 고을에 당도하니 자기가 온 집은 고래등같은 홍참원네 기와집이 아니라 어느 외딴 골목에 있는 집이였다.

선녀는 그제야 속은줄 알고 발버둥치며 어서 집에 보내달라고 울고울었지만 소귀에 경읽기로 아무런 소용이 없었다. 홍참원의 아들은 힘꼴이나 쓰는 장정 두사람을 시켜 그를 지키게 하고는 어디론가 가버렸다. 며칠이 지나 선녀가 울어서 볼모양이 없게 되였는데 술에 만취한 홍참원의 아들이 집에 뛰여들어 선녀를 롱락하려 하였다. 선녀가 겁을 집어먹고 오돌오돌 떨고있을 때 요염하게 생긴 웬 녀자가 문득 성난 호랑이처럼 눈에 불을 켜들고 뛰여들었다.

《흥! 잘 놀아댄다. 그래도 듣기 좋게 뭣이 어쩌구 어째? 사냥을 다닌다고 퉤! 그래 계집사냥을 해오고도 날 속여?》

그 요염한 녀인은 홍참원의 며느리였는데 성이 나서 씩씩거리더니 남편의 멱살을 거머잡고 신을 벗어쥐고 남편의 뺨을 사정없이 후려쳤다. 그리고도 성차지 않아서 녀인은 한켠에 오돌오돌 떨며 구원을 바라는 선녀에게 달려들었다.

《요 못된놈의 계집애야, 내 네년의 낯반대기를 그냥 그대로 둘줄 아느냐?》

그는 이를 악물고 비녀를 빼들더니 비녀로 선녀의 고운 얼굴을 사정없이 찔렀다. 선녀의 고운 얼굴은 볼품없이 째진데다가 류혈이 랑자하여 말이 아니였다.

선녀는 사람 살려달라고 아우성을 쳤으나 홍참원의 아들은 벌써 어데론가 도망쳤고 요염한 그의 안해는 모든 성풀이를 선녀한테 한 다음 사라졌다. 선녀는 정신을 잃고 쓰러졌다.

어느때가 되였는지 선녀가 어슴푸레 정신이 든 때는 사위가 쥐죽은듯 고요하고 뚫어진 창구멍으로 푸른 달빛이 흘러들었다. 이윽하여 닭이 울었다.

《내…내가 이러구 살아선 뭘 해? 차라리 죽는것이 낫지!》

선녀는 자리를 차고 일어나 발길이 가는대로 휘청거리며 걸었다. 걷고걷다보니 날이 밝았는데 사위를 살펴보니 저도 모르게 고향으로 통하는 오솔길을 걷고있었다. 선녀는 그리운 부모님들은 단 한번이라도 보고싶었으며 사랑하는 금강이한테 무릎 꿇고 손바닥이 닳도록 빌고싶었다. 하지만 무슨 낯으로 부모를 대하며 사랑하는 금강이를 대하랴. 선녀는 눈앞이 새까매났다. 가자니 태산이요, 돌아서자니 인간지옥이였다. 까옥거리며 날아다니는 까마귀도 집이 있건만 선녀에게는 이제 더는 갈데가 없었다.

선녀는 허둥지둥 진종일 걸었다. 날이 어두워지자 선녀는 어린 시절부터 미역감으며 물장구를 치던 호수가에 이르렀다. 그는 갈한 목을 추기려고 무성한 풀숲을 헤치며 발■■■ 더듬어 호수가에 가서 두손으로 물을 떠서 마셨다. 물을 마시니 정신이 났다.

《고향의 물은 예이제 변함이 없건만 내 신세만 변했구나.》

선녀의 가슴은 터질것만 같았다. 이때 푸른 번개가 번쩍하고 검은 구름을 쩨더니 천둥이 울면서 산골짜기를 뒤흔들었다. 어망결에 귀를 막으며 앞을 보던 선녀는 우뚝 일어섰다. 난데없는 홰불이 호수를 향해 다가오고있었고 분명 자기를 부른 소리가 들렸다. 그 부름소리는 분명 귀에 익은 금강의 목소리였다.

《오빠!》하고 목놓아 부르며 달려가 그의 품에 안기고싶었지만 선녀는 입이 떨어지지 않고 발도 박아놓은 말뚝처럼 움직여지지 않았다.

이때따라 그의 등뒤에서는 또《선녀랑자!》하고 부르는 소리가 그의 귀청을 때렸다. 선녀는 몸서리를 쳤다.

《분명, 분명 그 마귀같은 홍참원 아들의 소리다. 저…저놈이 날 잡으려고 예까지 찾아왔구나.》

선녀는 범의 아구리에서 벗어나려고 금강이를 부르며 정신없이 달리다가 그만 풍덩 하고 호수에 빠지고말았다.

번개가 번쩍하고 구만리 장천을 가르더니 이윽고 천둥소리가 무섭게 울렸다. 선녀는 젖먹던 힘까지 내여 금강이를 불렀다. 하지만 지칠대로 지친 선녀의 목소리는 모기소리보다도 낮았는데 그것마저도 무서운 우뢰소리가 삼켜버려 금강이는 선녀의 소리를 들을수 없었다. 선녀는 애타게 금강이를 불렀다.

선녀를 부르며 호수가로 달려오던 금강이는 선녀가 부르는 소리 대신 ≪선녀랑자!≫하고 선녀를 부르는 소리를 듣고 깜짝 놀라 그 자리에 못박힌듯 멈춰섰다. 금강이는 자기의 귀를 의심했다. 메아린가? 아니다. 이때 또 마치 금강이를 들으라는듯 ≪선녀랑자!≫하는 소리가 들려왔다.

≪나 말고 선녀를 찾는 사람이 또 있단말인가?≫

번개불이 번쩍할 때 앞을 내다보니 웬 사람이 서있었다.

≪게 누구요?≫

≪넌 대체 웬놈이냐?≫

난데없이 사나이가 금강의 앞을 막아서더니 홰불에 비친 금강의 얼굴을 인차 알아보았다. 그는 씩씩거리며 금강이한테 다가섰다.

≪옳지! 네놈이 바로 선녀를 숨겨두었지? 바른대로 말하지 못할가?≫

금강이는 영문을 몰라 뒤로 물러서며 물었다.

≪여보시오, 당신은 대체 누구신데 나더러 선녀를 숨겼다고 사는거요?≫

≪흥, 모르는척말고 어서 내 안해를 내놓아라!≫

금강이는 남을 의심할줄도 모르는 사람이다.

≪대체 누가 당신의 안해요?≫

≪선녀가 바로 내 안해다. 어째?≫

≪뭣이? 그래 선녀가 어디 있소?≫

≪이자식 그걸 내가 어떻게 아니, 숨긴 네놈이 알지!≫

≪하하하…≫

금강이는 너무도 기막히고 어처구니가 없어 꼭 미친놈과 쓸데없는짓을 했다고 허구픈 웃음을 터뜨리고말았다.

≪이자식 봐라! 네 이놈, 팔다리 성한게 원쑤냐?≫

그녀석은 주먹을 쥐고 홰불앞으로 다가섰다. 순간 그의 얼굴을 똑똑히 본 금강의 얼굴은 이그러지고 굳어졌다. 금강이는 눈섭이 솔잎처럼 일어섰고 눈에서는 번개가 일었다. 금강이는 이가 부서지도록 뿌드득 갈았다. 금강의 앞에 막아선 사람은 다른 사람이 아니라 자기한테서 곰의 열과 산삼을 빼앗고 건달뱅이들과 함께 자기를 죽이려고 달려들던 홍참원의 아들이였다.

≪원쑤는 외나무다리에서 만난다더니 잘됐다.≫

범같이 성난 금강의 주먹이 홍참원의 아들의 얼굴에 날아들었다. 머리를 싸쥔채 사람 살리라고 비명을 지르며 냅다뛰던 홍참원의 아들은 희게 보이는것이 길인가해서 그만 호수에 뛰여들었다. 인두겁을 쓴 그는 감탕물속에 혼이 되고말았다. 그때 세상 오물을 쓸어버리듯 소나기가 억수로 퍼부었다.

선녀도 호수에 빠진채 헤여나오지 못하고 수중고혼이 되고말았다. 그후 부귀와 허영에 들떴다가 수중고혼이 된 선녀의 시체와 악귀같은 홍참원 아들의 시체는 호수가 수풀속에서 아무도 모르게 썩어서 악취를 풍겼다. 그리고 선녀의 썩은 시체에서는 아주 작은 벌레가 생겨났는데 그 벌레는 날려고 해도 날개가 없어 날지 못했고 지저분하고 습기찬 곳에서 기여다니다가 밤이면 강가나 논두렁 같은데로 기여올라왔다. 사람들은 그 벌레가 더럽다고 하여≪개똥벌레≫라고 불렀다.

선녀가 죽은지도 보름이 지났지만 홰불을 켜들고 밤을 새우며 산과 들로 선녀를 찾아다니던 금강이도 영영 돌아오지 못했다. 금강이는 선녀의 마음이 변할수 없다고 생각했기에 그냥 그를 찾아다니다가 마침내 이 세상을 하직하고말았다.

금강의 부모들은 한달동안이나 사처로 금강이를 찾아다녔으나 금강이는 그림자도 보이지 않았다. 금강의 부모들이 맥없이 돌아서는데 나무가지사이로 파란불이 숨박곡질하고있었다. 금강의 부모가 그것이 금강의 홰불이라며 쫓아가니 파란 불은 한들한들 멀리로 사라졌다. 금강의 어머니는 너무나도 안타까와 발을 구르고 손벽을 치며≪예 금강아, 인젠 그만 찾고 돌아오너라.≫하고 소리쳤다. 그랬더니 이상하게도 그 불이 그의 가까이에 날아왔다. 그제서야 그걸 붙잡아 손바닥우에 놓고 자세히 살펴보니 그것도 생기기는 벌레처럼 생겼는데 수컷이였고 꽁무니에는 파란 불을 달고 날개가 있어 날아다녔다.

부모들이 그 벌레를 놓아주니 그 벌레는 파란 불을 켜고 날아가기에 아쉬워 다시 손벽쳐 불렀다. 그랬더니 그 벌레는 손벽소리를 듣고 다시 날아왔다. 부모들은 이 벌레를 보고 이 벌레는 틀림없이 금강이가 죽은 혼이 벌레로 변하여 불을 켜고 선녀를 찾아다닌다고 생각하였다. 그리하여 그들은 그 벌레를 불쌍히 여겨 놓아주고는 반짝반짝 반짝이며 날아다니는 불이라 해서 이 벌레를≪반디불≫이라 불렀다.

개 꼴 망 신

사람들은 말이나 행동을 잘못하여 자기의 지위나 명예를 손상시키는것을 가리켜 망신이라 하고 체면이 엉망이 되여 말할수없이 창피스럽게 된 꼬락서니를 두고 개꼴이라고 하는데 이 말은 이런 이야기가 있은후부터 널리 쓰이게 되였다 한다.

옛날 산좋고 물좋은 경성읍에 락향한 최정승과 리정승, 업정승이 살고있었다. 헌데 리정승인 리백둥과 업정승인 업필수는 눈만 떨어지면 최정승을 보고 아들도 하나 없는 똥물에 빠진 최성방이라고 놀려주어 최정승은 기를 펴고 살수 없었다.

어려서부터 글공부에 열중했던 최정승은 학문이 깊고 구변이 좋아서 언제나 조리있게 리치에 맞게 사람들을 설복시켜 한때는 소문이 자자했다. 그랬던 최정승이 건만 대를 이를 아들은 없고 딸만 3형제를 두다보니 자연히 남모르게 근심만 하는데 두 정승은 최정승을 만나기만 하면 놀려주는바람에 최정승은 마치 장마당에 내다놓은 촌닭처럼 기를 펴지 못했다. 그러다보니 최천일정승에게는 리백동과 업필수가 눈에 든 가시처럼 보였고 가슴속에는 말못할 안타까움이 서리고 엉켜있었다.

최정승은 자나깨나 한번 앙갚음을 하리라 벼르고 별렀다. 그러던 어느날 과년한 막내딸을 본 최정승의 머리에는 번개같이 스치는 생각이 있었다. 최정승은 말 잘하는 사위를 얻어 사위의 입을 빌어 두 정승의 체면을 볼모양없이 만들어놓으리라 생각했다.

최정승은 그날로 빈부귀천은 불문하고 옛말 잘하는 총각을 막내사위로 삼으며 가산 전부를 넘겨준다는 방을 내붙였다.

최정승의 딸은 선녀같이 이쁘게 생긴데다 마음 또한 비단이라 최정승이 방을 내붙이자 구변이 청산류수같고 거짓말 잘하기로 이름난 떠꺼머리총각들이 홍수 밀려오듯 했다. 허지만 이삼일이 지나도록 최정승의 마음에 드는 총각은 보이지 않았다.

며칠이 지난 어느날 젊은 선비가 최정승네 집을 찾아왔다. 최정승이 찾아온 선비를 보니 오관이 바르고 체격이 쭉 빠진데다가 례의범절도 밝았다. 최정승은 주안상을 차려오라 하고 술상에 마주앉아 선비를 시탐하기 시작했다.

《전에 하토에 내려가보니 밤에 봐도 밤나무요, 낮에 봐도 밤나무라 밤나무가 많기도 하데.》

선비총각은 최정승의 말이 떨어지기 바쁘게 인차 대꾸를 했다.

《우리 고향에는 오리나무가 줄줄이 늘어섰는데 5리를 가도 오리나무요, 10리를 가도 오리나무지요.》

《그렇겠지. 내가 어릴적에 우리 선친께서 하토에다 논을 몇십쌍 샀는데 가을에 가보니 벼가 고개를 숙인게 없어서 내가 논판에 들어가 고개를 숙이니 그제야 벼들도 모두 고개를 숙이겠지.》

《어르신님께서 말씀하시니 생각나는데요. 저의 부친께서는 삼껍질을 벗기려고 삼을 삼굿에 익혔지만 삼껍질이 잘 벗지를 않겠지요. 그래서 제가 삼단우에 올라서서 옷을 홀딱 벗었더니 그제야 슬슬 벗겨져서 부모님께서 칭찬의 말씀을 들었지요.》

옛말이란 대개가 꾸며낸 거짓말이여서 최정승은 부러

《보아하니 자네는 말깨나 하겠네그려?》

하고 물었다. 그러자 총각은 정색해서 대답했다.

《입 가지고 말 못할 사람이 어데 있겠습니까?!》

시탐해보니 선비총각이 마음에 들었다. 최정승은 총각을 보며 리백등과 업필수가 자기에게 아들이 없다고 깔본다는것을 자세히 이야기한후

《내가 래일 리정승과 업정승을 데려올터이니 내앞에서 그들이 다시는 큰소리를 못치게 톡톡히 망신을 줄만한가?》

하고 물었다.

《소원대로 해드리겠습니다.》

이튿날 리정승과 업정승은 최정승이 옛말 잘하는 사위감을 골랐으니 와서 선을 보라는 기별을 듣자 지체없이 최정승네 집으로 찾아왔다.

술상이 한창인데 리정승이 건가래를 떼며 점잖게 한마디 했다.

《이 잔이면 벌써 세순배가 아니요? 어서 잔이나 비우고 최정승이 옛말 잘한다는 사위감을 고르셨다니 이야기나 들어보게 어떻소?》

《나도 진작부터 그렇게 생각하고있었으니 어서 듣기가 소원이요.》

업정승도 맞장구를 쳤다.
《두 정승대감의 소원이 그렇다면 나야 반대할리가 있겠소이까. 여봐라, 우선 선비총각을 이리로 들라해라.》
선비총각이 들어서며 새 정승에게 례를 올리고 무릎을 꿇고 앉자 최정승이
《자네 어른님들 앞에서 옛말 한마디 하게.》하고 말하니 선비총각은 뒤통수를 긁적이며
《웬걸요. 전 옛말을 할줄 모르니 제눈으로 직접 보고 제 귀로 직접 들은 이야기나 한컬레 할가 하옵니다.》
그 모양을 보자 두 정승은 속으로 코웃음을 치면서
《좌우간 아무거나 들어보세.》
하고 제촉했다.
《전에 우리 조부님께서는 이천승에서 중노릇을 했사옵니다. 중들이 백여명이나 있었지요. 그중에는 녀중도 몇이 있었지요. 하루는 소인이 조부한테 심부름을 갔는데 숱한 중들이 어린아이 하나를 가지고 서로 자기아이라고 싸우겠지요. 알고보니 그 아이의 이름을 짓겠는데는 어머니인 녀중마저 누구의 씨앗인지 알수 없다는거지요…》
《허허. 그만큼 됐으면 그놈의 절도 볼장을 다 봤군!》
리정승이 참지를 못하고 말허리를 자르는데 업정승이 앞질러서
《좀 가만있소. 그래서?》
하고 끊어진 이야기를 이어놓았다.
《그래서 녀중과 관계한 중들이 서로 옥신각신 다투다가 그 아이를 데리고 관청엘 갔지요. 저도 하두 신기해서 따라가보니 군수가 듣고나서 문초를 합디다.》
《절에 중이 얼마나 되느냐?》
《백여명이 넘는줄로 아뢰옵니다.》
《남승이 얼마나 되느냐?》
《예, 백여명이 되옵니다.》
《남자중에 무슨 성이 제일 많으냐?》
《리씨가 많사온데 그중에서도 전주리씨가 제일 많은 줄로 아뢰옵니다.》
《음, 그렇다면 이 애의 성은 전주리씨로 하고 이름은 백등이라고 해라.》
말이 끝나지도 않았는데 업정승이 박장대소하며

《뭐뭐, 리백둥?! 여보게 리정승 들었나? 그러니 자네가 바로 누구의 종자인지도 모르는 그 중놈의 아들일세 그려! 하하하.》

하고 놀려주었다. 리정승은 얼굴이 백지장이 되여 황소숨을 쉬는데 선비총각은 모르는척하며

《아니, 왜 그러십니까?》

하고 능청스럽게 물었다.

《그 애가 자란게 바로 이 리정승이란말이네. 하하하.》

업정승이 눈물을 짜며 웃는데 최정승이

《하하하, 공연한 소릴 하는군 그래. 그래서 어떻게 됐나?》

하고 속이 흐뭇하여 물었다.

《그래서 이름을 리백둥이라고 지었는데 그 애를 돌림내기로 업어서 키우다보니 서로 업겠다고 빼앗았지요. 그 애는 업히우는것을 제일 좋아했지요. 그러다보니 리백둥이라고 부르는 사람은 없어지고 <얘, 업필수야, 이리오너라, 내 업어줄게>하고 부르면 업필수는 막 달려가서 냉큼 업히우군 했답니다.》

그러자 이번에는 리정승이 깔깔 웃어대며

《해해해. 이보게 필수, 그러고보니 씨도 모를 그 애가 크게 바로 자네일세그려!》

하고는 배를 끌어안고 돌아가는데 업정승이 얼굴이 지지벌개서

《에익, 허파에 바람든 놈같으니라구! 세상에 그런 거짓말이 어데 있나?!》

하며 눈을 부릅떴다.

《거짓말이라니요? 그러게 전 거짓말은 모른다고 먼저 말씀드렸는데요.》

이때에야 최정승은 선비총각의 한마디 이야기로 하여 두 정승이 얼빠진 등신처럼 붉으락푸르락 쩔쩔매는 꼴을 보며 기뻐하였다. 최정승은 온 읍이 떠나갈듯 웃고나서 두 정승을 보며 말했다.

《오늘에야 알고보니 리정승과 업정승은 중놈의 아들이였군 그래!》

리정승과 업정승은 체면이 엉망이 되여 더없이 창피스럽게 되자 신도 제대로 찾아신지 못하고 꽁무니를 뺐다. 그러자 개들이 쫓아가며 멍멍 짖어대니 숱한 구경군들이 나와서 구경하였다. 이때 선비총각이 리정승과 업정승의 등뒤에 대고

《개꼴망신이다!》

하고 큰소리를 치자 웃음소리가 폭죽처럼 터졌다.

이때로부터 우리 말에는《개꼴망신》이란 말이 오르게 되였다고 한다.

례는 정에서 나온다

옛날 한 고을에 리송암이라는 선생이 있었다. 나라에서 선생이라는 칭호까지 주었으니 하방 사람으로서는 보통이 넘는분이였다.

보름날 밤에 앞동네에 사는 배사공이 리송암선생을 찾아왔다.

《선생님을 찾아온건 다름이 아니라 오늘밤에 아버지 제사를 지내려고 하는데 제사법을 몰라서 선생님을 모시러 왔습니다. 수고스러운대로 저의 집에 가서서 제사법을 가르쳐주옵소서.》

누구보다도 례법을 중히 여기는 송암선생은 두말없이 선뜻 일어나 두루마기를 입고 큰 갓을 쓰고는 배사공의 뒤를 따라나섰다.

배사공네 집에 도착하여 사랑방에 다리를 틀고 앉아 언제쯤에 제사법을 가르쳐 달라겠는가 기다리던 송암선생은 소식이 없으니 제사상을 차린 다음에야 물을 모양이라 생각하며 두루마기와 갓을 벗어 걸고 목침을 베고 누웠다. 헌데 잠간 눈을 붙였다가 일어난다는것이 그만 굳잠이 들고말았다.

어느때나 되였는지 그가 개고기 익는 냄새가 코를 찔러 벌떡 일어나보니 은은한 달빛이 뜰안과 창문을 환히 비추는데 젊은 부부가 개고기를 삶느라고 분주히 돌아치며 중얼거리는 소리가 들려왔다.

《제상에는 개고기가 비상이라는데…아무리 무식한 사공이기로서니 설마 제상에 놓으려고 개를 잡았을가.》

송암선생은 의심이 생기기는 하였으나 량반체면에 묻지는 못하고 문틈으로 가만히 주간쪽을 내다보았다. 사공내외는 큰 함지를 갖다놓고 개고기를 건져 담아들고 대문간으로 나가 그것을 오른쪽 구석에다 놓고 절을 하며 무엇이라고 중얼거렸다.

송암선생이 하도 이상하여 쭈크리고 앉은채 숨을 죽이고 눈섭하나 까딱하지 않고 지켜보니 이번에는 퇴마루가운데 기둥앞에다 개고기함지를 놓고 절을 하는것이였다.

≪옳거니. 저것들이 개고기를 놓고 제사를 지내는 모양인데 하필이면 왜 마루 기둥앞에다 놓고 기둥을 보며 절을 할가?≫

그런데 그들은 이번에는 함지를 들고 정지문으로 들어가더니 신발장앞에다 놓고 또 절을 하였다. 그리고나서 안해가 밥상을 차리고 개고기를 뜯어놓으니 사공은 막걸리를 한옹배기 담아다 놓고 사랑방으로 나왔다.

≪선생님 주무십니까? 어서 일어나십시오!≫

송암선생이 기침을 하자 사공은

≪선생님 깨나셨군요. 술이나 한잔 하시고 주무시십시오.≫

하며 술상을 내왔다.

≪아니, 제사는 어찌고?≫

≪방금 지냈습니다.≫

송암선생은 사공이 제사법을 가르쳐달라고 데리고 와서는 한마디도 묻지 않고 벌써 제사를 지냈다니 슬그머니 부아가 났다. 송암선생의 그런 마음을 알아차렸던지 사공은 머리를 긁적이며 말했다.

≪죄송스럽습니다. 시간은 되였는데 선생님께서는 곤히 주무시기에 깨우지를 못하고 내 생각대로 제사를 지냈습니다.≫

그 말을 듣더니 송암선생은 ≪내가 잘못하고서도 오히려 어진 사람을 고깝게 생각하다니?≫하고 후회하며 물었다.

≪그래, 개고기를 놓고 제사를 지냈단말인고?≫

≪예. 부친께서는 생전에 개고기를 무척 즐겨하셨습니다. 개고기만 있으면 다른 음식은 거들떠보지도 않았지요. 그래서 30리밖에 가서 제일 살진놈을 사다가 잡았습니다.≫

≪그런데 대문간에 가선 왜 절을 했나?≫

≪예, 말씀올릴테니 웃지 마십시오. 부친님은 철이 들어서부터 돌아가시는 그 날까지 배를 몰았습니다. 부친께서는 매일 아침 집을 나설 때면 삿대를 가지고 가시느라고 대문간엘 가고 돌아와서는 또 삿대를 뒤두느라고 거기엘 갔습니다. 그래서 혹시나 부친님의 령혼이라도 대문간에 오셨으면 잡수시라고 거기서 제를 지냈습니다.≫

송암선생은 생각되는바가 있어 고개를 끄덕이며

≪퇴마루에서는 왜 절을 했나?≫

하고 물었다.
≪부친께서는 집을 나가실 때면 언제나 퇴마루에 앉아서 담배 한대를 피우고 나가셨고 들어와서는 허리가 아프다며 기둥에 기대여 쉬군 하셨습니다. 그래서 혹 퇴마루에나 부친님이 오셨겠는가 해서 그랬습니다.≫
≪그럼 신발장에다는 왜 절했느냐?≫
≪예. 부친께서 밖으로 나가실 때면 거기 앉아 신을 신으셨고 돌아와서는 그곳에 앉아서 신을 벗었습니다. 그래서 혹시나 아버니가 그속에 앉아계시지 않나해서 거기에다도 제사를 지냈습니다. 저는 배운것도 없고 제를 지낼줄도 모르다보니 제 마음대로 지냈는데 선생님께서 가르쳐주시면 다음부터는 고치겠습니다.≫
그 말에 송암선생은 너무나 감동되여
≪아니, 아닐세. 제를 잘 지냈구먼! 례는 정에서 나오는데 정을 벗어난 례가 어디 있겠나? 자네가 마음속에 있는 생각대로 성의껏 지냈으니 이보다 잘 지낸 제사를 나는 보지 못했네. 잘 지냈네!≫
하고 연신 감탄의 말을 했다고 한다.

개보다 못한년

옛날옛적 한 해변가에 황아장사 오서방이 살고있었다.

오서방이 황아장사를 나갔다가 달포가 지나서야 집으로 돌아오니 만삭이 된 안해가 남산만한 배를 뚱기적거리며 나와 그를 반겨맞았다.

《이제야 돌아오세요. 고생이 많으셨지요?》

《나야 뭘…임자가 그 몸으로 집에서 얼마나 고생했겠소? 이젠 당신이 몸풀 때까지 아무데도 안가겠소.》

이때 새끼를 밴 암캐가 낑낑거리며 오서방에게 매달리면서 반갑다고 손을 핥았다. 오서방은 개의 머리를 쓰다듬어주며

《여보, 금년에 우리 집엔 대운이 텄소!》

하고 못내 기뻐하였다. 그러자 부인도 개의 머리를 쓰다듬으며 말했다.

《그렇지만 한룡마루밑에서 한달에 둘이 해산하지 않는다는데 이 일을 어쩌면 좋아요?》

《원 별소리를 다하오. 아차, 이 정신 좀 봐라. 여보, 얼른 들어가서 내가 뭘 사왔는가 보오.》

아이 낳기전부터 포대기를 갖춘다고 오서방은 자기의 피줄을 이어받아 이 세상에 태여날 새 생명에게 발끝부터 머리끝까지 신기고 입히고 씌울것도 죄다 사왔다.

부인이 기쁨속에서 며칠을 지났는데 하루아침에는 개죽을 주려고 개를 불러도 개가 오지 않았다. 두루 찾아다니다가 보니 개가 마당뒤에 가려놓은 나무가리옆에다 짚을 모아놓고 새끼를 낳고있었다. 부인은 미물의 짐승이건만 자기의 마음을 알아주는 개가 하도 기특하고 고마와서 아껴먹던 좁쌀로 죽을 쑤어다 먹이고 자기가 먹자던 미역국도 끓여다주었다.

그 이튿날 부인도 해산을 했는데 옥동자를 낳았다. 오서방은 너무나 좋아서 자나깨나 집에 들어오나 밖에 나가나 입을 다물지 못했다. 그러나 그 기쁨은 오래

가지 못했다. 청천벽력이라더니 그렇게도 알뜰하고 마음씨 곱고 미인이던 안해가 해산하자바람으로 그만 죽고말았다.

오서방은 실성하여 련 삼일동안 물 한모금 마시지 않고 방바닥과 가슴을 두드리며 통곡했다.

《여보게 오서방, 정신 좀 차리게나. 죽은 사람이 운다고 살아오겠나. 불쌍한 아기를 봐서라도 정신을 차려야지.》

로인들의 만류에 정신을 차린 오서방은 아기부터 찾았으나 아기가 없었다. 알고보니 마음좋은 이웃들에서 오서방네 바로 뒤집에 있는 정과부한테 아기를 맡겨 젖을 먹이고있었다.

정과부는 군서방을 하여 임신한지 8월만에 난산으로 죽은 계집애를 낳은지 이제 겨우 한주일이 되였다. 그래서 마침 젖을 짜서 던지던차라 동네 할머니가 배고파 우는 어린애를 안고 가서 사정하니 젖을 주었다.

워낙 정과부는 처녀때부터 오서방을 짝사랑했었다. 그러다가 오서방이 자기보다 인물고운 녀자에게 장가드는바람에 얼굴도 보지 못한 딴고장 총각에게 시집을 갔었는데 그 남편이 몇해를 못살고 죽는통에 본가로 돌아와있는중이였다. 그러던 차에 오서방의 안해가 죽고 그 아이에게 젖을 먹여주게 되니《이는 하느님이 도와서 나의 소원을 이루게 함이로다.》하며 속으로 은근히 기뻐하였다.

한편 마을 사람들은 오서방을 찾아와서《죽은 사람은 죽었지만 산 사람이야 살아야 하지 않겠는가?》고 하면서 정과부와 짝을 무으라고 강권하였다. 오서방은 정과부가 행실이 부정하며 깝질을 벗겨도 30리는 달아날 지독한 녀자라는것을 번연히 알면서도 당금 때시걱도 문제려니와 젖달라고 보채며 우는 갓난아기때문에 할수없이 정과부를 후처로 맞아들였다.

오서방은 안해의 해산시중을 하고 뒤미처 장례를 치른데다가 또 장가까지 들다보니 그간 장사를 못해서 생활이 여간 쪼들리지 않았다. 오서방은 새 안해를 얻어서 아이에게 젖까지 먹일수 있게 되자 또다시 황아짐을 지고 장사를 떠났다.

그런데 황아를 팔아 쌀을 사가지고 보름만에 집에 돌아오니 어쩐지 집이 스산하기 짝이 없었다. 전같으면 개가 매달리고 안해가 밖에까지 달려나와 짐을 받아들이련만 웬 일인지 개도 사람도 보이지 않았다. 그가 인기척을 내며 문을 여니 새로 맞은 안해가 이불을 뒤집어쓴채 누워있었다.

《거, 어디 불편하오?》

오서방은 안해를 바라보며 넌지시 물었다.
《아니, 어째서 인제야 돌아와요?》
새댁이 벌쏘듯하며 돌아눕는데 웬 일인지 어린애가 보이지 않았다.
《애기는 어디 있소?》
그 소리에 녀인은《흥!》하고 코방귀를 뀌였다.
《당신이 떠난후 신열이 나더니 제 어미를 따라갔어요.》
오서방은 금시 눈앞이 캄캄했다.
《그, 그럴수가 있소? 그래 애를 어디다 묻었소?》
《제 어미가 잡아갔으니 제 어미 무덤옆에다 묻었지요.》
오서방은 속이 뒤집히는지라 밖으로 나와서 하늘을 쳐다보며 장탄식하다가 개새끼들이나 잘 자라는가 해서 나무가리뒤로 가보니 어미는 없고 죽은 새끼 두마리가 있을뿐이였다.
《망할놈의 개새끼, 제 새끼를 죽이고 어딜 갔단말이냐?》
오서방은 어미개가 눈앞에 있으면 당장 요정낼 기색으로 이를 악물고 뒤산으로 올라가는데 어디 갔다가 오는지 그때에야 어미개가 달려왔다.
《에익, 썩어질놈의 개새끼!》
시어미 역정에 개옆구리를 찬다더니 오서방은 반갑다고 꼬리를 저으며 달려드는 개를 발길로 차고는 돌맹이를 집어들고 죽어라고 답새기였다. 그러나 눈치빠른 개는 요리조리 피해 달아났다가는 다시 주인앞에 와서 눈물을 쭈르륵 흘리였다. 말못하는 짐승이 우는것을 본 오서방은 코마루가 찡해나서 자기도 모르게 쥐였던 돌을 놓고말았다. 그러자 개는 오서방의 바지를 자꾸 물어당기는것이였다.
《이놈의 개가 미쳤나?》
오서방이 욕질하며 발길로 찰라치면 개는 저만치 뛰여갔다가는 다시 와서 또 바지가랭이를 물어당기며 낑낑거렸다. 그 동작이 하도 이상하여
《날 가잔말이냐?》
하고 물었더니 개는 제법 대가리를 끄덕이고나서 앞에 서서 길을 인도하는것이였다. 그가 쫓아가니 개는 소나무숲속으로 들어갔는데 어데선가 갑자기 난데없는 어린애의 울음소리가 들려왔다. 오서방은 온몸에 소름이 쫙 끼침을 느끼며 소리나는쪽으로 다가갔다. 그때 개가 컹컹 짖으며 소리나는쪽으로 달려가더니 이윽하여 아이의 울음소리가 뚝 멎었다. 그리로 달려가던 오서방은《에크! 이게 뭐냐?!

≫하고 깜짝 놀랐다.

　오솔길우에 죽은 승냥이가 있었던것이다. 개 있는 곳에 이른 오서방의 눈은 금시 휘둥그래졌다. 글쎄 어미개가 아이에게 젖을 먹이고있지 않는가. 실로 놀랍고도 신기한 일이였다. 개는 소나무숲 움푹 패인 곳에 마른 소나무잎을 모아다 깔고 그우에다 아기를 눕히고 젖을 먹이고있었는데 한참후에 아기는 배가 부른지 고사리같은 주먹을 흔들어대고있었다.

　≪아! 이런 일이였구나!≫

　오서방은 무릎을 꿇고 앉아 조심히 아기를 끌어안고 그 야들야들한 아기의 볼에 자기의 얼굴을 마구 비비였다. 그러자 어린애는 오서방이 어디 갔다가 인제야 오느냐고 나무라기나 하듯 고사리같은 주먹으로 오서방의 얼굴을 이리저리 다치는것이였다. 오서방은 그것이 하도 귀여워 그만 눈물을 왈칵 쏟고야말았다. 그때 개가 또 오서방의 옷자락을 물고 끌었다. 개를 쫓아가니 안해의 무덤옆에 움푹하게 판 구뎅이가 있었다. 개는 아이를 발로 다치고나서 주둥이로 구뎅이를 가리켰다. 오서방은 개를 찬찬히 훑어보았다. 여위고 여윈 어미개는 온몸이 상처투성이고 발톱마저 몇개 남아있지 않았다. 오서방은 그제야 모든것을 알아차릴수 있었다.

　≪그래 알만하다. 후처가 이 애를 생매장한걸 네가 파내다가 소나무숲속에 숨겨놓고 젖을 먹여 살렸구나! 네 새끼들이 젖을 먹겠다고 따라온걸 물어죽이고 밤이면 이 애를 지키다가 달려드는 승냥이까지 물어 죽였구나!…≫

　오서방은 목이 콱 메여 아무 말도 할수 없었다. 한동안 개를 끌어안고 흐느끼던 오서방은 벌떡 일어섰다.

　≪에익, 개보다 못한년! 너같은년이 있기에 계모들이 다 팔리지!≫

　오서방의 눈에서는 불꽃이 뚝뚝 떨어졌다.

　≪그런데 그년이 왜 이 애를 죽이자고 했을가?≫

　이런 생각을 굴리며 집에 돌아온 오서방은 어찌나 힘차게 문을 잡아당겼던지 부엌문이 벌컥 나가 떨어졌다. 산토끼 놀라듯 깜짝 놀라 움쭉 일어선 계모는 눈에 불이 펄펄 이는 오서방과 그 품에 안겨 주먹을 내두르는 갓난애를 보자 초풍할 지경으로≪악!≫소리와 함께 방구석으로 피하며 씨벌거렸다.

　≪저, 저 귀신 좀 봐라. 사람 살려요!≫

　≪흥, 누굴 보고 귀신이래? 네년이 바로 귀신이구, 네년이 요귀다! 똑똑히 봐

라. 이 애는 살아있다, 살겠거든 뭣때문에 이 애를 죽이려 했다는것을 이실직고 하라!≫

계집년은 얼굴이 새파랗게 질려 벌벌 떨며

≪당신이 그 애를 볼 때마다 죽은 본대를 생각하고 날 덜 생각할가봐 그랬어요. 아이구, 한번만 살려줘요!≫

하고 손이야 발이야 빌었다.

≪에익, 개보다 못한년! 네년이 죽은 무덤에는 잡초한대 안날게다. 사람의 가죽을 쓴 지독한 이년, 날벼락을 맞기전에 냉큼 이 집에서 나가거라!≫

오서방의 천둥같은 호령소리에 질겁하여 밖으로 뛰쳐나와 꼬리빼던 정과부는 갑자기 하늘땅을 뒤흔드는 청천벼락에 혼이 싹 날아나고말았다.

이때부터 우리 말에는 사람구실을 하지 못하는 사람이나 그런 녀자를 가리켜 ≪개만도 못하다≫거나 ≪개보다 못한년≫이라고 하는 말이 생겨났다고 한다.

린색한 부자

옛날에 좁쌀도 톱으로 켜먹고 감기고뿔도 남에게 주기 아까와한다는 린색한 부자가 있었다.

하루는 그 집에 소고기장사가 왔다. 고기를 사라는 귀맛좋은 소리에 임신중이던 그의 며느리가 대문을 열고 나갔다. 그러나 ≪고기는 밥도적≫이라면서 1년 365일씩은 명태꼬리 하나 산 일 없는 ≪부자집≫이라, 며느리는 닭알같은 침을 삼키면서도 사지를 못하고 한식경이나 고기를 주무르다가 들어왔다.

저녁밥상에 마주앉자 시어머니가 코를 벌름거리며 물었다.

≪저녁국에선 고기냄새가 나는것 같은데 뭘 넣었느냐?≫

≪낮에 소고기장사가 왔기에 고기를 주무르고 들어와서 가마에다 물을 붓고 거기에다 손을 씻은후에 국을 끓였어요.≫

고지식한 며느리의 말을 듣자 로친의 얼굴이 대뜸 푸르뎅뎅해나더니

≪손씻은 물을 세 가마에 가득 붓고 국을 끓였더면 래일까지 먹고도 남겠는데 왜 한가마밖에 안끓였느냐?≫

하고 나무랐다. 그 말을 들은 린색한 부자는 이마살을 찌푸리고 마른 기침을 컹컹 짖더니

≪저런 헤프기 짝이 없는 로친네 봤나. 손씻은 물을 세가마에만 채울게 있나. 장독에다 부었더면 일년내내 고기국을 먹겠는데 그 아까운걸 며칠동안에 다 먹어? 쯧쯧쯧!≫

하고 혀를 찼다. 그러자 부자의 아들이 맞장구를 쳤다.

≪아버지도 피장파장입니다. 그 손을 우물에다 씻었더면 대대손손 먹겠는데 1년에 다 먹어요?!≫

그말을 들은 부자령감은 무릎을 탁 치며

≪아뿔싸! 랑패를 했군! 그랬더면 푼돈 한잎 안들이고서도 한평생 고기국을 먹겠는걸 그랬구나!≫

하며 맹랑해하였다. 그런 꼴을 보는 며느리는 밸이 목구멍까지 올라온걸 꾹 참고

≪그럼 이제라도 이 국을 우물에 가져다 붓겠어요.≫하며 일부러 령감 로친의 국사발을 들고 일어섰다. 그러자 령감 로친은

≪아니야! 내거야 이런대로 먹어야지. 며느리거나 갖다 붓게!≫

하며 빼앗다싶이 가져갔다.

≪고기는 밥도적이라는데 삼시로 고기국을 먹어 일없겠나요?≫

≪암, 고기는 밥도적이지만 국물이야 죽도적이니 일없구말구! 어서 갖다 부어라!≫

이리하여 며느리는 할수없이 손씻은 국물도 먹지 못하고 국사발을 들고 우물로 나갔다 한다.

량반을 때린 상놈

량반과 상놈의 차이가 하늘과 땅같던 때의 일이다.

한 고을에 외직으로 락향하여 만복을 누리며 살아가는 백정승이라는 사람이 있었다. 그는 조상덕분에 어려서부터 벼슬길에 올라 군수, 판서, 정승까지 지내다가 늙게 되어 밀리우게 되다보니 여생을 영화를 누리며 살 생각밖에 없었다.

본래 립신양명을 위해서 수단과 방법을 가리지 않은 그는 백성들의 고혈을 짜내고 긁어모은 재산이 평생을 물쓰듯 써도 못 다 쓸만큼 많은지라, 할일은 없고 심심하니 별의별 놀이를 다 벌리군 했다. 그는 하루가 멀다하게 사냥이요, 들놀이, 광대놀이, 무당놀이를 벌렸고 그것도 성차지 않아 나중에는 신선놀이까지 해보았다. 이런 놀이를 벌릴 때면 의례 백성들한테서회사름을 모았고 자기 돈은 한푼도 쓰지 않아 백성들은 ≪호랑이나 콱 물어가라!≫, ≪생벼락이나 맞고 뒈져라!≫하고 그에게 욕을 퍼부었다.

그러던 어느날 읍 골목골목에 난데없는 방이 나붙었다.

≪모월 모일부터 본고을 백정승대감댁에서 흉내내기 시합을 한다. 신분여하를 막론하고 흉내를 잘 내는 사람에겐 상금 천냥을 준다.≫

이 방을 본 팔도강산 방방곡곡에서 제노라고 뽐내는 흉내쟁이들이 떼구름 모이듯 모여들었다.

그날부터 백정승은 다락우에 올방자를 틀고 앉아 부채질을 슬슬 하며 찾아온 재간둥이들이 재간피우는것을 구경하였다. 별의별 흉내를 다 내는지라 고을의 벼슬아치와 량반나으리들은 좋다고 하하 호호 웃으면서 백정승을 치하하니 백정승은 시뚝해하였다.

한 재간둥이가 나서서 원숭이가 이를 잡아먹는 흉내를 어찌나 신통히도 냈던지 구경군들은 눈물을 쏟고 배꼽이 튀여나오도록 웃음판을 벌리였건만 백정승은 끄덕끄덕 졸고있었다.

이때 구경군들속에서 ≪개자식, 어디 보자!≫하고 누구를 욕하는지 욕설을 퍼부으며 다락밑으로 다가가는 시골총각이 있었다. 아무리 천민이라고 사람을 원숭이 놀리듯하면서도 그것도 싫증이 나서 졸고있는 백정승을 보자 더는 참을수 없었던것이다.

《소인이 아뢰옵니다!》

시골 숯구이총각의 말소리가 범의 울부짖음처럼 쩌렁쩌렁 대청마루를 울리는 바람에 백정승은 놀라 눈을 번쩍 떴다. 그의 앞에는 허우데 큰 떠꺼머리총각이 구새통처럼 버티고 서있었다.

《넌 무슨 흉내를 내겠느냐?》

《소인은 대감마님의 흉내를 내볼가 하옵니다.》

《무엇이? 나를 흉내내겠다고?》

《네, 그러하옵니다!》

《흐흐흐, 하하하. 이거야말로 흥미있는 일이로다. 그럼 어서 해봐라!》

백정승은 인제야 진짜 흉내쟁이가 나타났는가싶어서 수염을 쓰다듬으며 흐뭇해서 부채질을 슬슬 하였다. 그런데 숯구이총각은 웬 일인지 말뚝처럼 선채 까딱 움직이지 않고 두눈을 부릅뜨고 백정승만 쏘아보았다. 그바람에 백정승은 부채질을 멈추고 총각을 마주보니 총각의 눈에서는 불꽃이 뚝뚝 떨어지는것만 같았다.

《너 이놈! 누구를 노려보는거냐?》

백정승이 참다못해 호령을 하니 총각은 기다렸다는듯 되받아서 불호령을 했다.

《너 이놈! 누구를 노려보는거냐?》

《어허, 이놈봐라!》

《어허, 이놈봐라!》

그때에야 손에다 땀을 쥐고 구경하던 사람들이 와하고 웃었다. 백정승은 화가 상투밑까지 치밀었다. 아무리 흉내내기로서니 시골상놈한테서 이놈 저놈소리를 다 듣다니…그는 얼굴이 지지벌개진채 안절부절 못해 엉치를 들썽거리다가 나중엔 부채쥔 손까지 부들부들 떨었다.

《고얀놈, 주둥이를 다물지 못해?》

《고얀놈, 주둥이를 다물지 못해?》

《이 류시를 할놈!》

《이 류시를 할놈!》

백정승이 숨이 턱에 닿아 펄펄 뛰자 총각도 헐떡거리며 펄펄 뛰였다. 구경군들은 또다시 폭소를 터뜨리며 요란스레 박수까지 쳤다. 백정승은 목에 피대를 세우며 고래고래 소리쳤다.

≪게 아무도 없느냐? 저 미친놈을 당장 내쫓아라!≫

≪게 아무도 없느냐? 저 미친놈을 당장 내쫓아라!≫

관청벼슬아치들과 정승네 집 심부름군들마저 정승이 부르는 소리를 듣고서도 그것이 흉내내기인줄로만 알고 구경군들과 함께 웃고있었다.

≪네 이놈 무엇이 어쩌고 어째?≫

≪네 이놈 무엇이 어쩌고 어째?≫

≪저런 백정녀석 보겠나.≫

≪저런 백정녀석 보겠나.≫

분을 참울수 없어 복통이 터지게 된 정승은 흉내내기라는것도 잊고 ≪이놈!≫하고 총각의 뺨을 찰싹 갈겼다. 그러자 총각도 ≪이놈!≫하고는 무쇠망치같은 주먹으로 백정승의 뺨을 후려갈겼다. 어쩌나 호되게 맞았던지 백정승은 턱이 삐뚤어지고 입에서 검은 피를 토하며 다락아래로 곤두박히고 말았다.

이런 일이 있은후부터 백정승은 더는 놀이를 벌리지 못했으며 백성들한테서 재물을 강탈하지 못했다고 한다.

망신당한 스님

옛날 지리산 깊은 산속에 한 절당이 있었다. 이 절의 주지스님은 얼굴에 거미줄 천지인 늙은 중이였는데 늙은 소 콩밭으로 간다고 그는 밑구멍으로 호박씨를 까는 위인이였다. 게다가 범없는 골안에서 삵이 왕질한다고 자기는 시주동냥 한번 가지 않으면서도 뭇중들을 못살게 들볶았다.

욕심많은 스님은 까까머리중들이 간혹 가다 시주로 좋은 물건을 받아오게 되면 부처님을 빙자하여 그것을 자기소유로 만들었으며 고관대작의 마나님과 량반나리들이 가져온 물건도 죄다 자기 호주머니에 넣은건 말할것도 없고 지어는 반반한 음식마저 돼지처럼 혼자 처먹었다.

이에 밸이 꼴린 중들의 뒤공론은 점점 높아만 갔으나 스님은 듣고도 못들은척 하였다. 스님의 아니꼬운 행실에 밸이 꼬인 한 까까머리중이 주지스님을 망신시키려고 은근히 벼르더니 드디여 한가지 좋은 꾀를 생각해내였다.

절 뒤산은 참나무와 밤나무로 우거졌는데 까치들이 어느 나무우에 둥지를 틀더니 알을 낳고 새끼를 깠다. 어느 하루 변소에 갔다 오던 까까머리중은 어미까치가 먹이를 물어다가 새끼에게 먹이는것을 정신없이 구경하고 있었다.

《말 못하는 까치도 하루종일 먹이를 물어다가 새끼를 먹이는데 우리 스님은 새끼들이 벌어다주는것마저 혼자 처먹으니, 쯧쯧!》

범이 제소리하면 온다더니 그때 스님이 까까머리중앞에 다가서며 물었다.

《예서 뭘 하느냐?》

《스님, 방금 까치가 은숟가락을 물고 밤나무에 있는 둥지로 들어갔습니다. 그래서 어떻게 하면 그걸 꺼내올가 생각하는중입니다.》

《그게 정말이냐?》

은숟가락이라는 말에 구미가 동한 스님이 다그쳐 물었다.

《아이구, 정말이 아니고요. 불도를 믿는 빈도가 어찌 거짓말을 하겠습니까요.》

《정말 네 눈으로 봤단말이지?》
《정말 봤어요. 해빛에 번쩍번쩍하는걸 똑똑히 보았습니다요.》
《그럼 왜 올라가 꺼내지 못하느냐?》
《소승은 어제 산에 나무하러 갔다가 허리를 다쳐놔서, 그렇지 않다면야 벌써 올라가서 꺼냈겠습니다요.》
《그럼 내가 올라가본다…》
스님은 굴뚝같은 욕심이 살아나서 앞뒤를 잴 겨를도 없이 장삼소매를 걷어올리고 나서 밤나무를 끌어안고 올라가기 시작했다.

주지스님이 땀을 뻘뻘 흘리며 밤나무 절반쯤 올라갔을 때였다. 지금까지 《조금만 더 힘을 내세요, 스님!》하고 응원하던 까까머리둥이

《야! 우리 스님이 까치새끼를 잡아다 구워먹으려고 까치둥지 들추러 올라간다!》

하고 고래고래 소리쳤다. 그 소리에 나무에 바라오르던 스님은 깜짝 놀랐다. 그때 절에 있던 중들과 불공드리던 사람들이 욱 쓸어나오는바람에 주지스님은 당황하여 어쩔바를 모르다가 후들후들 떨리는 손으로 밤나무를 끌어안은채 쭈르르 미끄러져 내려왔다. 그러다보니 스님의 손에 가시가 가득 박혀 죽을 지경인데다가 옷까지 나무가지에 찢기여 말이 아니였다. 숱한 구경군들이 스님의 꼴을 보고 박장대소하는바람에 개꼴망신한 그는 슬금슬금 뺑소니쳤다. 자기 방에 들어선 스님은 생각할수록 분이 상투밑까지 치밀어올라 안절부절 못하다가 까까머리중을 불러 눈이 쑥 빠지게 된욕을 퍼부었다. 그래서 볼이 더욱 부어난 까까머리중은《흥, 아직도 버릇이 안떨어졌군!》하며 중얼거리더니 더욱 못된 꿍꿍이를 꾸미였다.

그날 밤중이였다. 너무 분해서 잠을 이루지 못하고 이리뒤척저리뒤척하던 스님이 방금 어렴풋이 잠이 들었는데 밖에서 난데없는《불이야! 불이야!》하고 고함소리가 들려왔다. 그 소리에 소스라쳐 깨여난 스님은 화닥닥 밖으로 달려가다가 그만 무엇에 이마를 박고 쓰러졌다. 그가 한참만에 정신이 들어 이마를 만져보니 진득진득한 피가 손에 묻어났다. 그가 머리들어쳐다보니 어느 놈인지 문우에다 큰 솥을 달아매놓은것이 보였다. 이튿날 아침에 스님이 불이 났다고 소리친 놈을 조사해보니 역시 그 까까머리중인지라

《이놈아, 어디에 불이 났단말이냐?》하고 호통을 쳤다.

≪저, 저 서쪽산에 불이 났습니다. 지금도 보입니다.≫

스님이 까까머리중이 손으로 가리키는 곳을 바라보니 아닌게아니라 지금도 시뻘건 불길이 서쪽하늘을 물들이고있었다. 그바람에 스님은 그만 욕도 못하고 개구리를 통채로 삼킨 뱀처럼 눈만 껍적껍적하며 씩씩거리더니≪이담부터는 가까운데 불이 나면 소리치고 먼데 불이 난건 소리치지 말아라.≫하고는 자취를 감추었다. 그러자 중들은 까까머리에게 엄지손가락을 내들어보이며 통쾌하게 웃었다.

이때부터 주지스님의 저밖에 없노라고 우쭐렁거리며 욕심부리던 병은 뚝 떨어졌다고 한다.

삼쾌정

　먼먼 옛날 고령박씨 가문에 옥동자가 태여났으니 그 이름을 문수(文秀)라 지었다.
　박문수는 어려서부터 근면한 부모를 따라다니며 보고 듣고 묻기를 즐기더니 철이 들자부터 선악을 구별하고 악한자를 미워하고 착한자를 동정하였다. 박문수는 자랄수록 총명하여 하나를 배워주면 열을 알고 열을 배워주면 백을 통하여 가근방에 소문이 자자하였다. 하지만 여문 곡식이삭이 머리 숙인다고 박문수는 머리 숙이고 과거볼 차비에 여념이 없었다.
　어느해 서울에서 과거를 본다는 소문을 들은 박문수는 마을사람들의 주선으로 나귀를 얻어타고 서울길을 떠났다.
　서울길을 가던 문수는 한 마을어구에서 교군들을 만났다. 가마의 앞을 가린 성긴 발이 흔들릴 때마다 그안에 앉아있는 녀인의 눈동자는 문수의 름름한 풍채를 유심히 살피고있었다. 이윽고 그녀는 섬섬옥수로 앞을 가린 발을 반쯤 들고 문수를 내다보다가 문수의 눈길과 마주쳤다. 문수는 그녀의 미모에 놀랐다. 그녀의 예쁘장하게 생긴 얼굴은 어찌나 환한지 보름달도 빛을 잃을것 같았고 소복단장한 옷맵시까지 잘 어울려 천하일색이였다.
　문수는 나귀등에 앉아 앞서거니 뒤서거니 하며 가는데 그 녀인은 문수한테 추파만 보내며 문수의 마음을 황홀하게 만들었다.
　그러나 문수는 마음속으로 ≪괴이한 일이로다. 나이는 불과 이십좌우요, 사부(士夫) 집 신부 같은데 행신처사가 저다지 무례하니 내 반드시 뒤를 쫓아 저 녀인의 래력을 탐지해보리라.≫하고 생각하였다.
　박문수가 이같은 마음을 먹게 된것은 결코 호탕한 마음으로 풍정을 탐하여 그런것도 아니요, 나비가 꽃을 탐하여서도 아니였다.
　녀자의 행실은 정절이 제일인데 저 녀자를 보건대 얼굴이 그만치 어여쁘고 자태가 그만치 아름다운 절세가인으로 분명히 남편의 뜨거운 사랑을 받을것이나

타남자를 남달리 유인하려는 태도를 드러내니 저러한 행동을 나에게만 하였을리는 만무할터이라 행실이 부정함을 짐작하지 않을수 없었다.

헌데 혹시 어느 고을 관비나 기생이 아닌지? 그러할진대 교자앞을 가릴리가 있는가? 아닐세. 혼자 가마를 타고 소복하였으니 상제가 아니면 과부로다. 상제면 례사로운 일이지만 과부일진대는 저러한 마음으로 수절하면 그 수절이 어찌 온전하랴? 차라리 재가를 하는것이 떳떳하지. 예로부터 내려오는 풍속이 재가를 허락치않아 오월 비상에 죽는 청상이 하나, 둘이 아니였지만 아무튼 죽는것보다 사는 것이 낫지 않은가. 그러나저러나 저 녀인이 가는 곳은 대체 어느곳인가?

혹은 앞서거니 뒤서거니 하면 두어시간 동행하였으니 만일 저 녀인이 있는 곳이 이 길가에서 멀지 않으면 찾아들어가 어떠한 집 녀인인가 알아볼것이나 그렇지 않으면 일부러 따라가는것은 마땅치 못할뿐아니라 남들이 주목할 일이다. 박문수 이같은 생각을 하며 가다보니 해는 서산에 기울어져 땅거미가 지는데 교군은 남쪽편으로 내려다보이는 큰동네의 북편대문 기와집으로 들어갔다.

문수 유심히 보다가 지나가는 농부에게 물으니 그동네 이름은 장항이라 하고 소지명으로는 노루목이라 하고 큰 기와집은 김진사네 집이라고 하였다.

문수는 《사부가의 부녀로서 어찌 이같이 무례함이 심하였을가? 해도 넘어갔으니 저 집에서 하루밤 류하고 가리라.》하고 생각하며 나귀머리를 돌려 그 집을 찾아갔다.

하인이 인도하는대로 사랑채에 들어가니 년세가 오십에 가까운 김진사는 손님을 반갑게 접대하나 얼굴엔 수심이 안개끼듯하였다.

석반을 끝낸후에 문수는 주인을 보고 근심하는 연고를 물었다. 주인은 문수가 하도 간절히 묻는바람에 하는수없이 태산이 무너지듯 한숨을 쉬고는 입을 열었다.

《년근 오십에 다만 아들 하나를 의지했더니 작년에 성례한지 삼삭만에 자식이 죽었는데 죽어도 남같이 죽지 못하고 분명히 호환을 당한줄로 생각하나 아무리 찾아도 그림자도 찾아볼수 없으니 부자간의 정에 어찌 마음이 아프지 아니하리오.》

하고 두눈에 눈물이 글썽하였다.

문수 이 말을 들을 때에 마음이 이상하여 스스로 《근래에 호환으로 인명을 상하는 일이 비일비재라 하니 어찌 이같이 아무 흔적도 없이 자취를 감추랴. 이제야 추측해보건대 오늘 보던 녀인은 분명히 죽은 사람의 안해로다. 참혹히 죽은 사람은 말할것도 없거니와 살아있다 하여도 청상과부신세가 된 불쌍한 녀인으로 주인의 후사도 바쁠터인데 어찌 저럴수 있으랴.≫하는 생각이 들었다.

심상한 사람이 이러한 말을 들으면 가엾다고 할것이나 문수는 이런 일에 당한 후 그 내막을 한번 조사해보고 싶은 생각에 잠까지 이루지 못하였다. 문수 이 생각 저 생각하는데 주인은 잠간이나 수심을 잊었던지 베개에 의지하여 어렴풋이 잠이 들었다.

문수는 사경이 될락말락하여 답답하기도 하고 변소에 갈 생각도 나서 주인 몰래 방문을 열고 뒤간에 가 앉아있었다. 그런데 이때였다. 달은 없으나 심히 청명한 밤중인데 뒤간에서 마주보이는 담장밑으로 인적기가 들리더니 이윽하여 발자국소리가 뚝 그치였다. 박문수는 이상하게 생각하였다. 밤중은 실히 잘되였는데 무슨 사람이 지나가며 볼일있는 사람이 지나가기로 급히 가지 않고 우뚝 서기는 무슨 일일가? 문수는 숨도 크게 쉬지 않고 가만히 앉아 동정을 살피였다.

김진사네 집은 마을 북편에 있었는데 행길에서도 얼마간 떨어져있었고 토담으로 쌓아놓은 담장은 과히 높지 않았다. 하지만 어두운 밤이라 그곳에 서있는 사람은 남자인지 녀자인지, 어른인지 아이인지 도시 분간하기 어려웠다. 그런데 그때 문뜩 담장우로 넘어가는 검은 그림자가 보였다.

박문수가 급시 변소에서 나와 그곳을 살펴보는 동안에 벌써 후원별당의 문이 열렸다가 닫기였다. 박문수는 눈이 둥그래지며 ≪아! 저것 보아라. 필유곡절이로다.≫하고 생각하며 담장을 넘어 후원으로 들어갔다.

박문수가 영창앞에 다가가 불빛이 새여나오는 곳으로 가만히 안을 들여다보니 나이 십칠팔세쯤 되여보이는 미장가전의 총각이 김진사 며느리와 서로 옥수를 붙들고 미미히 정담하고있었다.

문수는 그 녀인의 음란한 행위와 총각의 부정한 행실을 보고 분한 마음이 폭발하여 당장 김진사에게 고하여 단단히 중치를 하게 하려다가 다시 생각했다.

≪저 년놈의 비밀한 관계가 김진사 아들이 죽은 뒤로부터 시작되였을가? 가령 죽기전부터 이러한 일이 있었다면 김진사 아들을 저 년놈의 수단으로 참혹히 죽인것이 아닐가? 나는 이곳에 며칠을 류하면서라도 기어이 조사하리라.≫이렇게 맘 먹은 박문수는 그놈의 얼굴을 유심히 보고나서 속으로 생각하였다.

≪저놈의 얼굴과 수족을 보니까 농군이 아니요, 의복이 화려한것을 보니 구차한 사람도 아니다. 내가 저놈의 얼굴을 똑똑히 보았으니 어디 가서 만나기로 어찌

몰라 보겠는가. 오늘은 돌아가고 래일 저놈을 찾아보리라.≫

박문수는 자취없이 담장을 넘어 사랑으로 돌아오니 주인은 아직 잠이 깨지 않았다.

문수는 전전반측 날을 밝히고는 하루를 더 쉬여가고저 주인께 청하니 주인은 흔연히 허락하였다.

박문수는 조반을 치르자 생각하는바가 있어 서당방에 찾아가니 간밤에 김진사집 후원별당에 있던 총각이 거기서 글을 읽고있었다. 박문수는 지나가던 길에 글소리를 탐하여 들어왔노라며 혹은 인사도 하고 혹은 문장도 의논하다가 그 총각의 거주 성명을 탐지하니 그의 성은 최가요, 이름은 철문이면 고향은 충주 룡두리인데 작년 오월부터 이곳에 와서 공부하였다고 한다.

박문수는 진사네 집에 돌아와 이말 저말 하다가 진사를 위로하는체하며 ≪작년 어느달에 혼인을 거행했으며 자제는 어느달에 호환을 당했습니까?≫하고 물었다.

김진사는 아무런 의심도 없이 지나간 일을 세세히 말하였다.

≪작년 3월14일에 충주 룡두리 정사과의 딸 정성녀와 혼인을 정하였는데 작년 6월18일에 죽음을 당했소이다.≫

박문수는 속으로 따져보았다.

≪저 년놈의 비밀한 관계는 혼인전부터 있은것이 분명하고 김진사의 아들은 최철문의 소위로 죽었음이 분명하다. 세상에 무도한 년놈도 있다. 어쩌면 이같이 악한 행실을 하고도 살기를 바라는가? 려로에서 그년의 행실을 대강 짐작을 하였지만 이같이 악독한 계집은 처음 보는바다. 오늘밤에는 이곳에서 자며 수직하다가 그놈이 들어가거든 뒤쫓아들어가서 먼저 최철문의 목을 베고 계집의 배를 찔러 진사 아들의 불쌍한 원혼을 위로하고 진사의 원쑤를 갚아주리로다. 헌데 그놈을 지레 죽여버리면 진사 아들의 시체를 찾지 못할것이니 생금하여 재미있게 문초를 받아보리라. 하지만 이렇게도 못할 일이다. 저 년놈이 김진사의 아들을 유인하여 외처로 가서 죽였거나 별당에서 잘 때 죽이고 후원의 깊은 련못가운데 던졌을수도 있는데 저 년놈이 죽기에 이르도록 자백하지 않고 시체를 내놓지 않으면 그도 딱한 일이다. 그러니 이제 김진사에게 말하고 비밀리에 조사하는것이 마땅하다. 그러나 그러자면 하루이틀에 결단이 날것도 아니다. 과거날자는 박두하는데 끝을 보지 못하고 떠나기도 안될 일이요, 그 끝을 보려고 과거를 파한다는것도 나의 목적이 아니다. 이 일을 어쩌하면 좋을가? 아서라. 내가 서울에

가서 과거를 본후에 만일 과거에 참방하면 연유를 조정에 고하여 법으로 조처할 것이요, 과거를 못하고 허행이 될진대 돌아오는 길에 이곳에 다시 와서 김진사와 의논하여 조처하리라. 이 세상에 제일 가증한것은 악한 마음을 맘속에 감추어두고 외면으로 거짓 선한체하는것이며 제일 격분한것은 비밀리에 죄를 짓고 법을 속이고 이목을 현혹하여 이리저리 피하는것이며 제일 원통한것은 참혹한 액화를 당하는것이며 제일 쾌락한것은 비밀리에 정탐을 잘하여 최철문과 정성녀 같은 악인을 죽이고 김진사 아들의 원쑤를 갚아주는것이다. 이와 같은 악인과 억울한 일이 세상에 어찌 하나둘뿐이랴. 내가 다행히 참방하여 급제할진대 아무 벼슬도 원치 아니하고 민간의 선악을 정탐하는 어사나 되였으면 방방곡곡을 돌아다니며 악한 사람을 중하게 처리하고 선한 사람을 표창하여 민간의 질고와 고통을 시원하게 처리해주리로다.≫

이같은 생각을 하던 박문수는 마침내 주인께 하직을 고하고 즉시 길을 떠났다. 어느날 저녁녘에 박문수가 광주 경안촌을 막 지나려는데 서울쪽으로부터 한필의 청마를 재촉하여 총망히 내려오는 사람이 있었다. 그는 나이 십칠팔세가량 되여 보이는 청년이였는데 박문수가 정자아래서 잠간 쉴 때 그 청년도 청마를 세우고 박문수곁에 다가와 먼저 물었다.

≪공자는 어디를 그리 총급히 가시오?≫

≪하방서생으로서 과거기별을 듣고 서울로 가는길이올시다.≫

청년은 얼굴에 애석한 빛을 띠웠다.

≪공자의 길이 매우 애석하도다. 나도 역시 과거를 보려고 서울 갔더니 재작일에 이미 과거를 먼저 하였는데 장원의 성명은 기억할수 없으나 장원의 글은 자세히 생각하면 기억할듯하도다.≫

문수 이 말을 들으니 심히 락심되나 할일없이 장원이 지은 글을 기억할수 있으면 한번 들려주기를 청하였다. 그 청년은 한참동안이나 생각하다가 머리를 끄덕이였다.

≪옳지, 옳지. 이제야 겨우 생각나네. 금년 글제는 시부글제가 아니요. 문제를 내여 사률을 짓게 하였는데 글제는 락조(落照)라 하였고 운사는 뫼산(山), 사이간(間), 한가한(閑), 머리구불환(鬢), 돌아올 환(還)인데 그 글에 하였으되

락조토홍괘벽산(落照吐紅掛碧山)하니

(락조가 붉은것을 토하고 푸른산에 걸렸으니)

한아척진백운간 (寒鴉尺盡白雲間) 이로다.
(찬 까마귀 흰 구름사이에서 자질을 다하도다.)
방목원중에 우대영 (放牧園中牛帶影) 이요,
(동산가운데 방목하는 소는 그림자를 띠였고)
망부대상에 첩저환 (望夫台上妾底鬟) 이라
(남편 기다리는 대상에 첩의 머리 구불어남즉하도다.)
창연고목계남리 (蒼烟枯木溪南里) 에…
(푸른 연기 고목 계수남편마을에…)
아차아차! 제일 끝 구절의 한짝을 잊어버렸구려. 운자는 분명 돌아올 환자인데 이런 정신 어데 있나. 엊그저께 본것을 이같이 잊어버렸을가. 입안에서 뱅뱅 돌면서 생각이 안나는군.》

박문수는 그만 민망하여

《그만 두십시오. 이미 잊은것을 애쓰고 생각해선 무엇하오. 그나저나 이곳에서 서울이 지척이니 과거는 지났을지라도 서울이나 한번 구경하겠소.》

하고 청년을 작별한후에 나귀를 재촉하여 서울에 도착했다.

사독 조학선의 집에 주인을 정하고 과거소식을 물으니 이미 지났다는 말은 거짓말이요, 래일모레 특별과거를 본다 하였다.

《허참, 세상에 그렇게 허황한 청년이 어데 있나. 왜 백주에 거짓말을 꾸며 남을 그렇게 속였을가? 그러나 그 청년이 외우던 글은 실상 명작이던걸! 어찌면 천연스럽게 남을 속였을가?》

이런 생각을 거듭하는 사이에 과거날이 당도하였다. 장중에 들어가니 팔도선비들이 구름 모이듯하여 팔이 서로 걸릴 지경이였다. 현제판을 바라보니 시부글제가 아니요, 사률운자를 내였는데 신통히도 글제를 《락조》라 하였다.

만장중에 모인 선비들은 모두 글을 생각할뿐이였지만 문수는 눈이 둥그래지며 《저게 웬 일인가?! 글제와 운자가 모두 경안촌 행길에서 청년이 일러주던바와 추호도 틀림이 없으니 실로 심상치 아니한 일이로다.》하고 다시 생각할 여지가 없이 그대로 일필휘지였다. 다만 청년이 잊어버렸다는 끝에 《단발초동롱적환(短髮樵童弄笛還)이라》(머리 짜른 초동이 저를 희롱하고 돌아오는도다)라는 한짝만 새로 지어넣었다.

상시관이 이 글을 보고 《귀주관주요, 자자이 비점이라 알선급제로 전하게.》

하고 말하는데 중시관이 옆에서 보다가 그 글을 평하여 이르는 말이 《이 글 전체를 자세히 보니 락조의 형상을 아주 잘 그려내였으나 진취의여방이 없이 모두 비창한 거동이라 필경 인작이 아니요 신작인듯하오니 상장원이 부당할가 하나이다.》고 하였다.

그러니 상시관이 웃는 얼굴로 대답하는 말이《신출귀몰하도다. 나도 역시 처음 이 글을 볼 때에는 그런 생각을 하였으나 제일 끝의 한짝 글이 〈단발초동롱적환〉이라 하였으니 그 글에 희망 진취가 있어 장원함이 한량없으니 끝귀 한짝은 분명 인작이라 여겨 상장원을 지정하였나이다.》고 하였다.

좌중이 모두 상시관의 고명함에 탄복할 때 중시관이 다시 글귀를 자세히 살펴보니 과연 그러했다. 이리하여 박문수의 글을 휘장으로 걸어두고 임금에게 보였더니 박문수를 부르는 소리 궁궐을 진동하였다.

문수 급히 들어가 어전에 꿇어엎디니 임금은 문수를 높이 칭찬하며 그에게 한림학사를 제수하고 어주 삼배를 사송하였다.

문수 삼일을 놀고 알성급제한 소식을 본가에 편지한후 한림원에 돌아와 생각해 보니 진사 아들이 원통히 죽은 일과 자기가 장원급제한 일이 아주 기이하게 여겨졌다.

《분명 진사 아들의 죽은 혼백이 자기 원쑤를 갚고저 나를 인도함이로다. 헌데 그때 그 청년의 성명을 물어보지 않았군. 다만 거처를 물어보니까 수중방곡에서 산다던 말은 지금도 생각이 난다. 수중방곡은 필경 그 시체가 묻혀있는 곳을 가리킴이로다. 옳지옳지! 그 집 후원에 련못이 있는것을 내가 보았는데 물수(水)자, 가운데 중(中)자라 수중방곡이 분명하니 시체는 그 련못속에 있겠구나. 그러나 내가 이곳에 오래 있을것이 아니라 김진사 아들의 원쑤를 당장 갚아줌이 떳떳한 일이로다.》

문수 민간의 질고와 인심선악이면 진사집 전후사정과 자기가 과거보러 올 때 낯선 청년에게서 글 얻은 말까지 전하께 아뢰고 어사의 책임을 한번 허락하시며 이러한 극악무도한 일을 처리하고저 함이 자기의 본뜻임을 상주하였더니 전하 기특히 여겨 문수에게 삼남암행어사를 제수하고 편지 한통을 친히 써서 주며 궐문밖에 나가거든 뜯어보라 하였다. 문수 사은하고 즉시 물러나와 봉서를 뜯어 보니 편지에 《먼저 충주 최철문을 잡아 사생을 임의로 처리하라.》고 썼다.

박어사는 평생소원을 이룬것이 하도 기뻐 즉시 서리역졸을 단속하여 비밀리에 약속하고 평복차림으로 노루목 김진사 집에 도착하였다.

김진사는 여전히 수심에 잠겨 문수를 맞는데 안으로부터 청춘녀자의 곡성이 들려왔다.

박어사 김진사에게 연고를 물으니 그날은 마침 진사의 죽은 자식의 소상이라 우는것은 진사부인과 진사의 자부라는것이였다.

박어사 즉시 서당에 가서 최철문의 종적을 알아보니 최철문은 여전히 그곳에 있는지라 비밀리에 역졸을 불러 원근백성과 서당에서 공부하는 학도들을 모두 진사집 안마당으로 모이게 하고 최철문을 놓치지 말라 단속한후 즉시 역졸 십여명과 함께 진사집 안마당으로 뛰여들었다. 여러 사람들은 무슨 일인지 몰라 분주할뿐인데 김진사는 눈이 둥그레지며 박어사의 손을 잡고 무례함을 질책하며 물러가기를 간청하니 문수는 미미히 웃으며 《김진사는 의심치 말고 내가 무슨 일을 하든지 놀라지 말며 내 하는대로 맡기여두면 진사를 위하여 행할 일이 있노라.》 하고 자기의 어사표적을 보였다.

김진사 그제야 박문수가 어사인줄 알고 만류치 못하나 무슨 일인지 알지 못해 망지소조할뿐이였다.

박어사 역졸을 명하여 먼저 별당에 있는 소복한 계집을 잡아오라 호령하니 역졸들은 어느사이에 벌써 그를 잡아다 뜰아래 꿇어앉혔다.

박어사는 대상에 앉아 진사를 보며

《주인은 놀라지 말고 하회를 보소서. 내정에서 이렇듯 요란함은 실례인듯하나 이 일에 대하여서는 부득이한 사정이 있고 또한 공사이니 허물치 마소서.》

하고 좌우를 바라보니 어사의 령이라 어느사이에 원근백성은 모두 모여 인산인해를 이루었는데 여러 사람들가운데서도 어사는 벌써 최철문을 주목하였다. 최철문은 자기 좌우에 구경군 비슷한 역졸이 늘어섰으니 심히 두려운 기색을 나타내기는 했으나 감히 도망치지 못하고 설마 내죄야 누가 알랴 하는 생각을 하며 덤덤히 서있었다.

좌중에 모인 사람들은 물론 김진사도 무슨 연고로 사부집 내정에서 출두를 하고 사부집 며느리를 문초하려고 하는지 몰라 황망한 거동으로 어사의 입만 쳐다보면서 무슨 분부가 나오겠는가를 고대하였다.

그때 박어사 추상같은 소리로

《네 이년! 사부집 며느리로 외인을 통간하여 하늘과 같은 가장을 암해하였으

니 살기를 바랄소냐?≫

하고 한마디 하니 계집은 이 말을 듣자 하늘에서 벼락이 내린것 같아 정신이 반공중에 흩어지고 입을 봉한채 아무 말도 못하고있다가 폭 꼬꾸라졌다.

진사는 이 광경을 보고 어사옆에 바싹 다가앉으며

≪이것이 어찌된 일이오이까? 우리 아들이 암해를 당했단말이 참말이옵니까?≫

하고 물었다. 어사는 진사더러 아직 경거망동하지 말라 하고 다시

≪이가운데 김진사의 아들을 살해한자가 지금도 내눈앞에 어엿이 서있으니 참 담대한놈이로다.≫

하며 역졸을 명하여 최철문을 잡아내라고 호령하였다. 기다리던 역졸들은 인차 최철문을 잡아 계집옆에 꿇어앉혔다.

≪사람이 죄를 지음에 하늘이 듣기를 우뢰같이 하고 귀신이 보기를 번개같이 하나니 용납치 못할 큰죄를 짓고 네 욕심을 채우고저 하였으니 하늘이 어찌 너를 살려주며 법이 어찌 너를 용서할소냐. 불쌍한 김진사 아들의 원망소리와 하소연하는 소리가 구천에 울려가는데도 네 감히 죄를 숨기려 드느냐! 범죄한 사실을 이실직고하지 못할가?≫

어사의 말을 들어보니 어사 신인이라 최철문은 범죄한 사실을 즉고하고 시체를 련못속에 감춘것까지 자백하였다.

구경하던 백성들마저 모두 혀를 홰홰 내두르며 어사의 신명에 감복하는데 진사내외는 이 말을 듣고 분기를 참지 못하여 년놈을 한칼에 죽여 아들의 원쑤를 갚고저 달려드는것을 어사가 ≪죄가 있은즉 법이 능히 죽이나니 아직 참으라.≫ 하고 만류하고나서 최철문이를 시켜 련못속의 시체를 건지게 하여 불쌍한 김진사 아들의 시체는 비로소 물밖에 나오게 되였다.

시체는 마치 어사를 보고 하례하는듯도 하고 자기 안해였던 성녀를 질책하며 여러 구경군들에게 ≪나는 이같이 억울하게 죽었는데 무죄한 범에게 죄를 돌렸으니 어찌 원통하지 않으리오.≫하는것 같기도 하였다.

어사 시체를 검사하니 가늘고 단단한 노끈이 목에 매여있었다.

진사내외가 아들의 시체를 붙들고 실성해서 통곡하는 구슬픈 곡성에 락루하지 않은 사람이 없었다.

박어사는 년놈을 결박하여 본관으로 보내고 각곳에 전하여 백성을 모이게 한

다음 사실을 공포하고 죄인을 참한후에 연유를 나라에 상소하였다.
  박어사는 마음이 통쾌하여 처음에 정탐하던 경과를 진사에게 이야기하고나서 그를 위로하였다. 선인과 악인을 물론하고 죽는것을 보면 불쌍한 생각이 드는것도 인간의 상정이나 최가와 성녀의 죄는 극도에 이르러 불쌍하다는 사람은 하나도 없었고 모두가 상쾌한 맘으로 어사를 칭송하였으며 진사네 내외도 박어사에게 백배 사례하였다.
  박어사 김진사를 작별하고 서리역졸을 띄운후에 안신감발 서투르게 차리고 죽장 들고 촌촌마을을 지나며 혹 주막집도 찾아들어가고 촌가의 사랑도 찾아가며 관리들과 백성들의 선악과 민간 질고를 조사하여 귀신도 모르게 감쪽같이 좋은 일을 하니 사람마다 그에 대한 칭찬이 자자하였다.
  그후 칠삭만에 박어사 충청도 정사를 마치고 경상도 문경새재로 통하는 큰길에 들어 충주 수회장을 지나고 안보동을 막 내려갈 때였다. 어떤 중이 조령을 향하여 내려가는데 나이는 삼십이 될락말락하고 의복의 정결하지 않은것을 보아도 절간에서 갓 나온 중은 아니요, 여러달 여러해를 객지에서 고생을 많이 한 중 같았다.
  박어사는 짐짓 어리석고 미련하며 아무 경위도 모르는 사람처럼 ≪대사≫나 ≪존사≫나 ≪화상≫이라는 말로 중을 부르지 않았다.
  ≪여보시오 중님, 어디로 가십니까요?≫
  중이 그를 돌아보니 의관범절과 행동거지가 갈데없는 과객이요, 자기를 부르는 소리를 들으니 역시 어리석은 천치인지라 그 대답하는 말 역시 건방졌다.
  ≪나는 합천 해인사로 가지만 댁은 어디로 가는 길이여?≫
  박어사는 아무쪼록 의심이 없도록 꾸며대느라 동이닿지 않게 거짓말을 꾸며 댔다.
  ≪예, 나는 리천 백암장터에 사옵니다. 우리 형님이 우연히 집을 떠난지 삼년이 되였는데 들으니까 경상도 진주 등지에서 장가들어 술장사를 한다기에 찾아가는 길이웨다. 초행길이라 길을 몰라 매우 답답하더니 중님을 만나 대단히 반갑습니다.≫
  중은 어사를 아무것도 모르는 어리석은 사람으로 치부하고 꾸짖었다.
  ≪예끼 이놈, 중님이라니? 대사라 해야 옳지, 중님이란 말은 처음 듣는 말이야. 아무리 무식한 사람이기로 서니 쯧쯧.≫
  박어사는 그 말에 깜짝 놀라는체하며

≪그러면 다시 대사라고 할터이니 넘려마시오.≫
하니 그제야 중은 껄껄 웃으며
≪누가 넘려하나? 무식하단말이지.≫
고 했다.
　박어사는 중을 통해 정탐할 자료나 얻어볼가 하고 일부러 그와 치근덕거렸다. 그러다나니 그들은 벌써 허물없는 사이가 되여 이놈저놈, 이자식저자식 하며 롱담까지 하게 되였다.
　삼사일을 동행하면서 같이 자고 같이 먹고 같이 길을 가며 이말저말 물어보았으나 정탐에 자료로 될만한것이 없었다. 그들은 문경, 상주, 금산을 지나고 성주지경에 들어서서 촌주막을 찾아들어가 밤을 지내게 되였다. 그날 밤에 행인은 하나도 없고 다만 중과 어사 단둘이 누워서 이말저말하다가 문득 박어사가 문제 하나를 끄집어냈다.
　≪인간에서 사람의 음양지락이 제일 좋은 재미인데 어려서부터 중이 되여 음양지락을 모르고 지내 어찌 세상 재미를 안다하겠나. 나는 년소하여도 안해가 있고 자식도 있는 가운데 더러 외입도 하여보았지만 중으로 말하면 외입인들 맘놓고 해볼수가 있나. 하두 많은 직업중에 하필 중이 될게 뭐람.≫
　중은 대답이 없이 빙글빙글 웃기만 했다. 박어사는 중의 비위를 맞춰가며 눈치를 슬슬 보면서 연해 말을 끌어냈다.
　≪아무리 중이라도 삼십년이 되도록 계집상관이 없을리는 만무한 일이요, 상관된 계집이 있을진대 막 드러내놓고 어엿이 상관은 못하였을것 아니요. 필경 비밀리에 통간했을것이니 중들의 외입하는 재주는 참 딴판이요. 이야기만 들어도 재미가 무궁할걸. 오늘은 우리 둘뿐이니 무료히 밤을 지낼것 없이 그런 이야기나 하면서 심심풀이나 하는것이 좋지 않나? 외입은 몇번이나 했고 외입하는 과책은 어떠한지, 중이 먼저 이야기하면 나도 외입한 이야기를 할테니 어서 말해봅세.≫
　중놈의 마음은 벌써 어사의 말수단에 넘어간지라 그놈의 입에서는 어사의 귀가 번쩍 뜨일만한 이야기가 나왔다.
　≪말이 났으니 말이지 외입은 참으로 해보지 못했으나 하마트면 재미있는 외입을 할번했네. 삼년전의 일이였네. 우리 절에서 칠팔십리나 되는 합천 마대산아래 오가리라 하는 동리가 있었네. 그 동리는 홍씨네 동리인데 동리가운데는 큰 기와집이 있었지. 어느 하루 내가 그 집 대문밖에서 아무리 동냥을 달라고 빌어도

웅대가 없더군. 헌데 이윽하여 안으로부터 방문이 삐걱하는 소리가 나더니 어떤 색시가 나왔는데 얼굴이 달덩이같고 의복차림을 보니 신행하여온지 얼마 안돼보이더군. 그때는 가을철인데 중들이 목화동냥하는줄 알고 그 색시는 목화를 뜯어래 놓고 들어가더군. 내가 목화를 주어가지고 돌아나오며 생각해보니 집에 남자가 있거나 노복이 있으면 색시가 나올리 만무한거지. 확실히 집엔 사람이 없었지. 그때 난 막환장할 지경이 되였어. 그래 막 뒤쫓아 들어가니 아따, 그년이 독살을 피우는게 아니겠나. 소리소리 지르면서 야단을 치니 동리사람들이 알면 내가 어떻게 되겠나. 겁간할수도 없고 나갈수도 없어…≫

중은 여기까지 말하고나서 뒤말을 끊어버렸다. 그래도 박어사는 ≪그래, 그래서?≫하며 졸라만 댔다. 중은 조용히 말끝을 맺었다.

≪가만히 생각하니 그 계집이 저의 서방이나 부모들께 그런 말을 하면 그날 내가 동냥 다닌것을 동리사람들이 모두 아는터이니까 감히 할수 있나. 나는 그 길로 도망하여 강원도 금강산으로 가서 관동팔경까지 구경하고 이번에 서울로 다녀서 삼년만에 내려오네.≫

박어사 부러 깔깔 웃으며

≪참 못생긴 자식로군. 이미 들어가기가 불행이지 들어간바에야 아무리 발악한들 성사를 못하고 도망을 친다? 그리고 그만치 소리를 지르는데 동리사람들이 모르기가 천만 다행이였지.≫

하고 눈치를 보니 중은 머리를 절레절레 흔들면서

≪말도 말게. 소리를 지를대로 내버려두면 동리가 발칵 뒤집힐게 아닌가. 그래서 난 달려들어 그년의 입을 틀어막았지.≫

하고 실토를 했다.

박어사는 거짓으로 재미있다고 칭찬하고 자기도 그와 비슷한 거짓이야기를 했다. 그날 밤 중놈은 곤히 잠들었으나 박어사는 이궁리저궁리 도시 잠을 이룰수 없었다.

≪저놈의 말을 들으니 필경 범죄를 한놈이지. 가령 범죄한 일이 없었다면 삼년이나 도망을 할리가 만무한 일이지. 그러나 확실한 근거가 없는 일이니 경솔히 망동할수 없지. 래일은 저놈과 작별하고 합천오가리를 찾아가 자세히 조사해보리라. 범죄사실이 없더라도 유부녀를 강간하려고 하였으니 중죄로 처리할 악인이로다. 혹 저 무지한놈이 제 욕심을 채우지 못해 그 녀자를 죽이지나 않았을가?

가령 그랬다며 삼년은 고사하고 삼십년이라도 이 땅에 들어서지 아니할것이요, 설령 들어섰다 해도 죽였다는 이야기야 어찌 내랴. 저놈의 죄가 천지에 용납할수 없으므로 하늘이 미워하여 저놈을 이리로 불러들였고 저놈은 죄가 극도에 이르러 제명을 재촉하느라고 이와 같이 루설한것이리라. 어쨌든 저놈은 나를 아무것도 모르는 천치로 생각하는터이니 혼연히 작별하더라도 저놈의 거처와 성명을 알았으니 다시 잡기가 무엇이 어려우랴.》

이렇게 생각한 박어사는 이튿날 형님을 찾아 진주로 간다고 핑게하고중놈과 갈라졌다.

박어사는 그길로 오가리로 찾아가 주막집 주인에게 물었다.

《저기 보이는 큰 기와집은 어떠한 사람의 집이며 그 집에 객실이 있습니까?》

주막로파가 코웃음을 치고나서 장광설을 늘어놓았다.

《그 집은 형편이 유족한 홍진사의 집이라오. 3년전에 자식을 장가보내여 자부를 데려왔는데 인물이 녀중일색이라 자부가 들어온지 삼삭만에 홍진사인지 하는 녀석이 자부를 겁간하려다가 듣지 않으니 그 몹쓸놈이 어여쁘고 얌전한 며느리를 칼로 찔러죽였다오. 그 일이 발각되여 역적대상으로 법관에게 잡히가서 무수한 곤욕도 당하고 그 많던 재산도 탕진이 되였다오. 과객량반들도 모두 홍진사를 욕하는데 지금은 그를 찾아가는 사람이 하나도 없는 모양이지요.》

박어사는 이 말을 듣고 대단히 놀랐다.

《이게 대체 무슨 일인가? 해인사 혜광이라는 중에게서 듣던 집이 분명한데 저런 변이 어데 있나. 그 녀자는 혜광이 죽인것이 분명하건만 홍진사가 루명을 썼구나. 충청도에서는 김진사의 아들사건이 제일 큰 일이였는데 경상도에서는 이보다 더 큰 일은 없는 모양이다. 가령 홍진사가 실범이라면 만번 죽일 죄이지만 그렇지 않고 혜광이가 범죄를 하고 홍진사가 루명을 입었다면 이 아니 원통한 일인가?》

박어사 석양되기를 기다려 홍진사네 집을 찾아 들어가 하루밤 류하고 가기를 청하니 주인은 박어사의 거주 성명도 묻지 않고 허락하였으나 입을 봉한채 아무 말도 아니하고 한숨만 쉬고 누웠다 앉았다 하며 좌불안석하였다.

박어사 앉아 동정만 살피는데 젊은 소년이 들어와 인사를 통하고 석반을 드리였으나 주인의 밥상은 나오지 않았다. 어사의 밥상이 나간후 황혼이 드니 젊은 소년이 미음을 가지고 들어와 주인에게 강권하니 주인은 마지못해 겨우 그걸 마시였다. 박어사는 밤이 깊어지자 주인에게 연고를 물었다. 주인은 그저 자기 집에서 화를 입었다는 말 한마디를 하고는 입을 봉하고말았다.
　박어사 그날 밤을 거기서 지내고 조반후에 이 집에서 나와 가근방으로 다니며 홍진사 집 연고를 물으니 주막로파가 하던 말과 같았다. 박어사는 그놈의 죄범은 십중팔구는 중놈이라고 단정하고 그날 석양에 또 홍진사집을 찾아갔다.
　주인은 전과는 다소 달라 박어사와 인사까지 통하였지만 수심하는 기색은 여전히 다름없었다. 박어사는 다시 간절히 물었다.
　《어제도 주인장께 연고를 물어보았지만 무슨 일로 이같이 수심으로 지내십니까? 지나가는 길손이나 이미 주객이 된 이상 말 못할것이 무엇이 있습니까?》
　주인은 연해 쉬던 한숨보다 좀 더 크게 쉬더니 상세히 아뢰였다.
　《내 집 가화를 남에게 말하는것은 지당한 일이 아니오나 지금은 이미 구면이요, 내 집을 다시 찾아오셨으니 감사한 마음이 들어 대강 말씀하오리다. 9월 초삼일은 우리 마누라 백씨의 선친의 기일인데 이 동리 서편으로 있는 큰 기와집이 백씨댁이올시다. 삼년전에 아들을 성혼하여 자부를 신행한지 삼삭만에 우리 선친의 기일을 당하였는데 그날 내 집 식솔과 남녀노비를 모두 백씨댁으로 보내고 집에는 다만 자부와 나뿐이였습니다. 그런데 나 역시 자식의 도리로 부모의 기일을 당하여 앉아있기가 미안하고 죄송하여 잠시 갔다가 인차 돌아왔지요. 때마침 점심때라 어린 자부가 혼자 적적할 생각을 하고 요기도 할겸 내당후원을 한번 순희하였는데 전일같으면 나의 기침소리만 나도 의례히 뜰아래로 내려와 인사를 올릴 자부가 도무지 동정이 없지 않겠습니까. 나는 자부가 어른들이 없는 짬에 낮잠이 들었나 생각했으나 체면에 자부 있는 방에 들어가 볼수도 없어 개를 꾸짖는체하며 소리를 크게 질렀지요. 그래도 감감하기에 점점 의심이 들어 일부러 자부를 불러보았지만 여전히 대답이 없었고 대통으로 문까지 두드렸지만 아무런 동정도 없어 그만 렴치불구하고 방문을 잡아당겼습니다. 그런데 글쎄 비린내가 확 풍겨나오고 방안에 류혈이 랑자한데 자부는 가슴에 칼이 박힌채 쓰러져있지 않겠습니까?! 아무것도 헤아릴것없어 급히 달려들어가 자부를 붙들고 아무리 흔들어도 아주 절명하였을뿐아니라 그때까지 몸에 칼이 박혀있었지요. 나는 겁결에 칼을 빼들고 문밖으로 급히 뛰여나가며 소리를 쳤지요. 이때 이웃에 사는 로파가 들어오며 내 모양을 보니 손에는 비수를 들었고 옷엔 피를 묻힌데다 자부가 옷을 절반 벗고 죽었으니 내가 자부를 겁간하려다가 말을 듣지 않아 살해했다고 생각하고 소문을 퍼뜨렸답니다. 그래 나는 관부에까지 잡혀가 무수한 형벌을 당하고 더럽고 원통한 루명을 썼지만 한가지도 발명할 증거가 없어 일찍 죽자고 했습니다. 그러나 목숨은 아깝지 아니하나 루명을 벗지 못하고 죽기가 하도 원통해서 언제이고 루명을 벗으려고 오늘까지 잔명을 보존하고 있사옵니다. 저의 안해 백씨가 내 대신 수금을 당하고 나는 신병때문에 보방이 되여 집에 와있지만 이제 래일이나 모레는 내가 또다시 갇히게 될거고 장차는 죽음을 면치 못할겁니다. 그래서 얼른 죽자고 하는 마음은 하루에도 몇번씩이나 나지만 없는 죄를 쓰고 죽기가 싫습니다. 그러나 세상에 자고로 이같이 지원극통한 일이 또 어디 있사오리까!》

박어사 들어보니 이 일은 필경 중놈 혜광이의 소위가 분명하므로 래일이라도 급히 출두를 하여 옥사를 판결하라라 마음먹고

《사실을 들어보니 그때 형편은 실상 그렇게 여길밖에 없사오나 맑은 하늘의 해빛은 법이요, 죄는 지은대로 간다는 말도 있은즉 죄만 없으면 어찌 루명을 벗지 못하리까.》

하고 위로하고는 그밤을 지나후에 홍진사의 집을 떠나 바로 합천읍을 향하여 떠났다.

어사의 서리역졸로 말하면 어사가 변복을 하고 어디로 행차하든지간에 그들은 속속히 알고 뒤를 따라 의례히 행동하는터라 박어사가 출두하자즉각에 홍진사를 잡아들였다. 그러나 아무리 홍진사를 엄중히 문초하여도 이미 홍진사 집에서 들은 그 말뿐이요, 다른 말은 더 없었다. 그리하여 박어사는 각 면 각 리와 근읍에 전령하여《래일 오시에 인륜(人倫)을 더럽힌 죄인 홍진사를 릉지처참한다.》고 하였다.

모든 백성들은 홍진사의 소문을 모르는바 아니므로 모두 홍진사를 실범으로 생각하여 서로 욕을 하였다.

《소위 대민명색으로 그런 변이 어데 있나. 하늘도 두려워 안하고 귀신도 무섭지 않던 모양이지. 문벌도 상등이요, 글도 명필이요, 행색 또한 부명을 가진 사람이 무엇이 부족하여 개같은 행실로 동서고금에 들어보지도 못한 죄를 지었을가? 어사또께서 래일 오시에 죽인다니 우리도 아무리 바쁘더라도 가서 구경을 해야지.》

면과 면, 촌과 촌, 구석구석 골목골목에서 모두 홍진사에 대한 말뿐이였다.

이튿날 새벽부터 합천읍에는 사람의 사태가 일어났다. 동서남북 큰길 작은길에 남녀로소를 물론하고 인산인해를 이루었는데 박어사가 대상에 좌기하고 홍진사를 잡아내여 꿇어앉히고 호령했다.

《너는 소위 사부의 명색으로 인륜을 더럽힌 큰죄를 짓고 살기를 바랐더냐?!》

홍진사 추호도 두려운 빛이 없고 일분도 지체없이

《죽여주십시오. 죽는것은 원통치 아니하니 천추에 씻지 못할 루명을 쓰고 죽는것이 지극히 원통한바올시다. 명철하신 수의사또께서는 세세히 수찰하시고 명백히 정찰하옵시와 루명을 벗겨주시고 원쑤를 갚아주옵소서!》

겹겹히 늘어서서 구경하는 사람들의 마음에는 어사의 입에서 한마디 분부만 떨어지면 홍진사의 목숨은 영결종천하리라 생각하며 모두 대상만 쳐다 보고 귀를 기울여 듣고있었다.

헌데 어사는 천만사람들이 생각한바와는 아주 딴판으로 본분장교를 부르더니 만중앞에 세우고 엄숙히 물었다.

《여기서 해인사까지 얼마나 되느냐?》

《예. 칠십리로소이다.》

어사는 여러 사람들과 홍진사가 다 들을수 있게 소리를 높여 명했다.

《너희 장교 수인은 역졸 20명을 데리고 이길로 바로 해인사에 가서 혜광이란 중을 잡아오되 항쇄족쇄하여 래일오전에 어김없이 대령하라. 만일 빈손으로 오고보면 너희들이 죽을터이니 각별히 조심하여 거행하여라. 또 주의할것은 그자의 키가 중키는 될것이요, 얼굴에는 검은 빛이 있고 성은 강가인데 근래에 서울서 내려온듯하니 용모파기를 갖고 가서 속히 거행하라!》

장교는 령이 내리자 역졸과 같이 해인사를 향하여 떠났다.

그날 그곳에 모여있던 사람들이 이 거동을 보고 제각기 한두마디씩은 다하는데 어떤 사람은 《이게 무슨 일이요? 홍진사를 문초하다 별안간 중을 잡으려 가니 웬 일일가?》하였고 어떤 사람은 《어사또가 신출귀몰한다는 말은 들었는데 오늘 하시는것을 보니 무슨 곡절이 꼭 있는 모양이야!》하였고 또 어떤 사람은 《앉아서 천리를 내다보다는 영웅이 있다는 말을 고담에서는 들었지만 가만히 앉아계시는 어사가 중의 성명거주와 용모까지 어쩌면 그렇게 상세히 알고있을가?》하였고 어떤 사람은 《죄지은놈은 따로 있는 모양이요. 그러고보면 홍진사는 여북 좋아할가!》하였고 어떤 사람은 《그러면 그렇지, 홍진사는 정직한 군자라고 칭송하는 사부인데 그런 죄를 지을리가 만무하지.≫하였고 또 어떤 사람은 ≪가령 죄범이 따로 있다면 홍진사는 물론 사람사람의 마음도 다 상쾌할 일이야!≫라고 하면서 모두들 래일은 꼭 구경을 해야겠다고 하였다.

한편 홍진사는 장교와 역졸이 해인사로 떠나는것을 보고 눈이 둥그레지며 여러가지로 생각하였다.

≪이것이 웬 일인가? 하느님이 나를 불쌍히 생각하시고 어진 관원을 보내여 나의 루명을 벗겨주시면 나는 이 자리에서 당장 죽더라도 여한이 없겠다.≫

이때 어사가 홍진사를 옥으로 압송하라 령하였다.

홍진사는 비록 옥중에 갇히였으나 그날은 별로 괴로운줄도 모르고 일점 희망이 돌아오는것 같아 잠도 자지 않고 어서 밤이 가고 래일이 돌아오기만을 기다렸다.

이튿날 어사가 좌기도 하기전에 큰 마당에는 남녀로소가 겹겹이 둘러서서 인산인해를 이루었다.

어사는 위풍을 떨치며 객사에 좌기하고 기타 수령도 좌우에 시위하였는데 옥에 갇혔던 홍진사를 잡아들여 만인이 유심히 보란듯이 객사마당에 뚜렷이 앉히고 해인사 소식을 기다리더니 오시가 될락말락하여 해인사에 갔던 장교와 역졸들이 달려들어와 ≪혜광을 잡아 대령했나이다!≫하고 아뢰였다.

≪어서 잡아들여라!≫

어사의 한마디가 떨어지니 서리역졸들이 일시에 혜광을 끌어들여 뜰아래 꿇어앉혀놓자 구경군들이 지껄이던 말소리는 일시에 뚝 그치고 만백성의 눈동자는 혜광에게 쏠렸다.

어사는 혜광이를 엄기있게 쏘아보고나서 위엄있게 호령했다.

≪이놈, 혜광은 분부 들어라. 3년전에 오가리 홍진사댁에 목화동냥하러 갔을 때 홍진사댁 며느리를 겁탈하려다가 순종치 않으니 너는 칼로 인명을 살해하고 그길로 도망하여 강원도 금강산 관동팔경을 두루 돌아보고 서울까지 올라가 3년을 은피하다가 이제야 돌아온것은 네 마음으로 돌아온것이 아니라 하늘이 너를 미워하여 나로 하여금 너를 잡아 극악한 죄를 다스려 죽이라 함이니 범죄한 사실을 직고하면 죽은 귀신이라도 온전하려니와 그렇지 아니하면 죽기전에 악형을 맛보고 죽은후에도 악취를 면치 못하리로다!≫

이때에 천만뜻밖에 역졸들에게 잡혀온 혜광은 ≪나의 죄상이 발각되였을가?≫하고 걱정하던차 어사의 분부를 들으니 어사가 자기의 죄과를 낱낱이 아는지라 뛸래야 뛸수도 없고 발명하려고 해도 무가내라 자백할수밖에 다른 묘책이 더없어 어사의 분부가 끝나기를 기다려

≪예, 예, 알고 물으시는데 어찌 기망하오리까. 죽을 때를 당하여 죄를 지었으니 살려만주십시오.≫

하며 살인하던 정황을 일일이 자백하였다.

혜광이 자백하는 말을 들은 백성들이 꿈에서 깨여나듯 어리둥절해하며 기뻐할 때 다 죽어가던 홍진사는 벌떡 일어서며 어사께 사배하고 눈물을 방울방울 흘리며 힘없는 팔을 벌리고 덩실덩실 춤을 추면서 어사를 송덕하였다.

홍진사의 부인과 아들은 어사가 출두한후에 홍진사를 죽인다는 말을 듣고 진사옆을 떠나지 아니하다가 홍진사의 루명이 벗겨지고 석방되자 바다같이 모인 사람들속에서 지화자 노래를 부르며 홍진사를 따라 춤을 추면서 역시 어사를 송덕하였다.

구경하는 사람들도 비록 남의 일이라도 어찌나 상쾌했던지 동정을 표하여 어사의 만세를 부르고 홍진사를 위로했다.

박어사는 역졸들에게 명하여 혜광을 처참하고 홍진사를 위로하여

≪진사는 나를 칭송하지 마오. 진사의 애원한 통한을 창천이 감동하심이로다.≫

하고 기뻐하는 그 거동은 전일 김진사의 아들의 죽음을 설원할때보다 배나 더하였다.

박어사는 죄지은자를 처벌하고 무죄한 사람을 설원하여주는 일이 어찌도 상쾌했던지 불철주야 정탐을 했다.

그가 일년만에 경상도 정사를 마치고 전라도로 떠나갈 때 어사의 소문은 어떻게나 굉장하게 났던지 각 읍 수령은 학정을 못하고 초야백성은 모두 어진 마음을 가지니 산속에 도적이 없고 밤에 문을 걸지 아니하였다.

박어사 이르는 곳마다 그 위풍에 초목이 흔들리고 송덕은 길을 메웠다. 이와 같이 차차 전진하여 라주에 당도했을 때 폐포파립한 사람이 박어사에게 원정 한장을 올리였다. 박어사가 원정을 받아보니 사실이 그와 같이 길고긴 만지장서는 충청도, 경상도를 다 돌았으나 처음 보는것이였다. 그 원정은 벌써 한두번만 읍에다 올려낸것이 아니였다. 그 원정에 쓰기를

≪본 읍 옥동에 거주하는 리정윤은 지극히 억울한 일을 수의사또께 아뢰오니 세세히 통찰하옵소서. 정윤은 본래 리진사 태진의 외독자올시다. 선친이 살아계

실적에 분동에 거주하는 정진사와 죽마고우로 지내왔사온데 두 집의 정의가 친척 못지아니하였으므로 서로 맹세하기를 우리 둘중에서 장차 무슨 일이 있더라도 대대손손 빈부를 같이하고 환난을 같이하자고 언약이 있었던것이올시다. 그런데 불행히도 정진사는 외아들 순복을 두고 세상을 떠났고 순복이 일곱살에 또 어머니를 여의어 의지할 곳이 없을뿐아니라 살림도 궁해져서 살아갈길이 없게 되였습니다. 저의 선친께서는 불쌍한 순복을 생각하여 그의 나이 여덟살에 저의 집으로 데려왔습니다.

저와 순복은 동갑일뿐아니라 부모들의 언약을 지켜 잠을 자도 한자리에서 자고 밥을 먹어도 한상에서 먹고 의복차림도 차등이 없이 같이 입고 글공부도 같이하고 십륙세때에는 한날한시에 정혼하여 남들은 우리를 보고 쌍둥이라 하는 사람도 있었습니다.

그러다가 저희 일가친척중에서는 타인의 자식 순복이를 수양아들로 삼고 너무도 귀해한다고 차차 말썽이 있어났습니다. 이리하여 선친께서는 저희 부자와 순복의 내외 네사람만 한방에 앉은자리에서 돈 3천냥을 내여 순복이에게 주며 부탁하기를 〈우리 친척중에 말썽을 일으키는자가 있으므로 네가 내 집에 오래 있으면 내가 죽은후에라도 나쁜자에게 쫓겨날수 있을터이니 섭섭히 생각말고 이 돈을 가지고 어데든지 가서 호의호식을 하되 부디 서로간의 의리를 잊지 말라.〉고 하셨는데 순복의 내외는 3천금을 가지고 남원으로 올라가 전지도 장만하고 장사도 시작하여 남원일대에서 첫손가락을 꼽을만한 거부가 되였나이다.

그런데 그후로 저는 부모량친이 돌아가시고 가세가 점점 구차하게 되여 하는수 없이 순복의 집을 찾아갔나이다.

처음엔 그래도 순복의 내외가 반기는듯도 하였사오나 하루를 지날수록 점점 마음이 변하여 제가 돈푼이나마 꿔달라고 해도 거절했나이다.

후에 부모님들의 기일은 박두하와 손에 쥔것이 없어 또 찾아가 사정을 하였으나 도척같은 순복이가 첫마디에 거절을 하니 이렇게 무도무지한 사람이 어디 있사오리까. 분을 참지 못하여 선친께서 내여주신 3천금 이야기를 하며 제상에 고기붙이라도 놓게 조금만 꿔달라고 사정했습니다.

그러나 흉악한 순복은 노발대발하며 3천금은 고사하고 서푼을 가진 일도 없다고 하며 저를 마구 쫓았나이다. 그때 순복에게 돈 3천냥을 준 일은 선친께서 알지만 이미 세상에 없으시니 증거가 없고 제가 비록 알기는 하오나 순복내외가

떼를 쓰니 어디 가서 말해보리이까. 그리하여 이 원통하고 분함을 참지 못하여 본읍에 수차 정소하였으나 순복이가 뢰물을 남몰래 많이 먹인고로 번마다 퇴각이 되온즉 그 원통함을 한입으로 말할수 없나이다. 바라건대 명찰하신 수의사또께서는 세세히 수찰하셔 무도한 순복을 중치하시고 3천금 돈을 받아 이 억울함을 풀어주심을 엎디여 바라나이다.≫

고 썼다. 박어사는 다 보고 생각에 잠겼다.

≪분명 이와 같을진대는 억울한 일이 틀림없다. 설혹 3천금을 아니주었다 해도 순복이와 같이 박정한 사람이 어데 있으랴. 그리고 분명 3천금을 분명 아니주었다면 한두번 정소했다 그만두련만 이와 같이 수삼차 읍에 상소할수는 없을터인즉 꼭 곡절이 있는 모양이다. 그러나 조사치 아니하고는 옳고그름을 알지 못할것이니 어떻게 하면 두사람가운데서 악인을 발견할고? 깊이 연구를 아니하면 안되겠다.≫

박어사는 리정윤을 불러 물러가서 분부를 기다리라 하고는 이 일을 어떻게 풀어나가겠는가에 대해 머리를 썼다.

≪충청도에서는 허다한 일을 많이 하였으나 김진사 아들 일보다 더 큰 일이 없었고 경상도에서는 홍진사 사건이 제일 컸는데 전라도에서는 이 일이 작지 않은 대사로다. 분명 가진놈이 저와 같은 마음이 있을진대 그놈은 이처럼 분할적에는 리정윤이다 오죽 억울하랴. 이 일만 신출귀몰하게 발견할진대 그 상쾌함이 먼저번 두가지에 못하지 않으리라.≫

이같이 이 생각 저 생각하다가 박어사는 손으로 상을 탁치며 ≪옳지, 옳지! 그렇게 하면 되겠고나!≫하고 혼자말로 소리쳤다.

박문수는 눈치 빠르고 말 잘하고 문필이 똑똑하고 인기 준수한 서리역졸 8명을 불러 잡인을 물리치고 은근히 포치했다.

≪너희 여덟사람은 이길로 바로 남원에 당도하여 정순복이라는 부자를 찾아가되 무슨 계교를 쓰든지 그 집에 류하여 비밀리에 그 집 재산을 조사하거라. 전답이 어데어데 얼마나 있으며 돈은 얼마나 되며 살림은 얼마나 있는가를 똑똑히 기록하여 삼삭전으로 대령하라.≫

서리역졸들이 분부를 듣고 각각 갈라져서 남원 정부자집에 들어 갔는데 하나는 과객인체하고 그 집에 머물다가 스스로 고용이 되고 하나는 그 집 마부가 되고 하나는 그 집 차인이 되고 하나는 농군행색으로 그 집에 고용되고 나머지 삼사인은 삼월이, 봉선이, 연심이 등 녀종의 비부로 들어갔는데 각각 맡은바 소임을 지켜 그 집 재산을 빠짐없이 조사하였다.

8명 역졸은 목적을 달성한 이상 한시라도 지체할 필요가 없어 은밀히 약속하고 한날한시에 그 집에서 도망하여 조사표를 어사에게 올리고 조사한 사연을 고하였다.

박어사는 그 즉시 남원부사에게 령하여 정순복이를 잡아오라 하고 역졸 8명을 은밀히 옥중에 가두어놓고 정순복이 오기를 기다리다가 불과 십일내에 정순복이 잡혀오자 객사에 좌기하고 정순복을 문초하였다.

≪천생 만민이 각각 그 직업이 있다 하였거늘 너는 무슨 일을 못하여 천하의 극악한 도적의 주인이 되여 남의 재물을 탈취하고 부자가 되여 호의호식하느냐? 너같은 악인을 어찌 하늘이 용서하며 네 어찌 어사의 신명을 속일소냐? 너는 눈이 있거든 이것을 보라.≫

박어사는 이렇게 말하고나서 재산조사표를 정순복에게 내보였다.

정순복이 천만부당한 말을 듣고 ≪수의사또는 자세히 통촉하소서. 어찌 남의 재물을 도적하여 살기를 바라오리까.≫하고 발명하는데 박어사는 주먹으로 선안을 치며 천둥같이 호령하여 옥중에 가두었던 역졸8명을 잡아올려놓았다.

역졸8인은 정순복을 보고 각기 허리를 굽실굽실하며 ≪주인님은 어찌하여 잡히여왔습니까? 아무때라도 이런 광경을 당할줄은 이미 안바이지만 주인님까지 잡혀올 줄이야 어찌 생각하였으리까. 우리는 형벌을 견디지 못하여 어사또께 우리가 도적하여 주인님께 드린대로 저저이 직고하였나니다.≫고 하였다.

이 말을 들은 정순복은 어안이 벙벙하고 정신이 아찔하여 무엇이라 미처 대답을 하지 못했으나 서로 아는 사람들이 인사하는것을 모르는체할수도 없어서 ≪너희들은 이게 웬 일이냐? 온다간다는 말도 없이 사라지더니 이곳에 있을줄은 정말 꿈밖이로구나.≫고 하였다.

어사는 추상같이 호령하였다.

≪저놈의 8인은 삼남의 큰 도적으로 인명도 많이 살해했고 남의 재물도 많이 로략질하여 큰 죄를 지었는데 이것이 모두 네놈의 통간인즉 너를 먼저 치죄할것은 물론이려니와 도적의 재물은 포청재물이니 모두 압수할것이니라.≫

정순복은 기가 막히고 가슴이 답답하여 저8인이 제집에 수삭을 있다가 간 사연 발명하려 하였으나 어사는 정순복의 발명은 듣지도 않고 호령하였다.

≪너는 발명하지 말지어다. 저놈들이 바른말을 아니하였을 때에도 너의 재산은 이미 의심하였도다. 너는 본래 남원에 거처한 사람도 아니요, 온곳이 분명치 못한 놈이다. 너의 재산이 어데서 나와서 그와 같이 부자가 되였겠느냐? 나는 벌써 네 일에 대하여 이미 조사를 하였다. 부자로 말하면 부모의 재산이 있어야 자수성가를 하더라도 밑천으로 될터인데 도적질을 아니하고서야 어찌 밑천없는 사람이 이같이 부자가 될것이냐? 네 죄는 갈데가 없으니 이실직고하지 않다가는 너의 부하와 한가지로 처참을 하리로다.≫

어사의 말을 듣고 정순복이 가만히 생각해보니 리진사에게서 3천금을 가진 일을 속여넘길수 없는것은 뻔한 일인데 어물어물하다가는 3천금 대신에 온 가산을 다 압수당할뿐더러 목숨까지 부지하기 어려울것 같았다. 그래서 차라리 3천금을 물어주고 발명하는것이 옳겠다고 여기고 어사또께 간절히 애걸하였다.

≪소생은 본래 조실부모하고 이 고을 옥동리 리진사집에서 수양이 되였나이다. 리진사는 소생을 불쌍히 생각하시고 3천금을 주시온바 그돈으로 근거를 삼아 오늘날에는 부명을 듣게 되였나이다. 리진사는 이미 작인이 되였사오나 리진사의 아들 리정윤이는 3천금을 소생에게 준것까지 목격한바올시다. 다만 이것이 자본이 되였을뿐이옵고 어찌 일푼인들 도적질했겠나이까.≫

박어사는 얼굴에 환한 빛을 띠우며

≪그러면 지금이라도 리정윤을 불러 알아보면 네 말과 틀림이 정녕 없을가?≫고 따져물었다.

≪예! 만일 조금이라도 차착이 있으면 이 자리에서 죽여주십시오.≫

박어사는 역졸에게 명하여 리정윤을 호출하였다. 리정윤이 대령하자 ≪저놈을 아느냐?≫하고 하문했다.

리정윤은 어사 부르시는 어문을 듣고 대회하여 들어와보니 정순복을 벌써 결박하여놓았는지라≪예, 저놈을 저희 집에서 수양하던 정순복이올시다.≫고 이실직고하였다.

≪그래, 저놈을 네 집에서 수양하다가 내보낼 때 3천금을 준 일이있었느냐?≫

≪과연 그렇습니다.≫

박어사는 그제야 껄껄 웃으며

≪하마트면 량인을 잡을번하였구나. 그러면 정순복 너는 3천금을 리정윤에게 갚아주었느냐?≫

《아직 갚지 못하였사오나 이길로 나가며 곧 갚아주기를 작정하겠습니다.》
박어사는 연해 껄껄 웃으며
《그렇다면 너는 도적이 아님은 분명하니 남의 돈은 갚아주어야 할게 아니냐?》
하고 리방을 불러 아전중에서 계산이 똑똑한자로 십여인을 불러오라 하여 그 자리에서 3천금의 17년동안 리자를 계산하여보니 정순복의 지금재산이 오히려 부족하였다.
어사는 다시 정순복에게 분부하되
《리정윤의 돈을 축년계리 (逐年計利) 하니 네 재산이 태반부족이다. 그러나 당장에 없는것이야 어찌하겠느냐.》
하고 열읍 수령으로 립증하고 어사가 친히 완문을 작성하여 인장을 찍은 후에 정순복의 손도장을 받아 리정윤에게 넘겨주었다.
리정윤은 가슴에 서리서리 맺혀있던 원한을 모두 풀게 되고 그 많은 재산을 차지하여 졸지에 거부가 되였으나 오히려 열읍 수령이 립증하고 어사가 인장을 찍어준 글을 받으면서 슬픈 마음이 앞을 서 눈물을 흘리며
《아아! 이것은 나의 본뜻이 아니다. 무지한 정순복아, 이와 같이 많은 재산은 그만두고 3백금만 주어도 나는 이러한 원정을 아니올렸을것이다. 3백금은 그만두고 단 백금으로 우리 부모 제찬거리라도 보태여주었어도 나는 이같이 원정을 아니 올렸을것이다. 린색하여 돈을 줄수 없으면 빈말로라도 내 마음을 풀어주었다면 나는 이러한 원정을 아니했을거다. 아아! 우리 부친과 너의 부친이 서로 지내시던 일은 참으로 애석하구나! 나와 너는 같이 먹고 같이 자고 같이 공부하면서 친형제같이 지내던 일은 일장춘몽이 되였구나! 악독한 정순복아, 너는 지금부터 어떻게 산단말이냐? 네가 여덟살적에 우리 집으로 들어올 때의 그 모양이 나는 지금도 눈에 선하다. 지금은 또 불쌍한 그 모양으로 되였구나. 네 마음 악독한것을 생각하면 꿈엔들 생각하리오마는 자자손손 의리를 두고 지내라 하시던 선친의 유언을 들은 나의 마음은 지금까지도 변치 아니하였다…》
하더니 어사에게 머리를 조아려 하례하고 꿇어앉아 간청하였다.
《저는 남의 돈을 탐내지 않나이다. 다만 3천금만 받게 하여주소서. 3천금도 저의 선친은 받고저 하신바가 아니옵니다. 저도 역시 그러하나이다. 3천금은 그만 두고라도 저놈의 입으로 자복하는 말만 들어도 이제는 여한이 없나이다.》

고 하였다. 박어사는 그런 리정윤을 치하하고나서

《너는 많은 돈을 겁내는것이 아니냐? 도적보다도 더 악독한 순복을 도리여 생각하는구나. 10만금 돈이 다 네3천금이 새끼쳐서 된거다. 너는 마땅히 받을지어다. 3천마리 양을 사두었다가 17년동안에 10만마리 새끼를 낳아놓으면 새끼는 모두 버리고 어미양만 찾을소냐? 오늘 그10만금 돈이 남의 돈이 아니요, 모두 네 돈이다. 도적같은 정순복을 다시는 생각지 말고 모두 받을지어다. 무모한 정순복은 오늘부터 기갈을 면치 못하게 되였은즉 저놈의 행위가 모두 발가졌으니 어디를 가든지 불쌍하다는 말은 듣지 못하리로다. 네게로 분명 걸식하러 갈것이니 너도 정순복처럼 그자를 괄시할지어다.》

고 하였다. 그러나 리정윤은 도리여 눈물을 뚝뚝 떨구며 사정하였다.

《저놈의 소행은 천만 괘씸하옵니다마는 선친의 유언이 지금도 오히려 귀에 쟁쟁하오니 3천금만 받는것도 선친의 령혼은 꾸중하실줄로 압니다. 바라옵건대 3천금만 내여주시고 나머지는 도로 주소서!》

박어사는 리정윤과의 문답을 그만하고 정순복을 내려다보며 말하였다.

《사람에게 의리라는것이 없으면 금수와 다를것이 무어냐. 리진사가 너를 수양한 은혜는 그만두고라도 의리를 저버렸으니 어찌 통분치 아니하냐. 너는 다만 남의 돈을 맡아가지고있다가 임자에게 돌려보낸것이니 추호도 불공평함이 없도다. 너를 오늘 잡아오기를 도적으로 인정함이 아니고 제8인도 삼남대적이 아니라 나의 역줄이로다. 너같은놈은 만백성이 미워하여 나로 하여금 중치하라 하였으니 너는 나를 원망치 말고 너의 은인 리정윤도 원망치 말고 다만 너의 악한 죄상을 원망할지어다.》

정순복은 고개를 숙이고

《과연 잘못했습니다. 그때 소생의 마음은 참으로 악독했습니다. 리진사의 하늘같은 은혜를 저버렸으니 죽을 죄를 지은놈이 올시다. 지금부터는 한푼 재물도 없는것을 도무지 원망치 아니하고 소생의 죄를 자책하겠사옵니다. 걸인이 되더라도 소생에게는 오히려 감사합니다. 리정윤의 의리있는 말을 들을 때 소생은 참으로 후회하였습니다. 수의사도 분부를 아주 감사히 생각하여 회과자책하겠사옵니다. 오늘부터 죽기에 이르도록 소생은 전일에 배운망덕한 죄를 보속하여 악한 허물을 벗어볼가 하나이다.》고 하였다.

박어사는 리정윤의 의리를 생각하는 말과 정순복의 회과하는 거동을 모두 아름답게 생각하여 그들에게 정순복의 재산을 평균 반분하여주고 피차에 의리를 저버리지 말라고 일장 설화하여 보내였다.

리정윤과 정순복은 박어사의 공평함을 송덕하고 서로 한집같이 지내며 전날의 정의를 다시 이루었다.

박어사는 오륙삭만에 전라도를 선치하고 본가에 돌아가 부모를 뵈온후에 즉시 서울로 올라가 전하를 뵈였다.

전하께서는 박어사의 사람됨과 지혜를 치하하신후 벼슬을 승차하시고 충청도 로성 윤참판의 딸로 혼인을 맺게 하니 부부가 서로 사랑하고 아끼며 생남생녀하여 만백성의 부러움을 자아냈다. 45세에 벼슬이 리조판서에 이르렀으나 오히려 마음에 게을리하지 않고 나라를 받들고 정성을 행하다가 오십이 되니 벼슬을 굳이 사양하고 청풍 본가에 돌아왔다. 박문수 구름아래 밭갈이와 달아래 고기낚기를 일삼으며 산수에 재미를 붙이고 여생을 보내면서 지난 일들을 눈앞에 그려보기도 하였다.

악한 죄인도 많이 다스려보았고 선한 사람도 많이 표창하였고 불쌍한 사람도 구원하였으며 원통한 일도 많이 설원하였고 불쌍한 사람도 구원하였으며 원통한 일도 많이 설원하였으되 그중에서도 리천 김진사 아들과 합천 홍진사 며느리 일과 라주 리진사 아들의 일같이 기이하고 기껍고 상쾌한 일은 다시 없었다. 자기 마음만 쾌락할뿐아니라 허다한 사람들도 쾌락을 얻은바요, 세집 사람들만 행복한 것이 아니라 일국 전체가 쾌락한 일이였다.

그러니 이같은 쾌락을 어찌 후세에 전하지 아니하랴. 마땅히 천금을 던져 이같은 쾌락을 기념하리라. 박문수는 청풍도화동어구 산좋고 물좋은 곳에 세 산을 좌우에 두고 삼계(三溪)를 응하여 정자 하나를 지어두고 현판을 달았으되 ≪삼쾌정(三快亭)≫이라 하였다. 이리하여 그때에도 이 삼쾌정의 래력을 아는 사람이 허다하였지만 몇백년 세월이 흐른 오늘까지도 이 삼쾌정의 이야기는 백성들속에 널리 전해지고있다.

이 이야기는 황구연로인의 구술에 근거하고 옛서적을 참고로 하여 필자가 정리한것이다.

≪물레≫와 ≪무명≫

옛날 경상도 배양촌에 ≪삼우당≫이라는 서당이 있었다. ≪삼우당≫이란 즉 나라에 대한 걱정, 학문에 대한 걱정, 훌륭한 사람이 됨에 걱정을 말하는 집이라는 뜻이였다. 이 세가지 걱정은 모두가 나라와 백성을 사랑하는 마음에 뿌리를 박고 있었는데 ≪삼우당≫이라는 간판을 걸고 서당에서 훈장노릇을 한 사람은 문익점선생이였다.

배양촌 가난한 집에서 태여난 문익점은 어려서부터 글공부에 열심하더니 총명하기로 가근방에 소문이 자자하였다. 나이 20세에 이르자 유명한 한학자 리곡선생에게서 글을 배우더니 그의 실력은 비온 뒤의 참대순처럼 놀랍게 높아만 가서 23세에 이르러서는 수천명의 선비들을 물리치고 장원급제하였다. 그러나 집살림이 가난하여 30세가 되여서야 벼슬길에 올랐다.

이런 문익점선생은 33세에 공민왕의 뜻을 받들어 자진하여 원나라로 떠났다. 원나라의 왕과 대신들은 문익점선생의 뛰여난 재질과 인품에 놀란나머지 고려를 먹어버리려는 야심을 품고 그를 저희들의 심복으로 만들어 귀국시키려고 문익점선생에게 례부시랑(대신과 같은 벼슬)이란 높은 벼슬을 하사하였다.

문익점선생은 원나라에서 자기에게 그토록 높은 벼슬을 주는 리유를 알고있었다. 원나라에서는 고려의 귀족들을 자기 편에 끌어넣어 고려를 제 손아귀에 넣으려고 망상하는구나. 그래서 나를 리용하자는것이다. 이렇게 생각한 문선생은 그들의 거듭되는 권고를 모두 사절하였다.

왕은 대노하여 문익점을 그의 숙소에다 가두고 매일 관리를 보내여 원나라의 신하가 될것을 강요하였다.

≪여보시오. 나는 고려의 신하요. 한 나라의 신하가 어찌 두 나라를 섬기며 두 임금을 섬길수 있겠소 그러하오니 돌아가서 이 문익점은 죽어 귀신이 되여도 내 나라에 돌아가서 한임금을 모시기가 소원이라고 대왕님께 여쭈시오.≫

그 말을 전해들은 원나라 왕은 대노하여 노루뛰듯하면서

≪그놈을 잡아다 칼탕쳐 죽여라.≫

하고 고래고래 소리쳤다. 그때 한 사람이 나서서 간하였다.

≪대왕님께 아뢰오. 고려 사신의 목을 베는것쯤은 어렵지 않으나 그렇게 되면 고려백성들의 불만을 야기시킬뿐 리로운 점이 없사오니 차라리 먼 남쪽땅으로 정배보내여 뭇짐승들에게 먹히워 스스로 죽게 하는것이 현명한 처사라고 봅니다.≫

그래서 문익점선생은 원나라 남쪽끝에 있는 교지라는 곳으로 정배살이를 갔다. 짐승들이 욱실거리는 밀림속에 막을 치고 독서로 하루하루를 보내였다. 달려드는 뱀과 모기떼도 문제였지만 그것보다도 너무나 기온이 높아서 숨쉬기도 어려운것이 극난이였다. 아무리 그늘에 앉아서 야자나무잎사귀로 부채질을 해도 온몸의 땀구멍에서는 땀이 샘솟듯하였다.

그러던 어느날 교지의 학자 한분이 문선생을 찾아왔다. 뜻이 있는 곳에 길이 있고 의리가 두터우면 벗이 생긴다더니 그 말이 과연 옳았다. 원나라와 래왕이 있었던 학자선생은 고려의 문익점선생이 정의를 굽히지 않다가 교지로 정배온 것을 알고 이렇게 찾아온것이였다. 문익점선생은 그 학자선생을 통하여 더위를 이겨내는 방법을 배웠고 동물들의 피해를 방지하는 방법도 배웠다. 그리고 그곳의 풍속, 지리, 력사를 알게 되였다. 더우기 중요한것은 ≪목화≫에 대하여 알게 되였다.

≪그러니까 새하얗게 피는것이 목화꽃입니다그려. 그걸로 뭘 합니까?≫

≪추위를 막는 솜을 모르십니까? 예. 그걸 북방에 가지고 가서 팔면 돈을 번답니다.≫

≪아! 그렇군요.≫

≪나라에서는 솜이거나 목화씨를 나라밖으로 내보내는 사람은 누구든지 물론하고 사형에 처한답니다.≫

≪그러니 목화는 나라의 보배군요.≫

≪예.≫

≪나야 나라밖으로 나갈수도 없는 몸이니 안심하시고 다음번에 오실 때 실물을 가져다 보여줄수 없겠는지요?≫

≪그렇게 합시다.≫

그후 학자선생은 솜 한뭉치와 목화씨를 가지고 왔다.

《참 신기한 물건입니다!》

문익점선생은 이렇게 말하며 속으로는 이걸 가져다가 제 나라에 심으면 얼마나 좋으랴 하고 생각하였다.

3년후인 1366년에 문익점선생은 석방되였다. 원나라왕은 고려의 거듭되는 요구에 겁을 먹고 선생을 돌려보내게 되였다.

교지를 떠나기전에 문익점선생은 몇날 밤을 뜬눈으로 지새웠다. 어떻게 하면 목화씨를 가지고 갈것인가? 몇달을 가느라면 적어도 수십번의 몸수색을 당할것이 뻔한데 어떻게 그걸 쥐도 새도 모르게 감추겠는가. 실로 어려운 일이요 아차하면 목숨이 달아나는판이였다. 그러나 추위에 떠는 백성들에게 옷을 해입혀 추위를 막게 하려는 그의 불타는 마음만은 누를수가 없었다. 짐이라도 많으면 어느 짐에라도 쑤셔넣겠는데 짐이라야 극상해서 책과 종이와 붓밖에 없었다. 문득 선생의 눈길이 붓대에 가 머물자 반짝하고 빛났다.

《옳지! 저속에다 넣으면 되겠구나!》

문익점선생은 천만리의 로정을 거쳐 고향에 돌아온것은 1369년이였다. 고국에 돌아온 문익점은 처가집에 들리였다.

《이 사람, 그동안 얼마나 고생했소?》

《고생은 좀 했지만 그대신 좋은 선물을 가지고 왔습니다.》

사위가 내주는 붓을 받아쥔 장인은 《학식있는 사람이 달라, 그 먼곳에 갔다오면서 붓을 가지고 왔으니!》하며 사위가 모처럼 가지고 온것이니 한번 써보려고 먹을 달라고 하였다. 그때 문익점은 껄껄 웃으며 붓대 웃끝을 막은 마개를 뽑더니 붓대속에서 보송보송한 목화씨 10여개를 꺼내였다.

《이게 뭐고?》

《목화씨입니다.》

《목화씨라니?》

문익점의 설명을 들은 장인은

《야! 거참 좋은것이군!》

하며 그걸 뜨락에 가지고 나가 마른 땅, 젖은 땅, 모래 땅, 진흙땅 등 토질이 서로 다른데다 각각 몇알씩 심었다. 그러나 재배법과 관리할줄을 몰라서 다 죽고 한포기만 살았다. 문익점은 락심하지 않고 그 한포기를 성의껏 가꾸어 거기에서 많은 씨를 받았다. 그후 몇해사이에 목화를 삼남일대에 보급하였다.

선생의 손자인 문례는 할아버지의 뜻을 받들어 솜에서 실을 뽑는 기구를 만들었는데 그의 이름을 따서 〈물래〉라고 불렀다. 문례의 동생인 문영은 솜에서 뽑은 실로 천을 짜는 기계를 연구하여 천을 짰는데 그 천을 〈무명〉이라고 불렀다. 그리하여 문익점선생의 소망은 이루어져 고려사람들은 무명옷을 입게 되였고 추운 겨울이면 옷에 솜을 놓아 추위를 막게 되였다.

　그후부처 문익점의 이름은 솜, 실, 무명과 함께 대에 대를 내려오면서 인민들의 마음속에 살아있었다.

죄는 지은데로 간다

옛날 한 곳에 일하기 싫어하는 건달이 있었다. 1년365일 하루도 일하지 않고 세치 혀끝을 놀려 남의 등을 치고 간을 빼먹는 요사한놈이였다. 게다가 돈푼만 있으면 술집과 기생집 문턱이 닳도록 다니는 알건달이였다.

하루는 읍 기생집에서 놀다보니 돈이 떨어져서 쫓겨나는수밖에 없었다. 하는수 없이 아는 사람을 찾아서 돈푼이나 얻어쓰려고 이리기웃저리기웃하며 술집들을 찾아다니였다.

한 술집에서 수레에다 나무를 해다 팔고는 술을 얼마나 마셨는지 술상에 꼬꾸라져있는 웃마을 홀아비인 남서방을 만났다.

《옳아, 어제 형의 장사를 지내더니 타는 가슴을 술로 달래다가 취한 모양이군. 저놈에겐 나무판 돈이 있겠지…》

알건달이는 이렇게 중얼거리며 술에 만취한 남서방을 들어다 수레에 눕히고 소를 몰았다. 동구밖을 벗어나자 남서방의 호주머니를 들추니 나무판 돈이 있는지라 몽땅 털어서 제 호주머니에 쑤셔넣었다.

한10리가량 가니 해가 지고 어슬어슬했다. 이제5리길을 가면 집에 도착하지만 길옆에 있는 주막집을 보자 참새가 방아간을 그저 지날수 없듯이 알건달이는 주춤이 올라와 소를 세웠다. 수레에서 내린 그는 혹시 남서방이 깨여나지 않았나 하여 흔들어보니 뻣뻣한게 벌써 송장이 되여있었다. 깜짝 놀란 알건달은 사시나무떨듯 벌벌 떨면서 달아나려고 했으나 발이 떨어지지 않았다. 그때 그의 배속에서는 꼬르륵 소리가 났지만 머리는 술집쪽으로 돌아갔다. 말뚝처럼 우두커니 서서 눈앞을 팬들팬들 굴리던 건달은 문뜩 한가지 꾀를 생각해냈다. 그는 안간힘을 써서 시체를 메여다 술집 대문옆 울타리에 기대여 세워놓고는 땀을 씻으며 주막집 대문을 요란스레 두드렸다.

그날따라 손님이 없어서 일찍 문을 닫아걸고 자리에 누웠던 주인은 일어나지도 않은채 술을 안판다고 소리쳤다. 그러나 건달은 더욱 기승스럽게 대문을 쾅!쾅!

두드리며 초저녁부터 계집을 끼고 자빠졌다고 쌍욕을 퍼부었다. 주인이 듣다 못해 밸이 상투까지 치밀어올라 홍두깨방망이를 들고
≪야밤주에 웬 미친놈이 와서 이 지랄이냐!?≫
하며 달려나왔다. 그러자 건달은 멀직이 피하여 으슥한 구석에 숨은체 술집 주인의 거동을 살폈다.
술집 주인이 대문의 빗장을 뽑고 발로 문을 툭 차며 나와보니 웬 키꺽다리가 울바자에 머리를 박고 서있는지라 다짜고짜 방망이로 엉덩이를 후려갈겼다. 그랬더니 그 키꺽다리는 나무토막 넘어가듯 저쯤에 나자빠졌다.
≪흥! 네깐놈이 꾀를 부리면 용서할줄 알았더냐?!≫
그자한테 달려들어 발로 차기까지 했지만 꿈쩍하지 않는지라 주인은 미심쩍어 흔들어보니 분명 죽은 사람이였다. 주막집 주인이 초풍할 지경으로 놀라서 뒤걸음치며 누가 보지 않았나 해서 사방을 둘러보니 대문앞에 빈 소수레가 서있었다.
≪아차! 저 사람이 소수레를 타고 온 모양인데 이걸 어쩐다?≫
주인이 벌벌 떨며 안간힘을 써서 시체를 집안에 들어다놓고 불을 켜고 보니 그는 웃마을에사는 남서방이였다.
≪이게 도대체 어찌된 영문인가? 색시같은 홀아비인 남서방은 우리 집에 와서 그렇게 고아댈 사람은 아닌데?≫
이때 으슥한 구석에서 주인의 거동을 훔쳐보던 건달은 숨을 활 쉬며 좋아서 어쩔바를 몰랐다.
≪저놈이 이젠 살인죄를 졌으니 내 손안에 든 돈주머니겠다. 돈이 딸릴 때면 잘 얻어쓰게 됐군. 이게 바로 꿩먹고 알먹고 둥지털어 불까지 땐다는것이겠다. 늙은 남서방도 어제 장사를 지냈으니 고년한테 버젓이 찾아가도 누가 뭐라겠나. 허허허, 히히히.≫
건달이는 어깨바람이 절로 나서 그길로 죽은 남서방 형의 처를 찾아갔다.
한편 술집주인이 가만히 생각해보니 방금까지 고아대던 사람이 매 한대에 죽는다는게 도무지 믿어지지 않았으나 사람은 어쨌든 죽었으니 집에다 알려야 했다. 헌데 남서방은 홀아비요, 그의 형은 어제 장사를 지냈고 그의 형수는 바람쟁이니 부득불 관가에다 알려야겠다고 생각한 주막집 주인은 앞뒤집 사람들을 불러다 사실형편을 이야기하고나서 두사람을 고을로 띄웠다.
주인은 친구들과 함께 죽은 남서방의 시체를 웃방칠성판우에다 올려놓고 까래

를 덮은 다음 정지방에 내려가 노름판을 벌리였다. 그들이 노름에 정신을 팔 때 읍에 갔던 사람들이 돌아와서 관가의 말을 전하기를 오늘은 밤이 깊었으니 래일 아침에 일찍 와서 시체를 검사하겠으니 시체를 다치지 말고 잘 지키라고 했다는 것이다. 주인이 잘됐다면서 ≪그러지 않아도 칠성판에 모셔놓았네. 우리 술이나 한잔 합세.≫라고 말하길래 심부름갔던 사람들이 웃방을 들여다보니 웬 일인지 시체가 보이지 않았다.

≪칠성판은 비였는데 시체는 어데 있나?≫

그 말에 주인이 웃방을 올려다보니 과연 시체가 없었다. 밖에 나가 찾아보았으나 헛수고였다. 집에 들어온 그들은 이마를 맞대고 의논하기 시작했다.

≪그녀석이 술김에 술집주인 리서방을 욕하고서는 제풀에 무안해서 죽은것처럼 했던 모양일세.≫

≪아니야. 이제 생각해보니 남서방이 형을 묻고 나서 슬픈김에 못하는 술을 과음하고 곯아 떨어진걸 리서방은 죽은줄 알고 들여다놓았는데 술이 깬후 부끄러워 슬거머니 꽁무닐 뺀 모양일세.≫

≪그나저나 천만다행일세.≫

≪그래두 집에 갔다가 내 제깍 보고 오겠네.≫

≪가긴 뭐? 남 창피해서 죽는 꼴 보자고 가겠나? 그만두게.≫

그들이 이렇게 말을 주고 받는데 심부름 갔던 사람이 뒤통수를 긁적이며 한마디를 했다.

≪헌데, 공연히 사람이 죽었다고 관가에다 알려서 날이 밝으면 검사하러 올턴데 거짓말한 죄로 적어도 곤장 열대씩은 맞게 됐네.≫

≪허허 참, 일은 묘하게 탈려지는군!≫

≪볼기는 내가 맞고 돈도 내가 댈터이니 념려말게.≫

주인이 말하자 어제 남서방 형의 장례에 참가했던 사람이 이런 말을 했다.

≪공연히 볼기를 맞을게 있나. 그리고 관가에다 줄 돈이 있으면 그 돈으로 술이나 사게.≫

≪그건 또 무슨 소리야?≫

≪기왕 사람이 죽었다고 관가에 알렸으니 꿩 대신 닭이라고 어제 장사지낸 늙은 남서방은 시체를 파다가 칠성판우에 놓자는 말일세.≫

고 장담하였다.

이때 남서방은 라졸들에게 붙잡혀 들어오는바람에 알건달은 얼굴이 새까마졌다가 다시 푸르뎅뎅해지더니 나중에는 백지장이 되여
≪저, 저 귀신 봐라!≫
하며 게걸음을 쳤다.
≪이놈! 하늘이 내려다보고 땅이 올려다보는데도 거짓말을 한단말이냐? 저년놈들을 끌고 가자!≫
형방이 소리질렀다. 알건달이와 계집년이 강아지처럼 졸졸 끌려가는것을 바라보는 사람들은 ≪그러게 덕은 쌓은데로 가고 죄는 지은데로 가는 법이야!≫하며 혀를 끌끌 찼다고 한다.

삼계탕

　옛날 한 가난한 선비의원이 서울에서 살았다. 헌데 량반의원들이 량반이랍시고 침구도 모르면서 침통부터 흔들며 어찌나 선비의원을 깔보는지 기를 펼수가 없었다. 그래서 어느때든 기회를 보아 톡톡히 앙갚음을 하려고 별렀다. 그러던차 한 재상이 병이 났는데 한다하는 량반의원들이 얻어먹을 일이 있을가 해서 재상네 집에 갔다는것을 알고 선비의원도 그 집으로 찾아갔다.
　《재상대감께서 병환에 계신다는 소식을 듣고 선비의원이 왔다고 여쭈어라.》
　하인이 들어갔다가 나오더니 그를 사랑방으로 안내했다.
　선비의원은 하인을 따라가며 물어본 끝에 재상이 아버지 제사를 지내고 밤참으로 콩나물비빔밥을 먹은것이 체하여 고생하는데 숱한 의원들을 청해다가 침도 맞고 약도 썼지만 효과가 없다는것을 알게 되였다.
　사랑방에는 예견했던대로 선비의원이 잘 아는 량반의원들이 한구들 가득 모여 있었다. 량반의원들은 초라한 선비의원을 보더니 《흥, 또 꼴불견 의원이 밥 축내러 왔군!》하며 수군거렸다.
　선비의원은 못들은척하고 한쪽구석에 앉았다. 이윽하여 푸짐한 저녁상이 나오자 량반의원들사이에 끼여앉아 만포식한 선비의원은 《에- 잘먹었다. 난 길을 오느라고 곤해서 먼저 좀 실례를 해야겠수다.》하고 좌중에다 한마디 하고는 다리를 뻗치고 눕자마자 코를 드렁드렁 골았다. 그바람에 량반의원들은 밥맛이 싹 없어져서 두덜대며 물러앉고말았다.
　저녁상을 물리자 재상이 병을 보이려고 나왔다. 량반의원들은 돌아가며 진맥을 한다 약처방을 쓴다 하며 야단이였다. 그때에야 눈을 비비며 일어난 선비의원은 《나도 밥값이나 하고 가야지. 대감님, 소인이 한번 봅시다.》하며 나앉았다.
　재상은 선비의원의 옷주제를 보더니 《네가 개뿔이나 알아서 주제넘은 소릴 해?》하고 아니꼽게 생각하며 돌아앉았다.
　그 꼴이 괘씸했으나 선비의원은 아닌보살하고 《자, 이 실 한끝을 잡으십시오.

≫하고 실토리의 실을 풀어 한끝을 내밀었다.

남들은 손목을 잡고 진맥을 하고서도 병근원을 모를뿐아니라 고치지도 못하는데 실끝을 쥐고 진맥하겠다니 화타의 사촌이나 왔는가 했던지 아니면 그 위엄에 눌리웠던지 재상은 눈이 둥그래서 실끝을 잡았다.

선비의원은 실토리를 쥔채 눈을 지그시 감고있더니 ≪하, 콩나물에 체했군!≫하고 흰소리를 치며 실끝을 잡아당겼으나 재상은 그걸 꼭 잡고있었다.

≪됐수다. 고생 안할걸 가지고 공연히 고생했구만!≫

선비의원은 붓과 종이를 청하여 처방을 썼다. 먼저 ≪삼계탕(參桂湯)≫이라고 세글자를 써놓고 그아래에 ≪계피(桂皮), 계지(桂枝), 계육(桂肉) 각각 두냥≫이라 쓴 다음 재상을 보며 헛 웃고나서 두첩만 쓰면 한시간안으로 효험을 보리라고 큰소리까지 쳤다.

선비의원이 묻지도 않고 실끝을 쥐고 용하게 자기가 콩나물에 체한것을 알아맞춘데다가 약명까지 썼고 또 그 약종류도 듣지도 보지도 못한것이라 재상은 급히 약을 지어다 달이라고 하인들을 보고 독촉했다.

한첩을 달여서 먹으니 배속에서 꾸르륵 소리가 자꾸나더니 밸이 룡춤을 추면서 왈왈 속을 훑어내는바람에 뒤간출입도 자주 하게 되였다. 헌데 숨도 쉬기 바쁘던 속이 씨원하고 열이 나며 두통이 심하던것도 뚝 떨어졌는지라 재상은 선비의원을 보고 공손히 물었다.

≪선생님, 한첩을 마저 먹으랍니까?≫

≪자셔도 좋고 안자셔도 좋소이다. 병은 이미 나았으니까요.≫

이렇게 되다보니 곁에 있던 량반의원들은 창피하게 되여 얼굴들이 지지벌개졌다. 그래서 리론으로나마 선비의원을 납작하게 만들려고 시비를 걸었다.

≪여보시요 선비의원, 우리도 의서권이나 읽었는데 삼계탕이란 원래 인삼, 대추, 찹쌀 등을 쓰는줄고 아는데 선생이 지은 삼계탕은 어디서 배운거요?≫

≪두눈을 편히 뜨고 의서를 읽었어도 헛읽었지! 아, 계하에 백초부장(桂下百草不長)이란걸 몰라?≫

≪계수나무아래서는 어째서 백가지 풀이 자라지 못합니까?≫

≪하하, 그것두 모르는 주제에 무슨 놈의 의원이야? 계수나무가 열을 발산하니 너무 더워서 그 밑에서는 백가지 풀이 자라지 못하거든.≫

≪그것과 콩나물과 무슨 관계가 있습니까?≫

≪하, 이런 천치들을 봤나. 콩도 싹이 터서 자랐기에 나물이 됐겠지? 그러니 콩나물도 풀인데 계피에 안내려 갈리가 있는가?≫

≪예, 그런 도리군요!≫

≪옳지, 이제야 돌대가리가 도는 모양이군!≫

량반의원들을 물을수록 꾸지람을 듣고 놀림을 당하는지라 입을 딱 벌린채 아무 말도 못했다.

그 꼴을 바라보던 재상은

≪선생님, 안으로 들어갑시다!≫

하고 선비의원을 청하고나서 돌아서며

≪에익, 밥통같은 녀석들! 삼계탕도 모르는 주제에 무슨 놈의 의원이야?! 냉큼 물러들 가질 못해!≫

하고 꽥 소리쳤다.

그 소리에 놀란 량반의원들은 신을 거꾸로 신은채 꼬리를 빼고말았다. 그후부터 량반의원들은 선비의원을 만나면 호랑이를 만난것처럼 슬슬 피해서 달아났다고 한다.

지주와 총명한 아이

옛날 한 마을에 총명한 어린이가 살고있었다. 이 총명한 아이는 어찌나 머리를 잘 쓰는지 지주, 량반들을 골려주는것쯤은 식은죽먹기로 여겼다. 그래서 온 마을의 가난한 사람들은 어른 아이 할것없이 지주와 량반들한테서 괄시를 받거나 욕을 먹은 다음에는 총명한 아이를 찾아와서 앙갚음해줄것을 청들군 했다.

어느날 앞동네에 사는 리서방이 뒤마을에 있는 지주네 집에 가서 쌀을 좀 꿔달라고 비난사정을 하였다. 그러나 린색하기 짝이 없는 지주는 쌀을 꿔줄 대신에 욕만해서 내쫓았다.

분한 마음을 안고 돌아가던 리서방은 마침 이 총명한 애를 만났다.

《애야, 분풀이 좀 해다오.》

리서방은 총명한 아이한테 자초지종 사연을 말했다. 범이 제소리하면 온다더니 이때 그 지주가 마른기침을 '넓만■ 뒤짐을 진채 엉기적거리며 오는것이 멀리에서도 똑똑히 보이였다.

작은 눈을 깜박이며 무엇인가를 골똘히 생각하던 총명한 아이는 리서방의 귀에 대고 소곤소곤 귀속말을 하고는 지주를 향해 마주 걸어갔다.

《나으리님께서는 아침 일찍 어델 가세요?》

《음, 넌 누구더라?》

지주는 이 아이가 꾀 많고 머리를 잘 쓰기로 유명한 애라는것을 알자 대체 얼마나 총명한가를 알아보려고 제딴엔 어려운 문제를 내놓고 물어보았다.

《마침 잘 만났다. 내가 머슴에게 쌀을 주겠는데 두말씩 주면 한말이 모자라고 한말씩 주면 한말이 남는단말이다. 그러니 머슴은 몇이고 쌀은 몇말이겠느냐?》

아이는 눈을 깜박거리더니만 인차 대답했다.

《그게 뭘 어렵나요. 머슴은 두사람이고 쌀은 세말이지요 뭐.》

《옳지 옳아! 너 듣던 말처럼 과연 똑똑하구나. 애야 그럼 이번에는 나한테 거짓부리 하나 해라.》

《싫어요. 내가 뭐 거짓말쟁이인가요?》

《누가 거짓말쟁이라느냐. 네가 하두 골이 좋다고 하니 한번 들어보자고 그런다. 어서 한마디만 하거라.》

《싫어요. 거짓말을 하라고 하고서는 나중에는 거짓말로 량반어른을 속였다고 책망하시려구요?》

《아니야. 그럴리 있나. 내가 속았다고 꾸짖을것 같으면 량반어른이 아니지. 정말이야, 그러면 난 성을 갈겠다.》

《정말이세요?》

《정말 아니구. 어른이 애들 보고 거짓말을 할가. 네가 정말 거짓말로 나를 속이면 내 돈 닷냥을 상으로 주마.》

아이는 지주가 허장성세하는 꼴이 우스웠으나 꾹 참고 다시한번 다짐을 받을 작정으로

《싫어요. 그래도 정작 속은 다음엔 돈도 안주고 욕만 할거예요. 이 팔을 놓으세요. 난 바빠요.》

하며 일부러 팔을 빼려고 몸을 틀었다. 그러나 미련한 지주는 벌써부터 속히우는줄은 모르고 그 애를 잡은 손에 더욱 힘을 주며 말했다.

《허허, 고녀석. 입에서 젖내나는 놈이 바쁘긴 뭐가 바쁘단말이냐? 오늘 거짓말을 안했다가는 못갈줄 알아라.》

《그럼 난 집에서 쫓겨나요. 우리 아버지가 그러시는데 새로 부임한 군수께서 백성들한테 배급쌀을 준다기에 빨리 외가집에 가서 알리고 오라 해서 가는길이예요.》

지주의 손아귀에서 몸을 뺀 아이는 이렇게 한마디 던지고는 앞을 향해 장달음을 쳤다.

그러지 않아도 가난한 백성들이 쌀을 꾸어달라고 문지방에 불이 나게 드나들건만 보리고개때에 가서 비싼 값으로 꾸어주려던 지주인지라 관가에서 쌀을 내준다는 말에 초풍할 지경으로 놀랐다. 이 애의 말이 정말이라면 자기가 창고안에 쌓아놓은 쌀은 좀이 나고 썩고말것이 아닌가? 지주는 속이 황황해났다. 그렇다고 이제 와서 머슴과 백성들을 불러서 쌀을 꾸어주겠다고 말하자니 체면이 서지 않았다.

이때 방금전에 왔던 리서방이 빈자루를 어깨에 걸치고 몇몇 농부들과 같이 자기를 쓴 외 보듯하며 읍으로 난 큰길로 걸어가고있었다.

《이보게 리서방, 어딜 가나?》

《읍엘 갑니다요.》

《읍? 읍엔 뭘 하러 가나, 응? 내가 모를줄 아나, 배급쌀 타러 가지?》

《누가 배급쌀을 준답니까요?》

리서방이 되묻는 소리에 지주는 《저놈들이 짜고들어 날 속이려구? 흥, 어림두 없지. 내가 네깐놈들의 속임수에 넘어갈줄 알아?》하고는 집으로 달려가 마름을 독촉하여 머슴과 달구지를 동원하여 읍으로 떠났다. 제딴에는 먼저 가서 배급쌀을 몽땅 타다가 창고에 넣어두고 보리고개가 되면 비싼 값으로 되팔리라 생각하니 돈낟가리우에 올라앉은듯 웃음집이 혼들혼들했다.

지주는 소수레를 다그쳐 몰아 20리가 넘는 고개길을 단숨에 넘어 읍에 들어섰다. 그제서야 안도의 숨을 쉬던 지주는 사방을 두리번두리번 살펴봤댔자 쌀을 싣고가는 달구지와 쌀을 타가지고 다니는 사람들을 한사람도 볼수 없었다. 그는 아직 일찍해서 그렇거니 생각하며 지나가는 사람에게 물었다.

《여보시오, 관청에서 쌀배급을 안줍니까?》

그 사람은 대답 대신 지주의 아래우를 깐깐히 훑어보더니

《이 량반이 정신이 어떻게 되게 아니요?》

하고 흘끔흘끔 뒤돌아보며 지나갔다.

지주는 그래도 행여나 해서 관청까지 직접 가보고서야 빈자루처럼 제자리에 풀썩 주저앉았다. 그제서야 총명한 아이한테 감쪽같이 속았다는것을 알게 된 지주는 《야, 고녀석한테 얼리웠구나. 괘씸한 놈같으니라구. 어디 보자.》하고 이를 갈며 성이 머리끝까지 올라서 붉으락푸르락했다.

지주는 집에 돌아가면 당장 그놈애를 찾아 세마리의 소수레와 7명의 머슴들이 반날일을 못하고 헛방을 친 값을 톡톡히 갑절로 받아내리라 옥별렀다.

마을에 돌아서자 마침 리서방과 그 총명한 아이가 기다리고있었다.

《옳지, 원쑤는 외나무다리에서 만난다더니 잘 만났다. 요녀석 돈 내라!》

《돈을 내라니요? 나는 돈을 받자고 기다린지가 한식경이 넘는데요.》

《뭐, 뭐 돈을 받아?》

《그럼요. 어른이 애들 보고 거짓말 하는 법이 어디 있나요? 싫다는데도 거짓말을 한마디만 하라고 졸라댄분은 누군데요? 게다가 꾸지람하면 량반어른이 아니구 성까지 갈겠다고 하셨지요? 그럼 어서 성을 바꾸세요. 한치보기 치가라고 할가

요? 아니면 똥물에 빠진 쥐서방이라고 할가요? 왜 대답이 없는가요? 그리고 닷냥 돈을 주세요. 안주면 깍쟁이지주에다 대포쟁이라고 놀려주고 관가에 가서 고발하겠어요. 여기 리서방이 증인이지요.≫

≪그렇구말구. 장부일언이 중천금이라는데 하물며 애들하고 말을 했으면 말한대로 해야지.≫

리서방까지 나서서 약사발을 올리고 부아를 돋구건만 지주는 모두 자기가 한 말이라 찍소리도 못하고 입을 딱 벌린채 벙어리가 되고말았다.

그 꼴을 바라보는 리서방은 10년 묵었던 체증이 떨어진듯 속이 후련해서 혹 떼러 갔다가 하나 더 붙이고 돌아가는 지주를 바라보며 한바탕 소리내여 껄껄 웃었다.

조상님의 분부

옛날 한 시골에 쩍하면 《조상님의 분부》라는 말로 동생을 부려먹는 형과 형의 행실이 아니꼬우나 형제간의 의리에 못이겨 굽석굽석 말을 듣는 고지식한 동생이 아래웃집에서 살고있었다.

한번은 동생이 산에 나무하러 갔다가 어느 포수의 총에 맞아죽은 노루 한마리를 주어왔다. 동생이 지고 온 노루를 본 형수가 쫑드르르 집에 들어가더니 인차 형이 헛기침을 하며 나왔다.

《형님, 어서 오십시오.》
《아우가 산에 갔다가 노루를 얻어왔다면서?》
《그렇습니다. 형님.》
《그러지 않아도 오늘 내가 갈가 했는데 갑자기 몸이 불편해서 여직 못갔는데 어쨌든 잘됐군.》
《무슨 말씀인지요?》
《글쎄 엇저녁 꿈에 증조부님께서 오셔서 날보고 하는 말이 <오늘 노루골에 가면 잡아놓은 노루가 있을테니 어서 가져다가 조부님 제사에 쓰도록 해라.>하고 말하지 않겠나. 그런데 마침 동생이 먼저 가져왔으니 다행일세.》
《그래요?》
《이건 조상님의 분부야! 어서 우리 집으로 가져가게!》

이리하여 고지식한 동생은 속히우는줄을 번연히 알면서도 형제간의 의리를 생각해서 노루를 형네 집으로 메갔다.

그런데 한달이 지난후 조부님의 제상에는 노루고기가 한점도 없었다. 아무리 순직한 동생이지만 부아가 나서 물었다.

《형님, 제상에 왜 노루고기는 없습니까?》
《아, 노루고기말인가? 조부님께서 죽은 고기여서 싫다고 했네.》

동생은 형의 처사에 밸이 났으나 이번에도 꾹 참을수밖에 없었다.

그후 어느날 형이 또 동생을 불렀다.

≪여보게 아우.≫

≪형님, 무슨 일입니까?≫

≪래일 산에 가서 미칠하고 키가 넘는 회초리를 한단만 해다주게나.≫

형의 말을 들은 동생은 ≪봄철이 돌아오니 울바자를 하려나? 아니면 얼음이 풀리니 강에다 발을 놓으려나?≫하고 생각하며 물었다.

≪회초리는 해마다 뭣에 쓰렵니까?≫

≪글쎄, 말하기가 거북하지만 형제간에 속일게 있나. 실은 자네 형수가 엊저녁에 실수한 일이 있어서 선비체면에 말로 해서는 안되겠구 매를 대자니 량반체면에 차마 녀자몸에다 매를 댈수 없구…≫

≪지당한 말씀입니다.≫

≪그렇다고 행세하는 량반의 도리에 그냥 둘수는 없고 해서 회초리를 해오면 내가 대신 맞겠네. 그런데 내가 맞을 회초리를 내가 해올수 있나. 그러니 수고스러운데로 아우가 갔다 오게.≫

동생은 형이 어쩌다 ≪조상님의 분부≫라는 말을 하지 않는지라 일부러

≪이것도 조상님의 분부인가요?≫

하고 물었다.

≪암 그렇구말구! 두말할것 있나.≫

≪그런데 그렇게 많이 해서 뭘 합니까?!≫

≪하, 내가 어떻게 번번이 아우에게 시키겠나. 그래서 저레 한번에 신세를 지려고 그러네.≫

형의 말을 들은 동생은 허파에 바람이 들어차며 배꼽이 춤을 추었지만 배를 그러안고 산에 가서 회초리를 해왔다.

≪형님, 분부대로 해왔습니다.≫

나무단을 본 형은 ≪저것이면 고기발을 놓아 물고기를 실컷 먹게 되겠구나!≫하고 웃음집이 흔들흔들했지만 눈을 감고 아웅 할수는 없는지라

≪수고했네. 그런데 수고한바에 마저 수고해주게.≫하고는 망건과 옷을 벗어놓고 마당에 엎디여 ≪조상님께 아뢰나이다…≫하면서 마누라가 여차여차 실수를 했는데 자기가 대신 매를 맞겠노라고 했다.

≪이건 조상님의 분부일세! 내가 집안을 다스리지 못해서 불측한 일이 생겼으

니 그 죄로 백대를 맞아야겠네. 자, 어서 때리게나!≫

동생은 이런 때에 형님이 정신을 번쩍 차리게 버릇을 떼야겠다고 생각하고 단단한 회초리를 골라쥐며 물었다.

≪정말 매를 맞아야 합니까?≫

≪암, 맞아야 하고말고. 자, 사정을 두지 말고 볼기를 내리치게.≫

형은 바지를 벗고 엉치를 드러내놓았다.

≪준비는 다됐습니까?≫

≪되구말구, 셈을 세며 때리게!≫

≪자, 그럼 시작하겠습니다.≫

동생은 손에다 힘을 주며 형의 살찐 궁둥이를 답새기고는 ≪하나≫하고 소리쳤다.

≪아갸갸!≫

형이 급한 소리를 치는데 그의 엉뎅이에는 대뜸 시뻘건 피멍이 졌다.

≪짝!≫하는 소리와 함께 동생이 ≪둘!≫하고 셀 때 ≪아이쿠! 사람죽는다. 가만, 가만있게!≫하고 형이 단두매에 죽어가는 소리를 하는데 ≪딱!≫하고 또 매가 날아들었다. 그때 형은 펄쩍 뛰여일어나며 ≪아이쿠, 사람살려라! 잠간만, 잠간만…≫하고 궁둥이를 싸쥐고 맴돌았다. 원래 형의 생각인즉 어진 동생이 설마 때리랴, 때려도 한두매 때리는척하고는 그만둘것이라고 여겼는데 정작 동생이 때리는걸 보니 마음먹고 때리는지라 체면이고 뭐고 또 ≪조상님의 분부≫를 내들수밖에 없게 되였다.

≪형님, 왜 이러십니까?≫

동생이 모르쇠를 대고 물었다.

≪아이쿠! 이젠 됐네…≫

≪나머지 아흔일곱매가 남았는데요?≫

≪나머지 아흔일곱매는 조상님이 그만두라고 분부했어.≫

≪조상님께서 백매를 때리라고 하지 않았습니까?≫

≪처음엔 그랬었지. 근데 지금부터는 그만 때리라는 조상님의 분부일세! 아이쿠!≫

그 꼴을 보며 동생은 이렇게 물었다.

≪그럼 저도 이제부터 조상님의 분부를 안들어도 괜찮겠지요?≫

《물론이지, 물론이야.》

《그럼 좋소이다. 조상님의 분부를 안듣자면 저는 이제 아흔일곱매를 마저 때려야겠습니다.》

《엉? 아니야! 아니야! 조상님의 분부야 들어야지!》

《그래요? 그럼 백매를 다 맞아야 효손이지요.》

《응? 아, 아니야…》

형은 동생이 집어드는 회초리를 보자 질겁해서 바지괴춤을 거머쥔채 허겁지겁 집안으로 들어갔다. 그 꼴을 본 동생은 껄껄 웃으며 회초리를 가지고 성큼성큼 집으로 걸어갔다. 약은수로 제배를 채우려던 형은 이때부터 다시는《조상님의 분부》란 말을 입밖에 내지 않았다고 한다.

모친의 렬녀정문을 불사르다

먼 옛날 성이 윤씨라고 하는 가난한 선비가 과거보러 서울로 올라갔다.

생활이 극빈했던 선비는 서울에 가서도 주막집에 들지 못하고 김씨라는 선비네 집에다 주숙을 정하고 공부를 했다.

윤씨가 김씨네 집에서 먹고 자고 공부한지도 십여일이 잘되던 어느날이였다.

《우리 결의형제를 맺읍시다.》

그러지 않아도 김씨의 신세를 많이 지고있던 윤씨는 김씨가 이렇게 제기하자 선뜻 응했다. 나이를 따져보니 윤씨가 두살 이상이여서 김씨는 윤씨에게 절을 하고 형님이라 부르고 안해도 불러들여 인사를 시키였다.

김씨는 부모들한테서 물려받은 재산이 많아 생활이 유족한지라 돼지와 닭을 잡고 떡을 치고 잔치를 베풀어 이웃들까지 청하였다.

그때부터 김씨와 윤씨는 형님 동생하며 같이 과거볼 준비를 하였다. 김씨가 모를것이 있어 형님 윤씨에게 물으면 윤씨는 막힘없이 차근차근 가르쳐주었다. 이러는사이에 과거날이 되였다.

동생이 생각해보니 아무래도 자기 학식으로는 과거시험을 쳐봤댔자 한강에 돌던진 격이 될것이 뻔한지라 비위를 무릅쓰고 청들었다.

《형님, 오늘은 과거를 봐야겠는데 형님도 아시다싶이 내 재간으로는 하늘에 별따기지요. 그래서 형님께서 내 이름으로 한편 써주지 않겠는가 해서 말씀드립니다.》

《그러다가 둘 다 락방되면 자네 후회하지 않겠나?》

《후회할게면 제가 말을 널리 있겠습니까.》

《그렇다면 내가 대필을 해봅세.》

윤씨는 신세도 많이 졌고 또 결의형제까지 맺었는지라 김씨의 요구에 선선히 동의했다.

과장에 앉아서 먼저 자기 이름으로 한편을 제꺽 쓴 다음 또 김씨의 이름으로 한편을 잘 쓰고 다듬은 다음 바쳤다. 윤씨 생각에는 자기가 대필을 하는 이상 자기 글이 급제하고 동생의 글이 락방된다면 김씨를 볼 면목이 없을것 같아 자기 이름으로 지은 글은 대수 썼다. 그러다보니 결국엔 윤씨가 락방이 되고 김씨는 급제하였다.

그러지 않아도 윤씨를 친형님처럼 모시던 김씨는 윤씨가 자기때문에 락방되였음을 알고 그를 더욱 존경하면서 시골로 내려가겠다는 윤씨를 붙잡아두고 정성껏 공대했다.

윤씨가 집을 떠난지 하도 오래기에 기어이 떠나려고 하니 김씨는 그에게 돈뭉치를 내주면서

《형님, 이 돈을 가지고 땅이나 사서 진지나 떨구지 마십시오. 그리고 어려운 일이 있으면 주저마시고 아무때나 올라오십시오.》

하고 진심으로 말했다.

집에 돌아온 윤씨는 부모님들이 년로하신데다가 불치의 병에 걸려 김씨가 준 돈을 몽땅 쓰고도 나중에는 논밭까지 팔아서 약을 썼다. 그러나 백약이 무효하여 부모들은 돌아가고 윤씨는 빈틸터리로 나앉게 되였다. 부모들의 삼년제까지 지내자 윤씨는 하는수없이 동생한테 가서 돈푼이나 얻어다 주린 배를 달래려고 서울로 떠났다.

며칠동안 걸어 서울에 거의 당도한 윤씨는 너무 지쳐서 길옆에 있는 고목나무 밑에 앉아 다리도 쉴 겸 잠간 눈을 붙이였다. 그런데 웬 말탄 사람이 달려오더니 윤씨앞에 와서 멎어섰다.

《형님, 오래간만입이다!》

윤씨가 보니 그가 바로 자기가 찾아가는 동생이였다. 그런데 그는 3년이 지난 사이에 아주 몰라보게 변했었다. 허지만 윤씨는 너무 반가와 동생을 보며 물었다.

《그새 잘 있었나? 그런데 어디로 가는 길인가?》

《형님 생각이 간절하던차에 형님이 날보러 온다기에 마중을 나왔습니다.》

《그래! 아니, 내가 오는걸 동생이 어떻게 알았나?》

《형님, 전 이 세상 사람이 아닙니다.》

《자네 롱담이라도 무슨 말을 그렇게 하나?》

윤씨는 어리둥절해졌다.

《롱담이 아니요. 형님 나는 죽은 혼이올시다.》

≪죽었다니?! 그게 무슨 소린가?≫
≪형님, 이 동생은 억울하게 죽었습니다. 나의 원쑤를 꼭 갚아주십시오. 그리고 절에 가서 공부하는 내 아들을 형님이 데려다가 공부시켜주신다면 죽은 나도 눈을 감겠습니다.≫
 윤씨가 동생의 손을 잡으려 할 때 김씨는 어느새 연기처럼 사라져버렸다. 윤씨가 깜짝 놀라 깨여보니 남가일몽이였다.
≪허, 꿈도 괴상하군!≫
 윤씨가 동생네 집에 도착해보니 꿈은 현실이였다. 이미 동생의 장례를 지냈고 하나밖에 없는 김씨의 아들은 아버지의 장례를 치르자 어머니의 독촉으로 상복을 입은채 절로 공부하러 가고 제수밖에 없었다. 동생과의 지난날의 정을 생각하니 안타깝기 그지없었고 또 기둥처럼 믿던 그 동생이 없고보니 자연 곡이 흘러나왔다.
 그날 밤 사랑방에 든 윤씨는 도무지 잠을 이룰수 없었다. 그래서 이리뒤척저리뒤척하며 동생의 원쑤를 갚아야겠는데 대체 어느 놈이 해쳤을가 하고 곰곰히 생각했다.
 그러던 그는 이상하게도 갑자기 성욕이 일어남을 어쩔수 없었다. 윤씨는 자기를 나무랐다. 그러나 그럴수록 제수의 요염한 얼굴이 눈앞에 떠오르면서 그의 방에 가고싶어 못견딜 지경이였다.
≪이거 사람의 가죽을 쓰고 짐승같은 생각을 해?≫윤씨는 자기를 단속하고 곰방대로 자기를 때려보았지만 아무런 효험도 없었다.
≪허참! 괴이한 일이군.≫
 윤씨는 참을래야 참을수 없어 저도 모르게 제수가 들어있는 본채로 걸음을 옮기게 되였다. 그가 문밖에 가서 문고리를 잡고 망설이는데 이상하게도 방금까지 일어나던 성욕은 언제 그랬던가싶게 없어졌다. 그래서 그가 돌아서려는데 문득 집안에서 난데없는 소곤거리는 말소리에 이어 웃음소리가 들려왔다. 윤씨는 귀를 한발이 되게 늘궈가지고 창문에다 바싹 대고 동정을 엿들었다. 어떤 놈이 제수방에 들어가 재미를 보는게 분명했다.
≪아! 그래서 동생이 억울하게 죽었다며 원쑤를 갚아달라고 했구나! 그래도 제수는 동생이 급병에 돌아갔다고 했지…분명 제수가 저놈과 눈이 맞아 지아비를 죽였구나!≫

윤씨는 분노가 치밀어 온몸을 부르르 떨었다. 그가 사랑방에 돌아와 벽장문을 열어보니 마침 김씨가 쓰던 삼척장검이 있었다. 그는 두말없이 칼을 벗겨들고 본채로 들어갔다. 들어가보니 두몸이 한몸이 되고 네다리가 제비꼬리가 되였는지라 《이놈 칼을 받아라!》하고 고함을 지르며 우에 있는놈의 머리를 베니 그 대가리가 말뚱처럼 굴러떨어졌다. 윤씨는 알몸뚱이로 된 제수의 머릴 거머잡고 장도끝을 가슴팍에 들이댔다.

《이년! 살겠거든 바른대로 이실직고하라. 지아비를 어째 죽였느냐?》

혼이 절반은 나간 계집은 바들바들 떨면서 겨우 입을 열었다. 그의 말에 의하면 아들이 보고싶어 그가 공부하는 절에 몇번 갔다가 중놈과 눈이 맞았는데 그 중놈이 하루 밤중에 와서 술에 취한 남편을 죽였다는것이였다.

노기충천한 윤씨는 그년을 보고

《이년, 네년이 꼬리를 치지 않았다면 중놈이 어찌 내실에까지 들어올수 있었겠느냐? 더구나 아들 낳고 살던 지아비의 시체가 식기도 전에 지아비를 죽인 철천지 원쑤놈을 끼고 희희락락거리니 네년이 어찌 살기를 바랄소냐!》

하고 칼을 쿡 박아 후원 련못에다 던졌다. 그리고나서 그는 중놈의 시체를 거적에다 둘둘 말아 나무단속에 묶어넣고 나무가리에다 세워놓은후 집안을 깨끗이 청소하고 사랑방에 들어가 누웠다.

이튿날 해가 중천에 떠올랐는데도 김씨네 집 구새에서는 연기가 나지 않았다. 이웃들이 《저 집에선 엊저녁에 늦도록 곡소리가 나더니 오늘 아침엔 잠잠하네.》하며 그집에 와보니 웬 일인지 텅 비여있었다. 그래서 어제 손님이 오더니 필경 눈이 맞아 붙어자는 모양이라고 여기고 가만이 사랑방에 나가 엿보니 거기엔 손님 혼자뿐이였다. 그날 정오에야 사람들은 후원 련못에서 칼을 박고 죽은 녀인의 시체를 건지였다.

《남편을 장례지낸후에 시형이 오니 남편에 대한 생각이 간절하여 스스로 자결한게로구나.》

이웃들은 모두 이렇게 여기고 김씨부인이야말로 렬녀라고 자랑했다. 그러니 이 소문이 고을원님의 귀에 안들어갈리 없었다. 고을원님은 자기가 고을을 잘 다스렸기때문에 렬녀가 나왔다고 여겨 그걸 자랑하려고 조정에다 알린후 그 집에 렬녀정문을 세우게 하였다. 렬녀정문을 세우던 날 사람들은 절에 가서 공부하는 열세살난 김씨의 아들을 데려왔다.

그날 밤, 윤씨가 김씨 아들을 데리고 한방에서 자게 되였는데 김씨 아들은 자기가 공부하는 절의 중이 나간지 며칠 잘되는데 여직 돌아오지 않았다는 이야기를 했다. 그래서 윤씨는 할수없이 자기가 서울 오게 된 일과 오다가 꿈에서 김씨를 만난 일을 이야기하고나서 그 중놈이 아버지를 죽인 원쑤라는것과 자기가 그 중놈과 어머니를 죽인 사실을 곧이곧대로 이야기했다. 김씨의 아들은 그제서야 모든것을 알고 《큰아버지, 내가 어떻게 하든지 말리지 마십시오.》하고 밖으로 나가더니 나무단속에 있는 중놈의 시체를 찾아 나무단채로 질질 끌고 가 렬녀정문에다 세워놓고는 나무를 가져다 불을 질렀다.

《비렬한짓을 하고서도 렬녀비를 다 받다니?! 내가 년놈의 부끄럼움을 없애줄테니 그리 알아라!》

이리하여 렬녀정문은 두 시체와 함께 불에 타버렸다.

이튿날 김씨 아들은 윤씨를 따라 시골로 내려갔다. 그후 그 아들은 학자인 윤씨한테서 글을 배워 과거에 급제하고 한림학사가 되였는데 윤씨부부를 잘 모신데서 효자가 되여 효자정문을 세웠다고 한다.

파경노

- 김재권 · 박창묵 정리

옥섬탄

옛날 바다가에서 그리 멀지 않은 한 마을에 어머니와 딸 두식구가 살고있었다. 기둥같이 믿던 남편을 잃은 어머니는 슬하에 하나밖에 없는 귀한 딸에게 일천정을 쏟으며 열손가락에 피가 나도록 일하면서 고생을 락으로 삼고 살아갔다. 그러니 딸도 남달리 일찍 셈이 들어서 어린 나이에도 어머니를 극진히 보살폈다.

어느날이였다. 어머니가 지지는듯한 불볕에 뉘 집 논김을 매주다 한낮이 되여 돌아오니 어린 딸이 부채를 가지고 자기 베개에 부채질을 하고 있었다.

《애야, 거 아버지 쓰시던 부채가 아니냐? 부채는 들고 웬 놀음질이냐?》

《어머니, 부질없는 놀음이 아니애요. 어머님이 불볕에 일하시다 돌아오시면 시원한 베개를 베고 누워 쉬시라고 그래요.》

어머니는 목이 메여 말이 나가지 않았다.

《어머니, 이웃집 할아버지가 얘기하시는데 옛날 향향이란 애가 이렇게 했대요. 그래<향향의 선침(香香之扇枕)>이라는 말이 지금까지 전한대요. 어머니, 저도 향향이처럼 효녀가 될래요.》

어머니는 너무도 기특하여 어린 딸의 머리를 쓰다듬으며 뜨거운 눈물을 흘렸다. 그러니 어린 딸은 어머니 품에 안겨 어머니 볼에서 흘러내리는 눈물을 씻어주며 이웃집 할아버지가 하시던 말을 그대로 받아외웠다.

《륙적이라는 애는 일곱 살에 이웃에 놀러갔다가 자기를 먹으라고 주는 귤을 몰래 품에 넣어가지고 와서 아버지를 대접했대요. 그래서 <륙적의 귤(陸積之橘)이란 말이 나왔구요. 그리고 와상이란 사람은 잃는 아버지께서 잉어를 잡수시고 싶다 하니 엄동설한에 꽁꽁 얼어붙은 강에 나가 얼음을 두드리며 울었대요. 그랬더니 얼음이 갈라지며 잉어 두 마리가 뛰여나와 펄펄 뛰더래요. 그래 그 잉어를 가져다 아버지를 대접했는데 이때부터 <왕상의 고빙(王祥之叩冰)>이란 말이 생겼대요.》

이렇게 두 모녀가 서로 의지해서 살아가며 그 행실이 고우니 가근방에서 그들 모녀를 모르는 사람이 없고 칭찬하지 않는 사람이 없었다.
　이러구러 세월은 흐르고 흘러 어머니는 어느새 호호백발이 되고 딸은 이팔꽃나이가 되였다. 어머니가 늙고 병들어 일을 못하게 되니 딸은 동리에 나가 삯방아도 찧고 삯바느질도 하고 사내들처럼 산에 가서 나무도 해오면서 어머님을 모셨다.
　이러던 어느해 꽃도 피고 잎도 피는 화창한 봄이였다. 봄은 만물이 소생하는 때라 딸은 겨우내 쇠진해진 어머니 몸을 추세우려고 산나물 뜯으러 갔다. 그런데 산나물을 잔뜩 캐여서 한짐 이고 집으로 돌아오는데 어디서 나왔는지 웬 두꺼비 한 마리가 풀쩍풀쩍 뛰며 뒤따라왔다. 말못하는 짐승이지만 하도 귀엽게 치마자락에 매달리며 쫓아오는지라 쫓아버리지 않고 내버려두었더니 집까지 따라들어왔다. 돌각담이나 풀섶에 숨어살며 지렁이나 모기 같은것을 잡아먹으며 사는 두꺼비가 이렇게 인가를 찾아올 때는 아마도 뭘 얻어먹자는것인데 당장 두꺼비 배에 넣어줄것이 없었다. 딸은 저도 모르게 호 한숨을 쉬며 두꺼비를 내려다보고 말했다.
　《애 두껍아, 모녀가 어렵게 살아가는 집에 뭣이 있겠니. 얻어먹겠으면 저 부자집에나 찾아가보렴.》
　그러나 두꺼비는 두눈을 말똥하게 뜨고 딸을 쳐다보며 도무지 떠날념을 하지 않았다.
　《애야, 암만 봐도 물러갈것 같지 않구나. 어떻게 하면 좋겠냐?》
　《어머니, 날새도 날아가다가 앉고싶은 나무를 찾아 앉는다지 않아요. 숱한 인가를 두고 우리집에 찾아왔는데 우리 정성껏 키웁시다.》
　딸은 어머니 말이 끝나자 말없이 일어나 어머니에게 점심상을 차려올리고는 제가 먹자던 밥그릇에서 밥 한술을 떠서 두꺼비에게 던져주었다. 그랬더니 두꺼비는 좋아라고 풀쩍 뛰며 그 밥 한술을 넙적 받아먹었다.
　이날부터 두꺼비는 이 집 식구가 되여 부엌에서 살면서 아무데도 가지 않았다. 어머니는 집에서 밤낮 두꺼비와 동무하며 짬짬이 파리도 잡아먹이고 모기도 잡아먹였다. 딸은 밖에 나가 일하고 돌아올 때마다 지렁이 한 마리라도 파가지고 와서는 《두껍아, 잘 있었니?》하며 던져주면 그놈은 반갑다고 고개를 까땍까땍하며 맛있게 받아먹었다. 이렇게 모녀간과 두꺼비 세식구가 밥도 함께 나누어먹고 기쁨도 함께 나누며 살아가니 집은 가난해도 늘 집안에서는 웃음꽃이 피였다.

그러나 이처럼 화목하고 즐거운 날은 오래 가지 못하였다. 두꺼비는 모녀의 지성으로 손끝에서 하루이틀 자라 3년세월이 지나니 작은 고양이만큼 컸지만 어머니는 하루하루 못해가서 아주 병석에 드러눕고말았다. 딸은 전보다 더 극성스레 삯일을 했지만 그 품값으로는 세식구의 입에 겨우 풀칠이나 할만했고 병중에 계신 어머님께 약을 써드릴수는 없었다. 어머님의 병세는 날이 갈수록 기울어가기만 했다. 딸은 너무도 안타까와 밤에 맑은 물 정히 떠다놓고 칠성님전에도 빌어보고 낮에 산신당에 가서 산신님께 빌어도 봤지만 모든 것이 허사였다. 이제 더는 어머니를 구할 방도가 없게 되였다고 생각하니 딸은 너무나도 기가 막혀 뒤뜨락에 나가서 속으로 피눈물을 쏟으며 울고 울었다.

이때 마을복판에서 왓작 떠드는 소리가 나서 무슨 일이라도 생겼는가 달려가보니 동리 사람들이 처녀를 사러 온 선인들을 쫓고있었다.

≪아니 이놈들, 아무리 돈에 눈이 뒤집혔기로 처녀를 제물로 사간단말이냐? 천냥이 아니라 만냥을 준대도 이 동리엔 처녀를 팔 집이 없다. 어서 썩 물러들 가거라.≫

이 말을 들은 딸은 귀가 솔깃해졌다. 천냥돈으로 처녀를 산다고 하니 그만한 돈이 있으면 병석에 누워계시는 어머님을 구할수 있고 어머니가 다시는 고생을 모르고 평생을 편안하게 살아갈수 있지 않겠는가. 이렇게 생각한 딸은 동리밖에 나선 선인들의 뒤를 한참이나 따라가다가 동리가 멀어지고 보는 사람도 없으니 급히 선인들을 불러세웠다.

≪여보시오, 선인네들, 소녀 잠간 물을 말이 있사오니 게 잠간 서주시옵소서≫

≪무슨 말인지 어서 물으시오.≫

≪듣자하니 천냥돈을 주고 처녀를 산다 하니 그게 실말이옵니까?≫

그렇소. 우리는 배타고 다니며 장사하는 사람들이요. 저 바다가 오공주(蜈蚣洲)라 하는 곳에 폐문한지 오래 되는 집 한 채가 있는데 그 집 룡마루에 아홉발이나 되는 큰 지네가 있다오. 그 지네에게 한해 한번 처녀 한사람씩 제수하여 제를 지내지 않으면 바다에 산더미같은 풍랑이 일어 배와 사람을 일시에 바다밑에 처넣기로 처녀를 사러 다니는중이라오. 헌데 랑자는 뉘 말을 듣고 이렇게 찾아왔소?≫

≪소녀는 이 동리에 사는 사람으로 아버지는 일찍 세상뜨시고 어머니 한분 계시온데 늙고 쇠진한 몸에 득병까지 하여 구할바 없나이다. 소녀 이 몸을 팔아

어머니를 구하고저하니 소녀를 사옵소서.》
　《하늘이 효자효녀를 낸다더니 랑자는 출천지효녀로소이다. 그럼 그리하오. 배는 래달 스무날에 떠나니 이 돈을 가져다 어머니 구하시면 하늘이 몰라보오리까.》
　《돈을 받고 실수 없도록 할터이나 이 일을 우리 어머니 아옵시면 안될것이오니 내 선인네들께 한가지 청이 있사옵니다. 행선하는 날이 되면 내 시집가는 날이라 할터인즉 어느분이시든 가짜신랑으로 꾸며가지고와서 가마에 앉혀 나를 데려가주옵서서. 그러하면 동리에도 말썽이 없을것이오며 우리 모친님 또한 나 죽으러 가는줄 모르고 기뻐하시지 않으리오까.》
　《랑자가 몸을 팔아 모친을 구하시는데 그만한 일이야 못하리까.》
　이렇게 서로 언약이 되니 선인들은 돈을 내여주고 딸은 그 돈을 받아가지고 집에 돌아오자 어머니앞에 돈을 내놓으며 공손히 머리숙여 절하였다. 병석에 누워있던 어머니는 영문을 몰라 깜짝 놀라며 딸만 쳐다보았다.
　《어머님, 놀라지 마옵소서. 이 불효녀석 동냥밥 얻으러 갔다 아무데서 맘씨 좋은 부자대인을 만나 기구한 사정이야기를 하며 돈 좀 뀌여달라고 빌었더니 그 어르신님이 나를 가엾게 여기시고 며느리로 맞겠다기에 그만 대답하고 돈 천냥을 주는 대로 가지고 왔사옵니다.》
　《오 그러한 일이냐. 네가 그같이 맘씨 고운 대가집 며느리로 되고 내 또한 네 덕에 돈 천냥이 생겨 병 고치고 근심없이 살게 되였으니 이 아니 기쁜 일이냐. 내 생전에 네 시집 가는걸 보지 못하고 죽을가봐 크게 근심하였더니 하늘이 도와서 이제는 죽어도 눈을 감게 되였구나.》
　언제 한번 어머니를 속인적 없는 딸의 말이라 어머니는 곧이듣고 몹시 기뻐하였다. 이날부터 딸은 발바닥에 불이 일도록 사처에 다니며 요한 의원이란 의원은 다 모셔오고 좋다는 약은 다 사다 어머니를 대접하였다. 정성이 지극하면 돌우에 꽃이 피고 마음을 잘 먹으면 북두칠성이 굽어본다고 딸의 지성에 어머니 병은 날따라 나아져 다음달 스무날께가 다가오니 자리를 털고 일어나 밤가는줄 모르고 딸의 잔치차비까지 하게 되였다.
　끝내 행선하는 날이 되니 장사군들이 약속한대로 신행행차를 꾸며가지고왔다. 신랑차림을 한 의젓한 총각이 말을 타고 들어서고 꽃가마가 뒤따라 들어서는걸 보자 어머니는 기뻐서 입도 다물지 못하였다. 하지만 초례청에 나서는 딸의 얼굴에서는 눈물이 줄 끊어진 넘주처럼 굴러떨어져 첫날 새옷을 적시였다. 어머니는 그래도 딸이 자기 품을 떠나는것이 서러워 우는줄로만 알고 조용히 타일렀다.

《애야, 이게 웬일이냐. 자고로 남아 십오세면 호패를 차고 여자 이팔이면 시집을 가는데 어찌 평생을 에미곁에 있기를 바라겠느냐. 네가 울면 이 에미 마음인들 오죽하겠느냐. 어서 눈물을 거두어라.》

딸은 가까스로 눈물을 참고 초례석에 나가 가짜신랑에게 절하고 술을 권하는데 그 신랑 역시 눈물이 그렁해서 술을 받아 억지로 마시였다. 이럭저럭 때가 되여 신랑은 큰상을 받아 물리자 딸을 꽃가마에 앉히고 집을 떠났다. 딸은 마지막으로 어머니에게 인사를 드리고는 입술을 옥물고 가마에 앉아 마을을 나섰다. 동리가 멀어지자 딸은 그만 참지 못하고 《어머니!》하고 대성통곡하며 쓰러졌다. 그런데 이때 난데없는 큰 두꺼비 한 마리가 풀쩍풀쩍 꽃가마를 앞질러 뛰여가고 있었다. 교군군들은 이렇게 큰 두꺼비를 처음 보는지라 《저 두꺼비!》하고 소리쳤다. 가마안에서 울기만 하던 딸은 두꺼비라는 소리에 가마문을 열고 내다보니 교군군들을 불러세웠다.

가마를 세우자 딸은 두꺼비를 내려다보며 말했다.

《애 두꺼비야, 네 비록 미물짐승이나 키워준 정을 잊지 못해 날 따라오는구나. 네 마음 고맙다마는 너까지 떠나고보면 외로운 우리 어머니는 누구와 동무해 살겠느냐? 어서 돌아 가거라.》

그러나 두꺼비는 들었는지 말았는지 또 한번 앞으로 풀쩍풀쩍 뛰여나가더니 돌아앉아서 가마탄 주인을 올려다보기만 하는데 두눈에서 눈물이 똑똑 굴러떨어졌다. 말 못하는 짐승이라도 그 처럼 서러워하며 갈라지기 아쉬워 눈물을 흘리는지라 딸은 가마에서 내려 두꺼비를 품에 꼭 싸안았다.

얼마를 어떻게 갔던지 꽃가마는 어느새 오공주 바다가 낡은집 문전에 이르렀다. 선인들은 꽃가마를 문전에 내려놓고 제상을 차린후 제수로 고운 처녀를 앞에 내세우고 배길이 무사하게 해달라고 중얼중얼 빌고 절을 하였다. 장사군들은 절을 마치자 처녀를 보고 빈집에 들어가라고 불같은 독촉을 했다. 딸은 마을쪽에 향하여 합장하고 《어머니, 불효녀식을 용서하옵시고 부디 오래오래 앉으시여 만복을 누리옵소서!》하고는 품에서 두꺼비를 꺼내놓고 두꺼비보고 한마디 했다.

《두꺼비야, 이제는 집으로 돌아가거라. 내가 없어도 서러워말고 내가 있는듯이 어머님을 모시고 잘살아라.》

처녀는 말을 마치자 천근같은 발을 옮겨 빈집에 들어섰다. 그러자 어느새 두꺼비도 풀쩍 뛰여서 그를 따라들어갔다. 선인네들이 빈집문을 꽉 닫아걸자 말없이 눈물 흘리며 이 광경을 지켜보던 가짜신랑 총각이 꾹 닫긴 문을 두드리며 사자처럼 고함을 쳤다.

《여보시오, 남의 집 불쌍한 처녀를 사다 이렇게 죽이는 법이 어데 있소? 난 다시는 선인질을 안하겠소. 어서 문을 여오. 저 불쌍한 처녀를 혼자 죽게는 못하겠소!》

그러나 선인들은 장사가 틀려질가봐 총각을 욕하고 때리며 끌고가버렸다.

해가 지고 달이 솟으니 째진 창문으로 처량한 달빛이 스며들었다. 사위는 쥐죽은듯 고요한데 딸은 속절없이 쓸쓸한 빈집에 앉아 눈을 꼭 감고 무서운 지네가 잡아먹기를 기다리고 있었다. 하늘에 돋은 달이 맑은 강우에 내려앉은듯 환하던 그 얼굴에는 검은 구름이 내려덮어 빛이 없고 련꽃이 새로 피여난듯하던 두볼로는 눈물이 하염없이 흘러내려 아름다운 꽃이 모진 비에 젖어 떠는듯하였다.

정밤중이 되자 빈집 대들보에 누워있던 아홉발이나 되는 큰 지네가 꿈틀꿈틀하더니 처녀를 향해 입으로 새빨간 안개 같은 독을 내뿜기 시작했다. 이때라 딸의 품에 안겨있던 두꺼비가 풀쩍뛰여 땅바닥에 내려앉더니 뒤다리를 벋디디고 앞다리를 번쩍 들고 눈을 뚝 부릅뜨고 큼직한 입을 벌리고 지네가 내뿜는 독기를 맞받아 파란 안개 같은 독기를 내뿜었다. 이렇게 되니 지네가 내뿜는 새빨간 독기와 두꺼비가 내뿜는 파란 독기가 허공중에서 부딪쳐 올리밀거니 내리밀거니하는데 두꺼비가 어찌나 힘있게 파란 독기를 내뿜어대는지 지네는 그만 더는 독기를 내뿜지 못하고 대들보 한켠에 밀려가버렸다. 그제야 딸은 두꺼비가 자기를 구하느라 지네와 싸웠다는것을 알았다. 딸은 말못하는 짐승이라도 은혜를 갚느라 지네와 싸우니 그만 두꺼비 일이 고마와 목이 꽉 메였다. 이날 밤 지네와 두꺼비가 이렇게 싸우기를 세 번 싸웠는데 지네는 독을 다 뿜어버리자 두꺼비가 내쏘는 파란 독기에 쏘여 방바닥에 툭 떨어져 죽고말았다. 아홉발이나 되는 큰 지네가 대들보가 내려앉는듯 방바닥에 떨어지는바람에 딸은 그만 정신을 깜박 잃고 그 자리에 쓰러졌다.

밤이 가고 새날이 왔다. 아침이 되여 밝은 해살이 창문으로 비쳐들 때 딸은 정신을 차리기 시작했다. 정신을 차리고보니 지네는 죽고 자기는 사경에서 벗어나 살게 되였는데 자기를 구해준 두꺼비는 가엾게도 네각을 뻗고 죽었었다. 딸은 죽은 두꺼비를 품에 안고 울고 울다가 죽은 두꺼비를 안다가 바다가 흰 모래사장에 고이 묻어주고 집으로 돌아왔다.

집에 외롭게 앉아있던 어머니는 시집간다던 딸이 집으로 돌아오니 깜짝 놀라며 대체 어찌 된 영문인가 물었다. 딸은 지나온 일을 하나부터 열까지 죄다 어머님께 여쭈었다. 어머니는 딸의 효성에 목이 메여 딸을 끌어안고 흐느껴 울기만 하였다. 사흘째 되는날 모녀는 두꺼비를 묻은 묘앞에 와 제물을 놓고 절을 하며 두꺼비의 은혜에 고마움을 드렸다.

그후 달포가 지난 어느날 웬 총각이 모녀의 집으로 찾아왔다. 처녀가 죽은줄 알고 처녀를 대신하여 어머니를 모시려고 찾아온 그 가짜신랑 배사공총각이였다. 총각이 찾아온 사연을 알게 된 어머니는 너무도 그 총각의 소행이 고마와 그 총각을 사위로 삼으니 딸과 사위는 어머니 한분을 하늘처럼 받들어 모시며 지난 일을 옛말하고 살아갔다.

이 소문을 알게 된 나라에서는 어머니를 구하려고 몸을 판 딸에게 효녀문을 내고 크게 상을 하사하였으며 죽은 두꺼비에게는 정삼품의 높은 벼슬을 하사하고 두꺼비가 묻힌 그 고장을 두꺼비섬(蟾)자를 달아 옥섬탄(玉蟾灘)이라 부르게 하였다 한다.

절구통을 재판한 원님

옛날 한 사람이 장사를 크게 해보자고 평생 벌어모은 돈을 다 털어 한짐 잔뜩 지고 서울로 떠났다. 장사군은 서울을 향해 가다가 점심때가 되니 양주 한 량반네 집에 들어가 점심을 먹게 되였다. 장사군은 량반네 대문안에 들어서자 대문한켠에 지어놓은 절구간에 들어가 돈짐을 절구통우에다 벗어놓고 방에 들어가 열어놓은 문으로 절구간을 내다보며 점심을 먹었다. 절구간이 빤히 내다보였으므로 돈을 잃어버릴 근심이 없었다.

장사군은 주인이 차려주는 점심을 잘 먹고 감사의 뜻으로 주인에게 돈 얼마라도 주고가자고 절구간에 나갔다. 헌데 절구간에 나가보니 절구통우에 놓은 돈짐을 누가 메가고 없었다. 장사군은 갑자기 된 몽둥이에 얻어맞기라도 한것처럼 정신이 아찔하며 눈앞이 그믐밤처럼 새까매났다. 평생을 손톱 끝에 피가 맺히도록 벌어서 긁어모은 돈을 점심먹는 사이에 몽땅 잃어버렸으니 장사도 못하고 그만 살길이 막히게 되였다. 장사군은 주인량반과 물어도 보고 그 집 안팎에 활딱 뒤집어도 보았지만 돈은 나오지 않았다. 장사군은 그만 기가 딱 막혀서 양주 길복판에 나가서 가슴을 잡아치며 돈을 잃어버렸노라고 어린애처럼 엉엉 울었다. 그러니 동정하는 사람은 있어도 돈을 얻어봐 가져다주는 사람은 없었다. 장사군은 하는수 없이 이 일을 고을 원에게 상소하였다.

그때 양주고을 원은 홍태윤이였는데 백정의 아들이였다. 헌데 양주란 고장은 량반이 어찌나 많은지 길에 나가면 량반에게 걸채여서 길을 못간다는곳이였다. 그러니 양주 량반들은 백정의 아들이 원으로 부임되여왔다는 소리를 듣고 그를 거들떠보지도 않고 송사할 일이 있어도 송사를 올리지 않았다. 그래서 홍태윤은 그때까지 별로 하는 일이 없이 고이 놀기만 하다가 이번에 처음으로 장사군의 송사를 받아 처리하게 되였다. 홍태윤은 장사군의 송사를 듣고 모든 것을 자세히 캐여 묻더니만 무슨 방책이 생겼는지 머리를 끄덕끄덕하더니 즉시 관하에 령을 내려 그 집주인을 잡아오라 하였다. 고을 원의 령을 받은 형방이 아전들을 거느리고 그 집주인을 잡으러 가는 데 갓을 쓴 량반들은 그 소문을 듣더니만 백정의 아들이 량반을 잡아 문죄한다고 떠들어치는 사람도 있고 그 주제에 잃어버린 돈을 찾을수 있겠느냐며 벌써부터 코웃음치는 사람도 있었다. 양주 량반들이야 어떻게 떠들어대든 원의 령을 받은 형방은 그 주인집 량반을 붙잡아서 그 량반에게 물었다.
《그 장사군이 댁에서 돈을 잃어버렸다 하는데 그게 실말인고?》
《네, 그, 그러하옵니다.》
그 집주인 량반이 겁을 집어먹고 대답하는걸 보니 가소롭기짝이 없었으나 송사를 처리하는 몸이라 원은 조금도 웃지 않고 정색해서 또 물었다.
《그래 그 장사군이 돈은 어디다 두었다 잃어버렸는고?》
《네…네…우리 집 절구통우에 올려놓고 점심을 먹었는데 점심을 먹고나니 돈이 없어졌습니다.》
《그래 대문을 열고 들어오는 사람은 못보았는고?》
《못보았습니다.》
그러자 원이 벌컥 성을 내며 자리를 차고 일어났다.
《음, 들어온 사람도 없는데 돈이 잃어졌으니 절구통의 작간이 분명하다. 내 그 놈의 절구통의 죄를 엄하게 다스리리라.》
주인량반은 일단 시름이 놓여 후 한숨을 내쉬였으나 말못하는 절구에게 죄를 준다니 속으로는 우스워 원의 눈치만 살폈다.
《너의 집 절구통이 남의 집 돈을 훔친 죄 경하지 않거니 그 절구를 5년동안 정배살이를 보내렸다.》
《네, 현명한 재판인줄 아뢰옵니다. 어서 우리 집 절구를 가져가옵소서.》
량반이 생각해보니 그까짓 절구통쯤은 아무것도 아닌지라 제꺽 응하였다.
《헌데 그 절구통이 발이 없어 저절로는 류배지에 못갈터인즉 수레에 실어보내는 삯전과 로비에다가 5년간 절구가 먹고살 돈까지 합하여 천냥돈은 자네가 내야 하리로다. 래일안으로 천냥돈을 바치지 않으면 절구통 대신에 자네에게 죄를 안길테니 그리 알고 물러가라.》
주인량반은 량반은 량반이나 수중에 돈이 없는 가난한 량반이라 동헌에서 나오는 길로 사처로 뛰여다니며 돈을 꾸어모았다. 천냥돈을 빚 지더라도 량반체면에 정배살이는 갈수 없으니 울며 겨자먹기로 이렇게 하는수밖에 없었다.

《자네 이 천냥돈안에서 자기 돈을 찾을만 한가?》

《네, 소인이 어제도 말씀드렸지만 소인의 돈은 이를 악물고 한푼두푼 모은 돈이라 돈이 내 손에 들어올 때마다 그 돈을 한번씩 깨물어놓았사오니 이발흔적이 있을줄 아옵니다.》

《좋다. 내 전일 너와 가만히 물어 알고 한 일이니 어서 그 돈을 골라내도록 하라.》

장사군이 이집저집에서 모아온 돈을 헤쳐보니 과연 이발 흔적이 난 돈이 들어있는 돈주머니가 있었다. 그래 그 돈을 원님앞에 내놓으니 원님이 다시 집주인 량반을 불러놓고 물었다.

《이 주머니의 돈은 자네의 돈인고?》

《아니옵니다. 이웃 아무집에서 꿔온 돈이옵니다.》

《정녕 틀림이 없는고?》

《네. 소인이 그 집에서 손수 세아려받고 주머니에 넣어왔나이다.》

그러자 고을 원은 즉시 그 돈꿔준 사람을 잡아다 형틀에 달아놓고 곤장을 안겼다. 그랬더니 그 사람은 매를 이기지 못해 여차여차하게 그 돈을 훔쳤노라고 죄다 불고말았다. 이리하여 원은 도적을 잡아내고 그 훔친 돈을 장사군에게 돌려주었다.

이 일이 있은 뒤 양주의 량반들은 다시는 고을 원을 백정의 아들이라고 비웃지 못하였다. 홍태윤이 백성에게 어진 정사를 하고 악한자는 용서없이 법으로 다스리니 백성들은 그에게 선정비(善政碑)까지 세워주었다고 한다.

시골선비와 팥죽장사할미

옛날 시골에 사는 한 선비가 서울로 과거보러 갔다. 시골선비는 집이 째지게 가난하다보니 좋은 주막에 들 생각은 하지도 못하고 혹시 눅거리 세 방이라도 얻을가 해서 진종일 서울 판을 돌아다녔다. 해가 서산에 기울도록 찾았으나 헛물만 켜고만 시골선비는 어찌나 배가 출출하지 팥죽이나 사먹으려고 장마당으로 들어갔다.

《뜨끈뜨끈한 팥죽이요! 맛 좋고 값싼 팥죽 사구려!》

때마침 웬 팥죽장사할미가 기다렸다는것처럼 청승좋은 목소리로 싸구려를 불러댔다. 시골선비는 다짜고짜 한그릇 청해서 선자리에서 후룩후룩 단숨에 굽냈다. 그 모양을 빤히 지켜보던 팥죽장사할미가 이상스럽다는듯 물었다.

《차림새를 보니 귀하신 선비 같은데 어찌하여 좋은 주막집을 놔두고 이 할미의 팥죽을 사잡수시오? 아마도 무슨 곡절이 있는것 같구려.》

시골선비는 한참이나 머뭇거리다가 마음씨 착해보이는 할머니앞이라 자기의 딱한 사정을 털어놓고 말했다. 그랬더니 뜻밖에도 팥죽장사할미가 반색을 하며 말했다.

《이 사람, 나는 의지가지없는 외 토리 늙은일세. 이 추한것을 꺼리지 않는다면 우리 집에 와 묵으면서 동무도 하고 집도 지키며 과거볼 날을 기다리는게 어떻겠나?》

이리하여 시골선비는 팥죽 한그릇 사먹은 연분으로 팥죽장사할미집에 들어 친혈육처럼 정답게 보내며 마음놓고 과거공부를 하게 되였다.

그러던 어느날이였다. 그날도 저녁을 먹고난 시골선비가 책을 들고 앉았는데 문소리가 《삐걱》하고 나더니 웬 녀인이 들어와 반갑게 《할멈》, 《아씨》하며 서로 말을 주고 받는 소리를 들으니 여간 다정한 사이가 아니였다. 그때 시골선비도 힌창 피는 꽃나이라 그토록 아름다운 녀인의 목소리를 들으니 자연 마음이 싱숭생숭해져서 글이 되지 않았다. 웬규수가 와서 할머니와 저렇게 고운 목소리로 다정하게 이야기하고있을가? 시골선비는 당장 뛰여내려가 그 고운 목소리의 임자를 마주하고 한번 쳐다보고싶은 마음이 불같이 일어났다. 하지만 남녀유별이요. 한낱 글읽는 선비의 몸이라 그렇게는 할 수 없어 모래 문틈새로 아래 방에 앉은 녀인을 훔쳐보았다. 시골선비 문틈으로 내다보니 뉘 집 랑자인지는 몰라도 어떻게나 예쁜지 천상선녀가 방안에 내려앉은듯 월궁상이가 광한전에 내린듯하였다. 시골선비 문틈새로 그 아릿다운 규수를 보고 또 보아도 끝없이 보고만싶은데 밤이 가서 이슥히 되니 규수가 자리를 뜨려 했다.

《할멈, 난 이만 놀고 가겠사와요.》

《아씨, 오래간만에 오셨는데 루추한 집이라도 더 놀다가시지요.》

《할멈 보고파 왔는데 이만 보고가면 돼요. 보고싶으면 또 오겠사와요.》

그 규수 자리를 뜨고 일어나는데 그 양을 보니 자태 또한 고와서 꽃에 앉았던 나비가 사뿐 꽃이파리를 차고 날아가는듯 하였다. 그 꽃다운 자태까지 보니 마음속에 불이 확 달려 시골선비는 더는 앉아있을수 없었다.

시골선비는 할머니의 눈치를 살필새도 없이 저도 모르게 밖으로 뛰여나가 종종걸음을 옮겨놓는 녀인의 앞을 턱 가로막아섰다.

《랑자, 무례한 행우를 용서하오. 서생은 서울 과거보러 온 시골선비로 잠간 할멈집에 머물렀더니 전생의 인연이 있어 랑자를 만났구료. 묻건대 뉘 집 누구시며 년광은 얼마나 되오!》

《하잖은 규중처녀의 이름 알아서 무엇에 쓰오리까? 정 알고싶으면 나이만은 알려드리다. <남산유전변토락(南山有田邊土落)에 북림소구조선비(北林巢鳩鳥先飛)>로소이다.》

그 규수는 글귀로 제 나이를 말하고는 곱게 아미를 숙이고 선비의 몸곁을 조심조심 지나 종종걸음으로 어둠속에 사라져버렸다.

시골선비가 그 글귀를 풀어보니 남산에 있는 밭전(田)자의 변이 떨어졌으니 열십(十)자요, 북림에 깃을 튼 비둘기구(鳩)자에서 새(鳥)가 먼저 날아났으니 남은것은 아홉구(九)자라 그 규수 당년 나이는 열아홉살이 분명했다. 시골선비 생각해보니 그 규수의 나이 한창 피는 꽃시절인데 그처럼 글까지 능하니 어찌 지기(知己)가 되고 짝이 되지 않을소냐. 그러나 대장부체면으로 달아나는 규수를 다시 쫓아갈수는 없고 하여 한식경이나 멍하니 어둠속에 서있다가 방에 들어와 자리에 누워버리고말았다.

하지만 그이튿날부터 규수의 꽃같은 얼굴이 눈에 삼삼하여 시골선비는 도무지 공부가 잘되지 않았다.≪에라, 생각지 말자. 과거보러 온 대장부가 처녀 하나 때문에 전정을 망칠소냐.≫하고 책을 펼쳐들면 글줄사이로 또 그 규수의 얼굴이 나타나군 했다. 그래서 눈을 딱 감고 보지 않으려고 하면 이번에는 또≪보고싶으면 또 오겠사와요.≫하는 옥을 굴리는듯한 그 규수의 목소리가 귀에 쟁쟁하였다. 시골선비는 마음이 조여 그 규수가 오늘저녁 올가, 래일저녁 올가 하며 저도 모르게 안타까이 기다리게 되였다. 그러나 사흘이 지나고 닷새가 지나고 아흐레가 되여도 그 처녀는 그림자도 보이지 않았다. 그런데 열흘째 되는 날 저녁 끝내 정지문이≪삐걱≫하더니≪할멈!≫하고 옥을 굴리는것 같은 목소리가 또 들려왔다. 이때를 애타게 기다리고 기다리던 시골선비는 천방지축 사이문께로 다가가 문틈새로 그 규수를 내다보았다. 하도 보고싶던 얼굴이여서인지 그 규수의 얼굴을 보니 한볼에는 해가 돋고 한볼에는 달이 돋은듯한데 팔자청산 고운 눈썹아래 머루알같은 눈은 야광주처럼 빛을 뿌리고 나풀거리며 이야기하는 입술은 빨갛게 망울진 꽃이 고운 이파리를 터치운듯하였다. 시골선비는 보고 또 보아도 눈만 떼면 아쉬운 그 얼굴을 넋을 잃고 보기만 하는데 또 밤이 가서 깊어지니 규수가 전처럼 할멈에게 인사하고 일어나 문을 나섰다.

　시골선비는 더는 참을수 없어 화닥닥 자리를 차고일어나 종종걸음을 놓는 그 규수를 뒤쫓아가서 옥으로 다듬은것 같은 규수의 두손을 덥석 잡았다.

　≪랑자, 가지 마오. 이제 헤여지면 언제 다시 만나리요!≫

　≪세상에 무서운것이 마음이 변하는것이옵니다. 하오니 마음만 변치 않을진대 어찌 만나지 못함을 걱정하리까?≫

　≪하다면 랑자, 그대 집은 어디며 어떻게 찾아가리요?≫

　그 말에 규수는 또 전처럼 묻는 말을 곧바로 알려주지 않고 글귀를 지어 대답했다.

　≪저의 집은 흥인지문내(興仁之門內)북향칠행동(北向七行洞), 장내장외(墻內墻外)에 리화만발지가(李花滿發之家)로소이다.≫

　규수는 선비의 손에서 자기의 손을 살그머니 뽑고는 조용히 어둠속에 사라졌다. 시골선비는 손에 쥐였던 보배구슬을 잃은듯 아쉬웠으나 별수 없었다.

　헌데 이렇게 갈라진 뒤 시골선비가 아무리 기다려도 그 규수는 팥죽장사할미네 집에 다시는 찾아오지 않았다. 그제야 시골선비는≪마음만 변치 않을진대 어찌 만나지 못함을 걱정하리까≫하던 규수의 말과 집을 가르쳐주던 글귀가 생각났다. 이는 필시 자기를 찾아오라는 말이겠은즉 일찍 그 규수를 찾아가지 못한 자기가 멍청이였다고 후회하며 급히 집을 나섰다. 그때 서울사람들은 동대문을 흥인문이라 불렀으므로 시골선비는 규수가 말한대로 동대문안에 들어서서 북으로 향한 칠 행동에 이르렀다. 거기에 가니 과연 담장안밖에 배꽃이 만발한 집이 있었다. 시골선비는 그 집을 찾고 기뻐하며 그 집에 발을 들여놓으려는데 키가 구척같고 눈이 종지같은 문지기가 눈알을 딜딜 굴리며 어디서 온 사람인데 웬 일로 함부로 대감집 문전에 발을 들여놓느냐며 시골선비를 마구 밀어내쳤다. 시골선비는 그 사연을 문지기에게 말할수도 없고 또 그렇다고 글만 읽던 사람이 구척장신과 싸워 이길수도 없어 말 한미디도 못하고 팥죽장사할미집으로 되돌아오는수밖에 없었다.

집에 와 생각해보니 그 규수는 틀림없이 대감집 딸이라 자기 가문하고는 하늘과 땅사이였다. 그러니 닭은 콩에서 싹이 나고 삶은 닭이 홰를 치는 한이 있더라도 그 규수와 꽃다운 인연을 맺는다는것은 영영 그러진 일이였다. 생각하면 무엇이 이런 세상을 만들어서 자기는 그런 집 문전에 발도 들여 놓게 못하는지 그저 세상이 한스러웠고 눈을 감으면 그 꽃다운 녀인이 눈에 삼삼하여 안타까운 마음이 칼로 살을 저며내는것 같았다. 시골선비는 그만 심화 끝에 식음을 전폐하고 자리에 드러눕고말았다. 시골선비가 하루도 아니요 이틀 사흘 식음을 전폐하고 자리에만 누워있으니 팥죽장사할미가 이상히 여기고 물었다.

≪이 사람, 암만 봐도 자네 일이 그저 일 같지 않네. 과거보러 온 사람이 이렇게 식음을 전폐하고 자리에 누워있을적에는 필유곡절이니 무슨 사연이 있는지 말하게나.≫

≪아무 일도 없습니다. 그저 몸이 불편해서 그럽니다.≫

시골선비가 그 사연을 말하기 민망하여 거짓으로 대답하는데 팥죽장사할미는 머리를 절레절레 흔들었다.

≪아닐세. 무슨 사연이 있는것이 분명하네. 자네가 날 부모처럼 생각한다면 속시원히 말해주게. 나도 자식을 키워본사람일세 내남이 자식 귀해하기는 마찬가지라네.≫

사람이 목석이 아닌 이상 마음이 비단같은 팥죽장사할미가 이처럼 간곡히 묻는데 마음속 말을 털어놓지 않을수 없었다. 그리하여 시골선비는 그 규수를 두고있은 사연을 숨김없이 하나부터 열까지 자초지종을 다 말하였다. 팥죽장사할미는 시골선비의 말을 듣더니만 주름진 얼굴에 환한 웃음을 띠우며 말했다.

《이 사람, 하늘이 무너져도 솟아날 구멍이 있는 법이네. 사내대장부가 일개 여자때문에 락심하고 앞길을 망쳐서야 되겠나. 그 일은 이 할멈에게 맡기고 당장 일어나 정신을 차려 과거공부에나 힘을 쓰게.》

팥죽장사할미는 본래 그 규수의 유모이고 그 규수의 아버지인즉 대궐에서도 례의에 밝기로 소문높은 례조판서였다. 팥죽장사할미는 시골선비를 안심시켜놓고는 그 길로 판서네 집으로 갔다.

팥죽장사할미는 판서가 장중보옥같이 귀해하는 딸을 젖먹여 키웠는지라 판서는 할머니가 들어서는것을 보자 여간 반가와하지 않았다.

《할멈, 참 오래간만이요. 그래 그새 잘 지내시우?》

《네. 팥죽장사를 해서 살아가자니 고생스러워도 큰 근심은 없이 지내옵니다.》

《그래 오늘은 무슨 일이라도 있어 오셨소?》

《네. 어저께 팥죽 팔러 장에 갔더니 이런 일을 두고 시비가 생겼사옵니다.》

《무슨 일인데?》

《한 시골선비가 서울 과거보러 왔다가 한 대감집 따님과 눈이 맞았답니다. 대감따님은 시골선비한테 집까지 알려주고 찾아오라고 했습지요. 그런데 시골선비가 찾아가니 대감집에서는 문간에도 들여놓지 않았답니다. 시골선비는 너무도 어이없고 기가 막혀 몸져 누운것이 그만 목숨이 경각에 다달았사옵니다. 사랑하는 처녀도 얻지 못하고 과거도 못보고 죽게 되였사옵니다. 이 이야기를 듣고 모두들 아무리 대감이라도 죽는 사람을 살려야 한다거니 대감은 대감이고 시골선비는 시골선비인데 대감이 어떻게 제 딸을 시골선비에게 주느냐거니 하며 시비가 생겼습니다. 대감님, 대감님께서는 어떻게 시비해야 옳을지 가르쳐주시옵소서.》

팥죽장사할미는 딴궁리가 있어 이렇게 꾸며대고 묻는데 대감은 남의 일처럼 생각하고 제꺽 대답했다.

《할멈, 그야 묻지 않아도 시비가 손금보듯 빤하지 않소. 아무리 지체높은 가문에서 태여났다 해도 한낱 녀자로 해서 생사람을 죽이며 과거도 못보고 앞길을 망치게 할수야 없지. 대감집에서는 그 딸을 시골선비한테 주어야지우.》

《그게 실말이옵니까?》

《실말이 아니고 내 일국의 례악을 맡아보는 사람으로 이만한 시비도 없으면

무슨 면목으로 조정에 나가 판서질을 하겠나말이여.≫

말이 생각한대로 나왔다. 팥죽장사할머니는 이때라 하고 바짝 코밑에 들이댔다.

≪대감님, 대감님께서 이처럼 시비 밝으신데 제가 어찌 실토정을 하지 않으오리까. 실은 방금 말한것이 남의 일이 아니오라 저희집 일이옵니다. 이제 대감님께서 믿어지지 않으시면 청컨대 집의 아씨한테 물어보옵소서.≫

대감은 이미 한 말이 있는지라 엎지른 물을 도로 담아들일수도 없고 그렇다고 선뜻 대답하자니 천금같이 귀히 키운 딸을 시골선비에게 주기도 아쉬워 한참이나 멍해있다가 입을 열었다.

≪할멈, 내 일국의 판서 되여 어찌 일구이언하겠소만 혼인이란 인륜대사라 내 친히 딸애의 말을 듣고야 허하겠으니 그리 아오.≫

하고 딸을 불러앉히고 으름장을 놓는데 대감의 딸은 아버지앞에 두무릎을 꿇고 다소곳이 머리숙여 또박또박 대답했다.

≪부친님, 불초녀식을 용서하여주옵소서. 실은 소녀 할멈네 집에 놀러 갔다가 그 선비와 상종한적이 있나이다. 비록 시골에서 태여났사오나 대장부 가슴속에 큰뜻이 있삽고 문장 또한 출중하오니 장차 나라의 동량지재로 되기에 손색이 없을줄 아뢰옵니다. 원컨대 부친님께선 그 선비를 어여뻐 여겨주옵소서.≫

일이 이쯤되니 이제는 다 지어놓은 밥이라 대감은 팥죽장사할미를 보고 말했다.

≪할멈, 이제는 미우나 고우나 그 사람은 내 집 사람이 되였는데 그 사람더러 글공부에 명심하여 장원급제하는 날 찾아오라고 일러주오.≫

팥죽장사할미는 일이 생각대로 성사되니 친아들이 장가라도 가는듯 기뻐하며 집으로 돌아왔다. 하지만 그런 내색은 조금치도 내지 않고있다가 시골선비가 저녁 글을 마치고 자리에 누우려 할 때 그를 불러앉혔다.

≪내 자네게 한마디 할 말이 있네. 사내대장부는 가슴속에 치국평천하의 큰뜻을 품어야 하네. 장원급제 소원성취하는 날 내 자네를 데리고 대감집에 가려네. 그러니 과거에 급제하지 못하고는 아씨를 다시 볼 생각도 말게나.≫

이날부터 시골선비 굳은 마음을 먹고 주야가 따로없이 글만 일념하고 읽더니 공든 탑이 무너지랴고 금방에 이름이 나붙고 홍문관 직제학 벼슬을 제수받게 되였다.

이와 같이 팥죽장사할미 덕분에 시골선비는 벼슬하고 대감의 꽃같은 따님과 백년해로의 동방화촉의 밤을 가지게 되였다. 첫날밤 시골선비 새각시와 마주앉으니 새삼스레 팥죽장사 할미네 뜨락에서 그 색시가 나이를 알려주던 일이 생각되여 빙그레 웃으며 새각시를 보고 말했다.

《부인, 내 오늘 부인과 이렇게 마주앉으니 그때 부인이 글귀로 나이를 말해주던 일이 새삼스럽게 떠오르는구려.》

《그럼요. 그 글이 오작교가 되여 우리 오늘 백년해로 부부로 만나게 되였사와요.》

《그러면 오늘밤엔 내가 글귀를 내여 부인한테 내 나이를 묻겠소. 부인 생각은 어떠하오?》

《어서 물으시와요.》

《장부지년하소문(丈夫之年何所問)이라 장부의 나이 얼마되느냐 묻지를 마소. 서초패왕도강시(西楚霸王渡江時)라 서초패왕이 강을 건널 그때요. 그래 내 나이 얼마나 되오?》

새각시는 시골선비 말이 떨어지기 바쁘게 대답했다.

《가군님 나이 스물넷인줄 아뢰오.》

《어찌 두고 하는 소리요?》

《통감 둘째권에 이르기를 항우가 강동제자 8천명을 거느리고 강을 건너 진나라를 치러 갈 때 그 나이 스물넷이라 하였사오니 가군의 나이 또한 스물넷이 아니오리까.》

《하하하…부인, 우리는 글까지 천생배필이구려!》

시골선비는 팥죽장사할미 덕분에 이처럼 글잘하고 마음씨 곱고 용모 고운 부인을 만나 잘살게 되였는데 벼슬이 높아져도 팥죽장사할미를 잊지 않고 친부모처럼 모시니 세상에 칭찬하지 않는 사람이 없더라 한다.

금강산신선이 된 나무군총각

멀고먼 옛날 금강산밑에 의지가지없이 외홀로 살아가는 나무군총각이 있었다.
어느날 총각은 지게를 지고 산에 나무하러 갔다. 그런데 총각이 나무 한짐되게 해놓았을 때 갑자기 어린 사슴이 죽기내기로 뛰여오더니 나무군총각을 보고 뒤에 포수가 쫓아오니 제발 목숨을 살려달라고 빌었다. 어린 사슴은 귀엽기도 하고 불쌍하기도 했다. 나무군총각은 두말없이 어린 사슴을 자기가 해놓은 나무더미속에 숨겨주었다.
이윽하여 포수가 씩씩거리며 달려오더니 나무군총각을 보고 물었다.
《방금 이리로 사슴 한 마리가 뛰여가는걸 보지 못했소?》
《보았습니다. 저쪽으로 막 뛰여갑디다.》
포수는 나무군총각이 가리키는 쪽으로 달려갔다. 포수가 멀리멀리 사라져 보이지 않자 나무군총각은 어린 사슴을 나무더미속에서 꺼내주었다.
《자, 인젠 살았다. 어서 가거라!》
사경에서 벗어난 어린 사슴은 눈물이 그렁해서 나무군총각을 보고 말하였다.
《초부님, 고마워요, 후 날 은혜를 갚아드리겠으니 기다려주세요.》
《은혜라 할것이 없다. 사람이나 짐승이나 위험에 처하면 구해주는것이 도리다. 그런 말 하지 말고 어서 거거라!》
《그럼 안녕히 계세요.》
어린 사슴은 깡충깡충 뛰여서 수림속으로 사라졌다.
며칠뒤에 나무군총각은 또 그 산에 가서 나무를 하였다.
이날도 총각이 나무 한짐되게 해놓았는데 어린 사슴이 깡충거리고 뛰여왔다. 어린 사슴은 나무군총각을 보더니만 반갑다고 그의 앞에 뛰여와 앞발을 꿇고 머리숙이며 절까지 하였다. 나무군총각은 산에 사는 짐승이라도 다시 만나니 정이 들어서 어린 사슴의 머리를 쓰다듬어주며 다정하게 물었다.
《애야, 너 그새 잘있었니?》

≪그래요. 초부님도 무사히 지냈어요?≫

≪그래요. 무사히 지냈다. 그런데 너 오늘은 무슨 일이 있어서 날 찾아왔니? 내가 도와줄만한 일이면 도와줄테니 어서 말해라.≫

어린 사슴은 머리를 살래살래 젓더니 나무군총각을 보고 물었다.

≪초부님, 장가를랑 들었나요?≫

≪어유참, 너 무슨 말을 그렇게 묻니? 그래 내 이 신세를 보면 모르겠냐? 등에다 나무짐이나 지고다니며 사는 신세인데 누가 나한테 딸을 주겠느냐? 그런 말은 하지도 말라. 공연히 내 마음만 상한다.≫

나무군총각은 자기 신세가 너무나도 한심하여≪후-≫하고 땅이 꺼지게 한숨을 쉬였다. 그러자 어린 사슴은 제꺽 앞발을 들어 나무군총각의 무릎우에 올려놓더니 그의 귀가에 입을 대고 소곤소곤 말했다.

≪초부님, 장가 들수 있어요. 초부님은 그저 내가 시키는대로만 하세요. 여기서 저 남쪽으로 고개 둘을 넘으면 푸른 늪이 있는데 그 늪에 칠월 초사흗날이면 하늘의 선녀들이 내려와 목욕을 해요. 그날 그 늪가에 가서 숨어있다가 선녀들이 하늘에서 내려와 목욕할 때 선녀 옷을 한 벌 숨겨두세요. 그러면 그 옷을 잃은 선녀가 하늘에 날아올라가지 못하고 자연히 초부님의 말을 듣고 안해가 될거얘요. 내 말을 명심하고 꼭 내 말대로 해야 해요.≫

어린 사슴은 이렇게 말하고 꼬리를 살래살래 흔들더니 눈 깜짝할새에 자취를 감췄다.

이때로부터 광음은 화살과도 같이 지나서 기다리던 칠월초사흗날이 왔다. 나무군총각은 어린 사슴이 가르쳐준대로 나무군차림새로 고개 둘을 넘어서 하늘같이 파란 늪가에 가서 숲속에 숨어 선녀들이 내려오는가 하늘만 쳐다보았다.

아니나 다를가 점심때가 가까워오니 하늘의 팔선녀가 저마다 닭의 둥우리같은 둥우리에 앉아서 하늘공중에서 동동 떠내려왔다. 해달같이 환하고 꽃같이 고운 선녀들은 늪가에 내려오더니만 활활 옷을 벗어놓고 맑고 시원한 물에 풍덩풍덩 뛰여들어 재미나게 목욕을 하고 있었다. 선녀들은 저마다 좋다고 희희닥거리며 웃어대기도 하고 보라는듯이 물속에서 재간을 피워대기도 하였다.

이때라 나무군총각은 몰래 숲속에서 기여나와 어린 사슴이 시켜준대로 옷 한 벌을 쥐여들고 다시 숲속에 숨어버렸다. 해가 나불나불해지자 하늘의 선녀들은 물속에서 나와 저마다 제 옷을 찾아입고 둥우리에 올라앉아 하늘로 동동 떠올랐다. 헌데 옷을 잃은 한 선녀만은 하늘에 날아올라가지 못하여 늪가에 선채 구슬같은 눈물을 떨구며 울고있었다. 나무군총각은 때가 된지라 서슴지 않고 숲속에서 뛰여나와 울고있는 선녀를 달래였다.

《선녀님, 울지도 말고 놀라지도 마오. 그대는 처녀이고 나는 총각이라 나와 그대가 이렇게 만남도 연분이 아니겠소. 울지 말고 날 따라가 우리 함께 금슬지락을 누리며 검은 머리 백발이 되도록 살아봅시다. 옥경에 사는것도 좋겠지만 천하절경인 금강산에서 사는것도 또한 재미가 아니겠소. 어서 날 따라갑시다.》

나무군총각은 솜같이 부드러운 선녀의 손목을 덥석 잡아 끌었다. 하늘의 선녀는 날개옷이 없어서 하늘로 날아갈수 없는데다 인간세상에는 의지할 사람도 없고 찾아갈 사람도 없는지라 총각의 말을 좇을수밖에 없었다. 그리하여 선녀는 말없이 나무군총각이 이끄는대로 외씨같은 발을 종종 옮겨놓으며 그를 따라갔다.

이날부터 나무군총각과 선녀는 부부가 되여 날 가는줄 모르고 재미나게 살았다. 그러는 사이에 류수와 같은 세월은 흐르고 부부지락은 깨알처럼 쏟아져서 하늘에서 살던 선녀는 옥골선풍같은 아들셋을 낳았다. 심산골에서 그림자와 동무하여 나무짐이나 지고다니던 나무군총각은 선녀를 맞아들인데다 끌날같은 아들까지 셋을 보니 세상에 부러운것이 없어 자나깨나 웃음뿐이였다.

이때 하늘에서 내려온 선녀는 딴 생각을 하고있었다. 그는 아이들이 셋이 재미나게 노는걸 볼 때마다 이제 다시 하늘에 올라가지 않으면 옥황상제께서 천의를 저버렸다고 대노하여 천벌이라도 내리면 자기는 물론 불쌍한 남편과 귀여운 애들까지도 무서운 화를 입을것만 같았다. 선녀는 날이 갈수록 수심에만 잠겨 그의 얼굴에는 웃음기라곤 없고 그저 수심이 흐린날 하늘에 구름끼듯하였다. 선녀는 자기 혼자 속으로 생각하고 생각하던 끝에 하루는 일하러 나가는 남편을 보고 말하였다.

《여보세요, 내 한가지 간절한 청이 있는데 들어주겠나요?》

《허허허, 내 이 한몸이 의지가지없이 외토리 굴밤알처럼 지내다가 꽃같은 부인을 얻고 이제는 끌날같은 아들 셋까지 보았는데 부인의 무슨 청인들 못 들어주리요. 어서 말하오.》

《제가 하늘에서 내려올 때 입었던 그 날개옷을 한번만 입어보게 해주세요. 오늘은 애들을 데리고 재미나게 놀아볼가 해요.》

《그야 못하겠소 하지만 하늘에 가버리면 안되오 아이들도 나도 이제는 당신

없이 못사오.≫

≪공연한 말씀 하시네요. 근심말아요.≫

선녀가 이같이 말하니 초부는 서슴지 않고 안해의 청대로 그에게 하늘에서 내려올 때 입고 내려왔던 날개옷을 꺼내다주고 싱글벙글 웃으며 일하러 갔다.

남편이 일하러 나가자 선녀는 날개옷을 입고 하늘에 올라갈 차비를 하였다. 선녀는 눈물이 그렁해서 철모르는 어린것들을 불러 번갈아가며 품에 안아주었다. 아이들은 어머니의 심사를 모르고 품에 안기니 좋다고 웃으며 짝자꿍을 쳤지만 선녀의 눈에서는 눈물이 비오듯 쏟아졌다. 그러니 큰아이가 이상한 생각이 들어 어머니를 보고 물었다.

≪엄마, 엄마는 왜 울어?≫

선녀는 차마 어린애들까지 속일수가 없었다. 그래서 모진 마음을 먹고 실말을 하였다.

≪애들아, 엄마는 본래 하늘나라 사람이란다. 엄마가 하늘나라로 돌아가지 않으면 아버지와 너희들이 화를 입는단다. 그러니 엄마 대신 너희들이 아버지를 잘 모셔야 한다. 잘 있거라. 애들아, 엄마는 간다.≫

선녀는 말을 마치자 눈물을 흘리며 하늘에 날아올랐다. 철없는 아이들은 영문도 잘 모르고 까마아득히 하늘로 날아오르는 어머니를 쳐다보며 그저 ≪어머니! 어머니!≫하고 목놓아 울기만 했다. 어머니를 애타게 부르며 우는 세 아이들의 울음소리가 바람을 타고 밭에서 일하는 아버지의 귀전에까지 울려갔다.

어머니를 부르며 슬피우는 애들의 소리를 듣고 초부는 허둥지둥 집으로 달려왔다. 집에 와보니 꽃같은 안해는 그림자도 보이지 않고 세 아이가 발버둥치며 울고 있었다. 그제야 영문을 안 초부는 공연히 날개옷을 주었다고 후회했지만 이미 엎질러놓은 물이라 다시 주어담을수도 없었다. 그래서 초부는 좋은 말로 애들을 달랠수밖에 없엇다.

≪애들아, 울지말아. 엄만 하늘나라에 갔다가 돌아온단다.≫

≪정말 오나요?≫

≪정말 아니구. 그렇지만 울면 돌아오지 않아. 어서 울음을 그쳐야지.≫

아버지의 말에 애들은 울음을 뚝 그쳤다. 한편 초부의 생각에도 부부의 정과 세 아들을 못잊어 어느날은 꼭 선녀가 돌아올것만 같았다.

그러나 한달이 지나고 석달이 지나도 하늘나라에 간 선녀는 다시 돌아오지 않았다.

그러던 어느 하루 초부는 엄마를 찾으며 성화를 부리는 애들을 겨우 달래놓고 너무도 마음이 울적하여 전에 갔던 그 산으로 나무하러 갔다. 초부는 지게를 벗어놓고 낫을 쥐였으나 나무할 생각조차 나지 않아 애꿎은 담배만 풀썩풀썩 피우며 한숨밖에 쉬지 않았다. 이때 난데없이 그 사슴이 껑충거리고 뛰여오더니 초부를 보고 인사했다.

《초부님, 안녕하셔요?》

《오, 오냐…》

초부는 사슴을 보니 기쁘기도 했지만 지나간 일들이 생각나며 설음이 복받쳐서 말도 바로 나가지 않았다.

《초부님, 무슨 일이라도 생긴게 아니애요? 걱정말아요. 제가 도와줄테니 어서 말씀하세요.》

초부는 눈물을 흘리며 선녀를 부인삼아 금슬좋게 지내며 그새 아들 셋을 본 이야기부터 시작해서 선녀가 하늘에 올라간 슬픈 사연이며 아들 셋이 날마다 어머니를 찾아 울고있는 슬픈 사정을 하나부터 열까지 다 말했다. 사슴은 초부의 말을 듣고 눈을 깜박이며 무엇인가 생각하더니만 이렇게 말하였다.

《초부님, 방도가 있으니 상심마세요. 호랑이처럼 사나운 짐승도 제 새끼 둔 골은 두남하고 철따라 오가는 기러기도 부부정을 안다 하였는데 하늘에 사는 선녀가 어찌 귀동자 셋을 잊으며 부부정을 어찌 모르리오까. 필시 피치못할 사정이 있어 하늘에 올라간것이옵니다. 그러니 초부님께서는 선녀님을 만나시던 그 늪가에 애들 셋을 데리고 가서 애들더러는 울면서 어머니를 부르게 하고 초부님은 선녀님을 부르세요. 세 번만 부르면 하늘에서 선녀님이 내려올것이오니 그때 꼭 그와 함께 하늘에 올라가야 합니다. 그러면 자연히 후일이 걱정없이 될것이옵니다.》

사슴은 말을 마치자 그림자도 남기지 않고 어디론가 사라졌다.

초부는 집에 오자 사슴의 말대로 어린것들을 이끌고 고개둘을 넘어서 선녀를 만났던 늪가로 갔다. 늪은 예나 다름없이 하늘빛처럼 푸르고 아름다 왔다. 초부는 맑은 호수물에 애들을 깨끗이 목욕시키고 자기 몸도 깨끗이 씻은 다음 애들을 보고 말했다.

《애들아, 엄마가 보고프지?》

≪엄마 보구퐈. 아버지, 엄마보게 해줘.≫

≪그럼 애들아, 저 하늘이 보이지? 저 하늘에 너희들 어머니가 계시는데 너희들이 엄마엄마하고 세 번 부르면 어머니가 오신단다.≫

아이들은 아버지 말이 끝나기 바쁘게 엄마를 불렀고 초부도 아이들과 함께 목놓아 선녀를 불렀다.

≪엄마- 엄마-≫

≪부인- 부인-≫

그리움에 애타는 목소리, 그리움에 피타는 목소리가 눈물에 젖어 산에도 울려가고 강에도 울려가고 하늘에도 울려갔다. 그 소리를 받아 산이 선녀를 부르고 강이 엄마를 찾았다.

≪엄마-≫

≪부인-≫

세 번째로 부르는 소리가 울리자 과연 사슴의 말과 같이 높은 하늘로부터 고운 둥우리에 앉아 선녀가 눈물짓고 그들앞에 내려왔다. 꿈이냐 생시냐 싶었다. 남편은 그리운 안해를 부여잡고 울었도 안해는 어린것들을 품에 안고 흐느껴 울었다. 초부가 안해의 옷자락을 덥석 잡아쥐고 울면서 말하였다.

≪여보, 이제 다시는 우리를 버리지 마오. 우리를 버리고 부인 혼자 하늘에 올라가면 에미없는 이 애들은 어이 살며 안해없는 나는 어이 살아간단말이요. 죽어도 같이 죽고 살아도 같이 살아야 하오.≫

≪초부님, 진정하시고 저의 말을 들어보세요. 저라고 어찌 당신과 애들을 떠나 살수 있겠사오리까. 하오나 옥황상제께서 아시고 대노하시면 당신과 어린것들에게 큰 화가 미칠것 같아서 눈물을 머금고 몰래 하늘로 올라갔나이다. 부디 용서해주세요. 초부님, 저와 함께 가자요. 저도 이제는 더는 떨어져 살수 없소이다.≫

선녀는 말을 마치자 어린것들은 량품에 갈라안고 남편은 옷자락을 부여잡게 하고는 둥우리에 올라앉아 하늘에 동동 떠 올랐다.

하늘나라에 온 초부는 그리운 안해와 함께 장장밤을 새워가며 지나간 이야기를 하였다. 그러는 새에 밤은 가고 새날이 왔다. 해가 솟자 옥황상제로부터 즉시 대령하라는 전갈이 왔다. 초부는 옥황상제앞에 가 무릎을 꿇고 앉았다.

≪그대는 누구기에 감히 하늘나라를 범하는고?≫

옥황이 눈을 부릅뜨고 물었다.

《네. 소인은 하토에 사는 초부이온데 하늘이 맺어준 인연으로 천국에 왔나이다.》

초부는 이렇게 대답하고 그간의 세세한 사정을 이야기한후 엎드려 간청하였다.

《금수도 짝이 있고 새끼둔 골을 잊지 않는다 하였소이다. 바라건대 옥황님께서는 저의 부부 다섯 식구를 갈라놓지 말아 주옵소서. 갈라질바엔 차라리 죽기가 소원이옵니다.》

옥황상제는 룡상에 앉아 초부를 내려다보았다. 하토에 사는 사람이기는하나 기골이 장대하고 눈에 정기가 담겨 범상치 않아 보였다. 옥황상제는 한참이나 초부를 뜯어보더니만 무슨 생각이 들었는지 한마디로 슬쩍 물었다.

《그대 무슨 재간이 있기로 천궁에까지 올라왔느뇨?》

《네. 소인이 하토에 살기는 하오나 하늘에 수의대로 오르는 재간만은 가지고 있사옵니다.》

《뭐? 하늘에 오르는 재간이 있다고?》

《그러하옵니다.》

《하하하, 하하하, 그러할진대 왜 진작 하늘나라에 와 살지 않고 하토에 묻혀 살았는고?》

《네, 금강산이 하두 아름답기로 그곳을 떠나지 못하였나이다. 소인은 살아서는 금강산 절경을 보며 살기가 소원이고 죽어서는 그 아름다운 금강산에 묻혀 금강산과 함께 있을 소원이였사옵니다.》

말 한마디가 중천금이라더니 초부의 이 말 한마디가 옥황상제의 마음을 크게 움직여놓았다. 옥황상제는 초부와 선녀의 깊은 정에 마음이 뒤흔들렸던차에 금강산을 사랑하는 초부의 말까지 듣고보니 너무나 기특하여 즉시 령을 내렸다.

《참으로 기특하도다. 하늘이 지상에 산을 벌제 금강산을 천하제일강산으로 만들었는데 오늘까지 그 명산을 맡아보는 신선이 없었도다. 한즉 그대에게 내 딸을 주어 금강산에 보낼테니 그대는 금강산신선이 되여 그 산을 지켜보도록 하라.》

이렇게 되여 초부는 선녀와 어린것을 데리고 다시 금강산에 내려와 아기자기하게 살게 되였는데 이때로부터 금강산을 지키는 신선이 있게 되였다 한다.

10년뒤에 처가로 다시 가다

옛날 한 총각이 장가간지 얼마 지나지 않아서 새각시를 데리고 처가에 놀러 가게 되였다. 속담에 이르기를 안해가 고우면 처가 집 말뚝보고도 절한다고 마음이 비단같이 곱고 용모 또한 꽃같이 고운 안해를 얻은 그는 남처럼 잘살지는 못했지만 장가가서 처가에 처음 가는 길이라 성심을 다해서 떡도 가지가지 하고 엿도 달이고 닭도 잡아가지고 안해와 둘이서 힘에 겨웁도록 이고지고 처가로 찾아갔다. 이들 부부가 땀을 철철 흘리며 집에 들어서니 약속이나 한듯 맏사위와 둘째사위도 부인네들을 데리고 처가에 와있었다.

셋째사위는 장가가서 첫길이니 장인장모가 기뻐서 맨버선발로 뛰여나와 맞아들이려니 했는데 셋째사위가 짐을 지고 들어서니 장모는 보지 못한것을 보기라도 하듯 외면하고 앵돌아 앉고 장인은 서글픈 웃음부터 웃더니 셋째사위가 짐을 벗어놓기도 전에 퉁명스레 말했다.

《이 사람, 맏사위와 둘째사위는 말타고 견마까지 잡히고 왔는데 자넨 자네의 그 정강말을 타고 짐까지 그렇게 지고 왔나? 참 내 이 사람들을 보기가 안됐네.》

장인은 이렇게 한마디 던지고는 셋째사위가 짐을 벗어놓고 절하는것도 받지 않고 그저 맏사위와 둘째사위만 사위라고 그들과 마주앉아 이야기하고 장모 또한 셋째사위와 셋째딸과는 말 한마디 하지 않았다. 그러니 맏사위와 둘째사위는 어깨가 석자세치나 올라가서 셋째를 꿔온 보리자루처럼 한쪽에 밀어놓고 거들떠보지도 않았다. 기분이 상하면서 마음이 뒤틀렸다. 하지만 셋째사위는 그들과 맞서 싸울수도 없고 안해의 얼굴을 부기도 안되여 참고 견디며 밖에 나가 마당도 쓸고 나무도 패면서 지냈다. 헌데 하루 지나도 그 모양 그 꼴이요 이틀이 지나도 그 모양 그 꼴이더니 사흘째 되는 날부터는 맏사위와 둘째사위가 나서서 이래라 저래라 하며 제집 종부리듯하자고 들었다.

부아가 상투밑까지 치민 셋째사위는 온다간다는 말 한마디 하지 않고 집에 돌아와버렸다. 그러니 그의 안해도 남편을 따라 집에 돌아왔다. 안해는 집에 들어서자 남편 보기가 너무도 민망해서 머리를 숙이고 죄진 사람처럼 남편앞에 앉아서 한마디 말도 못했다. 이때라 남편이 안해를 보고 말했다.
《여보, 나같이 못사는 남편을 만나서 당신까지 업심을 받았으니 내 사내대장부로 태여나 부인의 얼굴을 볼 면목조차 없게 됐소.》
《무슨 말씀을 그렇게 하셔요. 부귀빈천은 물레바퀴돌듯한다는데 우리라고 날마다 이렇게 살겠나요. 소첩이 비록 녀자의 몸이지만 랑군님 마음만은 알고있사오니 우리 부부 합심하면 무슨 일인들 못하리오까?!》
젊은 부인이 이같이 말하자 남편은 벌써 속생각이 있었는지라 덥석 부인의 손을 잡고 자기 생각을 내놓았다.
《여보, 내 이번에 처가에 가서 여간만 괄세를 받지 않았소. 그렇지만 괄세를 받고보니 우리도 마음맞춰 소같이 일하고 쥐같이 먹으면서 개미 금탑 모으듯하기요. 자, 오늘부터 끼니마다 콩죽을 두사발 쒀놓고 내가 한사발 당신이 한사발을 먹되 혹 나한테 손님이 오면 내앞의 콩죽을 손님께 대접하고 내가 한끼 굶고 당신한테 손님이 오면 당신이 한끼 굶으란말이요. 10년동안 이렇게 먹으며 이를 악물고 버느라면 우리라고 못살겠소? 어떻소, 이렇게 할만하오?》
《랑군님 생각대로 하겠사옵니다.》
부부사이에 이렇게 금석같이 굳은 약속을 하고는 그때부터 그들은 말과 같이 끼니마다 콩죽 두사발을 쒀서 한사람이 한사발씩 먹고는 부지런히 일하기 시작했다. 남편은 밖에 나가 남의 집 밭도 갈아주고 김도 매주면서 하루도 쉬지 않고 일했으며 안해도 편히 집에 앉아 놀지 않았다. 때로 손님이 찾아와서 남편이 끼니를 굶는 때도 있었고 부인이 끼니를 굶는 때가 있었지만 이들은 약속한대로 끼니는 굶어도 손에 일감은 떨구지 않았다.
세월이 흘러 사오년이란 세월이 지나니 이 집 살림은 차차 사람들의 눈에 띄게 늘어갔고 동네방네 그 소문이 퍼져 칭찬이 자자하게 되였다. 이때 장인은 그새 사위가 발길이 끊어지고 소식조차 없으니 대체 살았는지 죽었는지 알수 없어서 사위집으로 찾아왔다. 아버지가 딸집에 찾아오니 사위는 길닦이를 나가고 없는데 딸이 집에서 베를 짜다 아버지 오는걸 보더니 달려나와 반갑게 맞아주었다. 딸은 아버지가 왔다고 맛있는 채도 볶고 떡까지 해서 잘 대접하고는 천을 사다 버선을 만들어 올리고 두루마기도 새두루마기를 지어올렸다. 아버지는 딸네 살림형편이 괜찮은지라 기뻐하며 놀다가 집으로 돌아가게 되였다. 딸은 아버지가 집으로 돌아갈 때 새 두루마기를 입히고 떡을 한짐 가득 지워서 보냈다.

장인은 딸이 해준 떡을 지고 기뻐서 흥얼흥얼 코 노래까지 부르며 길을 걸었다. 헌데 얼마를 갔는지 모르는데 한곳을 지나며 보니 길닦이가 한창이였다. 장인은 사위 얼굴이라도 보고가자고 가던 길을 멈춰서서 하나하나 길닦는 사람을 살피였다. 이때 장인이 사위 얼굴을 찾아내기도전에 사위가 주먹을 불끈 쥐고 씩씩거리며 장인앞에 와서더니 인사도 없이 지고가는 떡짐을 가리키며 물었다.

《장인님, 뭘 그렇게 지고가십니까?》

《어허, 이것 말인가? 이 사람 사위. 내 사위집에 왔다가 딸이 떡을 해줘서 이렇게 한짐 지고가네. 그래 자넨 잘있나?》

장인은 그래도 반갑다고 사위에게 인사까지 하는데 사위는 인사를 받기는커녕 다짜고짜로 장인이 지고가던 짐을 와락벗겨 제앞에 놓고는 길닦는 사람들을 보고 웨쳐댔다.

《자, 떡이요. 떡들 사시오.-》

떡이라는 소리에 일하던 사람들이 욱 쓸어와 나 하나 너 하나 하며 앞을 다투어 떡을 사먹었다. 그바람에 성이 상투밑까지 치민 장인은 그만 홱 돌아서서 뒤도 보지 않고 가버렸다.

이때로부터 류수와 같은 세월은 또 오륙년 지나서 셋째사위네는 한 고을 갑부가 부럽지 않게 잘살게 되였다. 이때 셋째사위 손꼽아 세여보니 처가에 갔다온지도 10년이 되였고 장인의 환갑도 눈앞이였다.

《여보, 내가 처가에 갔다온지도 꼭 10년인데 생각해보니 장인님 환갑도 오라지 않구만. 10년이면 강산이 변한다고 우리도 이만하면 한 고을 갑부가 부럽지 않게 살게 되였는데 우리 장인님 환갑도 볼겸 그새 지나온 이야기도 할겸 겸사해서 한번 가봄이 어떠하오? 》

《저야 좋으나 궂으나 저의 본가이온데 왜 가고싶지 않겠어요.》

《여보 부인. 이번에 처가에 가면 전처럼 괄세는 받지 않겠으나 내 장인님 노여움만은 풀어줘야 하겠소. 땅문서만 가지고가도 될거요.》

남편은 이때에야 비로소 부인이 해준 그 떡을 장인한테서 빼앗아 판 이야기를 했다. 안해는 10년동안 콩죽을 쒀먹자고 다짐한 그 약속을 지키지 않은 자기를 속으로 나무람하면서 남편을 다시한번 쳐다보았다. 머리가 숙어지고 스스로 얼굴이 붉어졌다.

셋째사위네 부부는 10년만에 맛있는 음식을 갖가지 장만하여 이고지고 길을 떠났다. 10년뒤에 찾아가는 걸음인데다 그사이에 뜻마저 이루고나니 걸음도 자연히 빨랐다. 부부가 이고지고 집에 들어서니 어머니는 그새 보고싶던 딸을 보자 눈물을 흘리였다. 헌데 사위가 짐을 벗어놓고 장인앞에 가 코가 땅에 닿도록 절하며 인사하는데 장인은 홱 돌아앉으며 퍼르댕댕해서 가라는 호령부터 뺐다.

《나에게는 자네같은 사위가 없네. 어서 썩 물러가게!》

《장인께서는 노여움을 푸십시오. 실은 우리 부부사이에도 잘살아보자고 10년을 기한하고 약속한 일이 있어 그러했사옵니다. 》

《듣기 싫다. 그래 너희들 부부끼리 하나는 나에게 떡을 해주고 하나는 그 떡을 빼앗아 돈벌이를 하자고 그랬더냐?》

《아버님, 그런 일이 아니옵니다. 아버지 이 땅문서를 보옵소서. 우리가 금석같이 군은 약속을 하고 그 약속을 지키지 않았다면 이렇게 많은 밭을 살수 있었겠습니까. 이 땅문서속에는 그때 아버님께서 지고가시던 떡을 판 돈도 들어있사옵니다.》

딸이 이같이 말하고 지나온 이야기를 하나부터 열까지 내리여우니 어머니는 그 말을 듣고 눈물지었고 아버지는 성이 풀리고 나중에는 머리까지 들지 못하였다.

《이 사람 사위, 내 딸의 말을 들어보니 이 늙은것이 지난처사가 잘못됐네. 어떻게 하겠나. 내 딸 얼굴을 보더라도 량해하세. 이보게 사위, 내 지난날 말타고 온 사위만 사위라 하고 잔뜩 올리춰주었더니 돈 벌줄은 모르고 번 돈을 물쓰듯 쓰기만 해서 일가가산을 다 탕진하고 이번 장인환갑에도 오지 못한다누만. 자네 훌륭하이, 자네야말로 내 사위일세.》

《장인님…》

《여보 로친, 어서 닭을 잡소 이 사람은 전번에 내가 괄시를 해서 처가에 와서 닭 한 마리도 먹지 못하고갔소.》

이렇게 도여 셋째사위는 10년뒤에 다시 처가에 가서야 사위대접을 제대로 받고 장인도 그때로부터 10년이 지난 뒤에야 지난 처사가 글렀다는것을 알고 그 사위를 더없이 중히 여기더라 한다.

효자와 감 세알

 옛날 한 시골에 두 모자가 살고있었다. 일찍 남편을 여읜 어머니는 아들 하나를 기둥처럼 믿고 살았으며 일찍 아버지를 여읜 아들은 어머니 한분을 량친부모 대하듯 대하며 살아갔다. 살림살이는 가난했으나 일년 365일 날에 날마다 집안에 웃음소리가 넘치니 동네방네에 소문이 자자하여 이들 모자를 칭찬하지 않는 사람이 없었다.
 그런데 어느 한해 겨울 어머니가 갑자기 득병하여 자리에 눕게 되였다. 아들은 의원을 청해다 보인다, 약을 지어다 대접한다 하며 정성을 다했지만 어머니 병은 조금도 차도가 없었다. 어머니는 차차 병이 위중하여 식음마저 전폐하게 되였다. 그러니 아들은 하도 기가 막혀 어머니 옷자락을 부여잡고 눈물 지으며 말했다.
 ≪어머님, 무엇이든 잡수시고싶은것이 있으면 말씀하세요. 꼭 가서 구해오리다.≫
 ≪하긴 시원한 감을 먹었으면 내 병이 나을것 같구나. 헌데 이 겨울에 어디 가서 감을 얻어오겠느냐?≫
 감을 잡수면 병이 나을것 같다고 하니 아들은 너무도 기뻐서
 ≪어머니, 걱정 말고 기다리십시오. 제가 감을 얻어오리다.≫라고 하며 문을 나섰다.
 그런데 그해따라 감이 되지 않아 감철에도 마음대로 감을 사먹을수 없었는데 감철도 아닌 엄동설한에 어디 가서 감을 얻어온다는 말인가? 아들은 백설이 뒤덮인 감밭으로 달려갔다. 앙상한 나무들이 바람에 떨며 울었고 감나무밑에는 백설이 한자나 깔려 있었다. 아들은 눈밑을 뒤지면 틀림없이 가을에 떨어진 감이 있을것만 같아서 차디찬 눈을 파헤치기 시작했다. 이 나무 저 나무 온 감나무밭을 찾아갔다. 이렇게 진종일 감나무밭을 찾아 헤매면서 감을 얻어보다나니 몸은 얼어서 돌덩이처럼 되고 열손가락은 터져서 피못이 되였지만 애타게 찾는 감은 줏지 못하고 겨울 해만 산너머로 넘어갔다.

아들은 너무나도 안타까와 하늘을 우러러보며 길이 탄식했다.
《하느님이시여, 왜 이다지도 무정하옵니까? 어머니 병을 고치게 불쌍한 나에게 감 세알만 주옵소서.》
무심한 하늘은 대답이 없었다. 그런데 이때라 난데없이 허리가 서발이나 되는 호랑이가 자기를 나타나더니 다짜고짜 그를 등에 둘쳐업고 달렸다. 호랑이가 자기를 해칠 생각이면 으르렁 거리며 덮칠것인데 등에 업고 소리없이 달리는것을 보니 필유곡절이라 아들은 하늘은 무정해도 산중령물인 호랑이만은 유정해서 자기를 돕는다고 생각하며 호랑이등에 업혀 호랑이를 꼭 부여잡았다.
얼마를 갔는지 모르나 날이 어두울무렵 호랑이는 산중에 자리잡은 외딴집앞에 와서 아들을 내려놓고 등불이 빤짝빤짝이는 초가집만 내다보았다. 아들이 이를 보고 생각하니 그 집에 감이 있으니 그 집에 들어가 감을 얻으라는 뜻이 분명했다. 아들은 기쁘기도 하고 급하기도 하여 미처 주인도 찾을새없이 문을 떼고 들어섰다. 집 웃방에는 백발이 성성한 로인이 앉아 있었는데 로인은 문뜩 뛰여드는 낯선 젊은이를 보고 놀랐다.
《아니, 이 어두운 밤에 웬 젊은이요?》
아들은 백발이 성성한 로인앞에 넙적 엎드려 절하고 찾아 온 사연을 아뢰였다.
《소자 집에 모친 한분 계시온데 갑자기 득병하였습니다. 백약이 무효로 식음마저 전폐하셨사온데 한번 시원한 감을 잡수셨으면 병이 나을것 같다 하시기에 렴치불구하고 찾아왔사오이다.》
아들의 말을 듣고난 로인은 그를 측은히 바라보며 고개만 끄덕일뿐 입을 열지 않았다. 조급해난 아들은 다시한번 청을 들었다.
《로인님, 감이 있으면 한알이라도 좋으니 주옵소서.》
그제야 로인은 입을 열었다.
《하긴 내 집에 감이 있기는 세알이 있네만 오늘 저녁 돌아가신 애에미 제사에 쓰려고 내놓은것일세. 애에미 생전에 감을 제일 좋아했는데 올해따라 흉년이 들어 겨우 감 세알밖에 거두지 못했네. 그러니 내사정도 딱하네.》
사정을 듣고보니 그 집 일도 딱한지라 아들은 천만 락망하여 맥없이 일어섰다. 그러자 백발로인이 말했다.
《가만, 자네 너무 섭섭해 말고 기다려주게. 애에미 제사가 끝나면 한알도 남기지 않고 자네에게 그 감을 주겠네. 참말 자넨 효자일세!》

《고맙소이다!》
 아들은 감을 주겠다는 말을 들으니 얼마나 다행스러운지 몰랐다. 제사가 끝난 후에 이제 그 감을 가져다 어머님을 대접할 일을 생각하니 너무도 기뻐서 눈물이 주르르 흘러내렸다.
 이때 아랫방에서 웬 녀인의 목소리가 들려왔다.
 《아버님, 아버님께서 돌아가신 어머님을 그처럼 잊지 않으시고 생각하여주시니 소녀 기쁘기 한량없나이다. 하오니 소녀 한마디 여쭐 말씀이 있소이다. 손님께서 병석에 누워계신 어머님을 구하시겠다고 어두운 밤에 이 심산 외딴집에까지 찾아오셨는데 어찌 저세상에 가신 어머님을 대접하겠다고 살아있는 사람 구하지 않겠나이까. 아버님께서는 더 지체 마시고 손님께 감을 주어보내소서. 때를 놓치면 아버님께서 감을 내놓아도 사람을 구하지 못하오리다.》
 조용조용 말하는 녀인의 말을 들으니 그 말 한마디 한마디가 천금같이 귀하고 가슴을 아프게 찌르는지라 아들은 너무도 고마 와 눈물을 비오듯 흘렀다. 딸의 말을 듣더니만 로인은 스스로 머리를 툭 쥐여박으며 입을 열었다.
 《허허, 이 늙은것이 잘못 생각했구나. 네 말이 천만 옳다! 애야, 어서 움에 들어가 그 감 세알을 내다 이 젊은이에게 올려라, 젊은이, 이 늙은것을 허물 말게나.》
 이윽하여 처녀가 감 세알을 들고나와 이 총각에게 주었다. 그는 처녀에게 골백번 사례하고 밖에 나왔다. 문밖에 나오니 호랑이가 기다리고있다가 아들을 둘쳐업고 바람처럼 내달았다.
 그날 밤 감 세알을 잡숫자 어머니는 정신이 난다며 자리를 털고 일어나앉았다. 감 세알이 약은 아니지만 어머니에게는 이보다 더 좋은 약이 없었다. 어머니는 아들의 손을 으스러지게 잡고 말했다.
 《애야, 내 너같은 효자를 두어 엄동설한에 감을 다 먹고 정신차리고 일어났구나. 애야, 너 고생인들 여북했겠느냐?!》
 어머니의 물음에 아들은
 《어머님, 호랑이가 이 아들을 도왔구 고마운 그 시골처녀가 어머님을 구했어요.》
 라고 하면서 자초지종을 일일이 아뢰였다. 그러니 어머니는 그이튿날로 은인을 찾아가 인사올리자고 아들과 약속하였다.

이리하여 어머니는 감 세알 덕에 병이 낫고 후에는 또 그 감 세알이 인연이 되여 맘씨 고운 그 시골처녀를 며느리로 삼아 아들 며느리와 함께 화목히 지내며 만년을 복하게 살았다한다.

호랑이처녀와 호원사

먼먼 옛날 신라때에 있은 일이다.

그때 김현이라는 젊은이가 있었는데 총명이 과인하여 문무가 출중하였으나 그는 선대에 득죄한 가문에서 태여난 까닭으로 벼슬길에 오르지 못하고있었다. 그래서 김현은 어떻게 해서라도 큰공을 세워 조정에 등용됨으로써 가문을 빛내이고 나라를 위해 떳떳이 나서 일해보리라 마음먹었다.

이때 신라에는 매년 3월 초파일부터 자기 소원을 성취해달라고 절에 모여 전탑을 하면서 기도를 드리는 풍속이 있었다.

어느해인가 김현이도 그해 3월 초파일날이 오자 자기의 소원을 성취해달라고 전탑을 돌면서 정성껏 기도를 드렸다. 중천에 달이 떠오르고 밤이 차차 깊어지자 탑을 돌던 사람들은 하나둘 헤여져 집으로 갔지만 김현이만은 여전히 입속으로 념불을 외우면서 탑을 돌았다.

그런데 김현이 탑을 돌고있노라니 등뒤에서 사쁜사쁜 뒤따르는 발자국소리가 들려왔다. 남자의 발소리가 아니였다. 분명 웬 녀인의 발자취였다. 김현은 이상한 생각도 들고 한창 꽃나이에 호기심도 생겨 저도 모르게 뒤를 돌아다보았다. 달빛이 어린 처녀의 모습이 한눈에 안겨왔는데 한떨기의 아름다운 꽃과도 같은 이쁜 처녀였다. 김현이 돌아보는 바람에 처녀는 부끄러워 걸음을 멈춰서서 머리를 숙이더니만 꽃이파리같은 입술을 놀리며 조용히 말했다.

《용서하세요. 밤이 깊어지니 랑자된 몸이라 무서운 생각이 들어 뒤를 따랐어요.》

김현은 처음 보는 녀인앞이라 다른 말은 못하고 자기는 사내대장부이니 겁나말고 자기 뒤를 따라 탑을 돌라고 공손히 한마디 할뿐이였다.

이렇게 시작한 탑돌기는 초파일부터 보름날까지 지속되였는데 둘이 함께 매일 밤 밝은 달빛아리서 탑을 돌다나니 차츰차츰 가까워지고 나중엔 남몰래 서로 정까지 통하게 되였다.

이러구러 어느덧 보름날이 되여 탑돌기도 끝나게 되였다. 서로 떨어지기 아쉬운 심정이였다. 이날 밤 김현은 밝은 달빛을 즈려밟으며 처녀를 바래였다. 처녀도 말없이 그의 바래움을 받았다. 그런데 이상하게도 처녀는 인가없는 깊은 산중으로만 들어갔다. 김현은 다소 이상한 생각이 들었으나 사랑하는 처녀와 갈라지기 아쉬워 그를 따라 걷기만 하였다. 얼마를 걸었는지 모르는데 가고가다보니 우거진 숲사이로 별빛처럼 밝은 불빛이 빤히 비쳐나왔다. 처녀가 부드러운 소리로 말했다.

《고마와요. 집에 다 왔으니 그만 돌아가세요.》

《아니요. 예까지 왔으니 기왕지사 왔던바하고는 문앞까지 바래주고가지요.》

김현이 떨어지기 아쉬워하는 대답이였다. 처녀는 더는 거절할수 없어 앞에서 걸었다. 처녀와 김현이는 무인심산속에 자리잡은 집뜨락에 들어섰다. 그러자 집안에서 파파 늙은 어머니가 나오더니 깜짝 놀라며 물었다.

《애야, 저이는 누구시냐?》

깊은 밤중에 낯선 사내를 데리고왔으니 속일수도 없었다. 처녀는 조용히 늙으신 어머니에게 자초지종을 죄다 말했다. 그러자 어머니 얼굴에 근심히 장마철 하늘에 구름쌓이듯했다. 딸도 일이 이 지경에 이르니 진퇴량난이 되여 말을 못했다. 어머니가 딸은 보고 말했다.

《애야, 네 오래비들이 돌아오면 기필코 살생이 날터인데 어서 숨겨드려라.》

이때 그리 멀지 않은 곳에서 우수수 숲이 뒤설레는 소리가 들려왔다. 다른 생각을 할 새도, 지체할 새도 없었다. 처녀는 어머니 시키는대로 김현이를 다락우에 숨겨주었다.

김현이 그 연고를 물을 새도 없이 뒤미처《따웅!》하는 소리가 산을 쩌렁쩌렁 울리더니 눈에 시퍼런 불이 둘둘 굴러떨어지는 호랑이 세 마리가 집 앞마당에 뛰여들었다. 그러자 집안에 있던 그 꽃같은 처녀와 그의 어머니도 호랑이로 되여 문을 열고나왔다.

다라우에 숨어서 이 광경을 내려다본 김현이는 그제야 그 꽃같이 이쁘던 처녀도 사람인것이 아니라 호랑이의 화신이였다는것을 알게 되였다. 김현이는 이젠 꼼짝없이 죽었구나 하고 눈을 꼭 감았다.

이때 뛰여든 세 마리 호랑이는 씩씩 냄새를 맡으며 돌아쳤다.

《인내다. 분명 인내야!》

그중 한놈이 말하더니 김현이 숨어있는 다락을 쳐다보았다. 그러자 나머지 두 마리도 눈에 불을 켜고 다락을 쳐다보았다.

《참 오라버니들, 내가 절에 가서 사람들과 함께 탑돌기를 하다 왔으니 내 몸에서 나는 냄새애요. 인내는 무슨 인내라고 그래요.》

호랑이처녀가 말했다. 하지만 오래비호랑이들은 그의 말을 듣지 않고 당장 다락에 뛰여오르려 했다. 이때 늙은 호랑이가 천둥이 울듯 큰소리로 호령했다.

《애들아, 그래 너희들이 인간살생을 적게 했다는말이냐! 산신령께서 이 밤으로 너희들을 잡으러 온다고 전갈이 왔다. 이제 좀만 있으면 너희들의 명도 보존키 어려운데 인간살생을 또 한단말이냐? 산신령님이 오시기전에 어서 썩 피하거라!》

산신령이 저들을 잡으러 온다는 말을 듣자 방금까지도 살기등등하던 호랑이 세 마리는 겁을 집어먹고 사시나무 떨듯 벌벌 떨었다. 이때라 호랑이처녀는 기회를 놓치지 않았다.

《오라버니들, 오라버니들은 왜 사람만 보면 그저 살생만 내자고 그러세요. 개심하면 제가 남아서 오라버니들을 대신해서 빌고 벌을 받을테니 오라버니들은 빨리 먼곳에 가 숨으세요.》

호랑이처녀는 끝내 호랑이오라버니들을 피해보내고야 말았다. 세 마리 호랑이가 자취를 감추자 호랑이처녀도, 호랑이어머니도 다시 사람으로 변했다. 호랑이처녀는 김현이를 보고 어서 다락에서 내려오라 하고는 김현이가 내려오자 자기 맘속말을 했다.

《보셨지요. 저는 사람이 아니라 호랑이애요. 한갓 짐승으로 사람인 당신의 사랑을 받게 되였으니 저는 더는 바랄것이 없어요. 저는 이 한 몸을 바쳐 집안을 구하고 우리 호랑이들이 다시는 사람을 해치지 못하게 하겠어요. 그러자면 저는 누구의 손에든 죽고야 속죄할 명이온데 차라리 사랑하는 님의 칼에 죽기가 소원이애요. 제 소원이 이러하니 꼭 이 소원을 풀어주세요.》

《아니요. 그건 안되는 소리요. 그대 소원이 그러할지라도 내 어찌 인간으로 제 사랑하던 사람의 몸에 칼을 댄다는 말이요. 난 그렇게는 못하겠소.》

《그러지 말고 저의 말을 들어보세요. 큰공을 세우고 벼슬길에 오를 기회는 이번밖에 없어요. 제가 래일 서울거리에 뛰여들어 사람을 좀 해치겠어요. 그러면 나라에서는 호환이 들었다고 저를 잡으라는 령이 내릴것이고 저를 잡아 바치는 사람에게 큰 벼슬을 준다고 방을 내붙일것이애요. 그때 그대가 나서서 아무 수풀

로 와서 저를 잡아가세요. 그러면 그대도 소원성취하고 저도 소원을 풀게 될것이애요.》

《그런 소리 하지도 마오. 나와 그대 비록 사람과 짐승일지라도 하늘에 인연이 있어 맺은 사랑인데 내 어찌 사랑하는 당신을 내 손으로 죽이고 벼슬을 구한단말이요. 안되오. 안될 일이요!》

호랑이처녀는 김현의 말에 뜨거운 눈물을 흘리면서 그를 보고 다시한번 애원하였다.

《짐승인 저를 알고도 그처럼 생각해주시니 구천에 간대도 잊지를 못하겠어요. 하오나 그대 저를 진정 사랑한다면 꼭 저의 소원을 풀어주세요.》

이렇게까지 간절한데 다른 말을 다시 꺼낼수 없었다. 김현은 하는수없이 래일 보마하고 천근같은 발걸음을 옮겨디디며 집에 돌아왔다.

집에 돌아온 김현이 눈을 붙였는가 말았는가 하는데 어느새 밤은 가고 새날이 왔다.

그런데 이날따라 장날이라 신라의 서울거리에는 사람들이 물코에 모인 올챙처럼 욱실거렸다. 서울판에 사람들이 물샐틈없이 들어서서 복작거리는 때다. 호랑이 한 마리가《따웅》하고 서울거리에 뛰여들더니 눈깜짝할새에 서울거리를 홀떡 뒤집어놓고 숱한 사람들도 물어 상하게 하였다.

백주에 호랑이가 서울거리에 나타났으니 이 소식이 대궐에까지 들어갔다. 임금은 소식을 듣자 백성들을 구하고저 큰 벼슬을 하사할터이니 누구든 즉각 그 호랑이를 잡아올리고 호환을 없애라 령을 내렸다. 하지만 주홍같은 입을 쩍 벌리고 갈구리같은 이발로 사람을 물어메치는 호랑이를 보고는 뒤로 물러서는 사람은 있어도 선뜻 앞에 나서는 사람은 없었다.

일이 이 지경에 이르고보니 김현이도 이제는 호랑이처녀의 말대로 행하는수밖에 없었다. 김현은 큰마음을 먹고 임금님앞에 가서 자기가 호랑이를 잡아올리고 호환을 물리치겠노라 하였다. 그러니 만조백관은 물론 임금까지 크게 기뻐하며어서 그리하라고 령하였다.

김현은 허리에 단검을 차고 호랑이가 날치는 서울거리에 떨쳐나섰다. 김현이 서울거리에 나서자 이상하게도 살기등등하여 닥치는대로 사람을 물어메치던 호랑이가 슬금슬금 뒤를 보며 수풀속으로 도망쳤다. 이미 내친 걸음이라 김현은 닫는 말에 채질하며 호랑이 뒤를 쫓았다. 꽁무니를 빼던 호랑이는 수풀에 몸을 숨기더니 순식간에 꽃다운 처녀로 변하여 반겨 웃으면서 달려오는 김현이를 맞았다.
 ≪고마와요. 저의 말을 지켜주시니 이제 저는 이 세상에 더 바랄것이 없어요. 지체말고 어서 저의 소원을 풀어주세요.≫
 임금의 령을 받들고 나선 김현이지만 사람으로 변한 사랑하던 처녀를 보니 허리에 찬 검을 뺄수 없었다. 호랑이처녀는 오래오래 사랑하는 김현이를 쳐다보더니 입을 열고 마지막 말을 했다.
 ≪일생일사는 하늘이 정한거애요. 사랑하는 님의 품에 안겨 저승에 가는것보다 더 행복한 일이 없어요. 제가 죽은 후에 저를 위해 절 하나 지어주고 저한테 물려 상한 이들에게는 아무 절간의 된장을 가져다 발라주세요. 그러면 상처가 곧 나을거애요. 부디 나라의 충신이 되여 만천하 백성을 살펴주세요.≫
 김현이 그 말을 받을 새도 없이 호랑이처녀는 번개같이 김현의 허리에 찬 단검을 뽑아 제 목을 찔렀다. 김현은 사랑하는 호랑이처녀를 부둥켜안고 울었다. 그런데 김현이 슬픔에 잠겨 품에 안긴 그 처녀를 다시 보니 그는 꽃같은 처녀가 아니라 호랑이였다. 김현이는 눈물을 거두고 죽은 호랑이를 말에 싣고 대궐에 가서 임금에게 바쳤다. 임금은 대희하여 당장에서 선대의 죄과를 사면해주고 김현에게 큰 벼슬을 하사하였다.
 이렇게 호랑이처녀와 사랑을 속삭이고 사랑하는 호랑이처녀덕에 벼슬길에 오른 김현은 그를 잊지 못하여 그의 소원대로 절을 세워주었는데 그 절간 이름을 호원사(虎願寺)라 불렀다 한다.

말 잘하는 리방의 실수

옛날 한 고을에 청산류수로 말 잘하는 원님이 있었다. 그런데 수하에 있는 리방이 말을 먹는지라 어느날 감사와 함께 술잔을 나누다가 자기 고을에는 말 잘하는 리방감이 없으니 감사보고 리방을 알선해달라고 부탁하였다.

구변이 좋은 원님은 입만 벌리면 청산류수인지라 하루 공무를 일찍 끝내고는 늘쌍 평복차림으로 앞집에 가서 그 집 로인과 바둑을 두면서 고담하기를 즐기였다. 오늘도 원님은 주인집 로인과 마주앉아서 바둑을 두며 이야기판을 벌리였다.

《말이란 툭하기 다르고 탁하기 다르다고…》원님이 말꼭지를 떼자 로인이 제꺽 받았다.

《그러문요. 그러기에 말 한마디에 천냥빚을 갚는다고 하잖습니까.》

《전에 내가 살던 동네에 먹물이나 먹은 선비어른이 한분계셨는데 나이 80에 꽃같은 처녀를 후실로 데려왔지요.》

《사또님께서는 거짓말을 곧잘하십니다.》

《거짓말이라니요?! 바로 우리 옆집에서 있은일이라서 내가 직접 본 일이지요.》

《그렇다면 틀림없이 열에 아홉은 속여서 데려왔거나 동여서 업어왔겠지요?》

《아니올시다. 사주단자를 보고 기러기까지 드린걸요. 허허허.》

《거참, 듣고도 모를 소리웨다. 그래 말썽이 없었나요?》

《왜 없었겠나요. 그리고 장가드는 날 호호백발은 검댕이 칠을 했구요 허지만 얼굴에 거미줄처럼 늘어난 주름살과 활등처럼 굽은 허리야 어쩔 방법이 없었지요. 그래서 일부러 밤에야 각시집엘 도착했지요. 어두운 밤이라 얼렁뚱땅수를 써서 구렁이 담넘어가듯 대수 례를 지냈는데 첫날밤을 지나서 새벽에 각시가 일어나보니 파파늙은 령감이 해수가 나서 콜록거리는걸 보고 기겁해서 아버지께 아뢰였지요. 장인되는 어른이 들어와보니 분명 파파늙은 령감이라 분하고 원통하고 괘씸해서 사위의 목덜미를 거머쥐고 따졌습니다요.》

≪아무럼 당연한 일이지요.≫
≪＜여보게 자네 나이가 얼만가?＞ ＜예, 스물이 넷이올시다.＞ ＜그럴수 있나. 스물넷인데 얼굴엔 웬 밭고랑천지야 응?＞ ＜예, 마흔이 둘이올시다.＞ ＜뭐뭐, 마흔둘인데 곱사등이야? 입은 비뚤어져두 말은 바른대로 하라고 왜 바른말을 못해?＞ ＜예, 동서남북으로 스물이올시다.＞ ＜동서남북이 스물이라? 음, 그럼 그게 여든이 아닌가?＞ ＜그렇사옵니다!＞ ＜그러문 그렇겠지. 그러고보니 자네나이가 내 장인의 나이보다도 많은데 왜 처음부터 속였나?＞ ＜속이긴 누가 속였다고 그러십니까?＞ ＜뭐? 속인 일이 없다고＞ ＜그러문요. 사주단자에도 곧이곧대로 똑똑히 적어보낸걸요.＞ ＜그건 그렇고 방금까지도 뭐라고 했나? 스물이 넷입네, 마흔이 둘입네 하고 대답하지 않았나?＞ ＜그랬습지요. 장인님, 스물이 넷이면 얼마입니까?＞ ＜가만있자, 스물이 넷이면 여든이지!＞ ＜그렇지요. 마흔이 둘이면 얼마입니까?＞ ＜마흔이 둘이면 80이지.＞ ＜그것 보시지요. 제가 언제 거짓말을 했다고 그러십니까.＞ ＜음, 듣고보니 딴은 그렇구만.＞ ＜장인님, 너무 념려하지 마십시오. 이래 뵈여도 치아가 든든해서 못씹는 고기붙이가 없고 위가 든든해서 소화불량에 걸릴 념려는 없소이다. 명년 춘삼월에 사위네 사는 형편도 보고 외손자도 안아볼겸 겸사겸사해서 놀러 오십시오.＞ 이렇게 되다보니 울며 겨자먹기로 딸을 주고말았다네. 핫하하.≫

≪허허허, 거 듣고보니 거짓말이라도 그럴듯합니다요. 허허허.≫

이때 새로 리방으로 선을 보이러 온 선비가 관아에 가보니 원님이 집으로 갔다기에 집을 찾아가니 또 나갔다기에 마당에서 서성거리다가 윗집뜨락에서 두 로인이 바둑을 두며 웃음보를 터뜨리는지라 발벋발벋 다가갔다. 새로 리방감으로 선을 보이러 온 선비가 원님의 얼굴을 모르는지라 원님을 동네령감으로 알고 원님의 이야기가 끝나자 그옆에 쭈크리고 앉으며 물었다.

≪로인의 이야기가 정말 구수하오다. 성함을 어떻게 부르시오?≫

이마에 피도 마르지 않은 새파란 젊은이가 초면에 첫마디부터 건방지게 나오는지라 원님은 일부러 시침을 떼고 대꾸했다.

≪김돌쇠라고 합니다.≫

≪젊어서 부모들의 속을 무던히도 썩였겠군.≫

갈수록 태산이라더니 윗집 로인이 그 말을 듣고는 너무나 기가 막혀 꾸짖으려는데 원님이 눈을 슴벅거리며≪하하하, 젊은이의 눈썰미가 대단하우다. 게다가 관상까지 볼줄 아시는군요.≫하며 취주었다.
　≪알다뿐이겠소. 난 열두길 물속은 몰라도 한길 사람의 속은 안답니다.≫
　≪그러고보면 손님은 의원노릇도 하셨구려.≫
　≪어허, 령감이 서당물을 먹은 모양이군. 척척 알아맞추는걸보니.≫
　≪서당개 삼년이면 풍월을 짓는다고 오래 살다보니 들은 풍월이지요. 헌데 내가 젊은 소시적에 부모들의 속을 썩인줄은 어떻게 아셨지요?≫
　≪로인이 얼굴가죽을 실로 꿰매서 주름잡은것을 보고 알았소.≫
　젊은이의 인사가 점점 고약하게 나왔지만 원님은 아닌보살하고 맞장구를 쳤다.
　≪예, 그렇군요. 나는 어머니 배속에서 나올 때부터 팔삭둥이로 태여나다보니 설익은 바가지가 해빛에 쭈그러들듯이 험한 세상살이에 넌덜머리가 나서 쭈글쭈글하게 됐소.≫
　≪하하하 아주 변설이군. 이 고을 사또께서 언변이 청산류수라더니 령감도 사또의 사돈의 팔촌쯤은 되겠소. 혹시 사또님을 못보았소?≫
　≪사또님이야 관아에 계시겠지 이런 곳에 올 리가 있소. 헌데 손님은 어디서 오시기에 무슨 용무로 사또를 찾소?≫
　≪난 감사의 소개로 이 고을 리방으로 선보이러 온 사람이요.≫
　≪예, 그러신줄 모르고 실례가 많았습니다. 헌데 내가 사또라면 아마 안 믿겠지요?≫
　≪하하하 암탉이 울수 있소?≫
　≪간혹 가다 우는놈이 있기에 암탉이 울면 집안이 망한다는 말이 있지요.≫
　≪이것봐라, 늙은소 콩밭으로 간다더니 그 말이 옳군. 그래 암탉이 우는걸 누가 가르쳤소?≫
　≪수탉이 새벽이면 우는것을 누가 가르쳤겠소 때가 되면 우는거지요. 안 그렇습니까 로인장?≫
　≪저, 리방나리라고 하셨지요? 초면에 이런 말씀 여쭈는게 도리에는 어긋나겠지만 좀 자작자 부는게 어떻소? 불다불다 터지겠군요! 아무리 제몸에 달린 입이라고 아무 말이나 나가는대로 할게 아니라 더러 삼가해야지요. 두눈을 편히 뜨고서도 태산을 몰라본다니요. 사또님, 이 늙은게 다 몸둘바를 모르겠나이다.≫
　그제서야 젊은이는 얼음우에 자빠진 황소눈이 되여 쩔쩔매더니 넙죽 엎드려
　≪사또님의 부름을 받고 달려온 리방 문안드리옵니다! 언녕부터 사또님께서

롱담을 즐기신다는 이야기는 들었사오나 백번 듣기보다 한번 보는쪽이 낫다더니 과시 소문과 같사옵니다!≫

하고 절을 했다.

다른 사람들 같으면 언녕 삼십륙계 줄행랑을 놓거나 엎드려 천백번 죽을 죄를 졌으니 제발 한번만 살려달라고 손이야 발이야 빌것이다. 이건 웃는 낯에 침 못뱉는다고 자칭 리방으로 행사하는 그 기백이 마음에 들어 원님은 껄껄 웃더니

≪음, 첫선을 보니 변설이구 열기가 있네. 한번 실수는 보통이라 마음에 새겨둘것 없네. 내 집을 알았다니 저녁이나 같이하도록 제때에 오게. 먼길 오느라고 피로했겠으니 돌아가쉬게나.≫

하고는 수염을 쓰다듬으며 흡족해하였다.

그날 저녁 리방은 실수를 미봉하려고 미리부터 준비하고 있다가 제시간에 찾아갔다. 그런데 상다리 부러지게 차린 진수성찬을 보자 저도 모르게 닭알같은 군침이 꿀꺽꿀꺽 넘어가고 배에서는 연신 꼬르륵소리가 나는것을 어쩔수 없었다.

리방이 옹색해함을 눈치챈 사또는

≪리방, 이 자리엔 자네와 나 둘뿐이니 어려워말고 마음껏 마시고 식성껏 자시게.≫

하며 손수 술까지 따라주었다.

≪사또님, 이거 너무 황송하옵니다!≫

말은 이렇게 하고 처음엔 조심하느라고 술잔을 두손으로 들어 돌려내고 마신후에 돼지고기를 집어 젓국에다 꾹 찍어 입안에 넣었다. 아차, 그런데 그것이 젓국이 아니라 달디단 꿀이였다. 그바람에 또 망신하게 된 리방은 달디단 꿀이건만 목구멍으로 넘어가지 않아서 눈물을 찔끔 짜며 안간힘을 써서 겨우 넘기며 사또의 눈치를 홀끔 보니 아뿔사, 어느새 눈치를 챈 원님의 웃음소리가 폭포처럼 쏟아져나왔다.

≪하하하 나 원, 돼지고기에 꿀 찍어먹는 사람은 내 머리에 털난후 처음일세 하하하.≫

리방은 쥐구멍이라도 있었으면 들어가고 싶었지만 기왕지사 엎딘김에 절이라고 한치 혀를 놀려 국면을 돌려세우리라 맘먹고 여유있게 한말씀 올렸다.

≪아니올시다. 사또님께서 모르시고 하시는 말씀이옵니다.≫

≪아니, 그럼 맛이 좋단말인가?≫

≪그런게 아니라요. 돼지란 본래 꿀꿀하고 꿀 한번 먹어보기를 소원하던 짐승인데 꿀을 한번도 못먹고 죽었으니 기왕지사 내가 먹는 바에 네 소원을 풀어주마 해서 찍은것이지 제가 꿀과 젓국을 몰라서 찍은줄 아십니까요.≫

≪하하하, 손등이나 손바닥이나, 엎어치나 뒤집어치나 피장파장이지. 아무렴 잰내비도 나무에서 떨어질 때가 있는데 아무리 말 잘하는 리방이라고 실수할 때가 없겠나. 허허허, 허지만 둘러붙이는 재간만은 대단하네. 어서 꿀꿀이의 소원을 풀어주게나.≫하며 돼지고기를 담은 목기와 꿀종지를 리방앞으로 밀어놓았다.

이튿날아침 조회때였다. 리방이 남먼저 출근하여 동헌마루에 올라서보니 원님이 한창 골똘히 무엇을 들여다보고있는지라 우물쭈물하다가 넙죽 엎드려 절을 했다. 그래도 원님이 보았는지 말았는지 아무런 응대도 없는지라 혹시 원님께서 미처 못봤는가해서 다시 절을 하고 일어서는데 맙시사, 원님의 두눈섭이 한데 모이더니

≪자넨 절을 두 번씩이나 하는걸 보니 내가 그래 죽은 사람이란말인가? 아니면 빨리 죽으라는 말인고?≫

하고 엄하게 추궁했다.

그제서야 리방은≪하느님 맙시사!≫하고 가슴이 철렁했다. 다른 사람같으면 치도근을 당할 일이 걱정돼서 언녕 얼굴색이 흙빛이 되여 호랑이앞에 강아지꼴이 돼여 바들바들 떨겠지만 입만 벌리면 쏟아지는 말재간에다 둘러붙이는데 이골이 난 리방은 눈깜짝할사이에 재치있는 말을 생각해냈다.

≪사또님께 아뢰옵니다. 먼저 올린 절은 소인이 왔습니다하는 인사였고 두번째 올린 절은 사또님께서 분망하시와 소인은 물러가오니 안녕히 계십시오 하는 절이옵니다.≫

≪하하하, 핫하하! 거 말 한마디에 천냥빚을 갚는다더니 바로 리방을 두고 한 말이구려! 하하하, 임자야말로 말 잘하는 리방이 되기에 손색이 없군. 세 번의 실수를 좌우명으로 삼고 처사한다면 말이야.≫

그후에도 원님은 특별히 리방을 사랑하고 중용하니 이에 감복된 리방은 세 번의 실수를 거울로 삼아, 언어행실에서 각별히 조심하고 매사를 처리함에 있어서 우선 조사한후에 생각해보고 신중하게 처리한데서 원님과 백성들의 사랑을 받았다고 한다.

산이 절구를 삼키고 물이 구슬을 토하다

　옛날 한 고장에 두 형제가 살았다. 아버지 덕분에 살림살이도 꽤나 유족했지만 둘 다 욕심이 굽빠진 항아리처럼 끝이 없어서 형제간에 마주앉기만 하면 네것이니 내것이니 하고 쪽을 캐며 싸움할줄밖에 몰랐다.
　어느 한해 늙고 병든 아버지가 세상을 떴다. 두 형제는 아버지 장례를 치르기 바쁘게 아버지가 남긴 가산을 갈라가지고 세간을 나려고 분주히 서둘렀다. 욕심 사나운 두 형제는 서로 자기가 좋은 물건을 가지고 서로 자기가 값가는 물건을 가지겠다고 얼굴을 붉히고 목에 피대를 세우다보니 동리가 들썽하게 싸웠다. 한집에 꼭같은 물건이 둘씩 있는것도 아니요, 설혹 같은 물건이 둘씩 짝을 맞춰있다고 해도 새것이 있고 낡은것이 있는 법이니 형제간에 싸움밖에 할것이 없었다. 이 꼴을 보다못해 어머니가 나서서 타일렀지만 두 형제는 소귀에 경읽기로 도무지 듣는체도 안했다. 나중에는 동리 점잖은분들까지 나서서 좋은 말로 타일렀지만 마이동풍격으로 역시 아무 소용이 없었다.
　어느날 두 형제는 주먹을 휘두르며 싸우던 끝에 서로 잡아끌며 고을에 찾아가서 이 일을 고을 원에게 상소하였다. 동헌뜨락에 들어서자 형은 뒤질세라 고을 원에게 먼저 상소를 올렸다.
　《소인은 아무 동리에 사는 아무개옵니다. 아버지께서 세상을 떴으니 저희들 형제는 가산을 갈라가지고 제가끔 제 살림을 해야 하지 않습니까. 저는 형이고 저 사람은 저의 동생이 옵니다. 분가하면 형님이 된 제가 살아계시는 어머님을 모셔야 할터이니 재산은 의례 제가 더 가져야 하지 않겠습니까. 그런데 저의 동생은 욕심이 너무 과해서 사발 하나, 돈 한푼도 양보치 않으니 참으로 답답하옵니다. 현명한 원님께서 밝은 처사가 있기를 바라옵니다.》
　형의 말이 끝나기 바쁘게 동생이 눈에 쌍심지를 켜고 형을 쏘아보더니 원님앞에 꿇어앉아 상소하였다.
　《그런것이 아니옵니다. 현명한 원님께서는 들어보옵소서. 세간나면 형님은 그 집을 쓰고 살것이지만 저야 집도 새로 짓고 세간도 새로 이루어야 하니 형편이야 제가 더 어렵지 않겠습니까. 그래 저의 형편을 봐달라고 하니 형은 사정을 봐주기는커녕 바늘 하나라도 제가 더 가지겠다고만 듭니다. 그러니 자연히 싸움밖에 할게 있습니까. 바라옵건대 원님께서는 명철하신 처분을 내려주옵소서.≫

두형제의 상소가 끝나자 원님은 당하에 꿇어앉은 두 형제를 한식경이나 내려다 보더니만 한마디 물었다.

≪더 할말이 없느냐?≫

≪그저 저의 사정만 살펴주옵소서.≫

입은 달라도 두 형제가 하는 대답은 꼭같았다. 당상에 앉아 상소를 듣고있던 원은 그만 저도 모르게 허구픈 웃음을 터뜨렸다.

≪허허허, 한날 한시에 난 쌍둥이는 아니여도 심보는 신통히도 같구나. 아무렴, 세간날 때가 되였으니 가산을 갈라가지고 세간을 나야지.≫

≪지당한 말씀이옵니다. 그저 저의 사정만 살펴주옵소서.≫

두 형제는 또다시 똑같은 소리를 하고는 원님의 입만 쳐다 보았다.

≪게 잠간 기다려라.≫

원은 관하에 령하여 붓과 먹, 벼루돌과 종이를 가져오게 하더니 백지우에 글 여섯자를 써서 두 형제앞에 내놓았다.

≪두 형제는 먼저 이 글을 볼지어다.≫

≪네잇-≫

두형제는 당장 무슨 판결이라도 내린줄 알고 원님이 백지우에 써놓은 글을 들여다보았다. 원님은 백지우에 큼직하게 ≪산함구, 수토주(山含臼, 水吐珠)≫란 여섯 글자를 써놓았다. 두 형제가 글을 들여다보니 글의 뜻인즉 ≪산이 절구를 삼키고 물이 구슬을 토하였다≫는것이나 원이 어찌하여 이런 글을 내놓았는지 그 연유를 알수 없었고 그 글속에 담긴 사연은 더구나 알수 없었다. 글을 들여다보던 두 형제가 어안이 벙벙해서 원님을 쳐다보는데 원님이 두 형제글 보고 물었다.

≪그대들은 이 글을 보았느뇨?≫

≪네잇-≫

≪보았으면 이 글에 담긴 뜻을 알만한고?≫

두 형제는 그것까지는 알수 없었다.

≪모…모르옵니다.≫

《그러면 오늘부터 곳곳을 찾아다니며 이 글속에 담긴 사연을 알아오도록 할지라. 내 그대들이 이 글속에 담긴 사연을 제대로 알고오면 소원대로 가산을 나누어주리로다. 들었는고?》

《네. 들었사옵니다.》

다른 방도가 없었다. 서로 제가 재산을 더 차지하겠다고 상소를 했으니 이제는 울며 겨자먹기로 원님이 시키는대로 할수밖에 없었다. 이날부터 욕심많은 두 형제는 이 마을에서 저 마을로 방방곡곡을 헤매고 다니면서 만나는 사람마다에게 그 글을 보이고 그 글속에 담긴 사연을 알려달라고 사정했다. 그런데 그 글에 담긴 사연을 아는 사람은 좀체로 찾을수 없었다.

하루가 지나고 이틀이 지나고 열흘, 스무날이 지나서 한달이 가까워왔다. 두 형제는 근 한달이 다 되도록 산지사방으로 헤매고 다니다보니 맥은 진하고 발은 부르터서 촌보가 난행이였다. 그래도 재산에 눈이 어둡고 욕심 사나운 형이나 동생은 누구도 고생을 그만하고 집에 돌아가자는 말만은 입밖에 내지 않았다. 두 형제는 때로 인가없는 산중에 이르러 끼니까지 굶는 일이 있었지만 그들은 좀처럼 물러서지 않았다.

그러던 어느날 점심무렵이였다. 두 형제가 지친 다리를 끌며 한동리에 들어서는데 백발이 성성한 웬 할아버지가 마을밖에 선 큰나무그늘밑에 앉아서 부채질을 하면서 책을 보고있었다. 두 형제가 보니 하늘의 신선이 내려와 책을 들고 앉아있는것 같았다. 두 형제는 지체없이 백발수염이 가슴을 덮는 로인앞에 가서 꿇어엎디여 절하고는 원님이 써준 글을 내놓으며 그 글속에 담긴 사연을 가르쳐달라고 간곡히 청을 들었다. 백발이 성성한 로인은 보던 책을 내려놓고 한식경이나 두 형제를 보더니 찾아온 사연을 미리 알기라도 한듯 머리를 끄덕이며 입을 열었다.

《보아하니 자네들은 분명 형제간인데 이런 글을 들고다니며 물을 때에는 그럴만한 사정이라도 있겠구만.》

《네. 그러하옵니다.》

《허허허 그럴테지. 내 더 묻지 않고 말해주겠네. 하지만 이 일은 지금 있은 일이 아니고 옛날에 있은 일이라네.》

로인은 천천히 이야기를 시작했다.

《옛날 옛적에 욕심 사나운 두 형제가 있었다네. 두 형제는 부친이 세상을 하직하자 아버지가 물려준 가산을 나누어가지고 제각기 제 살림을 하자고 들었지.

헌데 둘 다 욕심이 과해서 누구도 양보하지 않았다네. 형이 하나 가지면 동생도 그만한 물건을 하나 가지면서 나중엔 바늘 한대까지도 절반씩 나누어 가졌는데 이렇게 다 나누다보니 마지막에 돌절구 하나가 남았다네. 그러니 그 절구 하나 때문에 끝내 말썽이 생겼다네. 형이 이런저런 구실을 달아 그 돌절구를 제가 가지겠다고 하면 동생도 또 이런저런 핑계를 대여 그 돌절구를 제가 가져야 한다고 우겼지. 그러니 자연히 싸움밖에 생길게 있겠나. 그래서 그까짓 돌절구 하나 때문에 형제간에 목에 피대를 세워가며 몇날며칠을 싸웠는데 하루는 웬 일인지 두 형제가 싸움을 그치더니만 그 돌절구를 둘러메고 높은 산꼭대기에 올라갔더라네. 두 형제가 약속하기를 산꼭대기에서 산 한가운데로 돌절구를 내리굴려서 돌절구가 오른쪽에 굴러떨어지면 그 돌절구를 형이 가지고 돌절구가 왼쪽에 굴러떨어지면 그 돌절구를 동생이 가지기로 했던거라네. 아무리 옥신각신 싸워봐야 절구를 절반씩 갈라가질수는 없는 일이니 이런 방도를 생각했던것일세. 그래 두 형제가 땀을 뻘뻘 흘리며 그 무거운 돌절구를 겨우 산꼭대기까지 메고 올라가 산아래로 내리굴렀지. 그러니 형은 눈이 아홉이 되여 돌절구가 오른쪽으로 굴러떨어지는가 살폈고 동생은 눈에 쌍심지를 켜고 돌절구가 왼쪽에 굴러떨어지는가 살폈네. 헌데 높고 험한 산에서 돌절구를 내리굴리니 처음에 돌절구는 떽데굴떽데굴하며 굴러내리기 시작하던것이 얼마 안되여 씽씽 바람을 일구며 내리구을더니 내려가다 큰나무에 부딪쳐 덜컥 허공중에 날아올랐다 떨어지고 큰바위에 맞아서 세길네 길 솟았다 떨어졌네. 그러니 처음에는 몇토막으로 깨여졌던것이 그다음에는 수십토막으로 되여버리고 나중엔 아예 콩가루가 되여버렸네. 그런줄도 모르고 욕심 많은 두 형제는 행여나 그 돌절구가 제쪽으로 굴러내렸나 해서 오금에 불을 일구며 산아래로 내리달려가 살펴보았지. 하지만 깨여져 콩가루가 되여 형체조차 없어진 돌절구를 어디서 찾아내겠나. 그러니 산함구(山숨臼)라 산이 그 돌절구를 삼켜버리지 않았겠나. 이 글에 담긴 이야기는 이런것일세. 그러니 사람이 욕심이 너무 과하고 보면 자연히 있던 재산도 없어지는 법이라네.》

《로인님, 그럼 수토주(水吐珠)라는 이 글귀에는 또 어떤 이야기가 있는지 알려주세요.》

《그건 내가 할 이야기가 아니네. 다른 곳에 가서 물어 알게나.》

백발이 성성한 그 로인은 입을 꾹다물고 더는 말하려 하지 않았다. 별수가 없었다. 두 형제는 하는수 없어 그 로인에게 인사를 올리고 다른 고장을 향해 떠났다. 두 형제가 방금 로인이 한 이야기를 듣고 가슴에 짚이는데가 있었지만 그때 까지도 재산에 대한 욕심은 살아서 수토주(水吐珠)에 깃든 사연을 마저 들어보자고 이 동리에서 저 동리로 찾아다녔다.

어느하루 두 형제는 또 처처 길을 가다가 한 고장에 이르렀다. 이 고장은 물도 맑고 산도 좋아서 절경인데 아늑한 산기슭에 락락장송으로 울바자를 두른 서당방이 있었다. 때마침 서당방 훈장이 애들을 집에 돌려보내고 마루턱에 점잖게 앉아서 먼산을 바라보고있었다. 두 형제가 보니 풍채가 옥골선풍이라 제꺽 달려가서 넓적 엎드려 절하고는 원님이 써준 글귀를 내놓으며 산함구(山含臼)에 대한 이야기는 들어서 알았으니 수토주(水吐珠) 에 깃든 사연을 말해달라고 간곡히 청을 들었다. 서당방 훈장은 두 형제를 번갈아 보더니 사양치 않고 말을 시작했다.

≪보아하니 자네들도 형제간이 분명한데 이처럼 함께 찾아와 이 글에 담긴 사연을 물으니 참 반갑네. 하지만 그들 형제처럼 의좋게 지내자면 쉬운 일은 아닐세. 그럼 어디 들어보게나.≫

서당방 훈장은 이야기를 시작했다.

≪옛날 한 고장에 두 형제가 살았는데 형이나 동생이나 다 마음이 명주고름같이 고와서 늘 서로 도우면서 아주 의좋게 지냈다네. 어느 하루였네. 의좋은 형제가 함께 길을 가게 되였는데 형이 앞에서 걷고 동생은 그뒤에서 형을 따라걸으면서 산고개 하나를 넘었다네. 때는 바로 한여름인데 산을 넘어서니 경치가 절승이였네. 산에는 푸른 소나무가 무성하고 산 기슭에는 기화요초가 만발한데 우뚝 솟은 바위밑에서는 수정같이 맑은 샘물이 퐁퐁 솟아서 산골짜기로 구슬이 굴러가듯 돌이돌돌 흘렀다네. 경개가 그림같이 아름다운데 물소리 또한 노래 소리처럼 듣기 좋은지라 동생은 그 샘물을 한모금 먹어보고싶은 생각이 간절했다네.

<형님, 저 샘물 한모금 마셔보지 않겠어요?>

<네 생각이 그러하면 우리 가서 한모금씩 마시자.>

이번에는 동생이 앞에서 걷고 형이 뒤에서 걸었다네. 동생이 샘가에 가서 시원한 샘물을 마시자고 엎드려 앉는데 샘속에 무엇인가 별처럼 반짝반짝 빛을 뿌리는것이 있었다네. 동생은 희귀한 생각이 들어 물은 마시지 않고 먼저 그 반짝거리는 물건부터 꺼내들고 형님을 보고 물었다네.

<형님, 이봐요. 이게 뭔가요?>

<아, 동생, 그게 구슬이 아닌가? 그건 세상에서 처음 보는 정말 희귀한 구슬일

세.≫
　형은 밤알만큼이나 큰 그 아름다운 구슬을 보며 무척 기뻐하였다네. 동생은 구슬을 한참이나 들여다보더니 그 구슬을 형에게 넘겼다네.
　<형님, 이 구슬은 샘속에서 주은거니까 임자없는 구슬이 분명합니다. 형님이 가지세요.>
　그런데 형은 동생에게 구슬을 되넘겨주었지.
　<안되네. 그럴수가 있나. 그 구슬은 동생이 주은거니가 동생 분복이네. 동생이 가져야 하네.>
　<아니올시다. 형님과 함께 가다가 주운건데 어지 내 분복이라고만 할수 있어요. 형님이 보살핀 덕이래요. 형님이 가지세요.>
　<그렇지 않아. 형제간은 손발과 같다는데 설사 그 구슬을 내가 주었대도 의례 동생한테 줄것이네. 그러지 말고 동생이 가지세.>
　<형님, 형님은 집에 늙으신 어머님을 모시고있지, 슬하에는 자식들까지 있는데 이걸 가져다 팔면 살림을 보탤수 있지 않아요. 형님이 가지세요.>
　<아닐세. 동생네 살림은 새살림인데 나보다도 동생네 살림을 보태야 하네. 동생이 가지세.>
　<아니올시다. 형님이 가져요.>
　<아닐세. 동생이 가져야 하네.>
　형제간이 이렇게 말하며 밀어주거니 돌려주거니 하다가 그만 그 아름다운 구슬을 샘속에 똑 떨구었다네. 그러니 누가 가지던 그 귀중한 구슬을 버리고 갈수야 없지 않았겠나. 그래 형은 그 구슬을 찾아 동생에게 주려고 샘속에 떨어진 구슬을 찾았고 동생은 형에게 그 구슬을 주려고 샘속에서 구슬을 찾았다네. 헌데 이상하게도 구슬은 하나를 떨구었는데 형도 구슬 하나를 찾아들었고 동생도 꼭 같은 구슬 하나를 찾아들었다네. 두 형제가 손에 든 구슬을 아무리 보아도 아까 떨군 구슬과 조금도 다름없는 구슬이었단네. 마음을 곱게 먹으면 북두칠성이 굽어본다고 두 형제가 그 처럼 마음이 고우니 물속에서 구슬 하나가 더 생겼났지. 그러니까 수토주(水吐珠)라 물이 구슬을 토하지 않았나. 참으로 아름다운 이야길세. 형제간이 의좋게 지내니 물이 구슬을 토해서 없던 재산도 생겼거든. 내 이야기는 끝났네. 어디 사는 젊은이들인지는 모르겠지만 젊은이들도 이처럼 의좋게 지내세나.≫
　두 형제는 말없이 서당방 훈장에게 허리가 끊어지게 절했다. 이 이야기까지 듣고난 두 형제는 스스로 얼굴이 붉어져 손을 잡고 고을 원을 찾아가서 여섯 글자에 담긴 사연을 들은대로 아뢰고 지난날 형제간에 우애없이 욕심만 부린 잘못을 빌고 빌었다. 그러니 일이 생각과 같이 되였는지라 원님은 대희하여 잘못을 뉘우친 그들 형제를 치하하고 그들을 동헌밖까지 바래주었다.

　그후로 두 형제사이에 싸우는 일이란 없고 구슬을 얻은 형제처럼 의좋게 지내니 사람마다 그들을 칭찬하고 그들을 칭찬할 때마다 산이 절구를 삼키고 물이 구슬을 토했다는 이야기까지 서로 전해서 이 이야기가 오늘에까지 전해지게 되였다한다.

안장왕과 구슬아기

　옛날 고구려에는 왕과 공주, 왕자가 많았지만 그들에 대한 사랑이야기가 오늘까지 전해오는것은 안장왕과 구슬아기의 이야기뿐이다.
　안장왕이 아직 흥안태자로 있을 때였다. 그때 고구려, 백제, 신라 이 세 나라는 서로 령토를 확장하기 위하여 쩍하면 싸움을 진행하였다.
　고구려의 태자-흥안도 장차 삼국통일의 대업을 꿈꾸며 국경지대를 답사하였고 때로는 백제의 령토에 깊숙이 잠입하여 지형과 적정을 살피기도 했다. 한번은 부왕에게 상주하여 윤허를 받고 백제땅에 숨어들어가 병력의 배치와 요새지의 건설을 정탐하다가 백제병사들의 의심을 받게 되였다.
　백제병사들이 며칠동안 미행하며 보니 젊은 사람이 입은 옷은 비록 람루하나 눈이 빛나고 량미간이 툭 틔여있고 이목구비가 반듯하고 몸매가 씩씩하고 훤칠하게 사내답게 생겼다. 그런데 목적지가 없이 사면 팔방돌이를 하면서 이것저것 물어보는것이 이상한지라 밀정으로 인정하고 뒤를 따르기 시작했다.
　흥안태자도 이를 눈치채고 간신히 뒤쫓는자를 떼여놓고 천방지축 줄행랑을 놓았다. 허지만 백제병사들은 찰거머리처럼 끈질기게 추격해왔다. 숲속으로 정신없이 도망치던 태자는 산골에서는 보기드문 큰 벽돌집을 발견하고는 달려가 다짜고짜 대문을 두드렸다. 이윽하여 대문이 열리자 태자는 불문곡직하고 뛰여들어간 다음 대문을 등지고 서서 숨을 몰아쉬며 간청했다.
　《주인님, 이 몸을 숨겨주십시오. 병사들한테 쫓기는중입니다.》
　주인이 눈이 떼꾼해서 낯선 사람을 훑어보니 비범한 사람이 틀림없는지라 두말없이 안채 깊숙한 곳에다 숨겨놓았다. 이리하여 흥안태자는 위급함을 면하게 되였다.
　《주인님 고맙습니다! 예가 어디며 은인의 존함은 어떻게 부르시는지요?》
　흥안의 얼굴을 눈자리나도록 지켜보던 주인은 젊은이의 거짓없는 물음임을 확인하자 서서히 입을 열었다.

《이곳은 일찍이 고구려의 땅이였으나 지금은 백제의 땅으로서 계백현이라는 곳이요. 난 한씨고 이 지방의 토호요.》

홍안태자 생각해보니 오래묵을 곳이 못되였다. 그래서

《예 그렇습니까. 잘 알았습니다. 생명을 구해준 은혜는 후일에 꼭 보답해드리겠습니다. 안녕히 계십시오!》

하고 떠나려고 하자 한씨가 놀라며 부르짖었다.

《안되네. 지금 나갔다간 섶을 지고 불속에 들어가는격일세. 어디 사는 누구인지 무슨 일로 쫓기는지는 모르겠으나 지금 병사들이 내 집 주위를 둘러싸고 자네가 나올 때를 기다리고있네. 그러니 자네가 나간다면 열에 아홉은 잡힐게고 그렇게 되면 가뜩이나 백제를 반대하는놈이라고 주목받고있는 나까지 화를 면치 못할거네. 그러니 아예 나갈 생각은 말고 꾹 박혀있게. 현령이 오기전에는 제깐놈들이 내 집을 마음대로 수색하지 못할테니 마음놓고 푹 쉬게.》

한씨의 말을 들어보니 태자가 숨어있기에는 안성맞춤한곳이였다.

며칠을 두고 젊은이의 거동을 살펴보던 한씨내외는《언어행실을 보니 귀한집 도련님이 분명하다》는것을 알고 후히 대접했다. 허나 그가 고구려의 태자라고는 꿈에도 생각지 않았다.

한씨에게는 구슬(珠)이라는 장성한 딸이 있었다. 비바람속에서 피여난 한떨기 아름다운 함박꽃마냥 이쁜 처녀였다. 딸가진 부모의 마음이란 누구나 마찬가지여서 한씨의 처는 홍안태자를 이모저모 자상히 뜯어보았다. 볼수록 옷은 람루하여 거지중에서도 상거지나 새별처럼 빛나는 눈과 사나이다운 름름한 풍채는 귀인만이 가질수 있는것이고 언어행실과 례의범절을 놓고보면 귀한집의 도련님이 갈데 없는지라 은근히 사위로 삼았으면 하는 마음에서 딸애를 불러 말했다.

《아가! 손님이 객지에서 모든 것이 불편할테니 네가 알아서 잘 보살펴드려라.》

부모의 분부가 없어도 과년한 규중처녀로서는 어쩌다 심산속에 찾아온 낯선 총각의 웅글진 목소리를 듣고 저도 모르게 은근히 사나이의 얼굴을 보고싶어서 안절부절 못하던 참이라 구슬아기는 좋아라고 구실을 만들어가지고는 싱숭생숭해지는 마음을 달래며 깊숙이숨어있는 홍안태자의 숙소로 뻔질나게 드나들었다. 한번 보고 또 보니 보면 볼수록 귀신도 반할만한 사내였다. 궁궐에 그처럼 많은 미녀들도 거들떠보지 않던 태자도 하늘이 정해준 연분인지 첫눈에 구슬아기의 미모에 반하여 세상만사를 잊게 되였다. 그러다보니 밀회는 잦아졌고 두사람의 정은 날따라 두터워져서 이제는 헤여지면 살수 없을만치 되였다.

수심에 찬 나날은 길고 지루한 법이요 환락에 찬 나날은 짧고도 빠른 법이라 홍안태자가 구슬아기와 만난지도 어제같은데 어느덧 보름이 지났다. 바로 그날 밤이였다.

《랑군님, 소녀는 어디 사시는 뉘신지도 모르고 목숨보다 귀중한 정조까지 바치였습니다. 이제라도 존귀하신 성함이나마 알고저 하나이다.》

그제서야 홍안태자는 단꿈에서 깨여났다.

(아차! 대사를 도모하여 원대한 리상을 품고 왕명을 받들고 나온 내가 이게 무슨짓이란말이냐? 적의 나라 땅에서 여자와 세월을 허송하다니!? 부왕께선 그동안 얼마나 심려하실가?)

이렇게 생각하니 단박 소식이라도 전하고싶었다. 그러나 산설고 물설은 이국에서 누구에게 소식을 전한단말인가? 오직 자기가 가야겠는데 사랑의 정은 깊어서 이러지도 저러지도 못하게 되였다. 그렇다고 대업은 미룰수 없고 구슬아기의 물음에 거짓으로 대답할수는 없었다. 그는 그만큼 구슬아기를 믿었고 또 사랑했다.

《구슬아기, 놀라지 마소. 난 고구려의 태자 홍안이요!》

《아니 뭐라구요!? 그럴수가? …진정 그러시다면 적국의 왕자님이…》

구슬아기는 진정 놀랐다. 귀한 집의 자제인줄은 알았으나 적국의 태자라니 이는 너무나도 무서운 청천벽력이였다. 장차 고구려의 대왕이 될 태자와 사랑을 하다니 이는 정녕 꿈같은 일이여서 도저히 믿을수가 없었다.

《그렇소. 난 적국의 왕자요. 허지만 다행히도 구슬아기 부모님들은 백제를 미워하고있으니 천만다행인가 하오. 우리 둘이 진정으로 사랑한다면 국경이 무슨 소용 있겠소?! 내 돌아가서 부왕님께 아뢰고 그대를 모시러 올테니 그때까지 기다려주오.》

《아니되올 말씀이옵니다. 크나큰 고구려땅에 어찌 왕자님의 배필될 규수가 없사오며 또 국왕님께서 어찌 적국의 미천한 소녀를 장래의 왕후로 윤허하실수가 있단말씀이옵니까? 소녀 눈이 있사오나 왕자님을 알아 못보고 희롱한 죄 태산같 사오니 처분해주옵소서!》

《구슬아기! 당치않은 소리요! 나라의 대업을 이룩하고저 내가 잠시 그대를 떠나가지만 불원간에 군사를 이끌고와서 고구려의 땅을 되찾고 그대를 궁전으로

데려갈테니 그런줄 알고 그때를 기다리오!》

홍안태자는 신신당부하고 그 밤으로 무사히 백제의 국경을 탈출하여 고구려 궁전으로 돌아와 부왕에게 전후사실을 아뢰였다.

부왕인 문자명왕은 태자가 행방불명이 되어 밤낮으로 근심하다가 병이 들었는데 태자를 보고 그의 얘기를 듣자 만시름을 놓은채 세상을 떴다. 태자 홍안이 왕위에 오르니 그가 바로 고구려 22대 안장왕이다. 총각으로 왕위에 오른 안장왕은 곧 백제정벌을 계획했다.

이때 구슬아기는 왕자한테서 기별이 오기를 손꼽아 기다렸다. 그러나 왕자의 기별 대신에 고을 사또께서 수청들라는 소식이 왔다. 이때 계백현에는 새 태수가 부임했는데 새 사또는 녀색에 이골이 난자라 기생점고부터 시작하고 하루에도 몇 명씩 기생을 바꿔들이더니 나중에는 고을에서 이쁘다는 여자는 량가집 규수든지 마나님이든지를 막론하고 대령시켜 수청들도록 하라고 호령했다. 이러다보니 계백현에서 이쁘기로 소문난 구슬아기가 당연 첫손가락에 뽑히게 되였던것이다.

그러나 관기도 아닌 량가의 규수요 더욱이 고구려의 왕자, 이제는 대왕이 되여있는 안장왕과 백년을 약속한 구슬아기가 한 개 고을의 사또에게 몸을 허락할리 없었다. 그러다보니 팥방구리에 생쥐드나들듯 라졸들이 하루에도 몇십번씩 한서방을 찾아와서 태수의 감언리설과 협박공갈의 서찰을 전했지만 구슬아기의 님향한 일편단심을 움직일수 없었다. 그럴수록 사또의 위협과 폭력은 심해져서 한서방내외는 울며불며 구슬아기를 달래였다.

《아가, 기왕지사 이렇게 된걸 어쩌겠냐? 너 나이도 적잖은데 아무래도 한번은 시집가야겠으니 태수한테 가는게 낫지 않느냐?》

《어머니, 저는 이미 그이에게 몸과 마음을 바쳤으니 다른 말씀 말아주세요.》

《허지만 무작정 기다리는것도 정도가 있지, 어디 사는 누구인지도 모르는 사람을 어느때까지 기다린단말이냐?》

《어머님, 소녀는 죄다 알고있어요. 다만 지금은 아뢸수가 없어서 숨기고있사오니 용서해주세요.》

《그래 어디 사는 누구라는걸 안단말이지?》

《예 어머님! 그이께서 조만간에 오실거예요. 그때면 자연히 아시게 될테니 더 묻지 말고 나 때문에 너무 걱정마세요.》

《걱정하지 않게 됐니? 래일 모레는 사또님의 생신날인데 네가 그때까지도

수청을 들지 않으면 잔치 끝에 너를 잡아다가 참하겠다니 이 일을 어찌하면 좋단 말이냐?!≫

≪어머니, 하늘이 무너져두 솟아날 구멍이 있다는데 그날까지 기다려봅시다.≫

이때 고구려의 안장왕은 자기가 파견한 밀탐들을 통해 국경지대에서 일어나고 있는 이러저러한 일들을 소상히 알고있었다. 그래서 암암리에 군대를 국경지대에 매복시키고 때가 되기를 기다리고있던 참이라 을밀장군을 불러 오늘밤에 백제를 공격하라고 어명을 내렸다. 그리고 구슬아기의 안전이 념려되여 편지를 써서 밀탐을 띄워 전하고 구슬아기를 보호하게 하고서도 마음이 놓이지 않아서 친히 군사를 인솔하여 계백현으로 쳐들어갔다. 태자시절에 익혀두었던 지형이라 손금 보듯 빤한데다가 구슬아기가 안장왕의 편지를 받고 높은 산우에 올라가 봉화를 올려서 고구려군사들은 백제군사를 풀베듯하면서 곧추 쳐들어가 극악무도한 태수마저 처단해버렸다.

이리하여 계백현은 다시 고구려의 품에 돌아왔고 구슬아기는 안장왕의 품에 안겨 일국의 왕후로 되였다 한다.

효자와 호랑이

옛날 한 두메산골에 모자간이 살았는데 로쇠한 어머니는 늘 병을 달고있어 하루도 편안한 날이 없었다. 아들은 어머니의 병을 고치겠다고 낮에는 나무도 해 팔고 삯일도 해서 돈이 생기면 약을 지어다 어머니를 대접했다.

아들은 언제나 밤에 약지으러 다녔다. 헌데 산골이라 약방도 집에서 30리 길이나 떨어진 곳에 있어 밤길을 걷기도 힘이 들었고 집문을 나서면 산짐승들이 득실거려 무섭기도 하였다. 그래도 아들은 어머니 병을 고치자고 돈만 생기면 밤결을 걸으면서 약지으러 다녔다.

어느날 저녁이였다. 그날 밤은 달도 없는 밤이여서 사위는 먹물을 풀어놓은듯 했다. 아들이 터벅거리고 산모퉁이를 도는데 갑자기 호랑이가 나타나더니 그의 옆에 서서 슬렁슬렁 그와 함께 걸어갔다. 아들은 호랑이는 사람의 혼을 뺀 다음에 사람을 잡아먹는다는 말을 들었다. 자기가 호랑이에게 잡히면 어머니 병을 구할 사람도 없는지라 정신을 바짝 차리고 어머니 병구완을 할 생각만 하면서 걸었다. 헌데 한참이나 그의 곁에서 걸어가던 호랑이는 제꺽 그의 앞에 가서 뒤걸음을 치며 사타구니에 허리를 들이밀었다. 분명 올라타라는 뜻이였다.

(호랑이 지부자(知父子)라더니 네가 과연 부모자식사이를 아는 령물이로구나. 어머님 병구완하라고 너까지 나섰으니 어머님이 어찌 낫지 않겠니?!)

아들은 코마루가 찡해났다. 범은 아들을 태워가지고 약방뜨락앞에 가 그를 내려놓고 그가 약을 지어가지고 나오자 또 그를 업어 집에까지 데려다주었다. 짐승이라도 어찌나 고마운지 골백번이라도 절을 하고 싶었다.

이때로부터 호랑이는 아들이 밤길에 약지으러 나서면 나와서 그를 업어가고 업어왔다. 아들은 처음에는 호랑이를 무서워했지만 차차 그에게 정이 들어 길에 나서기만 하면 오히려 범을 기다리게 되였다.

정성이 지극하면 돌우에 꽃이 핀다고 호랑이까지 도와나서서 어머니 병을 떼자고 아들을 업어가고 업어오니 어머니 병도 1년이 채 가기전에 완쾌하여 두 모자는 즐거운 나날을 보내게 되였다. 호랑이도 기뻐서 사흘이 멀다하고 이 집에 찾아와 보고가군 하였다.

그러던 어느날 이른새벽이였다. 어머니가 자는 아들을 흔들어 깨웠다.

《이 애야, 빨리 일어나라.》

《왜 그래요?》

《내 방금 꿈에서 깼는데 우리 집 호랑이가 아무 산의 함정에 빠져 명재경각이더라. 어서 가서 호랑이를 구해라.》

아들은 옷을 주어입고 두주먹을 불끈 쥐고 호랑이가 빠졌다는 그 산으로 달려갔다. 가보니 과연 호랑이가 함정에 빠져《따웅!따웅!》하며 울고있었고 함정을 판 주인은 포수까지 데려다 당장 호랑이를 잡으려 들었다. 말그대로 호랑이는 명재일각에 처하여 당장 죽게 되였다. 아들은 사람들을 헤치고 달려들어가 포수앞을 막아섰다.

《여보시오, 저 호랑이는 우리 집 호랑인데 잡지 마시오!》

《원 정신나간 소리라구야. 그래 산에 다니는 호랑이가 어떻게 너의 집것이라고 하느냐?》

함정을 판 주인이 눈을 부라렸다.

《이제 내 행동을 보면 알것이웨다.》

아들은 서슴지 않고 함정에 뛰여들어가 호랑이 머리를 쓰다듬으며 눈물이 그렁해서 말했다.

《얘, 너 이게 무슨 고생이냐? 배가 고프면 나하고 말할것이지.》

아들의 말이 떨어지자 범은 그를 쳐다보며 뚤렁뚤렁 주먹같은 눈물을 떨구었다.

《인젠 이런 위험한 곳에 다니지 말고 나와 함께 집에가자!》

범은 고개를 끄덕끄덕하였다.

《여보시오, 보셨지요? 이래도 이 범이 우리 집 범이 아니요? 이 호랑이는 우리 어머님 병을 떼겠다고 밤마다 약지으러 다니는 날 태워다주고 태워온거요 자 물러들나시오.》

아들은 호랑이를 안아올렸다. 아들은 함정에서 올라오자 함정을 판 주인을 보고 한마디 했다.

《섭섭히 생각지 마시유.》

《아니, 아니웨다. 호랑이가 하늘이 낸 효자를 알고 도왔는데 내 효자를 아는

호랑이를 죽였더면 천벌을 받을번했수다. 어서 집으로 데리고가시유.≫

 호랑이는 보라는듯이 제꺽 시골 늙은 어머니의 아들을 등에 태워가지고 두 모자가 사는 시골집으로 달려갔다.

 이때부터 소문은 나래 돋힌듯 퍼져 얼마 지나지 않아 나라에서 이 일을 알고 시골에 사는 그 효자를 크게 표창하고 호랑이에게도 벼슬을 봉하여주고 사람마다 받들게 하였다 한다.

파경노

옛날 강원도 강릉땅에 한 과부가 아들 하나를 데리고 외롭게 살았다.
과부는 매일 삯빨래와 삯바느질을 하면서도 하나밖에 없는 귀한 자식을 공부하라고 서당에 보내면서 일을 시키지 않았다.
십여살이 넘는 아들은 자기때문에 고생하시는 어머니의 부담을 다문 얼마라도 덜어드리려고 서당에 가지 않는 날이면 산에 가서 등짐나무를 해왔고 밤이면 바느질하는 어머니를 동무하여 책도 읽고 피리도 불었다.
그러던 어느날이였다. 어린 아들이 나무를 해가지고 마당에 들어서니 중이 쌀동냥을 왔었다. 목탁을 두드리며 시주를 청하자 어머니가 쌀독밑을 박박 긁어서 바가지밑굽이나 가리우게 보리쌀을 내다주며 살림이 하도 가난하다보니 어쩌다가 오신 대사님께 지미쌀을 적게 드려 미안하다고 사죄하였다. 중은 과부의 비단같은 마음에 감동되여 보리쌀을 받아 주머니에 넣으며 과부의 아들을 보고 또 보더니 자제분인가 물었다. 과부가 그렇다고 대답하니 중은 혀를 끌끌 찼다. 그것이 하도 괴상하여 과부가 아들을 집에 들여보내고 중에게 물었다.
《방금 대사님께서 우리 애를 보시고 혀를 차셨는데 무슨 불길한 일이라도 있을것 같소이까?》
《자제분의 상을 보니 사내답게 생겼으나 정승 딸한테 장가를 가지 않으면 스무살을 넘기지 못할것 같아서 혀를 찼습니다.》
그 말을 들은 과부의 가슴에서는 대들보가 무너져내렸다. 상민의 자식이 일국 정승의 딸한테 장가를 간다는것은 하늘의 별따기요, 삶은 수탉이 홰를 치며 운다고 해도 성사되기 어려운 일이였다.
《대사님, 박명한 이 몸이 청상과부로 홀로 나서 이날 이때까지 저 아들애 하나를 믿고 사는데 그게 무슨 청천벽력같은 말씀이옵니까. 대사님, 은혜는 후일 꼭 갚아드릴터이오니 액운을 모면할 방책을 알려주옵소서.》
《소승에게 무슨 방책이 따로 있겠습니까. 애오라지 범을 잡자면 범의 굴로

찾아가야 할것인즉 정승의 딸을 얻자면 정승이 살고있는 서울로 가서 방책을 대야 할가 하나이다.≫

중을 대문간으로 바래고난 과부의 가슴은 오리오리 찢어지는것만 같았다. 아들을 붙잡고있자니 스무살안에 죽는다 하니 안될 일이요, 그렇다고 서울로 보내자니 기둥처럼 믿고 의지해 사는 아들이 없이는 단 하루도 살것 같지 못했다. 생각할수록 한숨과 눈물밖에 나오지 않았다.

≪어머니 왜 그러세요? 중이 뭐라고 했어요?≫

≪아니다, 아무것도 아니야.≫

≪어머니, 이제부터 내가 일하면 우리도 잘살 날이 있을거예요. 그때 가서 시주를 많이 하지요. 남아 15세면 호패를 찬다는데 이젠 나도 열다섯살이니 바깥일은 내가 하겠어요.≫

아들이 위로할수록 어머니는 더욱 슬피 울었다. 꼭 무슨 곡절이 있겠다고 생각한 아들은 꼬치꼬치 캐물었다. 그제서야 어머니는 중이 한 말을 되뇌이고는 소리내여 울었다.

≪그런 일이였군요. 어머니, 너무 근심마세요. 하늘이 무너져도 솟아날 구멍이 있다는데 그까짓 중의 말을 듣고서 뭘 그러세요. 중의 말이 옳다고 해도 아직 5년이나 있지 않습니까.≫

≪5년이 아니라 10년이 있으면 뭘 하겠느냐? 우리 같은 상놈이 어찌 감히 정승의 딸과 혼례를 이루기를 바라겠느냐?≫

≪참 어머님두, 길고 짜른건 대봐야 안다고 내가 서울가서 과거에 급제하고 정승의 딸한테 장가든후 어머니를 모시러 올테니 두고 보세요!≫

어머니가 들어보니 아들의 말이 옳았다. 앉아서 죽기를 기다리기보다 액운을 싸워 물리치겠다는 아들의 뜻이 참말로 장하였다.

며칠후 아들은 5년을 기약하고 어머니가 꾸려주는 괴나리 보짐을 걸머지고 서울로 떠났다.

서울에 도착한 아들은 어머니가 준 돈으로 손거울을 사가지고 정승들의 집을 찾아다니며 ≪거울 사시오! 거울 닦으시오!≫하고 고래고래 소리쳤다.

그때 서울 리정승댁에는 딸이 셋이 있었는데 맏딸과 둘째딸은 일에는 베돌이요 노는데는 악돌이라, 눈만 떨어지면 제가 잘났다고 구리거울앞에 마주서서 얼굴치장만 하였다. 오직 마음씨 곱고 얼굴 또한 곱게 생긴 셋째딸만이 몸치장에 신경

쓰지 않고 공부에만 열중하였다.
　구리거울앞에서 연지곤지를 바르던 맏딸이《거울 사세요! 거울 닦으세요!》하는 소리를 듣자 귀가 번쩍해서 몸종을 보고 거울 닦는 사람을 불러들이라고 하였다. 그것은 구리거울은 닦으면 닦을수록 윤기가 돌면서 더 잘 보이기때문이였다.
　거울 장사군으로 가장한 과부의 아들은 정승딸한테 장가들자면 정승딸과 가까이 있어야 하고 정승딸과 가까이 있자면 정승네 집의 머슴질이라도 해야겠다는 생각을 품었으므로 미리 한가지 꾀를 꾸몄었다. 그래서 거울을 닦아주는체하다가 리정승의 맏딸과 둘째딸이 딴눈을 파는 사이에 일부러 닦던 구리거울을 땅에 떨구어 깨버렸다.
　맏딸과 둘째딸은 애지중지 사랑하고 아끼던 구리거울이 박산나니 입에 거품을 물고 욕설을 퍼붓다가 그길로 아버지한테 일러바쳤다.
　리정승이 급기야 달려와보니 정말 구리거울이 박산이 났는지라 당장 거울값을 물어내라고 호령했다.
　과부의 아들은 무릎을 꿇고앉아 손이야 발이야 하고 빌었다.
　《대감님, 소인에게는 몸에 걸친옷 외에는 아무것도 없사오니 한번만 용서해주십시오.》
　《저놈이 거짓말을 하니 몸을 수색하라!》
　정승의 령을 받은 종들이 그의 몸을 샅샅이 뒤졌으나 팔다남은 손거울 몇 개와 손거울을 판돈 몇냥이 있을뿐이였다.
　리정승은 과부의 아들을 보고 집은 어디 있으며 부모들은 뭘 하느냐고 캐물었다. 집까지 따라가서라도 거울값을 받아올 심산이였다. 정승네 집에 있자고 잠도 리한 과부의 아들인지라 실말을 할리가 없었다.
　《예, 소인은 어려서 조실부모하고 정처없이 떠돌아다니는 몸이옵니다. 오늘 소인의 불찰로 아씨들의 귀중한 거울을 깨였으니 청컨대 아씨들의 종이 되여 그 거울값을 치를가 하나이다.》
　리정승이 생각해보니 거울 하나값에 젊고 튼튼한 종을 얻게 되였는지라 못이기는체하고 응낙하였다.
　이리하여 과부의 아들은 소원대로 리정승네 종으로 되였는데 정승네 집 남녀로 소들은 모두 그가 거울을 깨여 그 값으로 종이 되였다고 하여 파경노라 불렀다.
　《애 파경노야, 어서 일어나 마당을 쓸어라!》

파경노 김재권·박창묵 정리

첫새벽에 청지기가 깨워서 일어나면 뒤이어 맏딸과 둘째딸이 ≪애 파경노야, 세수물을 떠오너라!≫, ≪애, 파경노야, 글방을 닦아라!≫, ≪애 파경노야, 세수물을 던지거라!≫ 하고 눈코뜰새없이 일을 시켰다. 밤에는 발씻을 물까지 던지였다. 하지만 셋째딸만은 잔심부름을 시키지 않고 오히려 두 언니들의 눈을 피해 파경노 한테서 바깥세상이야기도 듣고 그와 함께 글을 읽기도 했다.

이렇게 1년이 지나는 사이에 리정승이 살펴보니 파경노가 일은 잘하나 어찌도 총명하고 똑똑한지 혹 자기 딸들하고 무슨짓을 칠는지 모르겠다는 생각이 들어 그만 파경노를 마구간으로 옮겨다 말을 먹이게 하고 자기가 외출할 때면 견마잡이를 하게 하였다.

리정승네 마구간에는 백마, 청마, 적다마 등 여러필의 말이 있었다. 그중에서도 백마가 제일 좋았다. 파경노는 정승에게 잘 보이려고 일심으로 말을 먹이였다. 그러다가도 정승의 셋째딸이 몰래 찾아오면 반갑게 맞아 재미나게 놀군 하였다. 정승의 셋째딸은 파경노가 비록 상민의 자식이지만 마음씨 곱고 글재간이 있어 장차 큰 인재가 될것이라는것을 언녕 보아냈는지라 은근히 정이 쏠려 하루만 못보아도 못견딜 지경이였다. 그래서 낮이면 몰래 파경노를 찾아와 글도 함께 짓고 책도 함께 읽으며 즐겼고 밤이면 파경노가 마구간에서 부는 구성진 피리소리를 들으며 설레이는 가슴을 달래이군 하였다.

파경노가 리정승집에 온지도 삼년세월이 지났다. 인제는 때가 되였다고 생각한 파경노는 무슨 궁리가 생겼는지 하루는 정승이 제일 사랑하는 백마의 혀바닥에다 바늘을 꽂아놓았다. 그리고 그보다 못한 청마를 더 잘 먹이였다. 그랬더니 백마는 나날이 여위여가고 청마는 잔등에서 기름이 뚝뚝 떨어졌다. 그러던 어느날 정승이 사냥하러 가겠다며 백마를 끌어오라고 하였다.

≪대감님, 백마보다 청마가 낫사오니 청마를 타십시오.≫

≪그게 무슨 소린고?≫

≪청마가 백마보다 더 살찌고 **빠른줄**로 아옵니다.≫

≪그럴리 있나. 백마는 천리마인데 청마와 어찌 비한단말인고?≫

≪그럼 대감께서 직접 보십시오.≫

리정승이 파경노가 끌고나온 백마와 청마를 비겨보니 백마는 여윈데다가 누꼽이 데룽데룽 매달렸는데 청마는 살이 푸둥푸둥 지고 눈에 정기가 돌았다. 청마는 리정승이 보라는듯 앞발을 쳐들고 하늘을 향해 호용하는데 그 울부짖는 소리에 천지가 진동했다. 파경노의 말이 거짓말이 아니였다. 정승이 청마를 타보니 정말 좋았다.

《응, 네 말이 옳구나. 헌데 저 백마는 무슨 병에 걸렸느냐?》

《의원을 모셔다 뵈였는데 별로 병은 없고 나이를 먹어 그렇다고 합니다. 사람도 늙어지면 나날이 못해지지 않사옵니까?》

《허허 그녀석 아는것도 많구나.》

그때부터 리정승은 청마만 타고다녔다.

《그러면 그렇겠지!》

파경노는 쾌자를 부르고 슬그머니 백마의 혀밑에 꽂았던 바늘을 빼내고 일심으로 잘 먹이였다. 그랬더니 얼마 가지 않아 백마는 또 본래대로 살이 쪘다.

그 어느날, 리정승은 온집 식솔을 데리고 산놀이를 가게 되였다.

《애 파경노야, 오늘은 온 집안이 산에 가서 하루종일 놀다올터이니 너 혼자서 집을 잘 보도록 하여라. 그리고 청지기와 어멈들은 좋은 술과 떡을 많이 가지고 가도록 하여라!》

《네, 분부대로 거행하겠나이다.》

파경노는 리정승네 식솔이 떠나기 바쁘게 마구간에 가서 백마의 휜털에다 보기 좋게 어룽어룽 색칠을 해놓은 다음 셋째딸 방에 가서 화장을 곱게 하고 셋째딸이 갖추어놓은 신랑의 옷을 꺼내입고 사모관대를 쓰고 얼럭말을 타고 피리를 불며 산으로 향했다.

정승네가 한낮이 되여 한창 먹고 마신후에 기생들을 시켜 가야금을 타고 노래를 부르는데 난데없이 구성진 피리소리가 은은히 들려와서 모두 고개를 빼들고 소리나는 쪽을 바라보니 웬 신선이 말인지 사슴인지 얼룩덜룩한 괴상한 짐승을 타고오면서 피리를 부는데 그 소리에 뭇새들이 날아들어 춤을 추고 흘러가던 떼구름도 멈추어서는것이였다.

《아버니, 옛말에 산수가 좋은 곳에 신선이 하강한다 하옵더니 우리 일가에서 이렇게 즐겁게 노는것을 보고 선관이 하강하여 피리를 부는가 보옵니다.》

맏딸이 제가 먼저 보았다고 쫑알거렸다.

《그래그래! 저 맑은 피리소리는 인간세상에서는 들어보지 못한 소리구나! 애들아, 어서 신선님께 절을 올리고 너희들게 좋은 신랑감을 점지해달라고 빌자구나!》

리정승이 술이 거나한김에 맏딸의 말을 곧이듣고 부산을 피우자 모두 신선을 향하여 엎드려 절을 하였다.

《신선님! 하계를 보살피여 이렇게 내려오시니 일구난언이 옵니다. 바라건대 한번 굽어 살피이여 미주를 한잔 드시고 저의 딸들에게 좋은 신랑감이나 점지해 주옵소서!》

《음 그렇게 하도록 하라!》

《황공하옵니다 신선님! 얘들아 어서 신선님께 미주를 부어올리고 복을 받도록 하여라!》

맏딸이 먼저 술을 따라 말잔등에 앉아있는 신선에게 권했다.

《신선님께서 저의 술을 받아 마시시고 저에게 신선님같은 랑군을 점지해주옵소서!》

신선은 말잔등에서 주는 술을 받아 마시고는

《내 옥황상제께 아뢰여 좋은 랑군을 얻도록 하게 할터이나 이후부터는 부디 마음을 곱게 먹고 부지런히 일하도록 하여라!》

고 하였다.

맏딸은 신선이 자기 흠집을 짚어 말하는지라 얼굴이 홍당무가 되여 고개를 푹 숙이고는 《예!》하고 간신히 대답했다. 그러자 둘째딸이 눈웃음을 치며 신선에게 술을 권했다.

《신선님께서 옥황상제에게 아뢰여 소녀를 왕후가 되게 하여주시옵소서!》

《그러도록 하마. 허나, 인간이란 욕심이 지나치면 오히려 재앙을 면치 못하느니라!》

셋째딸이 신선의 말을 들어보니 분명 귀에 익은 음성이여서 슬그머니 쳐다보니 화장은 요란스레 했어도 정기도는 눈동자만은 아주 눈에 익었다. 그리고 신선이 입은 옷을 보니 자기가 갖추어놓은 신랑의 옷이 틀림없었다.《의포단장이라더니 저렇게 차려입으니 실로 미남이오, 신선같구나》하고 생각하며 셋째딸도 술을 따라 올리였다.

《소녀는 따로운 청이 없나이다. 이 술 한잔 드시옵고 만년장수하옵소서!》

《오! 인간세상에 선녀같이 아름다운 규수가 있었구나! 겉볼안이라구 그 마음 또한 비단같으니 소원성취하리로다!》

신선은 술을 마시고나서 리정승을 보고 덧붙이였다.

《이젠 승천할 때가 되여 나는 가는데 리정승은 듣거라! 내 오늘 후한 대접을 받았은즉 그대의 셋째딸에게 좋은 랑군을 간택해주리로다. 헌데 셋째딸의 배필은 먼데 가서 찾지 말고 좋기는 집 울안에서 찾을지라. 그러면 백년해로하고 부귀영화를 누릴것이며 후손이 번창하리로다!》

《황공하오이다! 신선님의 분부대로 거행하겠나이다!》

리정승 일가가 절을 하고 일어나보니 신선은 어느새 먼곳으로 사라지고 피리소리만이 은은히 들려왔다.

산놀이에 왔던 기생들과 몸종, 심부름꾼들은 세 딸에게 한 신선의 말이 정말 옳다고 감탄하며 눈이 둥그래졌으나 감히 입밖에 내지는 못했다.

한편 정승네 식솔들도 세 딸의 품행을 눈앞에 보는듯이 그려내놓는것을 보아 신선임에 틀림없다고 인정했다.

정승네 일행이 집에 돌아오니 허술한 옷차림에 얼굴에 때투성이고 더벅머리인 파경노가 대문을 열어주었다.

그새 파경노는 먼저 돌아와서 말에 먹인 물감을 씻어던지고 신랑의 옷도 제자리에 갖다놓고 람루한 옷차림으로 바꿔입었었다. 그러나 이 일을 알리없는 맏딸과 둘째딸은 자기들이 망신당한 봉창이라도 하듯이 자기들은 오늘 신선을 보았는데 어떻게 미남이더라고 자랑을 늘어놓았다. 오직 셋째딸만이 자기 방을 달려가 화장품을 보니 반나마 축이 났고 농짝을 열어보니 옷도 자기가 포개놓은대로가 아니였다. 모든 것을 눈치챈 셋째딸은 오히려 가슴이 콩콩 뛰는것을 막을수 없었다.

리정승이 산놀이갔다가 신선을 만났고 세 딸이 신선의 축수를 받았다는 소문이 하루밤사이에 서울장안에 쫙 퍼지자 이튿날부터 청혼자들이 문턱에 불이 나도록 쓸어드는바람에 리정승은 반년도 못되여 맏딸과 둘째딸을 재상네 집안으로 시집을 보냈다. 오직 셋째딸이 문제였다. 지난 1년동안에 들어온 청혼자들가운데 열에 아홉은 셋째딸한테 들어온 청혼이였지만 신선이 분부를 직접 자기 귀로 들었는지라 리정승은 승낙할 수가 없었다. 그렇다고 집울안에서 셋째사위를 찾자고 보니 모두 종이 아니면 머슴들이라 찾을수가 없었다.

이때 셋째딸이 또 남몰래 마구간으로 찾아왔다.

《그때 산놀이때 하강하신 신선님은 그대가 아니오이까?》

파경노는 자기가 꾀한 노릇이라 아무 소리 못하고 하회를 기다렸다.

≪그대가 짐짓 거울을 깨여 소녀를 만남은 하늘이 정한 연분인줄 아옵니다. 하오나 장원급제 못하시면 부친님의 윤허를 받기 어려우니 부디 명심하와 오는해에는 과거를 보도록 하옵소서.≫

파경노는 원체 총명이 초군한데다가 어머님의 간절한 부탁과 셋째딸의 사랑을 가슴깊이 간직했는지라 일심으로 글을 익히니 학문에 통하여 박학다문하고 사통오달하였다.

마침 이듬해 나라에서 과거를 보게 되였는데 하루는 셋째딸이 정승인 아버지에게 글귀를 주면서 이번 과거에 이 시제를 내되 이 시제에 글을 맞게 짓는 선비에게 시집가겠노라고 하였다. 정승이 딸의 글을 받아보니 그 글은 산놀이할 때 신선을 만났던 일과 신선이 마지막으로 부탁하던 말을 가지고 지은 글이였다. 리정승은 대희하여 그렇게 하겠노라 쾌히 승낙하였다.

그날저녁으로 셋째딸은 파경노에게 이번 과거에 여차여차하라고 일러주고는 과거보러 갈 때 입을 옷과 필묵을 마련해주었다.

상시관으로 앉아 날아드는 시험지를 받아보아도 쓸만한 글이 없어서 입맛을 다시던 리정승은 마지막쯤해서 들어오는 시험지 한 장을 보고는 너무나도 좋아서 춤이라도 추고싶었다.

리정승은 이제야 셋째사위를 보게 되였다고 기뻐서 아무개가 알성급제하였으니 어서 대령하라고 하였다.

이윽하여 한 남아호걸이 들어서는데 륙척장신에 풍채가 름름한 사내였다. 가까이 오라고 하여 바라보던 리정승은 자기 눈을 의심했다.

≪아 아니, 이게 파경노가 아니냐?≫

≪예, 그러하옵니다. 대감!≫

≪네가 바로 이 시험지를 바친 아무개란 말이냐?≫

≪대감님, 그러하옵니다.≫

≪네가 언제 글을 배웠단말이냐?≫

≪실은 대감댁에 오기전에 십여년동안 글을 읽었사옵니다.≫

≪음, 실로 그러하다면 내 운을 낼터이니 즉석에서 대구를 하라!≫

리정승이 글귀를 내자 파경노는 제깍 짝을 맞춰 글을 지었다. 그제서야 리정승은 무릎을 툭 치며

≪허허허, 그러고보니 신선이 하던 말이 바로 너를 두고 한 말이였구나!≫

하며 못내 기뻐하였다.

파경노는 이렇게 하여 리정승의 셋째딸을 안해로 삼았고 시골에 내려가 어머니를 모셔다 효도하고 부부간이 백년해로 했다고 한다.

총명한 녀인

옛날 한 자그마한 시골에 총명한 녀인이 살고있었다. 이 녀인은 총명한데다 글도 좀 알아서 동리에 어려운일이 생기면 늘 제일처럼 나서 해주었다. 그래서 마을사람들도 자연히 무슨 일이 생기면 그를 찾았다.

어느날 서울 과거보러 갔다 락방거지가 된 세 선비가 이 고을을 지나다 술생각도 나고 배도 출출하여 한 주막집에 찾아들었다. 세 선비는 과거에는 떨어졌지만 그래도 선비노라고 시골사람은 눈에도 두지 않고 틀거지가 이만저만이 아니였다. 그들은 주막집에 들어서자 임금이 신하를 대령시키듯 큰소리로 주인을 불러들였다.

《주인, 우린 서울갔다 오는 길이요. 집에 무슨 명료리가 없소?》

《자그마한 시골 주막집에서 무슨 명료리까지 하겠습니까. 방금 돼지 한 마리를 잡았을뿐입니다.》

《그럼 그게라도 좋으니 시키는대로 할수 있겠소?》

《어서 말씀하십시오.》

《보다싶이 우리는 서울가서 과거보고 오는 세 선비요. 세 사람이 채 세가지면 되는데 첫째 채는 피타피(皮打皮)채고 둘째 채는 피내피(皮內皮)채고 셋째 채는 피외피(皮外皮)채요. 어서 해주오. 술이나 먹게.》

《네, 네…》

주인은 대답은 했으나 한문투로 하는 소리라 통 알아들을수 없었다. 그래서 그길로 총명한 아주머니를 찾아갔다. 총명한 녀인은 주막집주인의 말을 듣더니만 픽 웃으며

《그 량반들이 글깨나 안다고 하토에 사는 사람들을 너무 얕잡아보는군요. 그건 어렵지 낳으니 내 시키는대로 하세요.》

하고 여차여차하면 된다고 알려주었다.

주인은 돌아오자 총명한 녀인이 시켜준대로 돼지꼬리, 돼지내장, 돼지귀로 각

각 채 세접시를 해서 선비들앞에 내놓았다. 세 선비는 깜짝 놀라 그저 주인을 빤히 쳐다보기만 하였다. 이에 주막집주인은 신이 나서 내래엮었다.

《피타피라 하는것은 가죽으로 가죽을 때리는것이니 돼지 꼬리가 틀림없고 피내피라 하는것은 가죽안의 가죽이니 돼지 내장이 분명하고 피외피라 하는것은 가죽바깥의 가죽인즉 돼지귀밖에 더 있습니까? 그래 이 세가지로 채를 볶아왔습니다.》

세 선비는 그만 말문이 막혀 아무 말도 못하고 술만 마셔댔다. 그런데 한참 술을 마시고 얼근해지니 그중 한 선비가 이런 시골에 자기들의 말을 알아듣고 채까지 척척 해들여오는 사람이 있다는것이 믿어지지 않아 주인을 불러 물었다.

《주인, 그래 방금은 주인이 글풀이를 하고 채를 만들었댔소?》

《네. 저같은 신세에 무슨 글을 알겠습니까. 그 세가지 채는 이웃집 아주머니한테 물어서 해들여왔습니다.》

《뭐라? 그걸 알아맞춘 사람이 분명 아낙네란말이요?》

《네. 그런줄 아옵니다.》

이렇게 되고보니 세 선비는 한 시골아낙네에게 무참을 당한거나 마찬가지였다. 그래서 한번 그 녀인을 톡톡히 골려주자고 주인을 앞세우고 그 녀인네 집으로 찾아갔다.

이때 그 시골녀인이 집에서 양말을 깁다가 방에 걸어놓은 거울을 보니 세 선비가 들어오고있었다. 술에 얼근히 취한 세 선비는 방에 들어서자 턱을 잔뜩 추켜들고 건방지게 물었다.

《바깥분은 어디 나가셨소?》

《네. 일하러 나갔소이다.》

《우리 서울갔다 오는 선비들이요. 주막집에 들렸다가 소문을 듣고 집에 책 빌리러 왔소. 거 <상원롱부>(桑園弄婦)라고 <뽕밭에서 녀인을 희롱하다>라는 책 있지 않소. 그 책을 빌려주소.》

총명한 녀인이 들어보니 륙국재상 소진이 글공부 하고 성사해서 돌아오다 뽕밭에서 뽕따는 자기 부인을 희롱한바람에 그 부인이 분해서 자살까지 했다는 이야기를 적은 책인데 분명 저들은 륙국재상이 된 소진으로 자처하면서 자기를 희롱하는것이였다. 총명한 녀인은 백주에 남을 희롱하는 선비들의 소행이 너무나도 괘씸해서 한번 톡톡히 망신시키자고 마음먹었다.

≪선비님들, 미안하오나 그 책은 이웃에서 빌려가고 없고 다른 책이 있는데 보시겠는지요?≫

≪다른 책도 좋으니 어서 봅시다.≫

선비들은 녀인의 올가미에 걸려드는줄도 모르고 선뜻 대답했다. 그러자 녀인은 세 선비를 보고 빙그레 웃으며 말했다.

≪<삼자탐친>(三子探親)이라고 <세 아들이 어머니 보러 오다>라는 책이요. 그래도 보시겠소?≫

세 선비 들어보니 녀인을 한바탕 골려주려다 오히려 자기들이 녀인의 아들이 된셈이라 갑자기 얼굴에 모닥불을 끼얹은것 같아서 머리도 들지 못하고 말 한마디 못하고 얼굴이 삶은 수수떡처럼 지지벌개서 꽁무니를 빼고말았다 한다.

남산

서울에 남산이라는 아이가 있었는데 총명이 초군하여 입에서는 젖내가 나도 글은 어른같이 지어서 그의 글을 보고 칭찬하지 않는 사람이 없었다. 남산의 할아버지는 글 잘하는 남산이를 장중보옥같이 귀히 여기며 어디를 가든 그를 그림자처럼 붙여가지고 다녔다. 남산이도 그랬다. 눈만 떨어지면 할아버지곁에 가 글 한자라도 배워서 익혔고 할아버지가 문만 나서면 그림자처럼 따라나서 로인들이 담론하는 세상사도 듣고 로인들을 따라 글도 지었다. 그래서 남산의 할아버지뿐만아니라 동네방네 로인들까지 그를 귀히 여겼다.

어느날 남산의 할아버지는 남산이를 데리고 서울 남산에 올라갔다. 산천경개도 구경하고 글도 지으며 손자와 기꺼이 놀리라 생각했다.

그런데 이상하게도 이날따라 남산에 오르니 남산은 자옥한 안개에 덮여 형체조차 찾아볼수 없었다. 산천경개를 구경하자던 사람이 산이 안개속에 잠기니 산천경개를 구경할것도 없었다. 그래서 남산의 할아버지는 남산이를 보고 글이나 한 수 지어 읊으라 하였다. 그러자 자옥한 안개에 덮인 산을 보더니 남산이 글을 지어 읊조리기 시작했다.

> 남산이 남산에 오르니
> 자옥한 안개 남산을 삼켰고나.
> (南山登南山,
> 　　大霧呑山.)

할아버지는 가슴에 널장이 뚝 떨어지는것 같아서 손자를 쳐다보았다.
《애 남산아, 너 무슨 글을 그렇게 짓느냐?》
《할아버지, 아래구절을 더 들어보시고 말씀하세요.》
남산은 목청돋우어 아래구절을 읽었다.

안개 남산을 삼킬수 없어
다시 남산을 토하였노라.
(然而不能呑,
　　吐出復南山.)

남산이 글을 다 지어 읊었다. 하지만 글이 심상치 않아서 할아버지는 손자를 쳐다보며 얼굴에 그늘을 지었다. 그러니 어린 손자 남산이 할아버지를 보고 하는 말이
≪할아버지, 제가 비록 나이 어리오나 인생이 한생을 알고 있사옵니다. 저의 한생도 저 안개속에 묻힌 남산과 같은줄 아옵니다.≫
할아버지는 남산이 이같이 말하자 손자를 다시한번 쳐다보았다.
≪그래 네가 네 앞날을 안다는말이냐?≫
≪할아버지, 어린것이 할아버지앞에서 잘되지 못한 글을 읽어 죄송하옵니다. 세상사를 살펴보고 저의 한생을 글로 읊조린것이온데 처음에 고해는 겪겠으나 나중에 남산은 남산대로 될것이오니 과히 심려마옵소서!≫
할아버지는 더 할말이 없었다. 인생의 살아가는 리치가 그런 같기도 하고 또 뒤구절을 들어보니 손자의 장래가 풀리는지라 다른 말을 하지 않고 안개를 바라보며 앉아있었다. 그런데 얼마 지나지 않아 과연 남산이 글 지은것과 같이 안개가 걷히고 해빛이 찬연하여 남산은 일목료연하였다.
이때로부터 세월은 흐르고 흘렀다. 남산은 세월따라 몸도 크고 학문도 깊어만 갔다. 남산은 마침내 과거에 급제하여 얼마 지나지 않아 젊은 나이에 서울 남산처럼 우뚝 솟아 벼슬이 일국 판서에 이르렀다. 그런데 또 얼마 지나지 않아 안개 남산을 삼키듯 남산은 간신들에게 몰려 억울한 죄명을 쓰고 먼 북방의 험악한 고장에 정배를 가게 되였다. 남산은 눈물 한방울 흘리지 않고 할아버지, 할머니, 아버지, 어머니에게 절을 하고 멀고 험악한 정배지로 떠나갔다.
남산이 억울한 죄명을 쓰고 정배지로 떠나자 집안은 초상난 집과 같았고 그의 아버지와 어머니는 눈물로 세월을 보냈다. 그러나 백발이 성성한 할아버지는 아들 며느리를 불러놓고 세상 간신치고 좋은 끝장을 본 간신이 없고 명이 긴 간신도 없다고 일러주면서 그때 남산이를 데리고 서울 남산에 올랐을 때 남산이 지은

글을 읽어주며 안개 남산을 토하여 남산이 빛을 볼 날이 있으리라 일러주었다.
 과연 그러했다. 남산이가 정배살이를 떠난지 삼년도 못되여 간신들의 죄악이 백일하에 드러나 그자들은 조정에서 쫓겨나고 남산이는 정배지에서 돌아와 일국 정승의 자리에까지 오르게 되였다.
 안개 난산을 토하듯 다시 조정에 등용되여 정승까지 된 남산은 정사에 밝고 백성들을 살피여 선치선덕을 베푸니 온 나라 사람들이 어린시절 남산이 서울 남산에 올라 지은 글을 전하며 그를 칭찬하지 않는 사람이 없더라 한다.

은혜갚은 뱀

옛날 한 시골선비가 고개너머 서당방에 가서 글을 배웠다. 날마다 고개를 넘어 가고 넘어오면서 글공부를 다니다보니 때로는 지쳐서 고개마루 큰나무밑에 앉아 쉬기도 하였다.

어느날 시골선비는 서당방에서 집으로 돌아오다 또 큰나무밑으로 다리쉼이나 하자고 찾아갔다. 그런데 누군가 뱀을 잡아서 목을 매여 그 나무에 달아매놓았었다. 어느 애들이 한 짓인지는 몰라도 목이 조인 뱀은 생명이 경각에 이르러 버둥거리고있었다. 마음이 비단같이 고운 시골선비는 측은한 생각이 들어 뱀을 풀어 풀섶에 놓아주었다.

말못하는 뱀이지만 생명을 구해준 은인만은 알았던지 눈물을 뚝뚝 떨구며 시골선비를 보고 또 보았다.

《얘 뱀아, 어서 가거라. 너 어디 가든 사람을 물지 말고 잘살아라.》

시골선비 말이 떨어지자 뱀은 다시한번 그를 쳐다보더니 스르륵 풀속으로 사라졌다. 시골선비는 더는 다리쉼을 할념을 하지 않고 집으로 돌아왔다.

이때로부터 시골선비가 서당방에 글 읽으러 갈 때나 글을 읽고 돌아올 때면 그 뱀이 푸른숲을 헤치고나와서 시골선비를 맞아주고 바래주군 하였다. 꽃이 피는 봄부터 가을 찬서리가 내릴 때까지 뱀은 언제나 고개마루에 나와서 그를 맞고 바래 주었다. 그러다보니 시골선비 또한 그 뱀에게 정이 들어서 단 하루라도 보이지 않으면 섭섭한 생각이 들어 걸음도 제대로 되지 않았다. 한겨울에는 꽃이 피고 잎이 피는 봄이 오기를 기다렸고 서늘한 가을이 오면 한겨울이 올가 근심하였다.

이러는 새에 류수와 같은 세월은 흐르고 흘렀다. 그동안 시골선비 비록 총명하여 글은 남달리 잘 읽었지만 가난한 집에서 태여난탓으로 과거도 보지 못하고 나이 스물을 넘게 되였다. 이러다보니 아침을 먹으면 저녁끼니가 없어 일가식솔이 굶기를 밥먹듯하여 그는 한숨으로 세월을 보냈다.

그러던 어느날 고개마루에서 살려준 그 뱀이 이 집 뜨락에 찾아왔다. 시골선비는 뱀을 보며 한숨을 후후 쉬다 뒤가 보고싶은지라 측간에 가 뒤를 보게 되였다. 그런데 시골선비 뒤를 보고 일어서려는데 그놈의 뱀이 화살같이 달려오더니 그의 엉뎅이를 물어놓고 어디론가 사라져버렸다.

시골선비의 눈에서는 불이 일었다. 자래워준 개에게 발뒤축을 물린다더니 죽는 걸 살려주니 되려 그 살려준 사람을 물었다. 뱀을 잡자고 눈에 불을 켜니 뱀은 어디로 갔는지 그림자도 보이지 않는데 벌써 뱀독이 뻗치여 더는 어쩔수 없었다. 시골선비는 뱀독이 전신에 뻗칠가봐 달비로 허리를 동이고 대진을 얻어 뱀한테 물린 자리에 바르고 돼지똥찜질까지 하였다. 그래도 뱀독은 독대로 피였다. 시골선비의 안해는 밤마다 마당에 나서서 솔강불을 켜들고 뱀이 다시 와서 해칠가봐 뱀을 지켰다. 시골선비 갖은 약새질을 다했지만 백약이 무효하여 생명마저 보전키 어렵게 되였다.

이때 갑자기 그 뱀이 입에 파란 풀잎을 물어다 놓더니 또 눈깜짝할새에 사라졌다. 유난히 빛나는 초록색 풀잎이였는데 세상에서 보지도 못하던 풀잎이였다. 시골선비 뱀에게 물린 일을 생각하면 눈에 불이 일었지만 그놈이 풀잎을 물어다 놓고 감쪽같이 사라지는걸 보니 필유곡절이라 생각던 끝에 안해를 보고 그 난생처음 보는 풀잎을 가져다 뱀한테 물린 자리를 한번 쓸어보라 하였다. 그래서 안해가 그 풀잎으로 남편의 뱀에게 물린 자리를 쓸었는데 한번 쓱 쓸어놓으니 뱀독이 절반이나 빠지고 두 번 쓸어놓으니 뱀독이 거의다 빠지고 세 번 쓸어놓으니 뱀에게 물린 자리까지 가신듯 없어지고 상쾌하여 얼굴에 웃음이 어렸다. 물기는 그놈의 뱀이 물어서 명재경각에 이르렀는데 살리기도 그놈의 뱀이 살려주었으니 생각하면 괘씸하기도 하고 또한 고맙기도 하였다. 시골선비 아무리 생각해도 이 일만은 알수 없었다.

그런데 그이튿날부터 동리 남녀로소가 그 뱀한테 물리고 이웃동리에서도 여러 사람들이 뱀한테 물려서 죽는다 산다하며 야단이였다. 이 소문을 들은 시골선비는 우선 사람을 살려 보자고 뱀이 물어다준 그 풀잎을 들고나가 뱀한테 물린 사람들을 다 고쳐주었다. 그랬더니 사람들은 신기한 풀잎으로 뱀독을 없애는 시골선비를 명의라며 하늘처럼 높이 받들었다. 그리고 죽는 사람을 살린 은혜를 갚는다고 하면서 돈있는 집에서는 돈을 가져오고 쌀있는 집에서는 쌀을 가져다주니 시골선비는 며칠사이에 살림살이가 넉넉하게 되였다.

발없는 말이 하루에도 천리를 간다고 아무 시골의 아무 선비가 신기한 풀잎을 가지고 뱀에게 물린 사람을 고친다는 소문이 온 나라에 자자히 퍼졌다. 그러다보니 시골선비는 어느 하루도 집에 앉아있지 못하고 방방곡곡에 나다니며 뱀한테 물린 사람을 치료해줬다. 일이 이렇게 되니 시골선비네 집에는 날마다 쌀바리, 천바리, 돈바리가 줄쳐들어오고 감사 드리러 오는 사람들이 인산인해를 이루었다. 이렇게 되여 시골선비는 남부러운것이 없이 잘 살았다 한다.

도미와 그의 안해

옛날 서라벌 한산기슭에 도미라고 부르는 마음씨 착한 농부가 자색이 출중한 안해와 같이 오붓한 살림을 하고 있었다.

도미는 어진 백성이였으나 의리에 밝고 착실하고 부지런했으며 그의 안해는 얼굴이 이쁘고 행실이 단정하여 서울에까지 소문이 자자했다. 그러다보니 발없는 말이 천리를 간다고 도미 안해가 천하절색인데다가 정조가 굳으며 부덕이 높다는 소문이 임금의 귀에까지 들어갔다.

온 나라안의 미인이란 미인은 죄다 끌어들이다싶이 한 개루왕은 도미 안해의 자색 같은것에는 별로 구미가 당기지 않았지만 정조가 굳다는데는 은근히 호기심이 생기였다.

≪모를 소리야. 세상에 권세와 돈으로 꾀이면 넘어가지 않을 계집이 있을가? 더구나 임금이 청을 해도 거절할 여자가 있을고?≫

이렇게 생각한 임금은 도미를 당장 불러오라고 분부하였다.

≪그대가 도미인가?≫

≪예, 황공하옵니다.≫

≪과인이 듣자니 그대의 안해가 자색이 뛰여나고 게다가 정조가 굳고 부덕이 높다 하니 실말인고?≫

웬 영문인지도 모르고 불려온 도미는 임금이 묻자 그만 가슴이 철렁하였다. 인물 고운 녀자라면 진시황과 한바리에 실어도 짝지지 않을 개루왕임을 잘 알고 있었기 때문이다. 그러나 임금의 물음이니 대답을 안할 수가 없었다. 그렇다고 아무리 임금앞이라고 해서 마음에도 없는 소리를 할 수가 없었다.

≪소인은 그런줄로 믿고 살아옵니다.≫

≪핫하하 정말 그럴가?≫

임금이 따져물어도 그토록 사랑하는 안해를 팔수가 없어서 그렇다고 아뢰였다.

≪그런줄로 믿사옵니다.≫

≪그렇단말이지. 대체로 녀자들의 덕은 정절로써 으뜸을 삼지마는 만약 으슥한 외딴곳에서 달콤한 말로써 꾀이면 마음이 쏠리지 않는다고 할수 있을가? 돈과 재물에도 넘어가지 않는다고 장담할수 있느냐말이다?≫

≪사람의 마음이란 때론 환경에 따라서 달라질수도 있으니 알수 없는것이오나 소인의 계집만은 변함이 없을것이라 믿사옵니다.≫

≪핫하하 제 계집을 무던히도 믿는군. 그렇다면 과인이 한번 시험해볼가?≫

≪시험해보셨대야 소용이 없을줄로 아옵니다.≫

≪그럼 좋다. 내가 네눈앞에서 한번 본때를 보여주겠노라. 네 계집이 나에게 수청을 든다면 너는 머리깎고 중이 돼야 하느니라.≫

임금은 이렇게 호언장담하고 도미를 딴 방에 가두어놓고 측근 신하를 부르더니 왕관과 도포를 한 벌 주며 오늘저녁에 여차여차하라고 분부했다.

그날 밤 도미의 안해는 눈이 빠지도록 남편을 기다렸으나 기다리는 남편은 오지 않고 한 라졸이 달려와서 임금의 행차가 당도하니 방안을 깨끗이 거두라고 하였다.

도미 안해가 놀란 가슴도 진정하기전에 ≪어가요!≫라는 소리와 함께 사인교가 뜨락으로 들어왔다. 얼굴이 새파랗게 질린 도미 안해는 허둥지둥 밖에 나가 땅에 엎드렸다.

≪이 집이 도미의 집이며 그대가 도미의 안해인고?≫

임금의 위엄에 찬 물음이였다.

≪그러하옵니다. 대왕님께서 루추한 집에 행차하시니 황공하기 그지없나이다.≫

≪과인이 긴히 할말이 있어서 왔거늘 어서 방으로 안내하라.≫

≪예.≫

도미 안해는 하는수없이 왕을 방으로 모시였다.

≪과인이 이렇게 온것은 다름이아니라 그대가 천하일색이란 말을 듣고 도미와 내기를 하여 내가 너를 가지게 되었도다. 오늘부터 그대를 왕비로 삼으려 하니 기왕 왔던바에 놀다갈터이니 보금자리를 마련토록 하라.≫

도미 안해는 임금의 검은 심보를 불보듯하였다. 자기 남편은 어떤 일이 있더라도 자기를 헐뜯거나 더구나 빈말이라도 안해를 대고 놀음을 놀 남편이 아님을 누구보다도 잘 알고있었다. 그래서 기왕지사 임금이 자기를 속이는 이상 자기도 임금을 속일수밖에 없다고 생각했다.

《만백성의 지아비이신 대왕님께서 빈말을 하지 않을것이 오니 소첩이 어찌 순종하지 않으오리까. 분부대로 받들어 모시겠나이다. 단지 대왕님을 처음으로 모시는 자리오니 옷을 갈아입고 치장도 하고 오겠사오니 잠간만 기다려주시옵소서.》

도미 안해는 방에다 이부자리를 펴놓고 나가서 몸종을 불러 전후사연을 이야기한후 얼른 화장을 시키고 옷을 입혀 들여보냈다.

본디 꽃피는 나이에다가 또한 얼굴이 아름다운 몸종이 화장까지 하고 들어서니 초불이 더욱 밝아진것만 같았다.

《어서 이리 가까이 오너라.》

임금은 녀인의 손을 잡고는 초불을 껐다. 녀인은 말 한마디 없이 임금이 하는대로 한몸을 맡겨버렸다. 운우지정을 마친 임금은 녀자의 속바지를 들고 일어나면서 한마디 했다.

《후일 사람을 보내여 후궁으로 모셔갈터이니 그때까지 기다리거라. 이 옷은 내가 정표로써 가지고 가노라.》

여태 임금노릇을 한 그 사나이는 임금이 파견한 가짜임금이였다. 가짜임금에게서 전후사실을 듣고난 임금은 껄껄대고 웃었다.

《핫하하 그러면 그렇겠지. 과인의 말이 틀릴수가 있나. 여봐라. 도미를 대령시켜라.》

도미가 들어서기 바쁘게 임금은 물었다.

《도미는 듣거라. 그래 지금도 네 계집이 정절을 지킨다고 믿는고?》

《예, 믿사옵니다.》

《미련하기 곰보다도 더한놈이군. 엊저녁에 나의 신하가 너의 집에 가서 네 안해와 꽃다운 인연을 맺고왔는데도 너는 그래도 믿는단말이지?》

《그럴수 없사옵니다…. 아니, 이 속옷이 어찌하여?》

《핫핫하 이제야 제 계집의 속옷을 알아보는군.》

《아, 아니옵니다. 소인의 안해에겐 이런 속옷이 없나이다.》

《그렇다면 이건 뉘것이란말이냐?》

《이건 분명히 녀종의 속옷이옵니다.》

《뭣이라구?》

개루왕은 깜짝 놀랐다. 곰곰이 생각해보니 분이 상투밑까지 치밀었다.

≪발칙한것들이 미인계로써 과인을 속였구나. 애들아, 게 아무도 없느냐?≫
왕의 웨침소리에 라졸들이 달려왔다.

≪저년놈이 짜구서 임금을 우롱했으니 그 죄 백번 죽어 마땅하나 목숨만은 살려주고 그대신 다시는 아름다운것을 볼수 없도록 두 눈알을 빼고 배에 실어 강에 띄우도록 하라!≫

라졸들이 달려들어 사지를 붙잡고 도미의 눈알을 우벼내였다. 도미는 아무리 발악을 해도 소용이 없었다. 두눈을 빼앗긴 도미는 자그마한 배에 정신을 잃고 쓰러진채 한강물을 따라 정처없이 떠내려갔다.

한편 가짜임금을 속여넘긴 도미 안해는 더욱 불안한 마음으로 남편이 돌아오기만을 기다렸다. 헌데 남편 대신에 임금이 보낸 가마가 왔다.

≪부인을 궁궐로 뫼시라는 어명이요!≫
깜짝 놀란 도미 안해는 죽을 각오를 하고 죽기전에 단 한번이라도 남편을 보려고 가마에 올랐다.

방금까지 천길만길 펄펄 뛰며 칼탕을 치겠다던 개루왕은 자기앞에 나타난 도미 안해를 보자 먹었던 마음은 봄눈 녹듯 녹아버렸다.

≪아! 과연 듣던 소문과 같고나! 백번 듣기보다 한번 보는것이 낫다더니 바로 너를 두고 한 말이요, 등잔밑이 어둡다고 한것은 과인을 두고 한 말이구나. 천하일색을 코앞에 두고서도 여직 모르고있었으니 한심한 일이로구나.≫

도미 안해가 목소리를 들어보니 엊저녁에 왔던 임금의 목소리가 아닌지라 가만히 눈을 들어 임금을 보니 확실히 엊저녁 그 임금이 아니였다. 그제서야 엊저녁에 온것은 가짜임금이였음을 알게 되였다.

≪엊저녁엔 발칙한짓을 하더니 인젠 어쩔셈이냐? 과인의 말을 따르겠느냐?≫
≪황송하옵니다. 엊저녁에 온 임금의 행실은 똑 마치 야밤에 쏘다니는 도적고양이모양이라, 함부로 임금님의 존엄을 더럽히기에 소첩은 그것이 가짜임금임을 알고 골려주었던것이옵니다.≫
≪그래? 핫핫하 그렇다면 지금은 어떠냐?≫
≪대왕님께서 소첩을 사랑해주신다면 그저 황공할따름이옵니다.≫
≪그게 참말이렸다?≫
≪대왕님앞에서 누가 감히 거짓말을 하겠나이까. 단지 소첩이 유부녀로서 지아

비의 생사를 모르고있으니 어찌 대왕님을 모실수 있겠사옵니까.≫

≪음, 두 지아비는 모시지 않겠다 그말이렷다?≫

≪그러하옵니다. 대왕마마.≫

≪건 념려말아. 도미는 임금을 속인 죄로 마땅히 죽여야겠으나 너의 낯을 보아 목숨만은 살려주었으되 다시는 너를 볼수 없도록 눈알을 빼내고 한강에 띄워 운명에 맡겼노라.≫

임금의 말에 도미 안해는 어찌나 놀랐던지 기절할번하였다. 어서 이 자리를 빠져나가 남편을 구해야겠다는 일념으로 속으로는 피를 삼키면서도 겉으로는 해죽 웃으며 아양떨었다.

≪기왕 남편을 잃은 과수의 몸이온데 젊고젊은 나이에 독수공방 어이하며 또한 혼자살기도 막막하오니 대왕님께서 소첩을 불쌍히 여기시사 버리지 않는다면 대왕님의 발싸개라도 될가 하옵나이다.≫

왕은 너무나 좋아서 입이 갈지자가 되여 껄껄 웃더니 짐승처럼 덮쳐들어 야수같은 수육을 채울 차비였다.

≪대왕님, 이젠 소첩의 모든 것이 대왕님의것이오니 아무 때건 마음대로 하실수 있사온데 어찌 이처럼 조급해하나이까. 지금 소첩이 몸이 부정하오니 목욕을 한 뒤에 깨끗한 몸으로 모시겠나이다.≫

≪한번 더 속는셈치고 들어줄터이니 얼른 그러도록 하라.≫

도미 안해는 목욕간에 들어갔다가 창문으로 도망하여 궁궐을 빠져나왔다. 도미 안해가 한강에 이르렀으나 남편의 그림자도 없고 철썩이며 흐르는 물소리뿐이였다. 철썩이며 쏴쏴흐르는 물결은 자기를 어서 오라고 부르는것만 같았다. 강기슭으로 오르내리며 도미를 목이 터지게 불렀으나 대답은 물소리뿐이였다. 이때 등뒤에서 고함소리가 들려왔다. 고개를 돌려 바라보니 병졸들이 달려오고있었.

도미 안해는 하늘을 우러러 통곡하며 임금한테 몸을 더럽히는바에야 깨끗이 죽어서 혼백이라도 남편을 만나겠다는 생각으로 물에 뛰여들려 하였다. 이때 난데없는 쪽배가 자기앞에와서 뱅글뱅글 돌았다. 도미 안해가 올라타니 쪽배는 강복판 물살이 센 곳을 따라 쏜살같이 떠내려갔다. 하루밤을 배우에서 지내고 날이 푸름히 밝아오는데 쪽배가 한 뭍에 걸리였다. 할수없이 내려서 걷는데 발길에 무엇이 걸채여 넘어지고말았다. 자세히 들여다보니 피투성이된 자기 남편이였다.

≪여보세요, 정신차리세요! 당신의 안해가 왔어요!≫

도미 안해는 남편을 부여안고 목놓아 울었다. 그 울음소리에 정신이 든 도미는
≪이게 꿈이요 생시오? 여기가 어디며 당신은 어떻게 여기로 왔소?≫하고 물
었다.

도미 안해는 치마를 찢어 맑은 물로 남편의 상처를 씻어내고 동여매며 전후사
를 세세히 들려주었다. 안해의 말을 듣는 도미의 가슴은 칼로 저미는듯 아팠고
왕에 대한 원한이 활활 불타올랐다.

≪여보, 나는 앞못보는 장님이 됐으니 나 때문에 더 고생하지 말고 팔자를
고치오.≫

≪그게 무슨 말씀이오니까? 저를 그토록 믿었기에 두눈을 빼앗겼거늘 제가
어찌 랑군님을 잊겠나이까. 우린 살아도 같이 살고 죽어도 같이 저승으로 갑시
다.≫

≪그러나 우리가 이놈의 땅에서 어떻게 산단말이요?≫

≪여보세요, 우린 이땅에서는 살수 없으니 고구려로 갑시다.≫

≪뼈에 사무친 이 원한을 어떻게 하면 갚는단말이요?≫

≪먼저 고구려에 가서 몸을 취세우고 다음에 방도를 댑시다.≫

이리하여 도미와 그의 안해는 문전걸식하며 고구려땅에 갔는데 거기에서 평생
을 원앙새처럼 살았다고 한다.

귀돌이와 천문도사

멀고먼 옛날옛적의 이야기다. 두만강기슭에 늙은 부부가 귀돌이라는 외동아들을 데리고 살았다.

귀돌이 열 살나던 해에 늙고 병든 아버지는 아들애의 손을 잡고 이런 유언을 남기였다.

《애야, 죽는 나는 명이 다했으니 섧지 않으나 불쌍한 너의 어머니를 생각하니 눈을 감지 못하겠구나. 너의 어머니는 우리 집 문턱을 넘어들어온 그날부터 오늘 이때까지 할아버지, 할머니와 내 병시중을 드느라고 변한 날이 하루도 없었다. 그러다보니 얼굴에는 거미줄천지요 검은 머리에는 때아닌 서리가 내렸구나. 너의 어머니는 우리 집에 와서 병까지 얻었건만 약 한첩 못썼단다. 그러니 내가 죽은 다음에라도 네가 크거들랑 의원이 되여 어머님의 병을 고쳐드려라. 그럼 죽은 나도 눈을 감겠다.》

부친의 유언을 리해하고 리행하기에는 너무나도 철부지인 귀돌이였건만 부친의 3년제를 지내자 어머님앞에 꿇어앉아 아버지의 유언을 실행하자면 어떻게 해야 되느냐고 졸랐다.

이윽토록 아들의 얼굴을 들여다보던 어머니는 귀돌이의 비장한 결심을 알고 정중히 말했다.

《어린 네가 부친의 유언을 마음에 새기고 의원이 되겠다니 그 생각 기특하고 장하고나. 훌륭한 의원이 되자면 알아야 한단다. 알자면 글을 배워야지. 그래서 써놓은 의서들을 읽어야 하겠는데 우리 집엔 너를 서당에 보낼만한 돈도 없고 이 에미는 무식하다보니 너를 배워줄수도 없구나. 그러니 부득불 네 앞길은 네손으로 마련해야겠다. 옛말에 앉은 영웅보다 나돌아다닌 무식쟁이가 낫다고 했으니 방방곡곡 돌아다니며 보고 듣노라면 견식도 넓어지고 아는것도 많아질게다. 선병자의원(先病者醫員)이란 말도 있으니 앓고난 사람들을 만나면 무슨 병에 어떤 약을 쓰니 좋고 고치지 못한 원인은 뭣인지를 물어봐라. 단지 이 에미만 생각지 말고 할아버지와 할머니 그리고 아버지처럼 병환에서 고생하시는 백성들의 질고를 덜어주겠다는 마음만 가진다면 못해낼 일이 없을게다. 기왕 네가 큰일을 하려고 하는 이상 이 에미 걱정은 말고 래일부터라도 집을 떠나도록 해라.≫

≪어머님의 말씀은 그러하오나 아무리 불효자식일망정 병환에 계시는 어머님을 혼자 두고 제가 어디를 가겠사옵니까?≫

≪내 몸의 병이라는거야 해수병밖에 없는데 이젠 고질이 돼서 하루이틀에 나을 병도 아니고 네가 부친의 유언을 시행하는 날이면 내 병도 뚝 떨어질테니 그런줄 알고 래일로 떠나도록 해라. 공든 탑이 무너지랴는 말도 있으니 중도에 물러설 생각말고 10년전에는 이 에미를 볼 생각을랑 아예 말아라.≫

어머니의 간곡한 말씀에 감격된 귀돌이는 열두살난 어린 몸에 큰뜻을 품고 어머니를 하직하고 정처없는 류랑의 길을 떠났다.

길을 떠난지 반년만에 한 서당에 심부름꾼으로 들어가서 궂은일 마른일 가리지 않고 부지런히 일하면서 짬짬이 등넘어 공부를 하여 막힘없이 볼수 있고 쓸수 있게 되자 5년만에는 서당을 떠나서 또다시 류리걸식하며 입술이 닳도록 묻고 팔목이 붓도록 적었다.

그러던 어느해 무더운 삼복철이였다. 길을 가다가 샘터를 만나 갈한 목을 적시는데 버드나무 정자아래 백발된 할머니가 있었다. 할머님께 인사를 올리고 올해에 춘추가 얼마나 되셨는가 물었다.

≪도련님한테 말하기도 거북하외다. 남의 나이를 먹다보니 래일 모레면 백하고도 스무번째의 생일을 맞는다오!≫

귀돌이는 저도 모르게≪예에?!≫하고 놀라면서≪할머님께서 장수하신 비결은 무엇이옵니까?≫하고 물었다.

≪글쎄 보다싶이 산좋고 물맑고 공기맑은 이곳에서 철들자부터 이날 이때까지 부지런히 일한 보람이랄가…≫

≪그사이에 병환에 계신적은 없으셨나요?≫

≪난 고뿔도 몰랐는데 아이때 홍진을 하다가 귀신이 될번했지. 그런데 후에 해수병에 걸렸댔네. …≫

해수병이라는 말에 귀돌이는 바싹 다가앉으며 물었다.

≪무슨 약을 쓰셨나요?≫

≪약? 글쎄 약이 옳기사 옳지. 집안에 가마 한짝밖에 없는 신세에 약은 무슨

약이겠나. 그때 지나가던 한 로인의 말씀대로 불개미를 잡아먹었지!》
　《그래서 효험을 보셨나요?》
　《보구말구! 그후부턴 이날 이때까지 약이라곤 통 모르고 지냈지. 정말이야, 이 밀방은 천서에도 없다고 했으니깐.》
　《할머님, 정말 고맙습니다!》
　귀돌이는 그 즉시 고향으로 달려가 어머님의 병을 고쳐드리고싶었다. 그러나 10년동안 공부하고 명의가 되여서 돌아오라던 어머님의 목소리가 귀전에 울리는지라 백지와 붓을 꺼내 놓고 적기 시작했다.
　《이 사람아, 그걸 적어서는 뭘 하나?》
　《예, 실은 저의 모친님이 만성해수병으로 고생하신지가 수십년이 되옵니다. 그래서 돌아가면 어머님의 병을 고쳐드리고 또 후세사람들이 해수병에 걸리면 할머님 말씀대로 치료해드리려고 적습니다.》
　《그래?! 그것참 좋은 생각이네. 그럼 내가 듣고 본것들을 더 말해줄가? 나야 산전수전 다 겪다보니 무슨 일인들 못해보고 무슨 말인들 못 들었겠나.…》
　《할머님 고맙습니다. 어서 말씀해주세요.》
　《그래 말해주고말고. 내가 백살을 넘어먹도록 살아오면서 볼라니 인삼록용이 선약이라 더 말할것 없는게고 방금 말했던 불개미말이요, 그게 좋은 약이라네. 사향이 좋다는데 왜 좋은지 아나? 그게 바로 불개미가 약이 된거라네. 사향이란놈이 늘쌍 신을 불개미둥지에다 박았다가는 불개미를 잡는가 하면 곰도 혀를 불개미 굴에 넣었다가 불개미들이 붙으면 잡아먹거든. 그러니까 곰의 열이 쓰지만 약이 되는걸세. 불개미란놈이 독이 있어요. 내가 아이들을 키울 때 혀가 터졌길래 불개미를 잡아다가 닦아서 가루를 내여 발라줬더니 직통이 아니겠나. 그러니 내가 백살을 넘어 산것도 아이때 홍진한후 불개미를 먹어서 그런지도 모르지.…》
　귀돌이는 이렇게 가는곳마다에서 묻고 적다보니 걸머진 망태기에는 오만가지 약재들과 밀방으로 가득찼다. 후일에 그것들을 정리하여《민간처방》과《초약》이란 두권의 책을 묶었다.
　물처럼 쉽없이 흐르는 세월은 여류하여 귀돌이가 집을 떠난지도 어언 8년이 되였다. 그동안 갈아신은 짚신은 얼마며 발이 터져 흘린 피는 얼마인지 모른다. 괴롭고 고통스러울 때마다《어머님은 이 시각에도 해수병으로 고생하시면서도 이 아들이 훌륭한 의원이 되여 돌아오기를 빌고 있겠지? 그런데 내가 이렇게 편안히 보낼수 있단말인가?≫하고 자문자답하면서 지새운 밤도 얼마인지 모른다.
 이렇게 8년세월을 보내고 하루는 달과 별과 동무하여 온밤을 걷다가 날이 희붐히 밝아오는데 자세히 사방을 둘러보니 꿈에서도 그리던 고향마을 뒤산이였다. 등짐나무를 해지고 다니던 산등성이 오솔길에서 찌그러져가는 오막살이집을 바라보며 달려가려던 귀돌이는 못박힌듯 그 자리에 선채 눈물을 쏟고야말았다. 10년전에는 자기를 보려니 생각지 말라던 어머님의 모습이 눈에 선히 떠오르고 그 목소리가 너무나도 쟁쟁히 울려왔기 때문이다.
 ≪아서라, 이제 2년만 더 배우면 되겠는데 내가 그사이를 못 참아서 어머님의 간곡한 말씀을 어긴단말이냐?!≫
 귀돌이는 필묵을 꺼내여 해수병에 대한 처방을 똑똑하게 써서 울바자안에다 떨어뜨렸다. 어머님의 기침소리가 들려오자 바자문을 열고 뛰여들고 싶었으나 속으로 눈물을 삼키며 발길을 돌리였다.
 ≪어머님! 이제 두해만 더 기다려주세요. 아버지의 유언대로, 어머님의 말씀대로 꼭 훌륭한 의원이 되여 돌아오겠습니다!≫
 귀돌이가 이렇게 큰뜻을 품고 2년을 더 배워 10년이 되던 그해 늦은 봄날이였다. 꽃들이 만발한 속으로 걷노라니 꿀벌들이 춤추고 노래하며 부지런히 꽃가루를 채집하는데 한떼의 실안개가 덮쳐지나더니 하늘에서 내렸는지 꽃속에서 나왔는지 백발로인 한분이 만면에 웃음을 띠우고 자기앞에 서있었다.
 ≪할아버지 안녕하십니까? 지나가던 소생이 문안드리옵니다!≫
 귀돌이가 절을 하자 로인은 호탕하게 웃었다.
 ≪내가 예서 자네를 기다린지도 어언 10년이 되였네. 내가 잘못보지 않았다면 이름이 귀돌이지?≫
 ≪로인님은 누구시온데 비천한 소생의 이름까지 알고계시나이까?≫
 ≪허허허, 나야 이 심산속에 살다보니 아무것도 모르는 둔재이지만 바로 10년전에 천문도사께서 경치좋고 아름다운 이곳에 오셨다가 이 책과 침구를 주면서 임자가 찾아올것이니 주라고 했네. 이젠 주인을 만났으니 시름났네. 어서 받게나.≫
 백발로인은 어리둥절해 서있는 귀돌이에게 의서와 침구를 넘겨주고는
 ≪천문도사께서는 이 책을 주면서 부디 천문을 루설하지 말것이며 천서를 통달한후에는 안다고 뽐내지 말라 했네. 그리고 자네가 아무리 천서를 가졌다 해도

천민을 사랑하지 않고 천민들의 병을 고쳐주지 않는다면 천서는 쓸모가 없다고 했네. 그러니 폐부에 새기고 명심해서 처사하도록 하게.≫

라고 하더니 말씀이 끝나자 밀려오는 한떼의 실안개속으로 가뭇없이 사라졌다.

귀돌이가 꿈을 꾸지나 않았나 해서 눈을 비비고 다시 봐도 로인은 간곳 없는데 자기 손에는 확실히 천서와 침구가 쥐여있었다. 그제서야≪아차! 그 로인님이 바로 천문도사였구나!≫하는 생각이 번개치듯하는지라≪도사님!≫하고 목청껏 부르며 사처로 찾아보았으나 허사였다.

귀돌이는≪내가 눈을 펀히 뜨고서도 천문도사를 몰라보았으니 후일 도사님의 말씀대로 처사해서 그 은혜에 보답하리라≫고 생각하며 침식을 잊고 천서를 읽고 읽었다. 읽을수록 힘이 나고 읽을수록 앞이 환해졌다.

10년만에 모친의 품속에 안긴 귀돌이는 우선 어머님의 해수병에 대하여 물었다. 그랬더니 어머니는 어느날 뒤집에 사는분이 아침밥을 지어주려고 나오다가 하늘에서 내려보낸 약 처방을 주워왔기에 그대로 했더니 죄다 나았다는것이였다. 귀돌이는 그 처방을 알려주신 할머니의 모습을 그리며 빙그레 웃었다.

≪그래 10년동안 누구한테서 뭘 배웠느냐?≫

≪서당훈장님한테서 글을 배웠고 백성들한테서 의술과 처방을 알았으며 천문도사께서 의서와 침구를 얻었사옵니다.≫

≪스승님한테서 글을 배웠으니 그 은공 잊지 말고 백성들한테서 의술을 배웠으니 앞으로 백성들의 병을 이 에미병으로 알고 치료해드려라. 그것만이 천문도사의 은혜에 보답하는 길이다.≫

≪예, 명심하겠나이다.≫

이때부터 귀돌이는 자기를 찾아오는 병자는 물론이요, 누가 앓는다는 소식만 들으면 야밤중이라도 찾아가서 봐주고야 시름을 놓았다. 이런데서 병자들이 떼를 지어 모여들었고 병자들이 모여들수록 귀돌이는 눈코뜰새없이 바빴지만 그럴수록 사는 보람을 느끼였다.

그러나 한해두해 흘러가고 이름이 나고 생활이 펴이자 8간 기와집을 덩실하게 지어놓고 꽃같은 분이를 안해로 얻고 보니 병자들에 대한 정성이 나날이 못해갔다. 이런 일로 하여 모자지간에 부부지간에 가끔 가다 언성이 높아갈 때도 있었다.

≪애야, 요즘 넌 변한것 같구나?≫

어머니가 물으면 귀돌이는 씨무룩이 웃으며≪어머님도, 만물이 철따라 변하는데 나라고 변하지 않을 리가 있습니까.≫하고 스쳐넘겼으나 자기도 모르게 빈손으로 찾아오는 병자들은 대수 봐주고 밤에 찾아오는 병자를 보면 먼저 이 마살을 찌푸리게 되고 량반나으리들이 돌아갈 때면 쫓아가며 인사하게됨을 느끼고있었다.

그러던것이 이제는 밤에 누가 모시러 오면≪어서 나가보세요.≫하고 재촉하는 안해의 말을 듣고서도 못 들은척했으며≪들어와 기다리세요.≫하고 안해가 손님을 맞으면≪누가 당신더러 삐치라오!≫하며 짜증에 역증을 내면서 곤해서 못 보겠다고 핑계를 대던것이 나중에는 병보러 나가는 일을 그만두고말았다.

그러다보니 찾아오는 병자들은 차츰 줄어들어 한가하게 보낼 때가 많았으나 마음만은 오히려 편안하질 못했다. 그러던 어느날 비가 주룩주룩 퍼붓는 밤이였다. 방금 잠이 들었는데≪선생님 계십니까?≫하고 누가 불렀다. 이 밤중에 자기를 찾아온것은 급한 병자가 있기때문이라는것은 손금보듯 빤한 일이건만 귀돌이는 두세번이나 불러서야 자리에서 돌아누으며≪게 누구시오?≫하고 물었다.

≪저올시다. 웃마을에 사는 천서방이올시다. 부친님의 병환이 위급하여 선생님을 모셔가려고 달구지까지 가지고 왔습니다.≫

그 말을 듣고 이마살을 찌프리던 귀돌이는 골을 번쩍 쳐들더니 문밖에 대고 소리쳤다.

≪이 미련한 사람봤나! 달구지까지 가지고올바에야 부친을 싣고왔더라면 시간도 앞당기고 내가 병도 볼수 있지 않겠나. 나도 고뿔에 걸려 방금 약을 먹고 누워서 땀을 내고있는중일세.≫

이렇게 그럴듯한 거짓말을 아무런 가책도 없이 척척 꾸며대였다. 그러나 손님도 병자가 생사를 다퉜던지 물러갈 생각은 않고 지꿎게 달라붙었다.

≪선생님, 황소같이 미련한 저도 그것만은 알겠사오나 저의 부친님께서 운신할 수가 없는 딱한 처지여서 체면을 무릅쓰고 이렇게 왔사오니 한번만 다녀와주시면 그 은혜 대대손손 두고두고 잊지 않겠나이다.≫

≪하하, 딱한 사람 다 보겠네. 자네는 부친이 중요하지만 내가 그곳에 갔다와서 몸져 눕고보면 늙으신 우리 어머님과 젊은 안해는 누가 돌보고 숱한 병자들의 병은 또 누가 고쳐주겠나? 그러니 어서 돌아갔다가 날이 밝은 다음에 수레에다 모시고 오게나.≫

≪선생님, 제발 사정합니다. 부모님과 저희들의 소원이오니 한번만 다녀와주십

시오. 이렇게 꿇어앉아 두손 모아 비옵나이다.≫

≪하, 딱한 사람 다 보겠네! 그만큼 말했으면 알아듣고도 남겠는데 남을 잠도 못자게 성화인가? 냉큼 돌아가게!≫

그 소리에 참고있던 안해가

≪서방님 너무하세요. 언제부터 이렇게 변하셨어요? 어머님의 말씀을 벌써 잊으셨나요!≫

하고 말하는데 어머님의 목소리가 들려왔다.

≪내 말이야 안들어도 무방하다만 천문도사의 말씀이야 들어야지?≫

안해와 모친의 말에 대답이 궁하게 된 귀돌이는 마지못해 일어나서 옷을 입는데 밖에서 빈정거리는 소리가 들려왔다.

≪개구리가 올챙이때 일을 잊은거지요!≫

귀돌이의 눈빛은 갑자기 성냥이라도 켜대면 퍽 하고 불이 붙을것처럼 사나와졌다. 귀돌이는 ≪뭣이 어쩌구 어째?≫ 하고 버럭 소리지르며 문을 열어제꼈다.

≪선생님은 근본을 잊었나이다!≫

≪네놈이 침 한 대에 벙어리가 되고싶어서 지랄발광이냐!?≫

그러자 손님도 참고참았던 울분이 화산처럼 폭발했다. 키가 구척이나 되는 사나이가 통방울같은 눈을 뚝 부릅뜨고 의사앞으로 다가서며

≪이놈이라니? 누굴보고 놈이라는거야? 의술이나 좀 배웠다고 자기를 낳은 어머니도 몰라보고 저를 가르쳐준 스승도 모르는 이 배은망덕한놈!≫

하고 으름장을 놓더니 번개같이 달려들어 코끼리 코같이 긴 팔을 쭉 뻗혀 독수리가 햇병아리를 채가듯이 귀돌이의 목덜미를 덥석 잡더니 말잔등처럼 넙적한 잔등에다 둘쳐업고는 축지법을 써서 강을 건너고 산을 넘어 심산벽곡 외딴 동굴안으로 쑥 들어갔다.

귀돌이가 정신을 차려보니 자기앞에는 손바닥만한 비늘이 다다닥 붙은 늙은 구렁이 한 마리가 꿈틀거리고 있었다. 너무나 놀라서 악! 소리를 질며 뒤걸음질쳤다. 헌데 자기를 업고온 장사가 말했다.

≪놀라지 마오. 이는 우리 부친이요. 부친께서 이런 병에 걸리셨기에 모시고 가지를 못했소. 그러니 정신을 바싹 차리고 우리 부친님의 병을 고치도록 하오. 병을 고치면 털끝 하나 안 다치고 집까지 모셔다 드리겠지만 태만하거나 모르쇠를 대고 고치지 못하는 날이면 이 산중의 귀신이 될줄아오. 닷새동안에 고쳐야

하오.≫

라고 했다.

귀돌이는 온몸이 물주머니가 되였다. 얼굴에 흐르는 비지땀을 훔치며 사방을 둘러보니 동굴안 같은데 자기 량옆에도 앞에 선 장사같은 젊은이가 둘이나 서있었다. 영낙없이 죽었다고 생각하니 천문도사께 미안한 생각이 났다.

≪어째 대답이 없느냐?≫

≪예, 실은 소인이 갑자기 오다보니 의서와 침구를 집에다 두고와서…≫

≪어디 있는지 말만 하면 내가 가져오겠소.≫

≪저의 방 베개밑에 있습니다.≫

≪됐소. 내가 가져올테니 그동안 담배나 태우시오.≫

귀돌이가 엽초 한 대도 못다 태웠는데 어느새 기척소리가 나더니 천서와 침구를 눈앞에 가져다놓았다.

≪집의 모친님과 부인께 말씀드리고 왔으니 집근심은 안해도 되오.≫

그 소리에 귀돌이는 자기 귀를 의심했다.≪불과담배 한 대도 피우기전에 갔다온것을 보면 집이 코앞에 있는데 가근방에 이런 곳이 어디메며 또 이 사람들은 뭘하는 사람들인데 자기는 어찌하여 한번도 본일이 없을가? 그런데 이런 흉악한 자들에게도 저런 례절과 선량한 마음이 있단말인가?≫이렇게 생각하며 부지런히 의서를 뒤적이며≪천문도사님, 소인에게 약방문을 알려주어 죽을 고비에서 한번만 구해주옵소서.≫하고 속으로 빌었다. 그랬더니 천서의 마지막 장에 약처방이 있었다. 늙은이는 구렁이허울을 쓴 병인데 친혈육지간에는 사람으로 보이나 다른 사람들의 눈에는 구렁이로 보이게 마련이였다.

≪천서에 씌여있기를 청도끼 천개와 큰독 열 개에 약수물을 가득 채우고 도끼를 달굴수 있는 풍로를 열 개 만들어야 고칠수 있습니다.≫

≪고칠수만 있다면 청도끼 천개는 고사하고 십만개라도 문제없소. 내가 가서 도끼를 구해올테니 둘째 너는 큰독 열 개를 얻어다놓고 약수물을 길어다 채워라. 셋째는 돌을 캐다가 벽을 쌓고 통나무를 찍어다 풍구 열 개를 만들어라.≫

장수가 이렇게 령을 내렸지만 귀돌이는 그걸 준비하는 사이면 몇백번도 죽겠으니 자기도 영낙없이 죽게 됐다고 식음을 전폐하고 눈을 뜬채 잠이 들었는데 불과 하루 낮과 밤사이에 모든 준비가 끝났다고 하기에 미타해서 나가보고 깜짝 놀랐다. 그제서야 이 사람들은 례사사람들이 아님을 알게 되였다.

귀돌이가 청도끼를 불에 빨갛게 달군 다음 약수물속에다 담그었다내니 물보라가 치고 김이 자욱하게 서리면서 집안을 뒤엎는데 자기는 마치 구름타고 신선들속에서 생활하는 느낌이였다. 옆에 서서 말없이 들여다보던 3형제가 달려들어 하루동안에 10년동안 해야 할 일을 해제꼈다.
　귀돌이는 열 개의 물독밑에 뒤사발씩 남은 물을 큰 함지에다 퍼담아가지고 구렁이옆에 갖다놓고 꼬리부터 시작하여 바르기 시작하였다. 이틀만에 꼬리의 비늘이 떨어지면서 발이 나오고 몸뚱이가 나왔다.
　이를 본 세 아들은 환성을 올리면서 귀돌이앞에 무릎을 꿇고는
　《사정이 피치못해 부득불 억울하게 대했으니 널리 용서해주시오.》
　하면서
　《곤하실텐데 이젠 좀 쉬십시오.》
　하고 권했다.
　《아닙니다. 전 괜찮습니다.》
　《그러시다면 이왕지사 오셨던김에 우리 집 창고나 보여드리지요.》
　장수가 명령조로 말하고는 동의도 얻지 않고 앞서 가는지라 귀돌이는 부득불 따라갔다. 첫 창고에 들어서니 금은보화로 가득찼는데 눈이 부셔서 볼수가 없었다.
　《수고한 값으로 드릴테니 마음대로 가져가십시오.》
　《천만의 말씀입니다. 황금은 흑사심이라는데 알고서야 그 걸해서 뭘 하겠습니까.》
　《아, 그렇겠소. 그럼 두 번째 창고나 가서 봅시다.》
　두 번째 창고문을 여니 삼십명의 목을 매달았는데 모두 혀가 서발씩이나 나온걸 보니 저도 모르게 온몸에 소름이 끼치였다.
　《이놈들은 아무것도 모르는 주제에 의원이란 틀을 차리고 천민들의 피를 빨아먹은 흡혈귀들이기에 이렇게 끝장을 본것인데 공짜로 처먹고 빼앗아먹기를 즐기다보니 죽어서도 그 버릇을 못 고치고 더 먹겠다고서 혀를 빼들고 침을 흘리고있지요. 의원께서는 어떻게 생각하시오?》
　가뜩이나 마음의 가책을 받고 몸둘바를 몰라 쩔쩔매던 귀돌이는《예, 예, 저, 옳습니다.》하며 땀을 씻었다.
　《뭣이 옳단말이요?》

《예, 마땅한 천벌을 받음이 옳고, 마음이 검다보니 죽어서도 그 버릇을 못 고친것이 또한 옳습니다.》

《그렇겠소. 그럼 다음 창고엘 가봅시다.》

귀돌이는 다음 창고엘 갈 맘이 없었다. 그러나 코꿴 송아지라 도살장에 들어서는 늙은 황소걸음으로 따라가니 20여명의 코와 눈을 꿰여 달아맸는데 코가 서발씩 늘어났는가 하면 눈알이 툭툭 삐여져나왔다.

《이놈들은 의술은 좀 알기는 하나 배운망덕한놈들이라 틀을 차리고 거만하기 짝없는 작자들이요. 눈은 어찌나 높은지 량반나으리들밖에 모르더니 죽어서도 본성을 못 고치여 저렇게 눈이 삐여져나왔소. 그리고 냄새를 잘 맡다보니 코는 서발씩 늘어났소.》

장사는 귀돌이를 흘끔 바라보고는 서른번째인 빈 갈구리를 가리키며 말했다.

《이 서른번째의 빈 갈구리는 본래 선생님의 차례였소. 우리 부친의 병을 못 고치면 코를 꿰여 달아매려고 했는데 이제는 필요없게 됐소.》

그 소리에 귀돌이는 초풍할 지경으로 놀라며 다리맥이 탁 풀리면서 두다리가 후들후들 떨리여 폴싹 주저앉을번하였다.

이때 둘째가 달려오더니 부친님께서 병이 다 나아 의원을 찾는다고 했다.

두근거리는 가슴을 안고 로인앞에 다가선 귀돌이는 그만 눈물을 좔좔 쏟으며 한번만 용서해달라고 빌었다. 그 로인은 다름아닌, 천서와 침구를 주면서 천민을 위해 정성을 다 하라고 간곡히 부탁하던 그 할아버지 천문도사였기 때문이다. 그제서야 귀돌이는 자기의 잘못을 알고 천문도사께서와 돌아가신 부친님께서 자기에게 내린 천벌이라는것을 깨닫게 되였다.

《소생이 지은 죄악 태산같사오나 한번만 속죄할 기회를 주옵소서!》

그러자 천문도사는 빙그레 웃으며

《그래, 모르고 한번 알고 한번이다. 죄를 지은것보다 잘못을 알면서도 고치지 않는것이 더욱 큰 죄악이니 일구이언할 필요없다. 잘 가거라.》

대답도 하기전에 장사들이 귀돌이를 부축하여 일쿼주며

《자, 어서 일어나시오. 선생님의 의술이 고명한 덕에 불효자식인 우리들은 효성을 보이게 되였으니 전자에 제가 잘못한 행실을 미봉하고자 선생님을 모셔다 드리겠으니 내 잔등에 업히소.》하며 앞에 쭈쿠리고 앉았다.

《원 황공한 말씀을! 제발로 걸어가겠습니다.》

≪하하하, 천만리길을 어떻게 걸어가신다고 그럽니까. 사양마시고 얼른 업히시오.≫

귀돌이가 업히니 나무가 가는지 자기가 가는지 바람소리가 귀전에서 앵앵하는데 눈깜짝할사이에 자기 집 마당에 와서 내렸다.

귀돌이가 인사하려고 돌아다보니 장사는 오간데 없었다.

그때부터 귀돌이는 자만심과 허영심을 버리고 문밖에서 발소리만 나도 버선발로 달려나가 맞아들였고 춘하추동 사시절을 밤과 낮이 따로 없이 사람들의 질고를 덜어주고 죽는 사람들의 생명을 연장해주기 위하여 정성을 몰부으니 만백성이 그를 우러러 칭송하고 대에 대를 이어 그 이름 오늘까지 전해지고있다 한다.

두 선비

 옛날 조선에 한 선비가 있었는데 중국으로 학문을 닦으러 갔다. 조선선비 몇해 간 공부하고나니 문리가 트고 글에 능해져서 과거볼 자신이 생겼다. 마침 과거를 보아 과장에 들어갔는데 글제를 보니 ≪삼희(三喜)≫라 세가지 기쁨을 가지고 글을 지으라는것이였다. 조선선비 타국에 와 큰마음을 먹고 공부한 사람이나 눈깜짝할새에 ≪대한봉감우(大旱逢甘雨)≫(큰가물에 단비를 만나다.), ≪타향봉고인(他鄕逢故人)≫(타향에서 옛친구를 만나다.), ≪동방화촉야(洞房花燭夜)≫(동방화촉하는 밤이로다.)라고 세구절을 어렵지 않게 썼다. 조선선비 너무 빨리 쓰고나니 바치기도 어떠하여 남들이 어쩌는가 두리번두리번 살피는데 피뜩 볼라니까 곁에 앉은 중국선비가 쓴 글이 신통히도 자기 글과 똑같았다. 조선선비가 생각해보니 한 과장에서 똑같은 글이 둘이 나온다면 어느 하나를 도작으로 볼것같았다. 그래서 다시 머리를 짠 끝에 이미 쓴 글귀앞에 각각 두글자씩 더 붙여서 ≪칠년대한봉감우(七年大旱逢甘雨)≫, ≪천리타향봉고인(千里他鄕逢故人)≫, ≪무월동방화촉야(无月洞房花燭夜)≫라고 써바쳤다. 이렇게 쓰니 단 두 글자를 보탰는데도 그 기쁜 감정이 갑절이나 더 두드러지게 드러났다. 이리하여 조선선비는 과거에 급제했으나 중국선비는 락방이 되고말았다. 락방이 된 중국선비가 급제한 글을 보니 사실은 자기 글과 똑 같은지라 너무도 억울하고 통분하여 심화 끝에 그만 죽고말았다.

 그후 조선선비는 조선으로 돌아가게 되였는데 죽어서 귀신이 된 중국선비는 죽어서도 과거볼 때 일이 속에서 내려가지 않아 한번 겨뤄보자고 조선선비를 뒤쫓아갔다. 조선선비가 무슨 괴상한 동정이 들려서 뒤돌아보니 머리를 풀어헤친 귀신이 혀를 빼물고 헐떡이며 따라오는지라 그는 그만 겁이 더럭나서 오금아 날 살려라 하고 오금에 불을 번쩍 일구며 뛰였다. 이렇게 달리거니 뒤쫓거니 하다 보니 어느새 압록강가에 이르렀다. 중국선비는 귀신이 되긴 했어도 국경은 아는지라 국경을 넘어서기전에 조선선비를 붙잡아세우고 호통을 쳤다.

《너 조선선비야, 나를 모르겠느냐?》
《너는 대체 사람이냐, 귀신이냐?》
《그때 과거장에서 네놈이 내 글을 훔쳐 급제한바람에 원통해 죽어서 귀신이 되였다.》
조선선비 그제야 찬찬히 보니 과거장에서 제곁에 앉았던 중국선비가 분명했다.
《네 글을 훔쳤다니? 당치않은 소리는 하지도 말아. 그건 우리 둘이글재간이 같아서 같은 글이 나온거다.》
《그게 정말이냐?》
《정말이다.》
《그러면 우리 한번 글재간을 비겨보자. 내 한귀 지을테니 제껵 그 글에 짝을 맞춰라. 못 맞추면 너를 잡아 저승으로 데리고 가겠다.》
《그럼 어디 네 먼저 읊어보아라.》
《산고지거두(山高地巨頭)라 산이 높이니 땅이 머리를 들었구나.》
《흥, 그까짓 글에 대답하기는 어렵지 않다. 월출천개안(月出天開眼)이라 달이 솟으니 하늘이 눈을 떴도다.》
귀신이 된 중국선비 들어보니 흠잡을데가 없었다. 하지만 그는 그래도 조선선비를 놓아주지 않았다.
《안된다. 한번만으로는 결판을 못낸다. 내 한 글귀 더 읊겠으니 어서 받아라. <동산에서 꽃이 웃는데 그 소리는 들을수 없구나.>(花笑園中聲无聞)》
《그도 어렵지 않다. <수풀에서 새가 우는데 눈물은 볼수 없구나.>(鳥啼林中泪難見) 자 이만하면 어떠냐?》
조선선비가 별로 생각하는 새도 없이 이렇게 제껵 화답하니 귀신이 된 중국선비는 그만 탄복되여
《인제야 네 글재간을 알았다. 네가 글재간으로 과거에 급제했으니 내 누구를 원망하겠느냐.》
하고는 자취없이 사라져 버렸다고 한다.

며느리 글덕을 입다

옛날 천하명산인 금강산에 장안사라는 절이 있었는데 절간주지는 세력이 하늘에 닿아 금강산아래 좋은 땅이란 땅은 다 차지하고 백성들을 못살게 굴었다. 장안사 주지는 특히 글을 잘 짓기로 원근에 소문이 자자하였는데 그는 장삼자락을 날리며 항간에 내려가 꽃같은 처녀들을 희롱하지 않으면 절에 올방자를 틀고 앉아 재산깨나 있는 집 사람들을 불러다놓고 글짓기내기를 하자 해서는 남의 집 가산을 빼앗아내군 했다.

어느날 주지는 또 못된 생각을 하던 끝에 동자중을 시켜 임진사를 불러왔다. 임진사는 초시에 급제하여 진사벼슬을 얻어가진데다 가산도 금강산하에서는 첫손가락을 꼽을만치 잘 살았다. 주지는 임진사가 절에 들어서자 그를 불러앉혀놓고 속으로 그의 재산을 빼앗을 못된 궁리를 하면서도 겉으로는 그럴듯하게 추어올렸다.

《내 듣자하니 진사는 글 잘 짓기로 나라에 이름이 있다면서? 참으로 대단하외다.》

《과찬의 말씀이옵니다. 제가 나라의 문장일진대 더 큰 벼슬을 못하고 초시에 겨우 급제하여 자그마한 진사벼슬을 얻어 가졌겠습니까. 대사님이 이렇게 말씀하시니 저는 대사님앞에서 얼굴 들기 부끄럽습니다.》

임진사는 장안사 주지가 글짓기내기를 하여 남의 집 가산을 두꺼비 파리 잡아먹듯 죄다 삼켜버린다는 말을 들었는지라 제꺽 응해주지 않았다. 하지만 장안사 주지는 마이동풍격으로 그의 말을 한마디도 듣지 않고 제 생각대로 하자고 들었다.

《임진사, 내가 절간에 있다고 하대를 해서는 안되네. 어디 우리 두사람이 금강산을 두고 글짓기내기를 하세. 자네가 지면 자네 재산을 나한테 주고 내가 지면 자네 재산만치 우리 절의 재산을 갈라주겠네. 들었나?》

장안사 주지는 임진사를 안하에다 두지 않고 진사를 자네라고 하대해 부르며 으름장을 놓았다. 임진사는 비록 진사벼슬이라도 하는 사람이지만 장안사 절의 세력은 당할수 없는지라 입을 봉하고 아무 소리도 못하였다. 그러자 장안사 주지는 임진사에게 가부도 묻지 않고 운자는 무엇이니 돌아가서 글을 지어가지고 래일아침으로 절에 찾아오라고 하였다.

임진사는 장안사 절에서 나오자 눈앞이 그믐밤처럼 새까매서 겨우 집이라고 찾아왔다. 임진사는 이제 래일아침이면 장안사 주지앞에 가서 두말 못하고 가산을 몽땅 내놓게 되였는지라 집에 들어서자 락망하여 이불을 덮어쓰고 한숨만 푹푹 내쉬였다. 아예 병을 구실로 드러누워 일어나지 않을 생각을 했다.

그런데 임진사네 집에는 남달리 총명하고 글재주가 있는 며느리가 있었다. 저녁때가 되여 며느리가 저녁상을 들고 들어가니 그때까지 시아버지는 이불을 덮고 누워 한숨만 쉬고있었다. 얼굴에 수심이 안개끼듯 해가지고 한숨만 쉬며 누워있는 시아버지를 보니 필유곡절이라 며느리는 상을 내려놓고 시아버지에게 물었다.

《아버님, 왜 그러십니까? 어서 일어나 진지드셔야지요.》

《자네 알 일이 아니네. 내 오늘 장안사 주지가 불러서 갔다왔네. 후-》

임진사는 또 땅이 꺼져라 하고 한숨을 내쉴뿐 그 사연은 말하지 않고 입을 다물었다. 하지만 총명한 임진사 며느리는 시아버지가 장안사 주지가 불러서 갔다왔다는 말을 듣자 속으로 짐작이 가서 시아버지를 보고 대뜸 이렇게 물었다.

《아버님, 장안사 주지가 글짓기내기를 하자고 하셨지요?》

《그렇네. 그런데 자네는 이 일을 어떻게 아나?》

《장안사 주지에게 그런 고약한 행실이 있다는 말을 시집와서 몇 번 들었사옵니다.》

그러니 임진사는 며느리에게 자초지종을 숨김없이 이야기하고 글제와 운자까지 다 말하였다. 그리고 며느리 보기가 안되였다는듯 다시 이불을 덮어쓰고 일어나려 하지 않았다. 이때 며느리가 누워있는 시아버지를 부축하여 앉히며 말했다.

《아버님, 걱정 말으시고 일어나 진지 드세요. 시집 오기전에 저도 글을 좀 배웠사오니 그 글은 제가 지어올리겠사옵니다.》

《이 사람 며느리, 말은 고맙네만 글 잘 짓기로 원근에 소문이 자자한 장안사 주지를 당하겠나?》

《아버님, 념려마옵소서. 시중천자 리태백이라면 몰라도 그까짓 절간의 중놈하

고야 비기지 못하오리까.》
 임진사는 며느리 말 한마디에 저도 모르게 힘이 생겨서 수저를 들고 저녁을 먹었다. 헌데 상을 물리고 이궁리저궁리 하다가 자리에 누우니 또 근심이 생기고 근심 뒤끝에는 한숨밖에 나가지 않았다. 아무리 생각해도 치맛자락을 두르고 부엌간에서 끼니나 짓는 며느리가 절간에서 글재간을 피우며 남의 집 재산을 빼앗아내는 주지를 당해낼것 같지 않았고 그렇다고 자기가 그 글제와 운에 따라 글을 짓자고 생각하니 글짓기전에 기부터 꺾여서 글이 나오지 않았다. 이렇게 며느리도 믿지 못하고 자기도 글 한자 써내지 못하다보니 그만 한숨 끝에 날이 새고 동산에 쟁반같은 해가 솟아올라 약속한 날 아침이 되였다.
 아침때가 되자 며느리가 환한 얼굴에 맑은 웃음을 짓고 아침상을 받쳐들고 들어왔다. 며느리는 아침상을 내려놓자 시아버지가 묻기도전에 밤새 지은 글을 시아버지에게 보였다.
 《아버님, 글을 지었사오니 보시고 진지 드시고 절에 가보옵소서. 밤새 지은 글이라 크게 훌륭하지는 못하오나 그까짓 절간 중놈의 글하고야 못 비기겠습니까?!》
 임진사 며느리 지어놓은 글을 펼쳐놓고 보니 첫구절은《동방에 금강산이 솟으니 중주에 5악이 낮더라.(東方金剛山,中州五岳低)》하고 둘째구절에는《선경에 석굴이 많으니 왕모가 서쪽에 태여난것을 한탄하더라.(山處多■折, 王母恨生西)》라고 지었는데 글씨도 놀랄만치 잘 썼지만 금강산을 중국의 5악에 비기면서 서왕모가 이와 같은 선경에서 태여나지 못한것을 한탄하였다 하였으니 그 글의 기개 또한 대단하였다. 임진사는 너무도 기뻐 무릎을 탁 치고는 아침술을 드는것마저 잊고 장안사 절로 달음질쳐갔다.
 임진사가 절에 당도하자 장안사 주지는 벌써 임진사네 재산을 제 손에 넣기라도 한듯 턱을 잔뜩 쳐들고 임진사를 내리보며 물었다.
 《그래 자네 밤새 글이나 지었나?》
 《네 지었사옵니다.》
 《그래 뭐라고 지었는지 어디 한번 읽어보세.》
 임진사는 주저없이 며느리가 지어준 글을 내리읽었다.
 《동방에 금강산이 솟으니…》
 《아니 뭐뭐뭐…》

≪동방에 금강산이 솟으니…≫

≪그럼 그 아래구절은<중주에 5악이 낮더라.>그렇게 지었겠구만.≫

≪그러하옵니다.≫

≪그럼 두 번째 구절은?≫

≪선경에 석굴이 많으니…≫

≪가만있자, 아래구절은 <왕모가 서쪽에 태여난것을 한탄하더라.>이렇게 지었겠구만≫

≪그러하옵니다.≫

그러자 장안사 주지의 말투는 대바람에 변했다.

≪아! 참으로 훌륭한 글입니다. 내 장안사에 있으면서 숱한 선비들을 대해봤지만 이런 글을 보기는 처음입니다. 진사님만은 우러러 볼만한분입니다. 내가 졌습니다. 말그대로 우리 절의 아무 밭을 떼주겠습니다. 이만하면 진사님네 가산과 같을것입니다. 자 그럼 땅문서를 받으시오.≫

제밖에 없노라고 글로 남의 재물을 빼앗기만 하던 장안사 주지는 머리를 숙이고 임진사앞에 땅문서를 공손히 내놓았다.

이렇게 되여 임진사는 며느리 글덕에 집의 가산을 떼우지 않고 오히려 절간의 땅을 찾아 원주인에게 돌려주어 백성들의 칭찬을 받게 되였고 장안사 주지는 다시는 글재간을 믿고 못된짓을 하지 못하였다고 한다.

제 색시를 찾아 장가들다

 옛날 서울 동대문밖에 양문이라는 곳이 있었는데 양문 글방에는 글에 능한 양씨성을 가진 선비와 리씨성을 가진 선비가 있었다. 어느해 양씨와 리씨는 글방공부를 마치고 서울로 과거보러 가게 되였다. 양문에서 서울까지는 가까운 길이라 두 선비는 보행으로 다정히 이야기를 나누며 가게 되였는데 리씨가 먼저 양씨를 보고 말하였다.
 ≪이보게 친구, 우리 둘은 어릴 때부터 한 글방에서 의좋게 글공부도 했고 이렇게 과거보로도 한길에서 같이 가게 되니 우리 두집이 혼사를 정합세. 듣자니 친구의 안해도 잉태중이라 하고 내 안해 또한 잉태중이니 아들딸을 낳으면 배필을 무어주는게 어떤가?≫
 리씨 이같이 말하니 양씨 또한 기뻐서 주저함이 없이 대답했다.
 ≪우리 둘이 다 과거에 급제하여 청운에 오르고 우리 두집에서 아들딸을 낳아 배필까지 무어주면 세상에 이보다 더한 기쁨이 어디 있겠나. 그렇게 합세.≫
 두 선비 우정이 즉진하여 서울 과거길에 아직 세상에 태여나지도 않은 배속의 애들의 혼사까지 맺어놓고 서울에 이르러 과거를 보게 되였다. 양씨와리씨 두 선비는 어릴 때부터 총명이 과인하고 재질이 초군하여 가근방에 소문이 자자하던 사람들이라 과거를 보자 둘다 그 이름이 금방에 나 붙었다. 이렇게 되여 리씨도 벼슬자리를 얻고 양씨도 벼슬자리를 얻어 내직에 있으면서 나라일을 보게 되였다. 두 선비는 벼슬자리를 얻고 조정에 마음대로 드나들게 되자 양문에 있는 일가식솔들을 서울에 거느리고 와서 남들이 보라는듯이 살아갔다. 게다가 두집 부인이 다 배속혼인을 정해준 아이들을 탈이 없이 낳았다. 양씨네는 옥골선풍같은 아들을 낳아 그 이름을 헌수라 짓고 리씨네는 꽃같은 딸을 낳아 그 이름을 화옥이라 지어놓고 서로 아침저녁으로 왕래하면서 애들이 커가는것을 보니 세상에 이보다 더한 영화가 없는것 같았다.
 그런데 호사다마라고 옥골선풍같은 아들을 두고 날마다 오며가며 명절처럼 즐겁게만 지내던 양씨가 갑자기 득병하였는데 의원을 보여도 방도가 없고 약을 써도 백약이 무효하여 그만 세상을 뜨고말았다. 청운에 올랐던 양씨가 세상을 하직하니 그 슬픔도 슬픔이려니와 가세가 점점 어렵게 되여 양씨네는 더는 서울에서 살아갈수 없게 되였다. 나라에서 내주는 복록을 받지 못하는데다 리씨네까지 차차 발길을 끊고 외면하니 의지하고 살데가 없는 양씨부인은 품에 어린 헌수를 안고 고향 양문에 돌아갈수밖에 없었다.

양씨부인이 양문에 돌아오니 살던 고향이라 일가친척도있고 낯익은 고향사람들도 있어 모두 십시일반으로 도와주니 살아가기는 그렇게 막막하지 않았다. 게다가 헌수까지 무병하게 자라서 몇해뒤에 서당에 보내니 총명이 초군하여 하나를 배워주면 열을 알고 열을 배워주면 백을 통하여 양씨부인은 차차 남편이 돌아간 슬픔을 누르고 자식을 키워가는 기쁨속에서 세월 가는줄 모르고 살아가게 되였다.

이때 서울에서 내직에 있는 리씨는 차차 운이 틔여 해마다 벼슬자리가 올라가서 벼슬이 일국 판서에 이르렀고 그 딸이 또한 세월따라 꽃과 같이 피는지라 지난날 과거길에 양씨네와 배속혼사한 일을 후회하던 끝에 딴마음까지 먹게 되였다.

류수과 같은 세월은 흐르고 흘러서 어머니품에 안겨 양문에 온 헌수도 어린 때를 벗고 방년에 이르러 그 나이 이팔이 되였다. 남자 나이 이팔이 되면 호패를 찬다고 헌수는 서울에가 과거를 볼 생각에 주야가 따로없이 부지런히 글을 읽었다.

헌데 이때 양씨부인이 생각하니 이제는 아들이 장가갈 나이가 되였는데 서울 리씨네 집에서는 감감 무소식이라 필경 무슨 곡절이 있는것 같았다. 그래서 이웃에 있는 한 로파를 찾아서 돈을 후히 주고 그 사연을 알아달라고 부탁하였다.

이웃에 사는 로파는 화장품을 가지가지 사가지고 장사군을 가장하고 서울 리판서 집으로 찾아갔다. 그러니 리씨부인이 그 딸까지 불러내다 ≪이걸 사라느냐? 저걸 사라느냐?≫하며 묻는데 로파가 리씨딸 화옥이를 보니 춘삼월 화창한 봄날에 향기 풍기며 피여나는 꽃 같이 이뻤다. 로파는 모르는체하며 리씨부인을 취올렸다.

≪아유참, 부인께서는 세상복을 혼자 누리는듯하외다.≫
≪그건 어찌두고 하는 소리요?≫

《아유참 부인님두, 슬하에 저토록 이쁜 아씨를 두었으니 복이 아니오니까. 내 이 늙은것이 팔도강산을 다 돌아다니며 장사를 하며 명문가에도 들어가보고 항간에도 가보지 않은 곳이 없사오나 집의 아씨처럼 이쁜 아씨는 오늘 처음 보옵니다. 옥경의 선녀에게 비기며 달속의 상아아씨에게 비하리까.》

로파가 이렇게 극구 치하하니 리씨부인은 크게 기뻐하며 갖가지 물감과 화장품을 손에 쥐이는대로 다 샀다. 이때 로파는 그중 값지고 귀한 화장품을 꺼내여 그 딸에게 선사하며 며칠 묵게 해달라고 청을 들였다. 옛말에 제자식을 고와하면 기장밥을 해 대접한다고 딸을 곱다고 취올리며 화장품까지 선사하니 리판서 마누라는 쾌히 응낙하였다.

이웃로파가 이렇게 하여 리판서댁에 묵으면서 하루이틀지나는 사이에 그 내막을 렴탐해보니 리씨는 판서까지 된후로는 아예 양씨네가 안하에 없어 그 딸은 벌써 뉘 집 명문가 자제에게 허혼하고 잔치날을 기다리는중이였다. 그런데 전날 양씨네와 배속혼인한 일이 서울에 소문이 자자하기로 쌍둥이 딸을 두었다가 한날 한시에 잔치한다는 소문을 내고 종의 딸을 헌수에게 달아보낼 잡도리까지 해놓고 있는 판이였다. 이웃 로파는 이같은 형편을 알아내자 양문에 돌아와서 양씨부인에게 사실을 하나부터 열까지 일일이 죄다 고하였다.

어느날 양씨부인은 아들을 불러놓고 이웃 로파가 렴탐하여온 이야기를 했다. 그런데 어머니는 분해서 떠는데 아들 헌수는 되려 아무렇지도 않다는듯이 웃으며 말했다.

《어머니, 그까짓 배속의 애들을 두고 맺은 혼사가 뭐라고 그토록 노여워하십니까? 그만 노여움을 푸십시오.》

《헌 신짝도 짝이 있다고 사내로 생겨서 장가야 못 가겠느냐마는 지나간 일이라도 너무나 괘씸하구나. 한때는 제가 먼저 말을 내여 혼인을 정해놓고 지금에 와서는 제가 잘되고 우리가 못산다고 우릴 업신여기니 이 아니 통분한 일이냐?!》

《어머니, 어머님께서 정 그렇게 리대감의 행실이 괘씸하고 통분하옵시면 제가 리대감의 딸을 데려오지요. 그러면 그만이 아닙니까?》

《하기는 그렇다만 네가 무슨 수로 일국 판서의 딸한테 장가를 든다는말이냐?》

《어머님, 근심마옵소서. 똑똑한 사람은 제앞에 당한 일을 처리할수 있습니다. 이제 두고보세요.》

이러구러 때가 되니 리판서댁에서 소식이 와서 헌수는 사모관대에 서띠를 두르고 목화를 신고 의젓한 신랑차림으로 신행을 떠났다. 리대감네는 잔치날이 왔다고 초례청을 차려놓고 두 신랑이 오기를 기다리더니 신행이 선후하여 당도하자 미리 짜놓은대로 양헌수와 종의 딸을 초례청 한편의 전안상 동서에 마주세우고 명문가의 아들과 자기 딸을 그옆에 차려놓은 전안상 동서에 마주세웠다. 이제 동서에 서로 마주서서 절을 하고 절을 받으면 부부가 되는 판이였다.

리대감네 잔치날이라 숱한 사람들이 신랑신부를 구경하겠다고 모여와서 인산인해를 이루고 법석 고아댔다. 이 법석판에 양헌수는 옆에 선 명문가 아들과 슬쩍 자리를 바꿔서 서고 그를 제가 서있던 전안상으로 내밀었다.

《이 사람아, 왜 제가 설 자리도 모르는가? 어서 저기 가 서게. 여긴 내가 설 자릴세.》

잔치하기전에는 색시라고는 보지도 못하는 세월인데다 한날한시에 하는 잔치인지라 그 총각은 어느것이 제 안해될 사람이지 모르고있었다. 그러나 헌수는 미리 들어아는지라 제 안해될 사람을 찾아서 마주섰다. 드디여 례가 시작되였다. 헌수는 큰 랑자에 족두리를 쓰고 오색동달이라삼에 백색갑사로 만든 한삼으로 손을 감추고 마주선 꽃같은 색시에게 꾸벅꾸벅 절 두 번을 한 다음 청실홍실 늘인 잔대를 받쳐들고 신부에게 술을 청했다. 그러니 리대감의 딸이 아미를 숙이고 헌수에게 네 번 절하고 술을 보냈다. 이쪽에서 이렇게 하니 저쪽에서도 이쪽처럼 절을 하고 절을 받고 술을 청하고 술을 보냈다. 그제야 리대감이 나와보니 일은 벌써 다 틀렸다. 숱한 사람앞에서 남모르게 꾀한 일을 드러내놓고 말할수도 없거니와 헌수앞에서 그의 아버지와 정한 혼사를 부정할수도 없었다. 헌수는 초례가 끝나자 큰상 받으러 들어가면서 리대감을 보고 말했다.

《장인님, 전 제 색시를 찾아 장가를 듭니다.》

《어어…그…그래.》

리대감은 벙어리 랭가슴 앓듯 말은 하지 못하고 그저 꺽꺽거리기만 했다.

이렇게 하여 총명한 양헌수는 제 색시를 찾아 장가들고 과거에 급제하여 나라 일까지 보게 되였다. 그후 병인년에 프랑스군함이 강화도에 쳐들어왔을 때였다. 오대장이라는 사람이 프랑스군과 싸우다 죽으니 온 서울이 물끓듯하는 판인데 헌수가 그대신 대장이 되여 프랑스군대를 물리치고 나라의 위기를 돌려세웠다 한다. 이후부터 양헌수라고 하면 모르는 사람이 없게 되였다고 한다.

설랑과 가실이

옛날 신라 진평왕때 경주근처 률리마을에 설씨 성을 가진 한 로인이 설랑이라는 외동딸과 함께 살고 있었다.

어려서 어머니를 여의고 아버지 손에서 자란 설랑은 철들기전부터 집안일은 도맡아하였다. 집안살림이 가난하여 끼니도 이어대지 못할 때에도 설랑은 아무 말 없이 산과 들에 가서 나물을 해다가 풀로 주린 배를 채우고서도 아버지의 근심걱정을 덜어드리려고 언제나 얼굴에 웃음꽃을 피우는 효녀였다. 설랑이 커갈수록 용모가 아름답고 마음씨 착할뿐아니라 행실이 단정하고 효성이 지극하여 사방 수십리에 소문이 자자하였다. 하여 그를 보는 총각마다 그를 흠모하였지만 감히 범접하지는 못하였다.

이때 이웃 사량부마을에 가실이라는 더벅머리 총각이 있었는데 마을사람들한테서 설랑의 이야기를 듣고는 어떤 처녀인지 한번만 만나보았으면 하고 남모르게 흠모하고 있었다.

가실이 비록 가난하고 곤궁하였으나 지조가 고상한 총각이였다. 그는 마음씨 착하고 대가 발라 언제나 불쌍한 사람들을 잘 돌봐주었기에 훌륭한 총각이라고 마을사람들의 칭찬을 받고있엇다.

어느날 가실이는 땔나무를 한지게 잔뜩 해지고 석양빛을 등지고 돌아오다가 시내를 만나 세수를 하고 옷섶으로 얼굴을 문대고 강건너를 바라보던 가실이는 그 자리에 뻣치고 선채 굳어지고말았다. 시내 건너편 바위돌우에 선녀가 하강하여 미역을 감고나서 머리를 빗고있었다. 가실이가 숨을 죽이고 넋을 잃은채 그 처녀를 바라보니 석양빛에 보름달같이 환한 얼굴, 새별처럼 반짝이는 눈, 석류같이 붉게 타는 입술, 수양버들가지처럼 실실이 늘어진 검은머리 실로 그림처럼 아름다운 처녀였다.

《아! 산천이 아름다운 곳에 하늘의 선녀가 내려온다더니…》

가실이 저도 모르게 감탄하는 소리를 듣고 처녀는 깜짝 놀라 강건너를 바라보더니 얼굴을 붉히고 아미를 숙인제 총망히 나물바구니를 들고 버들숲속으로 사라지는데 처녀의 걷는 맵시 또한 물오른 수양버들이 봄바람에 춤을 추는듯하였다.

가실이 짚신을 신은채로 덤벙덤벙 시내를 건너 저도 모르게 처녀의 뒤를 따라가니 처녀는 률리마을로 들어가다가 초입구에 있는 외딴 초가앞에 와서 ≪아버지!≫하고 부르며 사립문을 열고 들어갔다.

≪설랑이 돌아왔느냐.≫

방문이 열리며 로인의 목소리가 울려나왔다. 그때에야 가실이는 ≪아차! 무슨 짓을 했나≫하고 후회했다. 그리고 률리마을에 효녀인 설랑이란 미녀가 있다더니 이 처녀가 바로 설랑이라는것을 알게 되였다. 그렇게 만나봤으면 하고 꿈에서도 그리던 가실이였건만 그 무슨 말못할 죄를 진듯 떨어지지 않는 발길을 돌리였다.

그런데 바로 그날밤, 설랑네 집에는 마른벼락이 떨어졌다.

≪주인 계시오!≫

아닌밤중에 부르는 소리에 설랑의 아버지가 나가보니 관가에서 나온 사람이 홰불밑에서 책 한권을 이리저리 뒤적이더니

≪이 집이 설씨댁이 옳은가?≫

하고 건방지게 반말을 하였다.

≪예, 그렇습니다. 무슨 용무이신지요?≫

≪수자리 갈 차례요. 이번 수자리는 정곡으로 가는데 사흘후에 떠나야 하오.≫

맑은 하늘의 생벼락치는듯한 그 소리에 설로인은 어찌나 놀랐던지 입을 벌린채 다물지를 못했다.

≪령감, 들었소 먹었소? 정곡으로 수자리를 가게 됐단말이요.≫

≪여보시오, 이 늙은게 수자리는 고사하고 경주에서 정곡까지 4백리 길이니 그곳까지 가기도전에 길에서 송장이 되겠수다.≫

≪홍, 령감쟁이가 송장이 되든 귀신이 되든 그건 우리가 알바 아니니 사흘후에 꼭 떠나도록 하오!≫

집안에서 그 말을 들은 설랑은 밖으로 뛰여나와 관리앞에 꿇어앉아 사정하였다.

≪나리님, 좀 돌봐주세요. 우리 아버지는 늙으신 몸에 병까지 있어 집안일도 별로 못하는데 어떻게 칼과 창이 번개치는 싸움터에 나가 싸우신단말씀입니까? 제발 이번만 용서해주세요.≫

≪이는 나라의 법이라 나라 대장에 이름이 등록돼있으니 아무리 말해도 쓸데

없다.≫

≪늙고 병들어 운신조차 변변히 못하는 사람을 수자리 살게 하는법이 어디 있습니까? 이건 필경 어느놈이 관가를 끼고 제 차례를 우리 아버님한테 들씌운게지요.≫

그 말에 관가에서 나온 관리놈은 말문이 막혀 갑자르다가 소뿔은 단김에 빼야지 식으면 재미없다 생각하고 세귀눈을 꼿꼿이 세우며 호통쳤다.

≪잔말 말고 사흘후에 수자리에 나가지 않으면 가족을 몰살시킬테니 그런줄 알아라!≫

관가사람들이 돌아가자 설랑은 아버지 품에 와락 안겨 흐느꼈다.

≪늙으신 아버님이 어떻게 수자리에 나가시며 아버님이 떠나시면 소녀 누굴 믿고 사랍니까?≫

≪나라 백성으로서 나라를 지키는 일에 나가는거야 응당한 일인데 내 몸 하나도 건사못할 늙은게 어떻게 변방을 지킨단 말이냐?!≫

그때 신라는 삼국통일을 앞두고 백제와 고구려의 침입을 막으려고 변방에 많은 사람을 파견하여 변방을 수비하는 한편 성을 쌓게 하였다. 그래서 수자리에 뽑혀가는 사람중 열에 아홉은 돌아오지를 못했다.

이 일로 하여 설랑과 그의 아버지는 수심과 눈물로 밤을 지새웠다. 그러던 끝에 설랑이 입을 열었다.

≪아버님, 아버지 대신에 소녀가 정곡으로 떠나겠나이다.≫

≪뭣이라고? 사내들도 힘에 부쳐 배겨내지를 못하는데 하물며 아녀자인 네가 어떻게 간단말이냐? 그래도 이 애비가 가야지.≫

≪아버님, 하늘이 무너져도 솟아날 구멍이 있다는데 너무 근심마시고 진지나 드세요.≫

설랑은 자기가 아버지 대신 수자리에 가리라 작심했다. 그래서 첫새벽에 밥을 지어 아버님께 진지상을 올리고는 광주리를 들고 뒤산으로 나물뜯으러 갔다. 낮에는 산나물이라도 많이 뜯어다 말려놓고 밤이면 3년동안 입을 아버지의 해진 옷들을 빨아 기워놓을 생각이였다.

설랑의 아버지가 수자리에 뽑혔다는 소식은 이튿날로 린근동네까지 파다하게 퍼지여 모르는 사람이 없게 되였다. 듣는 사람마다 주먹을 휘두르며 관가를 욕했으나 설씨부녀를 도와줄 뾰족한 수는 없었다.

이 소식을 들은 가실이는 남다른 생각을 가지고 설씨댁으로 찾아갔다.
《로인님, 제가 로인님 대신에 수자리에 나가겠습니다.》
《아니, 뭐라고?》
설로인과 설랑은 자기들의 귀를 의심했다. 설랑이 그제야 자세히 보니 그날 내가에서 우연히 만난 총각이였다. 세상에 이처럼 고마운 사람이 있단말인가?!
《로인님께서는 늙으신 몸에 병까지 있는 몸으로 어떻게 수자리에 나가겠습니까. 그래서 튼튼한 제가 대신 나가겠습니다. 윤허해주십시오.》
《고마우이! 진정 고맙네. 가실, 내 자네 사람됨을 일찍 들어서 알고있네. 허지만 어찌 내 몸에 떨어진 재화를 젊은 자네에게 덮씌우겠나. 안될 말이지.》
《로인님, 저는 젊고 몸이 튼튼하기에 얼마든지 견디여낼수 있습니다.》
《말만 들어도 고맙네! 허지만 정곡에서는 싸움이 그칠새 없고 싸움이 즘즘하면 성을 쌓느라고 지쳐서 끌날같은 장정들도 한번 가면 돌아오지 못하는 사지판인데 앞길이 구만리같이 창창한 자네를 내 어찌 보내겠나.》
《로인님, 그러기에 제가 더욱 가려는겁니다. 전 혼자몸이 아닙니까. 그리고 수자리에 간다고 다 죽는건 아니지요. 로인님이 가시면 설랑은 누굴 믿고 살겠습니까? 그러니 로인님께서는 더는 사양마십시오.》
《고맙네! 고마워! 애야, 은인에게 절을 오려라!》
《아, 아닙니다!》
설랑은 감격을 금할수 없어 가실이가 어쩔사이 없게 공손히 절을 올렸다.
《이 은혜 백골난망이옵니다!》
《무슨 은혜라고 그러오. 젊은 사람이 늙은이의 짐을 받아지는거야 응당한 일이 아니겠소. 그럼 저는 돌아가 떠날 차비를 하겠습니다.》
《가만, 게 좀 앉게나.》
설로인은 딸을 바라보더니 입을 열었다.
《자네 보다싶이 우리 집은 이렇게 가난해서 자네의 은혜에 보답하려 해도 아무것도 없네. 내 딸이 과히 추하지 않으니 가난을 꺼리지 않는다면 내 사위가 됐으면 하는데 자네 뜻은 어떤가?》
가실이는 너무나 뜻밖의 일이라 미처 대답을 못했다. 자기가 그토록 설랑을 짝사랑해왔지만 이렇듯 쉽사리 평생소원을 이룩하리라고는 미처 생각지 못했던 것이다.

≪왜? 내딸이 짝이 기울어 그러나?≫
≪아, 아닙니다! 실은 저의 평생소원이지만 어찌 감히 그러기를 바라겠습니까.≫
≪하하하, 속은 엉큼해가지고서도 허허, 그러문 됐네. 애야, 어서 맞절을 하고 백년가약을 맺도록 하여라.≫
낯을 붉히고 외면한채 옷고름을 씹고있던 설랑은 살며시 일어나 가실이와 맞절을 했다. 가실이는 설로인께 절을 올리고 말했다.
≪아버님, 래일 떠나야 하오니 례식은 수자리에서 돌아온 다음에 올립시다.≫
≪좋도록 하게. 자네가 돌아오는 날이자 잔치날일세!≫
이튿날 가실이는 정곡으로 떠났다. 설랑은 고개너머까지 가실이를 바래였다.
≪이젠 그만하고 돌아가오. 부디 건강한 몸으로 아버님을 잘 모시고 내 돌아올 때까지 기다려주오.≫
설랑은 가슴속을 오리오리 찢어내는 아픔을 참고 품속에서 거울을 꺼내여 두쪽으로 내여 한쪽을 가실이에게 주며 말했다.
≪내 마음이 거울같이 영원히 맑고 변치 않으리니 나를 보고싶을 때면 꺼내보세요. 그리고 뒤날에 만나는 날 이 거울을 신표로 맞추게 될것이니 부디 잘 건사하세요.≫
≪응, 나는 몸에 지닌것이 없으니 이 말이나 받소. 이 말은 우리의 유일한 재산일뿐아니라 혹시 쓸모가 있을지도 모르니 나대신 잘 기르오.≫
≪네! 근심마옵시고 꼭 돌아오세요!≫
설랑은 더는 참지 못하고 가실이의 품에 안겨 눈물을 떨구었다.
류수같은 세월은 빨리도 흘러 어느덧 가실이가 떠난지도 3년이 되였다. 설랑과 그의 아버지는 매일같이 고개마루를 바라보며 가실이가 돌아오기를 기다렸다. 그러나 기다리는 가실이는 오지 않고 정곡에서는 격전이 벌어져 많은 장수와 군졸들이 전사했다는 비보만 연해연송 들려왔다. 설랑이 근심과 불안속에 모대기다가 말을 타고 고개마루에 올라서서 큰길을 바라보면 철갑으로 몸을 두른 장수와 군졸들이 먼지를 뽀얗게 일구며 변방으로 나가는것밖에 보이지 않았다. 이렇게 봄이 오고 겨울이 가기를 또 3년, 옹근 6년을 기다렸어도 가실이의 소식은 감감하였다.
≪아무래도 가실이는 잘못된것 같구나! 죽은 사람을 생각하면 가슴이 쓰리지

만… 산 사람이야 제 살 도리를 해야 할게 아니냐?》

설랑의 아버지는 벌써 몇 번이나 딸의 눈치를 보며 은근히 물었다. 설랑은 그때마다 듣고도 못들은척 스쳐보냈다. 그러면서도 속으로는 《설마하니 그이가? 아니, 아니야! 그럴수 없어. 그이는 꼭 돌아와!》하고 부르짖었다.

그러던 어느날 아버지는 더는 참을수 없어 딸을 달래였다.

《애야, 가실이는 분명 이 세상 사람이 아닌가 보다. 6년이나 기다렸으면 너도 의리를 다한셈이니 마음을 돌리거라.》

《아버지, 무슨 말씀을 그렇게 하세요. 남은 수자리를 살면서 숱한 고생을 하겠는데 어찌 언약을 저버릴수 있어요.》

《이 늙은게 량심이 없어서 그러는게 아니다. 그 사람이 살아있다면야 6년이 되는데 어째 소식 한번 전하지 않겠느냐? 그러니 너무 고집 부리지 말아라.》

《가령, 그이가 잘못됐다고 해도 그 기별을 내 귀로 직접 듣기전에는 십년이든 백년이든 그이를 기다리겠어요.》

설랑은 이렇게 대답하고는 마구간으로 달려가 말의 목을 그러안고 눈물을 떨구었다.

이듬해 봄이 돌아왔다. 온갖 꽃들이 다투어 피여나고 강남갔던 제비도 지지배배 노래하며 옛 보금자리로 찾아오건만 떠나간지 6년이 넘는 가실이한테서는 일자무소식이였다.

아래 마을로 내려갔던 설로인은 술이 얼근하여 돌아왔다. 설로인은 구들에 앉기바쁘게 딸을 불러앉히였다.

《애야, 오늘 마침 좋은 혼처자리가 있기에 내 말을 떼고 왔다. 혼사날까지 받았으니 그리 알고 차비나 해라.》

《네?! 아버지, 가실이는 아버님께서 손수 자청하여 저와 짝을 무어주시고 이제 어찌 배반한단말씀이세요?》

《이 애비는 북망산이 래일 모레이다. 너를 홀로 두고 어찌 눈을 감을수 있겠느냐? 이미 잔치날까지 받아놓고 술까지 받아마셨는데 그래 애비의 혀를 베일 작정이냐?》

《저와 가실이는 아버님께서 맺어준 인연인데 저를 다른 사람한테 시집가게 한다면 그것이 곧 아버지 스스로 아버지의 혀를 베는것이 아니고 무엇입니까?》

설로인은 사리정연한 딸의 말에 말문이 막혔으나 이미 혼사날까지 받았는지라

≪닥치지 못해! 이제 순 죽이 밥이 되겠느냐? 잔말 말고 어서 차비나 해라!≫ 하고는 방으로 들어가 누웠다.

설랑은 하도 기가 막혀 마구간으로 뛰여가 말의 목을 끌어안고 통곡하였다.

≪준마야, 이 일을 어쩌면 좋단말이냐?≫

준마는 그의 심정을 헤아리듯 투레질을 하였다. 이 순간 설랑의 귀에는 가실이 떠나면서 한 말이 떠올랐다.

≪…이 말은 내가 아끼고 사랑하던 준마이니 혹시 쓸모가 있겠는지 잘 기르오!≫

설랑은 마음속으로≪옳지! 이 말을 타고 정곡까지 찾아가서 그이의 생사여부를 알아보자.≫하고 다지고는 아버지 모르게 가만히 말을 끌고나와 말을 타고 화살처럼 내달렸다. 장밤을 달리고 새날이 푸름푸름 밝아오자 말도 사람도 지쳤다. 파릇파릇 돋아난 풀을 보자 준마는 모든 것을 아랑곳하지 않고 게걸스레 뜯어먹었다. 아무리 채찍을 안겨도 준마는 요지부동이였다. 속타는 자기 맘을 몰라주는 말이 야속스러웠다. 그러던 준마가 코를 벌름거리더니 눈이 둥그래서 대가리를 쳐들고 산굽이를 쏴보더니 갑자기 호용소리를 내며 네굽을 안고 달렸다. 깜짝 놀란 설랑은 말갈기를 움켜잡고 말잔등에 납작 엎드렸다. 귀뿌리에 바람이 쌩쌩 일도록 달리던 준마가 문득 멈춰서며 요란한 소리를 지르는바람에 설랑은 하마트면 말우에서 떨어질번하였다.

≪준마야! 나의 준마!≫

갑자기 들려오는 소리에 설랑이 눈을 떠보니 낡아빠진 군복차림에 초췌한 얼굴, 텁수룩한 수염의 낯선 사람이 말의 목을 부여잡고 얼굴을 마구 비벼대고 있었다.

≪아니 이게?!≫

설랑의 새된 소리에 골을 들고 바라보던 가실이는

≪설랑! 나요 나, 나를 몰라봐? 가실이라니까.≫하며 두팔을 벌렸다.

≪가실이라니요? 그런데 어찌하와 옛 모습이 하나도 없나요?≫

가실이는 급기야 품속에서 고이 간직했던 반쪽거울을 꺼내여 말우에 앉아있는 설랑에게 주었다. 설랑이 거울을 받아 자기 품속에 간직했던 쪼각거울을 꺼내여 맞춰보니 둥근 보름달이 되었다.

≪아이구, 가실이!≫

설랑은 말우에서 굴러떨어져 가실이의 품에 안겼다.
《설랑자, 보고싶었어! 몹시 기다렸지?》
《응, 6년을 하루같이 기다렸어요. 왜 이제야 오시나요?》
《싸움은 그칠새없고 군사는 모자라서 삼년을 더 살았어. 그새 아버님은 무사하시고?》
《응!》
《헌데 어떻게 되여 이 먼곳까지 왔어?》
설랑은 가실이의 품에 안긴채 자초지종을 이야기했다. 이야기를 듣고난 가실이는 설랑을 더욱 꽉 그러안았다.
두사람이 말우에 올라앉자 준마는 그들의 심정을 알기라도 한듯 번개같이 달렸다.
《아버지, 그이가, 가실이가 왔어요!》
설랑은 뜨락에 들어서기 바쁘게 소리쳤다.
《무엇이? 가실이가 왔다고?》
가실이는 말우에서 뛰여내려 인사했다.
《아버님 안녕하세요? 그동안 얼마나 고생하셨어요?》
《이게 정말 가실이란말인가? 응, 자네가 죽지 않고 살아서 돌아왔단말이지?! 이게 꿈이 아니겠지? 꿈이거든 영원히 깨지를 말아라!》
가실이의 손을 부여잡고 거듭 되뇌이던 설로인은 눈물을 씻을넘도 하지 않고
《억대우같던 자네가 이 모양으로 된것만 보아도 수자리가 얼마나 고달팠는가를 짐작하고도 남네! 헌데 나는 집에서 망녕된노릇을 했지 뭐야! 자, 어서 들어가게 사위! 설랑아, 이젠 이 애비의 혀도 제자리에 붙어있게 됐구나!》
하고 기뻐서 어쩔줄을 몰라했다. 세사람의 눈에서는 눈물이 쉴새없이 흘렀으나 그것은 기쁨의 눈물이였다.
그후 설랑과 가실이는 다정한 부부가 되여 아버지를 모시고 행복하게 살았다한다.

구렁덩덩 신선비

옛날옛적 한 곳에 두집이 있었는데 앞집에는 한서방이 살고 뒤집에는 남서방이 살았다. 한서방은 자식이 없었지만 남서방은 연년생으로 딸 셋을 두었다.

하루는 나물 뜯으러 가서 나물을 뜯던 한서방의 안해가 남서방의 처를 보고 하는 말이

≪새별이 엄마, 우린 왜 아이가 없을가? 하다 못해 구렁이라도 하나 낳아봤으면 원이 없겠소!≫

라고 롱담 절반 진담 절반으로 속타는 이야기를 했다.

그런 일이 있은후에 한서방의 처가 임신을 했다.

하루는 남서방이 꿈을 꾸었는데 룡 한 마리가 한서방 처의 품에 안기는것이였다. 남서방은 꿈이 하도 이상하여 해몽을 하고 있는데 한서방 처가 아들을 낳았다고 했다.

≪옳거니, 꿈땜을 했군!≫

남서방은 자기 꿈이 허사가 아닌즉 한서방의 아들이 귀인이 될것이라고 믿었다.

그런데 한낮이 되여 남서방의 세딸이 앞집으로 달려가서 갓난아이를 보니 남자애는 남자아인데 구렁이허울을 그대로 쓰고 있어서 보기 끔찍했다. 그래서 맏이와 둘째는 ≪아이구머니나! 저 구렁이, 이이 무서워!≫하고 비명을 지르며 문을 박차고 달아났다.

그러나 세 살먹은 셋째딸 새별이만은 구렁이아이를 보더니 ≪아이구 구렁덩덩 신선비님을 낳으셨네!≫하며 쪼크리고 앉아 구렁이아이를 쓰다듬었다. 그러자 구렁이아이는 눈물을 흘리는것이였다.

새별이는 집에 돌아와서도 ≪아빠아빠, 앞집어머니는 구렁덩덩 신선비를 사왔어요!≫하고 참새처럼 재깔였다. 그러자 언니들이 내쏘았다.

≪이 눈뜬 장님아, 신선비는 무슨놈의 오그라질 신선비냐!? 삼각산에 가면 언제나 볼수 있는 구렁이지!≫

≪애개개, 사람이 사람을 낳지 어떻게 구렁이를 낳아. 안 그래요 아버지?≫

≪옳다. 새별의 말이 옳구말구! 사람이 사람을 낳지 어찌 구렁이를 낳겠는냐. 필시 무슨 사연이 있어 잠시 구렁이허울을 썼을뿐이겠지. 이제 때가 되면 허울을 벗고 헌헌한 대장부 가 될게다. 너희들, 아버지 말이 옳은가 그른가를 뒤두고 보아라.≫

자기의 꿈이 례사꿈이 아니라고 믿은 남서방은 큰소리로 대답했다.

그러나 하루 이틀, 일년 이년, 10년 세월이 흘러 남서방의 딸들은 숙성하여 아름답고 탐스러운 꽃으로 피여나건만 한서방의 구렁이아들은 클수록 더욱 징글스럽고 무서워 이제는 한서방내외마저 피하건만 새별이는 예나제나 구렁이와 동무하여 같이 놀았다.

구렁이가 열일곱살이 되자 하루는 부모님을 보고 사정하였다.

≪아버지, 어머니, 이젠 저도 장가를 들어야겠는데요. 수고스러운대로 뒤집에 가서 혼사말을 해주세요.≫

부모둘은 깜짝 놀랐다. 말도 안되는 소리였다.

≪애야, 너를 보고 며느리를 골라야지 될번이나 한 소리냐!≫

≪어머니, 길고 짜른건 대봐야 알지요. 한번만 가서 얘기 해보세요.≫

아들이 하도 조르는바람에 어머니는 할수없이 뒤집으로 갔다. 그러나 차마 들어갈수가 없어서 되돌아서고말았다.

≪어머니, 뭐라고 합디까?≫

≪애야, 입이 떨어져야 말을 하지.≫

≪참 어머니두! 그럼 내가 가겠어요!≫

구렁이아들이 벌떡 일어서는바람에 어머니는 문을 박차고 나갔다. 허지만 남서방 집 울타리를 잡자 발이 떨어지지 않아서 말뚝처럼 서있었다. 때마침 구정물을 던지려고 밖으로 나오던 새별이 어머니가 보고≪어서 들어오세요≫하며 잡아끌다싶이 하여 집에 들어섰으나 입이 떨어지지 않아서 우물쭈물 망설이고 있었다. 그러니 남서방이 말을 건넸다.

≪아주머니, 무슨 일이 있어서 오신것 같은데 무슨 일인지 말씀하시지요.≫

그제서야 구렁이 어머니는 마른입술을 감빨며≪우리 아이가 글쎄…≫하고는 또 입을 다물고말았다.

≪구렁이가 어째서요?≫

《글쎄, 아이구 이걸 어쩐담…》
《아니, 무슨 병이 났습니까?》
《예, 예, 병이라도 이만저만한 병이라구요. 글쎄…》
《무슨병이기에 그러십니까?》
《글쎄, 주제넘게스리 이 집 색시들한테 청혼을 해보라니, 하늘에 장대겨눔도 분수가 있지. 제발 못들은것처럼 하고 노여워마세요.》
《아, 그런 일을 가지고 뭘 그러십니까. 색시들이 나이차면 시집가고 사내들이 장성하면 장가가기마련이지요. 애들아, 너희들가운데 누가 구렁이한테 시집가겠느냐!》
 남서방의 말이 떨어지기 바쁘게 안해의 눈이 퉁사발이 되고 맏이와 둘째딸의 입이 한발이나 나오는데 오직 셋째딸 새별의 얼굴에만 화색이 돌았다.
《왜들 대답이 없느냐? 맏이 너부터 말해봐라.》
《아이구! 구렁이와 살바엔 차라리 죽고말겠어요.》
《둘째 너는?》
《난 사람이예요! 사람과 구렁이가 어떻게 같이 살아요?》
《셋째 너는?》
《부모님께서 허락하신다면 소녀가 가겠사옵니다.》
《음, 그럼 됐다. 아주머니, 돌아가서 날자나 택해서 알려주시오.》
《아니, 그게 정말입니까?!》
 남서방의 처는 자기 귀를 의심하였다.
 구렁이 어머니가 너무나 좋아서 엎어지고 자빠지면서도 아픈줄을 모르고 단숨에 집으로 뛰여가서《됐다 됐어!》하며 떠들었다.
《어머니, 되다니 혼사가 됐단말이지요?》
《그래그래. 새별이가 너한테 시집을 오겠다누나!》
《그게 정말입니까!?》
《정말 아니구!》
《어머니, 수고하셨습니다. 어서 아버님과 상론하여 날을 받으세요.》
《원 자식두, 급하기는 콩밭에서 두부를 찾겠다. 호호호.》
 이리하여 구렁이와 새별이가 잔치를 하는데 새별 어머니를 비롯한 많은 사람들은 꽃같은 새별이가 보기만 해도 소름이 끼치는 구렁이한테 시집을 가는게 가엾다고 울며불며 혀를 찼으나 당사자인 새별이와 그의 아버지만은 대수롭지 않게 여기였다.

잔치날밤이 되여 손님들이 돌아가자 남서방의 맏이와 둘째딸은 남몰래 신랑신부의 방으로 가서 창호지를 뚫고 방안을 들여다보았다. 밤이 깊었는데도 꽃같은 동생은 그림자처럼 앉아있고 구렁이는 구렁이대로 두눈을 슴벅거리고있는지라
《흥, 자청해서 구렁이한테 시집오더니 꼴 좋다!》하고 돌아서고말았다.

그런데 한밤중이 되자 구렁이가 세 번을 구을더니 허울을 벗고 미남자로 되였다. 구렁이신랑은 허울을 한쪽에 밀어놓고 신부의 비녀를 뽑아주고 옷고름을 풀어주었다.

《여보, 모두 나를 구렁이로 아는데 당신은 어찌하여 나한테 시집을 왔소?》
《사람이 사람을 낳는것은 인간의 본능이지요. 랑군께서 필시 말못할 곡절이 있어서 잠시 구렁이허울을 썼으나 어느때든지 허울을 벗을 날이 있을거라고 믿었어요.》
《고맙소 부인! 헌데 내가 아직 허울을 벗을때가 안됐으니 누구에게도 말하지 마시오.》

신랑신부는 날이 새도록 동방화촉을 이루고나서 신랑은 다시 세 번을 구을더니 구렁이 허울을 썼다.

조반을 먹고나니 맏이와 둘째가 달려와 지지콜콜 캐물으며 빈정거렸다.
《새별아, 첫날밤을 어떻게 보냈니?》
《재미가 무궁했겠지? 호호호.》
그러나 누구보다도 첫날밤을 재미있게 보낸 새별이는 대답대신 생글생글 웃기만 했다. 그래서 맏이와 둘째가 며칠밤을 뜬눈으로 지새우며 지켜보다가 하루저녁에는 자정이 되자 구렁이가 허울을 벗고 헌헌한 대장부가 되는것을 보고는 초풍할 지경으로 놀랐다.
《아니, 저런! 세상에 저런 미남자도 있구나!》
《그러게 새별이가 점점 고와지지!》
《깜찍한 계집애 같은게 어디 두고보자.》

두사람은 심술이 나서 어떻게 해서든지 구렁이 허울을 빼앗을 궁리를 했다. 바로 그런 때에 구렁이신랑이 허울을 벗어 각시에게 주면서 신신당부하였다.
《이젠 내가 허울을 벗게 됐소. 이걸 잘 건사해주오. 누구에게든지 보여서는

안되오. 다른 사람의 손에 들어가게 되면 당신과 같이 살수 없으니 꼭 명심하오. 난 장인장모님께 가서 인사올리고 그길로 신선동에 가서 놀다오겠소.≫

≪예!≫

새별이는 남편을 바래주고나서 구렁이허울을 꽁꽁 싸서 궤속에 넣고 자물쇠를 잠그었다.

세상에 누구보다도 훌륭한 사위를 본 남서방의 처는 너무나 좋아서 춤까지 추었다. 남서방도 ≪그러문 그렇겠지! 내 꿈이 갈데 있나!≫하며 맞장구를 쳤다.

맏이와 둘째딸은 심술이 나서 새별이를 찾아가 못살게 들볶았다.

≪새별아 구렁이허울을 보자.≫

≪그건 안돼요!≫

≪애두 원! 그 잘난 구렁이허울을 우리가 먹을가봐 그러니?≫

≪그런게 아니라 다른 사람에게 보이면…≫

≪예봐라, 우리가 뭐 남이냐? 한 피줄을 타고난 형제인데!≫

≪그래두…≫

≪홍, 시집온지 이제 며칠인데 벌써 우리를 잊었니? 너 정말 이럴내기냐?≫

언니들이 대노하자 마음씨 고운 새별이는 형제간에 보이는데야 별일 없겠지 하고 궤짝문을 열고 구렁이허울을 꺼내주었다.

맏이가 빼앗다싶이 하여 보자기를 헤치고 보니 정말 징글스럽고 무서운지라 ≪이 잘난걸 무슨 보배단지라고 건사하니!≫하며 화로불에 다 던졌다.

새별이가 깜짝 놀라 외마디소리를 지르며 꺼내려고 했으나 눈깜박할사이에 구렁이허울은 몽땅 타서 재가 되고말았다.

≪아이구 이걸 어쩌나! 난 어쩌면 좋아요. 엉엉!≫

새별이가 방바닥을 두드리며 대성통곡하는데 문이 벌컥 열리며 얼굴이 새까매진 남편이 들어섰다.

≪부부는 일심동체라는데 하루도 맘이 같지 않고서야 어찌 굴곡많은 인생길을 같이 갈수 있겠소. 잘사오. 나는 가오!≫

구렁이남편은 한마디 하고는 뒤도 돌아보지 않고 나갔다.

새별이는 기가 막혔다. 그래도 처음에는 간대루사 하고 하루, 이틀 기다렸으나 한달, 두달 지나고 십년이 되도록 돌아오지 않았다. 그때에야 언니들이 찾아와서 잘못을 빌었으나 행차뒤의 나발이였다.

새별이는 자기의 잘못을 느끼고 남편을 찾아떠났다. 10년이 지났으니 어디를 갔는지, 살았는지 죽었는지 행방도 모르고 정처없는 길을 떠났다. 두루 돌아다니며 수소문하던중에 남편은 례사사람이 아니라 비범한 사람이니 신선들이 모여산다는 선인동으로 갔음직하여 그리로 찾아갔다.

몇날 몇밤을 걷고 걸었던지 선인동이란 곳에 이르니 산이 험하고 물이 깊은데 온갖 꽃들이 만발한 속에 새들이 노래하고 꿀벌과 나비들이 춤을 추었다. 실로 아름다운 곳이였다. 새별이 꽃밭속을 지나니 한 농부가 조밭김을 매고 있었다.

《농부님, 말씀 좀 물읍시다. 혹시 이곳에서 이러저러한 사람을 보신적이 없으신지요?》

《예, 10년전에 선인동으로 오셨지요. 그건 쉽게 못 알려줍니다. 여기 와서 이 조이씨를 다 솎아주면 알려드리지요.》

새별이는 할수없이 조이씨를 솎았다. 며칠을 매였던지, 조밭김이 끝나자 그 사람은《저기 보이는 고개에 올라서서 왼쪽으로 가면 젊은 사람이 나무를 하고 있을겁니다. 그 사람께 물어보십시오.》라고 알려주었다.

《감사해요.》

새별이가 농부가 가리켜주는 곳으로 가니 과연 한 나무군총각이 웃옷을 벗어던지고 참나무를 찍고있었다. 그래서 이러저러한 사람이 어디 있는가고 물었더니

《알려주지 말라고 했는데요. 허지만 내 일을 도와주시면 제가 가르켜드리지요.》

하고 했다.

《그러세요. 무슨 일을 하랍니까?》

《내가 숯가마 네 개를 해놓고 지금 첫 가마에 나무를 넣기 시작했으니 네가마를 다 채워주면 가리켜드리지요.》

새별이는 소경막대기질하기보다 그쪽이 나을가 해서《그러세요.》하고 대답했다.

그때부터 쉼 한번없이 밤낮으로 나무를 해서 숯가마에 넣다보니 곱던 손은 터지고 멍이 들었고 한 벌밖에 없는 옷은 찢어지고 째지여 군데군데 살이 드러났다. 허지만 이것은 응당 자기가 받아야 할 응당한 벌이라고 생각했다.

《네가마를 다 채웠어요.》

《왼쪽으로 가다가 오른쪽으로 가면 신선폭포가 있습니다. 거기 가서 물으면

알수 있습니다.≫

≪고마와요.≫

새별이가 인사하고 폭포를 찾아가니 난데없는 조무래기들이 새를 쫓아 달아다녔다.

≪동자님네들, 말씀 좀 물읍시다.≫

≪예, 무슨 일이세요?≫

≪신선비님이 어디 계서요?≫

≪저 새들을 잡아주시면 알려드리지요.≫

새별이는 그 자리에 앉아서 삼을 가져오라고 해서 삼을 삼아 그물을 떠서 새들을 잡아주었다.

≪고맙습니다. 여기서 보면 저기 바위돌같기도 문같기도한 그안에 들어가면 신선비님을 만날수 있습니다.≫

새별이 그곳에 가서 들어가보니 별유천지였다. 일월이 명랑하고 산천이 수려한데 꽃들이 만발한속에 아담한 정자가 있었다. 정자를 지나니 별당이 나타나는데 귀에 익은 글읽는 소리가 들려왔다. 한시도 잊은적 없는 남편의 목소리를 듣게 되자 그간 로심고초는 이슬처럼 사라졌다. 다음 순간, 자기를 버리고 떠나신 님이라고 생각하자 선뜻이 찾아들어갈수가 없었다. 들어가지도 돌아서 나오지도 못하고 망설이는데 때마침 총각이 나왔다.

≪저, 신선비님이 여기 계시지요?≫

≪예, 우리 접장님이신데요.≫

접장이란 글배우는 학도들의 우두머리였다. 그러고보니 10년동안 이곳 신선동에서 글을 배우고있음을 알았다.

≪예서는 무슨 글을 배우시지요?≫

≪신선이 되는것을 배웁니다.≫

≪예, 그 접장님보고 고향에서 누가 찾아왔다고 전해 주겠어요?≫

≪예, 내 들어가 이르지요.≫

그 총각이 들어갔다가 이윽해서 나오더니≪만나실수 없다면서 돌아가시랍니다.≫하고는 징징 가버렸다. 몇날, 몇 달, 몇 년을 애쓴 보람이 그 말 한마디에 나무아미타불이 되자 새별이는 밑둥 부러진 나무처럼 기혼해넘겨졌다. 이윽하여 피여난 새별이는 설음에 북받쳐 목놓아울었다. 그 울음소리가 어찌나 구슬프던지 백발된 선생이 나와서 달래였다.

《뉘신지 울지 말고 내 말을 들으시오. 접장하고 어떻게 되시는분이기에 이곳까지 찾아오셨소?》

새별이가 눈물을 닦고 올려다보니 백발된 로인이라 꿇어앉아 절을 하고 구렁이가 태여날 때부터 시작하여 자초지종을 아뢰였다.

《아하 그렇구먼요! 잘 알았소. 내 그 사람을 내보낼터이니 잠간만 기다리시오.》

선생은 들어가는 길로 신선비를 앉혀놓고 말했다.

《자네가 내 딸을 싫다고 하더니 이제야 알았네. 이 사람, 사람으로 태여나서 허물이 없는 사람이 어디 있겠나? 자네를 그리다가 천신만고를 다 겪으면서 찾아왔는데 돌아가라니 그게 어디 될말인가? 자네 부부는 천생배필이니 어서 나가서 모셔오게!》

《스승님, 고맙습니다!》

십년만에 만나고보니 무슨 말부터 해야 할지 갈피를 잡을수 없어 두사람은 오래동안 말없이 바라만 보았다.

《세상사람들이 모두 나를 구렁이라고 밉게 보았는데 뭣 때문에 나를 구렁덩덩 신선비라고 했소?》

구렁이였던 남편이 입을 열자 첫마디로 물었다.

《다른게 아니옵고 사람이 사람을 낳지 뱀을 낳을수 있겠사옵니까. 사람이 사람을 낳은것은 인간의 도리이고 사람이 뱀을 낳는다는것은 도리가 아니기에 믿지 않았습니다.》

《허나 지금도 내 몸이 뱀일 때에는 어쩌겠소?》

《허울을 쓰셨을 때에도 믿고 사랑하였는데 허울을 벗은 지금 어찌 믿지 않겠습니까?》

《지난날처럼 또 내 말을 듣지 않는다면 나는 혼자서 하늘나라로 가겠는데 두렵지 않소?》

《한번 실수를 해서 말할수 없는 고초를 겪을대로 겪고 쓴맛을 볼대로 보았는데 어찌 또 되풀이하겠습니까.》

《고맙소. 그렇다면 우리 다시 인연을 맺읍시다. 헌데 여기는 인간세상과는 담을 쌓고 사는 곳이니 우리 고향으로 돌아갑시다.》

≪어디든지 가군님이 가시는 곳이면 기꺼이 따라가겠습니다.≫

이리하여 구렁덩덩 신선비와 새별이는 고향에 돌아와 농사를 지으며 아들딸 낳고 백살이 넘도록 살면서도 얼굴 한번 붉히지 않고 큰소리 한마디없이 화목하게 살다가 죽어 신선이 되여 하늘로 오르더니 저 세상에서 천만년을 같이 살고 있다고 한다.

해와 달

까마아득히 멀고먼 옛날옛적 호랑이가 말을 하고 담배먹던 때의 이야기다.
아름드리나무가 꽉 박아선 어느 심심산골에 한 과부가 어린 삼남매를 데리고 외롭게 살고있었다.
어느날 과부는 고개너머 부자집에 논김을 매주러 가게 되였다. 과부는 깊은 산골 외딴집에다 철모르는 어린것들만 두고 가는것이 마음놓이지 않아서 여라문살 되는 오누이 보고 신신 당부했다.
《애들아, 요즈음 뒤산의 호랑이가 나다니니 문을 꼭 닫고 어머니가 돌아올 때까지 집안에서 놀아라.》
《엄마, 가지마. 난 무서워.》
《가지 않으면 뭘 먹겠니. 내 갔다올 때 콩볶이를 얻어다줄게.》
《어머니, 갔다가 얼른 오세요 네?》
《그래.》
어머니는 하루종일 등너머 부자집에 가서 베를 매였다. 그러나 린색하기 짝이 없는 부자놈은 밥도 아까와서 점심으로 콩을 볶아주었다. 어머니는 그것도 자식들 생각이 나서 먹지 않고 치마폭에 싸두었다가 저녁에 돌아올 때 가지고 돌아왔다. 집안팎일에 지칠대로 지친 어머니는 하루종일 불볕에서 일한데다가 점심까지 건너다보니 맥이 없어서 령마루에 올라서자 주저앉아 숨을 몰아쉬였다.
이때 주린 배를 등에 갖다붙이고 바위뒤에 납작 숨어있던 백년 묵은 늙은 범이 새빨간 혀를 감빨며 과부를 덮치였다. 며칠동안 굶은 범은 여위고 여위여 앙상한 뼈만 남은 어머니를 잡아먹고서는 시원치 않아서 둔갑을 하여 눈깜박할사이에 어머니로 변하였다. 늙은 범은 어머니의 옷을 입고 수건을 쓰고 콩볶이까지 가지고 어머니의 집으로 애들을 잡아먹으러갔다.
집에 남은 오누이는 날이 어두워지니 배고파 먹겠다고 우는 막내동생을 겨우 달래여 잠재워놓고 이제나저제나하고 어머니 돌아오기만 눈이 빠지게 기다렸다. 이때 밖에서 사립문을 여는 인기척이 들려왔다. 눈이 까맣게 어머니를 기다리던 남자애는 달려가 문고리를 벗기려 했다. 그걸 본 누나는 동생의 손목을 잡고 그이 귀에다 대고 소곤거렸다.

《가만있어. 어머님이 가실 때 뭐라고 했니? 뒤산의 늙은 범이 나다니니 조심하라고 하잖던? 어머니가 오시면 문을 열라고 소리칠거야.》

문밖에서 집안의 동정을 엿보던 능청스런 범은 여자애의 말을 듣고는 목소리를 가다듬어 소리쳤다.

《애들아, 어머니가 왔다. 어서 문열어라!》

《봐라, 내 말이 맞았지.》

동생이 좋아서 손벽까지 치는걸 총명한 누이가 앞을 막아서며 밖에 대고 물었다.

《어쩐지 우리 엄마 목소리가 아니예요.》

《내가 하루종일 겨불연기에 쐬다보니 목이 쉬여 그렇단다.》

《그것봐, 엄마가 옳은데. 누나, 문 열어줘.》

《가만있어. 그럼…》누나가 뭘 물어보려는데 늙은 범이 콩볶이를 문구멍으로 들여밀었다.

《자, 봐라. 내가 너희들이 좋아하는 고소한 콩볶이를 가져왔다. 이래도 아니냐?》

《우리 엄마 손은 고운데 왜 이렇게 꺼칠꺼칠한가요?》

《원 애두, 온종일 베를 매느라고 손에 풀이 묻어서 마르다보니 이렇게 됐단다.》

《누나, 난 콩을 먹고싶어 죽겠어.》

남동생은 더는 참을수 없어서 문을 열어주었다.

범은 집안에 들어서자 콩볶이를 오누이에게 주고는

《애기는 어데 있니?》하고 물었다.

《방에서 자요.》

《얼마나 배가 고팠겠니. 내 젖을 먹이겠다. 범은 방으로 올라가더니 문을 닫았다.》

배가 고팠던 오누이는 눈깜짝할사이에 콩볶이를 다 먹었으나 간에 기별도 안갔다. 그런데 귀를 기울이니 방에서 오도독오도독 콩섭는 소리가 들려왔다.
《엄마, 난 다먹었어. 콩을 또 줘?》
남자애가 칭얼거리자 방문이 열리며 무엇인지 뿌려나와 방바닥에 흩어졌다. 콩볶인줄 알고 손더듬으로 주어 입에 넣고 씹으려던 누나는 깜짝 놀랐다. 비린내가 확 풍기는것은 분명 갓난아기의 손가락이였다. 누나는 머리카락이 곤두서고 정신이 아찔해났다. 그렇지만 누나는 동생의 입을 막으며 방에 대고 말했다.
《엄마, 나 오줌마려워 죽겠어요.》
《질그릇에다 누렴.》
《아이참 어머니두. 다 큰 계집애가 집안에서 오줌누면 안된다고 하시더니…》
《그럼 얼른 나가 누고 들어오너라. 범이 다닌다는데…》그 소리가 떨어지기 바쁘게 누나는《예》하고는 동생의 손목을 잡아끌고 밖으로 나왔다. 그러나 갈곳이 없었다. 아무리 뛴다고 해도 날랜 호랑이를 당해낼수 없고 숨는다고 해도 냄새 잘 맡는 호랑이를 속일수 없었다. 속이 바싹바싹 타도 하소연할데도 없는 누나는 뭇별이 반짝이는 하늘을 쳐다보며 탄식하다가 우물옆에 솟은 느티나무를 보았다. 그래서 동생을 목마태워 올려보내고 자기도 올라가서는 다시 동생을 끌어올리면서 나무꼭대기로 톺아올라갔다.
그사이에 갓난아이까지 게눈감추듯 먹어버린 늙은 호랑이는 기다리다 못해 그제야 속은줄 알고 밖에 나와《애들아 어디있니?》하고 부르다가 대답이 없으니 따웅! 하고 둔갑하여 범으로 되더니 눈에 불을 켜고 코를 벌름거리며 앞뒤로 샅샅이 찾았다. 그러는걸 본 동생은 너무나 무서워 누나의 품에 얼굴을 묻고 제대로 못쉬였다. 사방으로 뛰여다니며 오누이를 찾던 범은 우물속안에 오누이가 있는것을 보고 얼리다 못해 우물안으로 들어가려고 맴돌아쳤다. 이때 철없는 동생이 범이노는 꼴이 우스워서 저도 모르게 키드득 웃었다. 그제서야 범은 느티나무 우에 올라앉은 오누이를 알아보고 두세번이나 올리뛰고 가로 뛰여넘기를 해봤지만 너무나 높이 기여올라가서 잡을수가 없었다. 범은 하는수없이 사정했다.
《애들아, 너희들은 어떻게 나무우에 올라갔니?》
《참깨기름, 들깨기름 가져다가 쭉쭉 바르며 올라왔지요.》
꾀있는 누나가 속이며 말했다. 누나의 말을 들은 늙은 범은 집안으로 들어가 기름이란 기름은 몽땅 내다가 바르고 오르려고 했다. 그러나 범의 발이 기름바른 나무에 닿기만 하면 얼음우에 박밀리듯 미끄러워서 떨어지군 하였다.

그 꼴을 바라보던 동생은 너무나도 어처구니 없어서 호호하고 웃으며
《이 미련한 범아! 도끼를 가져다 쾅쾅 찍으며 올라오면 되는건데 것두 몰라?》
하고 골려준다는것이 그만 나무에 오르는 방법을 대주고말았다.

늙은 범은 집안에 들어가 도끼를 가져다 도끼로 나무를 찍어 디딜 자리를 만들고 그곳을 디디고 한걸음한걸음씩 올라왔다. 인제는 범의 숨쉬는 소리까지 들리였다. 영낙없이 범의 밥이 되였다고 생각한 오누이는 서로 붙잡고 울었다.

《하느님이시여 하느님, 의지가지할데 없는 불쌍한 우리 오누이를 굽어 살펴주옵소서! 흉악한 범이 어머니와 동생을 잡아먹고도 씨원치 않아서 우리를 마저 잡아먹으려고 하오니 우리를 살려주시겠으면 새 바줄에 새 광주리를 내려보내시고 우리를 죽이시려거든 썩은 바줄에 썩은 광주리를 달아서 내려 보내주옵소서!》

그 소리를 듣던 호랑이는 흥 하고 코방귀를 뀌며 더욱 힘을 써서 나무를 쾅쾅 찍으며 올라왔다. 그러나 신기하게도 누나의 말이 끝나기 바쁘게 높은 하늘에서 팔뚝같은 굵은 새 바줄에 큼직한 새 광주리가 달려서 내려왔다. 오누이가 광주리에 앉자마자 광주리는 하늘 높이 오르더니 별들속으로 사라졌다.

이것을 본 늙은 범은 닭쫓던개 지붕처다보듯하다가 자기도 오누이처럼 빌었다.
《하느님이시여, 나를 살리겠거든 새 바줄에 새 광주리를 달아서 내려주고 나를 죽이겠거든 썩은 바줄에 썩은 광주리를 내려보내주옵소서!》

범의 말이 끝나자 이번에도 광주리가 내려왔다. 늙은 범은 오누이를 놓칠것만 같아서 바줄이 새것인지 썩은것인지도 가려보지 않고 제꺽 올라타고서 빨리 오누이를 따라잡으라고 소리쳤다. 하늘공중 둥실둥실 떠오르던 광주리는 썩은 바줄이 툭 소리를 내며 끊어지자 허궁 땅으로 떨어졌다. 그바람에 늙은 범도 공기돌처럼 허공에서 맴을 돌다가 땅에 떨어졌는데 그것도 뾰족뾰족한 수수그루터기에 면바로 떨어져서 밑구멍이 찔리여 붉은 피를 쏟으며 죽고말았다. 그래서 지금도 수수대에는 그때 범의 피가 묻은 흔적이 울긋불긋하게 찍혀있다고 한다.

하늘에 올라간 오누이는 하늘나라 임금을 만났다. 임금은 오누이에게 무슨 일을 하겠느냐고 물었다. 그러자 동생이 선뜻 대답했다.

《나는 밤하늘에 낮게 떠서 땅우에다 밝은 빛을 뿌려주는 별이 되였으면 좋겠어요.》

《그건 어째서냐?》

《지금 땅에서는 밤이 되면 어두워 온갖 마귀들이 나타나 사람을 해치고있어

요. 우리 어머니도 어두운 밤길을 오다가 범에게 잘못됐어요.≫

≪장하다. 넌 무슨 일을 하겠느냐?≫

≪난 낮에 뜨는 큰별이 되여 엄마아빠들이 환한데서 일하시게 하고 따뜻한 빛을 뿌려 곡식과 꽃들이 자라 열매맺게 하고 온갖 새들이 노래하며 춤추게 하고 싶어요.≫

≪그래, 너희들의 생각은 장하고 기특하구나! 너희들 소원대로 해주마.≫

이리하여 누나는 해가 되고 동생은 달이 되였는데 이때부터 하늘에는 해와 달이 생겼다고 한다.

걸교절의 유래

항간에서는 칠월칠석날을 걸교절(乞巧節)이라고도 한다. 재간을 비는 명절이라는 뜻인데 걸교절의 유래를 두고 이런 이야기가 전해지고있다.

옛날 한 고을에 한쌍의 원앙처럼 금슬이 좋게 살아가는 부부가 있었다. 어려서부터 글공부하며 자란 남편은 장원급제할 큰뜻을 품고 주야가 따로없이 밤낮으로 글을 읽었고 용모가 해달같이 환하고 마음이 비단처럼 고운 안해는 하루도 편히 앉아 쉬는 날이 없이 남의 집 삯바느질도 하고 삯방아도 찧어주면서 어려운 살림을 지탱해나갔다. 안해는 남의 일을해주고 쌀이 생기면 쌀을 받아다 남편에게 맛있는 밥을 따뜻이 지어 대접했고 돈이 생기면 남편이 과거보러 갈 로자를 마련하느라 한푼두푼 모아두었다. 하루이틀도 아니요. 시집와서 3년 세월이 다되도록 이렇게 하니 남편된 사람은 뜻이 있어 방에 앉아 글공부를 하지만 안해 보기가 참으로 안되였다. 어느날 남편은 안해를 보고 이렇게 말하였다.

《여보, 내 남편된 사람으로 남의 귀한 자식 데려다놓고 일년 삼백륙십오일을 고생만 시키니 참으로 면목이 없소. 이제부터는 나도 일을 하면서 짬짬이 공부를 할테니 부인은 집안일이나 맡아보소.》

《랑군님, 그런 말씀 마옵시오. 세상에 학문처럼 성사하기 어려운 일이 어데 있사옵니까. 대장부 한번 먹은 마음 굽히지 말고 일심으로 글만 읽으시와요. 저는 랑군님 섬기기가 소원이옵니다.》

남편은 안해의 고마운 마음과 극진한 지성에 목이 메여 아무 말도 못하였다. 이리하여 또 전과 같이 남편은 남편대로 글을 읽고 안해는 삯바느질과 삯방아로 부지런히 살림을 꾸려 갔다.

이러는 사이에 류수와 같은 세월은 흐르고흘러서 천자만홍 갖가지 꽃들이 다투어 피여 향기를 풍기던 봄도 지나가고 록음방초 우거진 여름철이 왔다. 어느날 저녁 희미한 초생달이 어슴푸레 정원을 비추는데 뜻밖에도 안해가 마루턱에 나가 앉더니 부드러운 목소리로 남편을 불렀다.

《랑군님, 오늘저녁에는 소첩이 한가지 청이 있사오니 잠간만 이리 좀 나와주옵소서.》

남편은 생전 아무 지청구없이 수걱수걱 일만 하던 안해가 오늘은 무슨 청이 있길래 찾는가 하여 급히 나와 안해곁에 앉았다. 그러자 안해가 조용히 입을 열었다.

《랑군님, 오늘이 무슨 날인지 아시옵니까?》

방안에 들어박혀 글만 읽던 남편은 오늘이 무슨 날인지도 모르고있었다.

《대체 오늘이 무슨 날이란말이요, 부인!》

그 말에 안해는 서쪽하늘에 가고 걸린 초생달을 쳐다보고 방긋 웃으며 대답했다.

《칠월칠석 은하수에 까막까치 다리놓아 견우직녀 오작교에서 상봉하는 날이로소이다.》

《옳거니. 인제야 부인의 청탁을 알겠소 내 부인을 모셔들여 삼년세월이 지났지만 오늘 이때까지 글만 글이라 하여 한번도 부인을 즐기게 하지 못하였으니 오늘밤은 저 하늘의 견우직녀처럼 우리 서로 만단설화로 부부간의 깊은 정도 주고 받으며 마음껏 즐겨 놀아봅세.》

남편은 속으로 크게 기뻐하며 자기 생각을 말하는데 안해가 아미를 숙이고 대답했다.

《랑군님, 고마운 그 말씀에 내 마음 봄날처럼 따뜻해지고 지나간 고생살이 씻은듯 잊어지옵니다. 하오나 소첩은 따로 청탁이 있사옵니다.》

《무슨 청인지 어서 말하소.》

그러자 부인은 한켠에 바느실과 무명천을 갖춰놓고 한켠에 흰종이와 지필묵을 꺼내놓더니 남편을 보고 말했다.

《랑군님 듣자시오. 소첩은 시집온 그해부터 해마다 칠월칠석 이날이 오면 직녀아씨한테 재간을 빌면서 저 초생달빛을 빌어 바늘귀에 실을 꿰며 바느질재간을 익혔사옵니다. 그러니 소첩은 이제부터 바늘에 실을 꿰여 가군님 옷을 짓삽고 랑군께선 글을 지어 재간을 비김이 어떠하오리까? 바라건대 소첩의 청을 쾌히 들어주옵소서!》

참으로 꿈에도 생각지 못한 청이였다. 그리고 안해가 이 처럼 청하는데 남편된 사람으로 쾌히 응하지 않을수 없었다.

≪그럼 그리하오.≫

남편이 안해의 청에 응하여 글을 짓자고 붓을 들고앉았는데 안해는 옷섶에 꽂은 바늘을 뽑아들더니만 어스름한 달빛속에서도 대뜸 바늘귀를 꿰여가지고 옷을 짓는데 재간이 남다른데다가 솜씨가 또한 번개같이 빨라서 얼마 지나지 않아 옷 한 벌을 다 지어놓고 초생달을 쳐다보며 해쭉 웃었다. 헌데 그 때까지도 남편은 붓을 든채 글 한구절도 짓지 못하였다. 생각같아서는 세상에 이름떨친 서성 왕희지같은 필치에 시중천자 리태백의 시 같은 글을 써서 고생고생하며 일편단심 자기를 섬기는 안해를 더없이 기쁘게 해주고싶었지만 도무지 생각과 같이 글이 떠오르지 않았다. 남편은 생각하고 생각다 못하여 그만 그 자리에 넓적 엎드렸다.

≪부인, 죄송하오. 남아대장부의 글재간이 한낱 아녀자의 바느질재간과도 비할 수 없으니 어찌 얼굴을 들고 세상에 나서며 어찌 떳떳이 부인을 쳐다보리오. 내 직녀에게 재간을 빌며 나를 섬긴 부인의 정성 잊지 않고 스승을 찾아가 삼년간 글공부를 더하여 과거에 급제하는 날에 부인을 찾아오리오. 그전에는 나를 기다리지 마오.≫

≪참으로 고마우신 말씀이옵니다. 소첩이 일심으로 바라는 바이니 래일이라도 서슴치 말고 떠나시오며 집안은 털끝만치도 걱정마옵소서.≫

남편은 하루도 더 지체하지 않고 그 이튿날 행장을 꾸려가지고 집을 떠났다. 속담에 이르기를 마음만 먹으면 북두칠성이 굽어지고 지성이 지극하면 돌우에도 꽃이 핀다고 사랑하는 안해와 작별하고 스승을 찾아떠난 남편은 삼년 세월을 스승을 모시고 주야장천 흐르는 물처럼 부지런히 학문을 닦더니 끝내 장원급제하고 집으로 돌아왔다. 그러니 남편된 사람의 기쁨도 기쁨이려니와 안해된 사람의 기쁨은 한입으로 이루 다 말할수 없었다.

남편이 장원급제를 하고 돌아오니 부부사이에도 웃음뿐인데 그 고을 원이 또한 대희하여 그를 청하였다.

≪그대가 장원함은 나 하나만이 아니라 우리 온 고을의 기쁨이요. 묻노니 그대가 장원급제함에 무슨 오묘한 비결이라도 있으시오? 내 후세 사람들게 전하려 하니 서슴치 말고 아뢰오.≫

≪오로지 부인의 덕인줄 아옵니다.≫

≪부인의 덕이라니? 그건 어찌 두고 하는 말씀이요?≫

≪부인께서 삯바느질로 품을 팔아 저를 공부시켰사온데 해마다 칠월칠석날이면 재간을 빌었사옵니다.≫

≪참으로 기특할시고. 헌데 재간은 어떻게 빈다는 말씀이요?≫

≪네. 칠월칠석날 초생달이 뜨면 그 희미한 달빛아래서 바느실꿰기를 하는데 단번에 실을 꿸만큼 재간이 늘면 소원성취된다 하였사옵니다.≫

≪그래 그대 부인의 재간이 그에 이르렀다는 말씀이요?≫

≪그런줄 아옵니다. 실은 제가 집을 떠나가 스승을 찾아 삼년동안 글공부를 더하게 된것도 연유가 있습니다.≫

그는 안해와 칠월칠석날 희미한 초생달 빛을 빌어 재간을 비기던 일을 세세히 다 말했다. 그랬더니 고을 원은 무릎을 툭 쳤다.

≪참으로 어여쁜 마음이요. 온 나라 녀인들이 대를 이어가며 배울바로다.≫

이리하여 나래가 돋힌듯 이 소문은 온 고을에 쫙 퍼졌는데 그이듬해 칠월칠석날 이 고을에서는 모든 여자들을 모아 놓고 직녀에게 재간을 빌면서 바늘에 실꿰기시합을 하게 되였다. 시골아낙네들이고 규중에 있는 처녀들 할것없이 이날만은 몽땅 떨쳐나와 각기 자기 소원을 성취시켜달라고 빌고는 웃고 떠들며 실을 꿰는 그 정상은 여간만 재미나고 즐겁지 않았다.

후에 이 바느실꿰기놀이는 차츰 온 나라에 퍼져 칠석날 부녀들의 명절놀이로 되였는데 직녀에게 재간을 비는데서 유래되였으므로 칠월칠석을 걸교절이라고도 불렀다.

맏며느리

옛날부터 우리 조선족은 며느리가 아무리 많아도 맏며느리에게 살림을 떠맡기는 풍속이 전해지고있는데 여기에는 이런 이야기가 전해오고 있었다.

옛날옛적 한 시골에 최서방이라는 사람이 있었는데 아들3형제를 두었다. 아들들이 다 커서 모두 장가들자 하루는 최서방이 아들과 며느리들을 불러놓고 이렇게 말했다.

《너희들이 그동안 고생한 덕에 인젠 먹고 입는게 남부럽지 않게 되였으니 우리 령감로친이 오금을 움직일 때 너희들도 따로 나서 제각기 살림살이를 해보아라. 이제 1년동안 먹고 입을만큼 똑같이 재산을 내줄테니 제마음대로 가고싶은 곳에 가서 살다가 만 3년이 되는 오늘 모두 돌아오너라. 3년전엔 집앞에 얼씬도 하지 말아라.》

최서방은 세 아들에게 재산을 골고루 나누어준후 세 조롱박에다 콩종자를 골똑 넣어서 세 며느리에게 하나씩 주며 간곡히 당부했다.

《살림살이는 아무래도 여자들의 손 끝에 달렸으니 자네들이 이걸 가지고갔다가 3년 지나서 돌아올 때 한알도 허실없이 가지고들 오게나.》

이때 세 아들, 세 며느리의 생각은 하나같이《우리들이 떠나면 부모님은 누가 모시겠습니까? 저희들이 남아서 모시겠습니다.》하는 말이 입에서 튕겨나오려고 했으나 그 말을 하면 재산이 욕심나서 그런다고 할것 같아서 입을 열지 못하고 말없이 콩종자를 받아가지고 이튿날 각기 살길을 찾아떠났다.

세월은 빨리도 흘러 어느덧 3년이 지나갔다.

세 아들, 세 며느리가 돌아오기로 약정한 날 최서방 내외는 첫새벽부터 음식상을 푸짐히 차려놓고 아들며느리들을 기다렸다.

한낮이 되기도전에 난데없는 울음소리가 들려오더니 막내 아들 내외가 들어왔다. 거지중에서도 상거지가 된 그들은 빈털터리로 돌아와서 닭똥같은 눈물을 뚝뚝 떨구며 곡종마저 먹어없애고 류리걸식하며 연명해온 이야기를 늘어놓았다.

최서방이 하도 어이없어 긴 한숨만 내쉬는데 둘째아들과 며느리가 여자애를 안고 들어왔다.
≪어머님, 아버님 안녕하세요.≫
둘째며느리는 딸애를 시어머니께 안겨주고 시아버지앞에 조롱박을 내놓았다. 최령감이 받아보니 콩이 가지고갈 때의 그대로였다.
≪음, 살림을 굳건히 했군!≫
이때 밖에서 왈랑절랑하는 소방울소리가 요란하더니 맏아들과 맏며느리가 얼굴에 웃음꽃을 피우며 들어왔다.
≪부모님, 불효자식 이제야 뵈옵니다. 그동안 얼마나 고생 하셨사옵니까?≫
맏며느리의 인사말 한마디에 최서방의 얼었던 마음은 봄물처럼 녹았다. 그런데다가 콩알처럼 여무지게 생긴 남자애를 보고≪애야, 네가 늘 보고싶다던 할머니, 할아버지시다. 어서 인사올려라≫라고 하였다.
손자녀석이≪할아버지, 할머니, 안녕하세요.≫라고 종달새처럼 종알거리더니 넓적 엎드려 제법 큰절까지 하는바람에 두 늙은이의 눈에는 이슬이 매달렸다. 할머니는 냉큼 손자를 껴안는데 최서방은 기쁜 마음을 숨기고≪천하지대본은 농사라고 했는데 내가 준 콩은 어찌 했느냐?≫라고 물었다.
≪아버님께서 주신 콩종자가 3년동안에 새끼를 치다보니 한알이 한수레씩이나 늘어났사옵니다. 아버님께서 밖에 나가 받으시옵소서.≫
맏며느리가 대답하며 문을 활짝 열어놓으니 콩수레가 줄지어 들어오는데 마루우에서 발돋움해서 바라보아도 끝이 보이지 않았다. 그제야 최서방은 고목에 꽃이 피듯 환한 웃음을 짓고 수염을 쓰다듬으며≪음! 맏며느리야말로 살림꾼일세! 이제부터 이 집안의 살림은 맏며느리가 맡으세.≫라고 말했다.
이때로부터 늙은이들은 집안살림살이를 맏며느리에게 맡기고 맏아들의 집에서 살았다고 한다.

보리밭만 지나도 취한다

우리 말에 《보리밭을 지나도 취한다.》는 말이 있는데 이 말이 생긴데는 아래와 같은 이야기가 전해지고 있다.

멀고도 먼 옛날이였다.

어느 하루 보리밭머리에서 토끼, 두꺼비, 거북이 셋이서 좋은 안주에 술을 갖추어놓고 먹게 되였다. 그런데 술은 많으나 안주가 적은지라 모두들 안주에 눈독을 들이고 서로 제가 그 안주를 먹었으면 해하였다.

먼저 잔꾀가 많은 토끼가 곁에 앉은 두 친구를 할끔 보며 말을 꺼냈다.

《우리 셋가운데는 술을 잘 먹는 친구도 있고 술을 잘 마실줄 모르는 친구도 있지 않나. 그런데 술 잘 마시는 친구까지 맛이 좋다고 상우의 안주를 집어먹으면 술 마실줄 모르는 친구는 뭘 먹겠나? 그러니 술을 제일 마실줄 모르는 친구가 안주를 먹도록 하는것이 어떠냐?》

《그것참 좋은 생각이네.》

모두들 찬성했다. 그러니 두꺼비가 툭 삐여져나온 눈을 껌적이며 물었다.

《거 좋기는 한데 우리 셋중에 누가 술을 제일 못 마시는지 그걸 어떻게 알겠나?》

《그야 서로 물으면 알지.》

토끼가 이렇게 말하자 두꺼비는 맛좋은 고기안주냄새가 구구하게 코를 찌르는지라 침을 꿀꺽 삼키고 선참으로 한마디 했다.

《난 정말이지 술을 한잔도 못 마신다니까.》

그 말에 햄금햄금 상우에 놓인 안주를 보던 토끼가 잔뜩고개를 뒤로 젖히고 깔깔 웃으며 두꺼비를 까발가놓았다.

《뭣이? 한잔도 못 먹는다고? 새파란 대낮에 새빨간 거짓말 말아. 내 언젠가 보니 너 술 두잔쯤은 어렵지 않게 하더구나. 정말이지 이 세상엔 한잔 술도 못 마시고 눈알부터 빨개나는건 나밖에 없다니까.》

이 말에 두꺼비가 잔뜩 삐여져나온 눈을 뚝 부릅떴다.

≪나도 거짓말을 했지만 너의 거짓말은 더구나 한심하다. 전번에 우리 함께 술을 마실 때 내가 볼라니까 너는 석잔 술은 착실히 하더구나.≫

토끼와 두꺼비가 서로 거짓말을 한다고 까발가놓으며 두잔을 마시는걸 봤다거니 하며 떠들어대다가 거북이가 보이지 않는지라 두루 살펴보니 거북이는 웬일인지 말 한마디 하지 않고 보리밭머리에서 디굴디굴 뒹굴고있었다. 토끼와 두꺼비는 생전 병이라고 모르는 거북이가 오늘은 무슨 급병이라도 들었나해서 급히 달려가 물었다.

≪거북아, 너는 왜 술을 얼마나 마신다는 말도 하지 않고 보리밭머리에서 이렇게 뒹굴기만 하느냐! 그래 무슨 병이라도 생겼니?≫

그 말에 거부기는 계속 뒹굴어대면서 혀고부라진 소리로 대답했다.

≪아이구 친구들, 술, 술이야기는 아예 하지도 마, 말어. 난 보리밭만 지나도 대취하는데 친구들이 술이야기하는 소리를 들으니 더욱 취해서 이렇게 뒹구네. 어허 취한다. 취해!≫

보리가 익어 그것으로 누룩을 잡아야 술을 빚는건데 거북이란놈이 새파란 보리밭만 지나도 술이 취한다고 하니 토끼와 두꺼비는 아예 할말도 없게 되였다. 그러니 거북이가 술을 제일 마실줄 모르는 것으로 되여 맛이 좋은 안주는 거북이가 먹고 토끼와 두꺼비가 술을 마실수밖에 없었다.

이때로부터 ≪과맥전대취(過麥田大醉)≫라 보리밭만 지나도 술에 취한다는 말이 나오게 되였다 한다.

한식의 유래

　동지로부터 헤아려서 백닷새째 되는 날을 한식날이라고 한다. 이날이 오면 지금도 항간에서는 불을 지피지 않고 찬음식을 먹으며 문에 버들을 꽂아놓는 등 습관이 남아있는데 한식의 유래를 두고 이런 이야기가 전하다.
　지금으로부터 가마아득히 먼 춘추전국때의 일이다. 그때 진(晋)나라 임금이 슬하에 아들을 두었는데 그 이름을 진문공(晋文公)이라고 불렀다. 진문공은 풍채가 좋고 용모가 뛰어났을뿐만아니라 재질이 또한 출중하였으므로 간사하고 악독한 계비의 모해를 입게 되였다. 그러니 진문공은 할수없이 고국을 떠나 여러 나라를 떠돌아다니며 눈물겨운 방랑생활을 하지 않으면 안되였다. 그때 신하 다섯이 진문공을 섬기려고 따라 나섰는데 그중에 개자추(介子推)라는 사람이 있었다. 개자추는 진나라의 한 신하로서 성품이 어질고 공명심이 없으며 마음씨가 티없는 옥처럼 결백한 사람이였다.
　진문공이 비록 일국의 귀공자라고는 하나 부왕과 고국을 떠나 타국으로 떠돌아나니다보니 그 신세 가긍하기 짝이 없었다. 가마도 타지 못하고 지친 다리를 질질 끌며 걸어야 했고 때때론 진종일 쌀 한알 입에 넣어보지 못하고 주린 배를 걷어안은채 길가의 초막에서 찬서리를 피해야만 했다.
　진문공일행이 처처 가고가다나니 해는 서산에 떨어지고 날은 저물어 어둠이 덮이기 시작하는데 쉬여갈 주막도 보이지 않았다. 진문공은 배가 고파 허리가 활등처럼 굽어드는데다 다리까지 침대로 쑥쑥 쑤시는것처럼 쑤셔나서 촌보난행이였다. 다섯 신하들도 진문공과 마찬가지였다. 지칠대로 지친 그들 일행은 천근같이 무거운 발걸음을 멈추고 바람에 삼대 쓰러지듯 길가에 이리저리 되는대로 쓰러져 더는 일어날수조차없게 되였다.
　이때 개자추가 속으로 생각해보니 며칠을 굶고 지친 진문공이 오늘밤만 끼니를 건너는 날에는 목숨도 보존치 못할것 같았다. 개자추는 하늘을 우러러 탄식하였다.

≪창천은 굽어살피소서. 내 공자를 구하지 못하고서야 무슨 면목으로 진나라에 돌아가 나라님을 만나며 만백성을 대하리요!≫

탄식 끝에 개자추는 모진 마음을 먹고 자기의 넓적다리의 살점을 썩 베내여 국을 끓여 진문공에게 올리였다.

진문공은 구수한 고기국냄새가 코를 찌르니 정신을 추고 일어나 다짜고짜 사발을 받아들고는 눈깜짝할새에 다 먹어버렸다. 그제야 진문공은 물었다.

≪개자추, 자네 이건 어디서 난 고기국인고?≫

개자추는 고개를 숙이고 아무 말도 하지 않았다. 이튿날에야 그 영문을 알게 된 진문공은 눈물을 흘리며 개탄하였다.

≪흉년에 아들이 애비에게 살을 베여 공양했다는 말은 들었거니와 그대의 충의지심이 이런줄은 미처 몰랐네. 이 모두 불초한 내탓이거늘 장차 나라를 얻는 날 내 어찌 그대의 공을 잊을소냐.≫

사람의 부귀영화가 물레바퀴 돌듯하고 십년이면 강산도 변한다고 하더니 전전걸식으로 떠돌아다니던 진문공은 열아홉해만에 드디어 진나라에 돌아와 임금이 되였다. 그러니 천하의 땅도 그이 땅이 아닌것이 없고 천하의 사람도 그의 백성이 안닌 사람이 없게 되였다. 진문공은 임금이 되자 크게 기뻐하며 문무백관들을 당하에 부른후 여러 신하들의 공을 론하고 그 공에 따라 그들에게 벼슬과 상을 내렸다. 그러니 진문공을 섬겨 함께 떠돌아다니던 신하들로부터 시작하여 진문공을 진나라에 돌아오도록 힘을 쓴 신하들은 물론 심지어 진문공에게 항복하고 그를 맞이한 신하에 이르기까지 다 공에 따라 벼슬과 후한 상을 내렸다.

그런데 이날 모든 신하들이 앞을 다투어 공을 말하면서 새 임금에게서 벼슬을 가지고 후한 상을 받을때 오직 개자추 한사람만은 나타나지 않았다. 그러나 새 임금이 된 진문공은 그날 제좋은 기분에 들떠있다보니 개자추가 왜 보이지 않은지 눈여겨 살피지 않았으며 따라서 개자추에게 벼슬을 봉하고 후한 상를 주는것도 깡그리 잊고있었다.

개자추는 진나라에 돌아오자 여러 신하들과 함께 새 임금 진문공에게 한번 조하(朝賀)를 올린후로는 병이 있다는 핑계를 대고 집으로 돌아오자 손수 짚신을 삼아 어머니를 봉양하면서 아예 조정에는 그림자도 얼씬하지 않았다. 개자추는 진문공이 왕위에 오른후 여러 신하들이 서로 벼슬자리를 다투는것이 눈에 거슬렸고 이런 신하들과 함께 조정에 나가 서는것을 부끄럽게 생각하였다. 글다가 나중에는 아예 집을 버리고 평생을 산에 기탁하여 맑고 깨끗한 마음으로 살아가리라 다짐하고 면산(綿山)이란 깊고깊은 산속으로 들어가버렸다. 개자추는 어머니를 등에 없고 면산에 들어간후 초막을 짓고 산열매를 따거나 산나물을 캐여 어머니를 극진히 보살피며 살아갔다.

 이 일을 아는 사람은 이웃에 사는 개자추의 친구 한사람뿐이였다. 그 친구는 개자추의 일을 억울하게 여기던차에 《공이 있는자로서 상을 받지 못한자가 있으면 자진하여 신고하라》는 임금의 조서를 보고는 개자추를 대신하여 글귀 한수를 지어 몰래 조문(朝門)우에 걸어놓았는데 그 글은 이러하였다.

    한 마리 룡 못을 잃으매
    다섯 마리 뱀 도와나섰네
    룡이 다시 못으로 돌아오매
    네 마리 뱀 으집을 얻었지만
    한 마리 뱀 으집없이
    들판에서 울부짖고있노라.

    (龍失其淵, 五已從亡
    龍返于淵, 四已有穴
    一已无穴, 呼于中野)

 진문공은 조문에 내건 이 글을 보고 크게 놀랐다. 이 글은 개자추가 자기를 원망하여 쓴 글이 분명하였다. 그제야 진문공은 크게 자책하면서 즉시 개자추를 불러오라고 령하였다. 그러나 신하들이 개자추네 집에 가니 집은 텅 비였고 개자추는 그림자도 보이지 않았다. 진문공은 다시 령을 내려 개자추네 이웃들을 빠짐없이 불러다놓고 개자추의 행방을 물었다. 그러니 개자추의 친구가 하는수없이 진문공앞에 꿇어엎디여 사실을 고하였다.

 《상감마마, 조문에 몰래 걸어놓은 글은 개자추의 글이 아니옵고 소인이 쓴것이옵니다. 청컨대 죄를 주옵소서.》

 《그대는 어찌하여 그런 글을 썼는고?》

 《개자추는 저의 친구온데 소인은 그의 공이 세상에 알려지지 않을가 근심되여

그런 글을 지어 조문에 걸었나이다.≫

≪그럴진대 그대는 개자추의 행방을 아는고?≫

≪네, 개자추는 벼슬과 상을 구하는것을 부끄러이 생각하고 그만 어머니를 등에 업고 면산 깊은 산속에 가서 숨었나이다.≫

진문공은 크게 감탄하더니 이웃에 사는 개자추의 친구에게 하대부(下大夫)란 벼슬을 하사하고 개자추를 찾도록 길을 인도하라고 령하였다. 진문공은 손수 숱한 신하와 군사들까지 거느리고 면산에 들어가 개자추를 찾았다. 하지만 아무리 찾아도 산이 높고 골이 깊은데다 나무까지 삼대서듯 빼곡이 들어서서 찾을래야 찾을수 없었다. 이때 한 신하가 방책을 내놓았다.

≪상감마마, 개자추는 하늘이 낸 효자라 산에 불을 지르면 어머니를 살리려고 산에서 나올것이옵니다.≫

진문공은 그 말을 옳이 여기고 즉각 령을 내려 산에 불을 달았다. 삽시에 불길이 하늘에 치솟는데 그날따라 바람이 어떻게나 세차게 불어치는지 불은 삽시간에 온 면산을 다 태워버렸다. 하지만 개자추는 어머니를 업고 산에서 나오지 않았다. 그래서 진문공이 사람을 풀어 불탄 산을 뒤지니 개자추는 어머니를 부둥켜안은채 한 버드나무밑에서 불에 타죽었었다.

후에 진문공은 면산아래에다 개자추의 뼈를 묻고 사당을 지어 해마다 제를 지내게 했으며 면산 이름을 개산(介山)이라 고쳤다.

진문공이 면산에 불을 질러 개자추가 불에 타 죽은 날이 바로 동지부터 백닷새째 되는 날이다.

이때로부터 사람들은 버드나무밑에서 타죽은 개자추를 생각하여 이날만은 불을 지피지 않고 찬음식을 먹으며 문에다 버드나무가지를 꽂아놓았는데 후에는 이날을 한식이라고 하여 나라에서는 종묘에다 제향(祭香)을 하고 백성들은 조상의 무덤에 제사를 지내는 날로 정하게 되였다 한다.

우는 애를 문밖에 내놓지 않는다

옛날 한집에서 로소 4대가 의좋게 살고있었다.
가을 어느날이였다. 집일을 보던 손자며느리가 방에 누워계시는 할아버지를 보고 방아 찧으러 갔다오겠으니 어린애를 봐달라고 하였다. 할아버지는 할 일없이 누워있던차라 소자며느리 말이 떨어지기 바쁘게 증손자를 받아안고 보기 시작하였다.
그런데 어린 증손자는 어머니가 방아 찧으러 나가자 ≪엄마≫하고 발버둥치며 울어댔다. 증조할아버지는 우는 애를 달래려고 안아서 궁둥이를 도닥여주기도 하고 먹을것을 가져다 주기도 하였다. 그래도 아무런 소용이 없어 애는 ≪엄마≫를 부르며 발버둥치고 울기만 했다. 증조할아버지에게는 증손자를 달려낼 방도가 없었다. 그는 우는 애를 달래다 못하여 그만 버럭 성을 내였다.
≪너 그래 자꾸 울테냐? 안 그치면 문밖에 내던지겠다.≫
증조할아버지가 성난 얼굴을 해가지고 말했지만 증손자는 그냥 그 본새로 울기만 했다. 증조할아버지는 견디다 못해 정말 증손자를 밖에 내놓고 문을 닫아버렸다. 그리고는 애가 겁나서 울음을 그치지 않겠나 하여 목침을 베고 누워서 언제 애 울음소리가 그치겠는가 기다리였다.
그렇지만 애는 문밖에 나가서도 그냥 발버둥치며 울기만 했다. 그런데 얼마 지나지 않≪쉭≫하는 소리가 나더니만 애 울음소리가 갑자기 뚝 그쳤다. 증조할아버지는 이상한 생각이 들어 벌떡 자리에서 일어나 문을 열고 내다보았다.
이게 웬일인가. 방금가지 발버둥치며 울던 애는 그림자조차 보이지 않고 코구멍으로 노린내가 물씬 풍겨왔다. 증조할아버지는 그만 가슴에서 돌이 뚝 떨어졌다. 증손자는 범이 물어간것이 틀림없었다. 증조할아버지 생각해보니 봐달라는 아이를 문밖에 내놓아 범이 물어가게 하였으니 증손자를 잃어버리고 손자며느리를 대할 면목이 없게 되였다. 결이 난 증조할아버지는 아이는 이미 잘못되였지만 그놈의 범을 잡아 원쑤나 갚고 자기도 죽어버리자고 두주먹을 불끈 쥐고 범의 종적을 따라 범의 굴로 찾아갔다.
　증조할아버지는 무서운줄도 모르고 눈에 쌍불을 켜고 범의 굴에 기여들어갔다. 헌데 범의 굴에 들어가보니 범은 어디로 갔는지 보이지 않고 범한테 물려온 증손자가 한켠에서 쌕쌕 자고있었다. 증조할아버지는 이 일이 너무나도 다행스럽고 꿈만 같아서 눈물을 쏟으며 어린 증손자를 왈칵 끌어안고 범의 굴을 나오려 하였다. 그러나 다시 생각해보니 이렇게 할 수는 없었다. 범이 자기 증손자를 물어다놓고 나갔을적에는 가까운데로 새끼 데리러 간것이 분명한데 자기가 경거망동해서 애를 안고나가다가 그놈의 범의 눈에 띄우는 날에는 어린대도 구하지 못하고 자기도 죽게 되는 판이였다. 증조할아버지는 자기 잘못 때문에 이 지경이 되였으니 이제는 죽는 한이 있더라도 범과 싸워 증손자를 구하는수밖에 없다고 생각하고 범이 오기만 기다렸다.
　증조할아버지가 범의 굴안에서 밖을 노려보고있을라니 과연 얼마 지나지 않아 어미범이 새끼범을 데리고 왔다. 범은 굴어구에 오자 뒤로 돌아서서 서발이나 되는 꼬리를 들이밀고 뒤걸음쳐 들어왔다. 이때라 증조할아버지는 갑자기 범의 꼬리를 휘감아쥐고 젖먹던 힘까지 다내여 범의 꼬리를 잡아당겼다. 갑자기 꼬리를 쥐운 범은 화닥닥 놀라≪따웅≫하며 앞으로 내뺐다. 그바람에 증조할아버지는 범의 꼬리를 쥔채 굴문어구까지 끌려갔다. 이제 범의 꼬리를 놓으면 증손자도 구하지 못하고 죽는판이라 증조할아버지는 두발을 바위턱에 대고 버디디며 범의 꼬리를 힘껏 잡아당겼다. 그러니 범은 뒤로 끌려들어왔다. 그다음부터는 힘센 장수가 마주앉아 톱질하듯 범이 힘을 쓰면 굴안에 있는 증조할아버지가 끌려나가고 증조할아버지가 힘을 쓰면 범이 끌려들어왔다. 이렇게 끌려들어오거니 끌려나가거니 하다보니 증조할아버지는 그만 맥이 진하여 더는 범을 끌어당길 힘이 없었다. 이때라 증조할아버지는 피뜩한 꾀가 떠올라 범의 꼬리를 바싹 쥐여당기는것처럼 하다가 범이 갑자기 힘쓸 때 불시에 범의 꼬리를 놓아버렸다. 그바람에 범은 앞으로 내꼰지며 험한 벼랑에 나가떨어졌다. 범은 산이 무너지는 소리를 지르더니 벼랑에서 떨어져 네각을 뻗어버리고말았다.
　이때 아들이며 손자며 동리사람들이 양푼을 잡아두드리면서 로인을 구하러 범의 굴앞까지 찾아왔다. 그제야 증조할아버지는 어린애를 안고 범의 굴을 나섰다. 할아버지는 아들 손자며 동이사람들을 보더니만 후 한숨을 쉬고나서 말했다.
　≪이 사람들, 애가 운다고 글쎄 우는 애를 문밖에 내놓았으니 범이란놈이 물어

갈밖에. 하마 트면 생떼같은 애를 죽일번했네. 우는 애는 문밖에 내놓지 말아야 하네, 말아야 한다는 말일세.≫

 이때로부터 항간에서는≪우는 아이를 문밖에 내놓지 말라≫는 말과 함께 우는 애를 문밖에 내놓지 않는 풍속도 생겨났다고 한다.

사람집에 손님이 안 오면 집안이 망한다

옛날 한 시골에 성생원이라는 사람이 있었는데 시골사람들이 장보러 가는 길가에 집을 짓고 살았다. 성생원에 집은 길가에 있는데다 이 시골에서는 갑부여서 사람들은 장보러 갈때도 이 집에 들려 놀다 가기도 하고 장보고 돌아올 때도 성생원네 집에 들려서 술, 음식 같은것을 얻어먹기도 했다. 그리하여 장날만 되면 성생원네 집은 명절날처럼 복작거렸고 마음 좋은 성생원은 며느리보고 이걸 해오너라, 저걸 해오너라 해서 성생원의 며느리까지 바뻐 보냈다.

하루이틀도 아니고 장날만 되면 늘 이렇게 복작거리니 성생원은 손님 오는것을 락으로 삼았지만 성생원의 며느리는 손님 오는것이 질색이여서 집에 손님만 찾아오면 얼굴을 씽그리고 시아버지가 뭘 좀 해오라면 공연히 그릇을 덜껑거리며 해오라는 음식도 제때에 해오지 않고 반나절이 지나서야 마지못해 대충 해왔다. 성생원은 며느리가 손님만 오면 짜증을 내니 손님이 간후에는 사람집에 손님이 안오면 집안이 망한다며 여러번 타일렀다. 하지만 소귀에 경읽기로 아무런 효험도 없었다.

어느날 성생원도 밖에 나가고 없고 일가사람들도 밭에 나가고 집에 며느리 혼자 남아서 베를 짜는데 중이 시주받으러 왔다. 며느리는 중을 보자 반가와 짜던 베도 짜지 않고 달려나갔다.

《여보세요 대사님, 오늘은 풍풍히 시주할터이오니 한가지 소원을 들어주세요.》

《무슨 소원이요? 시주만 푼히 하면 들어주리다.》

며느리는 소원을 들어준다니 어찌나 기뻤던지 집에 달려 들어가 큰말에 쌀을 담아다 중에게 주었다. 그러니 중도 아주 좋아하며 물었다.

《부인, 무슨 소원인지 사양말고 어서 말하소.》

《우리 집에 손님이 어떻게나 찾아오는지 죽을 고생이오니 아무쪼록 손님만 오지 않게 하여주옵소서.》

중이 이 말을 듣고 집 전후좌우를 살펴보니 바로 성생원네 집안에 자그마한 산이 있는데 소나무 사이에 갓쓴 사람처럼 생긴 바위가 우뚝 솟아 성생원네 집을 마주하고있었다. 중은 그 갓바위를 가리키며 말했다.

≪부인, 저걸 보시오. 저 갓쓴 사람 같은 바위가 이 집을 마주하고섰으니 어찌 손님이 안오리요?!≫

≪그러면 어찌하면 좋으리까?≫

≪저 갓바위가 탈이니 힘깨나 쓰는 장정들을 불러서 동아줄을 매서라도 저 갓바위 머리를 잘라버리시오. 그러면 손님이 발을 끊으리다.≫

중은 이 말 한마디를 남기고 시주로 주는 쌀을 받아가지고갔다. 성생원의 며느리는 어느날 시아버지 몰래 삯전을 후히 주고 힘꼴이나 쓰는 마을의 장정들을 불러다 그 갓바위의 갓쓴 머리를 잘라버렸다.

그때로부터 과연 이 집에는 손님이 발을 끊었다. 그런데 그때로부터 집식구들이 하나둘 큰 병에도 걸리지 않고 시름시름 앓다가는 죽고 해서 나중에는 손님을 싫어하는 성생원의 며느리까지 죽어 저승에 가다보니 이 집은 아주 망하고말았다. 세월이 흐르니 사람없는 집은 무너져 집형체도 없어지고 집터만 남아서 그 이야기를 전했다.

이때로부터 사람들은 그 집터만 보면≪사람집에 손님이 오지 않으면 집안이 망한다≫고 하였다. 이 말은 이때부터 생겨난것이라 한다.

망평귀안과 전안례

옛날 향동(杏洞)이란 동리가 있었는데 이고장엔 경치가 좋은 곳이 여덟곳이나 있어 향동팔경이라 하면 모르는 사람이 없었다. 향동팔경중의 일경인 망평귀안(望坪歸雁)은 경치도 가관이지만 우리 민족의 아름다운 혼속의 하나인 전안례(奠雁禮)가 나오게 된 이야기를 전하여 더구나 모르는 사람이 없다.

망평벌은 앞이 훤하게 틔운 벌인데다 수정같이 맑은 강까지 끼고있어 해마다 꽃이 피는 봄이면 남에서 북으로 날아가는 기러기들이 떼지어 이 벌에 내려 쉬여가군 서늘한 바람이 불어오는 가을이면 북에서 여름을 난 기러기들이 이 벌에 내려 하루쉬고 남으로 날아가군 하였다. 이렇게 기러기떼가 줄을 지어 날아내리고 날아오르는 광경은 참으로 가관이였다. 그래서 해마다 봄가을이면 망평벌에 와서 기러기가 날아내리고 날아오르는것을 구경하는 사람이 구름모이듯하였다.

그러던 어느 한해 가을이였다. 이고장에 사는 사냥군 한 사람이 구경하러 온 숱한 사람들앞에서 자기의 사냥재간을 뽐내느라고 망평벌에 줄지어 내리는 기러기 한 마리를 활로 쏘아 떨구었다. 그랬더니 다른 기러기들은 놀라서 날아나는데 그중의 한 마리만은 활에 맞아죽은 기러기곁을 떠나지 않고 《끼럭끼럭》하며 구슬피 울었다. 이를 본 구경군들은 혀를 차며 사냥군을 들으라는 푸념했다.

《에그 가엾어라. 한짝이 분명한데 저를 어찌나!》

《기러기도 짝을 잃고 우는데 사람마음이 왜 저리도 모질가?》

그제야 그 사냥군은 자기의 소홀함을 후회했지만 그렇다고 죽은 기러기를 살려낼수는 없었다. 사냥군은 죽은 기러기를 가져갈 면목이 없어서 그냥두고 집으로 돌아왔다. 그런데 그 이튿날 나가보니 짝잃은 외기러기가 그냥 그 죽은 기러기 옆을 떠나지 않고《끼럭끼럭》울고있었다. 그 다음날도 또 그 다음날도 이렇게 흰눈이 내릴 때까지도 짝잃은 기러기는 그냥 죽은 기러기곁을 떠나지 않았다. 그대로 두었다간 그 기러기 마저 얼어죽을 형편이 되였다. 사냥군은 생각다 못해 죽은 기러기를 가져다 집앞뜨락에 고이 묻어주었다. 그랬더니 이번에는 그 짝잃은 기러기가 따라와 그 무덤자리를 돌며 울었다. 사냥군은 포근한 우리를 지어 그 기러기를 걷어넣고 무사히 겨울을 내웠다.

이듬해 봄이 왔다. 남쪽나라로 갔던 기러기들이 또다시 망평벌에 날아와내렸다. 사냥군은 때가 되였다고 그 기러기를 안아내놓아 무리를 찾아가게 하였다. 그러나 그 기러기는 날아가지 않고 그냥 사냥군네 뜨락을 떠나지 않았다. 그해 가을이 왔다. 이번에는 북으로 날아갔던 기러기들이 또 떼지어 망평벌에 날아내렸다. 그러나 짝잃은 외기러기는 이번에도 무덤곁에서 울며 무리를 찾아 날아가지 않았다. 이렇게 가을이 가고 봄이 오고 봄이 가고 가을이 오면서 삼년이란 세월이 흘러 갔다. 짝잃은 외기러기는 그제는 늙고 병들어 날수도 없고 울수도 없게 되였다. 그러던 어느날 북에 갔던 기러기들이 이고장에서 하루 쉬고 따뜻한 강남으로 다시 날아갈 때 그 불쌍한 외기러기는 죽은 기러기의 무덤옆에서 숨지고말았다.

그후부터 류수와 같은 세월이 흘러서 그 사냥군의 아들이 장가를 들게 되였을 때다. 사냥군은 아들을 불러놓고 품속에서 나무로 깎아만든 목안(木雁)을 꺼내놓으며 부탁했다.

《이건 나무로 깎아만든 기러기다. 기러기처럼 영원히 짝을 떨어지지 않고 살겠다는 표시로 신행날 신부댁에 올리여라.》

사냥군의 아들은 잔치날 아버지 말대로 신부댁에 이르자 먼저 마당에 멍석을 펴고 깨끗한 상우에 목안을 올리는 것으로 변함없는 사랑의 뜻을 표했는데 그후 부부간이 검은머리 백발이 될 때까지 정분이 좋게 잘살았다.

이때로부터 우리 민족의 혼속가운데 전안례라는것이 생겨나서 장가드는 날 신랑이 색시집에 가서 기러기를 올리는 례를 치렀다 한다.

≪호미난방≫

옛날부터 우리 말가운데는 ≪죽을래야 죽을 짬이 없다≫는 말과 ≪호미난방≫(虎尾難放)이란 말이 대에 대를 이어 전해오고있는데 여기에는 이런 이야기가 깃들어있다.

옛날옛적에 한 시골선비가 깊은 산속에 있는 절에 가서 공부를 하고 있었다. 그러던 어느날, 뜻밖에도 아버지가 세상을 떠났으니 속히 돌아오라는 부고를 받았다.

시골선비는 금시 하늘이 무너지는것 같은 슬픔에 눈물을 방울방울 흘리며 서둘러 절을 떠났다.

선비가 조급한 마음에 부지런히 길을 조이며 산기슭에 이르렀을 때 그만 뜻밖의 일에 부딪쳐 눈이 휘둥그래졌다. 호랑이꼬리에 사람이 매달렸는데 호랑이는 사람을 먹자고 뺑뺑 돌고 사람은 호랑이꼬리를 놓으면 영낙없이 호랑이의 밥이 될판이라 생사결단하고 꼬리를 움켜잡은채 맴돌고 있는것이였다. 선비가 가까이 다가다보니 호랑이꼬리에 매달린 사람은 다른 사람이 아니라 선비가 들어있으면서 공부하는 절의 젊은 중이였다.

시골선비를 알아본 중은 바쁜중에서도 숨을 몰아쉬며 ≪도련님, 사람 살려주시오!≫하고 소리쳤다.

선비는 선뜻 대답이 나가지 않았다. 그러나 그저 지나칠수도 없어서 괴나리보짐을 풀어놓고 참나무몽둥이를 얻어들고 다가섰다. 그런데 정작 호랑이를 때리자니 때릴수가 없었다. 아차 잘못하면 중을 때릴수가 있었기때문이였다. 선비가 망설이고있는데 중이 또 소리쳤다.

≪도, 도련님, 제대신 범의 꼬리를 잠간만 붙들어 주십시오 소승은 벌써 세시간동안이나 이렇게 매달려있다보니 대소변이 마려워서 죽을지경이웨다. 내 소변보고 다시 와서 줼테니 얼른 수고 좀 해주시오.≫

마음씨 비단같이 고운 선비는 차마 그것마저 못하겠다고 할 수가 없어서

《여보 대사, 난 지금 부친이 돌아가셨다는 부고를 받고가는 급한 걸음이라 지체할수 없으니 빨리 오줌을 누오.》

하고 다짐을 받았다.

《걱정마십시오. 잠간이면 됩니다.》

《의리상 믿고서 잠간 붙잡았다가 드릴테니 약속을 지켜야 하오.》

《물론이지요. 극락세계에 가자고 부처님 모시고 도를 닦는 불도가 어찌 약속을 어기겠습니까오.》

중놈의 감언리설에 넘어간 선비는 허리띠를 졸라매고 두 팔을 걷어부친후 손바닥에다 침을 뱉어 쓱쓱 문다지고나서 번개같이 달려들어 범의 꼬리를 덥석 쥐였다. 그러자 젊은 중은 손을 놓는바람에 뿌리워나가 벌렁 자빠졌다.

중놈이 고개를 들고 돌아다보니 산발한 선비가 범의 꼬리에 매달려 뺑뺑 돌아가고 있었다. 그제서야 자기가 살아났다고 생각한 중은 숨을 활 내쉬고는 오줌을 눌대신에 선비의 괴나리보짐을 들고 절로 올라가기 시작했다.

《여보 대사, 빨리 오줌을 누고 호랑이꼬리를 인계받소.》

《도련님 죄송하웨다. 그대신 부처님께 잘 빌어서 극락세계에 가서 영화를 누리게 해드리지요.》

《뭐요?! 도를 닦는 대사가 어디 그럴 법이 있단말이요?》

《도를 닦는 대사니까 그러지요. 살아서 도를 잘 닦아야 극락세계에 갈게 아닙니까. 그럼 몸조심하시오.》

오뉴월에 감주맛 변하듯한 중놈의 고약한 심보에 악이 난 선비가

《여보 대사! 대사!》

하고 목이 터지게 불렀지만 중놈은 들었는지 말았는지 걸음아 날 살려라 하고 번개같이 사라졌다.

그로부터 며칠후에 다시 동냥을 떠난 젊은 중은 고개를 내려서다가 산기슭 수림속에서 허연것이 뺑뺑 돌고있는것이 눈에 띄우는지라 마음에 집히는데가 있어서 달려가보니 언녕범의 밥이 됐을줄로만 안 그 선비와 그 호랑이였다. 범은 먹자거니, 선비는 안 먹히겠다거니 하며 신경을 곤두세우고 싸우다보니 얼마나 시달렸던지 범과 사람이 모두 백발이 되였었다.

《아니 도련님! 아직도 살아계시오?》

《죽을래야 어디 죽을 짬이 있소, 호미난방이요!》

선비가 이렇게 대답하며 맥이 진하여 움켜잡았던 호랑이 꼬리를 놓는바람에 선비는 멀리 뿌리워나가 수풀우에 떨어지고 선비를 놓친 굶주리고 악이 난 호랑이는 눈앞에 있는 젊은 중을 보자 덥석 물어 잔등에다 둘쳐업고는 회오리바람을 일으키며 산속으로 들어갔다.

이때부터 ≪죽을래야 죽을 짬이 없다.≫는 말과 ≪호미난방≫이란 말이 생겼다고 한다.

파경노 김재권·박창묵 정리 | 447

≪오신수≫와 ≪오갈피≫에 깃든 이야기

옛날옛적 오가산기슭에는 ≪오가약수≫라고 불리우는 약수터가 있었다.
이 ≪오가약수≫를 마시면 해수병, 속병 같은것은 말할것없이 뚝 떨어지는데 소경이 마시면 눈을 뜨고 앉은뱅이가 마시면 즉석에서 걷게 되고 건강한 사람이 마시면 만년장수한다는데서 온나라 방방곡곡에서 사람들이 구름떼처럼 모여들었다.
이 약수터 아래부락에는 심술사나운 욕심꾸러기 지주가 살았는데 매일 수백명씩 오가는 사람들을 보자 돈벌 구멍수가 생겼다고 어깨춤을 추었다. 그래서 약수터주위에다 주막을 짓고 돈벌이를 시작하였다.
그런데 누가 소문을 놓았는지 병을 떼고 장수하자면 자기손으로 약수에다 쌀과 채소를 씻어서 해먹고 수풀속에서 자면서 이슬을 맞아야 한다는 말이 나돌면서부터 지주네 주막에는 사람의 그림자 하나 얼씬하지 않았다. 이에 더욱 심술이 난 지주는 약수터를 없앨 도한 마음을 품게 되였다.
그래서 자기 집 머슴을 불러 아무도 모르게 개를 잡고 개피를 약수터에다 뿌리라고 윽발질렀다. 머슴이 마지못해 개를 잡아 그 피를 받아서 품속에 감춰가지고 약수터에 가보니 수많은 사람들이 병을 고치고나서 좋아하는지라 그만 돌아서고 말았다. 개피를 그대로 가지고 돌아온 머슴을 보자 지주는 노발대발하면서 당장 나가 썩어지라며 그들 부부를 내쫓았다. 그리고는 그날 밤으로 약수터를 찾아가서 사람들이 없는 틈에 개피를 뿌리였다.
첫새벽부터 약수를 마시려고 나왔던 사람들은 아연실색하였다. 엊저녁까지만 하여도 풍풍 솟아나던 약수가 하루밤새에 말라버린것이다.
한편 지주네 집에서 쫓겨난 머슴부부는 약수터 골짜기로 올라가다가 오가산 깊은 골안에 초막을 짓고 우물을 파기 시작했다. 그런데 초막주위를 돌아가며 샘물이 나옴직한 곳을 다 파보았으나 샘물은 나오지 않았다. 그렇다고 십리도 넘는 골짜기아래로 내려가서 매일 물을 길어올수는 없었다.

열홀이 되던 날 밤이였다. 오늘밤에는 기어이 물을 보고야말지, 그렇지 않으면 래일은 다른 곳으로 자리를 옮기겠다고 생각하며 장밤을 새워 썩박돌을 파내던 머슴은 동틀무렵에 그만 맥이 진한데다가 잠에 몰리여 바위밑에 쓰러져 잠이 들었다.

어느때나 되였는지 백발로인이 나타나서 흔들며《자네들의 소행이 하도 기특해서 보고만 있을수 없군그래. 바로 자네가 누워있는 곳을 파면 샘물이 나올걸세. 그게 바로 오가약수의 원줄기라네. 그리고 이 나무뿌리는 약수를 마르지 않게 할뿐아니라 좋은 약재이니 약수터주위에다 심게나.》하고는 약뿌리를 손에다 쥐여주었다.

머슴이 고맙다고 인사를 하려고 일어나보니 로인은 간곳없고 안해가 눈물이 그렁하여 자기를 바라보고있었다. 머슴은 하도 이상하여 자기 손을 들여다보니 확실히 약뿌리가 있었다. 그래서 꿈이야기를 하며 아침 먹을 생각도 없이 손이 터지여 피가 떨어지는것도 아랑곳없이 바위밑을 파고 또 파니 샘물이 콸콸 솟아났다.

《물, 물이다! 여보 약수가 옳은가 얼른 마셔보오!》

《당신이 먼저 마시세요.》

안해는 손을 오무려 물을 떠서는 남편의 입술에 대였다.

《야 시원하다! 자, 당신도 맛보오!》

이번에는 머슴이 물을 떠서 안해에게 주었다.

《아이, 이가 다 시리네!》

두사람은 엎디여 황소가 물을 켜듯 마시고 또 마셨다. 그랬더니 담박에 온몸이 거쁜하고 뼈마디마다에 새힘이 솟는것만 같았다.

《여보, 약수가 분명하오!》

《우리 이 일을 병에 시달리는분들에게 알려줍시다.》

《옳소. 그런데 약수이름을 뭐라고 짓는다?》

《오가산 신선께서 주시는 약수이니 <오신수>라고 하세요.》

《오신수, 거참 좋소!》

부부는 기쁜김에 약뿌리까지 심고《오갈피》라고 이름을 지었다. 그 뜻인즉 오가산신선이 준 약뿌리라는것이다. 오갈피는 빨리도 자랐다. 그때부터 그들 부부는 약수물로 밥을 해먹고 여름에는 오갈피나무잎을 뜯어 말리우고 가을이면 뿌리와 껍질을 벗기였는데 약뿌리와 껍질과 잎을 잘게 썰어 말려서 가루를 내여 술에 담가두었다가 조금씩 마시니 힘이 절로 났다.

그때부터 린근마을사람들은 ≪오신수≫와 ≪오갈피≫를 만병통치약으로 쓰면서 모두 무병장수했다고 한다.

세월은 흐르고 흘러 천년이 지나는 사이에 강산이 변하여 ≪오신수≫약수터는 없어졌어도 ≪오갈피≫나무만을 도처에 뿌리박고 오늘까지도 산마다에서 자라고있는데 우리 선조들은 오갈피가 장기를 튼튼하게 하고 정액과 골수를 보충하며 힘줄과 뼈를 든든하게 한다는것을 알아내고 그것을 ≪오갈피≫라는 약명을 붙이고 지금도 강장제로 널리 쓰고있다.

에밀레종

이 이야기는 지금으로부터 천여년전에 있은 일이다. 그때 신라에서는 불교가 널리 전파되여 임금으로부터 백성에 이르기까지 불교를 신앙하는 열조가 가마속의 끓는 물처럼 들끓고 있었다.

바로 768년, 효성왕은 자기 아버지이며 33대 신라의 임금이였던 성덕왕의 명복을 빌기 위해 왕경에다 봉덕사라는 큰 절당을 지었다. 그후 35대 임금인 경덕왕은 봉덕사절에다 세상에 둘도 없는 큰 종을 만들어 달려고 애를 썼으나 놋쇠가 태반 부족하여 끝내 만들지 못했다. 그러나 36대 임금인 혜공왕은 즉위하자 선대 임금의 뜻을 이어 봉덕사에 종을 만들기 위하여 서둘렀다. 그러나 역시 놋쇠가 모자랐다.

770년 12월도 저물어가는 어느날, 자나깨나 종만 생각하던 혜공왕은 봉덕사에 갔다가 돌아오는길에 길옆에 엎드려 절하고있는 백성들속에서 한 녀인의 곁에 놓여있는 놋쇠밥그릇을 보았다.

《그렇지! 백성들 집집마다엔 저런 놋쇠밥그릇이 한두개씩은 다 있겠으니 저런걸 몽땅 걷어들인다면 종을 만들 수 있겠구나!》

이렇게 생각한 왕은 돌아오는 즉시로 대신들과 봉덕사 주지를 불렀다.

《짐이 선왕들의 뜻을 받들어 봉덕사에다 세상에서 제일 크고 아름다운 종을 만들어 달고 매일 종을 울려 장중한 음향으로 선왕들의 명복을 빌고 또한 불법을 천하에 펴려고 한지 오램을 경들도 아는바요. 여직 재물이 모자라서 뜻을 이루지 못했는데 오늘부터 온 나라의 스님들을 총동원하여 방방곡곡 집집마다 찾아다니며 부처님의 성스러운 뜻을 전하고 정성이어린 시주를 받아들이도록 하라.》

《금상님의 말씀이 지당하오며 그 뜻도 장하오이다. 허지만 오래전부터 재물을 모으노라고 애써왔지만 놋쇠와 철붙이가 태반 부족이라서 착수하지 못하고있나이다.》

《넓고넓은 우리 나라 집집마다에는 놋그릇 한두개쯤은 죄다 있을텐데 그걸 모으면 어찌 놋쇠가 부족하겠느냐? 그리고 티끌모아 태산이라고 놋쇠가 없는 집에서는 돈을 내고 돈이 없으면 피륙이나 낟알을 내면 될터인즉 재물이 부족할 리 만무하도다!》

이리하여 중들은 나라안을 참빗질하면서 시주를 많이 하는 사람은 죽어서도 극락세계로 갈것이고 시주를 하지 않으면 죽어서 천벌을 받는다고 설교하였다. 그리고 이는 임금의 어명이즉 거역하면 당장 형벌을 면치못한다는바람에 백성들은 자기 힘이 자라는대로 재물을 바쳤다.

이때 봉덕사의 한 젊은 중도 남쪽으로 나가서 집집마다 돌아다니며 시주를 받았다. 그러던 어느날, 젊은 중은 산골짜기에 외따로 쓰러져가는 오막살이집이 있는지라 한집도 빼놓지 말라는 임금님과 주지의 말을 명기하고 지친 다리를 끌며 찾아갔다.

주인을 찾은지 이슥하여 젊은 부인이 어린 딸을 안고 나오는데 얼굴은 백지장 같고 눈은 한치나 들어갔는데 바람만 불어도 넘어질것만 같았다.

중은 합장을 하고 념불을 외우며 찾아온 사연을 아뢰였다.

《임금님께서 부왕님의 성스러운 뜻을 받들어 봉덕사에다 큰 종을 만들어달고 불법을 세상에 펴서 온 나라 백성들이 부처님의 덕을 입게 하시려고 소승을 보내여 시주를 받아오라 하셨으니 부인께서도 정성어린 시주를 해주옵소서.》

중의 말을 들으며 땅이 꺼지게 한숨을 쉬던 부인은 마지못해 대답했다.

《알겠사옵니다. 내남없이 다하는 일에 나라고 왜 빠지겠나이까. 그렇지만 보시는바와 같이 애아버지 병구완을 하느라고 팔건 다 팔고나니 집엔 돈 한푼 쌀 한알 없나이다.…》

《놋그릇이나 놋숟가락도 됩니다.》

《우리 집은 대대로 가난하여 놋쇠붙이는 써본적도 없나이다. 가난이 죄라더니 그제는 부세를 내라 조르고 어제는 사흘씩이나 굶은 사람을 부역에 나오라고 들볶고 오늘은 또 시주를 하라고 못살게 구니 래일은 또 뭘 내라시겠는지요. 우리 집엔 나와 이 애밖에 없으니 나를 죽이고 이 애나 가져가든지 아니면 이것도 집이라면 헐어서라도 가져가옵소서.》

젊은 중이 아무리 샅샅이 눈여겨봐야 정말 시주할 물건이란 없는지라 돌아서고말았다. 그런데 이것이 화근이 될줄이야 누가 알았으랴!

몇달동안 수많은 중들이 온 나라 방방곡곡을 돌아다니며 긁어모으고 관청을 동원하여 빼앗아들인 재물이 퍼그나 되여 종을 만들고도 남음이 있게 되였다.
혜공왕은 친히 나서서 나라에서 한다하는 능인들을 뽑아다 알심들여 끝내 큰 종을 만들었다. 그런데 종각우에다 올려놓고 아무리 잡아 두드려도 그 종이 소리가 나지 않았다.

《이게 웬 일인고? 어찌하여 종이 울리지 않는고?》

임금이 발을 구르며 고래고래 소리치니 봉덕사 주지와 종을 붓는데 참여했던 사람들은 얼굴이 백지장이 되여 와들와들 떨었다.

《황송하옵니다. 죽을 죄를 졌사옵니다!》

《뭣들하고있느냐? 이놈들을 끌어내다 목을 낮추어라!》

형리들이 우르르 달려드는데 한 이찬벼슬의 신하가 임금앞에 무릎을 꿇고 앉았다.

《금상님께 아뢰옵나이다. 저놈들의 목을 베는것은 만번 지당하오나, 종이 울리지 않은 까닭을 밝힌 다음에 죽여도 늦지 않을가 하옵니다.》

《음, 수일내로 종이 울리지 않는 까닭을 밝히지 못한다면 3족을 멸하리라!》

봉덕사 주지는 그 즉시로 종을 만드는데 참여한 사람들을 몽땅 모여놓고 그 원인을 찾게 하는 한편 또 중들을 다 모아놓고 시주를 안 받은 호거나 정성을 다하지 못한 일이 없는가 고백하라고 들볶았다. 그바람에 남쪽 한 고을로 나갔던 젊은 중이 걸려들게 되였다. 그 젊은 중은 산골짜기 어느 오막살이집에 시주받으러 갔다가 부인이 시주할것이 없으니 어린애라도 가져가라고 하더란 말까지 그대로 아뢰였다.

《저런 돌대가리가 있나. 아, 떠날 때 떡먹듯이 시켰는데도 빈손으로 오다니? 백성들이 시주하는것은 어린애가 아니라 그 애비라도 받아와야 하느니라. 그런 일이 있었기에 부처님께서 노하시여 종을 울리지 못하게 한게 분명하구나!》

주지는 그길로 임금께 이 사실을 알리였다.

《뭣이라구? 그럼 당장 그 중놈을 보내여 그 아이를 받아 오도록 하라. 갈 때 포졸 10명을 데리고가서 주지 않으면 빼앗아서라도 꼭 가져오도록 하라!》

이리하여 젊은 중은 포졸들을 데리고 그 집을 찾아갔다.

《부인, 어린애를 시주해야겠소이다. 지난번에 부인이 어린애를 가져가라는걸 소승이 받지 않았더니 부처님이 노하셔서 다 만든 종이 소리가 나지 않습니다. 금상님께서 이 일을 아시고 꼭 어린애를 받아오라는 분부시니 어서 어린애를

주소서.≫

　병석에 누워 우는 아이를 달래고있던 부인은 깜짝 놀라서 어린애를 꼭 껴안고 소리쳤다.

　≪세상에 자기 피덩이를 시주하는 계집이 어디 있단말이요?! 그때 대사께서 눈을 편히 뜨고 우리 집 형편을 빤히 보면서도 재물을 내라고 조르니 하도 딱해서 내쏜 말인데 이제와서 이게 무슨 당치않은 소리요? 어서 썩 물러가오!≫

　그러나 이미 이럴줄을 알고 임금께서 포졸까지 보냈구나 하고 생각한 중은 녀인의 품속에서 어린애를 와락 빼앗아내여 포졸을 주어 달아나게 했다.

　그바람에 딸을 찾겠다고 악을 쓰며 부르짖는 부인의 울부짖음소리와 어머니를 목메여 부르는 어린애의 처량한 울음소리에 산천초목도 흐느꼈다.

　주지 중은 큰 종을 뚜드려 마사서 다시 녹이고 펄펄 끓는 쇠물속에다 그 어린아이를 집어넣었다. 이 광경을 보는 야장들과 백성들은 눈물을 흘리지 않는 사람이 없었다. 이렇게 백성들의 피눈물과 어린 계집아이의 생명이 혼합되여 새 종이 만들어졌는데 무게가 12만근이나 되였다.

　≪어서 종을 울려라!≫

　혜공왕의 명령이 떨어지자 봉덕사 주지가 ≪종을 치랍신다!≫하고 전갈했다. 중들이 힘을 합쳐 종을 쳤다. 종소리는 넓은 경주장안은 물론 멀리 신라땅 구석구석까지 울려퍼졌다. 그런데 이상하게도 그 종소리는 울리다가도 그치고 그쳤다가는 다시 울리는데 꼭 마치 어린애가 울다가는 그치고 그쳤다가는 흐느껴우는것만 같았다. 그래서 귀를 기울이고 다시 들어보니 ≪에밀레, 에밀레!≫(어머니때문에, 어머니 때문에!)하고 어린 딸이 어머니를 부르며 우는 소리 같았다.

　≪어쩐지 그 어린애가 울면서 어머니를 찾는 소리 같아요.≫

　≪세상에 이런 기막힌 일이 어데 또 있겠소!≫

　백성들은 종소리가 울릴 때마다 이렇게 주고받는데 그 종이 ≪에밀레, 에밀레!≫하고 운다고 하여 에밀레종이라고 부르게 되였다.

　지금도 에밀레종은 경주박물관 서당에 놓여있다고 한다.

≪옥루몽≫에 깃든 이야기

≪옥루몽≫이라고 하면 조선사람 치고는 거의 모르는 사람이 없을만큼 항간에서 널리 읽혀진 책이다. 지금까지도 이 책을 지은이가 누구인지 모르고있지만 ≪옥루몽≫이 세상에 나오게 된 사연에 대해서는 민간에 이런 이야기가 전해지고있다.

지금으로부터 그리 멀지 않은 옛적에 조선에 박학다문한 한 선비가 있었다. 어느해 나라에서는 그에게 중임을 맡겨 중국에 사신으로 보내여 나라일을 보고 오게 하였다. 선비는 고국을 떠나 수천리 떨어진 타국에 가는 몸이라 떠나기에 앞서 먼저 임금님을 배알하고 집에 돌아와 어머님께 절하며 하직을 고하였다. 선비의 어머니는 비록 규방에 묻혀자란 녀자의 몸이긴 하지만 소시적부터 남달리 글읽기를 즐겼으므로 그때 세상에 나온 책 치고 보지 않은 책이란 별로 없었으며 학식도 깊어서 남자들도 그와 겨룰만한 사람이 그리 흔치 못하였다. 어머니는 아들이 중국사신으로 간다는 말을 듣자 매우 기뻐하면서 그를 잠간 불러앉히였다.

≪얘야, 네가 일국의 사신의 몸으로 중국에 간다 하니 매우 무거운 걸음이로다. 하지만 너 이번 걸음에 어머니의 한가지 청을 들어줄수 없겠느냐?≫

≪어머니, 아무리 어려운 걸음이라 해도 소자 어찌 어머님의 청까지 들어주지 못하오리까, 무슨 청이온지 어서 말씀하옵소서.≫

≪내 듣자 하니 중국에는 뛰여난 문인들이 많고 읽어볼만한 훌륭한 소설책들도 많이 나왔다 하니 나라일을 끝내고 돌아올때 좋은 책들을 몇권 사다줄수 없겠느냐?≫

≪네, 소자 어머님께서 평생을 책과 동무하여 지내신다는것을 잘 알고있사옵니

● ≪옥루몽(玉樓夢)≫은 조선의 18~19세기의 대표적인 장편소설로서 중세기 장편소설 발전의 리정표로 되였다. 64회로 된 이 장회체소설은 원문은 한어로 씌여졌으며 후에 조선문자로 옮겨져 항간에 널리 읽히웠다.≪옥루몽≫은 몽자소설(夢字小說)의 대표작으로서 그 당시 문단을 뒤흔들었는데 유감스럽게도 지금까지 그 작자를 모르고있다.

다. 소자 돌아오는길에 어머님께서 보실만한 훌륭한 책 몇권을 사가지고 올터이니 어머님께서는 방심하소서.》

선비는 어머님을 하직하고 중국에 사신으로 가서 나라일을 보게 되였다. 헌데 그 선비는 일국의 사신이라 분망히 나라일도 보고 타국에서 새로 사귄 친구들과 빈번하게 거래하다 보니 돌아오는 그날까지 어머니의 간곡한 당부를 깜박 잊어버리고 책 한권 손에 들지 못한채 귀로에 올랐다. 선비는 사신의 몸으로 타국만리에 왔다 나라의 일도 차질없이 보고 고국으로 돌아가게 되니 아주 기뻐서 날마다 부지런히 길만 재촉했다. 이러다보니 어느새 압록강반에 이르렀다. 압록강 푸른 물이 정답게 출렁이며 흐르고 강건너로 눈에 익은 고향산천이 바라보였다. 그제야 선비는 고국과 어머님에 대한 생각을 하던 끝에 어머니가 소설을 사가지고오라던 그 당부를 생각하게 되였다. 하지만 때는 이미 늦었다. 수천리나 되는 땅을 다시 돌아가서 그런 책을 사가지고 올수도 없었고 사신의 몸이라 중도에서 임의로 지체할수도 없었다. 어머님을 볼 면목이 없어 천만 락망하여 얼굴에 그늘을 지웠다. 그는 불효한 자기 처사를 스스로 책망하며 머리를 떨구었지만 별다른 수가 없었다. 선비는 생각하고 생각하던 끝에 어머님께 다소의 기쁨이라도 주고저 이날부터 자기가 중국에서 보고들은 사실을 더듬어가면서 한문으로 소설《옥루몽》을 쓰기 시작했다. 길을 갈때는 생각을 더듬고 쉴참에는 줄거리를 엮었으며 가다가 밤이 되여 주막에 들면 그 밤이 다가고 동녘에 새별이 사라질 때까지 줄곧 써내려갔다. 이렇게 압록강을 건너서부터 생각을 더듬어가며 쓰기 시작한 소설《옥루몽》은 마침내 그가 서울에 이르자같이 64회로 끝을 보게 되였다.

아들이 돌아와 어머님께 절을 올리자 어머니는 장한듯 아들을 보다니 나라일을 잘 보고 왔느냐고 물은 뒤에 아들의 손에 쥐인 책에 눈길을 보내며 말했다.

《그래 내가 부탁하던 소설책은 몇권 사가지고 왔느냐? 네 손에 든 책이 무슨 책인지 어디 좀 보자꾸나.》

아들은 그만 가슴이 띠끔해나면서 얼굴이 달아올랐다. 그 처럼 간곡히 청하던 책을 한권도 사가지고 오지 못했으니 어머니앞에서 입이 떨어지지 않았다. 어머니는 아들의 손에 든 책만 내려다보고있었다. 아들은 생각다 못하여 자기가 압록강을 건너서면서부터 쓰기 시작한 소설《옥루몽》을 어머니앞에 공손히 내놓으면서 거짓말을 하였다.

《어머님, 어머님이 말씀하신것처럼 중국에는 문인도 많고 그들이 쓴 훌륭한 소설도 한두권이 아니였습니다. 하오나 총망중에 좋은 책은 사지 못하고<옥루몽>이라는 소설 한권을 빌어서 손수 베껴가지고 왔소이다. 소자의 어지러운 필체를 나무람마시고 이 책을 보옵소서.≫

≪오 그러하냐. 네 그 많은 글을 베껴쓰느라 고생 많이 했겠구나. 어디 보자.≫

아들은 죄진 사람처럼 꿇어엎디여 머리 숙이고≪옥루몽≫을 어머니에게 올리였다. 어머니는 아들이 베껴왔다는 소설≪옥루몽≫을 침식을 잃고 읽어내려갔다. 하루가 지나고 이틀이 지났다. 어머니는 여전히 그 책을 들고앉아 일심으로 읽고있었다. 사흗날이 되였다. 어머니는 아들한테서 받은 그 ≪옥루몽≫을 다 읽고 반나절이나 깊은 생각에 잠겨있더니 저녁에 아들이 집에 돌아오자 그를 자기방으로 불렀다.

≪애야, 내 이<옥루몽>을 잘 보았다. 헌데 너 이 소설을 중국에서 베껴왔다 하였는데 그것이 실말이냐?≫

이 한마디 물음에 아들은 더는 어머님을 속일수 없다는것을 알았다. 하지만 이제 와서 그 책은 제가 지은것이라고 하자니 학식있는 어머니앞에서 그런 말을 하기도 난처했다. 호미난방이라더니 정말 그러했다. 아들은 이러지도 저러지도 못해서 망설이기만 했다. 이때 어머니가 더는 아들의 대답을 기다리지 않고 그를 보고 말했다.

≪애야, 이 책을 다 보았다. 이 애야, 이 어머니는 평생에 읽은 글과 본 책이 많지는 않다만 대저 글이란 사람마다 다르고 나라마다 같지 않다는건 알고있다. 중국사람은 중국사람으로서의 글을 쓰는 법이 있고 조선사람은 조선사람으로서의 글 쓰는 법이 있느니라. 이 애야, <옥루몽> 이 책은 장회체로 쓴 몽자소설이기는 필법을 보니 우리 조선사람의 글이요, 글재간을 더듬어보니 네 글이 분명하고나. 네 이 에미는 속이지 못하리로다.≫

≪어머님, 이 불효한 소자를 용서하여주옵소서.<옥루몽>은 중국의 장회체소설을 베껴가지고온것이 아니옵고 소자가 압록강을 건너서부터 서울까지 오면서 쓴것이옵니다. 어머님의 당부를 잊어버리고 압록강가에 와서 하는수없이 이 책을 쓰기 시작했사옵니다. 졸작이오니 어머님께서 천만 량해하옵소서!≫

아들은 지나온 일을 자초지종 다 말하였다. 이때 어머니는 아들을 다시 보며 빙그레 웃었다.

≪애야, 너무 송구스러워말어라. 내 네가 지은<옥루몽>을 보니 기쁘구나. 어머

니가 어찌 제 아들이 지은 책을 거작이라고 하겠느냐만 우리 조선의 몽자소설로는 대표작이 될만하고 세상에 내놓아도 전해질만하니 세상에 내놓도록 하여라. 어머니는 심히 기뻐하리로다.≫

≪과분한 치하이나 소자 어머님 분부대로 이 책을 세상에 내놓겠나이다.≫

이렇게 되여≪옥루몽≫은 세상에 나오게 되였는데 어머님이 말씀한것처럼 이 책은 세상에 나오자 수많은 독자를 끌었고 몽자소설의 대표작으로까지 인정받게 되였다 한다.

≪동의보감≫ 침구편에 깃든 이야기

허준이 편찬한 유명한 ≪동의보감≫을 펼치면 마지막에 침구편이 있다. 이 침구편에 대하여 이런 이야기가 전해지고 있다.

옛날 이름난 의원 허준선생이 선조대왕의 분부를 받고 ≪동의보감≫ 편찬을 시작하여 14년동안의 피나는 노력으로 편찬을 끝냈는데 마침 동생이 놀러 왔기에 읽어보라고 하였다.

며칠동안 읽고난 동생은 마지막 책장을 덮으면서 말했다.

≪형님 수고하셨습니다. 헌데 빈구석이 있어요.≫

≪빈구석이라니?≫

≪어째서 제일 간편하고 효과가 빠른 침구에 대해선 일언 반구도 언급 안했습니까?≫

동생의 물음에 허준은 껄껄 웃었다. 침구에 대하여 동생이 조예가 깊다는것을 누구보다도 잘 알면서도 침구란 의술이 아니며 하잘것없는것으로 보아온 그였다.

≪침구? 아니, 쇠꼬챙이로 쑤시는것도 의원이냐?≫하고 놀려주었다.

≪형님, 쥐잡는게 고양이요, 꿩잡는게 매라고 가축의 병을 고치는게 수의요 사람의 병을 고치는게 의원이 아니란말씀입니까?≫

동생의 물음에 대답이 궁하게 된 허준은 끙끙 갑자르다가

≪그렇게 따지고보면 의원은 의원이되 서푼짜리 의원이지. 헌데 그런걸 다 <동의보감>에다 넣어? 흥!≫

하고는 듣기 싫다는듯 휑하니 나가버렸다.

나라전하께서도 떠받드는 허준인지라 백성들속에서 흥허물없이 지내는 동생의 권고가 귀에 들어갈리 만무했다.

허준이 나가자 동생은 형이 사랑하고 아끼는 종을 불러들여 그의 목에다 침 한 대를 놓고는 집으로 돌아갔다.

허준이 궁궐에서 집으로 돌아와보니 동생은 없고 종의 골이 삐뚤어졌는지라 의아해서 물었다.

《너 웬 일이냐?》

《모르겠습니다요. 작은집 나리께서<내가 네 관상을 보니 잘못하다간 죽겠구나. 이리 가까이 오너라.>하시면서 목에다 침 한 대를 놓더니 골이 뒤로 돌아갔습니다요.》

《응, 그래 아프지는 않느냐?》

《예. 아프지는 않은데요, 걷자니 다리가 말을 안 듣습니다요.》

《념려말아. 내 제꺽 고쳐줄게.》

허준은 동생이 자기가 보란듯이 일부러 한짓임을 알고 곳으로 웃으면서 첩약을 쓰기 시작했다. 그러나 이 약 저 약 써봐야 소용이 없었다. 궁궐을 제 집문턱 드나들듯하는 의원이요,《동의보감》편찬까지 끝낸 자기가 요만한 목뻐둘어진것도 바로잡지 못하면 낯이 깎인다는 조급증이 나면서 애간장을 태웠다. 이때 동생이 시탐하러 왔다.

《형님, 그새 안녕하셨수?》

《안녕이고 뭐고 무슨 장난을 그렇게 허나? 어서 저 애의 골을 바로 해놓게》

《원 형님두, 그 잘난 쇠꼬챙이로 어떻게 고친다 그럽니까. 고명한 의원이신 형님께서 약을 다스려야지요.》

동생은 이렇게 한마디 빈정대고는 싱글벙글 웃으며 돌아갔다.

약이 오를대로 오른 허준은 속이 감주괴듯 부글부글 괴여 올라 이를 악물고 백가지 약을 다 써봤지만 효험이 없었다. 그래서 할수없이 동생을 청해왔다.

《이 사람, 빨리 제대로 고쳐놓게!》

《어째 약으로는 안됩니까?》

《그러지 말고 고쳐놓으라는데도 그러나?!》

《제가 고쳐놓으면<동의보감>에다 침구편을 넣겠습니까?》

《거야 두말하면 잔소리지.》

그 말을 듣고서야 동생은 허리춤에서 침통을 꺼내더니 바늘같은 침대를 골라 종아이의 귀에다 놓으니 눈깜짝할사이에 골이 제대로 돌아갔다. 종아이는 너무나 좋아서 넙적 엎드려 절을 하고는 달려갔다.

《형님, 이래도 침놓는 의원은 의원이 아니요?》

허준은 대답 대신 침구편을 써서《동의보감》끝에다 넣느라고 2년이 또 걸렸다고 한다.

단군

아득히 멀고 먼 옛날 옛적에 하늘나라에는 환인(桓因)이라는 천제가 나라를 다스리고 있었다.

천제 환인에게는 환웅(桓雄)이라는 서자가 있었는데 늘 나라를 세워볼 뜻을 품고있었으나 서자기 때문에 하늘에서는 어쩔수 없었다.

하루는 그의 아버지가 환웅의 마음을 알고는 조용히 물었다.

《너 땅에 내려가 나라를 세워볼 뜻이 없느냐?》

《죄송하옵니다 아버님! 소자 생각만은 그러하오나 어찌 바랄수 있사오리까?》

《네 생각이 그렇다면 땅에 내려가 나라를 세우고 인간세상을 다스려보도록 하여라.》

《예, 분부대로 거행하겠나이다!》

천제가 삼위태백땅을 내려다보니 산수좋고 땅이 비옥하여 사람들을 유익하게 할수 있는 고장이라 천부인(天符印) 세개를 주며 3천의 무리들을 거느리고 태백산꼭대기에 있는 신단수밑으로 내려보냈다. 그가 바로 환웅천왕이였고 그곳을 신시라고 불렀다.

환웅천왕은 바람신, 비신, 구름신을 이끌고 내려와 농사에 관한 일, 생명에 관한 일, 선과 악에 관한 일 등 무릇 인간생활에 관계되는 360여가지 일들을 주관하여 인간세상을 다스리고 교화하였다.

이때 한 동굴속에 같이 살고있던 범과 곰이 환웅천왕을 찾아와서 사람으로 되게 해달라고 빌고 또 빌었다.

환웅천왕은 그들을 가엾게 생각하여 신령스러운 쑥 한타래와 마늘 스무쪽을 주면서 말했다.

《너희들이 이것을 먹고 백날동안 해빛을 보지 않으면 쉽사리 사람으로 변할수 있을것이다.》

범과 곰은 감격하여 쑥과 마늘을 받아먹고는 그길로 캄캄한 굴속에 들어가 까딱 움직이지 않고 사람이 되게 해달라고 빌었다.

그런데 성깔사나운 범은 며칠이 지나자 배가 고푸고 햇빛이 그리워 참지를 못하고 굴밖으로 뛰쳐나오고말았다.

허지만 곰은 자기 발바닥을 핥아먹으면서 인내성있게 참고 견디였다.

환웅천왕은 범의 행실이 고약하고 곰의 행실이 기특하여 스무하루만에 곰을 아름다운 여자로 변신시키였다. 곰이 처녀로 변했다고 해서 이름을 웅녀(熊女)라고 불렀다.

맑은 물속에 비낀 제 모습을 본 웅녀는 기뻐서 어쩔줄 몰랐다. 그러나 하루이틀 세월이 흐름에 따라 심산속에 홀로 있는 웅녀는 혼인할 곳이 없으므로 날마다 신단수밑에 가서 환웅천왕에게 임신케 해달라고 빌었다. 환웅이 이에 잠간 총각으로 변해가지고 웅녀와 결혼하여 아들을 낳으니 이름을 단군왕검이라 하였다.

천제의 피줄을 타고난 단군왕검은 어려서부터 총명이 과인하더니 중국 요임금이 즉위한후 50년이 되던 그해에 평양성에 도읍을 정하고 나라이름을 조선이라 하였다. 그후 1천 5백년동안이나 나라를 다스리다가 아사달에 돌아가 산신이 되니 그때 단군의 나이가 1천 9백공 8세였다고 한다.

고주몽

옛날 부여나라 왕인 해부루는 늙도록 아들이 없었다. 그래서 산천에 기도하여 아들을 낳게 해달라고 빌었다. 그러던 어느날 사냥갔다가 돌아오는데 한곳에 이르니 말이 큰 돌을 보고 서서 눈물을 흘리였다. 왕이 이상스럽게 생각하여 돌을 굴리게 하였더니 그밑에 금빛개구리모양의 어린애가 있었다.

《이것은 분명 하늘이 나에게 주신 아들이로다!》

왕은 너무나 기뻐서 그 아이를 안아다가 금와(金蛙)라고 이름짓고 태자로 봉하였다.

이때 하늘나라 천제의 아들 해모수가 오룡차를 타고 아침에 지상에 내려와서 정사를 돌보고는 저녁이면 다시 오룡차를 타고 하늘로 올라가군 하였는데 사람들은 그를 천왕랑(天王郎)이라고 하였다.

하루는 해모수가 청하기슭에 사냥을 나갔다가 웅심이란 련못우에서 목욕하며 노는 바다신 하백의 세 딸을 보고 첫눈에 반했다.

《아, 저런 여자를 안해로 삼았으면 훌륭한 아들을 볼수 있으련만.》

그러나 룡녀들은 해모수만 보면 물속으로 들어가버리군 하였다.

이때 해모수의 신하가 이르기를

《임금님께서는 어찌하여 아름다운 궁전을 지어놓고 숨어 있다가 룡녀들이 들어오면 붙잡지 못하십니까?》

하고 여쭈었다. 해모수는 그 말을 옳이 여겨 채찍으로 땅을 그으니 웅장하고 아름다운 구리궁전이 솟아났다.

해모수는 궁전안에다가 맛좋은 음식과 향기로운 술을 차려놓고 숨어있었다. 구름 한점 없이 맑고 따뜻한 어느날 룡녀들이 지상에 나왔다가 이 궁전을 보고 그곳에 들어가 마음껏 먹고 마시며 즐기였다. 이때를 애타게 기다리던 해모수는 바람같이 달려들어 하백의 큰딸 류화(柳花)를 붙잡았다.

《나는 천제의 아들 해모수라 과히 놀라지 마오.》

깜짝 놀란 류화지만 구슬같이 맑은 청아한 목소리를 듣고 얼굴을 쳐다보니 백옥같이 준수한 미남이라 얼굴에 홍조를 띠우며 새별같은 두눈을 살풋이 내리깔았다. 그날부터 해모수와 류화는 한쌍의 원앙새로 되였다.

이 소식을 들은 바다신 하백은 크게 노하여 사신을 보내였다.

《너는 도대체 어떤놈이기에 함부로 룡왕의 따님을 희롱하는거냐?》

《나는 천제의 아들 해모수로다. 지금 룡왕의 딸과 혼인하려 하니 지체말고 돌아가 일러라.》

하백이 사신의 말을 듣고는 펄쩍 뛰며

《뭣이? 천제의 아들이라구? 진정 천제의 아들이라면 류화공주와 함께 룡궁에 들어와서 나의 분부를 듣도록 하라!》

하고 명을 내렸다. 이리하여 해모수와 류화는 오룡차를 타고 눈깜짝할사이에 룡궁에 도착하였다.

《그대가 천제의 아들이라면 어떤 신기한 재주를 가지고있느냐?》

《시험해보면 알것이옵니다.》

해모수는 떳떳하게 대답했다. 그래서 하백이 집앞뜰에 있는 연못속에 들어가 잉어로 변하여 물결을 따라 노닐었더니 해모수는 수달이 되여 그를 잡았다. 이번에는 하백이 사슴으로 변하여 뒤산기슭으로 달리였더니 해모수는 승냥이가 되여 그를 바싹 쫓았다. 다급해난 하백이 꿩으로 변하여 공중을 나니 해모수는 매가 되여 그를 붙들었다. 그제서야 하백은 해모수가 천제의 아들임을 확인하고 잔치를 크게 베풀었다. 그리고 룡왕은 해모수가 자기 딸에 대한 사랑이 변할가바 근심하여 해모수가 취하도록 마시게 한 다음에 조그마한 가죽망태기에 류화와 함께 넣어서 오룡차에 태워 하늘로 올라가게 하였다. 그런데 물에 나가기도전에 해모수는 술에서 깨여나보니 답답하여 견딜수가 없었다. 아무리 찾아보아야 아무런 물건도 없는지라 류화의 머리에 꽂은 금비녀를 뽑아서 가죽망태기에 구멍을 내더니 혼자 빠져서 하늘로 날아가버렸다.

혼자서 울며 돌아온 딸을 보자 룡왕은 성이 머리끝까지 치밀어서

《너는 내 말을 듣지 않고 집안을 망신시켰으니 그 죄를 알만하냐?》

하고 꾸짖은후에 신하들에게 명하여 류화의 입을 석자나 늘어나게 한후 우발수 늪으로 쫓아냈다.

하루는 임금이 된 금와왕이 진지상에 물고기가 없는것을 보고 어부를 불러

웬 일이냐고 물었다.
《근래에 어떤놈이 통발속에 든 고기를 죄다 훔쳐가기에 잡을수가 없나이다.》
금와왕은 어부의 말을 듣고 그물을 쳐서 그 괴한을 잡으라고 했다. 그러나 그물을 치면 그 그물이 째졌다. 그래서 쇠 그물을 만들어 끌어냈더니 한 녀자가 끌려나왔다. 인물이 아름다운 그 녀자는 입이 너무나 길어서 말을 못했다. 그래서 세 번이나 그 입을 자르게 하였더니 그제서야 말을 했다.
금와왕은 그 녀자가 천제의 아들 해모수의 왕비임을 알고 후궁에다 거처를 정해주고 살게 하였다. 그런데 류화가 후궁에 들어온 그날부터 그의 방에는 날마다 강한 해살이 흘러들어 그의 몸을 비추는데 류화가 아무리 피하려고 해도 피할수가 없었다. 그러던차에 류화는 잉태하여 물동이만한 큰 알을 낳았다.
그 소식을 들은 금와왕은
《사람이 새의 알을 낳는것은 상서롭지 못한 징조이다.》
고 하면서 마구간에 갖다버리게 하였다. 그러나 말들이 그 알을 밟지 않았다. 그래서 다시 깊은 산속에 갖다가 던졌더니 온갖 짐승들이 모여들어 보호하는데 구름낀 흐린 날에도 그 알우에는 항상 해빛이 어리였다. 그제서야 금와왕은 그 알을 류화부인에게 돌려주었더니 수일만에 그 알속에서 용모가 준수한 사내아이가 뛰쳐나왔다. 어찌나 울음소리가 우렁찼던지 달려 나온 금와왕은 하늘이 점지해준 아들이라면서 애지중지 키우는데 한달이 못되여 말을 곧잘 하였다.
한달도 못된 아이는 어느날 낮잠을 자다가 깨여나서 어머니 류화부인을 불렀다.
《어머니, 파리가 눈에 와 붙어서 잘수가 없으니 어머님께서 활과 화살을 만들어주소서.》
어머니가 갈대로 활과 살을 만들어주었더니 어린애는 일어나 앉아서 물레우에 올라앉은 파리들을 쏘는데 한 대도 실수가 없었다.
어린애는 날마다 무럭무럭 자라고 매일 부지런히 책을 읽을뿐아니라 혼자서 뒤산에 올라가 활쏘기를 하였다. 그리하여 나는 새도 눈을 겨냥하여 쏘면 눈을 맞히고 달리는 범도 눈을 쏘면 영낙없이 눈에 가 화살이 꽂히였다. 그때 부여에서는 활 잘 쏘는 사람을 주몽이라고 불렀는데 이때부터 어린아이는 주몽(朱蒙)이라 불리우게 되였다.
이때 금와왕에게는 아들 칠형제가 있었는데 누구나 주몽이보다 못하였다. 그래서 그들은 늘쌍 주몽을 시기하면서 아니꼽게 보며 해하려고 들었다. 어느날 금와왕은 일곱 왕자와 주몽을 등을 데리고 사냥하며 놀았다. 왕자와 그의 종자 40여명은 겨우 사슴 한 마리를 잡았는데 주몽은 혼자서 수십마리를 잡았다. 왕자들은 이를 시기하던 나머지 주몽을 나무에 비끄러매놓고 주몽이 잡은 노루와 사슴을 빼앗아가지고 집으로 돌아갔다.

주몽은 너무나 억울하여 젖먹던 힘까지 다 내여 몸을 비탈았더니 나무가 뿌리채 뽑혀나왔다. 주몽은 그대로 나무를 등에 지고 대궐로 돌아왔다.

≪아니 이게 웬 일이냐?≫

류화부인은 깜짝 놀라며 꽁꽁 동인 바줄을 풀어주었다.

≪어머니, 집안에 들어가서 천천히 말씀드리겠습니다.≫

아들의 이야기를 들은 류화부인은 주몽의 장래가 걱정되여 한시도 마음을 놓을 수 없었다.

한편 주몽이 나무를 뿌리채 뽑아서 지고왔다는 말을 들은 왕자들은 아연실색하였다. 그들은 주몽이 보복하기전에 먼저 손을 써서 없애치우자고 금와왕을 찾아가서 주몽을 무함하여 고자질하였다.

≪주몽은 비상히 용맹한자로서 사람들이 우러러보니 일찍 없애지 않으면 반드시 후환이 있을것이옵니다.≫

그러나 금와왕은 주몽을 죽이고싶지 않았다. 자기와 주몽은 하늘의 정기를 타고났음을 알고있었다. 그래서 주몽을 목장에 보내여 말을 먹이도록 하였다.

주몽은 마음에 내려가지 않아 목장에 가는것을 뜨직해하였다. 그러나 어머니는

≪대장부가 장차 큰일을 하자면 준마가 없이는 안되느니라. 그러니 이것은 하늘이 너에게 준마를 주는 좋은 기회이니 어서 떠나도록 하여라. 가서 말을 먹이면서 준마 한필을 골라 두면 쓸데가 있으리라.≫

고 하면서 여차여차하라고 일러주었다.

주몽은 목장에 가서 어머니의 말씀대로 긴 채찍으로 말들을 마구 답새기니 말들이 놀라서 뿔뿔이 달아나는데 붉은 말 한 마리는 두길이 넘는 울타리를 힘들이지 않고 훌쩍 뛰여넘었다.

≪옳지, 저놈이 준마가 틀림없구나!≫

주몽은 환성을 올리며 그 말을 붙잡아 혀밑에다 바늘을 찔러놓았다. 그랬더니 그 말은 혀가 아파서 풀도 물도 먹지 못하여 빼빼 여위고 눈에는 곱자기까지

끼였다. 허나 다른 말들은 피둥피둥 살이 쪄서 반지르르하게 윤기가 돌았다.

이때 금와왕이 주몽이 말을 잘 먹이는가 보려고 목장에 가보니 과연 말들을 잘 먹여 길렀었다. 금와왕은 주몽을 칭찬하면서 말 한필을 골라가지라고 하였다. 주몽은 우정 그 비루 먹고 여윈 붉은 말을 가지겠다고 하였다. 금와옹은 즉시 응낙 하였다. 주몽은 왕의 일행이 돌아가기 바쁘게 그 붉은 적토마의 혀밑에 박아 놓았던 바늘을 빼고 정성들여 잘 먹이였다. 그랬더니 얼마 안 되여 말은 살이 오르고 용을 쓰기 시작했다.

그러던 어느날 금와왕은 또다시 왕자들과 주몽을 데리고 사냥을 떠났다. 주몽이 산골짜기로 들어가 한창 사슴을 쫓는데 난데없는 화살들이 자기한테로 날아왔다.

《쏘지 말아요! 주몽이 여기 있어요!》

주몽은 소리치며 날아드는 화살을 장검으로 막았다. 그러나 화살은 점점 더 무더기로 날아왔다. 그제야 주몽은 왕자들이 자기를 해하려는줄을 알고 말을 몰아 집으로 달렸다.

어머니는 그 말을 듣고 한시가 급하니 집걱정은 말고 어서 떠나라고 재촉했다. 그러나 주몽은 어머니와 사랑하는 안해를 두고 차마 떠날수가 없었다.

《너의 재주가 이만하면 어디 간들 뜻을 이루지 못하겠니? 그들이 네가 없는것을 알면 쫓아오겠으니 어서 이 길로 멀리떠나거라!》

주몽은 어머니에게 허리굽혀 하직인사를 하고 부인 려씨앞에 가서 몇마디 당부하고는 말우에 올라 남쪽을 향해 내달렸다.

주몽이 도주했다는 소식을 들은 왕자들은 이를 북북 갈며 군사를 휘몰아 그의 뒤를 바싹 추격했다.

주몽이 얼마나 달렸는지 말도 사람도 지칠대로 지쳤는데 앞에는 큰 강이 나타났다. 뒤를 돌아보니 함성소리와 말발굽소리가 점점 가까이 들려왔다. 급해맞은 주몽은 채찍으로 하늘과 물을 가리키며 큰소리로

《나는 천제의 손자요 료왕의 외손이외다! 지금 난을 피하여 여기에 이르렀으니 하늘과 물은 그대의 손자를 불쌍히 여겨 속히 강을 건느게 해주소서!》

하고 웨치며 너무나 급해서 활로 강물을 치니 수많은 고기와 자라들이 물우에 솟아올라 서로 등을 맞대고 다리를 놓았다. 주몽이 말을 몰아 강을 건너간지 얼마 안되여 어지러이 화살이 날아오며 추격하는 왕자와 군사들이 다리우에 올라섰는

데 고기와 자라들이 물속으로 들어가며 헤쳐지는바람에 다리우에 올라섰던 군사들과 말은 몽땅 물속에 빠져죽고말았다.

　주몽은 하늘과 룡왕이 도와서 다리를 무사히 건넌 다음 마침내 졸본촌이라는 곳에 당도하였다. 땅이 기름지고 경치가 아름답고 지세가 험준하여 적을 막기에도 아주 좋은 고장이였다. 이리하여 주몽은 이곳에다 나라를 세우고 국호를 고구려라고 하였으며 자기 성을 고씨라 하였는데 그때 고주몽의 나이 스물두살이였다고 한다.

　이리하여 고구려라는 국가가 이 세상에 태여났으며 고주몽은 초대 임금으로 되였다.

박혁거세

눈들어 바라보아도 아득한 벌판을 삼면으로 첩첩한 산봉우리들이 둘러쌌는데 동남쪽은 탁 트이여서 산골짜기에서 흘러내리는 맑은 물이 비옥한 옥토를 적시며 흘렀다. 어찌나 경치가 아름답고 살기가 좋았던지 하늘의 선녀도 내려오고 바다의 룡녀들도 나와노는 절승경개였으니 이곳을 경주라고 불렀다.

이곳에는 여섯부락이 살았는데 알천하기슭에는 약산촌이 자리잡고 돌산기슭에는 고허촌, 무산골짜기에는 대수촌, 취산너머에는 진지촌, 금산아래에는 가리촌, 명활산뒤골에는 고야촌이 있었다.

어느해 봄날이였다. 가없이 맑고 푸르른 하늘에는 흰구름이 뭉게뭉게 피여오르고 따스한 해빛을 담뿍 안으며 산과 들에는 새싹이 파릇파릇 돋아나고 산기슭에는 연분홍의 진달래 꽃이 앞을 다투어 피여나고있었다. 이날 여섯 촌의 촌장들은 알천언덕 잔디밭에 둘러앉아 나라를 세울 대사를 의론하였다. 시내물이 합쳐 강을 이루듯이 그들의 뜻은 하나로 합쳐 나라를 세우는데 한사람같이 동의하였다. 그것은 도적들이 늘어나고 사람들이 갈수록 들에 뛰여다니는 들말처럼 제멋대로 하는데 이걸 다스릴만한 수령이 있어야 함을 절박하게 느끼고있었기때문이였다. 그러나 누구를 임금으로 모시겠는가? 하는 문제에서 알록이 생겼다. 누구나 대방에 대하여 승인하지 않고 자기의 자랑만 늘어놓았다.

《에, 여러 족장어른들이 다 아시는바와 같이 임금이란 덕이 있어야 하고 위엄도 있어야 하니 보통사람으로서는 안되지요. 우리 선조로 말하면 하늘에서 내려온 신선이지요. 하느님의 뜻을 받들어 이 세상을 다스렸으니 우리 촌에서 임금이 나오는것이 지당하지 않소이까?》

진지촌 촌장이 먼저 말꼭지를 떼자 모든 촌장들이 코웃음을 쳤다. 대수촌 촌장이 나앉으며 말했다.

《에, 우리 선조는 하늘에서 오색구름을 타고 내려왔는데 그때 천지가 진동하고 해와달이 더 밝아졌다오. 그러니 임금은 우리 촌에서 나와야지요.》

대수촌 촌장의 말이 끝나기 바쁘게 고야촌 촌장이 껄껄 웃으며 퇴박을 놓았다.

《그게 뭐 그리 대단하오. 우리 선조는 하느님의 둘째아들이였다오. 하느님께서는 그이를 아름다운 금강산에 내려보내여 만백성을 다스리게 했다오.》

《조용들 하시오. 여러 어른들이 모두 자기만 내세우고서야 어떻게 합당한 임금을 모실수가 있겠소? 이건 우리 여섯 촌 사람이 모두 공인하는 인재가 없기때문이요. 그렇다고 해서 나라세우는 일을 포기할수도 없고 하니 첫째로, 우리 모두가 자기 촌만 생각지 말고 여섯촌가운데서 모두가 인정하는 덕망높은 사람을 물색해보도록 합시다. 둘째로는 하느님께 제를 지내여 거룩하신 임금을 보내달라고 합시다.》

《그게 좋겠수다.》

고허촌 촌장의 말에 모두가 동의했다. 근데 이때 신기한 일이 생겼다. 갑자기 강한 빛이 하늘로부터 양산아래로 비추었다. 여섯 촌장들은 일제히 그리로 달려갔다.

밝은 빛이 비추는 라정우물가에는 난데없는 백마 한필이 꿇어앉아 꾸벅꾸벅 골을 끄덕이더니 사람들이 몰려가자 하늘땅이 뒤흔들리는 요란한 소리를 지르며 빛을 따라 하늘로 사라지고 그 자리에는 보랏빛의 알이 하나 있었다.

《이게 웬 일이요?!》

《글쎄말이요.》

알은 박처럼 생겼는데 클뿐만아니라 번쩍번쩍 빛이 나는지라 누구고 감히 다치지 못하고 어쨌으면 좋을지 몰라서 망설이는데 알이 저절로 흔들거리더니 짝 갈라졌다. 그속에는 용모가 준수한 남자애가 누워있었다.

소벌공이 남자애를 조심스레 그러안는데 그 아이가 저절로 알속에서 나오며 《알지거서간!》하고 웨치였다.

《이건 분명히 하늘에서 우리 여섯 촌이 나라세우는 뜻을 지지하여 임금이 없음을 알고 성인을 내려보내여 임금으로 모시라는 뜻인가 보오이다.》

《지당한 말씀이요!》

이리하여 여섯 촌장은 한사람같이 허리를 굽혀 대답하고는 아이를 안고 동천가에 가서 맑은 물로 씻어주었더니 햇빛이 더욱 밝아지며 온갖 새들이 날아들어 노래하고 춤을 추었다.

이때 경사에 경사로 신기한 일이 또 생겼다. 알영우물에서 물기둥이 하늘 높이 치솟더니 계룡 한 마리가 날아오르며 왼쪽옆구리로 어린 녀자애를 낳고는 하늘로 올라갔다. 계집애는 아주 곱게 생겼으나 입술이 마치 닭의 주둥이처럼 뾰족했다. 이 애가 보통애가 아니라고 생각한 촌장들은 내가로 가서 맑은 물에 목욕을 시켰더니 긴 입술은 간곳없고 실로 아릿다운 계집애로 변했다.

《이는 분명 룡왕님께서 하늘에서 내려오신 임금님의 배필로 왕후를 보내신가 보오.》

《그런줄로 아옵니다.》

《여러분, 우리가 나라를 세우려고 하나 임금이 없어서 망설이엿는데 하늘과 바다에서 두 성인을 보낸것은 우리가 하는 일이 하늘과 바다의 뜻이요, 이 두분이 바로 우리의 임금님과 왕후님이올시다. 그러니 여섯 촌이 힘을 합쳐서 저 양지밝고 경치좋은 남쪽산기슭에다 아름다운 궁전을 지어놓고 거룩하신 두분을 모시는 것이 어떻습니까?》

《과연 지당한 말씀이요!》

촌장들은 이구동성으로 대답했다.

이튿날부터 여섯 촌의 남녀로소가 모두 동원되여 빠른 기일내에 궁궐을 지어놓고 두 어린애를 궁실로 옮겨갔다. 그리고 이름을 짓는데 남자애는 박처럼생긴 알속에서 나왔다 하여 성을 박씨라 하고 광명으로 세상을 다스리라고 이름을 혁거세(赫居世)라 하였다. 녀 자애는 알영우물에서 나왔다고 하여 그 우물이름을 따서 알영(閼英)이라 지었다.

그후 세월은 흐르고 흘러 열 세 번째의 봄을 맞는 화창한날에 여섯 마을 촌장들이 궁전에 모여서 박혁거세를 임금으로 모시고 알영이를 왕후로 모시고 나라를 세웠으며 국호를 서라벌이라 하였는데 후세에는 신라로 고치였다고 한다.

선덕녀왕의 예언

옛날 신라에는 녀왕이 세분이 있었다. 그중에서도 선덕녀왕은 성품이 너그럽고 총명하여 ≪암닭이 울면 집안이 망한다.≫는 론조를 타파하고 나라를 잘 다스렸을 뿐아니라 문화를 발전 시키는데 큰 공력을 들여 첨성대와 황룡사 9층탑을 세워 온 세상에 그 이름을 떨치였다. 특히 선덕녀왕이 생전에 세가지 일을 예언하여 세가지를 다 맞춘 일화는 ≪삼국유사≫에 기재되어 오늘까지 널리 전해지고있다.

한번은 당나라 태종황제가 신라왕에게 한폭의 모란꽃 그림과 모란꽃씨 서되를 보내왔다. 진평왕은 그 그림과 꽃씨를 덕만공주에게 주었다. 그림을 받아들고 자세히 뜯어보던 덕만공주는 빙그레 웃으면서

≪이 꽃은 비록 아름답고 소담스러우나 향기가 없느니라!≫

고 하였다. 시종들이 공주의 말을 듣고 반신반의하여 ≪그림과 꽃씨를 보고 향기가 있는지 없는지를 어떻게 아시옵니까?≫하고 그 까닭을 물었다.

≪이 그림을 자세히 보아라. 이 그림에 벌과 나비가 없는것을 보아 알수 있지 않느냐? 너희들이 믿지 못하겠으면 이 꽃씨를 심어보면 알것이니라.≫

이리하여 꽃씨를 화단에다 심어놓고 잘 가꾸었더니 아름다운 꽃이 만발하였다. 그러나 향기가 없어 꿀벌이 찾아오지 않았다. 그래서 신하와 시종들은 덕만공주의 예언이 맞는것을 보고 놀라움을 금할수 없었다.

그후 진평왕이 죽자 그에게 아들이 없었으므로 덕만공주가 왕위에 오르니 그가 바로 제27대 임금이며 신라의 첫 번째 녀왕인 선덕왕이였다.

선덕왕이 왕위에 오른지 5년이 되던 때의 일이다. 한번은 선덕녀왕이 불교를 장려하기 위해 세운, 왕국 서쪽 령모사뜨락에 있는 옥문지라고 하는 아담한 련못에 흰 개구리떼가 나타나서 며칠동안 요란스레 울어댔다. 그러자 일부 신하들속에서는 의론이 분분했다.

≪해괴한 일이로다. 나라에 재앙이 있을 징조가 아니오?≫

≪글쎄, 아무래도 심상치가 않소이다.≫

《무슨 변이라도 있을지 모르니 대왕님께 아뢰도록 합시다.》

이리하여 소식을 들은 선덕녀왕은 대신들을 돌려보내고 생각하더니 장군들인 알천각간과 필향각간을 불러 명령했다.

《경들은 각기 정병 천명씩 거느리고 속히 서교의 녀근곡으로 급행하시오. 그곳에 가면 필시 적병들이 매복해있을테니 몽땅 전멸시키시오.》

두 장군은 무슨 영문인지도 모르고 서둘러 군사를 거느리고 달려가보니 정말 5백여명의 백제군이 숨어있었다. 신라군은 힘을 얼마 들이지 않고 적을 일경 섬멸하고 돌아왔다.

두 장군은 적군을 섬멸한 경과를 보한 다음 적군이 그곳에 있는것과 더우기 쉽사리 승리할수 있는것까지 어떻게 아셨는가고 그 까닭을 물었다. 선덕녀왕은 입가에 보일듯말듯한 웃음을 띠우더니 이렇게 설명했다.

《옥문(玉門)은 곧 녀근(女根)이며 또 녀근은 색갈이 희고 흰색은 서쪽을 나타내는것이므로 서쪽에 녀근곡이 있음을 알았소. 그리고 개구리가 성난 모양을 한 것은 군인의 모습을 나타낸것이니 녀근곡에 적병이 있음을 알았고 남근(男根)이 녀근에 들어가면 반드시 죽는 법이므로 적병을 쉽게 잡을수 있으리라 짐작한것이요.》

《신들은 대왕의 현명한 통찰력에 감복할따름이옵니다!》

이때부터 신하들은 더욱 선덕녀왕을 우러러모시게 되였다.

그런데 선덕녀왕이 말년에 신하들을 불러놓고 유언을 남기였다.

《과인은 아무해 아무달 아무날에 죽을것이니 내가 죽은 다음 나를 도리천우에 묻도록 하라!》

그때 녀왕은 앓지도 않았고 아주 건강했으므로 신하들은 이상하게 생각하였다. 더구나 도리천이란 곳이 어디에 있는지 신하들은 누구도 몰랐다. 그래서 할수없이

《대왕님, 도리천이 어디에 있습니까?》

하고 물었다.

《랑산남쪽에 있느니라.》

그후 선덕녀왕은 자기가 예언한 그해 그달 그날에 죽었다. 신하들은 대왕의 예언이 맞는지라 녀왕의 유언대로 랑산 남쪽에다 장사지냈다. 허지만 어째서 도리천이라고 하는지는 아무도 몰랐다. 그런데 그후 십년이 지난후에 문무왕이 선덕녀왕의 릉 아래에다 사천왕사(四天王寺)를 지었다. 그때에야 비로소 사람들은

≪사천왕천(四天王天)우에 도리천이 있다.≫는 불경의 한 대목을 상기하고 선덕녀왕의 예언은 완전히 이루어진셈이니 선덕녀왕은 생전에 죽어서 묻힐 자리까지 알아맞히었다고 하였다.

솔거®와 로송도

지금으로부터 천오백년전에 솔거라는 세상에 이름난 화공이 있었다. 솔거는 아주 가난한 농부의 집에서 태여났지만 어려서부터 그림그리기를 퍼그나 즐기였다. 나어린 솔거는 산에 나무하러 가서도 쉴짬에 칡뿌리를 캐여 바위에 그림을 그리고 밭에 나가 일할 때도 호미끝으로 땅에 그림을 그리군 하였다. 이렇게 날마다 그림만 그리니 그림재간은 하루가 몰라보게 늘어만 가서 가근방사람들이 그의 그림을 보고 칭찬하지 않는 사람이 없었다.

어느날이였다. 이날도 솔거는 산에 나무하러 갔다가 바위우에 그림을 그리기 시작했다. 헌데 어린 나이에 나무를 하다보니 지쳐서 솔거는 그림을 그리다말고 그만 깜박 잠이 들었다. 그러나 솔거는 꿈속에서도 그냥 그 바위우에 그림을 그리고있었다. 어찌나 정신을 몰부어 그림을 그렸던지 새들이 지저귀는 소리도 듣지 못했고 산골짜기에 흘러 쏟아지는 폭포소리도 귀전에 들리지 않았다. 심지어 솔거는 웬 백발로인이 자기옆에 다가와 자기가 그리는 그림을 보고있는줄도 모르고 그냥 그림만 그리고 있었다. 그 로인은 한식경이나 유심히 솔거가 그리는 그림을 살펴보더니 나직이 솔거를 불렀다.

《이애, 솔거야, 잠간 멈추고 내 말 좀 듣거라!》

솔거가 그제야 그 소리에 깜짝 놀라 쳐다보니 머리발도 하얗고 몸에 입은 옷도 하얀 어떤 할아버지가 빙그레 웃으며 자기를 보고있었다.

《할아버지, 할아버진 뉘신가요?》

《허허, 나 말이냐? 난 단군의 할아버지다. 검님이야.》

그 말에 눈을 깜박이고 잠간 생각하던 솔거는 제꺽 알아 맞히고 백발할아버지 앞에 꿇어엎디여 코가 닿도록 절하였다.

● 솔거는 6세기 후반기 신라때의 유명한 화가이다. 그의 작품들로는 황룡사의 《로송도》외에도 분황사(芬皇寺)의 《관음보살상》, 단속사(斷俗寺)의 《유마거사상(維摩居士像)》 등이 있다.

≪검님, 소인이 기도드리며 찾던 검님을 오늘에야 뵈옵니다. 불초한 인간을 굽어살피시여 소원 성취하게 하여주옵소서.≫

백발할아버지는 고개를 끄덕이였다.

≪정성이 지극하면 돌우에 꽃이 핀다는 말이 있느니라. 네 어린것이 산에 오면 바위우에 그림을 그리고 밭에 가면 호미로 땅에 그림을 그리는것을 내 자주 보았노라, 정성이 이같이 지극하니 후세에 길이 이름을 떨치리로다.≫

≪할아버지, 검님…≫

≪내 너를 어여쁘고 기특히 여겨 붓 한자루에 먹과 종이를 주니 게으름없이 전과 같이 부지런히 그림을 그리며 그림재간을 키울지라.≫

≪검님의 분부 마음속에 새기옵니다.≫

어린 솔거 백발할아버지앞에 꿇어앉아 두손으로 붓과 먹과 종이를 공손히 받아들고 머리를 쳐들고보니 백발할아버지는 연기사라지듯 오간데 없이 사라지고 없었다.

≪검님, 검님!≫

솔거는 소리를 지르다 그만 꿈에서 소스라쳐 깨여났다. 헌데 이상하게도 꿈에 본 백발할아버지는 오간데 없건만 그 백발할아버지가 주고간 붓과 먹이며 종이는 그냥 손에 받아쥔대로 있었다.

그때로부터 솔거는 단군할아버지가 주고간 붓으로 그 붓이 닳아떨어질 때까지 그림을 부지런히 그리고 익혔는데 마침내 세상에 널리 알려진 화가로 되였다.

이렇게 되니 솔거가 그림을 잘 그린다는 소문이 임금님의 귀에까지 들어가서 하루는 임금이 솔거를 불렀다.

≪과인이 듣자하니 그대 이 나라에서는 둘도 없는 화공이라 하니 저 화룡사벽에 벽화를 그리여 후세에 길이길이 전하도록 할지라!≫

≪상감마마의 지엄하신 분부대로 그림은 그리겠사오나 후세에 길이 전하지 못할 그림이 될가 저어하옵니다.≫

≪겸허의 말이로다. 과인이 듣자하니 그대 검님께서 붓을 가지고 그 붓으로 그림재간을 키웠다 하거늘 필시 범상치 않으리로다. 더 사양말고 어서 그릴지다.≫

솔거는 임금의 분부대로 온갖 심혈을 기울여 황룡사벽에 로송 한그루를 그렸다. 이 그림이 바로 솔거의≪로송도≫(老松圖)이다. 솔거가 황룡사벽에 늙은 소나무를 그려놓으니 그 그림이 어떻게나 잘되였던지 보는이마다 칭찬이 자자하여 절에 불공드리러 오는 사람보다 그림구경을 오는 사람들이 더 많았다. 이렇게 솔거가 그린 그림이 일국을 진동하여 날마다 그림보러 오는 사람들이 구름모이듯 모여와서 인산인해를 이루는데 솔거가 그린 소나무가지와 솔잎이 어찌도 실물과 신통한지 뭇새들까지도 쉴새없이 날아들어와 그 자리에 앉으려다 황룡사벽에 부딪쳐 떨어지군 하였다.

그뒤 세월이 흐르고 흘러서 솔거는 세상을 뜨고 이 한폭의 훌륭한 그림도 세월의 비바람에 색갈이 흐려졌다. 나라에서는 이를 아쉽게 생각하고 다른 화가를 불러다 다시 산뜻하게 색을 입혔다. 그랬으나마 새들만은 더는 다시 날아오지 않더라 한다. 이렇게 된 솔거가 그린 황룡사의 ≪로송도≫는 더구나 소문이 높아져서 그 아름다운 이야기를 세상에 길이 전해지게 하였다 한다.

최치원의 이야기

탄 생 일 화

옛날 신라조정에는 최충이라는 관리가 있었다. 어느날 조회에 나갔던 최충은 임금으로부터 문창현 현령으로 부임하라는 조서를 받고 눈보라가 윙윙 기승을 부려도 도무지 추운줄을 모르고 술에 취한 사람마냥 비틀거리며 간신히 집으로 돌아왔다. 최충은 방바닥에 털썩 주저앉으며 구들장이 꺼지게 한숨만 풀풀 내쉬였다. 남편의 심사가 좋지 못한것을 보고 안해가 조심스레 물었다.

《나으리, 어디 몸이라도 불편하신지요? 아니오면 무슨 일이라도 있었사옵니까?》

《이 일을 어찌하면 좋단말이요, 아이구.》

《무슨 일이온데 그처럼 락담하시옵니까?》

《글세, 대왕께서 소신을 문창현 현령으로 가라질 않겠소!》

그 말을 들은 안해도

《뭐라구요? 문창현 현령으로요!》

하고 놀라 부르짖었다. 그것도 그럴것이, 문창현 현령으로 가는 사람은 취임한지 며칠 안되는 사이에 모두 안해를 잃어버리군 하였기 때문이다. 문창현 산중에서는 괴상한 괴물이 있어 새로 현령이 취임해오기만 하면 영낙없이 안해를 잡아가기에 누구도 문창현 현령으로 가기를 달가와하지 않았다. 이런 일을 누구보다도 잘 아는 최충의 안해인지라

《그래 나으리는 대답하셨나이까?》

하고 다잡아 물었다.

《내 신하된 몸으로 어찌 대왕의 령을 거역한단말이요!》

최충의 말을 들은 안해는 얼굴이 새까매지며 그 자리에 까무라치고말았다. 그러나 죽으라면 죽어야만 하는 왕명이라 최충은 안해가 회복된지 얼마 안되여

안해를 데리고 문창현으로 떠날수밖에 없었다.

문창현에 도착한 최충은 그 즉시로 관리들을 불러놓고 현내의 형편을 대충 물어본 다음

《내가 조정에 있을적에 듣자니 이 현에 취임한 현령들마다 내실을 잃게 된다는데 구경 어찌된 일이냐?》

하고 물었다. 그러자 여러 관리들은 머리를 수그린채 꿀먹은 벙어리가 되였다.

《왜 말이 없느냐? 그렇다면 너희들이 짜고서 현령의 내실을 모해한 죄로 다스릴터이니 나를 원망하지 말아라.》

최충이 엄포를 놓아서야 늙은 관리 하나가 꿇어앉으며 입을 열었다.

《말씀올리기 황송하오나 이곳 북산에는 한 괴물이 있사온데 현령이 취임하기만 하면 불과 며칠사이에 내실을 훔쳐가군 했사옵니다.》

《다른 사람들의 아녀자는 일이 없고?》

《예!》

《그것 참 괴상한 일이로다. 헌데 어쩌서 그 괴물을 잡지 않았느냐?》

《그 괴물이 나타날 때에는 해와 달이 빛을 잃어 온 세상이 캄캄해져서 누구도 어떻게 생긴 괴물이 훔쳐가는지 보지도 못했나이다.》

최충이 생각하기를 더 따져 물었대야 소용없음을 알고 관리들을 돌려보낸 뒤 군사중에서 힘장사를 뽑아내여 밤낮이 따로 없이 안해의 방문밖에서 지키게 하고 또 시녀 몇을 안해의 방에 같이 있게 하였다. 그리고나서도 마음이 놓이지 않아 명주실 몇토리를 구해다가 이어서 벽에다 걸어놓고 실 한끝을 안해의 발목에다 매놓았다. 만일 안해가 잡혀간다 하여도 그 실을 따라서 종적을 찾으리라 생각했다. 그런데 며칠이 지났어도 아무런 일도 발생하지 않았다.

하루는 최충이 시름놓고 관가에 나가 공사를 처리하고있는데 갑자기 방안이 캄캄해지기에 창문을 열고 내다보니 검은 구름이 하늘을 뒤덮고 번개가 번쩍이며 우레소리가 어찌나 요란한지 귀가 멍먹하여 아무 소리도 들리지 않았다. 최충이 깜짝 놀라 허둥지둥 집으로 달려가보니 파수보던 군사들이 정신을 잃고 쓰러져있었다. 급히 방문을 열고보니 안해는 간곳없고 시녀들은 모두 까무러쳐있었다. 최충은 너무나 애통하여 앞뒤로 뛰여다니며 애타게 불렀으나 대답소리도 없었다. 서리 맞은 뱀처럼 맥없이 집으로 돌아오니 그제서야 파수보던 군사와 시녀들이 정신을 차리고 하나 둘 일어났다.

《너희들은 마님이 붙잡혀가는것을 보지 못했느냐?》
《마님이 붙잡혀가다니요?! 저희는 우레소리에 정신을 잃었사옵니다.》
《에익 밥통들!》
 최충은 쌍욕을 하며 발을 쾅쾅 구르다가 발에 무엇이 걸리기에 내려다보니 무명실이였다. 무명실 몇꾸레미가 다 풀렸는데 한쪽끝이 방안에 남아있었다.
《그렇지! 애들아, 이 실을 따라가자!》
 최충은 파수보던 군사들을 이끌고 무명실을 따라갔다. 무명실은 현성밖을 나와 들을 지나 물을 건너 산속으로 들어갔다. 계속 실을 따라가니 북산 높은 절벽틈속으로 들어갔다.
《애들아, 마님은 분명히 저 바위속에 갇혀있을텐데 무슨 방법으로 저 바위를 뚫는단말이냐?》
《나으리, 저 바위속에 그 괴물이 살고있습니다. 낮에는 저 돌문이 닫겨있지만 밤중이 되면 저절로 열리며 밝은빛이 새여나옵니다. 그러니 밤중에 들어갈수는 있으나 무슨 힘으로 그놈의 괴물을 이기겠습니까?》
《길고 짜른건 대봐야 아느니라. 힘으로 안되면 꾀로 대처해야지. 헌데, 밤중이라야 열린다는 돌문이 어찌하여 오늘은 대낮에 열렸단말이냐?》
《그놈이 나올 때면 아무 때나 열립니다.》
《응, 알겠다. 그럼 내가 여기서 지키고있을터이니 너희들서넛은 돌아가서 먹을것과 해불을 장만해가지고 속히 오너라.》
 최충이 든든히 요기한후 단도를 품에 지니고 장도를 손에 틀어쥐고 무사들과 함께 밤중이 되기를 기다렸다. 한밤중이 되자 난데없이 바위짬으로 밝은 빛이 새여나오기에 지켜보니 돌문이 소리없이 열리였다. 최충과 군사들은 자기들의 눈을 의심했다. 대낮처럼 밝은 곳에 백화가 만발하고 나무들이 푸르싱싱한데 아늑한 잔디풀우에 금빛찬란한 궁전이 우뚝 솟아 있었다.
《하늘에는 천당이 있고 땅속에는 선경이 있다더니 바로 이곳이 선경이로구나! 헌데 이런 곳에 사는놈이 어찌하여 그같이 악한짓을 한단말이냐?》
 최충은 이렇게 중얼거리며 군사를 이끌고 단숨에 궁전문앞까지 뛰여갔다. 군사들을 매복시켜놓고 단신으로 궁전안을 살피던 최충은 소스라치게 놀랐다. 황소만한 금빛 돼지 한 마리가 자기 안해의 무릎을 베고 누워서 코를 드렁드렁 골며 자고 자기의 안해는 수심에 잠겨있었다. 최충이 자기도 모르는 사이에 보검을 꼬나들고 뛰여들려고 하는데 금돼지가 꿈틀거리더니 돌아누웠다. 그때에야 최충은 우선 먼저 자기 안해에게 자기가 왔다는것을 알려야겠다고 생각했다. 그래서 허리춤에 찼던 향주머니를 꺼내여 헤쳐놓았다. 그때 신라사람들은 향내가 나면 귀신이 범접하지 못한다는데서 향주머니를 차고 다니였다. 한집 식구들은 같은 냄새가 나는 향을 가지고 다녔기에 향내만 맡아도 자기 집 식구라는것을 알수 있었다. 아니나 다를가, 향내가 풍기자 최충의 안해가 골을 번쩍 들고 사위를 휘둘러보았다. 이때라고 생각한 최충은 얼굴을 내밀었다. 남편의 얼굴을 본 안해가 깜짝 놀라 《앗!》하고 비명소리를 질렀다. 그바람에 잠들었던 금돼지가 눈을 번쩍 뜨고 《뭐야? 어째 놀란 소리를 하느냐?》하며 따져 물었다.

《방금 쪽잠이 들었다가 악몽을 꾸고서 놀라서 소리쳤어요.》

최충의 안해를 뚫어지게 쏘아보며 코를 벌름거리던 금돼지가 벌떡 일어나 앉으며

《어디서 인간의 냄새가 나는구나!》

하며 씩씩거렸다. 얼굴이 새까매졌던 최충의 안해는 금돼지를 도로 눕히며 말했다.

《아이구, 서방님두 답답하시네. 인간세상에서 온 내가 따뜻한 곳에 오래 앉아있으니 사람냄새가 나지 않고 어쩌겠어요!》

《음, 듣고보니 그렇겠군 하핫하. 그런걸 고연히…그런데 방금 무슨 꿈을 꾸었기에 그렇게 놀란 소리를 쳤어?》

《옛날 로인들이 선경에서 호랑이를 보면 그 사람은 꼭 죽는다고 하더니 금방 서방님의 코고는 소리에 나도 소르르 쪽잠이 들었는데 큰 호랑이가 궁전에 뛰여들지 않겠어요. 어찌나 놀랐던지…아무래도 내가 죽을것만 같아요.》

《아따 별소릴 다하네. 호랑이가 이 산속 궁전에 들어올수도 없거니와 열 마리가 아니라 백마리가 들어와도 개뿔도 겁날게 없어!》

《서방님은 범도 이길수 있나요?》

《있다마다. 난 사슴을 내놓고서는 무서운게 없단말이야!》

《호호호 아이참 서방님두! 범도 무섭지 않은데 사슴이 뭐가 돼서 그리 무서워하나요?》

《세상에서 사람이건 짐승이건 한가지만은 두려워하는게 있게말련이야. 그놈의 사슴가죽이 내 꼬리에 닿기만 하면 나는 죽고말거든!》

《그렇다면 조심하세요.》

최충의 안해는 입으로는 이렇게 말하면서도 속으로는 쾌자를 불렀다. 금돼지가 다시 군잠이 들어 코를 드렁드렁 골자 괴춤에서 사슴가죽으로 만든 향주머니를 꺼내여 금돼지의 꼬리에다 달아맸다. 그러자 금돼지는 불맞은 멧돼지처럼 천둥같은 소리를 지르며 하늘공중 솟아올랐다가 털썩 떨어졌다. 이때라고 생각한 최충은 번개같이 뛰여들어 금돼지의 심장에다 보검을 박았다. 그리고 안해의 손목을 끌고 줄행랑을 놓았다.

그후 여섯달만에 최충의 안해가 옥동자를 낳았다. 최충은 기뻐할 대신에 좀 꺼림직하였다. 그 애가 금돼지의 아이가 아닐가 해서 《그 애를 멀리 산속에 갖다 던져라!》하고 말했다. 그 말에 안해는 깜짝 놀라 소리쳤다.

《그게 무슨 말씀이세요? 제가 비록 그 괴물에게 잡혀가기는 했지만 몸을 더럽힌 일은 없어요. 그리고 괴물에게 잡혀가기전에 임신한지 넉달이나 됐어요!》

최충은 그래도 미타해서 무당을 데려다 굿을 해보고 점쟁이를 불러다 점을 쳐보니 확실히 열달내기 아이가 옳았다. 이렇게 불우하게 태여난 아이가 바로 최치원이다.

돌곽속의 비밀을 알아내다

최치원은 어릴 때부터 남달리 총명하고 재주가 많았다. 글읽기를 좋아한 최치원은 일곱 살때부터 유학경전을 배우기 시작하여 4년만에는 막히는것이 없게 되였다. 12살 나던 해에 최치원은 당나라로 류학을 떠났다. 그때 아버지 최충은 이렇게 말했다.

《네가 당나라에 가서 10년동안 공부하여 과거에 급제하지 못하면 다시 애비 볼 생각을 말어라.》

나어린 최치원은 아버지의 말씀을 가슴속깊이 새기고 열심히 공부하였다. 그 보람으로 6년만인 18세에 진사 갑과에 급제하여 당나라에서 이름을 떨쳤다. 당시 당나라의 유명한 시인 고운(顧雲)의 시만 보아도 가히 짐작하고도 남음이 있다.

열두살에 바다를 건너와
글로써 중국 천지를 뒤흔들고

18세에 과거마당에서 싸워
단번에 급제과녁을 쏘아맞혔네.

그후 최치원은 20세가 되던 해에 강남도 선주률수현 현위(縣尉)로 부임하였다.
879년 희종황제는 최치원에게 승무랑 시어사내공봉(承務郞侍御史內供奉)이란 벼슬을 하사하였다. 그러나 행운속에는 언제나 불행이 따르기마련이라 최치원의 명성이 높아짐에 따라 간신들이 질투하여 음모를 꾸며 모해하고 황제에게 상주하는바람에 황제 역시 오해하고 최치원을 외딴 섬으로 귀양살이를 보내였다.
최치원은 스산한 가을밤, 창문을 두드리는 비바람소리를 들으며 꿈결에도 잊을수 없는 정든 고향과 그리운 조국에 대한 사랑의 심정을 백지우에 적었다.

가을바람 쓸쓸한데 내 외로이 노래부르나
세상사람 그 누구도 이 마음 알리 없이
깊은 밤 창밖에 내리는 궂은 비소리
등잔불 마주앉으니
멀리 고향생각에 잠기노라.

고국을 떠나 이국에서 정배살이를 하는것만 해도 기막힌 노릇인데 그보다도 더 큰 재난이 최치원을 찾아왔다.
어느날 한 관리가 희종황제가 보낸 석함 하나를 최치원앞에 갖다놓았다.
《이 돌함은 황제폐하께서 보낸것이다. 뚜껑을 열지 말고 그속에 무엇이 들어있는지 사흘내로 알아내여 황제폐하께 글을 올려라. 만약 맞추지 못하면 너는 사형을 면치 못하리라. 이것은 황제폐하의 어명이다.》
갈수록 심산이라더니 최치원은 너무도 기가 막혀 말이 나오지 않았다. 그는 사면에 봉인이 찍힌 돌함을 두손으로 받들고 자세히 훑어보고 흔들어보고 뚜드려보았으나 그안에 무엇이 들었는지 알길이 없었다. 그는 밤잠을 이루지 못하고 때식을 잊은채 골똘히 생각하였다.
《황제께서 이 돌곽을 보낼 때에는 여기에 꼭 오묘한 원리가 있을것이다. 겉을보고 안의것을 알아낼수 있는 도리가 있을것이다. 본디 땅은 네모나고 하늘은 둥글다고 했으니 이는 천지의 원리이다. 네모난 곽속에는 둥근 물건을 넣어야

리치에 맞느니라. 돌곽이 무겁지 않은 것으로 보아 돌곽속에 있는 물건은 가벼운 것이 틀림이 없는데 그것을 싸넣은것도 필경에는 가벼운것이리라. 게다가 흔들어도 소리가 없으니 깨여지지 않게 잘 싸서 돌곽에 꼭 맞춰놓은것이 분명하구나. 왕궁에서 예가지 오자면 10여일이 걸릴것이요, 돌아가자면 또 10여일이 걸릴것인즉…》

이렇게 빈틈없이 생각에 생각을 거듭하던 최치원은 《옳지! 그것밖에 없구나!》하며 붓을 들어 슬슬 써내려갔다.

       돌곽속의 둥근물건
       반은 옥이요 반은 황금이라
       밤마다 때를 알리는 새인데
       첫울음소리도 내지 못했구나!

희종황제는 최치원이 쓴 시를 받아보고
《음, 첫 두구절은 닭알이라는 뜻이니 맞춘것인데 마지막 두 구절은 무슨 뜻인고?》
하고 대신들을 보고 물었다.
《황제페하, 우선 먼저 돌곽을 열어보시면 그 뜻을 알수 있는줄로 아뢰옵니다.》
그래서 돌곽을 열고 솜을 꺼내고 보니 닭알이 이미 병아리로 변해있었다. 이것을 본 황제는 무릎을 치며 감탄했다!
《과연 천재로다! 하늘이 낸 천재가 아니고서야 이것을 어찌 알아맞출소냐. 어서 최치원을 궁전으로 모셔오도록 하라!》
이리하여 최치원은 귀양살이에서 풀려나 또다시 벼슬살이를 하였는데 30전에 벼슬을 버리고 신라로 돌아왔다.
신라왕은 그에게 시독 겸 한림학사(侍讀兼翰林學士)에 수병부시랑 지서서감(守兵部侍郞知瑞書監)이라는 높은 벼슬을 한꺼번에 주었다.
그러나 그때 신라는 서산우에 올라선 해와 같았다. 백성들은 도탄속에 빠져 도처에서 봉기를 일으켰고 봉건통치배들은 부패타락속에서 허송세월을 보내였다.
최치원은 기울어져가는 나라정세를 바로잡기 위하여 시무10여조(時務十餘條)

를 만들어 진성녀왕에게 올렸다. 그리하여 왕족이 아닌 사람으로서 가장 높은 벼슬인 이찬벼슬에 오르게 되였고 그때부터 시무10여조를 실행하다가 도리여 모해를 당할번하였다. 이리하여 최치원은≪아, 신라의 천년사직이 기어이 무너져 가는구나!≫하고 개탄한 나머지 벼슬을 내놓고 산속에 들어가 은거생활을 하면서 신라봉건귀족들의 부패성을 폭로하고 백성들의 생활과 념원을 반영한 많은 문학작품과 불교 철학을 반대하는 론문들을 써내였다. 하여 천여년이 지난 오늘에도 그가 남긴 빛나는 업적과 주옥같은 문장들은 의연히 빛을 뿌리고있다.

왕건

옛날 개성땅 송악산밑에 왕씨라는 사람이 슬하에 딸 삼형제를 두고 살았다. 어느 한해 중국의 리세민[1]이란 사람이 이곳에 사냥을 나왔다가 왕씨네 집에 류숙하게 되였는데 그만 왕씨의 셋째딸과 눈이 맞아서 둘이 서로 죽자살자했다. 왕씨가 암만 말려도 소용없고 두 언니가 나서서 욕하고 때리기까지 해도 둘사이가 너무나 자별해서 인력으로는 도저히 떼여놓을수가 없었다. 나중에 왕씨네 셋째딸은 리세민과 가만히 정을 통해서 잉태까지 하게 되였다.

그런데 날과 달이 바뀌여 봄철도 가고 사냥철도 지나니 어느 하루 리세민은 왕씨네 셋째딸과 작별을 고했다.

《아가씨, 내 말을 들어보소. 내가 이번에 가면 할 일이 많고 분주해서 당신을 건사할 새가 없으니 지금 날 따라가면 고생뿐이요. 내 마음먹은 큰일을 성사해놓고 당신 찾으러 꼭 올터이니 그때까지 기다리오.》

《진정 그러하시다면 말씀만 하시지 말고 무슨 표적이라도 남겨놓고 가셔야 하지 않겠소이까.》

《옳은 말이요. 그럼 내 활과 화살을 증거물로 두고갈것인즉 후 날 필시 쓸모가 있으리다.》

리세민은 사냥하러 가지고나왔던 활과 화살을 왕씨네 셋째딸앞에 내놓았다. 셋째딸은 활과 화살을 받아쥐고서야 리세민의 옷자락을 놓았다. 이렇게 되여 리세민은 왕씨 셋째딸의 배속에 자기 씨를 남기고 중국으로 돌아갔다.

리세민이 떠난후 왕씨 셋째딸은 잉태한지 십삭만에 과연 끌날같은 아들을 낳았다. 아들을 보니 반갑기는 했으나 애비가 성이 뭣인지, 이름이 뭔지도 모르는것이 한스러웠다. 그렇다고 이름을 짓지 않을수도 없어 애어머니의 왕씨성을 달고 이

---

[1] 리세민은 당태종임. 이 이야기는 리세민과 왕건사이에 년대가 잘 맞지 않으나 민간에서 전해지고있는 민담이니만치 구술자의 구술에 근거하여 정리하였다.

름도 지어주었다.
　아이는 여름날 오이 크듯 아무 탈 없이 잘 자랐다. 왕씨 셋째딸은 애가 커서 글배울 나이가 되니 글방에 보내여 글을 배우게 했다. 그런데 아이가 글방에 간 첫날부터 글방 애들은 그를 《애비없는자식》이라고 놀려주었다. 글방에 갔던 아들은 분해서 집에 돌아와 어머니를 보고 물었다.
　《어머니, 다른 집 애들은 다 아버지가 있는데 난 왜 아버지가 없나요?》
　《왜 없겠니. 아주 먼데로 일보러 갔는데 인츰 돌아온단다.》
　그뒤부터 아들은 어머니의 말을 믿고 글방 애들이 놀려주건말건 열심히 글을 익히며 아버지 돌아오기만을 기다렸다. 이러구러 류수같은 세월은 흐르고 흘러서 어느덧 아들의 나이 열너덧살이나 되였다. 그러나 그때까지도 아버지는 돌아오지 않았다. 인젠 아들은 어머님이 뭐라고해도 믿지 않았다.
　어느날 어머니가 볼라니 글방에서 돌아온 아들은 말없이 수돌을 내놓고 식칼을 갈기 시작했다. 어머니는 이상한 생각이 들어 칼가는 아들을 보고 물었다.
　《애야, 너 칼은 왜 가는거냐?》
　《어머니, 저는 아버지 없는 애지요?》
　《원, 당치않은 소릴. 이제 곧 돌아오신다고 하잖았느냐.》
　《어머님, 애비없는자식이란 말을 듣는게 차라리 죽는것만 못합니다. 말씀하세요. 아버지는 어디 계셔요? 바로 말치 않으시면 이 칼로 어머니도 죽이고 나도 죽겠어요.》
　아들은 눈에 불이 일어서 뚝뚝 떨어졌다. 이제 더 실속이야기를 하지 않다가는 당장 큰일이 날판이였다. 어머니는 농속에 깊이 간수해두었던 활과 화살을 아들 앞에 꺼내놓고 말했다.
　《애야, 이게 너의 아버지란다.》
　《네? 활과 화살이 아버지라구요? 거짓말 말아요.》
　《거짓말이 아니다. 바로 이 활과 화살의 임자가 너의 아버지란다.》
　어머니는 아들에게 지나온 왕사를 하나부터 열까지 다 말하고는
　《내 너의 아버지 성함은 모르나 너의 아버지는 저 중원사람이란다. 네가 인젠 셈이 들어서 기어이 아버지를 찾겠다니 이 활과 화살을 가지고 떠나면 꼭 찾으리로다.》
　라고 하였다.

≪어머님, 그럼 부디 안녕히 계서요. 소자는 이길로 아버지를 찾아떠나오옵니다.≫

아들은 어머니한테 절을 올리고나서 활과 화살을 둘러메고 그길로 집을 나섰다. 아들은 중원땅이 서쪽에 있단 말을 듣고 서쪽으로만 향해 걸었다. 이렇게 가고가다보니 망망한 바다가 눈앞에 가로놓여 더는 갈수 없게 되였다. 바다가 어천에 사는 사람들과 중원이 어디냐고 물으니 바다를 건너가면 중원이라고 알려주었다. 그래서 아들은 몇날 몇밤을 바다가에서 자며 바다를 건너가는 배가 있기를 기다렸다. 마침 며칠 지나지 않아 이곳에서 남경으로 장사하러 떠나는 배가 있었다. 아들은 선주를 찾아 그 배에 태워달라고 두손바닥이 다스러지도록 빌고빌었다. 아이가 어떻게나 비는지 선주는 아이를 배에다 태웠다. 이렇게 되여 아들은 장사군들속에 끼여 중원을 향하게 되였다.

장사배는 푸른 바다를 헤가르며 서쪽으로 가고갔다. 그런데 배가 이틀을 달리고 사흘째 되는 날에 갑자기 하늘에서 광풍이 일고 검푸른 바다가 노해서 집채같은 파도가 솟구치는바람에 배가 당장 엎질러지게 되였다. 이대로 가다가는 장사는 고사하고 배에 앉은 사람들이 몽땅 물귀신이 될판이라 선주가 생각던 끝에 여러 사람들을 보고 말했다.

≪바다가 갑자기 이토록 노할 때에는 필시 무슨 곡절이 있을것이요. 아마도 이 배에 타지 말아야 할 사람이 있어서 그러한것이니 자, 자 이제부터 모두들 옷 한 벌씩 벗어서 바다에 던지도록 하시오. 죄없는 사람의 옷은 자연히 가벼워 뜰것이나 죄진 사람의 옷은 가라앉을것이니 보고서 처리할테요.≫

세상사가 다 연유가 있는것이라 사람들은 선주의 말대로 저마다 옷 한벌씩 벗어서 바다에 던졌다. 헌데 배에 앉은 사람들이 모두 옷을 벗어 물에 던졌지만 가라앉는 옷이라고는 없었다. 배사공과 장사군들 속에는 죄진 사람이 없는 모양이였다. 그래서 선주가 누가 옷을 벗지 않았나 하여 한사람한사람 살펴보니 한 아이가 그냥 옷을 입은채 한구석에 앉아있었다. 선주는 처음 아이에게 무슨 죄가 있으랴싶어 그냥 놔두려고 했지만 다시 생각해보니 배에 앉은 수십명 사람의 인명에 관계되는 큰일이라 그 아이더러 옷을 벗어던지라 했다. 그랬더니 생각밖으로 아이가 옷을 벗어 물에 던지자 그 옷이 바다우에서 빙그르르 돌더니만 바다밑에 쑥 가라앉아버렸다. 선주는 더 물을것 없이 이 아이를 죄진 사람이라 하여 당장 바닷물에 처넣고 풍랑을 피하자고 들었다. 이때 한 배사공이 그 아이를 측은

하게 여겨 선주를 보고 사정했다.
《선주님, 아버지를 찾아떠난 저 불쌍한 어린것을 우리 손으로 바다에 처넣는다면 장사하는 우리에게 장차 불길할것으로 아옵니다. 바로 저앞에 작은 섬이 보이오니 이 아이를 저섬에 두고 갑시다. 그러면 우리도 풍랑을 면하고 아이도 혹 운수가 좋으면 살수 있을지 누가 압니까.》
배에 탄 사람들중에 아무도 반대하는 사람이 없는지라 선주는 그렇게 하도록 하였다. 참으로 이상한 일이였다. 그 아이를 무인고도에 내려놓았더니 그렇게 맹수처럼 울부짖던 바람도 잠잠해지고 그렇게 날치던 바다에도 파도 하나 일지 않았다.
이리하여 장사배는 무사히 남경을 향해 갔으나 왕씨 셋째딸의 아들은 무인고도에 외홀로 남았다. 이제는 아버지도 찾지 못하고 죽게 되였는지라 아들은 하염없이 눈물만 흘리고있었다. 이렇게 눈물 흘리며 죽기만 기다리는데 해가 뉘엿뉘엿 지기 시작할 때 갑자기 잠잠하던 바다에 파도가 일더니 바다속으로부터 집채같은 파도를 타고 백발이 성성한 로인이 무인고도에 올라섰다. 백발로인은 무인고도에 외홀로 남은 아들의 손을 잡더니 매우 친절하게 말했다.
《애야, 매우 놀랐겠구나. 실은 내가 오늘 너를 이곳에 남겨두려고 그런 조화를 부린거란다.》
아들은 죽게 된 고비에 로인을 만나니 너무도 기뻐 넙적엎드려 절을 하였다.
《로인님은 누구시옵니까?》
《허허허, 나는 서해바다 룡왕이로다. 내 오늘 너에게 도움을 받고저 하니 행할수 있겠느냐?》
《황송하옵니다. 어린 몸에 무슨 힘으로 룡왕님을 도우리까?》
《너에겐 그 범상치 않은 활과 화살이 있지 않느냐?》
아들은 등에 진 활과 화살을 벗겨쥐고는 고개숙여 룡왕의 분부를 기다렸다.
《명심해 들어라. 저 몹쓸 남해바다 룡왕이 한사코 내 딸을 달라는구나. 내 주지 않으니 날마다 와서 싸움을 거는데 나는 늙고 그는 젊어서 내가 그를 당하기 어려우이. 그러니 래일 우리 둘이 싸울 때 자네가 활을 겨누고있다가 남해룡왕이 물우에 올라오면 쏘게나. 나는 서해룡왕이여서 흰빛갈이고 남해룡왕은 붉은빛갈이니 아무쪼록 명심하게.》
서해룡왕은 말을 마치자 선과(仙果)세알을 주고는 눈깜짝새 사라졌다. 아들이 저녁때가 되여 배고픈지라 서해룡왕이주고간 선과 세알을 먹으니 배도 부르고 덥지도 않고 춥지도 않은데 몸이 날아갈듯 가벼워지고 오뉴월 샘에 머리를 씻은 듯 정신이 버쩍 들며 팔다리에 기운이 부쩍부쩍 났다.

밤이 새고 새날이 왔다. 셋째딸의 아들은 먹지 않아도 배가 고프지 않고 정신이 나고 힘만 솟는지라 때가 되기만 기다렸다. 해가 하늘중천에 솟아오르자 바다가 끓어번지고 광풍이 대작하더니 바다에서 두 룡이 싸우고있었다. 그는 화살을 겨누어들고 붉은것이 올리솟기만 바랐다. 헌데 해가 너울너울 질때 바다우에 흰것이 솟아올랐다. 왕씨네 아들은 바다우에 흰것이 솟으니 활을 쏘지 못하였다.

해가 지니 서해룡왕이 또 그를 찾아서 물었다.

《너 왜 활을 쏘지 않았느냐?》

《네. 대왕님 분부키를 남해룡왕은 붉은것이라 하였는데 붉은것은 솟지 않고 대왕님 흰기운만 솟아 쏘지 않았소이다.》

《오, 네 과연 총명하도다. 래일은 붉은것이 솟아오를터인 즉 꼭 쏘도록 하여라!》

서해룡왕은 왕씨 아들에게 이번에는 선과 여섯알을 주고 갔다. 그는 서해룡왕이 주는대로 선과 여섯알을 다 먹었다. 그랬더니 갑절이나 힘이 솟고 어찌나 정신이 나는지 눈은 하늘의 별이 내려앉은듯 빛이 났다. 그이튿날 때가 되니 또 바다가 부글부글 끓어번지며 서해룡왕과 남해룡왕의 싸움이 벌어졌다. 왕씨 아들은 활을 겨눠들고 붉은것이 솟아오르기만 기다렸다. 해질녘이 되니 과연 바다우에 무엇인가 불끈 솟는데 다시 보아도 틀림없는 붉은빛갈이라 왕씨 아들은 화살을 날렸다. 화살이 웽 소리내며 날려가서 남해룡왕을 명중하니 드넓은 바다가 삽시에 시뻘겋게 물들었다. 남해룡왕은 면바로 숨통을 얻어맞고 죽어버렸다.

서해룡왕은 백발수염을 날리며 만면에 웃음을 담고 왕씨아들이 있는 섬에 찾아와 그를 골백번이나 치하하고 이제는 큰 환이 없어졌으니 룡궁에 들어와 놀고가라며 그를 업고 서해바다 룡궁으로 들어갔다. 송악산밑에서 글방이나 다니던 왕씨 아들 룡궁에 들어서니 천지는 광활하고 일월은 명랑하였다. 천여간 되는 수정궁의 호박기둥, 백옥주추, 대모란간, 산호주렴이 광채 찬란하고 중궁패궐은 반공에 속았는데 문과창에는 서기가 어려있었다. 물색좋은 패물 향기가 진동하고 풍악이 랑자한 가운데 문무백관이 나와 그를 반겨맞고 천상의 선녀같은 룡녀 셋이 나와 그를 맞아주었다. 왕씨 아들은 별유 천지와 같은 수정궁에서 즐겁게 보내던

중 서해룡왕의 셋째딸과 눈이 맞아서 서로 사랑을 주고받으며 주야가 가는줄 모르게 지냈다. 이렇게 왕씨 아들 서해룡궁에 와서 서해룡왕의 셋째딸과 한창 사랑을 무르익히는데 하루는 서해룡왕이 그를 불렀다.
《그대 듣느뇨? 그대는 뭍에 사는 사람이요 여기는 수중의 서해룡궁이라 이제는 뭍에 나갈 때가 되였네. 과인은 그대의 은혜를 크게 생각하여 그대가 소원하는데로 무엇이든 다 줄터이니 소원을 말해보라.》
서해룡궁에는 금은패물도 기수없이 많아서 인간세에 가지고 나가면 일국을 진동할만한 큰 부자도 될수 있었다. 하지만 왕씨 아들은 서해룡와 셋재딸께밖에 마음이 가지 않았다. 그는 큰 마음을 먹고 입을 열었다.
《대왕님께서 제가 소원하는대로 주시려면 저에게 대왕님의 셋째공주를 주옵소서. 이것외에는 달리 소원되는것이 없사옵니다.》
너무나도 생각밖이라 서해룡왕은 놀라서 왕씨 아들을 반나절이나 내려다보았다. 하지만 별수가 없었다. 보통백성도 일구이언하지 않거늘 서해룡왕으로 어찌 일구이언을 할수 있으랴. 서해룡왕은 다시한번 왕씨아들을 쭉 훑어보더니 머리를 끄덕이며 입을 열었다.
《그대 눈에 범상치 않은 정기가 뿜기는도다. 과인은 그대 소원대로 셋째딸을 그대에게 주노라. 그대 내 딸과 혼인하여 아들을 볼 시면 그 아들이 정녕 천하를 차지하리로다. 그러니 이제는 중원에 가지 말고 곧추 집으로 돌아갈지라.》
왕씨 아들은 서해룡왕에게 코가 땅에 닿도록 절하며 꼭 분부대로 하겠노라고 아뢰였다. 서해룡왕은 심히 기뻐하였다. 서해룡왕은 신하들에 령을 내려 왕씨 아들과 셋째딸을 옥정련꽃속에 앉혀서 인간세상에 내보냈다.
집에 돌아온 아들은 지나간 일을 일일이 어머니에게 고한 다음 어머니의 윤허를 받고 서해룡왕의 셋째따님과 부부인연을 맺었다. 그런데 첫날밤에 안해와 자리를 같이하자고 보니 안해의 배에 고기비늘같은것이 있어 마음이 인차 동하지 않았다. 그래서 생각하고 생각하던 끝에 안해의 배에 수건을 가리고 안해와 자리를 같이하였다.
서해룡왕의 셋째딸은 과연 얼마 지나지 않아 태기가 있어 십삭이 되자 바라고 바라던 아들을 낳았다. 옥골선풍같은 아이는 나자부터 그 울음소리부터 달랐고 눈에서는 해달같은 빛이 뿜겨나왔다. 왕씨 아들 부부는 그 아이는 수건 때문에 본것이라 하여 그 애의 이름을 수건건자를 달아 왕건(王巾)이라 불렀다.

왕건이는 아무 탈도 없이 무럭무럭 자랐다. 헌데 세월이 갈수록 룡녀는 앙상하게 여위여 볼 모양이 없었다. 왕씨 아들은 이상한 생각이 들어 안해를 보고 그 사연을 물었다.

《여보, 당신은 왜 날마다 그렇게 여위여만 가는거요?》

《저는 본디 물속에서 살아왔사온데 목욕을 하지 못해 그렇소이다.》

《그럼 진작 말할것이지. 어서 목욕을 하도록 하오.》

《하오나 제가 목욕하는건 아무도 보지 말아야 하오이다. 당신도 보면 안되오리다.》

《그야 어려울게 있소. 내 지켜줄테니 하시구려.》

이리하여 룡녀는 함지에 물을 떠가지고 헛간을 들어가고 왕씨 아들은 밖에서 사람들이 오는가 지켜보았다. 헌데 룡녀가 헛간에 들어간지 얼마 안되여 헛간에서 출렁이는 물소리가 요란하였다. 자그마한 함지에 물을 담아들고 들어가 몸이나 닦는줄 알았는데 물소리가 바다물 출렁이듯 요란한지라 왕씨 아들은 이상한 생각이 들어 룡녀 몰래 문틈으로 헛간안을 가만히 들여다보았다. 헛간에 검푸른 물이 차 출렁이는데 얼럭덜럭한 룡 한 마리가 그 물속에서 헤염치고있었다. 참으로 놀라운 광경이였다.

왕씨 아들은 보지 않은체하고 물러서서 안해가 목욕을 다하고 나오기를 기다렸다. 기다리고 기다리노라니 앙상하게 여위였던 안해가 전처럼 복실 복실하게 살이 올라 나오는데 인간세의 서시같이 곱고 월궁의 상아같이 예뻤다. 왕씨 아들은 안해의 꽃같은 얼굴을 쳐다보며 기뻐 어쩔줄 몰랐다.

《여보, 목욕을 하니 그렇게 서시같고 상아같이 고운걸, 이제부터는 날마다 목욕을 하시구려.》

남편은 진정 기뻐 말했지만 룡녀는 아주 서운한 기색을 띠우며 말했다.

《당신이 제 말대로 하지 않고 목욕하는걸 훔쳐본탓으로 저는 도로 룡이 돼버렸소이다. 이제 더는 당신과 백년해로를 할수 없게 되였사오니 이 몸은 룡궁으로 돌아가오이다.》

말을 마치자 서해룡왕의 셋째따님은 번개같이 몸을 뒤채더니 한마리 룡이 되여 개성의 성밖에 있는 우물에 뛰여들었다. 그 우물은 서해바다와 통해있으므로 룡녀는 그 우물로 해서 서해룡궁으로 돌아갔다. 그리하여 후세 사람들은 룡녀가 뛰여든 그 우물을 룡정(龍井)이라 불렀다.

세월이 흘러 서해룡왕의 말대로 왕건은 조선반도의 삼국을 통일하고 새 나라를 창건하였는데 국호를 고려라 하고 고려국의 왕이 되였다. 왕건은 고려의 태조가 되자 한 나라의 임금이 어찌 이름에 수건건자를 쓰겠느냐 해서 수건건자 대신 세울건(建)자를 써서 왕건(王建)이라 일컬었다.

그후로 왕씨네는 룡의 후손이라 하여 타성과는 혼인을 하지 않고 왕씨끼리만 혼인을 하였다 한다.

파경노 김재권·박창묵 정리

역동선생

옛날 고려 26대 충선왕시절에 우탁이라는 사람이 있었는데 우탁은 성리학자(性理學者)로서 일찍 문과에 급제하여 벼슬이 성균좨주(成均祭酒)에 이르러 고려에서는 명망이 높은 문신이였다.

어느해 우탁은 나라의 중임을 맡고 중원에 사신으로 가게 되였다. 그때까지도 고려사람들은 ≪론어≫, ≪맹자≫, ≪중용≫, ≪대학≫ 등 4서와 ≪시경≫, ≪서경≫해서 2경은 알고있었지만 중국에서 ≪주역≫만은 보내주지 않은 까닭에 4서2경밖에 모르고있었다. 그리하여 중국에 사신으로 가는 우탁은 이번 걸음에 중국에 가서 꼭 ≪주역≫을 얻어가지고 와서 고려사람들도 4서3경을 다 보게 하리라 마음먹었다.

헌데 정작 중국에 와보니 일은 우탁의 생각과 같이 되지 않았다. 우탁은 일국의 사신이라 중국에 들어와서도 한다 하는 고관대작들과 마주앉아 국사도 담론하고 한가할 때는 한담도 했지만 중구사람들은 ≪주역≫이란 책만은 그앞에 선뜻 내놓지 않았다. 아무리 생각해도 ≪주역≫을 얻어가지고 가지 못하는것이 한이 되였다. 우탁은 생각하고 생각하던 끝에 궁궐에 찾아 들어가 어전에 끓어엎디여 례를 올리고 황제에게 한가지 청을 들었다.

≪천자님전에 한가지 청을 드리옵니다. 듣자니 귀국에는 귀국에서도 첫 자리에 놓이는 <주역>이라는 경서가 있다 하온데 우리 고려사람들은 지금까지도 이 책을 보지 못하였사옵니다. 이번 귀국에 왔던걸음에 <주역>을 한번 보고 가려 하오니 청컨대 거절하지 말아주옵소서!≫

중원 천자가 우탁의 말을 듣고 생각해보니 ≪주역≫이 확실히 귀중한 경서여서 함부로 타국에 내보낼 책은 아니로되 그렇다고 가지고가겠다는것도 아니고 한번보고 가겠다는데야 별일이 있을것 같지 않았다. 그래서 선뜻 대답했다.

≪린국의 사신의 몸으로 한번 <주역>을 보자함이니 어찌 거절하리요. 허나 <주역>으로 말할진대 가장 난해한 경서로서 음양 이원을 가지고 천지간의 만물

을 설하였으니 읽기도 어렵고 터득하기는 더욱 어려울것이요. 한번 보기만을 허락하니 인차 돌리도록 하시라!≫

천자의 윤허를 받은 우탁은 ≪주역≫을 받아들자 온 심혈을 기울여 한번 죽 내리읽었다. 우탁이≪주역≫을 단숨에 읽고나자 천자의 령을 받은 신하가 우탁이 ≪주역≫을 다시한번 들여다볼 새도 없이 인차 찾아가버렸다. 그 신하가 우탁이 보던≪주역≫을 천자앞에 내놓으며 찾아왔노라 고하니 천자는 놀라서 물었다.

≪그래 그새에 고려에서 온 그 사신이 그토록 어려운 책을 한 벌 다 보았다는 말이냐?≫

≪그런줄 아옵니다.≫

≪참으로 고려에 인재가 많다더니 출중한 인재로다.≫

천자는 우탁이 그사이에≪주역≫을 한번 읽어보았다는 말만 듣고도 출중한 인재라 칭찬하였는데 사실 그때 우탁은 단 한번 읽고서도≪주역≫을 한글자도 빠뜨림없이 머릿속에다 몽땅 기억해두었다.

그후 오래지 않아 사신으로 갔던 우탁은 고려로 돌아왔다. 그는 고려에 돌아오자 머리 속에 새겨두었던≪주역≫을 몽땅 그대로 되살려내여≪주역≫을 가르치기 시작했다. 이때로부터 고려에도≪주역≫이 있게 되여 4서3경을 다 알게 되였는데 사람들은 우탁이 주역을 동쪽나라에 옮겨왔다 하여 그를 우역동선생이라고 부르게 되였다 한다.

불가사리

옛날 고려가 망할무렵에 불가사리라는 괴상한 짐승이 나타나 쇠란 쇠는 다 집어먹어버리고 나중에는 송도를 불바다로 만든 괴이한 일이 생겼는데 거기에는 이런 이야기가 전해지고 있다.

험한 산들이 이마를 맞대고 푸르고 푸른 소나무들이 울울 창창한 송악산 깊은 산속에 아담한 절간이 하나 있었다. 때로는 부끄러운듯 안개와 구름을 너울로 삼아 아름다운 그 모습을 숨기기도 하고 때로는 깎아지른 절벽틈사이에 뿌리박고 자란 락락장속들이 불어오는 바람에 흐늘흐늘 춤출 때면 웅장한 그 모습을 언뜰언뜰 들어내는데 그때면 그 절의 모습은 실로 가관이였다.

이 절에 신돈이라 부르는 유명한 대사가 있었는데 신돈이 아직 젊었을 때의 일이다. 하루는 신돈이 시주쌀과 돈을 받아 가지고 돌아오는 길에 제딴엔 유명하다고 자칭하는 사주점쟁이를 만났다. 한번 사주점을 치는데 백냥이라는 말을 듣고 놀라기도 하고 호기심이 동한 신돈이는 네가 알면 얼마나 아는가 보자 하고 시주로 받은 쌀과 돈을 몽땅 털어주고 사주점을 쳤더니 점쟁이의 말이 슬하에 자녀 백을 두겠다고 했다. 자기는 중이여서 장가를 못들겠는데도 자식을 하나도 아니요 백명이나 두겠다니 아예 미친놈의 점쟁이라고 욕사발을 퍼부었다. 그러나 점쟁이는 자기의 사주점은 조금도 틀림이 없으니 정말 아들딸 백을 두게 되면 절간 재산의 절반을 주겠는가고 따지고 들었다. 이렇게까지 되니 신돈을 그때부터 눈을 뜨나 감으나 점쟁이의 목소리가 귀에 쟁쟁하고 아들딸들이 눈앞에 얼른거리는지라 어떻게 하면 장가를 안가고 아들딸 백을 두겠는가 하고 늘 생각하게 되였다. 그러나 터밭이 있어야 씨를 뿌리지 않겠는가? 그래서 생각해낸 궁리인즉 석가모니 보살님의 령험하신 신의 힘을 빌어 녀인들을 절로 끌어들여 아무도 모르게 자기의 욕망을 실현해보자는것이였다.

신돈이는 그날부터 가사를 걸치고 목탁을 두드리며 방방곡곡을 메주밟듯하면서 자석이란 자석을 죄다 걷어들였다. 그런후에 자기로 설계하여 아담한 백당을 따로 짓고 무쇠를 녹여부어서 부처를 만들었다. 그리고는 백당에 혼자 남아서 백일동안 기도를 드린다며 개미 한 마리 얼씬못하게 단속하고는 쥐도새도 모르게 각 곳에서 모아온 자석을 천정과 땅바닥은 물론 백당의 동서남북 사면벽에다 꽉 박아넣었다.

백일동안 념불을 끝낸후 십여명 중들을 동원하여 부처를 들고 들어가서 백당 복판공중에서 들고 비단보를 벗긴후에 중들을 물러서게 하였다. 그러자 까까머리 생도들은 물론이려니와 래일모레면 보살님을 찾아갈 늙은 대사들도 눈이 퉁사발이되고 입이 함박만해서 다물지를 못했다. 그도 그럴것이 십여명이 겨우 들고 들어온 불상을 신돈이 한손으로 쳐들고있었기 때문이였다. 허나 그보다도 더한 기적이 그후에 나타났다. 신돈대사가 념불을 외우며 손을 뗐는데도 불상은 허망공중에 그냥 떠있었다. 허망공중에 떠있는 부처님은 살아있는듯 눈은 웃고 입가엔 미소가 어렸는데 금시 무엇이리고 말할것만 같았다. 부처님은 정말 령험하시다고 모든 중들이 수십번씩 절을 하다보니 이마를 땅에다 짓쪼아서 시퍼렇게 멍이 들었고 어떤중의 이마에는 주먹만한 혹이 달렸건만 아프다는 말을 하는 사람은 하나도 없었다.

누가 보든지 그 큰 무쇠부처가 허망공중에 떠있는것이 신의 힘이 아니고서는 도저히 상상도 할수 없는 일이였다. 그리하여 신돈이 있는 아무 절간의 부처님은 령험하시여 공중에 떠있다는 소식이 하루사이에 송도안에 파다하게 퍼졌고 허망에 떠있는 부처님을 보려고 찾아드는 사람들이 구름떼 모이듯하였다. 그리하여 신돈대사의 이름도 자연히 소문나게 되였는데 소문은 새끼에 새끼를 쳐서 그 부처님께 불공드리면 없는 자식도 낳게 되고 있는 자식은 건강장수한다는 희한한 소문이 온 나라에 파다하게 퍼졌다.

이렇게 되니 자식없어 속을 태우고 남편과 시부모들게 기시당하던 녀인들이 살 때를 만났다고 개미떼 늘어서듯 꼬리에 꼬리를 물고 절당으로 찾아들었다. 그리고 백당에서 3일동안 령험하신 부처님께 빌고나면 정말 열달만에 아들 혹은 딸을 낳았다. 그러다보니 소문은 더 광장히도 나서 나라의 한다하는 재상과 문무 백관의 안해들까지 백당으로 모여드는데 부인들을 태운 가마와 절간에 드릴 재물을 이고 진 사람들의 행렬이 장사진을 이루었다.

이리하여 신돈대사는 임금의 부름까지 받게 되였으며 나중에는 임금과 같이 국사를 의론하는 왕사(王師)로 되였다. 이러다보니 온 나라 방방곡곡에 불교가 성행하게 되였는데 경치좋은 곳마다에는 절간이 일어서고 그에 따라 백성들의 부담은 백배로 늘어나 헐벗고 굶주림에 시달리는 백성들의 아우성 소리가 산천을 뒤흔들었다. 허지만 세상만사는 시작이 있으면 끝이 있기마련이고 가짜는 어떻게 위장을 해도 가짜로서 시간이 지나고 때가 되면 진면모가 드러나기마련이다.

한번은 절개있는 한 대신의 부인이 불공드리러 절간으로 갔다. 백당에 들어가 령험하신 부처님께 불공을 드리고 신돈대사가 인도하는 곳으로 갔더니 실로 눈을 황홀케 하는 한 방이였다. 인간세상에서 남부럽지 않게 사는, 우로는 임금을 모시고 아래로는 만백성을 거느린 대신의 안해로서도 처음 보는 천당같은 곳이였다. 이 천당에서 부인은 신돈대사가 따라주는, 관세음보살님께서 선사한다는 천주를 받아마셨는데 마시자마자 온몸이 불덩어리가 되여 자기가 대신의 안해라는 체신마저 잊고 신돈의 품에 안기려고 애걸복걸하게 되였다. 그러니 신돈대사는 나무아미타불을 련속 외우며 녀인을 피하는척 했는데 그럴수록 녀인의 가슴속에 붙는 불길은 훨훨 타올라 옷까지 벗어 내동댕이치며 알몸뚱이로 무릎을 꿇고 빌었다. 그제서야 신돈대사는 《부처님께서 부인의 갸륵하신 마음을 굽어 살피시여 아들딸을 점지하여주셨나이다. 나무아미타불!》하고 중얼거리며 녀인을 메주덩이 주무르듯하였다.

집으로 돌아온 대신의 부인은 정신이 맑아지자 못먹을 음식을 먹은듯 메스껍고 마음이 꺼림직한데다가 신돈대사의 손이 닿은 곳마다 근질거려 도무지 밥을 먹을수 없고 잠을 잘수가 없었다. 신돈의 꾀임에 속아 흥분제를 탄 과일즙을 마시고 그놈한테 매달려 구걸하여 몸을 더럽힌것을 생각하니 기가 막혔다.

《한 나라 대신의 안해로서 남편을 속이는것은 하늘을 속이는것이요, 요사한 중놈의 천추에 용서못할 죄를 알면서도 한목숨이 아까와 묵과하는것은 자신을 속이고 만민을 해치는 일이다.》

이렇게 생각한 대신의 부인은 자초지종을 곧이곧대로 적은 유서를 남기고는 련못에 몸을 던져 자결하고말았다.

부인이 써놓은 유서를 보고 결이 난 대신이 암행 행차로 절간으로 가서 샅샅이 조사해보니 과연 부인의 유서와 같았다. 정말이지 귀신도 놀랄만하게 불상은 허망공중에 떠있었고 지하에는 천당을 방불케 하는 황홀한 방이 있었다. 분명 녀인들이 불공드리러 갔다가 신돈의 기만술에 얼리워 잉태를 하고서도 중놈에게 강간당했다는 말은 차마 못하고 령험하신 부처님께서 점지하여 자식을 보았다고 한것이 틀림없었다. 그러니 신돈이는 마나님들이 갖다주는 제일 좋은 음식을 먹고는 하루에도 수차씩 녀자들을 끼고 놀았다. 그러니 10년이 넘는 동안에 신돈의 아들, 딸이 백이 아니라 몇백명인지 헤아릴수 없게 되였다.

조정의 한다하는 문무대신들이 그 소식을 듣고서는 저마다 자기 부인과 자식들을 의심하게 되였으며 자기 부인이 중놈의 아이를 낳았다는 말이 새여나갈가봐 쥐도새도 모르게 신돈이란 중놈을 잡아다가 칼탕을 치자고 이를 북북 갈았다. 그만큼 신돈의 죄상은 크고 엄청난것이여서 임금도 자기가 아끼고 사랑하고 존경하는 국상이였지만 신돈을 잡으라고 령을 내리지 않을수 없었다.

그래서 신돈이를 잡자고 포도대장이 라졸들을 이끌고 절간으로 갔으나 신돈대사가 천기를 알았던지 아니면 낮말은 새가 듣고 밤말은 쥐가 듣는다고 어느 누가 벌써 신돈에게 귀띔을 했던지 신돈이가 감쪽같이 자취를 감추는바람에 포도대장은 헛물을 켜고말았다. 그 소식을 들은 임금은 중 신돈이를 붙잡는 사람에게 만금상에 일생동안 국록을 봉해주며 신돈이가 숨은 곳을 알려주는 사람에겐 중상금을 주며 신돈이를 감추는 자는 3대를 멸족시킨다는 칙지를 내려 전국 방방곡곡에 붙이게 하였다. 이리하여 신돈이는 날개가 있어도 날아갈수 없고 구멍이 있어도 숨을 곳이 없게 되였다.

하루는 포도대장의 안해가 남편이 돈과 직위가 탐나서 하나밖에 없는 자기 친혈육인 동생 신돈이를 잡으러 나간후 안절부절 못하고 눈물과 한숨으로 지내는데 아닌밤중에 홍두깨라더니 야심경에 신돈이가 뛰여들었다. 포도대장의 처는 너무나 놀라서 한식경이나 혼나간 사람모양으로 동생을 바라만 보았다.

《누님, 왜 그렇게 놀라시우?》

《아니, 동생을 잡자고 온 나라가 일떠났는데 더구나 포도대장인 우리 집으로 오면 호박을 쓰고 돼지굴로 들어오는게 아니고 뭐냐?!》

《누님은 하나만 알았지 둘은 모르시는구려. 옛날 성인들께서 이르시기를 등잔 밑이 어둡다고 했지요. 바로 누님네 집이 포도대장네 집이기에 누구도 내가 여기에 숨었다고는 생각지도 못하겠으니 제일 안전한 곳이 바로 여기란말이예요. 그렇지만 벙어리속은 낳은 제 에미도 모르고 사람의 맘이란 조석 변하듯하고 돈이라면 배속의 어린애도 나온다는 말도 있으니 누님도 매부처럼 돈과 명예가 탐난다면 나를 잡아다 바치고 상금을 타세요. 나무아미타불 관세음보살!》

《너, 너 미치지 않았느냐? 사람의 가죽을 쓴 내가 아무러면 하나밖에 없는

동생을… 어이구 기가 막혀서… 어서 매부가 돌아오기전에 냉큼 떠나거라!》
《누님, 제발 빕니다. 죽으라는 말보다도 가라는 말이 더 싫다고 방금 제가 말하지 않았어요. 등잔밑이 어둡다고요. 며칠동안만 이곳에 있게 해주세요.》
 이리하여 포도대장의 안해는 울며 겨자먹기로 나라에서 잡으라는 특대죄범인 신돈이를 다락우에다 숨겨놓고 이웃들의 눈치를 살펴가며 밥을 날라다주었다.
 신돈이가 다락우에 숨어서 밤낮없이 나무아미타불을 입속으로 되뇌이며 넘주 대신에 손바닥을 싹싹 문지르다보니 손바닥에 땀이 나고 때가 일어서 뭉친것이 까만 콩알만하게 되였다. 신돈이는 할 일이 없는지라 그 까만 콩알같은것을 만지작거리며 소일하였다.
 화살같이 빠른것이 세월이라 어느덧 열흘이 지나니 신돈이 잡으러 나간 포도대장이 돌아오게 되였다. 남편이 온다는 소식을 들은 포도대장의 처는 급해나서 바느질을 하다말고 다락으로 달려갔다. 다락우에 올라가보니 동생 신돈은 어느새 도망을 하고 다락은 텅 비여있었다. 포도대장의 처가 간이 콩알만 해서 풀썩 주저앉아 동생을 무사하게 해달라고 빌다가 보니 바닥에서 무엇인지 새까만 콩알만한것이 옴지락거리는지라 찬찬히 여겨보니 개미가 작아도 오관이 다 있는것처럼 그놈도 입과 눈과 발이 구전하였다. 그래서 들고갔던 바늘로《요건뭐람?》하며 콕 찔러봤더니 고놈이 벼룩이 입보다도 작은 입을 짝 벌리며 바늘을 납작 받아 삼켜버렸다. 신기한 일이였다. 바늘길이보다 작은것이 바늘을 먹더니만 눈깜짝할 사이에 그만큼 커졌다. 하도 신기해서 오지랖에 꽂았던 바늘을 또 주었더니 또 납작 받아먹고는 그만큼 자라났다. 포도대장의 처가 고놈을 가지고 방에 돌아와 구들복판에 놓고 밥도 주고 물도 주었지만 먹지 않았다. 그래서 다시 반지그릇에서 실패를 찾아 바늘을 빼서 주었더니 냉큼 받아먹었다. 별란놈이였다. 밥은 먹지 않고 전문 쇠붙이만 먹었다. 그래서 이번엔 가위를 주니 그것도 넙적 받아먹고는 그만큼 늘어났다. 그래서 놋숟가락이며 칼, 주걱 같은 쇠붙이를 주었더니 주는대로 다 받아 먹고는 고양이만 하게 자라났다. 그제서야 포도대장의 처가 덴겁해서 그놈을 밖에다 내던지고 아우성을 쳤더니 이웃에서 사람들이 모여들었다. 쇠붙이를 먹는다는 말을 듣고서는 믿지 못해서 이웃들이 호미, 삽, 도끼, 괭이 같은것을 던져주니 정말 뭉청뭉청 씹어먹고는 오뉴월에 물오이자라듯 무럭무럭 자라 강아지만하게 되였다. 구경하던 사람들이 재미있다고 집집의 쇠붙이를 걷어다주니 그놈은 주는족족 삼키고는 개만큼 커졌다. 그래서 불과 며칠사이에 온 동네의 쇠붙이란 쇠붙이는 죄다 먹고나더니 몸집은 큰 곰같은데 눈은 황소눈이요, 코는 코끼리코요, 다리는 범의 다리요, 꼬리는 사자꼬리처럼 험상스럽고 무서운 짐승으로 되였다.

그놈은 사람들이 더는 쇠붙이를 갖다주지 않으니 뚱기적 거리며 쇠붙이를 찾아 이집 저집으로 다니며 문돌쩌귀마저 빼 먹고는 집안으로 들어가 가마까지 삼키였다. 그바람에 송도사람들은 근심이 되여 밤낮으로 대문을 닫아걸고 밖으로 나오지도 못하게 되였다.

포도대장이 명을 받고 라졸들을 데리고 가서 바줄로 묶어 놓았으나 거미줄로 방귀동이는 격이였다. 그래서 칼로 목을 베였으나 칼날만 뭉청 떨어지고 창으로 입을 찌르고 활로 눈을 쏘았으나 창끝과 활촉이 분질러질뿐 괴물은 꿈쩍도 안했다. 나중에는 포도군사들을 풀어 동아줄로 꽁꽁 묶어놓고 그 놈우에다 숯을 집채처럼 쌓은 다음 풀무를 수십대 얻어다가 불을 세차게 일궜다. 불길이 세찰수록 그놈은 가만히 누워있었다. 묶어놓은 동아줄이 녹아서 쇠물이 되자 이젠 영낙없이 죽었겠지 하고 깍쟁이와 창끝으로 쑤셨더니 새빨갛게 달대로 달아오른 그 괴물이 숯불을 털어버리고는 불똥을 찔끔찔끔 갈기면서 먹을것을 찾아 돌아다니는데 그의 몸과 불똥이 닿는 곳에서는 불이 일어났다. 그바람에 송도는 불더미속에 잠기게 되였다. 그래서 조정에서와 송도사람들은 그 어떤 힘, 어떤 방법으로써도 죽일래야 죽일수 없는 괴물이라고 해서 그놈을 《불가실이(不可殺伊)》2)라고 부르게 되였다.

헌데 이상하게도 백성들이 그 괴물을 보고 《저 불가사리!》《저놈의 불가사리!》하고 부르자 그 괴물은 잠간사이에 폐철무지로 변하고말았다.

이와 같이 송도말년에 불가사리가 나타났다가 없어진후 얼마 안되여 고려는 망하고말았는데 사람들은 고려가 망한것을 임금들이 너무나 녀색에 반하고 불공에 깊이 빠져 신돈이 같은 중들을 중용한 까닭이라고 말들 하고있다.

그리고 송도말년에 불가사리가 나타나 쇠라는 쇠는 다 집어먹고 온 송도를 불바다속에 잠기게 했던 일을 잊지 않은 고려의 후손들은 지금도 너무 욕심부려서 마구 처먹는것을 보면《송도말년에 불가사리 쇠집어먹듯한다.》고 비유해서 말들 하고있다.

---

2) 불가실이 : 죽일수 없는것(不可殺伊)이라는 한자어에서 온 말이다.

주원장과 리성계

주원장과 리성계가 아직 왕위에 오르지 않았을 때의 일이다. 그때 그들은 모두 낡은 왕조를 뒤엎고 새 왕조를 세울 뜻을 품은 사람들이였다. 이렇게 마음속에 큰 뜻을 가지고있는 사람들이라 주원장과 리성계는 서로 장차 이웃나라의 왕이 될 사람이 어떤 사람인가 한번 만나보고싶은 마음이 불같았다.

그러던 어느해 마침내 그들의 소원은 성취되였다. 주원장과 리성계는 서로 상대방을 만나보려고 포수군차림을 하고 돌아다니다가 장백산아래 어느 산수좋은 고장에서 서로 만났다. 초면강산이라 둘 다 자기 정체를 감추며 말을 주고받았지만 오가는 말이 다 범인들의 하는 말도 아니요 다 대방의 말속의 말을 들을줄 아는 사람들이라 몇마디 말을 주고받지 않아서 주원장도 대방이 리성계라는것을 알고 리성계도 자기와 마주앉은 사람이 주원장이라는것을 알았다.

주원장이 먼저 리성계를 훑어보니 발이 큰것이 임금이 될 상인데 눈을 보니 매눈이였다. 매란 짐승은 보기에는 사나와도 배만 부르면 꿩을 잡자고 날치지 않으며 매우 온순하다. 그러니 리성계가 장차 조선땅만 차지하면 족하게 생각하고 크게 이웃나라에까지 손을 뻗칠것 같지 않았다. 하지만 열길 물속은 알아도 한길 사람속은 모른다고 주원장은 리성계의 진짜 속생각을 알수 없었다. 주원장은 한번 리성계의 속심을 알아 보려고 수작을 걸었다.

《우리 이렇게 만남도 다 뜻이 있음이니 한번 마음속 생각을 시로 지어 읊어봄이 어떠하오?》

《그야 어려울게 있소. 내 생각도 그러하니 운자를 내시지요.》

《그럼 뫼산(山)자 운으로 한수 지어 읊어보시지요.》

《그러지요.》

큰 인물들이라 여러 말이 없이 인차 합의를 보고 뫼산자운에 글을 짓게 되였다. 리성계가 먼저 시를 지어 읊었는데 첫구절은 이렇게 지었다.

《풍구락엽전추산(風驅落葉戰秋山)》이라 《바람이 락엽을 몰아다 가을산에

서 싸우도다.≫

주원장이 리성계의 시의 첫 글귀를 들어보니 늘 소란하게 싸움을 일으켜 천하가 태평할것 같지 않았다. 이런 생각을 하며 주원장이 미간을 찌푸리고 다시 리성계를 살피는데 리성계는 리성계대로 아래구절을 지어 읊었다.

≪월장중성조옥경(月將衆星朝玉京)≫이라≪달이 뭇별들을 거느리고 옥경에서 조회를 하도다.≫

주원장이 아래구절을 들어보니 리성계는 조선에서 왕노릇을 할 마음이 있을뿐 크게 싸움할 생각이 없는 사람이였다. 이렇게 되여 주원장은 한시름 놓았다.

≪내가 지어 읊었는데 이번에는 그대도 한수 지어 읊조리지요.≫

≪그러지요.≫

서로 의논하고 하는 일이라 주원장도 시원스레 대답하고 제 생각을 더듬어 시 한수를 지어 읊었다.

　　　　사해위대속천산(四海爲帶束千山)
　　　　천지위낭장만물(天地爲囊藏万物)
　　　　(사해를 띠삼아 천산을 묶어놓고
　　　　천지를 주머니삼아 만물을 넣으리로다.)

리성계가 들어보니 과연 대국의 천자가 되여 천하를 다스릴 기상이였다. 리성계는 이때부터 주원장을 극히 공경하게 되였다.

후에 주원장은 원나라를 멸하고 국호를 명이라 하고 태조가 되였다. 그로부터 썩 얼마뒤에 리성계도 고려를 뒤엎고 국호를 조선이라 하고 조선조의 태조가 되였다.

명나라의 태조가 된 주원장은 리성계가 조선조의 왕이 되였다는 소식을 듣고 아주 기뻐하며 옛날의 정을 생각하여 리성계의 화상을 그려보내달라고 조선에 부탁하였다.

그때 조선은 명나라와 사이좋게 지내는 때라 리성계는 인차 화공을 불러 자기 화상을 그려 명나라에 보내도록 하였다.

그런데 임금의 령을 받고 화공이 리성계의 화상을 그리는데 아무리 보아야 흠잡을데가 없는데 단지 키가 작은것이 흠이였다. 화공은 임금의 키가 작으면 이웃나라에서 업신여길가 념려하여 리성계의 두발에 앞뒤로 굽이 높은 나막신을 신겨서 그렸다. 이렇게 그리니 작은 키지만 훨씬 커보여 명나라에서도 흠볼데가 없을것 같았다.

마침내 리성계의 화상이 명나라 주원장한테까지 전달되였다. 헌데 크게 기뻐해야 할 주원장이 화상을 보더니 머리를 절레절레 흔들었다.

《아무리 봐도 내가 본 리성계가 아니로다. 조선에 사람을 보내여 그의 화상을 다시 그려보내달라고 하여라.》

명나라에서는 주원장의 령대로 조선에 사신을 보내여 리성계의 화상을 다시 그려보내달라고 청하였다.

사신을 접한 리성계는 주원장이 자기의 화상을 다시 그려 보내달라 청할 때는 꼭 무슨 곡절이 있는지라 사신이 돌려온 화상을 펼쳐보았다. 리성계가 화상을 펼쳐보니 자기에게 높은 나막신을 신겨 자기는 꼭 마치 꼭두각시같았다. 리성계는 즉각 화공을 불러놓고 엄하게 령하였다.

《짐의 신은 나막신을 벗기고 짐의 용모 그대로 그리렸다.》

어느 령이라고 거역하랴. 화공은 임금의 령대로 맨발로 서있는 리성계화상을 그렸다. 화공이 리성계화상을 다 그려 놓고보니 키작은게 흠이긴 해도 그림에 거짓이 없고 큼직하게 생긴 발은 세상 보기 드문 발이라 다시 없는 귀격이였다.

이렇게 되여 두번째로 리성계를 그린 화상이 명나라에 도찯 되였다. 주원장은 무슨 영문인지 신하더러 화상을 밑으로부터 올리 펼치라고 령하였다. 둘둘 만 화상을 밑으로부터 올리펴니 먼저 드러나보이는것이 발이였다.

주원장은 리성계의 발을 보더니만 무릎을 탁 쳤다.

《과연 임금이 될 규격의 발이로다. 이 화상이야말로 내가 예전에 본 조선조의 태조 리성계가 분명하니 각별히 조심하여 귀히 보전토록 할지어다.》

이리하여 리성계의 화상은 명나라에 오래오래 보전되였는데 주원장과 리성계가 서로 대방을 알고 이같이 싸우지 않고 의좋게 지내니 명나라와 조선도 의좋은 이웃나라가 되여 화목하게 지내며 어려운 일이 생기면 형제처럼 서로 도우면서 지내였다 한다.

산정기를 타고난 황희

고려말 리조초에 무학이라는 유명한 대사가 있었다. 무학은 젊었을적에 성이 량씨라는 부자집에서 돈 천냥을 꿔가지고 절에 찾아가 10년동안 수도한 끝에 천하에 둘도 없는 대사가 되였다. 그런데 아무리 유명한 대사라도 손에 돈 한푼 없으니 량씨네 집에서 꾼 천냥을 갚을수 없었다. 그리하여 무학대사는 생각끝에 량씨를 찾아갔다. 무학대사는 량씨에게 공손히 인사올리고 자기의 생각을 말하였다.

《아뢰옵기는 황송하오나 제가 댁에서 돈 천냥을 꿔준 덕에 절에 가서 공부하고 중이 되였지만 수중에 무일푼이여서 그 돈을 갚을길이 없습니다. 바라건대 대인님께서 허하신다면 소승이 배운 재간으로 그대신 모자리를 봐드릴가 하나이다.》

《그것 참 좋은 생각일세. 그렇게 하세. 자네 좋은 모자리만 잡아주면 돈 천냥은 안받을테네.》

량씨는 긴 말을 하지 않고 천냥 대신에 모자리를 봐달라고 하였다. 무학대사는 량씨의 윤허를 받고 전라도 남원 방풍산중턱에 천냥 대신 좋은 모자리 하나를 봐주었다. 그런데 이상하게도 량씨가 그 산자리를 산밑에서 올리보면 빤히 보이지만 정작 산에 올라가면 안개가 자욱하여 암만 찾아봐도 산자리를 찾을수 없었다. 몇번을 올라가봤지만 모두 허사였다. 이에 그만 화가 동한 량씨는 아예 무학대사를 죽여버리려고 그를 꽁꽁 묶어서 말꼬리에 처매고 자기는 말등에 올라앉아 말을 달렸다. 말꼬리에 처매인 무학대사는 말이 가는대로 땅에 긋겨서 당장 죽게 되였다.

이때 전라도 남원에 사는 황씨라는 량반이 이 비참한 정경을 보고 달리는 말앞에 가서 막아섰다.

《여보시오. 량씨, 그래 돈 천냥때문에 사람을 죽인다는 말이요? 당장 사람을 풀어놓으시오. 돈은 내가 물어주리다.》

돈을 대신 물어준다니 량씨도 할말이 없어 말등엣 내려 무학대사를 풀어주었다. 이리하여 천만다행으로 무학대사는 죽을 고비를 넘었다.

황씨 신세에 살아난 무학대사는 그 은혜를 갚으려고 때를 기다리던중 마침 황씨의 모친이 사망되니 그를 찾아갔다.

무학대사가 황씨네 집에 찾아가니 황씨는 두건을 쓰고앉아 돌아가신 어머님 시신을 지키고있었다. 무학대사는 허리굽혀 절하고는 찾아온 연유를 아뢰였다.

≪태산같은 그 은혜 갚을길이 바이없사옵니다. 하오나 소승이 배운 재간 모자리를 봐주는것이라 기왕 모친님이 돌아가셨으니 그 산자리를 보아주심이 어떠하오리까?≫

≪대사, 내가 덕을 보자고 대사를 구한것은 아니오. 죽는 사람을 보고 구하지 않으면 이 어찌 천리에 어긋나지 않으리요. 돌아가신 저의 모친을 위해 모자리를 보아주시겠다니 오히려 그 고마움 이를데없나이다.≫

이리하여 무학대사는 황씨를 데리고 전에 량씨에게 봐주었던 남원 방풍산(防楓山)중턱에 있는 그 모자리로 올라갔다. 그런데 이상하게도 전에 량씨가 올라갔을 때에는 안개가 자욱하여 찾을수 없던 그 산자리가 이날은 안개가 걷히고 해빛이 찬란하여 선뜻 찾을수 있었다. 그 산자리는 산세가 험한 중턱에 앉았는데 기상이 하늘을 찌르는듯하고 앞이 확 틔여 내리굽어보면 망망한 남해바다가 한눈에 안겨드는것이 그야말로 명당자리였다. 황씨는 무학대사에게 백배 사례하고 그와 함께 방풍산에서 내려왔다.

황씨는 장례날이 되자 돌아가신 어머니를 무학대사가 봐준 방풍산 모자리에 고이 모시였다. 그런데 이상하게도 방풍산에 황씨모친의 모를 쓰자 그 산에 전까지 무성하던 잡초가 다 죽어버렸다. 그래서 황씨가 그 산에 어린 대나무를 옮겨다 심었더니 삽시에 온 산에 대나무가 퍼지여 푸른 대나무가 하늘을 찌를듯이 곧추 자라올랐다.

바로 이때 황씨 부인이 잉태하였는데 또 이상하게도 부인이 잉태하자 개성의 박연폭포가 석달 열흘이나 물이 말라서 쏟아져내리지 않았다. 그후 십삭이 차서 황씨의 부인이 옥골선풍같은 귀동자를 낳았는데 그 애가 바로 후날의 황희 황정승였다고 한다.

황희정승의 일화

1. 며느리와 딸의 시비를 갈라주다

하루는 황희정승의 딸과 며느리가 말말끝에 며느리는 닭이 네홰를 울어야 날이 샌다 하고 딸은 닭이 세홰를 울어야 날이 샌다고 우기는 바람에 서로 언쟁이 생겨 어느것이 옳고 어느것이 그른지 시비가 갈라지지 않았다. 딸과 며느리는 서로 지지 않으려고 이 일을 황희정승에게 물었다.

딸이 먼저 물었다.

≪아버지, 닭이 세홰를 울면 날이 새지요!≫

≪응 그래!≫

며느리도 질세라 시아버지를 보고 물었다.

≪아버님, 닭이 네홰를 울어야 날이 새지요?≫

≪응 그래!≫

꼭같은 대답이였다. 딸은 아버지를 나무람하였다.

≪아버지, 무슨 시비를 그렇게 가룹니까?≫

황희정승은 웃으며 말했다.

≪그럼 어떻게 대답하라는 말이냐? 며느리는 닭이 네홰를 울 때 날이 새는걸 봤고 너는 닭이 세홰를 울 때 날이 새는걸 봤지만 나는 너하고 같이 날이 새는것도 못보았고 며느리하고도 같이 날이 새는걸 보지 못했다. 그러니 다 옳다할수밖에 없지 않느냐! 제 모르는 일을 어느 한편만 옳다면 못쓰는거다.≫

딸과 며느리 언쟁은 이렇게 끝을 봤다.

2. 형제간의 시비를 갈라주다

두 형제가 밖에서 놀다 황희정승이 오는걸 보고 형이 먼저 달려가서 황희정승을 보고 물었다.
≪대감님, 소가 새끼를 낳으면 제를 지내주지 말아야 하지요?≫
≪응 그래.≫
동생이 또 달려나와 그를 보고 물었다.
≪대감님, 돼지가 새끼를 낳으면 제를 지내줘야지요?≫
≪응 그래!≫
이튿날 두 형제는 놀다가 이 일때문에 다투게 되였다. 형은 소가 새끼를 낳아도 제를 지내주지 않는다는데 돼지가 새끼 낳는데 다 제를 지내주느냐 했고 동생은 돼지가 새끼 낳아도 제를 지내준다는데 소가 새끼를 낳는데 제를 지내 안준다니 될 말이냐고 하며 서로 제 말이 옳다고 우겼다.
두 형제는 다 황희정승에게서 들은 말이라 다시 황희정승을 찾아가 물었다. 형이 먼저 물었다.
≪대감님, 소가 새끼를 낳았을 때 제를 안 지내준다 했지요?≫
≪그래!≫
동생도 또 다시 물었다.
≪대감님, 돼지가 새끼를 낳으면 제를 지내줘야지요?≫
≪그래!≫
황희정승이≪그래!≫≪그래!≫하고 대답하자 형이 황희정승을 탓하였다.
≪대감님, 무슨 시비를 그렇게 합니까?≫
황희정승은 또 웃으며 말했다.
≪그럼 어떻게 대답하라느냐? 너는 제사를 지내기 싫어서<소가 새끼를 낳으면 제사를 안 지내주지요?>하고 묻는데 내가 지내야 한다고 하겠느냐?! 네 동생은 제사를 지내고싶어<돼지가 새끼를 낳으면 제를 지내줘야지요?>라고 하니 내가 지내지 말라고 하겠느냐?! 례란 마음이 내켜서 향해야지 억지로 해서는 안되느니라. 그래서 그렇게 대답한것이로다!≫
두 형제의 시비는 이렇게 갈라졌다.

3. 두 딸의 소원을 풀어주다

황희정승은 청렴결백한 정승이여서 일국의 당당한 정승이였지만 국록을 타먹고 살지 않았다. 그러기에 집 살림형편은 말이 아니였다. 어떻게나 가세가 어려웠던지 아침밥을 먹고나면 저녁에는 겨우 멀건 죽이나 얻어먹는 신세였다. 황희정승에게는 귀한 두 딸이 있었는데 늘 소원이 밥 한끼라도 배불리 먹어보았으면 하는것이다. 어느날 황희정승은 두 딸을 불러놓고 말했다.

≪애들아, 너희들이 늘 소원이 밥 한끼라도 배불리 먹어보자는것이니 오늘은 내가 너희들의 소원을 풀어주리로다.≫

황희정승은 남다른 재간을 가지고있는분이라 한참이나 앉아서 뭐라고 주문을 외우더니 두 딸을 보고 밖에 나가 보라고 하였다. 두 딸이 밖에 나가보니 짚오래기 한대 없던 마당에 태산같은 낟가리가 둥실하게 솟아있었다. 두 딸은 너무나도 기뻐서 꿈이냐 생시냐며 벼를 훑어서 방아에 찧어서는 배꽃같이 흰 이밥을 지어놓고 배가 세간나도록 한끼 잘 먹었다. 두 딸은 소원을 풀었다. 헌데 두 딸이 한끼 잘 먹고 다시 마당에 덩실하게 솟은 낟가리를 보러 나가니 태산같이 높이 솟았던 낟가리가 그림조차 없었다. 두 딸은 너무도 아쉬워 집에 들어와 아버지를 보고 물었다.

≪아버지, 우리 마당에 벼낟가리는 어데 갔어요?≫

≪허허 그것 말이냐? 내 말 좀 들어봐라. 너희들은 소원을 풀었지만 그걸 여기 그냥 두면 기는 짐승, 나는 짐승은 뭘 먹고 살겠느냐? 너희들의 소원을 풀어주었으니 다시는 더 찾지 말어라!≫

이리하여 황희정승의 두 딸은 더는 아버지를 보고 다른 말을 하지 않았다 한다.

4. 시후에 국록을 타다

황희정승은 림종시에 집안사람들을 보고 이런 유언을 남겼다.

≪너무 근심을랑 말어라! 나거미줄만 먹고 사는 공작새도 살라니 설마 사람이 굶어야 죽겠느냐?!≫

그런데 황희정승이 세상을 뜬후 중원에서는 조선에 공작새 한마리를 보내왔는데 바싹 말라 뼈만 남은 그 공작새를 살찌워 보내라는것이였다. 그때 조선에는 공작새가 없어 누구도 그 새가 뭘 먹고 사는지 몰랐다. 공작새는 밥을 줘도 먹지 않고 고기를 잡아주어도 먹지 않았다. 이러니 나라에 큰 걱정거리가 생겨 임금은 밤잠도 제대로 자지 못하였다. 임금은 불철주야로 머리를 싸쥐고 생각던 끝에 황희정승을 생각하게 되였다. 그가 살아있다면 공작새 한마리 살찌우는것쯤은 문제로 될것도 없었다. 하지만 그는 이미 저세상에 간 사람이니 그와 물을 형편도 못되였다. 임금은 황희정승이 생전에 집사람들과 혹 공작새에 대한 이야기나 하지 않았을가 하는 생각이 들었다. 그리하여 임금은 사람을 황정승댁에 보내여 생전에 집 사람들과 공작새에 대한 말을 하지 않았느냐 알아오라 령하였다. 아니나다를가 궁전 사람들이 가서 물으니 황희정승 딸이 아버니께서 림종시에 남긴 유언을 생각하고 그 말을 그대로 해주었다.

나라에서는 황희정승 딸의 말을 듣고오자 인차 공작새에게 나거미줄을 얻어먹이였다. 그랬더니 공작새는 나거미줄을 먹고 살이 포동포동하게 쪘다. 이리하여 그 살진 공작새를 다시 중원에 보내게 되였다. 중원에서는 살진 공작새를 보더니 조선에 인재가 있다면서 몹시 치하하였다.

이때로부터 나라에서는 나라의 근심을 덜었다고 황희정승네 집에 국록을 주었다. 그리하여 황희정승네는 정승이 살았을때 타보지 못한 국록을 그가 죽어서 타먹으며 지냈다 한다.

성삼문의 이야기

1. 성삼문이름의 유래

　리씨조선 초기에 성삼문(成三問)이라는 유명한 학자가 있었다. 그는 조선문자를 만드는데 공이 컸고 세종대왕을 도와 많은 문화사업을 한데서 조선사람 치고 모르는 사람이 거의 없었다. 하지만 그의 이름을 어찌하여 삼문이라 불렀는가에 대해서는 아는이들이 많지 않다. 그의 이름을 삼문이라 지어 부른데는 아래와 같은 이야기가 전해지고있다.

　성삼문의 어머니가 삼문이를 잉태하여 십삭이 가까와오는 어느날 밤이였다. 성삼문의 어머니가 자리에 누워 잠이 소르르 들었는데 꿈에 머리발이 허연 백발로인이 찾아와서 친절하게 물었다.

　《애기를 낳을 때가 된것 같은데 애를 보았소?》

　낯모를 로인이나 너무도 친절하게 물으니 삼문의 어머니 부끄럽긴 해도 숨김없이 아뢰였다.

　《허참 맹랑한 일이요. 내 애기보러 왔다가 애를 보지 못하고 가니 이 아니 섭섭한 일이요. 부인 부디 몸 조심하오.》

　말을 마치자 백발로인은 눈깜짝새에 오간데없이 사라졌다. 그러니 뉘시며 무슨 연고로 이렇게 찾아와 물으시는가 물을 새도 없었고 그 백발로인의 얼굴을 다시 한번 쳐다볼 새도 없었다. 삼문의 어머니 수탉이 홰치며《꼬끼요.》하는 소리에 그만 잠을 깨니 꿈이였다. 참으로 이상한 꿈이나 녀자의 몸으로 이런 말을 입밖에 내기도 안되여 혼자만 알고 애가 날 날만 기다리고있는데 며칠이 지나지 않아서 그 백발로인이 또 꿈에 삼문의 어머니를 찾아와서 물었다.

　《애기보러 왔는데 애기를 낳소?》

　한번 보는 얼굴도 아니오 이제는 두 번이나 보니 구면이라 삼문의 어머니는 부끄러움보다 고마운 생각이 앞서 백발로인에게 공손히 인사하고 그 연고를 물었다.

≪아직도 때가 되지 않아 애는 보지 못하였사와요. 이렇게 두 번이나 찾아와 물으시니 고마운 생각 그지없사옵니다. 헌데 로인님은 뉘시오며 무슨 연고로 벌써 두번이나 찾아와 애가 태여났느냐 물으시옵니까? 필유곡절이오니 그 연고를 알고저 하나이다.≫

≪허허허, 그야 후에 자연히 알게 될것이나 오늘 내 걸음이 또 맹랑하게 되였구려. 훗날 또 찾아오겠네.≫

백발로인은 획 하고 불어치는 바람타고 사라지듯 눈깜짝새에 자취도 남기지 않고 사라졌다. 깨고보니 또 꿈이였다. 이상한 꿈이 한번도 아니오 두번이나 드니 그 연고를 알고싶은 마음이 더욱 간절하나 백발로인이 후에 자연히 알게 될 일이라니 마음속에 넣고 참으면서 후일을 기다리는수밖에 없었다.

주야로 흐르는것이 세월이라 낮이 가면 밤이 오고 밤이 새니 새날이 왔다. 삼문의 어머니 두번째 꿈을 꾼 그날부터 세월은 흘러 하루 또 하루가 지나갔다. 망울진 꽃도 때가 되면 핀다고 삼문의 어머니도 때가 되니 옥골선풍같은 아들을 낳았다. 그러니 온 집안에서 댕기 끝에 진주같이 귀한 아들을 낳았다고 기뻐 야단들이였다. 이날 밤 삼문의 어머니 갓난애를 품에 안고 소르르 잠이 들었는데 또 그 백발로인이 찾아와 물었다.

≪부인께서 이제는 애기를 낳았겠지요? 애기보러 왔소.≫

≪낳았어요. 어서 보세요. 아들애애요.≫

≪허허 참으로 귀한 애요. 헌데 벌써 낳아야 좋았을텐데 좀 아쉽게 되였구려.≫

삼문의 어머니 신선의 풍채 같은 아들을 낳고보니 기쁨이 한량없는데 이런 소리 들으니 어쩐지 서운한 생각이 들어 백발로인을 보고 물었다.

≪로인님께서 오늘까지 세 번이나 찾아와 이 애가 태여났느냐고 물으시고 방금 하시는 말씀이 벌써 낳아야 좋았을텐데 좀 아쉽게 되였다 하시니 어찌 두고 하시는 말씀이온지 알려주옵소서. 그러시면 이 소첩이 머리칼 뽑아 신을 삼아 올리여 그 은혜를 갚겠사옵니다.≫

이 말에 백발로인은 빙그레 웃으며 갓난애를 다려다보더니 삼문의 어머니를 보고 말하였다.

≪은혜라 할것이 따로 없소 나도 이제는 때가 되였으니 알려주리라. 내가 첫번에 와서 물을 때 이 애가 태여났더면 천하 문장이 되여 하늘아래는 그를 당할자가

없었을것이요. 그런데 참 아쉽게도 내가 세번째 와서 물었을 때에야 이 애가 세상에 태여났단말이요. 하지만 부인은 섭섭히 생각지 마오. 내가 세번째 물었을 때 이 애가 태여났으니 천하 문장은 못되여도 조선의 문장가는 될것이요. 부인 부디 부디 명심하여 애를 글공부 잘 시키오. 장차 조선에는 이 애 문장을 당할 사람이 없을것이요. 부인 내 말을 명심하오. 나는 가오!≫

말 끝에 백발로인은 자취도 남기지 않고 사라졌다.

삼문의 어머니 깨고보니 또 꿈인데 생각하면 범상치 않은 꿈이라 그 자초지종을 남편에게 말하고 부부가 의논하고 배발로인의 꿈에 세 번 찾아와 세 번 물었을 때에는 낳은 애라고 하여 그 애 이름을 삼문(三問)이라 지었다 한다.

2. 백이 숙제의 비석이 땀을 흘렸다

성삼문은 말 그대로 커서 글공부한 뒤에는 이름난 학자가 되였는데 임금을 보좌하여 조선문자도 만들고 문화사업도 하였다.

때는 바로 썩어빠진 고려가 망하고 리조가 흥성하는 시기라 리조는 명나라의 문화를 받아들이고 명나라와의 친분을 극히 중하게 여기였다. 이러한 때 성삼문은 조선의 사신으로 연경에 가게 되였다.

연경을 가자면 필시 료동칠백리를 거쳐야 하는데 어느 하루 료동을 지날 때 성삼문은 말을 몰아 산길에 접어들었다.

≪나리, 연경으로 가는 길은 대로이온데 어찌하여 산속 소로길로 말을 모시나이까?≫

수행이 이상히 생각하고 물으니 삼문은 수행하는 사람을 돌아보며 한마디 했다.

≪내 오늘 고이들을 만나서 한번 훈계해보자고 그러는걸세. 다른 말 하지 말고 날 따라오세!≫

삼문이 이렇게 말하는데 그 뜻은 알수 없으나 수행하는 사람들이라 삼문의 뒤를 따를밖에 없었다. 일행이 소로길을 따라 산중에 이르니 산기슭에 무덤이 있고 무덤앞에 돌비석이 서있었다.

≪이게 뉘 무덤이옵니까?≫

≪백이(伯夷) 숙제(叔齊)의 무덤일세.≫

≪백이, 숙제의 무덤이 어찌하여 새북관외(塞北關外)의 이런 쓸쓸한 산중에

있사옵니까?≫

수행하는 사람이 묻자 삼문은 한참이나 돌비석을 지켜 보더니 입을 열었다.

≪중국 은나라때에 주(紂)라는 폭군이 있었는데 주무왕이 그를 치러 떠났네. 그러니 그때까지 은나라를 섬기던 고죽군의 두 아들 백이와 숙제는 그 소리를 듣고 달려나와 주무왕의 말고삐를 잡고 죽기내기로 말렸다네. 하지만 주무왕은 백이와 숙제의 말을 듣지 않고 끝내 은나라 주왕을 치고 주나라를 세웠네. 이렇게 되자 은나라 주왕을 섬기던 백이와 숙제는 주무왕을 섬기지 않을뿐더러 굶어죽을 지언정 주나라 밥을 먹지 않겠다고 수양산에 들어가 고사리를 캐여먹다 굶어서 죽었네. 그러니 주무왕이 가만있겠나. 그리하여 대노한 주무왕이 이들을 이런 쓸쓸한 심산속에 묻어버린것일세.≫

≪그러하옵니까.≫

≪과시 그러하네. 대체 썩은 살에서 새살이 나오고 물은 그루에서 새싹이 움트는 세상의 리치거늘 오늘 충신이란 무리들이 백성의 질고는 전혀 모르고 종묘사직만 붙안고 탄식하니 이 아니 가소로우냐. 내 오늘 고인을 빌어 한마디 할가 하노라.≫

말을 마치자 성삼문은 필낭에서 붓을 꺼내여 먹을 갈아서는 백이, 숙제 비석우에 새로 두 글귀를 적으니 그 글에 쓰기를

草木猶溫周雨露
愧君唯食首陽薇[1]
(초목도 주나라 비와 이슬에 젖어 자랐거니
수양산고사리 캐먹는 일 그대 부끄럽지 않느냐.)

성삼문이 이렇게 써놓고 한번 소리내여 읊조리니 죽어 백골이 진토된 백이와

---

[1] 이 이야기에 나오는 성삼문의 글은≪백이, 숙제 묘에서≫(夷齊廟)의 한시의 한단락이다. 이외에도≪해동가요≫,≪가곡원류≫라는 두책에 성삼문이 조선문자로 쓴 시조(時調-조선 시가형식의 하나)가 있는데 그 시조에는 이렇게 씌여졌다.

　　수양산 바라보며 이제(夷齊)를 한하노라
　　주려 죽을지언정 채미(採薇)도 하는건가
　　아무리 풀나물이란들 그 뉘 땅에 났더냐.

숙제는 입이 없어 말을 못하는데 그대신 묘앞에 서있는 비석이 어찌나 부끄럽고 바빴던지 구슬같은 땀을 비오듯 철철 흘리더라 한다.

3. 백로그림에 시를 쓰다

성삼문이 백이, 숙제 묘비에 글귀를 남기고 연경땅으로 향하는데 때는 추구월이라 로변의 산천경개 무궁하여 며칠 놀면서 시를 지어 읊조리고싶은 마음이 불붙듯하였다. 하지만 일신에 나라일을 맡은 사신의 몸이라 어찌하는수 없어 닫는말에 채질하며 곧추 연경에 들어섰다.

연경에서 삼문이는 낮이면 분망히 나라일을 보고 저녁이면 이국만리 객관에 머물러 홀로 쓸쓸히 밤을 보냈였다. 그러던 어느 하루 뜻밖에도 웬 손님 한분이 그를 찾아왔다. 그는 성삼문에게 공손히 인사드리고 찾아온 사연을 아뢰였다.

《선생님의 글재간이 대단하다는 우뢰와 같이 퍼지는 소문을 듣고 그 글재주를 빌려고 찾아왔으니 널리 살펴주옵소서.》

《허허, 자그마한 나라에 사는 몸이온데 글재간이 좀 있기로서니 어찌 귀국같이 큰 대국에까지 미치리오까. 과찬의 말씀이외다.》

《내 그대의 존성대명을 들은지 이미 오래되였은즉 겸허의 말씀 그만두시고 내 그림에 화제로 시 한수 지어주시오.》

성삼문이 그 말투를 들어보니 자기 재주를 한번 떠보자는것이 분명하였다. 하지만 삼문이도 글깨나 쓴다는 사람이라 물러서지 않고 쾌히 응낙하였다.

《그대의 소원이 정 그러하시다면 못짓는 글이나마 지어올리리다. 헌데 그림은 무슨 그림이시오?》

《백로를 그린 그림이오이다.》

성삼문이 묻자 그 사람은 선뜻 백로를 그린 그림이라는것은 알려주면서도 그림만은 펼쳐보이지 않았다. 세상에 그림을 보지 않고 그 그림에 화제를 쓰는 법이 어데 있으랴. 필경 그속에 영문이 있었다. 하지만 삼문이는 그 영문을 캐여묻지도 않고 또 그 들고온 그림을 보자는 말도 하지 않았다. 남이 보이지 않는 그림을 억지로 보자 할수 없었다. 삼문이는 흰 백로를 눈앞에 그려보며 생각을 더듬더니 붓을 들고 먼저 시 두구절을 썼다.

雪作衣裳玉作趾
窺魚江上几多時2)
(눈같이 흰옷에 구슬같은 발이로다. 강우에서 고기를 노려 그 얼마였더냐)

그림을 보지 않았지만 이야말로 백로를 형상함에는 흠잡을데 없이 잘된 글귀였다. 그런데 이때가 오기를 기다렸다는듯 그 사람은 갑자기 성삼문앞에 가지고온 그림을 펼쳤다.
《선생님, 보십시오. 보시다싶이 저의 그림은 백로를 그린 것임에는 틀림이 없사오나 시꺼먼 먹으로 그린 그림이여서 백로는 백로라도 검은 백로올시다.》
그림을 가지고온 사람이 말을 마치고 삼문이 너 어쩔테냐는듯 쌀쌀하게 쳐다보는데 삼문은 조금도 그로 하여 당황해하는 기색이 없었다. 삼문은 그 사람이 펼쳐놓은 그림을 한번 슬쩍 눈질해보더니 허허 웃으며 그 사람의 말을 받았다.
《허허, 너무 성급해마시옵소서. 내 먼저 두구절을 썼을 뿐이온데 이제 아래 두구절을 마저 쓰면 이 그림 화제로는 꼭 어울릴것이오니 방심하시고 보시오이다.》
말을 마치자 성삼문은 붓을 들어 아래구절을 썼다.

偶然飛過山陰夜
誤落羲之洗硯池
(우연히 산음고을3) 날아지나다
왕희지의 벼루 씻은 못속에4) 빠졌노라.)

---

2) 성삼문의 원시에는 《갈대사이에서 고기를 노려 얼마나 서있었더뇨》(窺魚芦渚几多時)로 되였으나 황구연로인의 구술에 따라 《강우에서 고기를 노려 얼마였더냐》(窺魚江上几多時)로 그냥 두었다.
   이 이야기는 성삼문과 관계없이 단지 그림 잘 그리는 친구와 문장을 잘하는 친구사이에 벌어진 이야기로도 전한다.
3) 산음은 중국의 명필 왕희지가 살던 고을 이름이다.
4) 왕희지가 붓글씨를 익히느라고 어찌나 먹을 갈아없앴던지 그 벼루 씻은 물을 던진 못물이 시꺼멓게 되여 그 못이름을 묵지(墨池)라고 불렀다는 전설이 있다.

성삼문이 이렇게 쓰고 붓을 놓으니 삼문의 글을 보던 그 사람은 저도 모르게 무릎을 탁치며 탄복하였다.

≪하늘도 탄복하리로다. 과연 명불허전이요. 대문장가로소이다.≫

이 일이 있은 뒤부터 백로 그림에 화제를 써준 이야기와 함께 성삼문의 이름이 중국에도 널리 알려졌다고 한다.

신사임당과 ≪초충도≫

리조 초기에 동방의 성인이라고까지 불리운 리률곡선생의 어머니 신사임당은 조선의 저명한 학자를 길러낸 현처량모의 귀감일뿐아니라 녀류 문인이며 이름난 서화가였다. 신사임당이 그린 그림중에는 ≪자리도≫, ≪산민도≫, ≪초충도(草虫圖)≫ 등 많은 그림이 있는데 그중에서도 풀과 벌레를 그린 ≪초충도≫를 두고 아래와 같은 미담이 전해지고있다.

어느 한해 여름이였다. 그해따라 장마가 어찌나 심했던지 한여름이 다 가도록 개인날 하루도 없이 비만 내렸다. 그러다보니 집안 농짝안에 넣어둔 옷견지는 물론 정히 간수해둔 그림에까지 누기가 차서 곰팽이가 낄 지경이였다. 신사임당은 심혈을 다해 그린 그림이라 날마다 보살폈지만 밤만 자고나면 누기가 차서 말이 아니였다. 모진 장마철이라 사람이 살아가기도 어려운데 날마다 그림만 보살필수도 없었다. 신사임당은 안타까운 마음으로 눈만 뜨면 하늘을 쳐다보며 해뜨기만을 기다렸다.

한여름이 다 가니 장마철도 지나서 하늘은 구름 한점 없이 말끔히 개였다. 해빛을 보자 들판에 심어놓은 곡식들도 생기를 띠고 사람들도 기뻐하였다. 신사임당의 마음도 맑은 하늘처럼 거뜬하였다. 그는 아침해가 뜨자 누기가 찰대로 찬 귀중한 그림들을 마당에 조심조심 펴놓고 말리기 시작했다. 하지만 오래동안 누기찬 그림들은 제꺽 마르지 않았다. 사람의 힘으로 하는 일도 아니고 하늘의 해를 빌어하는 일이니 별수 없이 앉아서 기다리는수밖에 없었다.

신사임당은 한참이나 앉아 기다리다가 집안에 할 일이 있어 집에 들어가게 되였는데 이때 마침 아들 률곡이 책을 들고 마루턱에 앉아있었다. 신사임당은 집에 들어가면서 아들 률곡을 보고 부탁했다.

≪애야, 내 집안일을 잠간 보고 나올테니 그새 저 그림들을 살펴보아라.≫

≪네.≫

률곡이 대답은 한마디로 선뜻이 했지만 얼마 지나지 않아 그만 책에 정신이 팔려 글만 읽다보니 마당에 널어놓은 귀중한 그림들을 보살피지 못했다. 그래서 그사이에 닭들이 우르르 모여들어 신사임당이 알심들여 그려놓은《초충도》그림에 달라붙었다. 신사임당이 그림을 어떻게나 잘 그렸는지 닭들은 그림에 그려놓은 벌레를 살아 움직이는 벌레로 알고 서로 다투어가며 찍어먹기 시작하였다.

이윽하여 신사임당이 집안일을 다 보고 밖에 나왔다. 그때는 닭들이 벌써《초충도》에 그려놓은 벌레들을 다 쪼아먹고 흰 종이우에《풀대》만 남아있었다. 신사임당은 너무도 안타까와 글에 정신이 팔린 아들을 나무람하였다.

《애야, 내 너보고 그림을랑 살펴달라 했는데 살피지 않아 닭들이<초충도>의 벌레를 다 찍어먹고 저렇게 흰 종이에 풀대만 남았구나.》

《아니 뭐라나요? 기여다니는 벌레면 몰라도 그림속의 벌레를 어떻게 닭들이 쪼아먹었다고 그러세요.》

《너 믿어 안지면 어디 가보렴. 이제는 저 한장의 그림은 쓸모가 없게 되였구나.》

어머니 말에 률곡은 가슴이 덜컥했다. 총명한 률곡은 어머니가 그려놓은 그 그림의 가치를 너무나도 잘 알고있었다. 률곡은 달려가서 마당에 널어놓은《초충도》를 집어들었다. 과연 어머니의 말과 같이 닭들이 그림속의 벌레들을 죄다 쪼아 먹고 없었다. 률곡은 어머니앞에 무릎을 꿇고 빌었다.

《어머님, 소자가 잘 살피지 않아 한폭의 명화가 이같이 되였으니 소자의 잘못이 적지 아니하옵니다. 소자에게 벌을 주소서.》

신사임당은 인차 아쉬운 생각을 버리고 아들 률곡을 부축여일으켰다. 한장의 그림이 잘못되기는 하였지만 글에 열중한 자식을 나무람할 어머니가 아니였다.

《애야, 근심말고 어서 글이나 읽어라. 이 에미는 글 잘하는 자식을 나무람하지 않는다. 들었느냐?》

《어머니…》

률곡은 어머니의 말이 너무도 고마와 눈물이 그렁그렁해서 다시 그《초충도》를 내려다보았다. 닭들이 벌레를 쪼아먹은 혼적이 너무나도 력력하였다. 생각해보니 이야말로 한장의 명화인데 그에 깃든 사연은 더구나 길이 전할만한것이였다.

《어머님, 이 그림만은 제가 간수해두겠습니다.》

《그걸 간수해선 뭘 하겠느냐? 그만 버려라. 인젠 두고 볼것도 못된다.》

《아니올시다. 이것이 진짜명화이옵니다. 그리고 그림에 깃든 사연은 더욱 후

세에 전할만하옵니다.≫

이렇게 되여 신사임당이 그린≪초충도≫에 깃든 이야기가 후세 사람들에게 길이 전하여졌다고 한다.

화석정

리조 초기에 동방의 성인이라고까지 불리운 리률곡선생이란 학자가 있었다. 리률곡선생은 곧 왜란이 일것을 예견하고 십만양병설(十万養兵說)을 내놓았으나 조정에서 듣지 않으니 림진강에 화석정(花石亭)이란 정자를 세워놓아 임진왜란 때 기울어진 나라운명을 돌려세웠다고 한다.

과연 률곡선생이 예언한것처럼 임진년에 바다건너 왜적들이 조선땅에 쳐들어왔다. 왜적들은 조선땅을 단입에 삼켜버릴 기세로 거침없이 서울가까이에까지 들이닥쳤다. 이리하여 나라의 운명이 위기에 처하고 왕실의 운명이 바람앞의 등불이 되고말았다. 이때 왜적들이 서울까지 쳐들어온다는 급보를 받은 선조대왕은 왕실 성원들을 거느리고 의주를 바라고 황황히 피난의 길을 떠났다. 때는 달도 없는 밤이여서 지척을 분간하기도 어려웠지만 뒤로 왜적들이 뒤쫓아오니 밤낮을 가릴 형편도 못되였다.

선조대왕일행이 림진강가에 이르렀을 때였다. 밤하늘에 구름까지 덮여 천지가 한덩어리가 되여 어디가 어딘지 분간할수 없었다. 수세 사나운 림진강은 아우성을 치며 흐르는데 강각에 배는 있어도 칠칠야밤에 그 배를 몰고 림진강을 건너갈 수가 없었다. 게다가 갈수록 수미산이라고 뒤에서 왜적들이 쫓아온다는 급보까지 전해왔다. 의주까지 피신해야 나라를 구할 대책도 강구하고 왕실 사람들도 살려내겠는데 당장 림진강을 건너갈 방도가 없으니 이를 어찌하랴. 선조대왕은 물론 어가를 호위하여가던 사람들은 너무도 급해서 단가마에 오른 개미처럼 안달속달하며 볶아대기만 하였다. 이때 누군가 어둠속에서 《여기 정자가 있소-》하고 소리를 질렀다. 그 소리를 듣자 선조대왕은 어안에 희색을 띠우며 령을 내렸다.

《즉각 그 정자에 불을 달아 강을 비추도록 하라.》

선조대왕의 령이 떨어지자 수행들은 즉시 정자에 불을 달았다. 화광이 충천하며 대낮처럼 림진강수면을 환히 비추었다. 선조대왕일행은 그 불빛을 빌어 배에 올라타고 무사히 림진강을 건넜다. 그런데 선조대왕일행이 림진강을 건넌 뒤에도 한식경이나 되였지만 정자의 불은 꺼지지 않고 그냥 활활 타오르며 어가가 가는 길을 밝게 비추는것이였다.

의주에 당도한 선조대왕은 중원에 청병하는 한편 리순신과 같은 애국인재를 등용하여 백성들을 이끌어 싸우니 마침내는 섬나라 왜적들을 물리쳐 임진전쟁의 승리를 이룩하였다.

그제야 안도의 숨을 쉬게 된 선조대왕은 어느 하루 신하들을 불러앉히고 크게 감탄하는바가 있어 말하였다.

《전날 과인이 림진강을 건널적에 그 정자만 없었더라도 어복에 장사지내고 나라는 왜구의 발굽에 짓밟혔을것이로다. 대체 그 정자이름은 무엇이고 누가 세운것인고?》

그중에 한 신하가 있어 자상히 아뢰였다.

《네. 정자이름은 화석정이라 하옵고 리률곡선생이 세운줄로 아옵니다. 선생은 미리 나라의 변고를 내다보시고 대왕마마를 구하고저 그 정자를 세울적에 온갖 재목에 모두 흠씬기름을 먹였다 하옵더이다. 그래서 화석정은 대왕행차가 무사히 강을 건넌 뒤에도 꼬박 하루밤 하루낮을 불탔다 하옵더이다.》

《률곡은 참으로 앞길을 내다보는 범상치 않은 사람이로다. 전일 과인이 률곡의 말대로 10만 병사만 양하였어도 왜구는 감히 이 땅에 범접을 못했을것이로다. 다행히 률곡이 화석정을 지어 과인을 구하고 기울어진 사직을 바로잡았으니 천추에 자랑할 공덕이로다. 경들은 어서 림진강나루가에 다시 화석정을 원모양 그대로 수선하도록 하라.》

이리하여 임진왜란에 불타버렸던 화석정은 옛모습 그대로 다시 수건이 되여 리률곡선생의 공덕을 전하며 오늘까지도 림진강가에 남아있게 되였다 한다.

숙종대왕의 일화

숙종왕 즉위시에 국태민안하고 하늘땅에 격양가 높이 울리였으니 숙종왕이 폐포파립으로 민간에 나가 백성들의 형편을 알아보며 백성들의 질고를 해결해준 이야기는 오늘까지도 민간에 널리 전해지고있다.

1. 야밤의 까치소리

숙종왕이 하루는 어스름달밤에 야순을 돌다가 서울근처의 한 초가집앞에서 발걸음을 멈추었다.

초가앞에 서너길이 됨직한 밤나무가 있는데 나무아래서 ≪깍깍!≫하고 남자가 까치소리를 내니 나무우에서 ≪깍깍!≫하고 녀자의 목소리가 들려왔다.

말뚝처럼 서서 귀를 기울여 야밤의 까치소리를 들으며 두사람의 거동을 눈박아 보니 남자가 나무가지를 물고와서 깍깍하면 녀자가 깍깍 대답하고는 그 나무가지를 받아물어다 까치둥지를 트는것이였다. 임금은 이상한 생각이 들었다. 필경 저속에 무슨 곡절이 있겠다고 여긴 숙종왕은 마른기침을 하며 다가갔다.

그러자 인기척에 놀란 남자가 계면쩍어서 몸들바를 몰라하는데 녀인도 나무우에서 내려 골을 숙이고 애꿎은 옷고름만 씹었다.

≪남의 일에 방해를 놔서 미안하오. 헌데 무슨 사연이 계시기에 야밤에 까치소리를 하며 둥지를 트는지요?≫

≪여쭙기 부끄럽습니다. 실은 저의 랑군님이 십여년동안 과거를 보았건만 글이 모자라서가 아니라 비천한 출신이요, 생활이 쪼들리다보니 례물을 못바친탓에 번마다 락방되였습니다. 듣는 말에 집앞 밤나무우에 까치가 둥지를 틀면 장원급제 한다기에 제가 하도 우겨서 남들이 자는 야밤이 되기를 기다려 까치둥지를 틀고있던중이옵니다.≫

그 말에 부부의 심중을 꿰뚫어본 숙종왕은

≪아하! 그런 일이였군! 어쨌든 노력하면 성공하기마련이니 남들이 보건말건 일단 시작을 한 이상 끝을 봐야지요. 건데 어째서 이번 알성과거를 보지 않소?≫
하고 물었다.
과거를 하려고 수십년을 하루같이 공부하며 여러차례 락방했지만 락심하지 않고 까치둥지까지 틀던 부부라 과거를 본다는 로인의 말에 바싹 다가서며 캐물었다.
≪알성과라니요?≫
≪내가 초저녁에 궁궐앞을 지나다 오늘과 래일 이틀동안 알성과를 본다는 방이 나붙은걸 보았소.≫
≪그게 정말이십니까?≫
≪내가 초면에 거짓말을 할리가 있소. 실은 그래서 글공부하는 손주놈한테 가서 알려주고 돌아가는길이요.≫
≪로인님, 정말 감사합니다.≫
≪괜한 소리요. 아마도 래일은 마지막날이라 선비들이 많이 올테니 아침 일찍 나가보도록 하오. 뜻이 있는 곳에 길이 있다고 했으니 인작으로 까치둥지를 만드는 열성이면 소원성취하리다.≫
≪과분하신 말씀이옵니다. 밤길에 편안히 돌아가십시오.≫
두 내외는 허리굽혀 진심으로 감사를 드렸다.
뜬눈으로 새날을 맞이한 선비가 로인님이 보았다는 궁궐앞에 가보니 과연 오늘 오전에 알성과를 본다는 방이 붙어있었다. 그 로인이 어제부터 과거를 본다는 말은 거짓말이지만 아침 일찍 나가보라고 한 말은 정말이라 어찌나 흥분되였던지 방금 나붙은 방이여서 풀이 젖은대로 있는것도 봐내지 못했다.
과장에 가서도 두시간이 지나서야 한다하는 선비들과 재상가들의 자제들이 모여들었다.
이번 특별과는 상감께서 직접 글제를 낸다는데서 장내는 술렁거렸다. 이윽하여 글제가 나붙는데 ≪인작≫(人作)한편을 지으라는것이였다.
글제를 보고 사서삼경을 통달했다는 선비들도 시작을 못떼고 망설이는데 가난한 선비의 눈앞에는 엊저녁에 지나가던 로인이 ≪인작으로 까치둥지까지 지었으니 소원성취하리다.≫라고 하던 모습이 눈에 선히 떠오르고 그 말소리가 귀에 쟁쟁히 울려왔다. 그래서 내외가 까치둥지 만들던 일을 써서 바쳤다.

락복지는 산더미를 이루었지만 그중에서 까치둥지 만들던 선비가 당연히 장원급제하였다.

금방에 나붙은 자기 이름을 바라보며 이것은 분명 하늘이 도와서라고 생각하며 제까지 지낸 다음 엊저녁에 만났던 로인을 찾아서 이 골목 저 골목 서울장안을 구석구석 다 돌았으나 한강에 떨군 바늘찾기였다.

이튿날 상감께 알현하게 되였는데 한림학사를 제수하고 친히 따라주는 어주를 받아 마셨다.

《경은 골을 들어 짐을 보라!》

우렁우렁한 목소리와 껄껄 웃는 웃음소리에 골을 들어 바라보니 임금은 다름아닌 엊저녁에 자기 집을 찾아왔던 길손인 늙은이 숙종왕이였다.

2. 상제는 노래하고 중은 춤추는데 늙은이는 통곡하더라

어느해 늦가을 밤이였다. 그날도 숙종왕은 허술한 옷차림으로 항간의 실정을 렴탐하느라고 남모르게 대궐을 빠져나와 밤길이 나가는대로 걸었다. 그는 가다가 아이들의 글읽는 소리에도 귀를 기울였고 아녀자들의 푸념소리에도 발걸음을 멈추고 엿듣기도 하였다. 그러면서 가다가 한곳에 이르니 쓰러져가는 오막살이집에서 괴상한 소리가 들려왔다.

숙종왕이 오막살이 창문밖에 다가서서 귀를 기울이니 분명히 남자가 바가지장단에 맞추어 노래를 부르는데 또 한사람은 춤을 추는 모양으로 창문에 그림자가 언뜻언뜻하였다. 그러자 느닷없이 통곡소리가 울려나왔.

필경 무슨 곡절이 있겠다고 생각하니 궁금증이 나서 견딜수가 없었다. 숙종왕은 저도 모르게 손 끝에 침을 발라 창호지를 뚫고 외눈으로 들여다보다가 깜짝 놀랐다.

늙은 할머니 한분이 푸짐한 상을 앞에 놓고 통곡을 하는데 베감투를 쓴 사나이는 바가지장단을 치며 노래를 부르고 녀승의 고깔을 쓴 녀인은 춤을 추고있었다. 실로 보지도 듣지도 못했던 일이였다.

숙종왕은 더는 참을수 없어 주인을 찾고 대답도 기다리지 않고 방안으로 쑥 들어갔다. 그리고 깜짝 놀라는 주인들게 자기는 시골사는 선비인데 알성과거를 본다는 소식을 듣고 서울로 올라오던차에 길을 헛갈리고 헤매다가 불을 쫓아서

댁에 경사가 있는가 해서 잠간 들어왔노라고 그럴듯하게 꾸며대였다.

주인되는 사나이는 궁하게 사는 천민이긴 하였으나 례의 범절이 깍듯하였다.

《손님뵈옵기에 부끄럽습니다. 소인의 집에 벌어진 일이 하도 괴이쩍어서 들리신가 보온데 마음에 부끄러운 일을 하는 바는 아니오니 과히 허물하지 않으신다면 올라와 앉으시지요.》

그 말에 더욱 궁금해난 숙종왕은 물었다.

《봐하니 량반들의 등쌀에 어지간히 넌덜미가 나는 일이라도 당하신 모양인데 나는 진골량반도 못되고 백성들을 해치는 벼슬아치는 더욱 아니오. 아무튼 깊은 사연이 깃든 잔치에 파흥을 끼쳐서 대단히 죄송하오.》

《아니올시다. 원 천만의 말씀을!…》

《그렇다면 무슨 곡절이라도 있는 모양인데 들려주실수 없으가요?》

그 말에 주인은 얼굴을 붉히고 몸둘바를 몰라 쩔쩔매였다.

《이 사람아, 무슨 못할짓을 했다고 대답 올리지 못하나. 이 늙은것이 아뢰리다. 먼저 여기로 올라앉아 약주나 한잔 드시면서 들으시지요.》

할머니가 술을 부으면서 이야기를 시작했다.

사나이는 로친의 아들이요 젊은 녀인은 며느리였다. 아들은 워낙 가난하게 살아오던 선비의 아들인데 아버지의 가르침을 받아 글공부를 하고 과거볼 차비를 하는중 부친이 중병에 걸려 몸져눕고말았다. 효자인 아들은 과거볼걸 뒤로 미루고 부친의 병구완에 정력을 기울였다. 부친이 병석에 누워 십여년을 고생하다보니 약간의 돈붙이는 약값으로 들어가고 집에는 개칠 몽둥이 하나 없어 털면 먼지뿐이였다. 그러나 효성이 부족했던지 백약이 무효하여 부친은 사망되였다. 오늘이 바로 부친이 상사한지 3년이 되는 날인데 또 홀어머니의 환갑생일날이였다. 아무리 효자, 효부였지만 정성과 효성으로는 가난을 면할수 없었다. 이리하여 효부인 며느리는 남편도 모르게 머리태를 베여 팔아서 어머님의 환갑잔치상을 차리였다.

아들은 안해가 생명같이 귀중히 여기는 머리태를 팔아 푸짐하게 차려놓은 상을 보고 지아비로서 제 할 일을 다하지 못한 설음이 북받치는데다가 안해의 갸륵한 마음에 너무나 감동이 되여 바가지장단을 치며 어머님의 만수무강을 축복하여 노래를 불렀다. 그러니 며느리는 고깔을 쓰고 춤을 추었다.

어머니는 어떻게 마련된 음식인지도 모르고있었는데 며느리가 춤을 추다 수건

이 벗겨지는바람에 중의 머리가 된것을 보고서는 그 사연을 알고 야속한 자식들
이라고 목놓아 통곡하던참이였다.

사연을 듣고난 숙종왕은 효자효부의 갸륵한 마음에 너무나 감동되여 눈굽을
찍으며

《효성은 하늘이 알아줄터이니 부디 이번 알성과거에 응시해보시지요!》
하고 거듭 당부하고는 돌아갔다.

과거날이 돌아오자 선비는 과객의 말을 듣고 밑져도 본전이요, 혹 과거에 들면
가난에서 벗어나지 않겠는가 하는데서 과장엘 찾아갔다.

이번 과거의 글제는 상감께서 특별히 어제를 내걸고 글을 짓게 한다는데서
한다하는 선비들이며 재상가의 자제들이 이른아침부터 구름떼 모이듯하여 시루
안에 콩나물차듯 꽉 들어 찼었다.

이윽고 글제가 나오는데《상가승무로인고》(哀歌僧舞老人哭-상제는 노래하
고 중은 춤추는데 늙은이는 통곡하더라.)라고 썼었다. 방금까지 호기만장하던
선비들은 꿀먹은 벙어리가 되여 체머리를 흔들었다. 다만 가난한 선비만은《이럴
수가 있을가? 하늘이 우리 집안일을 내려다보고있지 않는가?》고 생각하며 자기
집 일을 그대로 적어서 바쳤다.

과거가 끝나고 금방이 나붙는데 자기 이름이 씌여있었다. 자기 이름 석자를
보고 또 보던 선비는 꿈이 아닌가고 눈을 비비고 다시금 보고 제 볼을 꼬집어봐도
갈데없는 자기 이름이였다.

이튿날 선비는 상감의 부름을 받고 임금님을 알현하게 되였는데《경은 아직도
과인을 몰라보는가?》하며 껄껄 웃는 소리에 머리를 들어 우러러보니 그는 바로
어제밤 자기 집에 왔던 과객이였다.

3. 숙종대왕과 야장쟁이

하루는 숙종왕이 야순을 돌다가 한곳에 이르니 한밤에 요란한 망치소리가 들려
오는지라 소리나는 곳으로 찾아가니 야장간이였다.

《엇추워, 어 날씨도 춥군. 담배불이나 붙이고 갑시다.》

숙종왕은 담배불을 구실로 야장간안으로 들어갔다. 중년의 사나이가 한창 벌겋
게 달군 쇠를 뚜드리다가 자기가 깔고 앉았던 걸상을 내놓았다.

《여기 앉으셔서 언 몸을 녹이시지요.》
인품도 후한지라 숙종왕은 담배불을 붙이며 물었다.
《주인께서는 어찌하여 남 다 자는 야밤삼경에도 쉬지 않고 일을 하시오?》
《이렇게 해야만 장리를 갚고 장리를 놓지요.》
임금이 생각해보니 장리를 놓는 사람이 장리를 갚을수 없고 장리를 갚는 사람이 장리를 놓을수 없는 모순되는 말이라 해득할 수가 없었다.
《아니, 건 무슨 소린지 난 듣고도 모르겠소 장리를 갚는 사람이 어떻게 장리를 놓는단말이요?》
《이렇게 벌어야만 아버질 받들고 자식을 키우지 않습니까? 그러니 아버님께는 장리를 갚고 자식한테는 내가 늙은막에 얻어먹을 장리를 놓는 것으로 되지요.》
《아, 그렇구려! 보아하니 당신은 책권이나 읽었겠소?》
《책이 다 뭡니까. 가지 많은 나무에 바람 잘 새 없고 새끼 많은 소 멍에 벗을 날 없다고 부모처자들이 나 하나를 바라보는데 어느 여가에 책을 보겠습니까.》
《거 말씀하시는걸 보니 유식한 말씀만 하시는데 어째서 과거를 보지 않소?》
《허허 과거를 암만 보니 나같은 무식쟁이요 가난뱅이한테 무슨 소용 있습니까.》
《건 모르시고 하시는 말씀이요. 물론 문과란 선비들이 하는 일이지만 때론 시기를 잘 만나서 운수가 트일 때도 있지요. 내 방금 오다 들으니 래일 숙종대왕께서 특별과를 보는데 그도 언문(조선문자를 낮추어이르는 말)으로 과거를 보게 한답니다. 그래서 나도 산을 보면서도 메산(山)자 하나 못쓰지만 낫놓고 기윽자인 언문은 뜯개글이나 배웠길래 래일 특별과에 참여할 생각이요. 그러니 당신도 어서 들어가 쉬고 래일 아침 일찍 과장엘 나오시오.》
《말씀을 해줘서 고맙소만 오르지 못할 나무 쳐다봐선 뭘 하겠습니까.》
《허허, 젊은 사람이 어째서 나약한 소릴 하오. 거 길고 짜른건 대봐야 안다는 말도 있지 않소? 래일 과장에서 다시 만납시다.》
아닌 밤중에 와서 실없는 소리를 하고 나가는 령감을 바라보며 야장쟁이는 너무나 우스워서 혼자 웃었다. 자기를 보고 과거를 보라는 사람이 다 있으니 꼭 미친 령감이라고 생각 되였다. 헌데 자기 머리에 털이 난후 처음 듣는 언문과거란 바람에 도대체 언문과거를 어떻게 보는가싶어 한번 시험해볼 생각이 불같이 일어났다. 게다가 그 령감쟁이도 과거를 보겠다는데 뼈마디마다 피가 한동이씩이나 고인 내가 뭐가 부족해서 못보겠는가 하는 반발심도 일어났다.

닭의 모가지를 잡고 새날을 맞은 야장쟁이는 밑져도 본전이니 구경이라도 해보자고 아침 일찍 서둘러서 과장엘 찾아갔다.

첨방대에 들어가니 량반선비들이 더러 모였는데 일찍해서 그랬던지 아니면 소식을 몰라서 그랬던지 사람이 많지 않았다.

야장쟁이가 어제밤에 만났던 령감이 어데 있나 해서 두리번거리며 찾아다니는데 어제가 나왔다. 령감쟁이 말대로 언문인데 다가가보고 깜짝 놀랐다. 아무리 다시 봐도 자기가 어제밤에 지나가던 령감쟁이와 주고받은 《장리》에 대한 문장을 지으라는것이였다. 그제야 그 로인이 보통로인이 아님을 깨달은 야장쟁이는 《옳지! 그분이 바로 숙종대왕이였구나!》하고 감탄하며 쓱쓱 써서 바쳤더니 영락없이 장원급제하였다 한다.

4. 밤중에 물레소리

어느날 밤 숙종왕은 관복을 벗고 평복을 갈아입고서 아무도 모르게 뒤문으로 궁궐을 벗어나 인가들이 총총 들어앉은 골목길에 들어섰다.

밤은 깊어 조용한데 숙종왕이 한 골목에 이르니 갑자기 이상한 소리가 들려왔다. 발걸음을 멈추고 귀를 기울이니 들여오는 소리는 분명한 물레질소리였다.

《아하! 어지간히 살림이 구차하면 남 다 자는 이 밤중에 물레질을 할가?》

숙종왕이 혼자말로 중얼거리며 소리나는 곳을 찾아가니 오막살이집이였다. 숙종왕은 창문을 다가가서 손가락에 침을 발라 창호지를 뚫고 한눈을 구멍에 대고 방안을 들여다보았다.

집은 비록 쓰러져가는 오두막이였으나 집안은 정결하고 깨끗하게 거두었는데 중년의 아낙네가 물레질을 하고 그옆에는 여라문살 됨직한 소년이 밥상앞에 무릎을 꿇고 단정히 앉아 글을 열심히 읽고있었다. 이때 소년의 발치에서 새우잠을 자던 계집애가 발딱 일어나더니 두눈을 비비며 종알거렸다.

《아이, 난 깜박 잠이 들었네. 엄마, 오빠도 이젠 그만 주무세요.》

《응, 나도 잘게 너 먼저 자거라.》

오빠되는 소년이 계집애의 머리를 쓰다듬어주고 자리에 눕히였다. 계집애는

다시 발딱 몸을 일으키더니

《어머니, 난 먼저 자겠어요. 어머니와 오빠도 인츰 주무세요.》

하고는 어머니가 빙그레 웃으며 머리를 끄덕이자 손바닥만한 포대기를 배우에 걸치고 누웠다.

숙종왕은 저도 모르게 머리를 끄덕이며 수염을 쓰다듬었다. 부지런한 아낙네와 어머니를 동무하여 밤늦도록 공부하는 착한 아들 그리고 나이는 비록 어리나 례절바른 귀여운 소녀를 보니 숙종왕은 생활이 구차해도 아이들을 저렇듯 훌륭하게 키우는 아낙네와 집주인이 마음에 들었다.

이튿날 숙종왕은 판서를 불러 엊저녁에 자기가 갔던 그 집에 가서 가족들을 모두 데려오게 하였다. 그런데 어제밤에도 보지 못한 지아비가 오지 않았다.

《집주인은 어디에 갔기에 오지 않았느냐?》

《아뢰옵기 황송하옵니다. 지아비는 재작년 왜적을 물리치는 싸움에서 몸을 바쳤사옵니다.》

《아, 그래요! 음…》

숙종왕은 자기의 실언을 뼈아프게 느끼며 이윽토록 생각하더니

《미안하오 부인! 그동안 어린 자식들을 데리고 얼마나 고생하였소. 그런데 엊저녁엔 무슨 일들을 하였소?》

하고 물었다.

《밤늦도록 물레질을 하였사옵니다.》

《음, 너는 엊저녁에 뭣을 했느냐?》

숙종왕이 소년에게 물었다.

《저희들 때문에 밤늦도록 일하시는 어머니를 동무해서 성현들의 글을 읽었사옵니다.》

《그래?! 그럼 내 하나 물어볼테니 대답하겠느냐?》

《어려운걸 내시면 대답할수 없나이다.》

《허허허, 그래. 자, 잘 듣고 인츰 대답을 해라. 개 여섯마리에다 고양이 세마리, 거기에다 쥐 두마리를 몰아넣으면 모두 몇마리겠느냐?》

《아홉마리입니다.》

소년은 임금의 말이 떨어지기 바쁘게 대답했다.

《아니, 개 여섯마리에다 고양이 세마리를 합하면 벌써 아홉 마리인데 거기에

다 또 쥐 두 마리를 넣으면 열한마리지 어찌하여 아홉마리겠느냐?》

《쥐 두마리는 고양이가 잡아먹었으니깐요.》

《그래! 핫하하 과연 총명하도다!》

숙종왕은 기뻐서 껄껄 웃고나서 이번에는 소녀에게 뭘 했는가 물었다. 그러자 계집애는 조그마한 얼굴에 홍조를 띠우며 고개를 숙이더니 낮고 챙챙한 목소리로 대답했다.

《죄송합니다. 어제 낮에 어머니께서 밭에 일하러 나가신사이에 바가지로 물을 날라다가 독에다 골똑 채우노라 고단해서 공부한다는게 그만 잤습니다.》

《음, 과시 효자, 효녀로다! 부인은 젊은 과부의 몸으로 애국자의 가정답게 아이들을 잘 가르쳤으니 그 공이 나라를 위해 돌아가신 지아비에 못지않으니 내 널리 표창하리로다! 여봐라, 이 녀인에게 쌀 백석과 비단 백필을 주고 저 효자, 효녀에게 종이 백권과 붓과 먹을 후히 주도록 해라!》

이리하여 과부녀인은 하루사이에 부자가 되였다. 이웃사람들은 모두 부러워하면서 과부의 평소의 언행에 대해서 극구 칭찬하여 하늘이 굽어살피였다고 했다.

근데 그 뒤집에는 다욕스럽기로 소문난 들창코녀인이 있었다. 들창코녀인은 저녁밥상을 차리다 말고 이 소식을 듣고 달려왔다. 들창코녀인은 쌀과 비단을 보고는 침을 꼴깍꼴깍 삼키며 지지콜콜이 캐여묻더니 치마폭에 바람을 날리며 횡하니 제 집으로 뛰여갔다. 자기도 꼭 더 많은 상품을 타오리라 작심했던것이다. 그래서 집문턱을 넘어서자 부산을 피우며 고아댔다.

《이봐요, 요사이에 임금이 밤에 순찰을 다니며 가난한 집에 상금을 준대요. 저 앞집의 박과부는 하루저녁에 부자가 됐어요.》

《아니 뭘 어떻게 해서 부자가 됐대?》

《그녀는 밤새워 물레를 돌리고 아이들은 밤늦게까지 책을 보는데 낮에 오라고 해서 갔더니 글쎄 입쌀과 비단을 바리로 주더래요.》

《아, 저런!》

《그러니 당신도 오늘밤에 정신 좀 차리고 어디 가서 도박을 놀든지 건달을 피우든지 집에 오지 말아요. 그리고 애야, 넌 앞집에 가서<공짠>지 <맹짠>지 하는 책을 빌어다가 밤늦도록 읽어라.》

《내가 글을 배웠어야 책을 읽지요?》

《망할놈의자식! 글을 몰라도 책을 쥐고 홍얼홍얼하면 되는건데 것두 못해!》

들창코녀인은 꽥 소리를 지르고 횡하니 나가더니 물레와 맹자책 한권을 얻어가지고 왔다. 녀인은 밥상은 한쪽에 밀어놓고 아들에게 책을 주어 흥얼거리게 하고 자기는 물레를 돌리였다. 그런데 얼마간 돌리고나니 팔이 아파서 계속해서 돌릴수가 없었다. 그래서 ≪어이구! 세상에 헐한 일이 없구나!≫하고 중얼거리며 저고리를 벗고 벌렁 누워서 발로 물레를 돌리였다.

이때 숙종왕이 또 성내를 돌다가 오늘아침에 상을 준 과부가 뭘 하는가 궁금해서 그 집으로 발길을 돌리였다. 그 집에 가보니 역시 어제저녁과 같은데 다른 점이라면 소녀도 오빠와 같이 공부하고있는것이였다.

숙종왕이 흐뭇하여 돌아오는데 이상한 소리가 들리였다. 분명히 물레질소리는 옳은것 같은데 가락이 돌아가는 고르로운 소리 대신에 꺼떠덕꺼떠덕 하는 소리가 나다가는 즘즘하고 즘즘했다가는 또 떨꺼덕떨꺼덕 하고 들려왔다.

그래서 소리나는 곳을 찾아가서 살그머니 창호지를 뚫고 들여다보다가 깜짝 놀랐다.

집안은 수라장인데 한 녀인이 웃통을 벗은채 큰 대자로 누워서 심심풀이로 빈 물레를 발로 돌리고있었다. 떨꺼덕소리가 날 때마다 메주덩이 같은 젖통이 춤을 추었다. 숙종왕이 다시 들여다보니 남자애는 코와 침으로 책을 매닥질해놓고 그우에다 골을 틀어박고 자는데 젖먹이아이가 빽하고 울자 모두 놀라 깨였다.

≪아이구, 잠이 와 죽겠는데 울기는? 듣기 싫다!≫

사내아이가 발로 우는 아이를 밀어놓으니 계집애가 자지러지게 울자 들창코녀인이 벌떡 일어나 사내아이의 뺨을 찰싹갈기고 우는 애를 끌어안았다.

과부네 집과는 너무나도 대조가 되는지라 숙종왕은 이튿날 들창코녀인을 불렀다.

≪엊저녁에 무슨 일을 했는지 바른대로 아뢰여라.≫

임금이 묻자 오늘 상을 타고 부자가 됐다고 생각한 들창코녀인은

≪예, 소첩의 남편은 왜적을 치다가 목숨을 바치였고 저는 아이들을 먹여살리느라 밤낮으로 물레질을 하옵나이다. 그리고 이 애는 커서 죽은 아버지의 뒤를 잇겠다면서 부지런히 공부했습니다.≫

하고 새빨간 거짓말을 단숨에 줄줄 하였다. 그런데 시퍼런 코를 훌쩍거리던 아들애가

≪아버지가 죽긴 언제 죽었어? 엄마가 도박놀러 가라고 해서 상기도 안 왔는

데.≫

하고 까밝아놓는바람에 개꼴망신을 하였다.

≪음, 괘씸한년 같으니라구! 여봐라! 이년의 남편을 잡아다 하옥시키고 이년은 볼기 40매를 상으로 주어라!≫

그바람에 얼굴이 새까맣게 된 욕심 많고 심보 나쁜 들창코녀인은 매를 상으로 받고 반주검이 되여 집으로 기여가고 도박판에 있던 그의 남편은 술만 처먹고 처자를 다스리지 못한죄로 라졸들에게 붙잡혀 감옥살이를 하게 되였다 한다.

소년부사

그리 멀지 않은 예전에 아홉 살에 부사가 된 총명한 소년이 있었다. 그가 바로 리두항이다.

가난한 선비의 가정에서 태여난 리두항은 네 살때부터 서당에 다니며 열심히 공부하더니 아홉살에 과거에 급제하여 동래부 부사로 부임되였다.

새로 부임된 원님이 쬐꼬만 코흘리개아이인지라 리방과 형방 등 문무관원들이 모두 업수이 보고 공무에 태만하면서 매일 질창치듯 먹고마시고 놀기만 하였다. 그가운데서도 리방은 소년부사를 제일 깔보면서 제 마음대로 하였다.

그랬건만 소년부사는 모르는척 내버려두고 송사가 있으면 말로 할건 말로 하고 글로 쓸건 글로 써서 잠간사이에 옳고그름을 딱 갈라 처리하는데서 문무관원들은 물론 백성들도 감탄을 금치 못했다.

허지만 리방은 네가 알면 얼마를 알며 총명하면 얼마나 총명하랴싶어 하루는 매사냥군을 불러서

《원님한테 매를 잃어버렸으니 찾아달라고 소지를 올려라.》

하고 시켰다. 소지를 받아본 소년부사는 즉석에 붓을 들어

《매는 청산의 물건이라 청산에서 얻었다가 청산에서 잃었으니 청산더러 물어 봐라. 만약 청산이 대답이 없거든 청산을 결박지어 대령케 하라.》

고 썼다. 리방이 보고서 소년부사의 뛰여난 지혜에 깜짝 놀랐다. 그러나 그것도 한순간이였다. 리방은 골을 짜고 짜던 끝에 또 동래범사라는 절의 중을 시켜

《회오리바람에 쓰고다니던 굴갓(모자)을 잃어버렸으니 찾아주십시오.》

하고 원정을 올리게 하였다. 중의 원정을 듣고난 소년부사는

《대사님께서 끈은 든든하게 하지 않아서 끈이 끊어져 잃어먹었겠구료?》

하고 물었다.

《아니옵니다 사또님, 끈은 든든히 했건만 회오리바람에 날려갔사옵니다.》

《그게 정말이겠나?》

《예, 소승이 누구앞이라고 거짓말을 하겠습니까.》
《틀림이 없지?》
《예!》
《그럼 나가서 기다려라.》
소년부사는 이렇게 중을 내보내고 이윽토록 골똘히 생각하더니《여봐라!》하고 아전을 불렀다.
《지체말고 앞강에 가서 사공 둘만 데려오너라.》
리방과 문무관원들은(갓을 찾아달라는데 사공을 불러다간 뭘 할가?)하며 궁금해서 수군 거리는데 아전이 사공 두사람을 데려왔다.
《사또님의 분부대로 사공이 대령했나이다.》
《음, 사공은 들이시오. 배가 남쪽으로 가려고 할 때 남풍이 불면 배는 어떻게 가야 하오?》
원님의 물음이라 사공은 돛을 어떻게 달면 돌아서 간다고 아뢰였다.
《그럼 배가 북쪽으로 가려고 할 때 북풍이 불어서 남쪽으로 밀려가면 어떻게 하오?》
그럴 때면 새바람에 돛을 어떻게 달면 배가 돌아서 간다고 대답했다.
《건데, 바람이 아니면 만경창파를 못 다니는 배가 회오리 바람에 파손당할 때도 있느냐?》
사공은 이번에도 무슨 바람과 무슨 바람이 불어서 마주치면 회오리바람이 일어나는데 이때 돛을 미처 내리지 못하면 배가 파손되거나 엎어진다고 대답하였다.
《그러고보니 바람을 일으키는건 말짱 너희들의 조화로구나!》
소년부사가 터무니없는 소릴 한다는것을 번연히 알면서도 사공들은 대꾸를 못했다.
《사공 듣거라, 범무사 대사님께서 회오리바람에 굴갓을 잃어버렸다니 필경 바람을 좌우지하는 너희들의 작간이라 너희들이 물어주어야겠다. 그러니 한사람은 토기점에 가서 바람에 다시는 날려가지 않도록 좀 묵직하게 굴갓 하나를 해오너라. 그런데 그 중이 끈을 든든히 했어두 날려갔다니 다시는 바람에 날려가지 못하게 대못을 박도록 구멍 둘을 뚫어라. 그리고 한사람은 야장간에 가서 못 두개를 쳐오되 작으면 빠질테니 큼직하고 길죽하게 쳐오너라.》
언제나 도적이 발이 저리다고 그 소리를 들은 리방의 잔등에서는 식은땀이 소리없이 줄줄 흘러 발뒤축을 적시였다.
 사또의 뜻을 알게 된 사공들은 신바람이 나서 부리나케 달려가더니 굴갓과 대못 두개를 해왔다.
 《굴갓 잃어먹고 상소한 중놈을 불러들여라!》
 중놈이 원님앞에 꿇어앉자 소년부사는
 《굴갓을 찾을수 없어 새로 하나 해왔으니 한번 써봐라.》
 하고 령을 내렸다.
 중놈이 흙으로 만든 굴갓을 보고 낯이 백지장이 되여 망설이자 두 라졸이 접어들어서 중의 머리우에다 씌우니 중놈의 모가지가 자라목처럼 옴츠러들었다.
 《아까 저 중놈이 말하기를 갓끈을 든든히 했어두 날려갔다고 했으니 회오리바람에 날려가지 못하도록 대못을 박아라!》
 라졸들이 못과 망치를 들고 다가서자 리방 때문에 영낙없이 죽게 됐다고 생각한 중놈은 얼굴빛이 숯검댕이가 되여 눈물을 좔좔 쏟으며
 《사또님, 소승이 죽을 죄를 졌사오나 한번만 살려주시면 이실직고하겠나이다.》
 하고 빌었다.
 《할말이 있으면 어서 아뢰여라!》
 《사실은 리, 리방나으리가 소승보고 거짓말을 하라고 시키면서 행하지 않으면 목을 낮추겠다고 위협하는바람에 할수없이…》
 《호호호, 에익 쓸개빠진놈같으니라구! 남의 말을 곧이듣고 망동하는 중놈이 어데 있단말이냐! 더군다나 나의 한팔인 리방이 그렇게 시킬리도 만무한 일이라…여봐라, 저놈이 본관앞에서 거짓말을 했으니 곤장 열매를 안긴 다음 토기굴갓과 못값은 물론, 사공들의 하루 품삯을 배상하도록 하게 하여라.》
 그제서야 사공과 라졸들은 소년부사의 지혜와 사리밝은 처사에 감복되여 모두 머리를 조아리며 찬송하였다. 오직 리방만이 사시나무 떨듯 떨면서 쥐구멍이라도 있으면 들어갈 상이였다. 그래도 소년부사는 리방에 대하여 일언반구도 없을뿐 아니라 곁눈 한번 보내지 않았다.
 그런 일이 있은후에도 리방은 버릇을 못 고치고 소년부사가 자기를 무서워서 어쩌지 못한다고 여기며 여전히 소년부사를 깔보고 헐뜯는지라 소년부사가 리방을 불렀다.

《리방아바이, 리방아바이!》

《사또님 부르셨습니까?》

《저 밭에 가서 수수장 한 대만 끊어다주게. 건데 리방이 수수대를 들고 다니는 걸 사람들이 보면 또 원님이 장난한다고 할테니 아무도 모르게 소매안에다 감춰가지고 오되 끊지는 말고 그대로 갖다주게.》

《예.》

리방의 생각에는 소년부사가 새장을 만들려는 모양이라고 속으로 혀를 차며 밭에 나가 긴 수수대를 베였으나 감출수가 없었다. 그래서 몇토막 끊어서 팔소매에 넣어가지고 왔다.

《아니, 내가 뭐라고 했나?! 끊지 말고 가져오라고 했는데?》

《감출 재간이 없어서 할수없이 끊었습니다.》

《엉? 그것 하나도 소매속에다 넣지 못해?》

리방은 젖내나는 소년한테 꾸지람을 듣는것이 창피하게 느껴서 볼부은 소리로 대꾸했다.

《그렇게 긴걸 어떻게 소매속에다 감춥니까? 사또님께서 한번 넣어보시오!》

《뭣이라구! 여봐라!》

《예잇!》

《어서 저놈을 결박지어라!》

사또의 명이라 형방과 집장사령이 나서서 리방을 묶어 꿇어앉혔다.

《이놈! 네 죄를 알만하냐? 일년 자란 수수장 하나도 소매속에다 넣지 못하는 주제에 아홉해나 자란 나를 네 손안에 넣겠다고? 고현놈? 그만큼 깨우쳐주었는데도 소귀에 경읽기니 누구를 원망할소냐! 그래도 할말이 있느냐?》

《죽을 죄를 졌습니다!》

이때부터 문무관원들은 원님앞에서 더는 거짓말을 못했으며 공무에 게으른자가 없게 되였다.

이렇듯 총명한 소년부사는 조정의 무능과 량반나으리들의 못된 행실을 여지없이 까밝히고 사정없이 처리한데서 백성들의 사랑과 존경을 받았다.

허지만 간신들의 거듭되는 무함과 밀고로 말미암아 나중에는 역적으로 몰리여 멀고 먼 함경북도로 정배살이를 가지 않으면 안되게 되였다. 그래서 우리 민족의 가장 나어린 원님의 하나였던 소년부사 리두항의 이름을 력사책에서는 찾아볼수 없으나 만고에 길이 빛날 슬기로운 그의 지혜와 업적만은 민간에 뿌리박고 대에 대를 이어 오늘까지 전해내려오고있다 한다.

남씨부인의 원을 풀어준 박문수

폐포파립에 부서진 갓을 쓰고 꼬부랑막대기를 짚은 암행어사 박문수가 상주읍에 도착했을 때는 보리저녁때여서 집집의 굴뚝마다에서는 삼단같은 연기가 뭉게뭉게 솟아오르고있었다.

박문수는 산등성이를 내려 첫입구에 있는 외딴 초가집 마당에 들어서다가 깜짝 놀랐다. 웬 아낙네가 밤나무가지에다 바줄을 매더니 한끝을 자기의 목에다 걸고있었기때문이였다.

《아, 저런! 여보시오 잠간만!》

박문수가 급히 달려갔으나 어느새 녀인은 목을 걸고 척늘어졌었다. 그런데 천만다행으로 바줄이 길고 나무 가지가 휘여지면서 발이 땅에 닿이였었다. 박문수가 올가미를 풀고 녀인을 안고 방으로 들어가 눕히고 사방을 둘러보니 서너살 되는 사내아이가 쌕쌕 코를 골며 정신없이 자고있었다.

《저런 철부지 자식을 두고 목숨을 끊는 녀인에겐 아마도 기막힌 사연이 있겠구나.》

박어사는 혀를 차며 옆집으로 달려가서 사연을 이야기했더니 중년 아낙네가 역시 혀를 차며 짚신을 끌고 앞서 나섰다.

박문수는 주막을 찾아 자리를 잡아놓고는 저녁밥술을 놓기 바쁘게 그 집으로 찾아갔다.

중년부인이 아이를 보더라도 살아야지 그런 맘을 먹으면 못쓴다고 간곡히 타이르고있었다.

박문수가 자리에 앉아서 혹시 힘이 될지 모르니 한맺힌 사연을 이야기해달라고 조르니 중년부인이 먼저 말꼭지를 떼였다.

《올 한해에 이 집에서 송장 셋이 났어요. 병들어 죽은게 아니고요, 부사와 원님한테 억울하게 죽었어요!…》

《아니, 백성들을 위한 사또들인데 사또한테 죽음을 당하다니요! 좀 자상히

말씀해주십시오.≫
　중년부인의 이야기를 듣는 박문수는 치가 떨렸다.
　올봄에 충주부사가 사냥을 나왔다가 바로 이 남씨부인의 녀동생을 보고는 수청을 들라고 했는데 열여섯 수집은 나이의 처녀가 거절을 했다고 해서 두 손목을 붙잡아 말꼬리에 달아매서 끌고가는바람에 죽고말았다.
　그런데 여름에 산놀이를 갔던 원님이 남씨부인을 보자 또 그만 환장할 지경이 되여 새파란 대낮에 붙잡고 겁탈하려는걸 남서방이 보고서 격분을 참지 못해 달려들었다가 형방과 사령들께 붙잡혀 사또를 괄세했다는 죄명으로 하옥시킨후 형방이 하루에도 몇번씩 남씨부인을 찾아와서 하루밤만 사또님을 모시면 내놓겠다고 하였다. 그러나 남씨부인은 이를 옥물고 거절하였다.
　그후 하루는 시집가서 과부가 된 시누이가 비장한 마음을 먹고 자기가 하루밤 사또님을 모시면 오래비를 내놓겠는가고 물었다. 그러자 형방은 측은한체하며 그러되 남씨부인의 옷을 입고 남씨부인으로 가장해서 오늘밤에 와서 모시라고 했다. 올케가 안된다고 붙잡았으나 시누이는 형님을 뿌리치고 관아로 찾아갔다.
　≪제 눈으로 보는데서 사람을 내놓으세요.≫
　≪아, 건 념려말아. 자, 여기서 보라구!≫
　형방은 관문을 열어놓고 옥에 가서 남서방을 내놓아 삼문을 나가게 하였다.
　그래서 시누이는 그날 밤 짐승같은 원님의 품에 안겨 요구를 만족시켜주었다. 그런데 이튿날 집에 돌아와 보니 오빠는 집으로 돌아오지 않았던것이다. 속히운줄 알게 된 시누이는 관가에 뛰여들어 따지였다. 그러자 형방은 뻔뻔스럽게도
　≪내놓는걸 네 눈으로 보지 않았느냐? 그런데 미심한 점이 있어서 다시 가두었노라!≫
　하고 고아댔다. 그바람에 원님이 나와서 무슨 일에 벅적 고아대는가고 하문해서 형방이 사실을 말하자 원은 시치미를 떼고 자기가 과부에게 얼리웠다고 천길만길 뛰면서 시누이마저 하옥시키라 하고는 형방을 보고
　≪남씨부인이 오늘밤에 와서 수청들지 않으면 삼족을 멸할테니 그줄 알고 전하라!≫
　고 을러메였다.
　형방한테서 이 말을 들은 남씨부인은 기가 막혔다.
　≪이 세상에선 인물이 고와도 원쑤로구나!≫

자기 한몸 때문에 가족이 전멸될걸 생각하니 눈앞이 캄캄했다. 그래서 할수없이 몸을 바치고 옥에 가보니 남편도 시누이도 이미 송장이 되여있었다. 이리하여 오늘아침에 돌아온 남씨부인은 세상만사가 귀찮아서 자결하려던 참이였다고 하였다.

박어사는 참고있을수가 없었다. 웬만한 일에는 《암행어사출두》를 하지 않는 박문수였건만 래일아침에는 부득불 마패의 위력을 과시해야겠다고 생각하고 남씨부인을 달래였다.

《들어보니 참으로 기막힌 일입니다! 그런놈이 원님자리에 앉아있으니 이 고을의 정사가 어떻게 되겠습니까. 민심이 천심이라고 그놈을 처단하지 않고 원쑤를 갚지 않고 자결하신다면 돌아가신 랑군님과 시누이께 미안하고 철모르는 자식한테 죄를 짓는게 아니고 뭡니까?! 아주머니, 원쑤를 갚읍시다. 앞집아주머니도 같이 구경오십시오. 관가가 뒤집힐것입니다.》

박문수는 이쯤 진시가 되자 어사 박문수가 관아주위를 한바퀴 휘 돌아보니 선비, 장군, 농군, 야장쟁이, 도련님으로 분장한 서리역졸들이 출두소리를 기다리고있는지라 제잡담하고 관아로 들어섰다.

《웬놈이냐?》

문지기 사령이 꽥 소리쳤다.

《사또님께 아뢸 말씀이 있소.》

《흥, 사또님은 너같은 거지는 만나지 않는다. 어서 썩 물러가지 못해!》

박문수는 입에서 신물이 나왔지만 꾹 참고 사령의 손을 붙잡다가 허리춤속을 만져보게 하였다. 사령은 돈이 생기는가 해서 박문수의 허리춤을 들고보니 삐죽이 내민것은 마패인지라 어찌나 놀랐는지 소리도 못 지르고 입만 딱 벌린채 꿇어앉는것을 박문수가

《찍소리 말고 사또한테 안내해라!》

고 하니 그제서야 연신 골을 끄덕이며 앞서 들어가는데 다리가 후들후들 떨려 겨우 한발자국씩 떼는것마저 갈지자로 걸었다.

《사, 사또님…》

《무슨 일이냐?》

《암, 암…》

《넌 잠자코 있어라!》

박문수가 앞에 나섰다.
≪넌 웬놈이냐?≫
≪예, 본골 사또께서 백성들의 질고를 관심하지 않고…≫
≪뭐, 뭣이?≫
≪국록을 타먹는 사또께서 부녀자 롱락에 정신이 팔려 백성들을 파리죽이듯하니…≫
≪저, 저런! 미친놈이구나. 애들아, 뭣들하느냐? 저놈한테 오라를 지우고 아가리에 자갈을 물려 다시는 입방아를 찧지 못하게 해라!≫
≪예잇!≫
≪가만!≫
박문수는 달려드는 사령들을 뿌리치며
≪포악무도한 사또는 마땅히 국법으로 다스려야 하느니라. 애들아!≫
하고 소리치니 그 소리가 룡의 목소리요, 범의 꾸중이라 수십명의 서리역졸들이 방망이를 위두르며 뛰여드는바람에 박문수를 밭잡자던 사령들은 발이 땅에 얼어붙었는지 진흙탕에 빠졌는지 옴싹달싹 못하고 사시나무 떨듯하는데 눈치빠른 사또놈은 형세가 기운것을 눈치채고 병풍뒤로 꼬리빼는것을 어느새 역졸이 달려들어 목덜미를 쥐여다 뜰아래 내동댕이쳤다. 형방이 또 고리끼고 내빼는걸 올가미를 던지니 개 새끼 끌려오듯했다.
이때 남씨부인이 앞집아주머니의 부축을 받으며 관아에 들어서다가 자기 눈을 의심했다. 어제까지만 해도 천하에 제밖에 없노라고 기고만장해서 사람을 죽이고서도 눈섭 하나 까딱안하고 온밤 자기 몸을 샅샅이 짓주무르고 깨물며 못살게 굴던 미친개이며 철천의 원쑤놈인 사또가 하루아침에 길에 나선 미친개가 되여 사람마다 잡아죽이라고 고함을 지르며 때리고 차는것을 보자 꿈인지 생시인지 분간할수 없었다.
≪남씨부인께선 이리로 가까이 와서 한맺힌 원을 푸십시오. 이놈, 저 녀인을 아느냐? 바로 네 죄악의 철증이 아니냐?!≫
사또는 다가서는 남씨부인을 보자 질겁하여 손으로 이마를 싸쥐고 뒤걸음쳤다.
≪애들아, 이 고을 백성들의 하늘에 사무친 원한을 풀어드려라!≫
역졸들이 달려들어 사또와 형방의 목을 잘라 저자거리에 걸어놓자 지나가고오는 사람마다 침을 뱉고 돌멩이를 던지였다.

구석편과 룡녀

옛날 진시황이 만리장성을 쌓을 때에 있은 이야기이다.

하루는 민부들이 장성을 쌓을 주춧돌을 찾느라고 여기저기 다니다가 한곳에 이르러 엄청나게 크고 기이하게 생긴 바위돌을 찾았다. 그 바위돌은 집채와도 같이 커서 사람의 힘으로는 도저히 움직일수 없었다. 민부들은 의논 끝에 그 집채같은 바위돌을 깨여서 날라가기로 하였다.

힘꼴이나 쓴다 하는 장사들이 수십명이 달라붙어 헹헹 엇갈아 메질하며 깨기 시작하는데 참으로 이상한 일이라 메로 내리칠 때마다 그 바위에서는 덩덩하고 속이 궁근 소리가 났다. 그러니 어떤 사람들은 쓸모없는 돌이라며 힘들여 깨느라 말고 아예 내버리자고 했다. 하지만 다들 이미 깨기 시작한 돌이니 깨놓고 보자 하였다. 모두들 깨자고 해서 깨놓고 보니 세상에 희한한 일도 다 있었다. 속이 둥그렇게 빈 그 바위돌속에 하늘의 선녀같은 절세가인이 손에 무엇인지 들고 앉아있었다. 민부들은 꿈같은 일이라 모두 제 눈을 의심하였다. 하지만 열 번이고 백번이고 눈을 비벼가며 보았지만 틀림없는 한 미녀가 말없이 앉아있었다.

세상에서 보지도 듣지도 못하던 일이라 민부들은 이 일을 나라에 보하였다. 곁에 3천궁녀를 두고도 어디에 미녀가 있다는 소리만 들으면 귀가 벌죽해지던 진시황은 돌속에 천상 선녀같은 미녀가 앉아있다는 기문을 듣자 그 소리를 앉아서 듣고만 있을수 없었다. 진시황은 친히 어가를 타고 부랴부랴 돌속에 앉아있는 미녀를 찾아왔다. 진시황이 와보니 과연 듣던 말과 같이 달속의 상아가 내려온듯도 하고 옥경에 사는 선녀가 내려와 앉은듯도 하였다. 헌데 이상하게도 무슨 연고인지 천하에 제밖에 없다는 일국 황제가 말을 시켜도 돌속의 미녀는 말 한마디 하지 않았고 진시황의 령을 듣고 힘장사들이 돌속의 미녀를 꺼내려 해도 까딱 움직이지 않았다. 천하를 쥐락펴락 한다는 진시황도 방도가 없었다. 진시황은 하는수없어 이 일을 온 나라에 고하고 그 연고를 알아내고 돌속의 미녀를 움직여 내오는 사람에게는 후한 상을 주겠노라는 어명까지 내렸다.

며칠후에 머리에 백발이 성성한 한 로인이 진시황을 찾아와 진시황앞에 부복하고 아뢰였다.

《황제님전에 아뢰옵니다. 그 돌속에 있는 미녀에게 석달동안 중국사람의 젖을 먹이면 가히 움직이고 말을 하게 될것이옵고 말을 하게 되면 자연히 그 연고를 알게 될것이옵니다.》

《그게 실말이냐?》

《이 늙은 몸이 어찌 황제님전에서 거짓말을 하오리까. 소인의 말대로 하여보옵소서.》

진시황은 즉각에 령을 내려 젖많은 유모들을 불러들여 돌속의 미녀에게 젖을 먹이였다. 돌속의 미녀는 젖을 받아먹기 시작하더니 과연 석달이 지나자 산 사람처럼 움직이면서 말을 했다. 진시황은 너무도 기뻐 그 소식을 듣자바람으로 어가를 보내여 돌속의 미녀를 궁궐에 불러들이였다. 진시황은 입궁한 그 미녀를 보고 물었다.

《너는 대체 어떤 사람이관대 무슨 연고로 바위돌속에 들어갔으며 네 손에 든 그 막대기는 무엇인고?》

돌속에서 나온 미녀가 아뢰였다.

《소녀는 인간세상 사람이 아니옵고 저 동해에 있는 룡왕의 딸이옵니다. 부왕마마에게 득죄하여 이 바위돌속에 갇히여 귀양살이를 하는중이온데 손에 든것은 구석편이라 하옵니다.》

《구석편이라? 듣지도 못하던 소리로다. 그래 그건 무엇하는것인고?》

《구석편은 다름아니오라 말그대로 돌을 모아가지고 다니는 채찍이옵니다.》

《그래 그 채찍으로 돌을 몰아가지고 다닐수 있다는말이냐?》

《그러하옵니다. 이 채찍을 가지시면 아무리 큰 돌이라도 어디에나 제 마음대로 몰고 다닐수 있사옵니다.》

《오! 과시 훌륭한 보배로고! 하늘이 굽어살핌이로다.》

룡녀의 말을 들은 진시황은 좋아서 어쩔바를 몰랐다. 만리나 되는 장성을 쌓는데 구석편을 손에 쥐였으니 만리장성을 빨리 쌓게 된데다 인간세상에서는 찾아볼수도 없는 아릿다운 룡왕의 딸 룡녀를 차지하게 되였으니 이런 영화가 다시 없었다.

이때로부터 그 신기한 구석편을 가지고 크고작은 돌을 몰아다 장성을 쌓으니 장성은 하루에도 천리나 뻗어나갔다.

그사이 룡녀는 궁궐속에서 안타까운 나날을 보내고있었다. 그는 구석편을 넘겨준 그날부터 그 구석편으로 장성을 쌓아 속죄하고 어서 그리운 룡궁으로 돌아갈 날만 손꼽아 기다리고 기다렸다.

하지만 진시황은 룡녀를 가만놔두려 하지 않았다. 진시황은 수심에 잠긴 룡녀를 불러놓고 물었다.

《룡녀는 이미 이 궁궐사람이 되였는데 또 무엇이 부족하여 얼굴에 수심이 가득하여 웃음 한번 웃지 않는고?》

《내 룡왕의 딸로 황제님전에서 거짓말하오리까. 인간세상이 좋다 하나 어찌 수중세상에 비하며 아방궁이 좋다 하나 어찌 룡궁에 비하리오까? 룡녀는 부모형제 계시는 룡궁이 그리워 수심이오니 하루빨리 그 구석편으로 장성을 쌓고 이내 몸을 룡궁에 돌려보내주옵소서!》

룡녀는 제 속심 말을 하며 진시황에게 자기를 하루속히 룡궁에 보내달라 했지만 진시황은 그 말을 듣자 대노해서 소리를 질렀다.

《안될 소리로다. 룡녀는 들을지라. 하늘이 너에게 구석편을 주어보냄은 금생금세의 연분이니 어찌 인간세상과 수중세상을 구별한다는 말이냐. 내 이제 장생불로주로 너와 더불어 인간세의 무궁한 락을 누릴지니 언감생심 돌아갈 생각을 말지라.》

룡녀는 어찌는수가 없었다. 그는 진시황에게 매운 몸이 되여 하루하루를 깊은 궁궐에서 괴로운 날을 보내면서 속을 썩이였다.

이러구러 세월은 세월대로 흘러서 만리장성도 다 축성되고 룡녀도 속죄가 되여 오매에도 그리는 룡궁으로 돌아갈 때가 되였다. 진시황은 이제는 룡녀가 제것으로 된줄로만 알고 밤에도 한시름 놓고 잤다.

그날 밤은 룡왕이 조화를 부렸던지 하늘에 먹장구름이 꽉 덮여서 별 하나 볼수 없는 캄캄칠야였다. 이날 밤 룡녀는 진시황이 잠이 든 틈을 타서 쥐도새도 모르게 궁궐을 빠져나와 검푸른 바다가에 이르렀다. 헌데 룡녀가 바다에 뛰여들기도전에 배속에서 무엇인가 꿈틀거렸다. 그때 룡녀는 분망중에서도 자기가 잉태하였다는 것을 알았다. 어떻게 할것인가? 인간세에 남아있자니 그 무서운 궁궐에서 지긋지긋한 한생을 보낼 일이 기가 막히고 그리운 룡궁으로 찾아가자니 인간세의 종자를 배속에 넣고 그냥 갈수도 없었다. 이러지도 저러지도 하기 어렵게 되였다.

룡녀는 하늘을 우러러 탄식하였다.

≪하느님이시여, 이 죄많은 녀인을 불쌍히 여겨 살길을 열어주옵소서!≫

룡녀의 말이 끝나자 바다가에 향기가 진동하고 갑자기 서기 어리더니 룡녀의 몸이 둥둥 하늘에 뜨는것처럼 가벼워졌다. 참으로 별 조화였다. 룡녀는 아픔도 모르고 저도 모르게 애기를 순산하였다. 룡녀의 몸에서 태여난 애기는 세상에 태여나자 와하고 울음을 터치는데 그 기개가 하늘에 미치고 땅을 뒤덮을듯하였다.

룡녀는 인간세의 사람이 아니고 수중에 사는 몸이라 모진 마음을 먹고 제 피줄을 물고난 애기를 바다가 풀숲에 정히 눕혀놓고 보드라운 풀을 골라 뜯어 애기의 몸을 따뜻이 덮어준후 푸른 바닷물속에 뛰여들었다. 귀여운 애기를 남겨놓고 바다에 뛰여든 룡녀는 그후 다시는 인간세에 돌아오지 않았다.

이튿날 항연이라고 부르는 사람이 이곳을 지나다가 하늘땅을 마구 뒤흔드는것 같은 애기의 울음소리를 듣고 이상히 생각하고 가보니 발가벗은 아이가 발버둥치며 울고있었다. 항연이 우는 애를 보니 울음소리도 보통울음소리가 아니요 기골이 또한 범인이 아니였다. 항연은 생각 끝에 그 애기를 안다가 슬하에 자식없어 늘 서러워하는 자기 형님에게 주었다. 이 아이가 바로 력발산 거개세인 항우인데 훗날 항우는 장성을 쌓으며 백성을 괴롭히고 어머니 룡녀를 짓밟은 진시황을 미워 류방과 함께 진나라를 멸하고 스스로 초패왕이 되여 한때 그 이름을 천하에 떨치였다 한다.

태원의 세가지 보배

전하는 말에 의하면 산서 태원이란 곳에 무가지보로 세상에 널리 알려진 세가지 보배가 있다고 한다. 그 첫째는 진조사람 왕희지가 태원부에 써준 《태원부》 현판이요, 그 둘째는 당조사람 오도자가 한 초부에게 그려준 《백선화》요, 그 셋째는 리조사람 한석봉이 태원 곽상서집 도화병풍에 써놓은 글이다. 이 세가지가 《태원삼보》로 불리우게 된데는 그럴만한 이야기가 전해지고있다.

왕희지의 《태원부》현판

진조때의 일이다. 나라에서는 처음으로 태원부를 세우고 왕희지의 친구를 태원부사로 봉하여 내려보냈다. 어명을 받고 내려온 부사는 도임하는 날로 태원부 수선에 달라붙었다. 마음먹고 하는 일이라 얼마 안 가서 태원부는 말끔히 수선되여 그 옛모습을 찾아볼수 없게 되였다. 이제 《태원부》란 현판만 번듯하게 내걸면 모든 일을 끝낼판이였다.

태원부의 현판이라고 하면 태원부의 얼굴이나 다름없는것인데 이렇듯 중요한 일을 누구에게 맡겨야 하는가? 부사는 생각하고 생각하던 끝에 왕희지를 찾기로 하였다. 한것은 첫째로, 왕희지는 천하의 서성(書聖)으로 불리우는 사람이니 그가 쓴 현판은 세상에 비할자 없을만큼 눈에 띄일것이요. 둘째로, 왕희지는 자기와 친구지간이니 부르면 꼭 올것이고 오면 서슴지 않고 써주리라 믿었던 까닭이다.

태원부사가 생각대로 수하를 시켜 소식을 전했더니 과연 며칠이 지나지 않아 왕희지가 태원부에 이르렀다. 오래간만에 친구를 만난 왕희지는 부사의 어깨를 정겹게 툭툭 치면서

《이 사람 친구, 자네가 부사는 되였어도 친구만은 잊지 않았네그려. 감사하이.》

그러니 부사도 왕희지의 어깨를 툭툭 치면서 《옛말에 이르기를 부모를 팔아

친구를 산다고 하였는데 내 부사가 되였다구 친구까지 잊겠나. 안될 소리지.≫라고 하였다.

≪폐부에 새겨둘만한 소리일세. 헌데 무슨 일로 불렀나?≫

≪허허, 자네가 먼저 내 맘을 알아주는군. 이래서 친구가 좋다는걸세. 아무튼 이번 걸음은 내가 부른것이니까 내 청을 한가지만은 들어주어야겠네.≫

왕희지쪽에서 먼저 자기를 찾은 사연을 물으니 부사는 마침 잘되였다고 엎딘김에 절을 했다.

≪자네도 알지만 난 태원부에 처음으로 도임한 부사가 아닌가. 그러니 태원부의 편액부터 눈에 뜨이게 걸어놓고 정사를 옳게 다스릴 작정이네. 그 현판을 자네가 꼭 써줘야겠네.≫

≪그렇게 하세.≫

왕희지는 한마디로 선선히 대답했다. 그런데 웬 일인지 왕희지는 도무지 붓을 들넘도 안했다. 하루가 가고 이틀이 다 지나도록 술상에 앉아 그저 그동안 친구간에 그립던 회포만 잔뜩 늘어놓을뿐이였다.

사흘째 되는 날 부사는 더 참을수 없어 무슨 일이 있더라도 꼭 현판만은 쐬우리라 마음을 먹었다. 그런데 조반을 치르자 부사가 말을 꺼내기도전에 왕희지쪽에서 먼저 말을 꺼냈다.

≪이 사람 친구, 내 오늘은 그 현판을 써야겠네.≫

≪원 사람두, 그것부터 써놓고 놀았더면 얼마나 통쾌했겠나? 난 은근히 속을 태웠네.≫

≪허허허, 내 친구의 속심을 모르는바 아니네. 하지만 글이라는건 한가지 생각을 하고 써야지 여러 가지 생각을 하고 써서는 안되는 법이네. 내 머릿속에 그립던 친구의 생각이 꽉 차있는데 그런 생각을 가지고 어떻게 붓을 들겠나. 한 이틀 회포를 풀고나니 인젠 생각이 한곳으로 흐르니 어서 먹을 갈아다주게.≫

부사가 두말없이 거북연적에다 먹을 갈아놓으니 왕희지는 필낭에서 큼직한 붓을 꺼내들고 먹물을 듬뿍 찍어 현판을 쓰기시작했다. 이때 부사가 슬쩍 왕희지의 눈을 보니 눈에서 정기가 돌아 빛을 뿜는데 빛을 뿜는 눈길이 붓 끝에 어려있고 붓을 든 손을 보니 전신의 힘이 다 그 손에 몰켜있는듯했다. 왕희지가 한자 또 한자 내리쓰는데 전아한 그 글자마다에는 태원의 아름다운 산수가 내려앉아 빛을 뿌린것 같고 힘있는 글발은 기둥이 되여 떠받치고 선것만 같았다. 왕희지는 현판을 다 쓰자 붓을 놓고 들여다보더니만 빙그레 웃었다. 헌데 이때 다 써놓은 현판을 들여다보던 부사는 그만 저도 모르게 량미간을 찌프렸다. 현판은 《태원부》라고 써야 하겠는데 큰대(大)자의 점 하나를 찍지 않아 《태원부》(太原府)가 《대원부》(大原府)로 되였다. 당대에 명성이 하늘에 닿아 서성(書聖)으로까지 불러 모시우는 왕희지가 설마하니 태(太)자와 대(大)자를 분간하지못할수는 없었다. 부사는 왕희지를 의심할 대신 제 눈을 의심하면서 몇 번이나 다시 보았지만 《대원부》라 써놓은것이 틀림없었다.

그런데 왕희지는 먹이 다 마른 현판을 제꺽 들고 나가 태원부 정문우에 걸어놓더니만 작별을 고했다.

《여보게 친구, 후한 대접을 받고 변변찮은 글자 셋을 남겼네. 그럼 나는 가네.》

이때 부사는 자기앞에 서있는 사람이 범인이였다면 점 하나를 찍지 않아《태》자가《대》자로 됐다며 꾸짖을수 있었겠지만 글쓴 사람이 다름아닌 서성 왕희지인지라 입이 떨어지지 않아 말을 못했다.

부사는 하는수없이 왕희지를 바래여 태원부를 나섰다. 왕희는 몇 번이나 부사를 보고 인젠 돌아가라고 하였지만 현판의 글씨를 마저 쐬울 궁리만 하던 부사는 십리길이나 왕희지를 따라 걸었다. 이제 더 가면 다시 돌려세우기도 난처한지라 부사는 울며 겨자먹기로 말을 낼수밖에 없었다. 바로 이때 왕희지가 먼저 말을 걸었다.

《이 사람 친구, 내 자네가 따라온 속심을 알만하네.》

말을 마친 왕희지는 걸음을 멈추고 홱 돌아서더니 필낭에서 먹물이 채 마르지 않은 붓을 꺼내여 태원부쪽으로 홱 뿌렸다. 왕희지가 뿌린 붓이 앵 소리를 내며 태원부쪽으로 화살같이 날아갔다.

《이 사람 친구, 이건 대체 어인 일인가?》

《허허, 내가 그만 <대원부>라고 써놓고 왔으니 점 하나를 더 찍어야 <태원부>가 될게 아닌가. 그래서 붓을 던져 점 하나를 마저 찍어놓았네. 인젠 마음놓고 돌아가세.》

부사는 한편 기쁘기도 했지만 너무도 뜻밖의 일이라 저도 몰래 한마디 물었다.

《아, 그게 정말인가?》

《내 할말이 없어서 친구앞에서 거짓말을 하겠나!》

《사람두 원, 그럼 애초에 점 하나를 찍어놓을것이지 친구의 간장을 말리면서 십리나 되는 예까지 와서 붓을 뿌릴게 뭔가? 그래 점 하나를 깜박 잊었던가, 아니면 재간을 피워보느라고 그랬던가?≫

≪배운 재간을 써본걸세.≫

≪붓을 던져 글을 쓴다는 소리는 내 평생에 처음 듣네. 아마도 신선한테서 배웠나보이.≫

≪아닐세. 떡을 구워 파는 아낙네들한테서 배운걸세.≫

왕희지는 그 재간을 익힌 자초지종을 부사에게 이야기했다.

한번은 왕희지가 배고파 한 떡집에 들어갔다. 그런데 무심결에 볼라니 그 떡을 구워 파는 부인들의 재간은 실로 하늘이 굽어볼만 하였다. 세 부인이 일하고있었는데 집안에서 떡을 미는 부인이 납작하게 떡을 밀어서 보지도 않고 홱 던지면 그 떡이 떡굽는 부인의 기름가마우에 그 모양 그대로 뚝 떨어지고 떡굽는 부인이 그 떡을 구워서 보지도 않고 허공중에 훌 뿌리면 그 떡 역시 그 모양 그대로 저자에서 떡파는 부인의 떡그릇에 떨어지는데 떡파는 부인은 보지도 않고 한손으로 돈을 받으며 한손으로 떡을 쥐여주건만 떡개수가 하나도 차나지 않았다. 그리하여 왕희지가 그 재간에 찬탄을 표했더니 한 부인이 하는 말이≪과찬의 말씀이지요. 능하면 생소한것이 없다고 했거늘 익히고 또 익히면 세상에 익히지 못할 재간이 어디 있사오리까.≫라고 하였다 한다. 그때로부터 왕희지는 부인네들의 말을 명심하고 더욱 글쓰기에 공력을 들였는데 매일 벼루돌의 먹물을 씻어서 던지는바람에 왕희지네 뜨락 련못이 시꺼먼 빛을 띠였다고 한다.

≪이 사람 친구, 하찮은 백성이라도 배울것은 많다네. 백성에게서 배울줄 모르면 백성을 다스리는 도를 모를것일세. 그럼 다시 만나세.≫

왕희지가 말을 마치고 떠나자 부사도 급급히 십리길을 되걸어서 태원부에 이르렀다. 돌아온 부사는 현판부터 쳐다보았다. 그랬더니 왕희지의 말그대로 과연 십리밖에서 뿌린 붓이 날아와서 큰대자밑에 점 하나를 찍어놓았는데 크지도 않고 작지도 않고 높지도 않고 낮지도 않게 꼭 제자리에 찍혀있었다. 보통사람같으면 바로 가까이에서 붓을 들고 쓴다 해도 그처럼 힘있고 전아하게 쓸수는 없을것이였다. 태원부사는 너무나 감동되여 무릎을 툭 쳤다.

≪과연 서성의 재간이로다. 후세에 길이 전할만한 글이로다!≫

무족지언비천리(无足之言飛千里)라고 발없는 말이 천리를 가서 하루새에 이 소문은 태원바닥을 들었다놓았고 며칠이 지나지 않아 온 나라를 휩쓸어 왕희지가 써놓은 《태원부》 현판을 보러 오는 사람이 날마다 구름모이듯하였는데 후에 이 《태원부》 현판은 태원부의 보배로 되였다 한다.

오도자의 백선화

당조때 이야기이다. 중원 하남땅에 오도자라는 사람이 있었는데 비천한 가정에서 태여났지만 그림을 하도 잘 그려 화성(畵聖)으로까지 받들리였다. 오도자가 새를 그릴 때 날개를 그리면 그 새가 날아나고 오도자가 꽃을 그릴 때 꽃잎을 다 그리면 즉시 향기가 진동해서 나비가 날아들었다고 하니 그 그림재간을 가히 알수가 있다. 이렇게 그림재간이 뛰여난 오도자가 어느 한해 산수그림을 그리려고 명산대천을 찾아다니다나니 태원땅에 이르게 되였다. 헌데 명산대천을 찾느라 길없는 길을 걷다보니 로독이 난데다가 주림까지 겹쳐들어 그만 산기슭에 정신을 잃고 쓰러졌다.

해는 서산에 너울너울 지는데 때마침 한 초부가 나무를 태산같이 등에 지고 이곳을 지나다가 산기슭에 쓰러진 오도자를 발견하였다. 초부의 성은 조씨였는데 그는 날마다 태원장거리에 가서 나무를 팔아 근근득식 살아가는 가난한 사람이였다. 조씨가 보니 쓰러진 사람은 비록 의관은 정제하나 굶고 지쳐서 쓰러진것이 분명했다. 조씨는 자기 어려운 형편을 생각할 새도 없이 나무짐을 길옆에 팽개치고 오도자를 등에 업고 단숨에 집으로 뛰여갔다.

나무군 조씨가 생사여부도 알수 없는 낯선 사람을 업고 바쁜 걸음으로 집에 들어서니 물레질하던 조씨부인이 깜짝 놀라 마주나왔다.

《여보 부인, 놀라지 마오. 내 길가에 웬 사람이 쓰러진걸 보고 업고 왔으니 어서 웃방에 자리를 펴고 미음을 쑤오.》

부인은 두말없이 방에 들어가 자리를 펴놓고 미음을 쑤었다.

얼마후 조씨네 부부는 미음을 한술두술 오도자의 입에 떠넣기 시작했다. 오도자는 본래 병든 몸이 아니고 객지에서 고생하다 모진 주림에 쓰러졌던터라 주인 내외가 떠넣어주는 미음을 먹고나니 정신이 들었다.

《아이구 손님, 살았구만요, 살았수다.》

오도자 방안을 살펴보니 비좁은 방안도 생소한 곳이요 사람도 생면부지의 낯선 사람들이였다.

≪여보시오, 당신은 누구시며 여기는 어데시오?≫

≪네, 소인은 나무장사 조씨옵고 이 사람은 제 안해올시다. 루추한 방이나마 허물치 마시고 옥체를 구하옵소서.≫

≪내 굶고 기진해서 길가에 쓰러진것이 분명한데 마음이 비단같은 임자가 날 구했구려. 세상에 이렇게 고마울데라구야...≫

오도자는 감격에 목이 메여 더 말을 잇지 못하고 눈물만 떨구었다.

이튿날 오도자는 조씨네 집을 떠나려 했지만 원기가 회복되지 못한데다 조씨가 극성스레 만류하는바람에 눌러앉고말았다. 그런데 보리저녁때쯤 되니까 조씨가 고기꿰미를 들고 벙글거리면서 돌아왔다. 어제 길가에 벗어놓은 나무짐을 지고 태원장거리에 가서 쌀과 고기를 바꾸어왔던것이다.

그날 저녁을 맛있게 먹고난 오도자가 빈방에 홀로 앉아 어떻게 하면 마음씨 고운 이 부부의 은혜를 갚을가고 이 궁리 저 궁리 하는데 느닷없이 아랫방에서 물레질소리가 들려왔다. 오도자가 내려다보니 등불도 없는 새까만 방에서 조씨부인이 물레를 잣고있었다. 먹물을 풀어놓은것 같은 새까만 방에서 들려오는 물레질소리는 구슬프게 흐느끼는 울음소리 같은데 가담가담 오리가 끊어져 손더듬으로 그 끊어진 실오리를 잇노라고 물레소리가 들리지 않을 때에는 오도자의 간장도 토막토막 끊어지는것 같았다. 오도자는 한숨을 쉬며 주인을 찾았다.

≪여보 주인, 임자는 부인이 날마다 이처럼 어두운 방에서 물레질하는걸 볼터인데 어찌하여 방도를 대지 않으시오? 저렇게 어두운 방에서 물레질을 할라니 여간 안타깝겠소이까.≫

≪부끄러운 말씀이오나 어디 기름 살 돈이 있습니까. 하오나 날마다 하는 일이니 불을 켜지 않는다 해도 이젠 손 끝에 눈이 내려붙어 별일이 없사옵니다.≫

주인의 말을 들으니 오도자는 가슴이 뭉클해났다. 구차한 살림에는 네탈내탈하며 말썽이 많은 법인데 이 집 내외는 화목하기가 한사람 같고 남을 돕는것을 락으로 여기니 참으로 고마운 사람들이였다. 오도자는 이 마음씨 착한 사람들에게 꼭 은혜를 갚으리라 마음먹고 자리에 누웠다.

이튿날아침 동산에 해가 솟을무렵 오도자는 자리에서 일어나 자기가 애지중지 간수하고 다니던 흰 부채를 꺼내여 거기에 그림을 그리기 시작했다. 아침이 다 되자 오도자의 그림도 다 그려졌다.

조반을 치른후 오도자는 그림을 그린 부채를 조씨앞에 내놓았다.

≪갈길이 바빠서 오늘은 떠나야 하겠소이다. 사경에 처한 사람 구해준 그 은혜 갚을길이 없사옵니다. 그림 한 장을 그려올리니 받아주시오. 부인께서 밤마다 물레질을 할 때 부채를 펼쳐놓고 일하면 어두운 고생을 하지 않으리다.≫

오도자는 생명을 구해준 일이 고맙다고 주인에게 허리 끊어지게 절하고 조씨네 부부는 오도자가 그려준 그림을 받아들고 고맙다고 코가 땅에 닿도록 절하였다.

어느새 하루 해도 다 가서 서산에 해가 뚝 떨어지고 이윽하니 어둠이 내리덮였다. 조씨부인은 전과 다름없이 설거지를 마치고 물레앞에 앉았다. 이때 조씨는 방 한켠에 앉아 오도자가 그려준 부채를 펼쳤다. 그러자 부체에서 해살같은 밝은 빛이 비쳐나오며 갑자기 온 방안이 대낮처럼 밝아졌다. 참으로 귀신의 조화도 미치지 못할 신기한 일이였다. 조씨 부부는 너무도 기이하고 신기해서 부채만 들여다보았다. 그림은 부채한가운데 그려져있었는데 쟁반같은 둥근달이 둥실 떠서 수려한 산천을 비추는것이였다. 방안을 대낮처럼 밝혀주는 그 빛은 분명 그 그림속의 달에서 공작새가 나래를 펼친듯이 비쳐나오는 빛이였다.

≪여보, 그 손님은 분명 인간에 사는 사람이 아니고 옥경에서 내려온 선관이요. 선관이 아니고야 어찌 이런 재간이 있으리요. 여보 부인, 내 이 그림부채를 펼쳐놓고있을테니 어서 물레를 돌리요.≫

부인은 밝은 빛이 차넘치는 방에서 신이 나서 물레질을 하는데 물레가락도 신이 나서 노래하며 돌아가는듯하였다.

이날부터 밤이면 밤마다 불빛 하나 볼수 없던 조씨네 집에서 밝은 빛이 흘러넘치고 물레가락이 돌아가는 소리가 흥겹게 들리니 이를 이상히 생각한 이웃들이 남몰래 찾아와 엿보고 그 영문을 알게 되였다. 태원부사가 소문을 듣고 조씨네 집에 찾아가 백선화를 보니 그림은 과연 듣던 소문과도 같이 빛을 뿌리는데 부채의 그림아래편에≪오도자≫란 석자가 있었다. 과연 화성이 그린 그림임에 틀림없었다. 이때로부터 백선화는 더 널리 알려졌고 태원의 보배로 되였다.

한석봉의 도화병풍서

명조때의 이야기다. 리씨조선에 천하명필로 이름을 떨친 한석봉이라는 사람이 있었는데 글재간이 얼마나 훌륭했던지 중원땅에까지 소문이 미쳐 ≪태원삼보≫와 더불어 아름다운 이야기가 전해지고있다.

한석봉은 세상에 태여나자 떡국장사를 하는 홀어머니 슬하에서 고생스레 자라났다. 한석봉의 어머니는 떡국장사를 하여 살림을 지탱하다보니 여간 궁하게 보내지 않았지만 아들을 가르치는 일은 조금도 게을리하지 않았다. 어머니는 날마다 떡국을 판 돈에서 한두푼씩 떼내여 남몰래 모아두었다가 한석봉이 장성하여 십여세가 되니 글공부를 보냈다.

≪석봉아, 남아는 가슴속에 뜻을 세워야 하고 뜻을 세웠으면 어떻게 하나 그 뜻을 이뤄야 하느니라. 오늘부터 산속에 들어가 글을 익히되 십년이 되기전에는 어떤 일이 있더라도 돌아오지 말아라.≫

≪어머니, 명심하겠습니다.≫

여지까지 기둥같이 믿어오던 어머니곁을 떠나본적 없는 석봉이지만 어머니의 간절한 소원이요 엄한 분부라 집을 나서지 않을수 없었다.

한석봉은 어머님이 떡국 팔아 모은 돈을 가슴에 품고 산속의 절간을 찾아가 스님을 스승으로 모시고 글공부를 시작했다. 원체 총명한데다가 마음먹고 하는 공부라 한석봉이 절간에서 칠년 세월을 하루와 같이 열심히 공부하니 그만하면 막히는 글이 없는것 같았다. 게다가 홀로 계신 어머니 생각이 간절하여 한석봉은 칠년이 지나자 그만 집으로 돌아오고말았다.

헌데 1년 3백 65일, 한해도 아닌 칠년 세월을 산에 가서 글공부하던 아들이 돌아왔는데 어머니는 전혀 기뻐하는 기색도 없고 아들의 인사도 반갑게 받지 않았다.

이날 밤 어머니는 초불을 밝혀놓고 아들을 불렀다.

≪석봉아, 지필묵을 가지고 이리 와 앉거라.≫

한석봉이 지필묵을 가지고 와 자리를 찾아앉자 어머니는 칼도마우에 떡국대를 올려놓으며 말하였다.

≪나는 떡국장사를 하는 사람이니 떡국을 썰고 너는 글공부하는 사람이니 글을 쓰거라. 우리 둘이 어디 재간을 비겨보자.≫

말을 마치자 어머니는 초불을 훌 불어껐다. 어둠속에서 어머니가 떡국대를 써는 칼도마소리가 딱딱딱딱 고르롭게 들렸다. 이윽고 칼도마소리가 뚝 멎더니 어머니가 물었다.

≪석봉아, 다 썼느냐?≫

≪네, 다 썼습니다.≫

《그럼 불을 켜고 보자꾸나.》

불을 켜고 보니 어머니가 썰어놓은 떡국대는 한칼로 썰어낸듯 가쯘하고 고른데 한석봉이 써놓은 글은 크고작고 비뜰고 뒤범벅이 되였었다. 어머니는 한석봉이를 호되게 꾸짖었다.

《석봉아, 보았느냐? 네 재간이 한갓 떡국장사 에미의 재간보다도 못하거늘 어찌 글을 익혔다고 하겠느냐. 이 길로 돌아가 공부를 마치고 오너라!》

한석봉은 아무 대꾸할 말도 없었다. 그밤으로 한석봉은 산속의 절간으로 다시 돌아갔다. 이때부터 한석봉이는 낮에 밤을 이어가며 날마다 글쓰기를 배우는데 초불을 끄고 재간을 비기던 그날 밤의 정경을 눈앞에 그려보면 졸음도 가셔지고 두팔에 힘이 솟군 하였다. 공든 탑이 무너지랴고 이처럼 십년공부를 마저 끝내니 한석봉의 글씨재간은 출중하게 뛰여나서 얼마 지나지 않아 명필 김정희(金正喜)와 더불어 리조서예계의 쌍벽을 이루게 되였다.

한석봉이 이처럼 명성을 떨치니 자연 중원에까지 그 이름이 알려져 중국의 문인 치고 그를 모르는 사람이 없게 되였는데 마침 어느 한해 한석봉이 명조 태원에 가 며칠 머무르게 되였다. 한석봉이 태원에 왔다는 소문이 퍼지자 문인들이 너도나도 그의 글씨를 보려고 서두는데 그중에도 곽상서라는 사람이 맨먼저 그를 찾아왔다.

《존성대명을 듣고 찾아와뵈오니 어려운대로 저의 한가지 청을 들어주옵소서.》

《존성대명이라니 송구스럽소이다. 세상사람들이 나를 명필이라고 하오나 실은 왕희지스승님과 안진경스승님의 서풍을 배운 사람으로 아직도 학생에 불과하옵니다.》

《겸허의 말씀이시오.》

《그럼 무슨 청인지 어서 말씀하시오.》

《저희 집에 도화를 그린 병풍이 있사온데 그림은 명화이나 좋은 그림에 글이 없는것이 흠이옵니다. 바라건대 서성의 손을 빌가 하오니 도화병풍에 그 필체를 남겨주옵소서.》

《허허, 나를 보고 서성이라니 과분한 말씀이오. 하오나 소원이 간절하시다니 필체는 남기고 가오리다.》

한석봉은 곽상서를 따라 그이 집으로 갔다. 가보니 곽상서네 너른 방에 펼쳐놓은 열두폭 도화병풍은 아닌게아니라 가관이였다. 그 병풍 만든 솜씨는 신선이 재간을 피운듯 정교하기 그지없는데 병풍에 그려놓은 도화꽃을 보니 절세가인의 웃음을 머금은 얼굴인듯 참말로 보는이의 눈을 현란케 했다. 한석봉은 그림앞에 서있는것이 아니라 아름답고 향기 그윽한 꽃속에 서있는듯 한식경이나 황홀해있다가 다시 그림을 자상히 살펴보니 그 꽃빛갈에는 더구나 화공의 솜씨가 어려있었다. 다 같은 복숭아나무에 피여난 꽃이지만 웃가지에 피여난 꽃은 붉고 아래가지에 피여난 꽃은 붉은중에도 흰빛이 석연하니 이속에 꽃을 그리는 오묘함이 있었다. 한석봉은 잠간 눈을 감고 글귀를 더듬더니 뒤미처 필을 들어 도화병풍에 이런 글을 써놓았다.

　　　　一樣桃花色不同
　　　　聊將此意問東風
　　　　其間幸有能言鳥
　　　　爲語深紅映淺紅

그 뜻인즉 이러하다.

　　　다 같은 도화언만 아래웃가지 빛깔 달라
　　　그 어인 연고냐고 동풍더러 물었더니
　　　다행히 그사이에 말할줄 아는 새가 있어
　　　웃가지 진붉은빛 비쳐서 아래꽃잎 발그레하다 하더라.

한석봉이 일필휘지로 이렇게 써놓으니 아름다운 그림에 명필의 필체가 어울려 도화병풍은 한결 더 빛발쳤다. 헌데 곽상서는 써놓은 글을 보더니 어딘가 서운한 생각이 들었던지 겉으로는 허리굽혀 인사하며 례절스럽게 대했지만 한석봉이 자리를 뜨자 도화병풍을 겹쳐서 한켠에 밀어놓고 거들떠보지도 않았다.

그러던 어느날이였다. 하루는 곽상서가 시골에 다녀갔다가 밤늦게야 집으로 향하는데 갑자기 눈앞이 환해지는것 같았다. 곽상서 이상한 생각이 들어 두리번두리번 사방을 살펴보니 하늘이 조화를 부리는지 갑자기 가기(佳氣)가 서리며 한줄기 빛이 자기 눈앞으로 비쳐왔다. 곽상서는 이것이 평생에 처음 당하는 일이라 급히 말을 몰아 그 빛을 따라달렸다. 십리길을 달려가보니 그 빛은 태원부자기 집쪽에서 새여나와 멀리 십리밖까지 비쳤었다. 갑자기 집에 무슨 보배라도 생겨서 저런 빛을 뿜는걸가? 곽상서는 천방지축으로 빛발을 따라 방에 들어가보니 방안에 불도 켜놓지 않았는데 그 눈부신 빛발은 겹쳐세운 병풍속에서 흘러나오고있었다. 곽상서 부랴부랴 도화병풍을 펼쳐보니 다름아닌 한석봉의 글이 그런 현란한 빛을 뿌리고있었다. 곽상서는 그제야 무릎을 툭 쳤다.

≪과연 만천하에 빛발치는 필체로다.≫

곽상서는 지난 일을 생각하고 스스로 자책내송(自責內訟)하며 한석봉이 도화병풍에 써놓은 글을 향하여 공손히 허리굽혀 절하였다.

그날부터 곽상서는 도화병풍을 펼쳐놓고 하루에도 몇 번이고 그 빛발치는 글을 보고 또 보았다. 병풍을 겹쳐두었을 때도 십리나 광채를 뿜던 한석봉의 글은 병풍을 펼쳐놓자 더 현란한 광채를 뿜어 집안에 해가 돋은듯하였다.

이 소문은 날개가 돋쳐서 온 중원땅에 퍼졌는데 리조사람 한석봉이 도화병풍에 써놓은 글은 태원의 보배로 되여 이 아름다운 전설을 지금까지 전해주고있다.

마릉도상에서 일만대의 화살을 안기다

중국 전국때에 있은 이야기다. 귀곡자(鬼谷子)라는 선생문하에 손빈(孫賓)과 방연(龐涓)이라는 두 제자가 있었다.

손빈과 방연이는 총명이 초군하여 글도 뛰여나게 잘하였지만 의리가 있고 정분이 아주 두터웠다. 어느날 손빈과 방연이는 얼굴을 맞대고 앉아서 ≪네가 먼저 출세하면 네가 나를 이끌어주고, 내가 먼저 출세하면 내가 너를 이끌어준다.≫고 굳은 언약을 맺은 끝에 누구든 이 약속을 어기는 날이면 ≪마릉도상에서 일만대의 화살을 안겨죽이자.≫고까지 맹세를 하였다.

두사람은 남모르게 이런 언약을 맺고 밤에 낮을 이어가며 일심으로 글공부를 하는데 몇 년이 지난 뒤 방연이가 먼저 출세하여 위나라의 상장군으로 되였다. 방연이는 비록 당당한 상군이 되였지만 어제날 친구와의 언약을 중히 여기고 자주 글방으로 찾아와 손빈이더러 위나라로 함께 가자고 졸랐다. 그럴 때마다 손빈이도 친구 방연이를 따라가서 함께 출세해보고 싶은 생각이 불붙듯하였다. 헌데 번마다 귀곡선생이 ≪세상 모든 일이 때가 있는 법≫이라고 하면서 극구 막아나서는바람에 손빈이는 방연이를 따라가지 못하였다. 그러니 손빈은 엄한 스승앞이라 가자는 말도 못하고 그저 벙어리 랭가슴 앓듯하며 속만 썩이였다.

이렇게 얼마간 지난 뒤 하루는 귀곡선생이 조용히 손빈이를 불러앉히였다.

≪손빈은 듣거라. 내가 오늘 너를 부름은 다름이 아니로다. 보아하니 네가 기어이 방연이를 따라가 출세할 생각을 버리지 않는것 같으니 나도 이제는 더 막을수 없구나. 정 가겠으면 가되 내가 시키는대로 땅에 움을 파고 백날동안 해빛을 피하여 그속에 들어가있다가 백날이 차거든 움속에서 나와 그를 따라가야 한다. 꼭 이렇게 해야 한다. 알겠느냐?≫

≪알겠사옵니다.≫

귀곡선생은 본래 방연의 사람됨을 잘 아는지라 손빈의 앞날을 크게 걱정하여 때가 되기전에는 손빈을 방연에게 가지 못하게 하려고 이런 방도를 댄것이였다.

그런데 손빈은 방연을 따라갈 생각이 간절한지라 그 까닭도 캐여묻지 않고 선생이 시킨대로 움속에 들어가 빨리 백날이 지나가기만 기다렸다. 그러니 백날을 참고 기다릴 리가 없었다.

아니나다를가 손빈이 움속에 들어앉은지 한달도 채 못가서 방연이 또 손빈을 찾아왔다. 방연이 서생들이 글읽는 글방에 와서 손빈을 찾으니 그는 그림자도 보이지 않았다. 귀곡선생한테 물었지만 선생도 모른다고 고개를 저으며 우정 모르쇠를 댔다. 그러니 방연이는 전신의 맥이 확 풀리여 그 자리에 풀썩 주저앉아 손빈의 이름을 서럽게 부르며 어린애처럼 엉엉 울었다. 그러다도 하늘을 우러러 앙천통곡을 하는데 길가는 사람이 들어도 가슴이 미여질 지경이였다. 그러니 그 가까이 움막속에 있는 손빈의 마음은 더 말할나위가 없었다. 손빈은 움속에서 방연이 자기 이름을 부르며 슬피 우는 소리를 듣자 그리움에 목이 메고 안타까움에 구곡간장이 마구 비비탈려 끊어질것만 같아서 더는 움속에 숨어있을수 없었다. 손빈은 귀곡선생의 간곡한 타이름도 생각할 새 없이 움속에서 펄쩍 뛰여나와 방연의 손을 덥석 잡고 그와 함께 방성통곡하였다.

귀곡선생이 생각해보니 손빈이 방연이를 따라갔다가는 필시 역경에 빠질것이 분명한데 그렇다고 말려낼 재간도 없었다. 인제는 뜨는 해를 막지 못하고 지는 해를 동여매놓지 못하는 격이 되고말았다. 그래서 귀곡선생은 떠나는 손빈에게 미리 마련해두었던 금낭(비단주머니)을 품에서 꺼내여주며 가장 위급할 때 꺼내보라고 당부하였다.

방연이는 글방에서 글공부할 때 맺은 언약대로 손빈을 위나라에 데려왔는지라 너무도 기뻐서 며칠간 그와 마주앉아 그새 그립던 이야기도 나누고 먼 장래도 담론하고 손빈이 글방에서 글을 배운것도 알아보고 손빈의 재간도 알아보았다. 헌데 며칠 서로 이야기를 나누어보니 자기가 출세시켜주자고 데려온 손빈은 범상한 사람이 아니고 장차 자기보다 더 크게 될 사람이였다. 방연이 생각해보니 장차 손빈이가 더 크게 출세하는 날이면 자기는 위나라의 상장군자리에도 앉아있을것 같지 않았다. 뒤간에 갈 때 생각 다르고 올 때 생각 다르다고 이때부터 방연이는 철석같이 다진 친구간의 언약을 버리고 손빈을 죽여없앨 생각만 하였다. 방연은 손빈을 죽이자고 드는 사람이라 며칠 지난 뒤에 그에게 다른 벼슬은 주지 않고 자기 손아래 있는 군량도감이란 벼슬을 주었다. 그래야 손빈을 해친대도 자기 마음대로 할수 있었다.

방연의 속생각을 모르는 손빈은 친구덕에 군량도감을 하게 되였다고 기뻐하며 그날부터 군량도감자리에 앉아 나라의 군량과 말, 마초를 빈틈없이 살피였다. 위나라에서는 나라에 충성한 군량도감을 얻어왔다고 방연을 크게 칭찬하고 위나라사람들은 손빈을 우러러보았다. 하지만 방연은 손빈과 얼굴을 맞대고있으면서도 동상이몽이라 그를 해칠 궁리만 하고있었다.

 어느날 방연은 수하의 심복을 불러다 한밤중에 쥐도새도 모르게 손빈이 맡아보는 마초더미에 불을 놓게 하였다. 마초더미에 불이 달리니 삼단같은 연기가 타래치며 솟고 화광이 하늘에 닿았다. 손빈이 시름놓고 침상에 누워자다가 마초더미에 불이 붙었다는 소리를 듣고 깜짝 놀라 뛰여나왔지만 때는 이미 늦었었다. 나라의 마초더미는 하루밤새 다 타서 재더미만 남았다.

 이렇게 되니 군량도감인 손빈이 무사할리 없었다. 방연은 자기가 남몰래 꾀한 일이지만 마초더미가 다 탔다는 소리를 듣자 이게 어디 될 법이냐고 세길네길 펄펄 뛰면서 군량도감의 귀를 낮추겠으니 당장 손빈을 잡아오라고 불호령을 내렸다. 방연의 령이 내리자 라졸들이 우르르 모여와서 손빈을 잡아끌었다. 그제야 손빈은 자기가 방연의 꾀에 떨어졌다는것을 알고 애초에 귀곡선생의 말을 듣지 않고 방연을 따라온것을 후회하였으나 인젠 후회해도 소용없었다. 손빈은 속으로 ≪선생님!≫하고 부르며 눈물을 흘리고 흘렸다. 그러자 귀곡선생의 얼굴이 떠오르며 귀전에 선생의 목소리가 쟁쟁 울렸다.

 ≪손빈아, 네가 떠날 때 준 금낭을 잊었느냐?≫

 손빈은 그제야 귀곡선생이 미리 자기의 앞날을 걱정하여 비단주머니를 주었다는것을 알고 가만히 비단주머니를 꺼내보았다. 귀곡선생이 준 비단주머니에는 아무 물건도 들어있지 않고 다만 글 한자를 쓴 종이가 있었는데 그 글을 보니 미칠광(狂)자였다. 손빈은 선생이 쓴 그 글 한자를 보자 머리에 피뜩 떠오르는 생각이 있어≪인젠 살았구나!≫ 하고 긴 숨을 내쉬였다.

 손빈은 방연의 앞에 잡혀가자 입에 침을 게질게질 물고 횡설수설하며 되는대로 미치광이행세를 했다. 방연이 보니 손빈은 틀림없이 미친것 같은데 아무리 군법이 중하다 해도 미친 사람 목에 칼을 댈수는 없어 잠시 놔두었다. 하지만 마초더미에 불이 났다고 미치광이까지 되였으랴 하는 의심이 생겼다. 그래서 방연은 손빈을 돼지굴에 처놓고 그 허실을 알아보려 하였다. 헌데 방연이 살펴보니 손빈은 분명 미치광이였다. 돼지굴에 들어간 손빈은 돼지똥속에서 돼지처럼 뒹굴며 돼지와 함께 자기도 하고 돼지와 함께 구유에 쏟아놓은 돼지죽도 쭉쭉 들이켰다. 며칠을 두고 봐도 그 모양 그 꼴이였다. 그제야 방연은 시름을 놓았다. 이 지경으로 미쳤으니 손빈이 제 아무리 총명과 재질이 뛰여났다 해도 더는 출세를 못할것이고 그렇게 되면 자기에게 앙갚음을 못할것인즉 후환이 없어진셈이였다. 그래서 방연은 손빈을 놓아주기로 마음먹었다. 그러나 혹시 하는 근심도 없지 않아 손빈의 종지뼈를 베여던지고 내쫓았다.

　방연에게 종지뼈를 잘리운 손빈은 그때부터 자기 이름자의 빈(賓)자를 종지뼈 빈(臏)자로 고쳐쓰고 방연의 일을 가슴속에 깊이 묻어두었으며 가만히 기회를 보아 위나라를 떠나 제나라로 도망하였다.

　그후였다. 손빈을 밀어내고 더 높이 바라오른 방연이는 더욱 기세사나와져 위나라군사를 거느리고 한(韓)나라로 쳐들어갔다. 방연의 군사들은 한나라땅을 짓밟으며 갖은 만행을 다 하였다. 하지만 힘이 약한 한나라는 방연의 군사를 도저히 당해낼수 없는지라 이웃에 있는 제나라에 구원을 청하게 되였다.

　이때 제나라에 온 손빈은 재간있는 모사로 제나라에 소문이 자자하였다. 제나라에서는 한나라도 구하고 손빈의 지략도 알아볼겸 해서 손빈에게 군사를 주어 방연이를 물리치고 위험에 처한 한나라를 구하게 하였다. 헌데 군사를 거느린 손빈은 곧장 한나라에 가서 방연과 맞서싸울 대신 도리여 위나라로 쳐들어갔다. 위나라는 한나라를 치려고 모든 군사를 풀어 한나라로 보냈는지라 나라안은 텅 비나 다름없었다. 산돼지 잡으러 갔다가 집돼지를 잃는 격으로 된 위나라는 손빈의 군대 때문에 당장 위험에 처하였다. 그러니 방연의 군대는 한시도 한나라에 머물러있을수 없게 되였다. 방연은 부랴부랴 군사를 돌려세워 손빈의 군사를 내쫓으러 위나라에 돌아왔다.

　그런데 방연이가 군사를 거느리고 손빈의 군사를 맞받아가는데 웬 일인지 손빈은 방연의군사와 맞서싸울 생각은 하지 않고 군사를 되돌려 도망을 치기 시작했다. 손빈은 방연의 군사가 쫓아오면 뛰고 방연의 군사가 멈추면 자기도 멈추면서 유인하며 후퇴하는데 첫날에는 군사 한사람이 부엌을 둘 만들어놓고 밥을 지어먹게 하고 그다음날에는 군사 한사람이 제각기 부엌 하나를 만들어놓고 지어먹게 하고 사흗날에는 군사 둘이서 부엌 하나를 만들어놓고 밥을 해먹게 하였다. 그러니 부엌자리는 날마다 절반씩 줄어들었다. 방연이 손빈의 군사를 쫓아가면서 그들이 밥해먹은 부엌자리를 찬찬히 세여보니 날마다 절반씩 줄어드는지라 틀림없이 군사들이 바빠서 뺑소니친게 분명하다고 여겼다. 사흘동안에 반에 반씩 줄었으니 손빈의 군사는 그 태반이 도망한셈이였다. 방연은 코웃음을 쳤다.

≪그럼 그럴테지. 제깐놈 나한테 종지뼈까지 잘리웠으니 내 이름만 듣고도 바빠서 줄행낭을 놓는구나. 그렇게 바삐 후퇴를 하고야 병사들이 도망치지 않을수 있나.≫

방연은 인젠 때가 됐다고 바싹 손빈의 뒤를 쫓았다. 그러나 이때 손빈은 벌써 마릉(馬陵)고개길에 군사를 매복시켜놓고 오로지 방연이 오기만 기다리고있었다.

날이 어둑어둑할무렵 방연이는 군사를 거느리고 마릉고개에 이르렀다.

≪예가 어디냐?≫

≪마릉고개인줄 아룁니다.≫

방연은 마릉이란 말에 그만 몸이 오싹하며 겁이 더럭 났다. 그래서 주위를 살펴보는데 길가에 웬 나무패말에 백묵으로≪방연사처차수하(龐涓死處此樹下)≫(방연이 죽을 곳이 이 나무패말밑이다.)라는 일곱글자가 씌여져있었다.

그제야 방연은 손빈의 계책에 끌려든줄 알고 황망히 몸을 피하려 했지만 때는 이미 늦었다. 손빈의 일만 군사가 쏜 화살이 일제히 날아와 방연의 몸에 박히였다.

손빈은 이와 같이 예전에 맹세한대로 언약을 지키지 않은 방연에게 마릉도상에서 일만대의 화살을 안겨 그를 죽여버렸다 한다.

지은보은(知恩报恩)

당나라의 한 시에는 이런 구절이 있다.

고소성밖에 한산사의(姑蘇城外寒山寺)
야반종소리 객선에 이르네(夜半鐘聲到客船)

절간에서는 아침과 저녁으로 절의 문을 열고 닫을 때 종을 치는 일은 있지만 한밤중에 종을 치는 일은 없다. 그런데 어찌하여 《야반종소리 객선에 이르네.》라는 시구가 생겨났는가 하는데는 그럴만한 이야기가 있다.

옛날 한 과객이 집을 떠나 처처 길을 가는데 한곳에 이르니 까투리 한 마리가 푸드득 하고 하늘공중에 날아올랐다가는 또 기를 쓰고 제자리에 내려앉군 하였다. 그런데 한번도 아니요 여러번을 번번이 날아올랐다가는 또 그 자리에 날아내리는 것이 암만 봐도 심상치 않았다. 길손이 이상히 생각하여 가까이 가보니 비록 말못하는 날짐승의 일이지만 까투리의 처지가 퍼그나 위급하였다. 구렁이란놈이 새끼를 까려고 알을 품고 있는 까투리와 그 알을 먹으려고 빙빙 둘러 진을 치면서 독을 쓰는바람에 까투리가 날아가지도 못하고 알을 지키느라 기를 쓰고 있는 판이였다. 까투리는 후대를 잇자고 고생스레 알을 품고 앉았는데 구렁이란놈은 제 배만 채우겠다고 잡아먹으려드니 참으로 괘씸하기 짝이 없었다.

《에익 못된놈의 짐승 같으니, 어디 내 손에 죽어봐라!》

길손은 굵직한 나무를 꺾어 구렁이를 쳐죽이고 까투리와 까투리알을 보호해주었다. 그랬더니만 까투리는 너무도 고마워 길손의 머리우에서 뱅뱅 날아돌더니 다시 내려앉아 알을 품었다.

길손은 까투리를 구해주고 또 길을 걸었다. 헌데 가고가다나니 산중 무인지경에 이르렀는데 해는 어느새 서산에 떨어지고 날이 어둑어둑해졌다. 길손은 밤이 되니 무섭기도 하고 근심스럽기도 하여 무인산중이기는 해도 혹시 하루밤 자고 갈 집이나 없나 하여 사방을 살피며 걸어가는데 마침 그리 멀지 않은 곳에서 등불빛이 깜박깜박하였다. 길손은 너무도 반가와 불이 버쩍 나게 달려가서 주인을 찾았다.

《주인님 계십니까?》

《네. 누구시와요?》

문을 방긋이 열고 나오는걸 보니 꽃같은 여자였다. 주인을 찾는데 남자소리는 없고 녀인이 나와 맞는걸 보니 필시 여자밖에 없는 집이였다. 그러나 길손은 이러저러한것을 가릴 형편이 못되였다. 길손은 공손히 사정이야기를 했다.

《보아하니 바깥분은 안 계신것 같사온데 산중에 다른 인가라고는 찾을길이 없사오니 하루밤 묵어가기를 청합니다.》

《네. 어디로 가시는 길손인지 로곤하시겠는데 루추한 집이나마 어서 들어오세요.》

녀인의 말소리는 부드러웠다. 길손이 너무도 반가와 녀인을 따라 집안에 들어서니 집에는 과연 다른 사람이란 없고 그 녀인뿐이였다. 그러나저러나 집이라고 찾아드니 한시름 놓이는지라 길손은 후 숨을 내쉬고 방에 올라가 앉았다.

길손이 점잖게 방에 앉아있노라니 얼마 지나지 않아 그 꽃같은 녀인이 저녁상을 차려가지고 들어왔다.

《손님, 찬이 없어도 많이 잡수세요.》

너무도 고마운 일이라 길손은 저도 모르게 녀인의 얼굴을 빤히 쳐다보았다. 그런데 그 녀인이 빨간 입술을 놀리며 말하는걸 피뜩 보니 그 녀인의 혀가 몇가달이나 되였다.

《아뿔싸, 잘못 걸려들었구나!》

길손은 그만 가슴이 섬뜩해나며 수저를 들 생각도 나지 않아 그저 앉아만 있었다. 하지만 그 녀인이 혀를 홀락거리며 자꾸 권하는바람에 하는수없이 수저를 드는체하는데 그 녀인이 길손을 보고 물었다.

《손님께서 오늘 길을 오시다 뭘 보신게 없나요?》

길손은 그 녀인이 알고 묻는것 같아서 거짓말을 꾸며댈수도 없었다. 길손은 다른 수가 없어 오다가 구렁이를 쳐죽이고 까투리를 구해준 이야기를 대충 했다. 그랬더니 그 꽃같은 녀인이 대바람에 얼굴이 새파래지더니 눈에 불을 켰다.

《흥, 알고보니 네놈이 내 남편을 죽인놈이로구나. 잘 만났다. 내 너를 잡아먹고

남편의 원쑤를 갚으리라!》

꽃같던 녀인은 눈깜짝새에 흉측한 구렁이로 변하더니만 주홍같은 입을 쩍 벌리고 시꺼먼 혀를 날름거리며 길손을 덮치려들었다. 가만히 앉아있다가는 찍소리 한마디 못하고 구렁이의 배속에 들어가는 판이였다. 삼십륙계에 줄행낭이 으뜸이라고 길손은 화닥닥 자리를 차고 일어나 문을 지르고 번개같이 내뛰였다. 길손은 살겠다고 앞에서 죽기내기로 뛰고 암구렁이는 길손을 잡아먹겠다고 뒤에서 입을 짝 벌리고 쫓았다. 이렇게 쫓거니 쫓기거니 하며 얼마나 뛰여갔는지 모르는데 갑자기 앞에 큰 강이 가로놓여 뛸래야 더 뛸수도 없게 되였다. 스르륵스르륵 구렁이가 당장 뒤쫓아와서 길손을 잡아먹게 되였다. 그런데 죽을 경우에도 살 방도가 생긴다고 마침 강가에 배가 매여있었다. 길손은 번개같이 배우에 뛰여올라 숨을 헐떡이며 사공을 보고 구원을 청했다.

《사람 살리시오! 구렁이가 날 잡아먹으려고 쫓아옵니다. 어서 강을 건네주시오.》

길손은 다급하게 구원을 청하는데 배사공은《후》하고 땅이 꺼지게 한숨을 내쉬더니 길손을 보고 말했다.

《사정을 들어보니 죽는 사람은 구해줘야 하겠는데 이 배는 한산사의 종소리가 나야 떠나지 종소리가 나지 않으면 떠나지 못한답니다. 참으로 딱한 일입니다.》

길손은 배사공의 말을 듣자 너무도 기가 막혀 그만 그 자리에 풀썩 주저앉았다.

《한밤중에 한산사의 종이 울리 없으니 이제는 꼼짝 못하고 죽었구나!》

그런데 바로 이때 천만다행으로 한산사의 종각에서《땡 땡》종소리가 들려왔다. 종소리가 나니 배사공은 길손을 싣고 강을 건넜다. 이렇게 되여 사경에 처했던 길손은 구원되였다. 구사일생으로 살아난 길손은 그이튿날 어느 고마운 사람이 종을 쳐서 자기를 구해줬는가를 알아보려고 한산사로 찾아갔다. 한산사에 가보니 종각밑에 대가리가 터진 꿩 세 마리가 죽어있었다. 꿩들이 길손의 은혜를 알고 그 은혜를 갚느라고 한밤중에 한산사의 종을 머리로 박아서 울리고 머리가 터져 죽었던것이다. 사람들은 이 일을 두고《지은보은》이라는 이야기를 후세에 전했는데 당나라의 한 시인이 이 이야기를 듣고 자기의 시구에까지 써넣었다고 한다.

손숙오의 음덕

　옛날 손숙오라는 아홉 살에 나는 아이가 있었는데 그는 홀로 난 어머니슬하에서 자랐다. 애비 없는 손숙오는 의지란 하나밖에 없는 어머니를 하늘같이 믿고 살았으며 어머니는 슬하에 하나밖에 없는 숙오를 태산처럼 믿으며 고생도 락으로 삼고 살았다.
　한여름의 어느날이였다. 이날따라 어머니는 집에서 배를 짜느라 밭에 나가지 못하고 숙오 혼자서 밭에 나가 김을 매고 집으로 돌아오게 되였다. 헌데 방정맞게도 숙오는 오는길에 길가에서 대가리 둘이 달린 뱀을 보았다. 옛사람들이 이르기를 량두사(兩頭蛇)를 보면 죽는다고 하였으니 숙오는 이제 살길이 없이 죽게 되였다. 숙오는 불쌍한 홀어머니를 이 세상에 남겨두고 죽는것을 생각하니 일각에 하늘이 무너져내리는듯 기가 막혔고 자기도 만리같은 앞날을 보지 못하고 죽어가는것이 세상없이 원통하였다.
　량두사는 주홍같은 시뻘건 입을 벌리고 새까만 혀를 날름거리며 좀처럼 물러가지 않았다. 숙오는 자기는 기왕 죽게 된 사람이라 생각하니 겁날것도 없었다. 그는 입술을 깨물고 무엇인가 생각하더니 지체없이 길가에 선 굵직한 나무를 우직끈 꺾어서 사정없이 량두사를 내리쳤다. 량두사는 호된 매를 얻어맞고 꾸불덕거리더니 죽어버렸다. 숙오는 호미로 땅을 깊숙이 파고 천하 몹쓸놈의 량두사를 땅속에 묻어버렸다.
　나어린 손숙오는 량두사를 땅에 묻어버리자 이제는 죽더라도 사랑하는 어머니나 보고 죽자고 종주먹을 쥐고 달려가서 ≪아이구 어머니!≫하며 어머니품에 안겨서 슬피슬피 울었다. 어머니는 금이야 옥이야 하는 하나밖에 없는 아들이 갑자기 품에 안겨 구슬프게 울어대니 애비없는 자식이라 누구한테 업심이라도 받은줄 알고 말없이 속으로 눈물을 삼키며 어린 아들의 등을 쓰다듬어주었다. 그런데 아들은 더더욱 서럽게 울기만 했다. 이때 어머니 생각하니 필유곡절이라 숙오의 등을 쥐여흔들며 그 연유를 물었다.

≪숙오야, 너 대체 어찌된 일이냐? 누구한테 듣지 못할 소리라도 들었느냐?≫
≪아니… 아니…≫
≪그럼 누구한테 억울한 매라도 맞았느냐?≫
≪아니… 아니…≫
≪이것도 저것도 아니면 대체 뭣이냐? 어서 말해라. 어머니 속을 태우지 말고.≫
≪어…어머니, 밭에서 오는길에 길가에서 량두사를 보았어요. 어…어머니, 난 이제는 어머니 품에서 죽어요….≫
≪아…아니 뭐야? 너 그게 정말이냐? 아이구….≫
어머니는 그만 된 몽둥이에 호되게 얻어맞은 사람처럼 ≪아이구≫하는 소리와 같이 아들을 품에 안은채 정신을 잃고말았다. 어머니도 량두사를 보면 죽는다는 소리를 한두번만 듣지 않았다. 어머니는 아들을 꼭 껴안은채 그만 돌사람이라도 된듯했다. 그러자 숙오가 울음을 그치고 어머니를 쥐여흔들었다.
≪어머니, 어머니, 왜 이러세요 정신 차리세요. 어머니, 난 그놈의 나쁜 량두사를 때려잡아서 땅에 파묻고 왔어요. 그러니….≫
숙오가 이렇게 말하며 어머니를 쥐여흔들자 어머니가 눈을 떴다. 숙오는 눈물 어린 눈으로 자랑스럽게 어머니를 쳐다보았다.
≪너…너 정말 그놈을 잡아서 땅에 묻어버렸느냐?≫
≪그랬어요. 어머니, 나는 이미 량두사를 보았으니 죽는 몸이나 그놈을 살려두면 다른 사람들이 또 그놈을 보고 죽지 않겠어요. 그래서 잡아서 영영 이 세상에 나오지 못하게 땅에 묻어버렸어요.≫
어머니는 사랑하는 아들 숙오를 으스러지게 껴안았다.
≪애 숙오야, 너는 참으로 훌륭한 내 아들이로구나. 어서 울음을 그쳐라. 남모르게 어진 덕을 쌓은 사람은 량두사를 보아도 쉽사리 죽지 않는단다. 장하다 장하이. 네가 그놈의 량두사를 잡아서 땅에 묻어버렸으니 이제 다시는 그놈의 량두사를 보고 죽는 사람이 없게 되였다. 네가 어진 덕을 쌓아 만백성들의 근심 한가지를 덜었구나.≫
과연 어머니의 말대로 손숙오는 량두사를 보았지만 남모르게 어진 덕을 쌓은탓으로 죽지 않았다. 숙오는 그후 어머니를 모시고 잘 살았는데 대가리 둘 밀린 량두사도 이때부터 영영 없어져버리고 다시는 이 세상에 나타나지 않아 백성들도 한시름을 덜고 살았다 한다.

리백의 일화

광산마저[1]

리백이 어린 시절에 글배울 때 있은 이야기이다. 그때 나어린 리백이는 학문을 닦으려고 따뜻한 부모님의 슬하를 떠나 광산이라는 산속 서당방에 찾아가 글공부를 하였다.

어린 나이에 나서 자란 집을 떠나 깊은 산속 서당방에 가서 학문을 닦는다는것은 말하는것처럼 쉬운 일이 아니였다. 어려운 글자도 한자한자 익혀야 했고 좋은 글은 열 번이고 스무번이고 읽어서 따로외워야 했으며 스승님이 내주는 숙제는 제때에 해바쳐야 했다. 이미 배운것도 어린 나이에 힘이 겨웠는데 배우지 못한 글은 또 얼마나 되는지 알수 없었다. ≪소년이로학난성≫(少年易老學難成)이라 소년은 늙기 쉽고 학문은 성사하기 어렵다더니 정말 그러했다. 리백이 서당방에 와 공부한지도 몇해 잘되는데 나이는 해마다 한 살한살 늘어가도 글은 좀처럼 쉽게 늘어가지 않았다. 리백이 자리에 누워 홀로 생각하니 천지가 아득하였다. 그렇게 어려운 글을 다 배워내자면 검은머리 파뿌리처럼 된다 해도 될것 같지 않았다. 게다가 어린 나이에 집을 떠난지도 몇해가 되니 나서 자란 집생각과 따뜻한 부모님슬하가 눈물이 나도록 그리웠다.

생각이 이처럼 흩어지니 글공부도 제대로 되지 않았다. 어느날 리백은 견디다 못해서 서당방 훈장 몰래 가만히 서당방에서 빠져나와 오금에 불을 일구며 집으로 향하였다.

리백이 서당방을 나와 강가에 이르렀을 때였다. 다리를 불끈 걷고 강에 들어서

---

[1] 황구연 로인이 서당방에 글공부하러 갔을 때 리련이라는 선생이 학생들을 모아놓고 한 첫 이야기가 바로 ≪광산마저≫란 이야기였다 한다. 당시 조선은 일제의 식민지로 류락되였는데 학생들은 문명을 닦아 나라를 구하자는 계몽사상의 영향하에 일심정력으로 공부하였다. 이 이야기가 어찌나 그들의 심령을 틀어쥐였던지 학생들은 저마다 책에다 ≪광산마저≫란 뚜껑을 해쐬우고 공부했다고 한다.

려는데 웬 할머니가 강변에 앉아 무엇인가 갈고있었다. 할머니는 리백이를 보더니만 한마디 물었다.

《보아하니 글공부하는 서생같은데 서생은 어디로 가오?》

《집으로 갑니다.》

《허, 글공부하는 사람이 글공부는 하지 않고 집에는 왜 가오?》

리백은 가슴이 따끔했다. 그제야 찬찬히 보니 그 할머니는 늙어서 얼굴주름이 거미줄같고 흰머리칼은 구름발같았는데 넓적한 돌에다 팔뚝같은 쇠공이를 썩썩 갈고있었다. 리백은 그만 이상한 생각이 들어 할머니앞에 다가가 공손히 인사올리고 그 연유를 물었다.

《할머니, 그 쇠공이는 갈아서 뭣에 쓰자고 그러십니까?》

《왜? 이 늙은것이 부질없는 일을 하는것 같은가? 난 이 쇠공이를 갈아서 바늘을 만들어 쓰자고 그러네.》

리백은 그만 어이가 없어서 한마디 했다.

《아이 참, 할머니도! 그렇게 실한 쇠공이를 어느 천년에 갈아서 바늘을 만든다고 그러십니까? 할머니, 공연한 일을랑하지도 마십시오.》

이 말에 할머니는 쇠공이를 갈던 손을 멈추고 리백을 빤히 쳐다보며 대답했다.

《공연한 일이라니? 그런 말은 아예 하지도 말게나. 이 쇠공이가 아무리 크다 해도 하루 갈면 하루동안 간것만큼 줄어들게 아닌가. 그러니 이틀 갈고 사흘 갈고 백날, 천날, 석삼년을 가느라면 쫄고 쫄아서 바늘이 될 날이 있을게. 세상의 모든 일이 이와 마찬가질세. 제아무리 어려운 일이라 해도 마음만 먹고 일심으로 해나가노라면 못할 일이 없다네!》

할머니의 말씀을 듣고난 리백은 문뜩 깨닫는바가 있어 할머니앞에 꿇어앉아 넓적 절을 올리며 《할머니, 고맙습니다.》하고는 오던 길로 되돌아 광산 서당방으로 돌아갔다.

이때로부터 리백은 강가에서 쇠공이를 갈던 파파 늙은 할머니를 생각하며 일심으로 학문을 닦았다. 이전에는 달밝은 밤이면 창문으로 스며드는 달빛을 보고 집생각과 부모생각을 하였으나 지금은 그 달빛을 빌어 글공부를 하였으며 이전에는 반디불이 반짝일 때마다 그것을 쫓아다니며 손벽치고 놀았으나 지금은 반디불을 잡아 모아 그 빛을 빌어가면서 일심으로 글공부를 하였다. 이렇게 하루, 이틀, 백날, 천날, 석삼년을 글을 익히고 또 익히니 리백은 과연 훗날에 가서 천하를 떨치는 대시인이 되였다 한다.

리백이 고래를 타고 하늘에 올라가다

우리 민요 ≪애원성≫(哀怨聲)에는 이런 구절이 있다.

리백이 기경비상천하니(李白騎鯨飛上天)
강남풍월이 한백년이라(江南風月閒百年)

그 뜻인즉 ≪리백이 죽어 고래를 타고 하늘에 오른 뒤부터 강남의 시문이 백년이나 한적했다.≫는것이니 리백의 죽음을 두고 이런 이야기가 전한다.

리백은 당나라때의 유명한 시인으로 평생을 두고 달을 사랑했으며 달을 노래한 시를 손꼽아 헬수 없으리만큼 많이 썼다. 리백의 나이 환갑이 지나 예순둘에 나는 해 추석날밤이였다. 리백이 채석강에 배띄워놓고 뱃놀이를 하면서 달구경을 하는데 하늘에 걸린 달은 천지간에 고운 은빛을 뿌리고 물속에 비낀 달은 출렁이며 흘러가는 물결을 따라 춤을 추는것이 여간 시흥을 돋구지 않았다. 리백은 배우에 앉아 술을 마시며 시흥이 도도하여 한수 지어 읊었다.

내 오늘 술잔 들고 묻노니
청천의 저 달은 언제부터 있었더냐
……
오늘의 사람 옛달은 보지 못했어도
오늘의 저 달은 옛사람 비췄으리
……
내 노래로 이 술잔 들제
밝은 달 금잔에 내리는구나.

리백이 이렇게 술잔 들고 술로 달과 물으며 시지어 읊으니 사공은 리백의 절묘한 시에 취하여 청천에 뜬 달도 보고 맑은 물속에 내려앉은 달도 보면서 혀만 찼다. 리백은 시 한수 지어 읊더니 술을 마시기 시작했다. 한잔이 끝나면 하늘에

뜬 달을 쳐다보며 또 한잔을 들었고 그 한잔을 마시고는 물속에 내여앉은 달을 내려다보며 또 한잔 술을 마셨다. 이렇게 한잔 또 한잔 하며 술을 마시다보니 리백은 술에 취하였는데 리백이 취중에 하늘의 달을 쳐다보니 그 달은 아름다우나 수십만리 수백만리 떨어진 공중에 걸려 갈수도 잡아쥘수도 없었지만 물길을 들여다보는데 문뜩 나래돋힌 고래가 물속에서 솟구치더니 밝은 달빛을 타고 하늘 공중으로 날아올랐다. 천고에 없는 기사라 그 딸이 하늘에 날아오르는 고래를 다시 쳐다보니 신선처럼 흰옷을 떨쳐입은 아버지가 고래등에 앉아있지 않겠는가. 딸은 목이 터지게 웨쳤다.

《아버지- 아버지-》

고래등에 앉은 리백이 딸의 부름소리를 듣고 말없이 채석강가에 서있는 귀여운 딸에게 미소를 던졌다.

《아버지- 아버지-》

딸이 또 목놓아 불렀다. 그 소리가 산에 가 맞아서 산이 울렸고 강에 이르러 강물도 소리쳤다. 가근방 사람들이 그 소리를 듣고 밖에 나와 보니 리백이 선관차림을 하고 고래등에 앉아 하늘에 오르고있었다.

《보시오. 저 고래 타고 하늘에 오르는이가 신선 리백이 분명하오. 우리의 리태백은 죽지 않았소.》

《과연 선인이시오. 오강, 상아가 리백이를 월궁으로 데려가는구려.》

《달속에는 향기로운 계화주에 장생불로초까지 있으니 우리 강남의 풍월이 한백년하지 않으리요. 이제는 리백이 시읊는 소리 다시는 듣지 못하게 됐수다.》

정말 그러했다. 리백이 고래타고 하늘로 올라갔다는 이야기가 난후로는 리백과 같은 위대한 시인이 다시 나지 않아 강남풍월이 한백년하였다 한다.

한 장 편지로 나라 기개를 떨치다

당나라때의 이야기이다.

당나라에서 수륙만리나 떨어진 중아세아에 파사국(波斯國)2)이라는 나라가 있었다. 파사국 임금은 당나라가 살기 좋다는 말을 듣고 주제넘은 욕심이 생겨 신하들을 불러놓고 물었다.

《짐이 들으매 당나라 땅이 그토록 좋다 하니 그게 실말인고?》

뭇신하들이 듣고도 대답을 못하는데 한 신하가 제격 임금앞에 꿇어엎디며 아뢰였다.

《참말로 그러한줄 아옵니다. 나라가 커서 북에는 눈이 펄펄 날리지만 강남에는 갖가지 아름다운 꽃들이 만발하여 화간에서 나비가 춤을 추며 논다 하옵더이다.》

《허허, 과시 좋은 고장이로고!》

《그뿐만이 아니옵니다. 산천이 수려하여 이르는곳마다 경개 좋사옵고 땅이 넓고 물산이 풍부하여 세상 부러운것이 없다 하옵더이다.》

파사국왕이 들으니 이 살찐 보배덩이땅만 손에 넣으면 세상 부러운것이 없이 천추만대 복을 누리며 살아갈것 같은지라 불같은 욕심이 생겨 속이 부글거리고 머리가 뜨거워났다.

《듣거라. 정녕 그러할진대 과인이 병사를 풀어 그 땅을 취하고저 하니 경들은 이에 행할만 한고?》

이렇게 되니 여러 신하들이 왈가왈부하며 문의가 분분했다.

《상감마마, 천만 불가한줄 아뢰오. 당나라는 대국아라 유능한 장수와 천사만 해도 저희 나라 인구만큼 많사온데 어찌 소국으로 대국을 도모할수 있사오

---

2) 파사국은 오늘의 페르샤이다. 이것은 리백이를 칭송한 이야기로서 사실과 일치한것은 아니다.

리까?≫

한 신하가 이렇게 상주하니 다른 한 신하가 반대하여 나섰다.

≪아니올시다. 상감마마, 저를 알고 남을 알면 백번 싸워 백번을 이긴다는 말이 있지 않습니까? 당나라는 비록 대국이나 저희 나라 허실을 모르옵니다. 저희 나라는 비록 소국이나 대국의 내막을 알면 그 사람의 도로 그 사람을 다스릴수 있사오니 대국이라 해도 가히 취할 수가 있는줄로 아뢰옵니다.≫

≪신의 말이 과연 어여쁘도다. 그래 무슨 방도가 있는고?≫

파사왕은 벌써 일이 성사하기나 한것처럼 기뻐하며 물었다. 이에 그 신하가 계책을 올렸다.

≪상감마마께서 먼저 편지 한통을 쓰시여 당나라에 사신을 보내옵소서. 그 나라에 우리 글을 아는 사람이 없어 답장을 보내오지 못하면 첫째로, 그것은 그 나라에 유능한자가 없고 우매함을 말하는것이니 가히 업수이여길수 있는것이요, 둘째로, 그 편지를 해득할 길이 없어 서로 이러니저러니 하며 말썽 끝에 불화가 생기고 상하좌우가 뜻이 합치지 못할터인즉 그틈을 타서 가히 쳐 이길수 있는줄로 아뢰옵니다.≫

≪가령 우리 글을 아는 사람이 있으면 어찌할것인고?≫

≪마마, 그러하오면 그 나라에 유능한자가 많음을 의미하는것이니 서뿔리 손을 대지 마옵소서. 어찌 제 손으로 제 눈을 찔러 멀게 할수 있으리까!≫

파사왕은 이 신하의 말을 옳게 여기고 친필로 편지 한통을 쓴후 사신을 띄워 당나라에 보냈다.

파사국 사신은 배를 타고 만여리 해로를 거쳐 다시 륙로로 장안에 들어섰다. 당나라 황제가 그 사신을 접해보니 수건으로 머리를 둘둘 말고 살갗이 가무스름한게 생전 처음 보는 인종이였다.

파사국 사신이 장안에 며칠 묵으며 가만히 살펴본즉 모두 자기를 례절 바르게 대하며 공경하는품이 어찌보면 두려워하는 기색 같았다. 게다가 파사국말을 아는 사람도 없으니 인재도 별로 있는것 같지 않았다. 그래서 속으로≪일이 됐고나≫하고 생각하며 어서 빨리 파사왕의 편지에 회답을 올리라고 하루에도 몇 번이나 독촉하였다.

한편 당나라 황제는 신하들중에 파사국글을 아는 사람이 없으므로 온 나라에 방을 내붙이고 파사국말을 아는 사람이면 시급히 입궁하라고 령을 내렸다.

황제가 방을 내붙인지도 여러날 지났지만 파사국말을 안다고 찾아온 사람은 그림자도 보이지 않았다.

《이 큰 나라에 파사국말을 아는 사람이 하나도 없으니 그들이 얼마나 우리를 업수이여기겠는가.》

황제가 이런 생각을 하며 안절부절 못할 때 뜻밖에도 리백이 입궁하여 어전에 이르렀다.

《상감마마, 소신 리백이 문안드리옵니다.》

《아, 리백인고? 경이 어찌하여 짐을 찾는고? 참으로 오래간만일세.》

리백은 하도 문장이 뛰여난 사람이라 어전에서 시를 지은 일까지 있으므로 황제는 반갑게 그를 맞았다.

《황상님께 아뢰옵기는 황송하오나 소신이 파사국 말과 글을 좀 배웠기로 방을 보고 찾아왔나이다.》

황제는 리백이 파사국 말과 글을 배워 안다는 말을 듣자 희색이 떠돌며 물었다.

《경은 언제 어디서 파사국말을 배웠는고?》

《상감마마, 소신이 태여난 곳이 중아세아라 어렸을적에 그곳 파사국말을 대강 배운적이 있나이다.》

《장할시고! 그럼 여기 파사국왕이 보낸 서한 한통이 있으니 어서 읽고 그 사연을 아뢰도록 하라!》

이리하여 리백이 파사국 왕의 서한을 펼치고 읽어내려가는데 한참 읽더니만 그 편지를 든 두손이 부들부들 떨리고 얼굴에 노기가 가득 피여올랐다.

《음, 오만무례하기가 이를데 없구나!》

리백이 이렇게 한마디 내뱉으며 계속 읽어가는데 황제는

《그래 뭐라 썼는고?》

하며 연신 제촉하였다.

《상감마마, 너무도 욕된 말이라 차마 번지기조차 무색하오이다.》

《그런대로 이실직고하렸다!》

《녜-. 파사국은 농업이 흥성하고 항해업이 발전하여 지상천당과 같으니 다만 사람이 많고 땅이 적은것이 흠이라 우리 나라 땅을 잠간 빌리면 함께 강성을 도모하겠다 썼나이다.》

《음, 고약할시고! 개미 홰나무를 등대고 대국이라 뽐내는구려! 여봐라, 당장

과인이 시키는대로 답장편지를 써서 그 사신에게 주어보내도록 하여라!≫

≪네, 분부대로 하오리다.≫

리백은 황상의 뜻에 좇아 붓대를 휘둘러 파사국글로 답장을 쓰는데 그 글씨가 어찌나 힘있고 꿋꿋한지 온 나라의 기상이 붓 끝에 쏟아져내린듯했다. 리백이 답장편지를 쓰기를 마치자 황제는 즉시 파사국 사신을 불러들여 호되게 꾸짖고 본국으로 돌려보냈다.

그동안 이제나저제나 하고 기다리던 파사국 왕은 사신이 돌아왔다는 전갈을 받고 급히 전당에 나가 좌정하였다. 그런데 그를 배알하는 사신은 똑 마치 서리맞은 호박잎꼴이 되여 고개를 푹 떨구고있었다.

≪그래 간 일은 어찌 되였는고?≫

그 사신은 왕의 말에는 대답도 못하고 품속에서 답장편지를 꺼낼뿐이였다.

≪대왕마마, 답장서한이옵니다.≫

≪뭐, 뭣이? 답장서한이라? 그래 당나라에 우리 글을 아는 사람이 있더란말이냐?≫

≪네, 있사옵더이다.≫

≪그래 그 사람들이 뭐라고 하던거냐?≫

≪답장서한을 보시면 아시리다, 대왕마마.≫

당나라에 파사국말을 아는 사람이 있다는 말만 듣고도 벌써 초풍할 지경으로 놀란 파사국 왕은 답장편지를 펼치자 가슴이 한 절반 얼어드는것 같았다.

≪파사국 왕은 들을지라! 우리 대당국은 의리를 중히 여겨 사해를 벗삼았거늘 소국이라 하여 넘본 일이 없었노라. 허나 남이 나를 건드림은 추호도 용납 못할바니 무엄한 파사국 왕은 명심하라. 대당국을 삼키려 함은 그대의 뜻이로되 왔다가 죽어 돌아가지 못함은 대당국이 그대에게 주는 형벌이리라!≫

파사국 왕이 답장을 보고나니 글자마다 서리치는 칼처럼 가슴을 찌르는지라 그만 기가 꽉 꺾이여 더는 망년된 생각을 하지 못하게 되였다.

이 일이 있은 뒤 당나라사람들은 상하를 물론하고 한 장의 편지로 나라의 기개를 떨친 리백이를 두고두고 칭찬하더라 한다.

글 잘하는 소소매

 당송 팔대가의 한사람인 소동파에게는 소매라고 부르는 누이동생이 있었다. 소소매는 한낱 여자의 몸이기는 하나 오빠처럼 글을 잘 지은 까닭에 송나라사람 치고 그를 모르는 사람이 없었다. 여기에 이런 이야기가 전해지고있다.
 어느 하루 소동파가 누이동생과 한담을 하다가 무심간에 그의 얼굴을 눈여겨보더니 슬쩍 롱을 걸었다.
 ≪얘 소매야, 우리 오늘 심심한데 글짓기를 해보는게 어떠냐?≫
 ≪오빠야 나라에서도 손을 꼽는 문인이신데 제가 어디 될가요? 그렇지만 오빠가 하자는데 어찌 마다하겠어요.≫
 ≪그럼 내 한구절 먼저 읊지. 오리행인 십리간(五里行人十里看)이라 <5리바깥에서 가는 사람을 10리안쪽에서 보고있고나.> 오목하게 패여들어간 네 눈을 두고 지은 글인데 이만하면 괜찮게 되였겠지?≫
 5리바깥에서 가는 사람을 10리안쪽에서 본다고 하였으니 소매의 눈이 5리나 꺼져들어갔다는말이다. 물론 굉장한 과장이기는 하지만 오목눈을 두고 지은 글로는 흠잡을데 없었다.
 소동파가 스스로 만족해서 빙그레 웃으며 누이동생을 바라보는데 소매도 오빠의 얼굴을 물끄러미 쳐다보더니 입을 열었다.
 ≪저도 오빠의 눈을 두고 한귀 지어 읊겠는데 욕하지 않겠어요?≫
 ≪글짓기내기가 아니냐. 글만 잘 짓는다면야 욕이 아니라 한바탕 칭찬을 할테다. 어서 읊으려무나.≫
 ≪거년루하금년락(去年淚下今年落)이라 <작년에 흘린 눈물이 올해에야 떨어졌도다.> 오빠, 이 누이동생의 글재간도 이만하면 괜찮지요?≫
 소동파가 들어보니 과연 잘된 글이였다. ≪작년에 흘린 눈물이 올해에야 떨어졌≫으니 자기의 눈이 오리가 아니라 몇십리 몇백리나 우묵하게 패여들어간셈이 되였다. 그러니 그 형상도 자기 글보다 더 잘 그렸고 과장도 자기 글보다

썩 크게 하였다. 이에 소동파는 그만 누이동생의 글재간에 탄복하여 ≪내가 졌다, 내가 졌어.≫하고 웃고말았다 한다.
　이와 같이 소소매가 글에 능하다보니 그 가문에서도 글잘하는 선비를 사위로 맞아들이려 하였다. 그래서 수소문하던 끝에 진서유라는 사람과 혼약을 정하였다.
　진서유는 소동파하고도 익히 아는 사람이라 비록 성례를 이루기전이였지만 소매네 집에 자주 놀러 오군 하였다. 어느 하루 소매는 진서유가 왔다는 말을 듣자 그를 별당으로 청하였다. 본시 성미가 호방한 소소매는 진서유를 만나보고 손수 그의 글재간을 떠보리라 마음먹었다.
　≪우리가 이렇게 만남도 금생금세의 연분인가 보옵니다. 하오나 소녀는 천성이 글을 좋아하여 글에 짝이 되지 않는자를 제짝으로 섬기지 않사옵니다. 이제 소녀 글귀를 내겠사온데 이 글귀에 답을 주시면 곧 제 서방님이 되리다.≫
　진서유도 속에 먹물을 먹고 글깨나 쓰는 남아대장부라 껄껄 웃으며 응해나섰다.
　≪바라건대 랑자께선 어서 글만 내리시오.≫
　≪승어부승어조부(勝于父勝于祖父)라 <아버지보다 낫고 할아버지보다 낫다.>는 이 글귀에 인명을 가지고 대답하소서.≫
　진서유는 소매의 글귀가 떨어지자 눈을 한번 껍적하더니 별로 어렵지 않게 대답했다.
　≪그야 어려울게 있소. 손권(孫權)이요.≫
　≪손권이라면 그 연유를 말씀하셔야지요.≫
　≪한 집안에서 제일 귀여움을 받는것은 손자라 아버지도 할아버지도 손자 하자는대로 하니 손자의 권리 그중 크지요.≫
　≪옳아요. 그럼 한귀 더 받으세요. 천벽투광야독서(穿壁偸光夜讀書)라 <담벽을 뚫고 빛을 훔쳐 야밤에 글을 읽도다.> 이 글귀에도 인명으로 대답하소서.≫
　≪공명(孔明)이요.≫
　≪그 까닭을 말씀하세요.≫
　≪그야 어려울게 있소. 벽에 뚫린 구멍으로 들어온 광명이니 그것이 공명이 아니겠소.≫
　소매가 글귀를 받아보니 과연 듣는 말과 같이 진서유는 글에 능한 사람이라 매우 기뻐하며 엎드려 절을 올렸다.
　≪서방님께서는 소녀의 방자함을 너그러이 량해하소서. 바라건대 버리지 마시

고 어서 택일하여 데려가주옵소서.≫

그후 잔치날이 되여 진서유는 사모관대 떨쳐입고 신행을 오게 되였다. 례를 마치고 밤이 되여 동방화촉 밝혀놓으니 진서유의 마음은 기쁘기 한량없었다. 그런데 저녁후 잠간 소풍하고 돌아오니 신방문이 안으로 꽁꽁 잠겨져있었다. 서유는 소매가 롱을 즐기는줄 아는지라 ≪부인, 부인! 문 좀 열어주오.≫하고 사정하였다. 그러나 소매는 딱 잡아떼였다.

≪안되오이다 서방님. 오늘은 이팔청춘 고이 간직해온 소녀의 몸 바치는 날이온데 어이 그리 쉬울수가 있사옵니까? 글을 지어 이 문을 벗기시도록 해야 하옵니다. 그러기전엔 절대문을 열지 못하겠나이다.≫

진서유가 들어보니 참으로 기가 막혔다. 꼭 잠긴 문을 손으로 열라면 몰라도 글로써 어찌 연단말인가. 소매가 아무리 글을 좋아하기로 첫날밤에까지 글로 자기를 골탕먹일줄은 정말로 꿈밖이였다. 그렇다고 문을 열 글귀를 짓지 않을수도 없었다. 그런데 무슨 글귀를 어떻게 지어야 한단말인가? 진서유는 아무리 생각해도 그 글귀가 생각나지 않아 서성거리며 궁리하다보니 저도 모르게 별당앞 련못가에 이르렀다.

이때 소동파도 련못가에 나와있었다. 그는 글 잘 짓는 누이동생이 첫날밤 신랑과 무슨 글짓기라도 하지 않나 하는 궁금한 생각이 들어 찾아왔다가 방금 소매가 ≪글로 문 열라≫고 하던 소리를 들었었다.

그런데 얼른 그 글을 지을줄 알았던 진서유가 그 글을 짓지 못해 안타까이 련못가를 왔다갔다하기만 하니 측은한 생각이 들었다. 이때 소동파는 벌써 그 글귀를 생각해냈지만 진서유에게 직접 알려줄수는 없는지라 피뜩 한 꾀가 떠올라 우정 서유가 듣도록 주먹만한 돌멩이 하나를 주어 련못에 던졌다.

≪첨벙≫하는 소리를 듣고 정신이 들어 련못을 보니 달이 내려앉은 련못물이 파문을 이루며 물밑의 하늘이 열리였다.

≪옳지, 그렇지!≫

진서유는 그제야 글귀가 생각나서 좋아라 하고 신방으로 달려가는데 바로 련못가에 소동파가 서서 빙그레 웃고있었다. 그러나저러나 진서유는 급히 신방문앞에 뛰여가서 구성좋게 한귀 지어 읊었다.

≪투석충개수저천(投石冲開水底天)이라 <돌을 던져 물밑의 하늘을 열었도다.> 부인, 그래 이 글이면 문이 열리겠지요?≫

《서방님, 어서 문을 당겨보세요.》

진서유가 문고리를 쥐여당기니 잠가놓았던 문이 살짝 열리는데 소매가 꽃같은 웃음을 짓고있었다.

신방에 들어온 서유는 그제야 후 안도의 숨을 내쉬며 이렇게 말하였다.

《오늘은 처남덕분에 동방화촉을 지내는구려. 참으로 문장가 오래비에 글잘하는 누이가 옳소이다!》

두목지의 일화

　두목지는 당나라의 시인이였는데 시풍이 부드럽고 아름다워 명성이 높았을뿐 아니라 풍채좋고 미모가 준수하여 소문이 또한 자자하였다. 그래서 누구나 두목지를 한번 보는것을 큰 행운으로 여겼다. 더구나 시를 읊조리고 노래깨나 부른다는 청루의 기생들은 두목지를 한번 모셔보지는 못해도 얼굴만이라도 보았으면 하고 애를 태우는 판이였다.
　이런 때 한번은 두목지가 아무날 수레를 타고 양주를 지나간다는 소문이 떠돌았다. 그날이 되니 양주사람들은 온통 거리에 몰려나오고 청루의 기생들은 창문을 열고 거리를 내려다보며 두목지 오기만 기다렸다.
　점심때쯤 되여 과연 소문과 같이 두목지가 탄 수레가 양주거리에 들어서더니 청루앞을 지나가게 되였다. 청루에 있던 숱한 기생들은 두목지가 지나간다는 소리를 듣고 서로 다투어 문을 열어제끼고 두목지를 내려다보았다. 헌데 그때 두목지는 술에 얼근하게 취한지라 수레에 앉은채 고개 한번 들지 못하였다. 문가에 나선 기생들은 두목지의 아름다운 얼굴을 보지못해서 안타까와 야단들이였다.
　이때 한 기생이 피뜩 한 꾀가 떠올라 상우에 놓인 귤 하나를 들어 두목지가 타고가는 수레에 던졌다. 갑자기 난데없는 귤이 날아드는바람에 두목지는 귤이 날아오는 청루쪽을 힐끔 올려다보았다. 그 순간 해달같이 환한 두목지의 얼굴이 청루에 비쳤다. 귤을 던진 기생은 제가 아름다운 두목지의 얼굴을 먼저 보았노라고 좋아 야단이였다. 그러자 두목지를 보겠다던 다른 기생들도 저마다 귤을 들어 두목지가 탄 수레에 내리던졌다. 그러니 두목지는 귤을 던질 때마다 웬 일인가 하여 청루를 쳐다보았고 청루에 나섰던 기생들은 저마다 귤을 던져 두목지의 얼굴을 볼수 있게 되였다.
　이렇게 되여 이날 청루가 늘어선 양주거리를 지나고보니 두목지가 탄 수레에 귤이 차고넘쳤다 한다.

결초보은

중국 춘추시대 진나라에 한 임금이 있었는데 그에게는 두 아들이 있었다.
세월이 흐르고 흘러 부왕도 늙게 되니 후사가 걱정되였다. 어느날 부왕은 뒷일을 생각하여 두 아들을 불러놓고 이렇게 말하였다.
《애들아, 내 너희들게 뒷일을 한가지 부탁하니 후일 어김없이 시행토록 하라. 이다음 내가 죽거들랑 너희들 서모를 순장하지 말고 남몰래 친정집에 돌려보내거라. 들었느냐?》
《네, 들었습니다.》
형과 동생은 이구동성으로 대답했다.
이때로부터 세월은 흐르고 흘러서 늙고 병든 임금은 자리에 누워 더는 일어날 수 없게 되였다. 임금도 제 운명을 아는지라 림종전에 그는 두 아들을 불러놓고 유언을 남겼다.
《애들아, 난 이제는 아주 글렀구나. 내가 죽거들랑 너희 서모를 순장하여라. 내가 죽어 땅에 묻히는데 부부일심이라고 함께 묻혀야지. 살려두지 말고 꼭 순장을 해야 한다. 알아들었느냐?》
《네, 들었사옵니다.》
두 형제는 또 이구동성으로 대답했다.
얼마후 임금은 끝내 세상을 하직하고말았다. 임금이 세상을 뜨니 장례를 해야 하겠는데 생전에 두가지 같지 않은 유언을 남겼으니 두 형제의 처사도 어렵게 되였다.
먼저 동생이 형을 보고 제 생각을 말했다.
《형님, 아무리 생각해봐도 아버지가 병석에서 하신 말씀대로 서모님을 순장해야 하겠습니다. 마지막 유언이니 그대로 좇아야지요.》
형도 생각이 있었다. 형은 동생의 생각과 달랐다.
《그건 안될 말이네. 아버지가 순장하라고 하신것은 병들어 정신이 흐린 때에

하신 말씀이요. 순장하지 말고 집에 돌려보내라고 하신것은 몸에 병도 없이 정신이 맑을 때에 하신 부탁이네. 그러니 우리는 아버지께서 정신이 맑을 때 하신 말씀대로 서모님을 순장하지 말고 집에 돌려보냄이 가당한 처사인가보네.》

동생이 생각해보니 형의 말에 도리가 있는지라 제 생각을 고집하지 않고 형님 생각대로 하자고 순응해나섰다.

그때는 왕이 죽으면 왕비와 처첩들을 순장하는 때라 두 형제는 남의 눈을 속여 어머니를 순장하는체하고 장례가 끝나자 가만히 친정집에 빼돌려보냈다.

그후 세월이 얼마나 흘렀는지 나라에 싸움이 생겨 두 아들은 병정을 거느리고 싸움터에 나가게 되였다. 그런데 어찌된 일인지 싸움을 하기만 하면 패하기만 하여 병정을 걷어가지고 돌아오는수밖에 없었다.

그러던 어느 하루 두 형제는 또 병정을 거느리고 싸움터로 나가게 되였다. 두 형제가 한창 군사를 몰고 나가는데 문뜩 하늘공중에서 《청초파, 청초파(靑草坡)》하는 소리가 들렸다.

《형님, 이상하오. 하늘공중에서 울려오는 저 소리가 무슨 소리요?》

동생이 말을 멈춰세우고 의아쩍게 물었다.

《동생도 그 소리를 들었나?》

두 형제가 머리우의 소리나는쪽을 쳐다보니 분명 하늘공중에서 《청초파, 청초파》하는 소리가 들려왔다. 형님은 무릎을 탁 쳤다.

《하늘이 내려다보고 도와주는구나. 동생, 우리 오늘 청초우거진 언덕에서 싸우면 기필코 승전할것이니 어서 청초파로 가세.》

이리하여 이날 두 형제는 청초파에서 싸움을 벌렸는데 웬일인지 적군이 탄 말들이 기세드높이 들이닥치다가는 갑자기 폴싹폴싹 제자리에 거꾸러지며 한치도 전진하지 못하였다. 이에 사기충천한 두 형제는 싸울수록 기세 높아져 대승전을 거두었다.

싸움이 끝난 뒤 두 형제가 전장을 살펴보니 온 청초파가 청초를 마주매여서 만든 올가미천지였다. 적들의 탄 말은 모두 이 풀로 무어놓은 올가미에 발이 걸려 나뒹굴었었다. 이것은 인력으로 한것이 아니라 분명 하늘이 도우시여 한 일이라 두 형제는 그 자리에 무릎꿇고 하늘을 우러러 인사드렸다.

《하느님, 은혜를 베풀어주셔서 감사하옵니다.》

이때 하늘공중에서 난데없이 웬 백발로인이 홀연 내려오더니 그들앞에 와 공손히 인사하였다.

≪두 장군께서 은혜라니 무슨 말씀이시오. 이건 로옹이 그대들게 은혜를 갚는것이올시다.≫

≪로인님은 누구시기에 도리여 은혜를 갚는다고 하시옵니까?≫

초면강산에 은혜를 베푼것이 아니라 은혜를 갚는다니 알수 없는 일이였다. 백발로인은 천천히 입을 열고 그 사연을 아뢰였다.

≪이 늙은이는 그대들 서모의 부친이로소이다. 그때 그대들이 내 딸을 순장하지 않고 집에 돌려보낸 덕으로 살아 천륜지락을 보고 죽어 승천해서도 만복을 누리니 오늘 이 로옹이 청초파에서 결초보은하는바이옵니다.≫

말을 마치자 백발로인은 눈깜짝새에 자취도 없이 사라졌다. 이때로부터 결초보은이라는 말이 생겨났다고 한다.

그림속의 미녀

　옛날 아주 다정하게 지내는 두 친구가 한동리에서 살았다. 한 친구는 나이 쉰이 넘도록 매일간이 그림을 그리며 세월을 보냈고 다른 한 친구는 쉰이 넘도록 농사일밖에 모르고 살았다. 친구간에 서로 하는 일은 달랐지만 어려운 때는 서로 도와주면서 싸움 한번 하지 않고 얼굴 한번 붉히지 않고 의좋게 지냈다.
　그런데 어느 한해 농사일을 하던 친구가 상처를 하였다. 마누라를 잃고보니 낮에 자식들이 일하러 나가면 전종일 말동무도 없이 빈방에 홀로 앉아 먼산만 바라보게 되는데다 술생각이 나도 술상을 차려주고 술 부어줄 사람도 없어 여간만 서운하지 않았다. 이런 때 그 그림 잘 그리는 친구가 찾아왔다. 한동리에 살지만 친구가 오니 반갑고 반가운 끝에 자연히 말을 주고 받다나니 서러운 말이 절로 나왔다.
　《이 사람 친구, 난 상처한 후론 적적하기 그지없고 늘 마음 한구석이 비여 서글픈 생각밖에 안 나네그려.》
　《그럴테지. 그럼 내 친구의 그 적적한 마음이나 풀어주지.》
　《며칠만 기다리게.》
　그림 그리는 친구가 적적한 마음을 풀어준다니 고맙기는 한데 어떻게 한다는 말 한마디 하지 않고 가버리니 더욱 안타까운데로 하회를 기다리는수밖에 없었다.
　과연 며칠이 지나자 그림 그리는 친구가 왔는데 그는 싱글벙글 웃으며 상처한 친구앞에 그림 한 장을 내놓았다. 상처한 친구 그 그림을 보니 천실만실 휘늘어진 수양버들아래 아담하고 정결한 삼간 초가가 있고 환한 방에는 달속의 항아 같고 하늘의 선녀 같은 녀인이 머리 숙이고 곱게 앉아있었다. 그림도 잘 그린 명화였지만 그림속의 녀인은 절세의 미인이였다. 그런데 상처한 친구는 이 그림 한 장을 가지고 어떻게 적적한 마음을 푸는지 알길이 없었다.
　《이 사람 친구, 그림은 잘 그렸네만 이걸 가지고 적적한 마음을 어떻게 푼다고 그러나? 그림속의 떡이라더니 그림속의 미녀는 보기만 이뻤지 나와 말 한마디

할테란말인가, 술 한잔 부어줄테란말인가? 이건 공연히 남의 마음만 동하게 하는 걸세.≫

≪친구, 그렇지 않네. 이 그림은 조화가 있는 그림일세. 내 친구를 위해 온갖 지성을 다했으니 내 시키는대로만 하세. 정 심심하면 이 그림속의 미녀를 보고 <여기 내려와 한잔 부으세.>하란말일세. 그러면 술동무도 되고 말동무도 되여 적적하지 않을걸세. 하지만 자네 절대 부정한 마음을 가져서는 안되네. 부정한 마음만 가지면 모든 것이 허사가 되네.≫

≪이것 참 감사하이. 꼭 친구 부탁대로 할테네.≫

그림 그리는 친구가 돌아가자 상처한 친구는 그 그림을 방에 붙여놓고 쳐다보았다. 그림이라도 쳐다보니 그림속에 미녀가 앉아있어 방에 홀로 앉아있기보다는 편 나은데 쳐다볼수록 그림속의 미녀가 정다와서 견딜수가 없었다. 그래서 상처한 친구는 시험삼아 친구가 시켜주던대로≪이 사람, 게 앉아만 있지 말고 예 와서 한잔 부으세.≫하였다. 그러자 방안에 향기가 진동하더니 정말 그림속에서 절세가인이 나와 술상을 차려놓고 술을 부었다.

≪어서 드시와요.≫

≪어허, 그 술 참 맛이 좋다. 한잔 더 부으세.≫

그림속에 있던 미녀는 시키는대로 아미를 숙이고 술 한잔을 또 부었다. 이렇게 한잔 두잔 부어주고 마시고 하다보니 상처한 친구는 술도 거나하게 되고 기분도 좋아져 적적하던 마음은 구천에 간듯 말끔히 가셔지고말았다.

≪자, 인젠 됐으니 그만하세.≫

≪그럼 물러가옵니다.≫

말은 단마디여도 은쟁반에 구슬을 굴리는듯 고운 목소리가 귀맛좋게 들려와서 정답기만 하였다. 상처한 친구는 한시도 그와 떨어지기 아쉬웠지만 친구의 당부가 있는지라 그렇게 할수 없었다. 미녀는 눈깜짝하는 새에 그림곳에 들어가 앉았다. 그러자 온 방안을 진동하던 향기도 사라지고 술상도 오간데 없었다. 그후부터 상처한 친구는 그림 잘 그리는 친구덕에 날마다 그림속의 미녀한테서 술도 받아마시고 적적할 때는 서로 말도 주고받으며 명절같이 즐거운 나날을 보냈다.

그런데 꿈같이 달콤한 나날이 하루하루 지나가니 상처한 친구는 그림 그려주던 친구의 당부는 말끔히 잊어버리고 그림속의 미녀와 수작질을 할 부정한 마음을 먹게 되였다.

어느날 상처한 친구는 술생각도 나지 않는데 그림속의 미녀를 불렀다.
《이 사람, 이리 오세.》
《그러시와요.》
미녀는 그림속에서 나오자 전처럼 술상을 차려놓고 술을 부었다. 그런데 상처한 친구는 술생각보다 꽃같은 미녀를 품에 안고 잘 생각이 불같이 일어나 견딜수가 없었다. 상처한 친구는 권하는 술은 받지 않고 덥석 미녀의 손을 잡아쥐였다.
《왜 이러세요.》
《이제는 우리 부부간이 된셈인데 내 청을 들어달라구.》
《안돼요.》
《안되긴 뭐가 안돼.》
상처한 친구는 미녀가 뭐라던 그 꽃 같은 녀인을 와락 품에 끌어안으려 했다. 그런데 상처한 친구가 미녀를 끌어안기 도전에 《휙-》 하는 소리와 함께 그림속의 녀인은 오간데 없이 종적을 감추고 벽에 붙인 그림에는 수양버들과 초가 삼간 밖에 남지 않았다. 모든 것이 허사로 되고말았다. 이제 더는 술도 받아 마실수 없게 되고 적적한 심회도 풀데가 없었다. 상처한 친구는 천만 락망하여 친구를 찾아가 사연을 아뢰고 잘못을 빌며 다시한번 그 미녀가 나타나게 해달라고 간절히 청하였다. 그랬더니 그림 그리는 친구가 《후-》 하고 한숨 쉬고는 상처한 친구를 보고 말했다.
《사람이 욕심이 과하고보면 친구 말도 귀에 들어가지 않는법일세. 그 녀인은 인간세의 사람이 아니라 하늘에 사는 선녀일세. 내 한번 본바있어 친구에게 그려준건데 친구 욕심이 과해서 이제 더는 친구를 돌볼수 없게 됐네. 방도가 없네. 적적한데로 혼자 지내세.》
이리하여 상처한 친구는 더는 그림속의 미녀와 마주앉아 즐길수 없게 되였다 한다.

화공과 선비

옛날 청산골에는 유명한 화공 백운학이 살고 강을 사이두고 십리 상거한 룡천골에는 그의 딱친구인 선비 오화룡이 살았다.

두사람은 쨕바지 입고 죽마타고 서당에 다니면서 글을 읽을 때부터 송아지친구였다. 어릴 때부터 그림 그리기에 남다른 취미를 가진 백운학이는 집이 가난하여 붓과 종이마저 살 수 없어 나무꼬챙이로 땅바닥에다 그림을 그리군 했다. 그럴 때마다 화룡이는 자기가 쓰던 붓과 백지를 운학에게 주었고 운학이가 그림을 다 그리면 그림 밑이거나 옆에다가 시를 쓰군 하였다.

어릴 때부터 남달리 포부가 큰 두사람은 학문을 배움에 있어서도 십년을 하루같이 꾸준히 노력했다. 지성이면 감천이라고 과거시험을 보았더니 둘다 급제하였다. 그러나 족보를 들춰보더니 둘 다 비천한 천민의 자식이라고 관직벼슬을 주지 않았다. 십년공부 나무아미타불이 된 두사람은 아예 벼슬을 단념하고 고향에 돌아와 농사지으며 강태공이 곧은 낚시질하듯 산천을 벗삼아 시를 쓰고 그림을 그리면서 때가 오기를 기다렸다.

그러던 어느해였다. 룡천골에 전염병이 돌더니 화룡의 부모가 그 몹쓸 병에 걸려 가산을 몽땅 탕진하고도 효험을 보지못하고 북망산으로 가고 황소같은 화룡이도 그 병에 걸리여 몸져눕고말았다. 그 소식을 들은 백운학이는 급시에 하늘땅같은 부모를 잃고 의지가지 없게 된 화룡이가 전염병에 걸렸다는것도 아랑곳하지 않고 업어다가 자기 집에 눕혀놓고 달포나마 정성을 기울인데서 화룡이는 십팔층 지옥에서 살아나오게 되였다.

하루는 오화룡이 기어이 집으로 돌아가려고 하자 운학이는 백지에다 정성껏 거북이 한 마리를 그려서 선물로 주었다. 오화룡이 ≪돈푼이라도 주면 부모들 산소에 가서 제사나 지내고 한끼 요기라도 하련만 그림의 떡이라고 이럴 삶아먹을 수도 없고...≫ 하고 속이 알짝지근해났지만 귤껍질 한쪼각만 먹어도 동정호를 잊지 않는다고 죽마고우요 이젠 생명의 은인이라 목구멍까지 올라온 생각을 뭉개 삼키고는 그림 그린 종이를 둘둘 말아 두루마기소매속에 쑤셔넣고는 빙그레 웃는 운학이와 작별했다.

오화룡이 터벅터벅 여드레 사십리 걸음으로 강가에 이르러 강을 건느려고 바지가랭이를 걷어올리고 짚신을 벗어드는데 웬 낯선 사나이가 숨가쁘게 달려오더니 아닌밤중에 홍두깨내밀듯≪여보시오, 그 거북이를 나한테 파시오.≫ 라고 했다. 오화룡이 자기뒤에 또 다른 사람이 있어서 그 사람한테 묻는말인가 해서 돌아다보니 아무도 없는지라

≪아니, 나보고 말했습니까?≫ 하고 어정쩡해서 되물었다.

≪그렇수다.≫

≪아니, 롱담을 해도 분수가 있지. 보시다싶이 나에게 털면 먼지밖에 없는데 무슨놈의 거북이를 팔라고 그리시오?≫

≪숨길것 없습니다. 내가 다 알고 왔으니까요. 거 팔소매에 넣은 거북이그림을 나한테 파시오. 구백냥을 드리리다.≫

그제야 오화룡이는 백운학이 그려준 거북이생각이 나서 두루마기소매에 손을 넣어보니 그대로 있었다.

≪애수하시다면 내 천냥을 주리다.≫

≪천냥이요!?≫

오화룡이 생각해보니 짚이는데가 있었다.

(세상에 둘도 없는 명화가요, 누구보다도 의리를 중히 여기는 딱친구인 운학이가 자기에게 돈을 주지 않고 그림을 그려준 연고인즉 이 그림을 팔아서 쓰라는것이였구나!)

이런 생각이 들자 방금까지 얼어붙었던 일촌 간장이 봄눈녹듯하며 눈굽에 이슬이 맺혔다. 그래서≪롱담은 아니시겠지요?≫ 하고 물었다.

≪초면에 선비님과 어찌 그럴수 있겠습니까.≫

≪그럼 천냥을 주시오. 선자리에 돈과 물건을 바꿉시다.≫

≪내가 구백냥을 가지고 왔는데 돌아가서 백냥을 더 가지고 인츰 올테니 잠간만 기다려주십시오.≫

사나이가 대답도 기다리지 않고 달려간후 화룡이는 그림을 꺼내여 자세히 뜯어보니 거북이는 참 잘 그렸는데 발톱이 없었다.

≪허, 이 친구가 어쩌다 이런 실수를 했나!≫

오화룡이 혀를 차며 차고다니는 필낭에서 붓을 꺼내여 물을 묻혀 발톱을 그리였다. 먹물이 마르자 손님도 달려왔다. 오화룡이 천냥을 받고 그림을 넘겨주는데 별안간 돌개바람이 홱 부는바람에 종이가 물에 뚝 떨어졌다. 오화룡이 건지려고 황급히 물에 풍덩 뛰여드니 거북이가 살아서 물곳으로 숨어버렸다.

《에익 맹랑하군!》 잡은 게를 물에 놓는 격이 된 오화룡이 너무도 맹랑하여 물이라는것도 잊고 풀썩 주저앉으며 무릎을 치다는것이 물을 쳐서 두사람은 물참봉이 되고 말았다.

돈을 임자에게 돌려주고 빈손으로 돌아온 화룡이는 풀과 맹물로만 주린 배를 달랠수가 없어서 할수없이 또 백운학이를 찾아갔다.

《친구, 잘 있었나?》

《나야 잘 있었지. 헌데 자네 기상을 보니 며칠 잘 굶은 시에미상이니 도대체 웬 일인가? 혹시 그 거부기를 먹지 못했나?》

《사람두, 그려주겠으면 제대로 그려줄것이지 발톱은 왜 안 그렸나?》

《하아, 코막고 답답하네. 발톱을 그리면 거부기가 살아서 도망가겠기에 일부러 안 그렸는데 누가 자네보고 부질없이 그걸 그리라던가!? 돈 천냥을 잊어버렸네! 자네가 발톱을 그릴게 아니라 시를 써넣었었다면 2천냥은 문제없이 받았을터인데 큰 랑패를 봤네.》

《그러면 그렇다고 말이나 해줄게지…》

《기왕지사 일이 그렇게 된걸 어쩌겠나. 그게 없다고 산 사람 입에 거미줄 치겠나.》

화룡이 며칠 묵으면서 놀다가 돌아가게 되니 운학이는 돈을 주고 또 백지에다 불화(火)자를 써주면서

《자네가 자주 앉는 구들장을 뜯고 이걸 그밑에다 붙이게. 그리고 추울 때 좀 따뜻했으면 하고 생각하면 그만큼 더울것이고 너무 더우면 좀 선선했으면 하고 생각하면 그대로 될걸세. 그러면 일생동안 나무근심없이 더운 구들에서 살수있을거네. 헌데 누구한테도 말해서는 안되네.》 하고 신신당부까지 했다.

집에 돌아온 오화룡이는 자기가 늘쌍 앉는 곳의 구들장을 뜯고 그밑에다 불화자를 붙이였다. 그리고나서 《야, 좀 따뜻했으면 좋겠다.》 고 중얼거렸더니 온 구들이 더워났다. 저녁에 친구들이 놀러 와서 보니 여느때없이 방안이 훈훈한지라 방바닥을 짚어보니 골고루 더웠다.

삼키고는 그림 그린 종이를 둘둘 말아 두루마기소매속에 쑤셔넣고는 빙그레 웃는 운학이와 작별했다.

오화룡이 터벅터벅 여드레 사십리 걸음으로 강가에 이르러 강을 건느려고 바지가랭이를 걷어올리고 짚신을 벗어드는데 웬 낯선 사나이가 숨가쁘게 달려오더니 아닌밤중에 홍두깨내밀듯≪여보시오, 그 거북이를 나한테 파시오.≫ 라고 했다. 오화룡이 자기뒤에 또 다른 사람이 있어서 그 사람한데 묻는말인가 해서 돌아다 보니 아무도 없는지라

≪아니, 나보고 말했습니까?≫ 하고 어정쩡해서 되물었다.

≪그렇수다.≫

≪아니, 롱담을 해도 분수가 있지. 보시다싶이 나에게 털면 먼지밖에 없는데 무슨놈의 거북이를 팔라고 그리시오?≫

≪숨길것 없습니다. 내가 다 알고 왔으니까요. 거 팔소매에 넣은 거북이그림을 나한테 파시오. 구백냥을 드리리다.≫

그제야 오화룡이는 백운학이 그려준 거북이생각이 나서 두루마기소매에 손을 넣어보니 그대로 있었다.

≪애수하시다면 내 천냥을 주리다.≫

≪천냥이요!?≫

오화룡이 생각해보니 짚이는데가 있었다.

(세상에 둘도 없는 명화가요, 누구보다도 의리를 중히 여기는 딱친구인 운학이가 자기에게 돈을 주지 않고 그림을 그려준 연고인즉 이 그림을 팔아서 쓰라는것 이였구나!)

이런 생각이 들자 방금까지 얼어붙었던 일촌 간장이 봄눈녹듯하며 눈굽에 이슬이 맺혔다. 그래서≪롱담은 아니시겠지요?≫ 하고 물었다.

≪초면에 선비님과 어찌 그럴수 있겠습니까.≫

≪그럼 천냥을 주시오. 선자리에 돈과 물건을 바꿉시다.≫

≪내가 구백냥을 가지고 왔는데 돌아가서 백냥을 더 가지고 인츰 올테니 잠간만 기다려주십시오.≫

사나이가 대답도 기다리지 않고 달려간후 화룡이는 그림을 꺼내여 자세히 뜯어보니 거북이는 참 잘 그렸는데 발톱이 없었다.

≪허, 이 친구가 어쩌다 이런 실수를 했나!≫

오화룡이 혀를 차며 차고다니는 필낭에서 붓을 꺼내여 물을 묻혀 발톱을 그리였다. 먹물이 마르자 손님도 달려왔다. 오화룡이 천냥을 받고 그림을 넘겨주는데 별안간 돌개바람이 홱 부는바람에 종이가 물에 뚝 떨어졌다. 오화룡이 건지려고 황급히 물에 풍덩 뛰여드니 거북이가 살아서 물곳으로 숨어버렸다.

≪에익 맹랑하군!≫ 잡은 게를 물에 놓는 격이 된 오화룡이 너무도 맹랑하여 물이라는것도 잊고 풀썩 주저앉으며 무릎을 친다는것이 물을 쳐서 두사람은 물참봉이 되고 말았다.

돈을 임자에게 돌려주고 빈손으로 돌아온 화룡이는 풀과 맹물로만 주린 배를 달랠수가 없어서 할수없이 또 백운학이를 찾아갔다.

≪친구, 잘 있었나?≫

≪나야 잘 있었지. 헌데 자네 기상을 보니 며칠 잘 굶은 시에미상이니 도대체 웬 일인가? 혹시 그 거부기를 먹지 못했나?≫

≪사람두, 그려주겠으면 제대로 그려줄것이지 발톱은 왜 안 그렸나?≫

≪하아, 코막고 답답하네. 발톱을 그리면 거부기가 살아서 도망가겠기에 일부러 안 그렸는데 누가 자네보고 부질없이 그걸 그리라던가!? 돈 천냥을 잊어버렸네! 자네가 발톱을 그릴게 아니라 시를 써넣었더면 2천냥은 문제없이 받았을터인데 큰 랑패를 봤네.≫

≪그러면 그렇다고 말이나 해줄게지…≫

≪기왕지사 일이 그렇게 된걸 어쩌겠나. 그게 없다고 산 사람 입에 거미줄 치겠나.≫

화룡이 며칠 묵으면서 놀다가 돌아가게 되니 운학이는 돈을 주고 또 백지에다 불화(火)자를 써주면서

≪자네가 자주 앉는 구들장을 뜯고 이걸 그밑에다 붙이게. 그리고 추울 때 좀 따뜻했으면 하고 생각하면 그만큼 더울것이고 너무 더우면 좀 선선했으면 하고 생각하면 그대로 될걸세. 그러면 일생동안 나무근심없이 더운 구들에서 살수있을거네. 헌데 누구한테도 말해서는 안되네.≫ 하고 신신당부까지 했다.

집에 돌아온 오화룡이는 자기가 늘쌍 앉는 곳의 구들장을 뜯고 그밑에다 불화자를 붙이였다. 그리고나서 ≪야, 좀 따뜻했으면 좋겠다.≫ 고 중얼거렸더니 온 구들이 더워났다. 저녁에 친구들이 놀러 와서 보니 여느때없이 방안이 훈훈한지라 방바닥을 짚어보니 골고루 더웠다.

《오늘은 선비님께서 토막나무를 얼마나 땠길래 이렇게 더운가?》
　친구들이 캐고 물어도 오화룡이 싱긋이 웃기만 하는지라 부엌에 나가서 아궁안을 들여다보니 재는 한줌도 안되였다. 신기한 일이였다. 그때부터 화룡이가 재주를 부린다는 소문이 났다. 난처하게 된 화룡이는 이러지도 저러지도 못하고 벙어리 랭가슴 앓듯하는데 하루는 뒤집에 사는 리서방이 찾아왔다. 사연인즉 나무하러 갔다가 낮에 다리를 상하여 빈손으로 돌아왔는데 당금 땔나무가 없다면서 밀방을 가르쳐달라는것이였다. 너무나 애걸복걸하는바람에 화룡이는 사실대로 이야기해주었다. 리서방이 반신반의하자 참대처럼 마음씨 곧은 화룡이는 온돌을 뜯고 불화자를 보이고 그것을 떼여 리서방에게 주었다.
《그럼 오선비는 어쩌고?》
《나야 혼자몸이니 걱정할게 있소. 리서방은 늙은 부모들이 계시고 헐벗은 애들도 많으니 어서 가져다 방안이나 덥혀주시오.》
　리서방이 감격되여 고패절을 하고 돌아가서 그대로 해보았으나 아무런 효험도 없었다. 그래서 오선비한테 달려가 물으니 그때에야 백운학의 말이 생각나서 《아차차! 이 정신봐라, 이젠 죄다 틀렸수다!》 하고 한숨만 풀풀 내쉬다가 전후사실을 털어놓았다.
　오화룡이는 워낙 쪼들린 살림살이라 렴치를 무릅쓰고 운학이를 찾아가서 이실직고하였다.
《내가 뭐라고 했나? 이제는 별수 없네. 자네 팔자가 그런걸 낸들 어떻게 하겠나? 한푼 생기면 한푼어치 먹고 없으면 하늬바람이나 마시게.》
　오화룡이 다시는 제 입이지만 마음대로 놀리지 않을테니 벗의 의리를 생각해서 마지막으로 한번만 도와달라고 빌붙었다.
《좋네. 우선 한가지 묻겠네. 우리가 어째서 이토록 고생하는지 자네 아나?》
《거야 쌍놈의 자식으로 태여났기때문이지.》
《쌍놈이 무슨 죄인가? 량반들이 판을 치는 세상이다보니 쌍놈출신인 자네도 기를 펴고 살수가 없는거네. 그러니 눈에 흙이 들어가기전에는 과거에 급제하고서도 쫓겨나던 일을 잊어서는 안되네.》
　백운학이는 이렇게 말하고는 수탉을 한 마리 그려주면서 가져다가 벽에다 붙여놓고 보라고 하였다. 이리하여 오화룡이는 고슴도치 오이 걸머지듯 백운학의 신세를 많이 지게 되였다.

집에 돌아온 화룡이는 동쪽벽에다 정성 다해 붙여놓고는 그놈의 수탉이 무슨 조화를 부리는가 해서 해종일 지켜보았으나 쥐뿔도 생기는게 없었다. 랭수로 배를 달래고 겨우 잠들었다가 신새벽에 일어난 화룡이는 깜짝 놀랐다. 머리맡에 난데없는 백냥짜리 돈꾸레미가 놓여있었다. 수탉을 쳐다보아도 그림그대로였다. 귀신이 곡할노릇이였다. 돈을 보니 배에서는 련속 꼬르륵 소리가 나는지라 열냥을 가지고 가서 주린 배를 달래고 쌀과 채소를 사왔다. 그런데 자고나면 많지도 적지도 않게 또 백냥짜리 돈꾸레미가 생겨났다. 조화였다. 련속 오백냥을 얻게 되자 화룡이는 그 조화를 알아내려고 대낮에 실컷 자고 장밤을 새워가며 그림을 쳐다보았다. 아니나다를가 한밤중이 되니 수탉이 홰를 치더니 소리없이 날아내려 문을 열고 나가더니 이슥하여 모가지에다 백냥꾸레미를 걸고 와서는 대가리를 수그려 벗어놓고는 그림속으로 들어갔다.

《아하! 이런 영문이였구나!》

이튿날, 밤중이 되기를 기다리던 화룡이는 신들메를 조이고 문밖에 숨어있다가 수탉이 날아가는 곳으로 쫓아가보니 곧추 대궐로 날아들어갔다.

《음, 이런 문서기에 운학이가 과거에 급제하고서도 쫓겨나던 일을 잊지 말라고 했구나!》

다음날 저녁에는 문지기 사령들의 눈을 피하여 국고옆에가 숨어있었다. 수탉이 날아오더니 부리로 자물쇠를 몇 번 쪼으니 국고의 청동자물쇠가 절컥 열리였다. 그러자 수탉은 제집처럼 문을 열고 들어갔다. 화룡이 뒤쫓아 들어가 앉아서 보니 돈이 헤아릴수 없이 많았다. 입을 딱 벌린채 멍하니 바라보다가 《옳지, 이 돈을 가져다가 가난한 이웃들에 나눠주어야지!》 하고 중얼거리며 돈꾸레미를 벗겨드는데 어느새 돈꾸레미를 목에 걸고 나간 수탉이 절컥하고 자물쇠를 잠그었다. 그제야 정신을 차리고 황급히 나가려고 했으나 독안에 든 쥐의 신세가 되고말았다. 그래서 래일 밤까지 기다렸다가 수탉이 온 다음에 나가는수밖에 없다고 생각한 화룡이는 쪼크리고 앉았다가 그만 잠이 들고말았다.

새날이 밝자 창고지기가 오더니

《허참, 귀신이 곡할노릇이지. 자물쇠는 잠근대로 있는데 돈은 매일 없어만지니.》 하고 중얼거리며 창고문을 열고 《오늘도 또 없어졌나?》 하며 살피다가 오선비를 발견하고는 《옳지, 네놈이 가져갔구나!》 하며 다짜고짜 방망이찜질을 안기고는 꽁꽁 묶어서 포도대장한테 끌고갔다. 포도대장도 국고의 돈을 쥐도새도 모르게 훔친 특대죄범이라고 소홀히 다루지 않고 임금앞으로 끌고갔다.

《네놈이 선비의 탈을 쓰고 국고의 돈을 훔쳤으니 살기를 바랄소냐!? 어서 이실직고하지 못할가?》

《초토에 묻혀 사는 서생이 언감생심 국고에 손을 뻗칠수가 있겠사옵니까. 실은 소인이 도적질한것이 아니라 우리 집에 있는 수탉이…》

《뭣이라구? 핫하하, 목을 따고 물튀까지 하여 상에 오른 수탉이 홰를 치며 울겠구나. 개구멍으로 통량갓을 굴려낼놈같으니라구.》

《대왕님, 까마귀가 검기로 속까지 검겠나이까. 소인이 누구앞에서 거짓말을 하겠사옵니까.》

《어 고얀놈 같으니라구! 설령 네 말이 옳다고 할진대 수탉이 어찌 백근짜리 청동자물쇠를 열며 한번에 100냥씩 물고 갈수 있단말이냐?》

《소인도 믿을수가 없어서 어제밤에 쫓아와보니 부리로 자물쇠를 쪼으니 자물쇠가 열리였고 돈은 목에다 걸고 날아가는걸 제 눈으로 똑똑히 보았나이다.》

《필시 저놈이 미친녀석이 아니면 짐을 조롱하고있는것이 분명하니 실토를 할 때까지 매우 치도록 하라!》

《예잇! 어명대로 거행하겠나이다!》

라졸들이 두팔을 잡자 오화룡이는 그를 뿌리치며 소리쳤다.

《잠간만! 대왕님, 소인이 국고안에서 잡히고보니 릉지처참을 당해도 할말은 없사오나 오늘 밤중이 되기를 기다려 수탉이 오지 않으면 그때 가서 소인을 죽여도 늦지 않사오니 그때까지만 기다려주옵소서!》

《네 소원이 그렇다면 지난날 과거에 급제했던 너의 재능을 갸륵히 여겨 곤장은 잠시 그만두고, 그렇다고 밤중까지 기다릴 필요도 없다. 뭣들 하느냐? 냉큼 저놈을 앞세우고 가서 수탉을 잡아오도록 하라!》

《아니올시다 대왕님, 저의 집 수탉은 례사닭이 아니옵고 벽에 붙인 그림이온데 한밤중이 되여야만 그림속에서 나오는 줄로 아뢰옵니다.》

《뭐, 뭐, 그림속의 닭이라고? 하하하. 과인을 조롱하는죄 하늘이 무심치 않음을 네 알렸다? 여봐라, 저놈에게 우선 곤장 스무매를 안기도록 하라!》

집장사령이 달려들어 선비를 엎어놓고 미친개패듯 엉뎅이를 두들겨줬다.

《아이쿠!》

《그래도 실토를 못하겠느냐?》

≪소생이 어찌 대왕님앞에서 거짓말을 할수 있겠사옵니까. 마디마다 구절마다 사실이옵니다.≫

≪허허, 그래도 선비랍시고 입만 살아서… 허면 그 그림은 누가 그렸는고?≫

≪소생의 죽마고우가 그렸사옵니다.≫

≪어디 사는 누구인지 어서 아뢰여라!≫

오선비는 대답 대신 눈을 지그시 감은채 입을 열지 않았다.

≪바른대로 아뢰지 못할가!?≫

≪어서 아뢰여라!≫

사령들이 달려들어 고주알미주알 캐물으며 주먹으로 쥐여 박고 발길로 찼으나 선비의 입은 자물쇠를 잠근듯 열리지 않았다. 김 안나는 숭늉이 더 뜨겁다는것을 잘 알고있는 임금은 쇠는 단김에 두드리라고 어명을 내렸다.

≪바로 댈 때까지 사정두지 말고 곤장을 안겨라!≫

≪대왕님, 곤장이 아니라 목이 날아나도 소생은 아뢸수가 없나이다.≫

≪뭣 때문에?≫

≪성인들이 이르기를 애비팔아 벗을 사귄다고 했사온데 소생이 오늘까지 잔명을 보전하게 된것도 벗의 도움을 받았기때문이옵니다. 그러니 초로같은 인생이 일신의 안일을 위해서 어찌 태산보다 무거운 벗의 우정과 의리를 저버리고 은인의 이름을 팔수가 있겠사옵니까. 어서 죽여주옵소서!≫

임금이 생각해보니 입만 다슬고 맥만 뺐지 아무런 효과도 얻지 못할것이 손금 보듯 빤한지라 오선비를 하옥시키고 라졸들을 시켜 어떻게 수소문해서라도 화공을 잡아 대령하라고 어명을 내렸다.

그런데 해지기전에 화공 백운학이 제발로 대궐을 찾아와 죄를 청하였다.

≪그래, 네가 룡천골의 선비 오화룡이를 안단말이지?≫

≪알다뿐이겠습니까, 죽마고우입니다.≫

≪네가 선비에게 그림을 그려주었느냐?≫

≪예, 그러하옵니다.≫

≪네가 그토록 재간이 있다면 과인이 보는데서 한번 그려보도록 하여라.≫

≪대왕님의 분부이니 거역할수 없나이다. 허나, 한가지 소원이 있사옵니다.≫

≪무슨 소원이냐?≫

≪국고의 돈을 훔친것은 오선비가 아니라 소인이옵니다. 소인이 그려준 닭이

국고의 돈을 훔쳤은즉 소인이 형벌을 받겠사오니 무죄한 오선비를 소인이 보는데서 풀어주옵소서.≫

이리하여 영문도 모르고 옥에서 풀려나온 화룡이는 백운학이를 보자 깜짝 놀랐다.

≪아니, 나 때문에 자네까지 잡혀왔군그래!?≫

≪아닐세, 난 붙잡혀온게 아니라 나절로 찾아왔네.≫

≪아니 여기가 어디라고? 뭘 하려고?≫

≪자네가 나 때문에 애매한 루명을 쓰고 온갖 고초를 다 겪는다는 소식을 듣고 가만히 앉아있을수 있어야지.≫

≪허지만…대왕님, 국고의 돈은 내가 훔친것이니 나를 처벌해주옵소서. 화공은 아무런 죄도 없나이다.≫

≪대왕님, 내가 그림을 그려주지 않았다면 오선비가 무슨 재산에 들어갈수 있었겠습니까? 그러하오니 오선비를 놓아주시오. 형벌은 소인이 받겠사옵니다.≫

백운학이와 오화룡이 서로 자기가 단두대에 오르겠다고 다투는것을 보는 문무대신들은 물론이요, 임금도 두사람의 의리에 못내 감격되였다.

≪어허, 조용하지 못할고! 어서 그림이나 그리도록 하라!≫

≪예! 대왕님의 분부이시니 내가 그림을 그릴테니 자네도 구경하고 몇자 쓰게나.≫

백운학이 팔소매를 걷어올리고 벼루에다 먹을 갈며 골똘히 생각하더니 창끝같은 붓을 들어 백지우에다 곤륜산을 그려놓고 그밑에다 룡마를 그려놓았다. 어찌나 잘 그렸던지 곤륜산의 소나무들이 바람에 흔들리는것 같고 룡마의 숨쉬는 소리가 들리는것만 같았다.

≪여보게, 구운 게도 다리를 떼고 먹으라 했는데 여기에다 몇자 쓰게나.≫

백운학이 붓을 넘겨주며 눈을 껌벅이자 그 눈치를 알아차린 오화룡이는 골을 끄덕이고는 붓을 받아쥐고 단숨에 써내려갔다.

송아지동무 죽마타고
곤륜산을 넘나들 때
룡마는 울부짖고
곤륜산은 화답했지.

룡마야 룡마야!
곤륜산을 단숨에 날아넘으렴아!

오화룡이 붓을 놓자마자 룡마는 울부짖으며 투레질을 했다.
《자, 어서 올라타게!》
운학이는 오화룡이 올라앉자마자 그뒤에 뛰여올라 룡마의 궁둥짝을 철썩 답새기며 《이랴! 곤륜산으로 가자!》 하고 소리치니 룡마는 궁전대들보가 쩌렁쩌렁 울리도록 울부짖으며 네굽을 안고 먼지를 풀썩 일구며 대궐문을 날아넘어 바람소리만 남기고 번개같이 사라졌다.

임금과 대신들은 백운학의 놀라운 그림솜씨에 취하여 어리둥절해있다가 룡마의 울부짖음소리에 초풍할 지경으로 놀라서 입을 딱 벌린채 퉁사발눈이 되여 궁전문밖을 바라보았다. 그러다가 한사람이
《분명 하늘이 낸 천재요!》 하고 입을 열자 《하늘이 도와준 죽마고우일세!》 하고 너도나도 중이 념불외우듯, 개구리 울어대듯하였다고 한다.

안해덕에 정승되다

리조말엽에 왕실종친의 말단에 이름을 걸고있은 리하응이 국부가 되여 흥선대원군으로 봉작되기전의 일이다. 그때 리하응은 살림살이가 유족한 유기도라 부르는 집에 드나들며 그집 문객으로 있었는데 벌써 일국의 국부가 되여 기울어져가는 나라를 다스릴 큰 꿈을 꾸고있었다. 하지만 그는 때를 기다리며 자기를 보호하기 위하여 시정의 세진속에 들어가 일부러 남들의 멸시도 받고 핀잔도 받았다. 그는 허랑방탕하게 세월을 보내면서 술값이나 용돈이 떨어지면 체면도 돌보지 않고 세도정승네 문전에 가서 구걸도 하고 돈이라고 생기면 술집에 가서 술을 마시고 술이 거나하게 되면 저가락으로 빈사발을 뚜드려대며 노래도 부르고 주저없이 기생집에 찾아가 기생을 끼고 돈을 물쓰듯하였다. 리하응은 남의 눈을 속여가며 때를 기다리느라 이렇게 했지만 그의 속심을 모르는 사람들은 그를 《궁전거지》라거니, 《거지귀공자》라거니, 《얼간이》라거니 하며 비웃었다. 이러한 리하응이 유기도네 문객이 되여 그 집에 사흘이 멀다 하게 자주 드나드는데 한낱 보통백성의 딸인 유기도의 부인만은 벌써 리하응을 그저사람으로 보지 않았다. 그래서 총명한 유기도의 부인은 따뜻한 밥에 반찬 한가지라도 더해서 그를 후히 대접하였다. 그러니 마음이 어리무던한 유기도도 부인을 따라 늘 웃는 낯으로 리하응을 맞아주었다.

어느날 우기도의 부인은 자기 속생각이 있는지라 남편을 찾아 남몰래 조용히 아뢰였다.

《랑군님, 소첩이 랑군님전에 조용히 아뢸 말씀이 있사온데 들어주시겠나이까?》

《무슨 말인지 어서 하오.》

《우리 집 문객으로 있는 리하응이란분은 아무리 살펴봐도 그 행동거지가 범인과 같지 않습니다. 소첩은 생각 끝에 남이야 뭐라 하든 옷 한 벌 지어올리는 것으로 성심을 다하려 하오니 랑군님께서 윤허하시고 저의 생각대로 하실 의향이

계시오면 저자에 가서 좋은 망건과 갓을 사다주옵소서.≫

말수 적은 유기도는 군말 한마디 하지 않고 저자에 나가더니 갓과 망건을 사가지고 왔다. 그리하여 유기도네 부부는 리하응에게 새옷 한 벌과 갓과 망건을 올리였다. 그때 리하응은방탕하게 세월을 보내는 때라 별다른 인사 한마디 없이 주는대로 사양없이 받았다.

이때로부터 세월이 흘러 철종대왕이 붕어하고 리하응의 열두살나는 둘째아들 명복이가 왕위에 올라 고종대왕이 되였다. 이렇게 되자 리하응은 자기 뜻과 같이 일거에 흥선대원군의 봉작을 받고 국부가 되여 유충한 아들을 대신하여 모든 정사를 섭행하게 되였다. 일이 이렇게 되니 유기도는 전에 안해가 하던 말을 생각하여 치마두른 녀인이라 해도 조금도 낮추어봄이 없이 늘 쳐다보며 살았다.

그러던 어느날 일국의 국부가 된 대원군은 지난날의 정과 은혜를 잊지 못해서 유기도네 형제를 불렀다. 이때까지도 벼슬 한자리 하지 못한 유기도네 형제는 국부가 부른다는 소리를 듣자 꿈이냐 생시냐 하며 운현궁으로 찾아갔다. 대원군은 유기도네 형제가 운현궁에 들어서기 바쁘게 맨버선발로 뛰여나와 맞아주며 그들을 데리고 자기 방으로 갔다.

≪내 오늘 그대들을 부름은 지난날 내가 집의 문객으로 있을 때 정도 정이겠지만 특히 그때 옷 한 벌에 갓과 망건을 사다주던 은혜를 잊지 못해서네. 이방은 내 침소이니 며칠 나와 함께 지내세.≫

≪저희들 소인이 어찌 국부님과…≫

≪그런 말 마세. 국부에게도 은인은 있는것이니 어려워할것 없네.≫

이렇게 되여 유기도네 형제는 대원군과 한방에서 허물없이 지내며 후한 대접을 받았다. 그러니 유기도네 형제는 아름다운 꿈속에 잠긴듯하였다.

유기도네 형제가 대원군과 한방에 누워 자기를 하루밤이 지나고 이틀밤이 지나고 사흘밤을 자고난 이른새벽이였다. 밖에서 닭울음소리가 들려오고 동녘에 새별이 떠서 반짝반짝 빛을 뿌리는데 잠을 깬 유기도네 형제는 암만 생각해도 대원군의 대접을 받는 일이 꿈만같아서 서로 이야기를 나누었다. 먼저 유기도의 동생이 형을 보고 물었다.

≪형님, 오늘 우리가 이렇게 국부님과 자리를 같이하고 후한 대접까지 받게 된게 뉘 덕인지 아세요?≫

≪그야 더 할말이 있느냐, 첫째는 조상의 덕이고 둘째는 국부님의 은덕이지.≫

≪아니올시다. 그 덕도 그 덕이지만 첫째는 형수님의 덕이지요!≫
≪너 그게 무슨 소리냐?≫
≪내 말 좀 들어보세요.≫

두 형제가 소곤거리며 말을 주고받을 때 아랫목에 누워서 그들과 자리를 같이 하고 자던 대원군이 유기도 동생이 형을 보고 하는 소리에 그만 귀가 버쩍 띄여 잠에서 깼다. 그렇지않아도 밤을 자고나면 그때 유기도 부인이 그처럼 새옷을 지어 성심을 다하던 연유를 묻고 부인에게 후한 상이라도 내릴생각을 하고있었는데 차라리 잘 되였다. 대원군은 자초지종을 알때가 되였다고 속으로 기뻐하며 자는듯 누워 그들의 말에 귀를 주었다.

동생이 형을 보고 또 물었다.

≪형님, 형님은 저와 함께 자라던 그 조카애가 어떻게 되여 죽었는지 모르지요?≫

≪그 죽은 내 아들말이냐?≫

≪네.≫

≪그야 다시 물을게 있나. 인명은 재천이라고 하늘이 준명이 그밖에 안되니 죽은거지.≫

≪아니올시다. 그 애는 나 때문에 죽었어요.≫

≪아니, 너 무슨 소리를 하니?≫

≪이제 들어보면 알아요.≫

동생은 형에게 지나온 일을 말하였다.

한때 유기도네는 살림이 넉넉지 못하여 유기도 부인이 엿장사를 하였다. 그때 유기도에게는 여덟살나는 동생과 대여섯살되는 어린 아들이 있었다. 유기도의 부인이 엿장사를 하니 엿을 보면 철부지인 아들도 어머니한테 매달려 엿을 달라고 졸라댔고 철이 채 들지 않은 시동생도 형수한테 달라붙어 엿을 달라고 성화를 부렸다. 그때마다 유기도의 부인은 엿을 어린애주먹만큼 꼭같이 떼여서 아들애에게도 주고 시동생에게도 주었다. 그런데 아들은 그만큼 떼주면 족해서 더 말이 없는데 그보다 나이 더 먹은 시동생은 늘 부족해서 입술을 빨았다. 그러던 어느 하루는 형수가 엿그릇을 높이 매단 시렁우에 올려놓고 밖에 나가고 없었다. 그때 나어린 시동생은 한번 엿을 배껏 먹어보겠다고 높이 매단 시렁우에 펄쩍 매달려 엿을 먹어대는데 밖에 나갔던 형수가 문을 열고 집안에 들어섰다. 그바람에 엿을 훔쳐먹던 시동생이 깜짝 놀라 시렁우에서 펄쩍 뛰여내렸다. 그런데 그는 바빠라 하고 시렁우에서 뛰여내리다보니 그만 시렁밑에 누워서 쌔근거리고 자는 조카의 가슴팍을 사정없이 내리밟았다. 이렇게 되여 어린것은 당장에서 숨지고말았다. 어린 시동생은 겁에 질려 얼굴이 새파랗게 되여 그만 선자리에서 바들바들 떨기만 했다. 시동생은 당장 머리에 날벼락이 떨어질줄 알았다. 그런데 유기도의 부인은 시동생을 한마디 나무람하지 않고 한참이나 죽은 아이를 내려다보며 소리없이 울더니 죽은 아이를 잘 싸놓고 남편을 불러 아이가 급시에 딩굴더니 숨이 막혀 죽었다면서 남편더러 죽은 아이를 조상들의 산소 먼발치에라도 묻어달라고 하였다. 남편은 군소리 없이 죽은 아이를 안아다 조상들의 산소 먼발치에 묻고 돌아왔다. 여기까지 자초지종을 말한 동생은 형을 보고 이렇게 말했다.

《조카는 이렇게 내 발에 밟혀 죽었지만 형수님은 오늘까지 그렇단 말 한마디 내지 않고 이 시동생을 키워 성가까지 시켜주었지요. 그러니 이렇게 도량이 넓으신 형수님이 아니고서야 어찌 그때 우리 집에 와 문객으로 계신 대원군님을 알아볼수 있었겠어요. 남들은 이러쿵저러쿵 하며 뒤소리를 해도 형수님은 시속의 말을 믿지 않고 자기 생각대로 대원군님을 알아보시고 성심을 다한것입니다. 이런 녀성이 우리 조선에 몇이나 있어요? 그러니 오늘 우리가 이렇듯 후한 대접을 받게 되는것이 형수님 덕이 아니고 뭐시예요.》

동생의 말이 끝나기 바쁘게 자리에 잠자는듯 누워 그들의 이야기를 듣던 대원군이 벌떡 일어나앉더니 유기도동생의 손을 덥석 잡았다.

《방금 한 말을 다 들었네.》

유기도네 형제는 대원군앞에 무릎 꿇고앉아 머리를 숙였다. 유기도가 너무나도 송구스러워 대원군에게 빌었다.

《그만 소인들이 하찮은 말로 국부님을 잠에서 깨게 했으니 천만 죄송하오이다.》

《아닐세. 내 그렇지 않아도 그 부인의 은혜를 갚고저 후한 상을 내리려 했는데 방금 왕사까지 듣고보니 고금에 드문 부인이로세. 집에 돌아가 기다리게나.》

그날 아침이 끝나자 유기도네 형제는 집에 돌아와 부인을 보고 운현궁에 가 대원군의 후한 대접을 받던 이야기를 하나부터 열까지 다했다. 그랬더니 그 부인이 하는 말이

《내 한 일을 내가 알고있으면 그뿐이지 그런 말을 왜 국부님앞에서까지 하셨

소이까.≫

하며 남편과 시동생을 나무람하였다.

유기도네 형제가 주고받는 말을 들은 대원군은 유기도의 부인에게 정경부인이란 계를 봉하기로 마음먹었다. 헌데 그 부인을 정경부인으로 봉하자니 정경부인은 정일품이나 종일품의 종친 아니면 문무관의 안해의 게이므로 유기도에게 정승자리를 주지 않으면 그 안해를 정경부인으로 봉할수 없었다. 그리하여 대원군은 먼저 유기도를 정승자리에 앉히고 그 부인을 정경부인으로 봉하였다. 이렇게 유기도는 부인덕에 일국 정승까지 되였는데 유기도 또한 어진 정사를 하고 나라일을 잘 돌보아 모르는 사람이 없었다 한다.

종의 의리

옛날 남추강이라고 부르는 한 신하가 있었는데 남달리 청렴하고 이르는곳마다 백성들을 생각해주어 백성들속에 명망이 높았다. 어느 한해였다. 왕이 학정을 하여 백성들이 더는 살아나가기 어렵게 되고 대궐에는 간신들이 득세하여 나라 정세는 어지러워질대로 어지러워졌다. 이에 남추강은 몇몇 신하들과 밀모하여 악한 임금을 몰아내고 어진 임금을 내세워 나라의 정세를 바로잡고 백성을 구하려 하였다. 헌데 남추강네가 거사도 하기전에 이 일이 탄로되였다. 그리하여 남추강과 그의 일가는 물론 외가와 처가에까지 루가 미쳐 삼족이 멸족되게 되였다.

남추강이 생각해보니 자기는 대사를 이루려다 성사 못하고 잡혔으니 죽어도 할말은 없지만 죄없는 삼족을 멸하게 되였으니 천추에 한을 남길 일이였다. 더욱이 처참한 일은 탯줄에서 떨어진지 며칠 안되는 피덩이 같은 손자까지 역적의 죄를 쓰고 죽는 일이였다. 남추강은 손자마저 구할 방도가 없어 남씨네 씨를 말리게 되고보니 뼈가 저리도록 마음이 아팠고 치가 떨리도록 세상이 한스러웠다. 남추강의 눈에서는 피같은 눈물밖에 쏟아지지 않았다.

이때 남추강네 집에는 마음씨 어리무던하고 경우시비가 대처럼 바른 한 종이 있었는데 마침 그에게도 난지 며칠밖에 안되는 아들애가 있었다. 대바른 종은 남추강네가 역적에 몰려 삼족을 멸하게 되였다는 말을 듣고 시름없이 자고있는 자기 아들을 한참이나 들여다보더니 무슨 생각이 들었던지 벌떡 일어나 아들을 안고 씽 달려나갔다. 종은 남추강네 내당에 들어가 다짜고짜로 남추강손자를 자기 아들과 바꿔안고 달려나왔다. 이제 금부라졸들이 당장 덮쳐들겠는데 그들이 덮쳐들기만 하면 수리개 병아리 차가듯할것이니 안해를 달래여 이러니저러니 할 새도 없었고 남추강네와도 긴말을 할 여가가 없었다. 종의 안해는 이토록 갑자기 벌어진 일 때문에 반은 실성한 사람이 되여버렸다.

《아니 내 자식과 남의 자식을 바꿔요? 그러면 내 아들이… 내 아들이 역적이 되여… 아들을 내놔요-》

종은 정신을 차리라고 안해의 어깨를 쥐여흔들었다.
《여보, 내 말을 좀 들어보오, 나도 내 자식이 아까운줄은아오. 하지만 대감께서 나라와 백성을 구하려다 삼족을 멸하게 되였는데 후손까지 남기지 못하면 장차 누가 대감의 뜻을 이어 우리 백성을 구하겠소? 이 아니 천추에 한이 될 일이요. 자, 까딱 입밖에 말을 내지 말고 어서 애를 업고 집을 떠나기요.》
남편은 말을 마치자 남추강의 손자를 안해의 등에 업혀주고는 안해의 손목을 잡고 부랴부랴 남추강네 대문을 나섰다. 이때 금부라졸들이 대문에 들어서며 그들을 봤지만 남추강의 일가사람도 아닌 종의 부처인지라 보고도 건드리지 않았다.
금부라졸들은 상전의 령을 받고 남추강네 집에 들어서기 바쁘게 우레와 같이 무서운 소리를 지르며 어른이고 애고 관계치 않고 남추강네 일가사람이면 다 잡아갔다. 이렇게 되여 종의 아들은 남추강의 손자 대신 잡혀가서 역적의 죄를 쓰고 무참하게 죽었다.
그때로부터 주야장천 흐르는 세월은 흐르고 흘러갔다. 그러니 세월과 함께 남추강의 손자도 종네 부부의 일천정을 다 받으며 자라고 자라서 옥골선풍같은 사내가 되였다. 그새 종네 부부는 자기 슬하에 애가 더 생기면 정이 다른데로 쏠린다고 애도 낳지 않고 남추강의 손자만을 고이 키웠다. 정성이 지극하면 돌우에도 꽃이 피는 법이다. 남추강의 손자는 어섯 눈을 뜨자 글방에 가서 공부하더니 남아 십오세에 장원급제를 하고 호패를 차고 어사까지 되였다.
이때는 포악한 임금이 들려나서 나라에는 태평년대가 와서 국태민안하고 세화년풍하여 이르는곳마다 격앙가가 높았다. 종네 부부는 남추강의 손자가 어사까지 되니 하루는 그를 조용히 불러앉히고 지나온 왕사를 일일이 말해주었다. 그러나 남추강의 손자는 그들의 하늘 같은 은정에 목이 메여 《아이구 어머니!》, 《아이구 아버지》 하며 그들 부부의 품에 번갈아 안기며 울었다.
그후 남추강의 손자는 이 일을 손수적어서 나라님께 올리였다. 새 임금은 그 글을 보고 종의 의리를 높이 치하하면서 종에게는 종2품의 벼슬을 하사하여 국록을 타게 하였으며 그안해에게는 현부인이라는 칭호를 하사하고 온 나라 녀인들이 높이 받들도록 하였다.
남추강의 손자는 자기의 래력을 안후에도 종네 부부를 《아버지》, 《어머니》라 부르며 조금도 달리 대하지 않고 하늘 같이 높고 하해같이 깊은 그 은혜를 항시 생각하며 그들 부부가 검은 머리 파뿌리 되도록 고이고이 받들어모셨다.

세월이 여류하여 종네 부부는 선후로 세상을 떴다. 남추강의 손자는 할아버지 산소옆에 종네 부부의 산을 쓰고 해해년년 제를 지낼 때마다 일가후손들에게 종의 높은 덕성을 전하였다. 이리하여 종의 이름은 몰라도 그의 성품을 모르는 사람이 없었다 한다.

오위장이 된 시골선비

옛날 한 시골에 선비가 있었는데 장가들자 며칠이 안되여 그의 아버지는 그를 동리에서 30리나 떨어진 절에 가서 10년간 글공부하고 돌아오라고 령하였다. 선비는 부명을 거역할수 없어 꽃같은 안해를 집에다 두고 절간에 가서 스승을 모시고 글공부를 시작하였다.

하지만 글공부를 시작한 첫날부터 안해생각이 간절하여 글이 되지 않았다. 스승이 글을 가르쳐주어도 그 글소리가 귀에 들어오지 않았고 책을 펴들어도 글이 보일 대신 안해의 고운 얼굴이 삼삼하였다. 그렇다고 온 날부터 집에 가자고 할 수는 없어 꾹 참았다. 그러나 그럭저럭 며칠이 지나고보니 시골선비는 더는 참을수 없었다. 낮에 밖에 나가 산새 우짖는 소리를 들어도 안해생각이 나고 흘러가는 구름을 봐도 안해생각뿐이였다. 달뜨는 저녁에 달을 보니 환한 달은 안해의 얼굴같기도 하였다. 시골선비는 안해생각이 어떻게나 간절하였던지 스승을 찾아가 거짓말까지 하였다.

《스승님, 래일은 아버님의 생신인데 자식된 도리로 집에 가 술 한잔이라도 부어올리고 올가 하오니 말미를 주옵소서. 소생은 오늘 갔다 래일로 돌아오겠습니다.》

《오 그런고? 자네 부친은 자네를 우리 절에 보낼 때는 10년전에는 집에 보내지 말라 했는데 그래도 가야 하는고?》

《부친님 말씀은 그러하나 자식된 도리야 자식이 지켜야지요.》

《그렇다면야 할수 있나. 갔다가 래일은 꼭 돌아와야 하네.》

《래일 점심때는 꼭 돌아옵니다.》

그럴듯하게 거짓말을 꾸며서 스승한테서 말미까지 얻은 시골선비는 오금에 불이 나게 30리길을 걸어서 집에까지 왔다. 그때는 마침 해가 지고 날이 어두울 때였다.

새각시방에서는 밝은 불빛이 흘러나왔다. 시골선비는 부모님들 눈에 띄이면 당장 쫓겨날것 같아서 가만가만히 새각시방앞에 가서 숨을 죽이고 방안의 동정을 엿듣다 자취없이 살며시 문을 열고 들어섰다. 시골선비는 집안에 들어서자 새각시 손을 덥석 잡았다. 새각시 깜짝 놀라 쳐다보니 남편이였다.

《아니 대체 어찌 된 일이와요?》

《쉿-말을 마오. 내 당신 보고싶어 왔소. 아버지 알면 큰 일이요.》

선비는 숨을 죽여가며 안해의 귀에 대고 낮은 소리로 말했다. 그래도 새각시는 무서워 떨었다.

《아버님 아시면 저까지 큰일 나요. 왜 이렇게 하세요. 글공부하러 떠났으면 큰 마음을 먹어야지요.》

《다시는 안 올테니 한번만 용서하오.》

웃는 낯에 침을 못 뱉는다고 빌고드는데는 어찌는 수가 없었다. 새각시는 남편에게 몰래 저녁끼니나 대접하자고 부엌간으로 나가면서 가늘게 한숨 지었다. 새각시 무서워 간이 콩알만 해서 부엌간에 들어서는데 시어머니가 무슨 기미라도 차렸는지 그도 부엌간에 뒤따라 들어섰다.

《며늘아기, 왜 뭘 먹고싶어 그러나?》

《아…아니…》

《아유참, 시집오면 이게 자네 집인데 부끄러워할게나. 애도 없는데 뭣이든 나한테 말하세. 내 자네 나오는 자취소리를 듣고 나왔네.》

《어머니…》

《아니 자네 낯색이 왜 갑자기 그런가? 그래 무슨 일이라도 생겼나?》

더는 속일수 없었다. 새각시는 시어머니에게 남편이 몰래 자기 보러 왔다고 실토정을 했다. 그 말을 들은 시어머니는 이 일을 자기 남편한테 말했다. 마누라한테서 아들이 왔다는 말을 들은 령감은 노여워 야단이였다.

《그자식이 공부를 못할놈이야. 괘씸한놈같으니. 그자식이 필시 선생에게 거짓말을 한놈이야. 난 그자식 낯반대기도 보지 않겠으니 래일 이른새벽에 새벽조반을 해먹여서 쫓으오. 그리고 이제 다시한번 10년전에 이 집에 발을 들여놓으면 내 자식으로 치지 않고 쫓아낸다고 이르오.》

어머니는 아들이 자리에 들기전에 새각시방에 와서 남편이 하던 말을 아들에게 전하고 갔다. 달콤한 하루밤은 빨리도 지나갔다. 시골선비는 안해와 그새 그립던 이야기를 몇마디 주고받은것 같지 않은데 벌써 수탉이 《꼬끼요!》하고 홰를 치며 울었다. 시골선비는 부명이 무서워 더는 지체할수 없는지라 어머니가 지어놓은 조반을 대충 먹고는 문을 나서 절간을 향해 걸었다.

집을 나서 절간으로 향하니 또 등뒤에 두고가는 안해생각뿐이였다. 그러다보니 걸음은 얼마를 걸었는지 모르는데 날은 푸름푸름 밝아왔다. 그래도 걸음마다 나는 생각이 안해생각이였다. 그런데 이때라 갑자기 노린내가 물씬 코를 찌르더니 《쉭》하는 소리와 함께 여산대호가 나타나서 시골선비앞에와 앞발을 떡 벋디디고 앉아서 눈에 파란 불을 켜고 시골선비를 노려보았다. 시골선비는 졸지에 혼비백산하였다. 모든 생각도 구중천에 날아올랐다. 시골선비 무서워 벌벌 떨기만 하는데 범이 시골선비를 제꺽 물어 등에 업더니 화살같이 내달았다.

범은 시골선비를 등에 업고 굴어구에 오더니 시골선비를 엎어놓고 등뒤의 옷을 쭉 째서 좌우로 헤쳐놓고 갈구리같은 발톱으로 시골선비의 등을 쭉쭉 허비였다. 시골선비의 등에서 시뻘건 피가 흘러나오자 굴밖에서 놀음질하던 새끼범 세 마리가 다가와 그 피를 빨아먹었다. 어미범은 먹이를 얻어왔는지라 앞발을 버티고 앉아 새끼범들이 시골선비 등에서 피를 빨아먹는것을 지켜보고있었다.

이때는 벌써 동산에 쟁반같은 해가 불끈 솟아오른 때였다. 새끼범들이 한창 선비의 등에서 피를 빨아먹고있는데 큰수리개 한 마리 하늘공중에서 빙빙 돌다 새끼범들을 보고 쏜살같이 곧추 내려오더니 그중 한 마리를 차가지고 하늘공중에 솟아올랐다. 어미범은 새끼를 잃었는지라 《따웅따웅》 하며 세길네길 뛰더니 새끼를 찾겠다고 독수리 그림자를 따라가며 뛰였다. 독수리도 범의 새끼를 차고 멀리멀리 날아갔고 어미범도 새끼를 찾겠다고 멀리멀리 뛰여갔다.

이때라 시골선비는 벌떡 일어나서 등의 피를 빨아먹던 새끼범 두 마리를 때려 잡고 뛰여 절간에 가려다가 범이 돌아와 뒤쫓으면 영낙없이 죽을것 같아서 큰나무우에 올라가 몸을 숨겼다. 과연 얼마 지나지 않아 어미범이 독수리를 쫓다가 헛걸음을 하고 돌아왔다.

어미범이 와보니 새끼 한 마리 잃은것만 해도 분해 죽겠는데 굴옆에서 먹이를 먹던 두 마리 새끼마저 죽고 먹이로 잡아온 사람까지 없으니 그만 화가 동하여 산이 무너지는 소리를 치며 사람을 찾았다. 범의 눈에서 불이 둘둘 일어서 떨어졌다. 범은 《쉭-쉭-》소리를 내며 동에 번쩍 서에 번쩍하더니 큰 나무밑에 비낀 사람의 그림자를 보고 나무우를 쳐다보며 주홍같은 입을 딱 벌리며 울어댔다. 범은 몇 번 울어대더니 나무우의 사람을 끌어내리겠다고 앞발을 건뜻 들고 허공중에 솟았다. ≪따웅≫하는 무서운 소리가 귀청을 째고 범의 코김이 발밑을 스쳤다. 하지만 범은 두 번 세 번 뛰여도 시골선비가 앉은 나무 있는데까지는 올리뛰지 못하였다. 호랑이는 제힘으로 되지않자 숲속에 사라지더니 얼마 지나지 않아 허리가 서발이나 되는 범을 데리고 와서 나무를 올려다보며 으르릉거렸다. 그러자 어미범을 따라온 다른 범이 나무우를 노려보더니 허리를 활등처럼 구부렸다 펴며 앞발을 건뜻 들고 호공중에 솟아올랐다. 호랑이의 앞발이 거의 시골선비의 발바닥밑에 이르렀다. 시골선비의 머리칼이 솔잎처럼 일어섰고 몸서리가 쳤다. 헌데 천만 다행으로 이 범은 두 번 다시 뛰여오르지 않고 나무밑에서 으르렁거리기만 했다. 이때 시골선비의 머리에는 번개같이 스치는 생각이 있었다. 시골선비는 입었던 옷을 벗어 둘둘 말아서 후에 온 범의 머리우에 내리던졌다. 그러니 새끼 잃은 어미범은 나무우에서 사람이 떨어져 내려오는줄 알고 입을 딱 벌리고 꼭 들이물었다. 그바람에 남의 일을 돕자고 온 범이 대가리를 물리고 성이 나서 모린 대가리를 빼고 무서운 소리를 지르며 어미범을 물어메쳤다. 그러다보니 두 범이 싸움이 붙어서 으르렁거렸다. 후에 온 범은 어미범을 물어메쳐놓고 되는대로 물고뜯고하더니 ≪쓱-≫하는 소리와 함께 어디론가 사라지고 없었다. 한바탕 물리고 뜯기우기까지 한 어미범은 죽은 새끼를 보고 눈물을 뚤렁뚤렁 떨구더니 뒤도 돌아보지 않고 멀리멀리 가버렸다. 그래도 선비는 범이 다시 나타날가봐 나무우에서 내려오지 못하였다.

한편 절당 스승은 점심때가 되여도 꼭 돌아온다던 시골선비가 오지 않으니 다른 제자들을 불렀다.

≪너희들이 아무개네 집에 갔다와야겠다. 점심때에는 꼭 돌아오겠다고 했는데 오지 않으니 무슨 일이라도 생긴것 같구나.≫

≪선생님, 듣자오니 그는 갓 장가를 들었다던데 새각시하고 하루 더 놀고오자고 그러겠지요. 가만 내버려둡시다.≫

≪허허, 거 안되는 소리로다. 글배우는 사람이 녀색을 즐기고서야 어찌 글을 배우겠나. 안되는 소리로다. 그 사람의 부친은 나하고 한말이 있어. 아무리 생각해도 심상치 않구나. 가보도록 하여라.≫

제자들이 스승의 분부를 받고 시골선비네 집에 찾아가니 집에서 새벽조반을 해먹고 떠났다고 하면서 절에 가지 않았더냐고 되물었다. 분명 도중에서 일이 생겼다. 절당생도들이 황황해서 돌아서는데 집에서도 일이 생긴게 분명하다며 따라떠났다.

생도들은 산길에 들어서자 ≪아무개야-아무개야-≫하며 목이 터지게 시골선비를 불렀다. 얼마를 부르며 갔는지는 모르나 그 소리가 나무우에 앉아있는 시골선비의 귀에까지 전해갔다.

시골선비는 나무우에서 생도들이 자기를 부르는 귀익은 소리를 듣자 사경에서 벗어나게 되였는지라 ≪나 여기 있소≫하고 목이 터지게 웨쳤다. 생도들도 집식구들도 그 소리를 듣고 소리나는 곳으로 달려갔다.

사람들은 죽었던 사람이 살아난듯 반기며 그한테 몰려갔다. 시골선비는 이때에야 정신을 차리고 나무에서 내려왔다. 모든 것이 불보듯 빤하였다. 범의 굴어구에서 새끼범이 두 마리나 자빠져 죽었고 시골선비옷이 갈기갈기 째지고 등에 시뻘건 피가 말라붙었다.

≪호환을 입었댔구나. 천명이야.≫

생도들이 달려가 그의 손을 잡아쥐니 시골선비는 머리를 숙이고 진정으로 자기 잘못을 뉘우치며 말했다.

≪새각시 생각이 간절하여 스승님을 속이고 떠났다가 이런 호환을 당했소. 내 이번에 절간에 가면 꼭 잡생각을 버리고 일심으로 공부할테요.≫

시골선비는 그길로 절간에 들어간후로 10년동안 집에 한번 가지 않고 일심으로 공부하였다. 공든 탑이 무너지랴고 시골선비 알심들여 공부한 덕에 과거에 급제하고 나중에는 오위장 벼슬까지 하였다 한다.

효자

옛날 한 심심산골에 두 모자가 서로 의지해가며 화목하게 살아갔다. 어머니는 슬하에 하나밖에 없는 아들에게 일천정을 다 주었으며 아들은 어린 나이에도 어머님을 태산같이 믿고 하늘같이 높이 받들어 모셨다.

그런데 어느해 어머니는 그만 병들어 자리에 누워 식음을 전폐하고 신음하였다. 아들은 하나밖에 없는 어머니를 구하려고 밤낮을 가리지 않고 의원을 데려다 어머니의 병을 보이고 의원들이 좋다는 약도 다 지어다 대접했다. 하지만 백약이 무효하여 어머니의 병은 좀처럼 낫지 않고 날이 갈수록 위중해갔다. 아들은 방도가 없어 어머니 몰래 울고울었다. 그러던 어느날 한 의원이 이 집문앞을 지나가다가 어린아이가 흐느껴우는것을 보고 그 연유를 묻고 그의 어머니의 병을 보았다. 반나절이나 말없이 진맥하던 의원은 어린 아들을 보고 한숨을 후 쉬더니 가타부타 말 한마디 없이 자리에서 일어나 나왔다. 어린 아들은 의원의 뒤를 쫓아나와 말없이 떠나려는 의원의 옷자락을 쥐여잡고 발을 동동 구르며 사정했다.

《의원님, 의원님, 제발 저를 불쌍히 여겨 어머님 병을 고치게 해주세요. 의원님, 무슨 약을 쓰면 어머님 병이 나을수 있나요? 어서 알려주세요.》

아들이 이처럼 안타까이 사정하는데도 의원은 입을 열지못하고 어린 아들을 내려다보며 땅이 꺼지게 한숨만 쉬였다. 그러니 어린 아들은 어머니 병이 희망없는줄 알고 천만락심하여 의원의 옷자락을 잡아쥔채 흐느껴 울었다.

《그…그래 우리 엄마 병엔 약도 없어요? 왜 대답이 없어요? 어서 말해요.》

의원도 이토록 불쌍하고 가련한 어린애를 차마 눈뜨고 볼수 없었다. 의원은 우는 어린애의 머리를 쓰다듬으며 실토정을 했다.

《죽을 경우에도 살방도가 있다고 왜 방도야 없겠느냐. 하지만 네 나이 너무 어려서 네 힘으로는 안되니 그런다.》

방도가 있다는 말에 흐느껴 울던 아이는 울음을 그치고 의원앞에 넓적 엎드려 절하더니 두손을 싹싹 비비며 빌었다.

≪의원님, 제발 어머님 살릴 방도를 알려주세요. 제가 비록 나이는 어리지만 부모에 대한 효성만은 알고있어요. 의원님 효자는 하늘이 안다는데 제가 어머님께 효성을 다할진대 하늘이 돕지 않으오리까. 알려주세요.≫

나이는 어려도 애가 어떻게나 야무진 소리를 하는지 의원은 더는 어린것이라 달리보지 않고 약방문을 알려주었다.

≪너의 어머니 병에는 백약이 무효하겠으나 범의 피똥을 얻어다 달여서 대접하면 즉시 효험을 보고 병을 고치리라. 헌데 네 그 어린 나이에 어떻게…≫

≪의원님, 은혜 백골난망이옵니다. 내 어머님 병을 꼭 고쳐드리겠습니다.≫

아들은 의원에게 다시한번 곱게 절하고 집에 들어가더니 어머니에게 약 구하러 가니 며칠만 기다리라 하고는 먹을 음식을 장만해 가지고 도라지창을 쥐고 길을 떠났다.

범의 굴에 가야 범을 잡는다고 아들은 범의 피똥을 얻으려고 깊고깊은 산중으로 들어갔다. 헌데 여느때 같으면 산중에 들어가기만 하면 씨굴거리던 범은 그때따라 한 마리도 보이지않았다. 어린 아들은 산속을 헤매고 돌아다니다보니 그만 맥이 진하여 사흘째되는 한낮에는 먹을것을 나무에 걸어놓고 나무밑에서 쉬였다. 이때 까마귀란 놈이 음식냄새를 맡고 날아와서 그가 가지고온 음식을 다 쪼아먹었다. 이제는 먹을것도 없게 되였다. 아들은 아마도 자기가 효성이 부족한탓이라고 탄식하다가 그만 맥이 풀려 그 나무밑에서 잠들어버렸다. 그런데 얼마를 잤는지 아들이 자다가 귀가에서 쉭쉭하는 소리가 나고 얼굴이 선뜩선뜩해나서 눈을 비스듬히 뜨고보니 범이란놈이 꼬리에 물을 묻혀다 획획 저어가며 자기의 얼굴에 물을 끼얹고있었다. 아들은 그렇게 찾아헤매던 범을 보니 무서운 생각보다 이제는 범의 피똥을 얻어다 어머니 병을 고치게 되였다고 기쁜 생각밖에 나지 않았다. 그는 눈을 감은채 죽은듯이 누워있었다. 그러니 범은 아직도 애가 잠에서 깨지 못한줄 알고 또 쉭하고 어디론가 꼬리에 물 묻히러 갔다.

이때 아들은 가지고갔던 도라지창을 몸 가까이에 가져다놓고 또 죽은듯이 눈을 감고 범의 자취소리가 나는가 귀를 바싹 강구고있었다. 과연 얼마 지나지 않아 범이 꼬리에 물을 묻혀가지고왔다. 범은 자는듯 누워있는 아들한테로 오더니 돌아서서 뒤걸음쳐 들어오며 얼굴에 물을 끼얹었다. 이때라 아들은 눈에 불을 번쩍 일구며 도라지창을 번개같이 잡아서 범의 밑구멍을 꾹 찔렀다. 아이를 잡아먹으려고 꼬리에 물을 묻혀다 시름없이 휘휘 저으며 자는 아이 얼굴에 물을 끼얹던 범은 갑자기 밑구멍을 찔리우자 어찌나 아프고 바빴던지 피똥을 쭉 내쏘고 산이 무너지는 소리를 지르며 화살처럼 앞으로 내달리다 그만 아름드리 나무에 이마를 탁 박고 쭉 늘어졌다. 그러자 아들은 일어나서 자기 옷에 묻은 범의 피똥을 조심조심 긁어모아가지고 산을 내려왔다. 집에 온 아들은 병석에 계신 어머니에게 그 범의 피똥을 달여서 대접했다.

과연 의원의 말대로 범의 피똥은 어머니의 병에 유일한 약이였다. 범의 피똥을 달여서

먹은 어머니는 즉시 효험을 보고 언제 앓았던가 싶게 일어나서 전처럼 일할수 있게 되였다.

어머니의 병이 완쾌되자 아들은 너무도 기뻐 산에 가서 그 죽은 범의 가죽을 벗겨 팔아서 약방문을 알려준 의원을 찾아가 인사를 올리며 골백번이나 절하였다. 마침 인연이 있어 그랬던지 그 의원에게 꽃같은 딸이 있었는데 세월이 흘러간 뒤날 의원은 효성이 지극한 그 아들에게 자기 딸을 주었다. 그리하여 그 아들은 의원의 딸과 백년을 가약하고 원앙이 록수를 본듯, 기러기 물본듯 기뻐하며 부부가 일심이 되여 어머니를 잘 모시니 칭찬하지 않는 사람이 없더라 한다.

명의가 된 돌파리의원

옛날 한 두메산골에 돌파리의원이 살고있었다. 그는 남처럼 의술이 높지 못하다나니 떠돌아다니며 사람들의 잔병이나 봐주고 그도 봐주게 못됐을 때는 소, 말, 돼지 같은 짐승들의 병을 보면서 겨우 입에 풀칠이나 하며 살았다.

어느날 돌파리의원은 청하는데도 없고 별로 갈데도 없어 마루턱에 나앉아 먼산을 쳐다보며 이 궁리 저 궁리 하고있었다. 그런데 이때 어느새 어디로 해서 기여왔는지 구새통같이 실한 구렁이 한 마리가 그의 앞에 와 주홍같은 입을 딱 벌리고있었다. 돌파리의원은 구렁이가 자기를 해치러 왔는가 하여 깜짝 놀라 얼굴이 새파랗게 되였다. 그런데 구렁이는 조금도 사람을 해칠 기미가 보이지 않았다. 돌파리의원은 이상한 생각이 들어서 구렁이를 살펴보았다. 구렁이는 몸은 구새통같으나 뼈가 앙상하게 여위였고 대가리는 물동이같이 크나 시뻘건 입은 벌린채 다물지 못하고있었다. 필유곡절이였다. 그제야 돌파리의원은 진정하고 구렁이에게 물어보았다.

《구렁이야, 너 목에 뭣이 걸려 그러지 않니?》

구렁이는 머리를 끄덕끄덕했다.

《그래 나보고 그걸 빼달라고 그러느냐?》

구렁이는 또 머리를 끄덕끄덕했다. 돌파리의원은 구렁이 목에 걸린걸 빼줘야 하겠다고 생각했다. 헌데 정작 빼주자고 보니 구렁이가 그 송곳같은 이발로 꽉 내리물가 겁이 났다. 돌파리의원은 또 구렁이를 보고 물었다.

《내 그 목에 걸린걸 빼주겠는데 너 나를 물지 않겠니?》

구렁이는 물지 않겠다고 머리를 끄덕끄덕했다. 돌파리의원은 시름을 놓고 구렁이 아구리에 손을 넣어 목에 걸린 물건을 빼냈다. 빼내고보니 어느때 뉘 집 녀인을 해쳤는지 목에 비녀가 걸려 입을 다물지 못하였다. 돌파리의원은 구렁이를 보고 말했다.

《너 어느때 인명을 해쳤구나. 다시는 못된짓을 하지 말아라.》

구렁이는 고맙다고 머리를 끄덕이더니 스르르 사라졌다. 그뒤 사흘이 지나서였다. 이날도 돌파리의원은 청하는데도 없고 갈데도 별로 마뜩지 않아 마루턱에 나앉아 먼산을 쳐다보며 이 궁리 저 궁리 하는데 그 구렁이가 또 찾아왔다. 돌파리의원은 대체 무슨 일이 있어서 구렁이가 자기를 찾아왔나 하고 구렁이를 살폈다. 구렁이는 입에 빨간 네모진 물건을 물고 왔었다. 얼핏 보아 무엇인지 알수 없었다. 돌파리의원은 구렁이를 보고 또 물었다.

≪너 입에 문것은 뭔데 그건 왜 물고왔니?≫

돌파리의원의 말이 떨어지자 구렁이는 입에 물고온 빨간네모난 물건을 돌파리의원앞에 뚝 떨궈놓고는 고개를 저으며 가버렸다. 돌파리의원은 무슨놈의 감투끈인지 몰라 들고보니 그것은 빨간 책뚜껑을 한 책이였는데 그속에는 세상 만병이 다 적혀있고 그 만병을 다스리는 밀방이 적혀있었다. 그제야 돌파리의원은 짐승이라도 은혜를 갚느라고 그런줄 알고 매우 기뻐하였다.

돌파리의원은 이날부터 주야가 따로 없이 그 책을 들여다보고 얼마가 지나자 동네방네에 다니며 남들이 어렵다는 병을 보고 방문을 내여 약을 쓰게 하였다. 그랬더니 보는 병마다 다 떨어져 돌파리의원은 삽시에 명의가 되여 소문이 짜했다. 나중엔 나라에서도 이름있는 명의가 되여 고을은 물론 대궐에서까지 그를 청하여 어의들이 떼지 못하는 병까지 고치는바람에 임금한테서 큰 상까지 받게 되였다. 그러니 돌파리의원은 명성도 떨치고 살림도 유족해져 아주 잘살았다.

그러나 세월이 흐르니 돌파리의원도 늙어서 저세상에 가게 되였다. 림종이 오자 돌파리의원은 아들을 불러놓고 그 구렁이한테서 얻은 빨간 밀방책을 아들에게 넘겨주며 유언했다.

≪애야, 나는 이제는 저세상에 가는 사람이다. 이 책에는 세상 만병을 고치는 밀방이 적혀있으니 아무쪼록 잘 간수하고 책에 있는 방문을 잘 익혀서 사람들의 병을 고쳐주도록 하여라!≫

그런데 돌파리의원이 아들에게 유언하고 세상을 뜬 이튿날아침 어디서 어떻게 알았는지 구렁이가 조상하러 왔다. 구렁이는 이 집 문앞에 와서 고개를 떨구고 소리없이 눈물을 뚝뚝 떨구더니 또 사라졌다. 헌데 이상하게도 명의가 된 돌파리의원이 장사를 지내고나니 구렁이가 물어다준 그 밀방책이 오간데 없었다. 구렁이는 명의가 된 돌파리의원이 장례하는 날 남몰래 그 책을 도로 물어갔던것이다. 그리하여 그후로 다시는 세상에 만병을 다 다스리는 의원도 없었고 만병을 다 고치는 의약책도 전해지지 못하였다 한다.

두 번대머리 중의 래력

따스한 봄빛이 양지쪽을 어루만져 죽었던 풀들이 흙을 떠이고 뾰족뾰족 돋아나는 이른 봄날이였다.

옥녀봉절에 두 번대머리 중이 있었는데 까까머리 생도들이 모여들어 번대머리의 래력을 말씀해달라고 늙은 두 중에게 청을 들었다.

번대머리 중인 리대사와 박대사가 만물이 소생하는 대자연을 바라보며 폐부에 닿도록 심호흡을 하더니 어느덧 봄향기에 취하여 저도 모르게 밭고랑처럼 깊숙이 패인 주름살을 어루만지며 폐부에 못처럼 박인, 중이 된 경과사를 털어놓기 시작했다.

≪전에 나는 정5품 벼슬까지 하다보니 첩은 물론이요 작은 마누라까지 데리고 살았지 나무아미타불…≫

리대사가 이렇게 말꼭지를 떼자 젊은 중이 다가앉으며 한마디 께끼였다.

≪대사님, 그때는 아직 중이 되지 않았으니 나무아미타불소리는 하지 마시고 말씀하세요.≫

≪허허, 그렇게 하지 나무아미타불. 아차차 이런 정신봤나 늙으면 다 이런 모양인지. …그래서 작은마누라한테 가서 무릎을 베고 누우면 내 머리에 드문드문 끼워있는 흰머리카락을 보고는 아양을 떨면서 <아이구 대감님! 허연 머리카락이 보기 싫어요.> 하면서 흰머리카락을 뽑군 했지. 내가 너무 늙어보이니 보기가 민망했던 모양이지. 그도 그럴것이 젊은 기생을 어쩌는수 없어서 작은마누라로 들여앉히다보니 막내딸보다도 어린 나이라 아버지같은 늙은이를 랑군님으로 섬기자니 꺼림직했던 모양일세.

헌데 큰마누라는 어쩌겠나? 내가 어서 늙어야만이 작은마누라가 보기 싫어서라도 달아나겠지. 그래야 늘그막사랑에 기둥뿌리 뺀다고 사랑도 재물도 독차지하고싶어서 내가 가면 말로는 흰머리칼을 뽑아준다고 하고서는 잠이 든 사이엔 골라가면서 검은머리카락만 뽑았지요.≫

까까머리 생도들이 배를 끌어안고 앙천대소했다.
《그러다보니 내 머리가 어떻게 됐겠소? 보시다싶이 번대머리가 된거요.》
《그런데 어째서 중이 되셨나요?》
《이렇게 머리칼을 뽑는것도 모르고 작은마누라집에 가면 흰머리칼을 뽑아주면서 첩약을 달여주는데 처가 고우면 처갓집 말뚝보고 절한다더니 분량이 언제나 똑같은게 쓰겁지를 않고 달코무레하단말이야. 헌데 큰마누라한테 가면 검은머리칼 뽑는 대신에 달여주는 약도 분량이 같지를 않고 많았다 적었다 하는가 하면 쩍하면 탄것을 가져오지. 어찌나 쓰거운지나원! 그래서 자연히 <이년은 내가 젊은 처와 지낸다고 심술을 부리는게 분명해! 고얀년같으니라구.> 하는 생각이 들수록 자연히 정이 멀어지면서 큰마누라는 나에 대한 정성이 눈꼽만치도 없다고 매사가 밉게만 보이겠지. 한번은 보선을 벗어주면서 기워달라고 했더니 보산바닥을 누비고서는 실은 끊는게 글쎄 이발로 끊질 않겠나. 나는 저도 모르게 속으로 <아이구, 저 더럽고 구린 냄새나는것을 이발로 끊다니. 쯔쯔> 하고 혀를 차며 그후부턴 아예 발길을 끊고말았네. 실밥 끊듯이말일세. 젊은 마누라는 버선을 깁고 실을 끊는것도 가위로 싹독하고 베겠지. 얼마나 깜찍하고 귀엽던지. 그럴수록 곱게만 보이더군. 허허허. 이때 작은마누라가 상큼 일어나서 나가더니 약을 들여오는데 여전히 분량은 한가지라, 나도 모르게 칭찬을 했네. <큰집의 곰같은 것은 약을 달여도 많았다 적었다 하는데 넌 어쩌면 어느때나 분량이 많지도 적지도 않게 똑같으냐?!> <거야 쉽지요 뭐, 많으면 또르르 따라버리고 적으면 슬쩍 물을 타거든요, 호호호.> 그제서야 나는 꿈속에서 깨여난듯 모든 것을 깨닫고 <오! 네속을 이제야 알았다! 너는 너 갈대로 가거라!> 하고 일어서니 어느새 내 옷자락을 붙잡고서 <뭐야? 나가라구?> <그래 썩 나가란말이야!> <홍, 남의 새파란 청춘을 망쳐놓고서 이젠 와서 헌신짝 버리듯하려구? 안될걸! 난 못가겠다. 쫓겠으면 돈내놔라. 평생 먹고 살 돈을 내놓으란말이야!> 하며 불맞은 승냥이처럼 물고늘어지겠지. <이년이 환장을 했나? 누가 시켰길래 뭘 잘했다고 앙탈이야?> <닭이 새벽에 우는걸 누가 가르쳤나, 때가 되면 우는거지!> <이년아, 진짜 암닭은 알을 낳은 다음에야 우는거야! 내 집에 와서 뭘 한게 있다고 돈타령이야. 돈 없다!> 나도 기가 나서 내쏘았더니 허, 글쎄 그년이 내 수염을 덥석 잡고 늘어지면서 하는 말이 <내가 돈보고 왔지 뼈도 없는 송장같은 늘그대기보고 온줄 아나> 하며 동동 매달려 지랄빌광을 하는지라, 참으면 살인도 피한다는것을 번연히 알면서도 참을수가 없어서 귀퉁을 부리나케 올리부치니 죽을 때가 되여 그랬던지 그년이 <죽여라! 죽여! 너죽고 나죽으면 그만이지!> 하면서 <사람죽인다 살인이야!> 하고 소리치는바람에 화가 상투밑까지 치솟아 <에이 지독한년 같으니라구. 너 죽은 무덤우에는 잡초 하나 안 날게다!> 하며 한발길로 걸어찼더니 그만 뒤로 벌렁 자빠지면서 청동화로 모서리에다 뒤골을 박고는 죽고말았지. 난 겁이 더럭 나서 신발도 신을 새 없이 버선발로 큰마누라를 찾아갔더니 하, 글쎄 큰마누라가 목을 매여 자결했겠지. 어차피 살인죄를 졌으니 형사책임은 면치 못할것이구 해서 화김에 이곳에 와서 중이 된지도 어언 십년이 넘었네.≫

이야기가 끝나자 모두 긴장한 마음을 풀며 자리를 고쳐앉는데 리대사가 감회깊이 이렇게 이야기를 마무리했다.

≪너나없이 색에 반하면 패가망신하게 되고 색을 너무 좋아하면 자신을 망치게 되지!≫

그러자 박대사가

≪지당한 말씀이웨다. 대사나 나의 경우를 놓고 봐도 알고도 남음이 있습니다.≫

하면서 이야기를 시작했다.

≪나는 동산서당에서 훈장질을 했지요. 한번은 서쪽골로 학도들을 찾아갔더니 우연히도 아들애를 공부시켜달라는 젊은 과부를 만나게 됐수다. 8년째나 청춘과부로 지내면서 유복자를 길렀는데 어떻게 하나 날보고 맡아서 사람이 되게끔 글을 가르쳐달라는것이였습니다.

과부의 간절한 청원을 차마 거절할 수가 없어서 기왕지사를 들으며 훑어보니 아이가 있으니 어머니는 옳겠는데 도무지 믿고싶지가 않았다.

글쎄 수집음을 머금고 앵두처럼 두볼을 붉히며 연분홍 입술을 벌릴적마다 차돌같은 옥이 드러나면서 은방울을 굴리는 소리가 나오는데 그림속의 선녀가 빠져나온들 게서 더 고우며 이쁘겠습니까.

정말이지 난 그때 오금이 저려나고 온몸이 떨리면서 말이 나가질 않아서 애를 먹었습니다. 그래서 못이기는척하고 받아들였지요.

그후 달포가 지나는 사이에 나는 과부아이에게 <애야, 어머니가 훈장님을 오라고 안하더냐?> 하고 여라문번도 더 물었지요. 그때마다 도리질하던 아이가 하루는 묻지도 않았는데 <선생님, 우리 엄마가 오늘밤에 놀러 오시래요.> 하겠지요.

하필 밤에 오라고 하는걸 보니 일이 됐다고 생각하니 그만 환장이 된 나는 그날 글을 대강 가르치고서 아이들을 일찍 돌려보낸후에 옷을 갈아입고 해를 보니 보리저녁때나 되였는데 밤까지 기다릴수가 없어서 저녁도 짓기전에 갔지요.
아따, 청춘과부가 버선발로 달려나와서 아미를 숙이고 <원로에 오시느라고 수고하셨사와요. 철없는 우리 애를 가르치시느라고 로고가 막심하실줄 알면서도 찾아가 뵙지 못하여 죄송하옵니다.> 하고 인사겸 사죄를 하는데 말끝마다 정이 폭폭 쏟아져서 나는 그만 벙어리 례장받은듯 그저 웃기만 했지요. 조금 있더니 통닭에 막걸리가 들어오고 미인과부가 무릎을 꿇고 <시장하시겠는데 우선 갈증이나 풀라>면서 받쳐주니 먹지않아도 배가 부르건만 그 성의를 저버릴수가 없어서 마셨더니 하하하. 난생처음 그렇게 맛있는 술을 많이 마셨건만 취하지를 않겠지요….
저녁상을 물리며 보니 아들녀석은 꼬부라졌고 등불도 조으는데 녀인이 내 맘속을 척척 알아맞춰서 <원로에 오시느라 곤하시겠는데 일찍 주무쉬세요> 하며 방에다 비단이불을 펴겠지. 젠장 어찌나 좋던지!
이렇게 시간이 오래 걸릴줄 알았더면 옷이라도 꿍져가지고 나왔겠는걸 하는 생각이 다 듭니다. 삼태성이 하늘중천에 떠오르자 동태가 되여 더는 참을수 없게 되였는데 과부가 소변보러 나오는것처럼 하고 나와서 나를 찾더니 앞마당에 무져놓은 무지를 가리키겠지요. 나는 그때까지도 희망을 가지고 녀인이 시키는대로 보리 짚속을 헤치고 들어가 앉으니 살것 같더군요. 짚이 한창 썩고 뜨는중이라 케케한 냄새는 나도 열이 나서 훈훈하게 얼었던 몸이 녹으며 사지가 나른해지더니 소르르 잠이 들었습니다.
어느때나 되였는지 젊은 과부와 한창 재미를 보는데 왁자지껄이는 소리에 소스라쳐 깨나보니 녀인은 고사하고 보리짚속에 옹크리고있는데 내앞에서 말소리가 나겠지요! 숨도 못쉬고있을라니 <이 집 둒은 잘 떴구만!> <이 보리짚은 한창 뜨는데 어쩐다?> <언제 뜨기를 기다리겠나, 오늘중으로 다 내야지.> <그래, 미인과부한테 잘 보이고 술사발이나 얻어먹자면 오늘중으로 다 내가야지요> 하고 지껄이겠지요. 담배를 태우는지 부싯돌 치는 소리가 나더니 한 녀석이 <여보게 만복이, 듣자니 고을 원님이 돌이 어머니를 마누라로 들여앉히겠다고 하다가 코를 떼웠다면서?> 하고 물으니 한놈이 대답합니다. <어디 그뿐인줄 아나, 량반어른들이 작은마누라요, 정실이요, 첩이요 하고 뻔질나게 드나들면서 례물을 준다

황금을 준다 하며 별의별노릇을 다해봤자 하늘에 장대겨눔이라네.> <그건 그래도 약과야. 지난번엔 부사인지 감사인지 한 사또께서 사냥을 나왔다가 이 집 미인 아주머니를 보고는 라졸을 시켜 수청을 들라고 했겠다. 그러자 아주머니가 '소첩에게는 지아비가 있사옵고 자식이 있음을 사또님께 전달해주옵소서.'라고 했더니 감사가 하는 말이 '네 가서 관장의 말 한마디가 미인들에게는 약도 되고 밥도 될터이니 그줄 알고 전해라. 본관은 본 고을의 지아비로서 만백성의 지아비이니 어려워말고 한번만 수청들면 네 소원대로 금을 달라면 금을 주고 논밭전지를 달라면 논밭전지를 주고 소원대로 줄테라고 일러라.' 그러자 아주머니 대답인즉 '지아비라면 딸을 두고 어찌 수청들라 하오리까. 사또님께서 삼강오륜을 모르실리 없으니, 존귀하신 이름을 더럽히지 말기를 바라옵니다.' 이렇게 되여 헛물만 켜고 돌아갔다네.> 하면서 렬녀를 못봤으면 이 청춘과부를 보라는것이였다.

그제서야 난 <아뿔싸, 잘못 걸렸구나. 돌을 들어 제발등에 떨구었구나> 하는것을 깨달았네.

헌데 이때 장정들이 세가닥 쇠스랑으로 짚을 푹푹 떠서 싣는데 쇠스랑끝이 머리우를 쑥 지나가는가 하면 눈앞으로 지나는지라 정신이 혼비백산해서 살고보자고 화닥닥 일어나서 냅다뛰였지. 다행히도 어뜩새벽이라 사위는 아직도 어둠에 포위되여 촌보앞을 분간하기 어려운데 발가숭이가 죽기내기로 껑충껑충 뛰니 뒤에서는 사람인줄 번연히 알면서도 <저놈의 놀가지 잡아라!> 하고 소리치며 쫓아오니 뒤 한번 못돌아보고 뛰다나니 바로 이 절까지 왔겠지요.

새벽이라 대문을 열지 않아서 들어가지 못하고 담을 도는데 마침 수채구멍이 있질 않겠소. 거기로나마 들어가자고 하는데 안에서 또 떠들썩한단말이요. 그래서 주춤하고 서려니까 뒤에서 장정들이 <저놈이 저기 있다!> 하고 소리치기에 에라 모르겠다 하고 수채구멍으로 골을 들이밀고 기여들어가서 일어서려는데 나무아미타불 관세음보살, 글쎄 <이놈의 개새끼!> 소리와 함께 난데없는 씽씽 끓는 물벼락을 맞고 까무라쳤소. 후일에 알고보니 그날 량반 홍첨지가 이 절의 주사로 있었는데 불공을 드리려고 올 때 닭을 몇 마리 가지고와서 새벽에 주지승이 모르게 가만히 튀를 하는데 개새끼들이 자꾸 접어들어서 방금 쫓았는데 또 들어온다고 끓는 물을 던졌는데 그 물에 내가 맞고 까무러쳤소. 악! 소리에 놀란 중들이 달려와보니 사람이라, 도사께 아뢰여 도사가 나와보고 <나무아미타불 관세음보살님께서 굽어 살피소서.> 하고는 절에서는 살생을 못하는데 너희들이 죄를 지어서 이렇게 되였다고 하며 들어다 눕히고 치료해주었지요. 그래서 내 머리는 몽땅 빠졌고 너무나 호되게 덴 이마는 번대머리가 되고말았소 생각할수록 패씸하고 창피해서 골을 들수가 없었지요. 계집생각에 망했으니 다시는 그런 맘을 먹지 않겠노라고 자청해서 이 절에 눌러앉았소이다.≫

≪조강지처를 두고서 그따위 맘을 먹었으니 천벌을 받은셈이지요.≫

두 대사의 번대머리 래력을 듣고 까까머리 생도들은 저마끔 옳은 말이라고 고개를 끄덕거렸다 한다.

시골선비와 반오

옛날 한 시골선비가 서울에 과거보러 갔다. 과거에 급제하여 금의환향할 큰뜻을 품고 갔지만 시골선비는 그만 락방거지가 되여 고향에 돌아갈 면목조차 없게 되였다. 집에다 새파랗게 젊고 꽃같이 고운 안해를 두고왔지만 돌아가서 그 안해를 보기도 안되였고 숱한 일가친척들을 보기도 거북하게 되였다.

시골선비는 생각하고 생각하던 끝에 이미 사랑하는 안해와 리별하고 고향을 떠나 서울에 온바에엔 류경살이를 하면서라도 다음번 과거를 한번 더 보리라 마음먹었다. 이리하여 시골선비는 서울에 남아서 류경살이를 하기 시작하였다. 남의 집심부름을 해주고 밥술이나 얻어먹으면서 짬짬이 글공부하는 신세지만 다행히 어리무던한 주인을 만난탓에 끼니마다 밥을 많이 담아주어 밥만은 남아돌았다. 시골선비는 남은 밥을 되돌려 내보내자니 미안하고 버리자니 아까와서 생각끝에 반오(사냥개)한마리를 사서 길렀다. 시골선비 끼니마다 남는 밥을 개에게 주니 사냥개는 좋아서 납작납작 받아먹고는 꼬리를 살살 저으며 그림자처럼 그를 따라다녔다. 말못하는 짐승이라도 곁에 있으니 혼자 쓸쓸하게 지내기보다 마음에 의지가 생겨 고독한 생각도 덜 났다.

이러구러 세월은 흘러서 시골선비가 류경살이한지도 삼년이나 지나 시골선비는 또 과거를 보게 되였다. 헌데 시골선비는 두 번째 과거에도 급제를 못하고 또 락방이 되였다. 남들은 과거에 급제하였다고 비단옷을 떨쳐입고 보라는듯이 고향에 가는데 시골선비는 락방이 되여 연기같은 한숨을 풀풀 내쉴뿐이였다. 일가친척들이 십시일반으로 과거를 잘보고 돌아오라고 돈을 쥐여주던 일이 눈에 삼삼하고 안해가 어떻게 하나 부디 성사하고 돌아오라고 부탁하던 말이 귀에 쟁쟁하였다. 그러니 집에 돌아갈 생각은 더구나 할 수가 없게 되였다.

시골선비는 입술을 악물고 고생고생하며 서울에서 류경살이를 삼년 더 지내고 세 번째 과거를 보았다. 헌데 갈수록 심산이라고 구년세월만에 본 세 번째 과거에도 시골선비이름은 금방에 나붙지 못하고 락방이 되였다. 그러니 벌써 여섯해나 길러준 반오까지도 주인의 안색을 눈물을 뚝뚝 떨구었다. 시골선비는 저와 동무 해주던 그 반오를 쳐다보기도 안되였다. 하지만 시골선비는 먹은 마음이 있는지라 그 마음을 굽히지 않고 네 번째 과거를 한번 더 보리라 생각했다. 그는 낮에는 주인 집의 일을 해주고 밤이면 달빛 빌어 글공부하고 한여름이면 반디불까지 빌어가며 공부하였다. 일할 때는 밤에 본 글을 되뇌여보기도 하고 밥먹을 때는 수저를 들고 상우에 어려운 글을 써보기도 했다. 드디여 세월이 흐르고 흘러서 시골선비는 네 번째 과거를 보게 되였다.

정성이 지극하면 돌우에 꽃이 핀다고 어려운 류경살이를 하며 밤을 낮으로 삼고 일심으로 글공부한 시골선비는 네 번째 과거에는 끝내 급제하여 오매에도 바라고 바라던 이름 석자가 금방에 나붙었다. 시골선비 생각해보니 고목에 꽃이 핀것 같고 구만리장천에 올라가 별을 따온 같기도 하였다. 지나간 고생이 다 잊어지고 즐겁기만 하였다. 고향생각도 무척 나고 사랑하는 안해생각도 간절하였다.

마침내 나라에서 말미를 주어 시골선비는 비단옷을 떨쳐입고 고향에 가게 되였다. 이제는 일가친척들도 쳐다볼수 있게 되고 사랑하는 안해도 떳떳이 만날 수 있게 되였다. 고향으로 향한 선비의 눈앞에는 사랑하는 안해의 해달같이 환한 얼굴이 선히 떠올랐다. 그는 안해가 몹시 보고싶었다. 시골선비는 어서 급히 집에 돌아가 그새 고생한 안해를 기쁘게 해주고싶었고 안해앞에 꿇어엎디여 허리 끊어지게 절이라도 하고싶었다. 주인이 이런 생각을 하며 가는데 반오도 주인의 심정을 알았는지 달강달강 뛰면서 주인의 뒤를 바싹 따랐다. 선비는 산넘고 물건너서 마침내 그리운 고향에 이르렀다.

십년이면 강산이 변한다고 시골선비 서울에서 네 번째 과거까지 보고오니 떠날 때 꽃같이 곱고 젊던 안해도 어느새 얼굴에 가는 잔주름이 건너가기 시작했었다. 시골선비는 꿈에도 못내 찾아헤매던 그리운 고향에 와 그처럼 그립던 사랑하는 안해를 보니 기쁘기만 해서 덥석 안해의 손목을 잡아줘였다.

《여보, 그새 나없이 고생인들 얼마나 하였소. 여보, 내 당신한테 허리 끊어지게 절이라도 하자고 생각했소.》

그러나 안해는 남편의 잡아쥔 손을 빼면서 남편의 눈을 피했다. 선비는 안해가 부끄러워 그러는줄만 알았다.

이때 그의 안해는 제 생각을 하고있었다. 시골선비의 안해는 남편이 첫 번째 과거에 락방했다는 소식을 듣자 삼년세월이 채 가기도전에 벌써 군서방질을 하며 이웃사내와 죽자살자 하면서 서울에 간 남편을 까맣게 잊고있었다. 그러니 시골 선비의 안해 남편이 과거에 급제하고 돌아와도 그 옛날 정은 없어진지 오랜지라 반가와할리 없었다. 그대신 이웃사내와 부정하게 사귄 정이 깊어서 뗄수 없게 되였으므로 악한 안해는 생각하던 끝에 과거에 급제하고 찾아온 그 남편을 죽이 자고 마음먹었다.

시골선비가 그새 그립던 이야기며 류경살이하던 이야기를 하니 그 안해는 마지 못해 듣는체하다가 밥을 짓겠노라고 부엌에 내려갔다. 안해는 지지고 볶으며 한참동안 분주히 돌아치더니 이윽고 상다리 부러지게 음식을 차려가지고 들어와 아까와는 달리 갖은 아양을 다 떨었다. 이 채를 집으소, 저 채가 별미요 하면서 안해는 남편이 수저를 들기전부터 수다스럽게 굴었다. 남편을 죽이자고 음식에 독약을 넣어가지고 들어왔으니 속에는 칼을 품었어도 겉으로는 웃을수밖에 없었다. 안해는 해죽해죽 웃으며 수작을 피워대는데 남편은 그런줄은 꼬물만치도 모르고 너무도 기뻐서 수저를 들고앉은채 먹으라는 음식은 먹지 않고 싱글벙글 웃으며 안해의 얼굴만 눈자리나게 바라보고있었다.

이때 끼니마다 시골선비한테서 밥을 받아먹던 반오가 바닥에 와 앉아있었다. 그런데 이상하게도 반오는 떠주는 밥을 받아먹을 생각은 하지 않고 눈에 파란 불을 켜고 시골선비의 안해만 노려보고있었다. 시골선비가 수저를 들고 음식을 집자는데 반오의 눈에서 시퍼런 불이 번개일듯 번쩍하더니 ≪왕≫ 하고 천둥이 울듯 무서운 소리를 지르며 나는 화살같이 방구들에 뛰여올라 남편에게 음식을 권하며 아양을 떠는 안해의 목을 꽉 물어제꼈다. 삽살개가 어떻게나 이악스럽게 달려들어 물어매쳤던지 아양을 부리던 안해는 ≪악≫ 하고 외마디소리를 지르더니 그만 네각을 뻗어버리고말았다.

모든 것이 손금보듯 빤했지만 갑작스레 벌어진 일이라 시골선비는 그만 앉은 자리에 굳어져 박아놓은 말뚝처럼 되여버렸다. 이때 반오가 시골선비를 쳐다보다 눈물을 뚝뚝 떨구더니 상우에 차려놓은 음식을 제가 먼저 넙적넙적 삼켰다. 눈깜짝하는 새에 시골선비 대신에 상우에 차려놓은 음식을 먹은 반오가 시뻘건 피를 토하고 바닥에 떨어져 죽었다.

이제는 모든 것이 불보듯 빤했다.

시골선비는 악한 안해를 물어죽이고 자기를 대신해서 죽은 반오의 등을 쓸면서 대성통곡을 했다. 그소리에 동리사람들이 모여왔다. 사연을 알게 된 동리사람들은 모두 주인의 길러준 은혜를 갚은 반오를 칭찬하면서 그 안해를 개보다 못한년이라고 욕했는데 이때로부터 사람구실을 못하는 사람을 일컬어 《개보다 못한놈》, 《개보다 못한년》이라고 하는 말이 생겨났다고 한다.

배은망덕

장백산이 줄기줄기 뻗어내린 심산벽곡에 마음씨 좋고 인품이 후하기로 가근방에 소문이 자자한 장포수내외가 륙순이 넘도록 귀틀집에서 살고있었다.

어느 하루, 장로인은 사냥을 끝내고 돌아오다가 오솔길에 쓰러진 젊은이 한사람을 발견했다.

장로인은 지고오던 노루를 내려놓고 얼어들기 시작한 사람의 옷섶을 헤치고 가슴에 귀를 대보니 심장은 아직도 뛰고 있었다. 산중에서 길을 잃고 헤매다가 허기져서 쓰러진게 분명했다.

《짐승밥이 안된게 천만다행이군!》

장로인은 입속으로 중얼거리며 품속에서 사향을 꺼내여 그 사람의 입에 넣어주고는 둘처업고 귀틀집으로 돌아왔다.

《여보 로친, 얼른 더운물 끓이고 미움을 좀 쑤오.》

장로인은 정신잃은 사람을 가마목에 눕히고 손발을 주물러주며 바삐 돌아쳤다. 할머니도 어느새 미움을 쑤어 한숟가락 두숟가락 젊은이의 입에 떠넣었다.

장로인과 할머니가 좋은 약과 음식으로 잘 대접하고 정성껏 간호한 덕분에 굶어죽게 되였던 행인은 수일만에 완쾌하게 되였다. 헌데 행인은 몸이 좋아져서 떠날 수 있는데도 좀처럼 떠날넘을 하지 않았다.

그런데 장로인은 10여일간 병시중을 하느라고 짐승잡이를 못하다보니 장에 가서 사온 쌀도 떨어지게 되였다. 그러나 장로인과 할머니는 그런 내색을 내지 않고 성의껏 대접하였다. 잡아온 고기마저 죄다 먹어버리게 되자 장로인은 할수 없이 행인을 집에 두고 사냥을 떠났다.

장포수로인이 사냥을 떠난지 얼마후에야 행인은 무슨 생각에서였던지 자기도 집으로 가겠다고 일어섰다.

《이 사람아, 기왕지사 있던바에 령감님이 짐승을 잡아오면 만포식을 하고 고기도 좀 가지고 떠나게나.》

할머니는 진심으로 권했다. 그러자 행인은 부엌으로 내려가더니 식칼을 집어들었다. 할머니는 속으로 깜짝 놀랐으나 그런 티를 내지 않고 물었다.

《아니, 칼은 해서 뭘 하려나?》

《로인께서 저를 구해주지 않았으면 저는 언녕 동태귀신이 됐거나 짐승들의 밥이 됐을겁니다.》

《그래서요?》

《그래서 주인의 은혜를 갚아드려야 할 형편이오나 보시다싶이 저의 몸에는 한푼의 돈도 없습니다….》

《원 공연한 소릴 하는구먼그래.》

《그래서 저승에 가서나마 은혜를 갚아드릴가 하고 죽으려고 그럽니다.》

일시나마 행인을 의심쩍게 생각했던 할머니는 그 말에 너무나 감격되여

《원 별말을 다하네. 말만 해도 고맙네!》

하며 칼을 빼앗으려고 했다.

《아니 저는 마땅히 죽어야 합니다. 말리지 마십시오.》

로친이 말릴수록 행인은 점점 더 기광을 부리면서 단박죽을 차비를 했다. 그래서 로친은 정색하고 꾸짖었다.

《이 사람, 내 말 좀 들어보게. 살려준 은혜를 갚지는 못할망정 부담을 끼쳐서야 될말인가?》

그 소리에 젊은이는 가슴팍에 대였던 칼을 내리우며

《그건 어떻게 하시는 말씀인가요?》

하고 물었다.

《들어보게나. 자네가 내 집에서 죽으면 살인죄는 안 쓴다손쳐도 자네를 장사지내줘야 하지 않겠나. 그러자면 자네네 친척들을 찾아가서 알려야 하고, 그러자면 적어도 대엿새는 걸려야 할테니 우리 령감은 사냥을 못하게 되여 적게 쳐도 돈은 100냥은 손해보는셈일세. 그러니 살려준 은인에게 손해를 끼쳐둘 유분수지 어디 이럴 법이 있단말인가?》

《예, 듣고보니 딴은 그런것 같습니다….》

젊은 행인은 며칠밤을 두고 생각해낸 계책대로 순조롭게 일이 척척 되여간다고 속이 흐뭇해서 두루뭉실하게 대답했건만 행인의 검은속을 모르는 할머니는 진심으로 권유했다.

《그런것 같은게 아니라 바로 그렇네!》

그 말에 행인의 눈이 번쩍 빛나더니 입가에 살기띤 웃음이 돌았다.

《그럼, 은인의 딱한 사정을 봐서 죽지는 않겠습니다만….》

《그런데는 또 뭐가 어쨌나?》

《내가 죽었더라면 할머니 말마따나 이 집에선 100냥 돈을 손해봤을게 아닙니까. 그러니 그 100냥중에서 저를 살려준 은혜로 50냥은 주인을 줄터이니 나머지 50냥만은 단박 나를 주십시오.》

그제야 할머니는 그의 심보를 알고 너무나 기가 막히고 놀라서 뒤걸음치며 물었다.

《뭐, 뭣이라구?!》

《내 생명을 구한 은인이기에 직접 손을 대지 않은것만해도 다행인줄 아시고 령감이 오기전에 얼른 50냥만 내놓으시오.》

행인이 능글거리며 다가서는지라 할머니는 격분하여 귀뺨을 철썩 갈기였다.

《에잇 짐승만도 못한놈!》

그러자 행인은 이발을 사려물더니 한발길에 할머니를 차눕히고는 귀틀벽에 걸어놓은 범의 가죽들을 벗겨놓고 장롱을 뒤져 돈과 은붙이는 물론 웅담, 록용 등을 싸가지고 꽁무니를 뺐다.

장포수로인이 이른아침에 집을 나와 사냥을 가다가 길을 가로 지나가는 여우를 보자 단방에 잡아가지고서는 《재수 없다》면서 집으로 돌아와보니 마누라가 동가슴을 부여잡고 피를 토하며 쓰러져있다가 그새 있은 일을 일일이 말했다.

장로인은 너무도 분해서 화승대에다 화약을 재우고 마누라가 가리키는 방향을 따라 숲속을 헤치며 달리는데 모자깃에서 바람소리가 씽씽 났다. 얼마를 안 가니 허둥지둥 도망가는 행인의 그림자가 보였다.

《이놈아! 게 섰거라! 네놈이 뛰면 어디로 뛴단말이냐?》

벽력같은 그 소리에 와뜰 놀라 뒤를 돌아보며 가재걸음치던 행인은 《아이쿠!》 하는 비명소리를 지르며 땅속으로 숨어들고말았다.

장포수로인이 달려가보니 행인은 메돼지와 승냥이를 잡으려고 파놓은 함정에 빠졌는데 총총히 박아놓은 뾰족뾰족한 참나무에 면바로 배를 찔려 버둥거렸다. 이를 본 장로인은

《흥, 바로 너같은놈을 가리켜 배은망덕한놈이라고 하느니라.》

라고 한마디 하고는 돌아서버렸다.

롱을 잘하는 임금

지금으로부터 400년전 임진왜란이후의 일이다. 7년이란 전란을 겪고나니 국토는 여지없이 짓밟혀 어디 가나 처량한 경상이였고 백성은 생리사별하여 얼굴에 수심뿐 웃음이라고는 없었다.

이때 나라의 임금은 가라앉은 민심을 돌려세우고 나라를 다시 일떠세우려고 생각하던 끝에 우선 대궐안에서부터 즐거운 웃음소리가 터져나오게 해야겠다고 생각하였다. 그래서 임금은 우정 신하들과 롱지거리도 하고 우스운 수수께끼도 내놓군 하였다.

어느 하루 임금이 신하들을 불러놓고 이야기를 꺼냈다.

《짐은 오늘 즐겁게 놀자고 경들을 불렀네. 과인이 이제 수수께끼를 낼터이니 경들이 어디 맞춰보게나.》

임금이 신하들과 놀며 수수께끼까지 내는 일은 고금에 처음이라 모두들 기뻐하며 임금앞에 다가앉았다.

《옛날 오누이 둘이 고기를 잡으려고 배를 타고 저 망망한 바다에 나갔었지.》

《그래서 어떻게 되였사옵니까?》

임금이 신하들과 크게 거간을 두지 않고 스스럼없이 말하니 신하들도 크게 꺼리지 않고 임금의 말사이에 쐐기를 쳤다.

《그런데 그날따라 집채같은 파도가 일어 고기배는 밀리기만 했네. 세찬 파도가 일어 자그마한 배를 미니 그까짓 배가 다 뭐야. 물우에 떨어진 나무이파리지. 고기배는 밀리고 또 밀리다보니 정처없이 밀려서 이제는 다시 돌아올수도 없는 아득히 멀고먼 무인고도에 가 닿았다네. 그래 경들이 어디 맞춰보게나. 그 오누이가 어떻게 되였겠나?》

《어떻게 될게 있사옵니까. 누이는 누이고 오래비는 오래빌게 아니옵니까.》

한 신하가 제걱 이렇게 대답하는데 오성대감이 머리를 가로저으며 생각을 내놓았다.

《꼭 그렇다고 할 수는 없지요.》

《그건 왜?》

《신의 생각에는 처음에는 오래비는 오래비고 누이는 누이였겠지만 3년후에는 부부가 되였을것이라 보옵니다. 무인고도에서 살아가자니 그럴수밖에 있사옵니까.》

《예끼, 거 무슨 당치 않은 말인고? 아무리 무인고도이기로 동방 례의지국에서 난 오랍누이가 그렇게 쉽사리 부부까지 될 리가 있나?》

임금이 이렇게까지 말하는데도 오성대감은 좀처럼 지려 하지 않았다.

《그런 경우에 어디 따로 례가 있사옵니까. 다시 돌아오지도 못할 무인고도에 이르렀으니 처음엔 그저 살 궁리만 했을테지만 차츰 살아나갈 도리가 생기니까 이번에 후대를 보고 재미있게 살아나갈 생각을 하게 될게 아니옵니까. 그런데 남녀는 그들 단둘뿐이니 할 수가 없이 부부가 될수밖에요. 례란 따로 없습니다. 행하며 례라고 피치못할 경우엔 이렇게 하는것도 례에 어긋나는 일은 아니라고 보옵니다.》

오성대감이 입담좋게 도리를 따져가며 말하니 그 말을 듣던 임금이 껄껄 웃으며 머리를 끄덕이였다.

《듣고보니 경의 말에 도리가 있네. 그러니 경이 수수께끼를 맞춘것일세.》

《상감께서 내신 수수께끼를 이 신하가 풀었으니 상을 주옵소서.》

《그럼 상으로 이 담배나 한 대 붙이세.》

임금이 상으로 담배를 권하니 오성대감은 받지 않고 웃으며 말했다.

《상감께서 어찌 항간 백성들이 담배 권하듯 담배를 상으로 주시옵니까? 다른 상을 내려주옵소서.》

그러니 임금이 하는 말이

《경이 방금 행하면 례라고 하지 않았나. 나라형편이 이처럼 어려운 때 담배 한 대도 상이라고 내주면 상으로 되는 법이니 어서 받아 피우게. 안 받으면 이 상도 없어지네.》

말문이 막힌 오성대감이 할수없이 임금이 주는 담배를 받아서 뻑뻑 피우니 임금은 물론 신하들까지 왁작 떠들며 웃는 바람에 대궐안에서 터진 웃음이 대궐 밖에까지 나갔다. 이것이 임진왜란이후 대궐안에서 처음 있는 웃음이였다 한다.

발없는 말이 하루에도 천리를 간다고 이 소문이 나래나 돋힌듯 항간에 퍼져 백성들이 모여앉기만 하면 그 이야기를 하며 웃어대는바람에 차차 항간에도 롱이 생기고 웃는 일이 있게 되였다.

임금이 이처럼 롱을 좋아하니 신하들도 담이 커서 임금앞에서 곧잘 롱을 하였다. 어느 하루였다. 한 신하가 관복소매속에 닦은 콩을 몰래 넣어가지고 와서 임금을 보고 물었다.

《상감께서 신의 이 관복소매속에 무엇이 들어있는지 알아 맞출수 있습니까?》

《보면 몰라도 보지 않고 그걸 어떻게 아는가?》

《그러니 상감께서 알아맞히시라구 묻는게 아니겠습니까.》

《과인은 보지 않고는 모르겠네. 그래 그속에 보배라도 넣어가지고 왔나?》

신하는 빙그레 웃더니 관복소매속에서 닦은 콩을 꺼내서 또독또독 소리를 내며 씹어먹었다.

《경은 대체 뭘 그렇게 먹고있나?》

《네. 콩볶이를 먹고있습니다.》

《콩볶이라?》

《그러하옵니다. 정승도 사흘 굶으면 콩짜개를 주어먹는다는데 이런 세월엔 볶은 콩 먹기도 쉽지 않는줄 아룁니다.》

그 신하는 우정 더 소리를 내여 콩볶이를 맛나게 씹으며 임금의 안색을 살피였다. 임금은 저도 몰래 침을 꿀꺽 삼키며 신하앞에 손을 내밀었다.

《나 좀 주게. 나도 콩볶이를 먹어봅세.》

그러지 않아도 딴생각이 있어 관복소매속에 넣어가지고 왔는데 임금이 달라고 하니 신하는 한줌 움켜서 임금에게 콩볶이를 올렸다. 임금은 신하에게서 콩볶이를 받더니 만면에 웃음을 짓고 경들도 맛을 보라며 다른 신하들께도 나누어주었다. 임금이 신하와 자리를 같이하고 볶은 콩을 먹는 일은 대궐이 생겨서 처음 보는 일이였다.

《허허허…담배가 식후일미라더니 이렇게 모여앉아 콩볶이를 먹어보니 이런 때는 콩볶이가 천하에 일미일세그려. 헌데 이 콩볶이는 어찌 생각하고 가지고온 건가? 경이 찜을 생각해서 닦아가지고온건가?》

《아니올시다.》

《어허, 필유곡절일세. 그럼 이 콩볶이는 어디서 생긴건가?》

《지난밤은 저의 스승의 제삿날이온데 신은 그만 어제밤 대궐에 있다보니 제사에 참여하지 못하고 아침에야 갔습니다. 스승님이 계셨기에 소신이 오늘 나라의 한몫 일이나마 맡아보게 되였사온데 늦었지만 아침에라도 가서 인사드리고 선생님 잡수시다 남긴 제사상 음식이라도 먹고오는게 례가 아니겠습니까?≫

≪암, 그야 그렇지. 아무리 큰 벼슬을 해도 선생은 선생이고 학생은 학생인데 례를 몰라서야 안되지.≫

≪헌데 제가 갔는데도 선생 자제분되는 사람이 음복상을 내와야지요? 그래서 저는 선생님 잡수시다 남은 제사음식을 먹고가게 어서 차려오라고 청했사옵니다. 그런데도 자제분되는 사람은 그냥 가만있지 않겠습니까. 그래서 벌컥 화를 냈지요. 그러니 그 자제분되는 사람이 마지못해 나가더니 도리상에 콩볶이를 놓아가지고 들어와 저의 앞에 공손히 놓고 사과를 하옵더이다. <대감님, 노여워마옵소서, 간밤은 부친님의 제삿날이나 집에는 콩밖에 없어서 지난밤 제사에는 이 콩을 볶아서 부친님 대접을 했습니다. 대감님전에 감히 음복상을 내오지 못함도 이때문이오니 널리 생각해주시고 이 콩볶이라도 잡수시고 가옵소서.> 자제분되는 사람이 이같이 말하는데 제가 그 자리에서 그 콩이 목으로 넘어가겠사옵니까. 산 사람이 살기도 어려운 형편에 제사를 안 지내도 무방하겠는데 콩이라도 정성껏 닦아서 부친님 제사상에 올려놓고 제사를 지냈으니 이 아니 효자옵니까. 그래 너무도 천하에 다시없는 기특한 일이라 이 일을 상감께 아뢰고저 소매속에 콩볶이를 넣어가지고왔사옵니다.≫

임금은 눈물이 그렁해서 그 신하의 이야기를 듣더니만 그 자리에서 어명을 내렸다.

≪참으로 하늘이 경탄할 일이로다. 나라형편이 이처럼 어려운 때에도 돌아가신 부친을 그처럼 정성스레 대접하고 손들에게도 콩볶이로 음복을 시켰으니 나라 근심을 덜고 부모에 극히 효도한 효자로다. 저마다 이처럼 한다면 어찌 나라가 빨리 부해지지 않을수 있으며 이 나라 례의가 바로서지 않을수 있을소냐. 이 사실을 글로 적어서 온 나라 백성들이 알게 할것이며 그 사람에게는 후한 상을 주고 벼슬을 내리도록 할지어다.≫

임금의 령이 내리자 나라에서는 그 사람에게 후한 상을 주고 벼슬을 내리였고 글로 그 사실을 온 나라에 전하니 듣는 사람마다 찬탄을 금치 못하였다. 이때로부터 백성들은 그 사람을 생각하며 나라의 어려운 형편을 헤아려 재물을 허타이쓰는 일이 없고 저마다 부지런히 일하고 나라에서도 어진 백성들의 마음을 헤아려

보살피니 상하가 한마음이 되여 어렵던 나라형편도 얼마 지나지 않아 돌아서더라 한다.

토끼와 거부기

먼 옛날 남해 룡궁의 룡왕이 득병하였는데 병이 몹시 위중하여 숱한 명의를 불러다 보여도 방책이 없었다. 이때 한 의원이 묘방을 아뢰여 하는 말이
《대왕님의 병에는 우리 바다밑의 약으로는 백약이 무효하여 방도가 없겠사오나 인간세상에 사는 토끼의 생간을 얻어다 쓰면 가히 나을것이옵니다.》라고 하였다.
이에 만조백관이 모여앉아 누구를 보낼가고 의논하는데 천년 묵은 거부기가 불쑥 나서며 제가 가겠노라고 하였다.
《내 비록 생기기는 수박같이 둥글둥글하고 솥뚜껑같이 넓적하나 오히려 만경창파 먼길에 풍랑이 두렵지 않고 눈은 작고 네다리는 짜르나 궁량은 크고 깊어 제갈공명의 꾀를 당하온즉 모름지기 토끼를 얻어다 바치겠나이다.》
만조백관을 별주부(자라의 벼슬이름)의 말을 옳이 여겨 그를 보내기로 하였는데 별주부는 그때까지 토끼를 본 일이 없는지라 화공을 불러 토끼화상을 그려줘 보내기로 하였다. 그래서 화공을 불러다 토끼화상을 그리는데 천하명승 승지간에 절승경개를 보던 눈도 그리고 온갖 새들이 지저귈 때 소리 듣던 벌쭉한 귀도 그리고 싱싱한 풀과 향기로운 꽃을 따먹던 입도 그리고 동지섣달 엄동설한에 추위를 막던 털도 그리고 만학천봉 구름속에 펄펄 뛰던 발까지 그려놓으니 두눈은 도리도리하고 앞다리는 짤룩한데 뒤다리는 길쭉하고 두귀는 쫑긋한것이 완연한 토끼였다. 토끼화상을 다 그리니 룡왕은 크게 기뻐하며 별주부에게 친히 천일주(千日酒)를 옥배에 가득 부어 거듭 삼배를 권하고는 별주부를 떠나보냈다.
별주부가 만경창파를 헤가르고 인간세상 청산에 나오니 침침한 바다밑과 달라 밝은 해빛이 따스하게 비추는데 산천경개가 또한 절승이였다. 별주부 어정어정 걸으며 산천경개도 구경하고 토끼도 찾는데 산천은 그림에 그려놓은 산천이나 토끼는 보이지 않았다. 별주부 옴친 목을 깊게 늘여 이리저리 살피는데 뭇집승들 뒤로 한 짐승이 내려오기로 화상을 들고보니 틀림없는 토끼였다. 별주부는 마침

잘되였다고 토끼를 불러서 수궁의 좋음을 입에 침이 마르도록 자랑하며 온갖 감언리설로 꾀이였다.

《토끼는 듣거라. 네 험악한 인간세상에서 사냥군의 밥이 되고 뭇짐승의 먹이가 되느니보다 우리 수궁 대왕님 청을 들어 벼슬하고 살며 만복을 누림이 좋지 않느냐?》

이 말에 토끼는 두귀가 벌쭉해졌으나 한편 의심도 없지 않아 고개를 가로 흔들었다.

《그대의 말을 들으니 좋기는 하나 속담에 이르기를 <노루를 피하여 범을 만난다>하였은즉 륙지에 살던 몸이 수궁의 향락을 바랄소냐?》

그러자 별주부는

《대장부 세상에 나서 일을 하자면 결단이 있어야 하거늘 어찌 조그만한 의심을 품어 뜻을 정하지 못하느냐. 네 가지 않아도 가기를 원하는자 따로 있거늘 나는 그를 찾아가노라.》

하고 우정 가는체하니 토끼가 만류하여 말하기를

《사실은 내 어제밤 꿈이 불길하기로 마음에 꺼려함이니 별주부는 걸음을 멈추라.》

하였다.

《그래 무슨 꿈이뇨?》

《내 배에 칼이 닿으며 몸에 피칠을 하였으니 필시 흉몽이로다.》

《하하하, 과연 좋은 꿈이로다. 배에 칼이 닿였으니 칼은 금이라 허리에 금띠를 띨 징조요, 몸에 피칠을 하였으니 붉은 도포를 입고 벼슬할 조짐이니 하늘이 미리 오늘의 길사를 점지한것이로다.》

이에 토끼가 만단 시름을 놓고 수궁에 가기를 원하니 별주부 토끼를 등에 업고 바다에 뛰여들어 만경창파를 헤치고 룡궁에 이르렀다. 룡왕은 별주부의 충성이 지극함을 크게 치하한후 토끼를 별실에 모시고 상객으로 대접하라 령하였다. 토끼가 별주부 신세에 룡궁에 들어와 인간세상에서는 받아도 보지 못한 대우를 받고보니 래일이라도 당금 룡왕님께 상주하여 벼슬 한자리 얻고 영영 룡궁에서 부귀영화를 누리며 살 생각이 불붙듯하였다. 그런데 누가 알았으랴. 그이튿날 진수성찬으로 아침밥을 먹고 별주부의 인진을 받아 룡왕앞에 대령하니 룡왕이 토끼를 보고 하는 말이

《토끼는 듣거라. 과인은 수국의 대왕이나 너는 일개 산중의 조그마한 짐승이로다. 과인이 우연히 득병하여 신음한지 오래되어 백약이 무효하던차 네 간이 과인의 명을 구할수 있다함을 듣고 특별히 별주부를 보내여 너를 업어오게 하였으니 너는 죽음을 서러워말라. 과인의 병이 나으면 사당을 새워 네 공을 표할것인즉 너는 죽어도 영화로운것이니 과인을 원망치 말라.》

룡왕이 말이 떨어지자 뜰아래 섰던 군사들이 일시에 달려들어 서리발같은 칼을 번뜩이며 토끼의 배를 가르려 들었다. 토끼는 지나친 허욕이 생겨 별주부를 따라왔다가 이제는 수국원혼이 되게 되었다. 날개가 있다 해도 수백수천길되는 물우에 날아오르지 못하게 되였고 축지법을 쓴대도 수국땅을 벗어날 수 없었다. 토끼는 청천백일에 벼락이 치는듯 눈앞이 아찔하고 정신이 아득했다. 하지만 범한테 물려가도 정신만 올똘하면 산다고 토끼도 살 생각을 하며 정신을 바싹 차렸다. 그러니 토끼에게도 문득 한가지 꾀가 생겼다. 토끼는 서리발치는 칼날앞에서 얼굴빛 하나 변하지 않고 태연자약하게 룡왕을 우러러보며 아뢰였다.

《소토 이제는 죽는 몸이오나 한가지 말씀이나 올리고 죽을가 하옵니다. 대왕님은 수국의 임금이시고 소토는 일개 산중의 조그마한 짐승인데 소토의 간으로 대왕님의 존귀하신 몸을 구할진대 소토가 어찌 거절하오며 또 소토가 죽은후에 사당까지 지어 공을 표한다 하였으니 이 은혜 하늘과 같고 창해와도 같사옵니다. 하오나 소토의 간은 벌써 얼마전에 꺼내여 청산록수 맑은 물에 씻어 고봉준령 깊은 곳에 감추어두었습니다. 별주부가 사정을 이야기하지 않고 소토 또한 룡왕님이 득병한줄 몰랐으니 어찌 그 빼여둔 간을 가지고 왔겠사옵니까. 참으로 안타까운 일이로소이다.》

토끼 예까지 말하고 보란듯이 눈에 불을 일구고 별주부를 크게 꾸짖었다.

《네 수국의 한낱 신하로 대왕님을 위하는 충성이 조금이라도 있었다면 이런 사정을 왜 말치 않았느냐? 참으로 대왕님에게 충성하는 마음이 없는놈이로다. 내 벌써 알았으면 곤장이라도 안겨 너를 가르쳤으리로다.》

토끼 그럴듯하게 별주부를 꾸짖는데 룡왕이 대노하였다.

《소토는 참으로 간사한놈이로다. 천지간의 짐승이 간이 없으면 살지를 못하는데 네가 간을 빼여두고 왔다니 과인을 속임이로다. 네 그 옅은 꾀로 과인까지 속이니 과인을 기만한죄 작을소냐. 과인은 네 간을 빼먹고 병을 고치고 네 죽은후에라도 네 죄를 용서치 않고 다스리로다.》

토끼 룡왕의 말에 전신의 맥이 풀리여 어찌할바를 모르다 다시 정신을 바싹 차리고 아래말을 꾸며댔다.

《대왕님께서는 천만 노여워마시고 소토의 말을 들어주옵소서. 소토는 비록 짐승이나 심상한 짐승과는 달라 방성의 정기를 타고 세상에 내려와 매일 아침마다 옥같은 이슬을 받아마시며 주야로 기화요초를 뜯어먹으매 그 간이 진실로 령약이 되여 사람마다 이를 알고 소토를 만나기만 하면 간을 달라하니 성화를 견디지 못하여 빼두고 다니는 때가 있사옵니다. 이제 대왕님께서 소토의 말을 듣지 않고 소토의 배를 갈랐다가 간이 없사오면 소토는 죽어 없을것이오니 다시 어디 가서 간을 구해오리까?》

토끼 너무도 태연하게 말하니 룡왕은 토끼를 다시 보며 물었다.

《네 말과 같을진대 간을 출입하는 무슨 표적이라도 있느냐?》

토끼 룡왕의 묻는 말을 들어보니 살 구멍이 생겼는지라 속으로 크게 기뻐하며 대답하였다.

《세상에 날짐승, 길 짐승 가운데 오직 소토만이 하체에 구멍이 셋이 있는데 하나는 대변을 통하고 하나는 소변을 통하오며 하나는 특별히 간을 출입시키옵니다. 대왕께서 저의 말이 믿어지지 않으시면 살펴보도록 하옵소서.》

룡왕은 이상히 생각하고 라졸을 시켜 토끼의 하체를 살펴보라 하였다. 라졸들이 임금의 령을 받고 살펴보니 과연 토끼의 말과 같이 토끼의 하체에는 구멍이 셋이 있었다.

룡왕은 이에 토끼를 풀어놓고 크게 잔치를 베풀어 토끼를 후히 대접하고 잔치를 파하자 별주부를 불러

《경은 수고를 아끼지 말고 토끼를 잘 모시고 다시 인간에 나갔다가 올지라.》

하고는 또 토끼를 보고

《그대는 속히 돌아오라.》

하더니, 진주를 꺼내주며

《이것이 비록 사소한것이나 과인의 정이니 받으라.》

하였다. 이리하여 토끼는 룡왕에게서 귀한 진주2백개나 받아가지고 별주부 등에 다시 올라 만경창파를 헤치고 인간세상에 돌아왔다. 바다가에 이르자 별주부가 토끼를 내려놓으니 토끼는 조롱에서 벗어난 새처럼 좋아하며 풍풍 뛰였다. 그러니 별주부가 급해나서 토끼를 보고 한마디 타일렀다.

≪토끼야, 우린 갈길이 총망하니 어서 그 간을 찾아가지고 오도록 하라.≫
이때 토끼는 별주부를 보고 크게 웃으며 말했다.
≪애 이 미련한 별주부야, 오장륙부에 붙어있는 간을 뉘라서 출납한다더냐. 이는 내 기특한 꾀로 수국의 룡왕을 속임이로다. 그래도 나를 업고 만리창파에 왕래하던 일을 생각하여 너의 잔명만은 살려 돌려보내니 돌아가거들랑 룡왕더러 다시는 부질없이 망녕된 생각을 하지 말라고 여쭈어라. 너의 일국의 군신들이 다 나의 꾀에 넘어가니 어찌 너희들 나라가 허무타하지 않으리. 핫하하….≫
토끼는 크게 웃으며 깡충깡충 뛰여 깊은 수림속으로 들어가는데 별주부는 이제는 따라가도 잡을수 없는지라 목을 길게 내빼들고 토끼의 뒤모양을 바라보면서 길이 탄식하더니 제자리에서 엉덩방아를 찧더라 한다.

효자와 금붕어처녀

　옛날 한 고장에 두 모자가 살았는데 아들은 천하에 둘도 없는 효자여서 어려운 살림이라도 부지런히 일해 어머니만은 극진히 공대했다. 아들이 이러니 어머니 또한 언제나 슬하에 하나밖에 없는 아들을 남의 집 열자식처럼 귀히 여겨 일하러 나갈 때는 아들이 일하러 나가는 뒤모습을 오래오래 지켜보고 웃는 낯으로 아들을 맞아들였다. 그러니 가근방에 소문이 자자하여 그들을 모르는 사람이 없었고 칭찬하지 않는 사람이 없었다. 하지만 나이 원쑤라고 류수와 같은 세월이 흐르고 흘러서 호호백발이 된 어머니는 늙고 병들어서 그만 세상을 뜨게 되였다. 림종시에 어머니는 아들을 불러놓고 눈물을 흘리며 마지막 말을 하였다.
　《애야, 이 에미는 이 세상에 너를 홀로 두고 저세상으로 간다. 내 너를 장가도 보내지 못하고 저세상으로 가자니 안타깝기 그지없고나. 애야, 너 이 에미가 없다고 너무 서러워하지 말고 안해가 생기면 재미있게 살아라!》
　어머니는 아들에게 이같은 유언을 하고 세상을 떴다. 아들은 몇 달 며칠을 슬피슬피 울다가 어머니를 자기가 일하러 다니는 양지바른 산기슭에 묻어놓고 아침에 일하러 나갈 때는 어머니 무덤앞에서 아침인사를 올리고 저녁에 집으로 돌아올때는 저녁인사를 하였다. 집에 돌아와서도 그러했다. 아들은 아침저녁으로 상을 차려놓고 수저를 들기전에 먼저 어머니 살아생전처럼 《어머님, 진지 많이 드세요.》라고 말하고서야 수저를 들고 밥을 먹었다.
　그럭저럭 엄동설한 추운 겨울도 지나가고 꽃이 피고 잎이 피는 새봄이 왔다. 땅땅 얼어붙었던 강도 풀리고 산과 들에 파란 풀들도 돋아났다. 그러던 어느 하루 아들이 일하러 나가자고 지게를 지고 밖으로 나와 파랗게 새단장을 한 산과 들을 보니 어머니생각에 그만 목이 메여 눈물이 앞을 가렸다. 작년에 피였던 꽃나무에 봄이 오니 꽃은 다시 피였는데 돌아가신 어머니는 한번 간후로는 왜 다시 돌아오지 못하는가. 생각할수록 서럽고 일이 손에 잡히지 않았다. 아들은 그만 지게를 벗어놓고 낚시대를 찾아들고 강으로 나갔다. 강에 나가서 어머니가 생전에 그처럼 좋아하던 물고기를 잡아다 무덤앞에라도 놓고싶었다.

　강에 나가니 맑은 물이 출렁이며 흘러내렸다. 아들은 어머니 생각을 하며 맑은 물에 낚시줄을 던지고 낚시질을 시작했다. 그런데 이전에 그렇게 많던 고기들이 오늘따라 어디 가고 없는지 고기 한 마리도 물리지 않았다. 동산마루에 솟았던 해가 서산마루에 가 걸렸는데 그때까지도 아들은 고기 한 마리 낚지 못하고 낚시대만 잡고앉아있었다. 해가 서산에 나불나불하자 아들은 아마도 효성이 부족한탓이라 한탄하며 낚시줄을 거두려 했다. 그런데 바로 이때 강가에 선 갈대가 팔랑팔랑하며 두세번이나 움직였다. 아들이 팔랑대는 갈대를 보니 갈대밑에서 고기가 놀면서 갈대를 다치는게 분명했다. 아들은 고기 한 마리라도 잡아가자고 제꺽 낚시를 갈대곁에 던졌다. 그랬더니 고기가 벌써부터 기다렸다는것처럼 제꺽 낚시를 물었다. 아들은 고기 한 마리라도 잡게 되였는지라 기뻐서 낚시줄을 잡아챘다. 그런데 뜻밖에도 낚시에 물려나온 고기는 배가 통통하고 고운 빛깔이 눈이 부시게 번쩍번쩍하는 금붕어였다. 금붕어는 낚시를 빼자 기쁜듯이 팔딱팔딱 뛰였다. 아들이 그 금붕어가 너무도 고와서 들여다보니 팔딱팔딱 뛰는 금붕어는 흡사 자기가 발가숭이 어린시절에 어머니앞에서 좋다고 퐁퐁 뛰던 모습 같기도 하였다. 속담에 이르기를 웃는 낯에 침을 못 뱉는다고 물에서 사는 짐승이라도 그렇게 좋다고 팔딱팔딱 뛰는 금붕어를 보니 차마 죽일수 없었다. 아들은 금붕어를 들고 집에까지 달려와서 금붕어를 큰 물독안에 넣었다. 그랬더니 금붕어가 좋다고 큰 물독안에서 노는데 그 빛깔이 어떻게나 곱고 눈부신지 물독안에 삽시에 해가 솟고 달이 돋은듯 환했다.

　이날부터 아들은 일하러 나갈 때도 금붕어가 꼬리치며 노는 물독을 들여다보고 나갔고 일하고 들어와서도 집에 들어서자 바람으로 물독에서 뱅뱅 돌아치며 노는 금붕어부터 들여다보았다. 홀로 고독하게 살아가던 아들에게 금붕어라도 있으니 의지가 되고 동무가 되여 전처럼 고독하지 않았다, 금붕어가 놀 때 찰랑이는 물소리만 들어도 자기와 다정히 말이라도 하는것 같아서 기뻐서 그 소리를 들었다. 아들은 아침저녁으로 새 물을 길어다 물독의 물을 바꿔주며 극진히 금붕어를 보살펴주었다.

　아들이 금붕어를 잡아다 물독에 넣고 그와 동무해서 하루밤을 자고 이틀밤을 자고 사흘밤까지 자고났는데 나흘날아침에 일어나보니 이상하게도 누가 아침상을 차려놓았다. 밥상에는 배꽃같이 하연 이밥을 하여 놓았는데 뚜껑을 여니 흰김이 서리서리 피여올랐다. 맛깔스럽고 정갈하게 해놓은 반찬에서는 구수한 냄새가 풍겼다. 꿈이냐 생시냐싶어 집안을 살피였지만 아들은 알길이 없었다. 아들은 《에라, 들어온 복을 방치로 쳐던지겠냐》싶어 이날 아침 영문도 모르고 난생 먹어보지 못한 반찬에다 백설같은 흰 이밥을 배불리 먹고 기분좋게 일하러 나갔다. 헌데 하루일을 끝내고 집에 돌아오니 집에는 뜨끈뜨끈한 화기가 도는데 누가 또 저녁상을 차려놓았었다. 갈수록 이상한 생각이 들고 알고싶은 생각이 간절하여 아들은 말없이 집안팎을 살피고 살폈지만 집안에는 사람의 그림자도 보이지 않고 밖에는 사람이 왔다간 자취도 없었다. 하루가 지나고 이틀이 지나도 매일 아침저녁으로 따뜻한 밥과 맛갈스러운 반찬이 상우에 놓여있었다.

그후 어느날이였다. 보리저녁때쯤 되였는데 아들이 밭에서 일하다가 집을 내려다보니 연통에서 연기가 몰몰 피여올랐다, 아들은 하던 일을 그만 팽개치고 번개같이 달려와서 몰래 문구멍으로 집안을 살피였다. 헌데 이게 웬 일인가?! 하늘의 선녀 같고 달속의 상아 같은 아름다운 처녀가 가마목에 앉아 밥도 짓고 채도 복아서 정히 상우에 올려놓고있었다. 눈앞이 황홀하였다. 나이 스물이 넘도록 장가도 가지 못한 총각은 더는 생각할것도 없었다. 그는 불시에 문을 떼고들어가 부드럽기가 솜같은 그 처녀의 손을 덥석 잡아쥐였다.

《랑자, 랑자는 누구건대 이같이 루추한 집에 찾아와 나같이 불쌍한 사람을 보살펴주는거요?》

금붕어처녀는 부끄러워 아미를 숙인채 아들의 손에서 자기손을 빼며 옥을 굴리는것 같은 목소리로 대답했다.

《저는 본디 룡왕의 따님이온데 생전에 집의 어머니께서 저를 구해준 덕으로 살아서 룡궁으로 돌아갔사옵니다. 그리하여 어머님의 은덕을 갚고자 금붕어로 되여 이 세상에 오게 되였사옵니다. 내 이제 얼마후이면 곧 사람으로 환신하와 그대를 섬길 몸이옵니다. 하오니 때를 기다려주시옵소서.》

《내 그대를 보지 않았으면 몰라도 이제 보고서야 어찌 다시 그대를 금붕어로 되게 하리까. 내 어머님 덕분에 그대를 맞았고 그대 또한 어머님 덕분으로 날 찾아왔다하니 우리 오늘부터 부부를 맺고 금슬좋게 살아감이 어떠하오?》

《그러하오나 아직은 때가 일러 오히려 해를 입을가 저어되옵나이다.》

《랑자는 근심마오. 하늘이 굽어살펴보는데 누가 감히 우리를 해치리요.》

금붕어처녀는 차마 아들의 간곡한 요구를 거절할 수가 없었다. 이리하여 그날

파경노 김재권·박창묵 정리 | 639

부터 둘은 남편과 안해로 되여 재미나게 살아가게 되였다. 의지가지없이 외톨이 굴밤알처럼 고독하게 살아가던 아들은 재간있고 해달같이 환한 안해를 얻어 근심 없이 즐거운 나날을 보내고 금붕어처녀 또한 마음씨 비단같은 남편을 맞아 그 남편의 사랑을 받아가며 깨알이 쏟아지는 나날을 보내게 되였다.

헌데 이 고을에는 심보가 구새통같이 새까맣고 욕심이 굽빠진 항아리처럼 끝이 없는 한 부자가 살고있었다. 부자는 가난한 집 총각이 세상에 둘도 없이 이쁘고 재간있는 금붕어처녀를 안해로 삼아 천하에 부러운것이 없이 산다는 말을 듣자 그만 그 새까만 심보가 나무매끈처럼 비비탈리고 그 사나운 욕심통이 툭 터져 더는 앉아있을수 없었다. 돈이 있고 세력이 있는 부자는 워낙 죽은 송장도 뺨을 쳐 부려먹자고 드는 악한 사람이라 효자네 집에 나부랭이들을 끌고가서 그 금붕어처녀를 억지로 빼앗아갔다. 부자는 금붕어처녀를 붙잡다가 첩으로 삼고 그 처녀의 재간을 빌어 호의호식하며 살아가자고 욱박질렀지만 처녀는 한사코 말을 듣지 않았다. 그러니 꽃같이 이쁜 녀인을 잡아왔지만 곁에 두고 보기만 하니 마음만 상하고 재간있는 녀인을 잡아왔지만 재간을 피우지 않아 재산이 늘지않으니 공연히 욕심 끝에 화만 동하였다. 고약한 부자는 그만 부아통이 터져 그 금붕어처녀를 목을 눌러 죽이고말았다.

이때 안해를 빼앗긴 효자는 그런줄도 모르고 날마다 부자집 담장두리를 빙빙 돌면서 사랑하는 안해를 부르고 또 불렀다. 하지만 그는 안해를 찾을길이 없었다. 벼랑같이 험하고 높은 담이 앞을 막아 담을 뛰여넘을수도 없었고 대문을 차고 들어가자니 낮에는 문지기들이 눈을 부릅뜨고 지켜서 들어가지 못하고 밤에는 문이 잠겨져 들어갈수 없었다. 그래도 남편은 사랑하는 안해를 찾겠다고 밤낮없이 담장을 돌아치며 목이 터지게 안해를 부르고 불렀다. 이 때문에 부자는 밤잠도 편히 잘수 없게 되였다. 부자는 또 화가 동하여 담밖에서 밤낮 울어대며 안해를 찾는 그 남편을 잡아들여다 그 자리에서 때려죽였다. 그러자 청청 하늘에 주먹만 한 매지 구름이 동동 떠오더니 《우르릉 꽝》 하고 부자의 머리우에서 번개가 번쩍했다. 부자는 그만 벼락을 맞고 새까맣게 타서 나넘어졌다.

이때 부자네 뜨락안에서 세상에 보지 못하던 고운 새 한쌍이 슬피 울면서 하늘 높이 날아올랐다. 그 새 한 마리는 효자이고 다른 새 한 마리는 금붕어처녀였다. 고운 새 한쌍은 하늘높이 솟았다가 곧추 어머니의 무덤이 있는 양지바른 산기슭으로 날아갔다. 인간에서 더는 살길이 없게 된 효자와 금붕어처녀는 죽어 한쌍의 고운 새가 되여 어머님 무덤가에서 아름다운 노래를 불러 어머님을 즐겁게 하며 다정하게 살아가더라 한다.

나무군총각과 말하는 남생이

옛날 한 동리에 나무를 해 팔아서 그날그날을 겨우 살아가는 나무군총각이 있었다.

어느 하루 나무군총각이 산에 가서 나무를 하고나니 해가 벌써 중천에 걸려 점심때가 되였다. 총각은 반나절이나 나무를 하고난지라 배가 출출해서 찬밥이라도 먹자고 도시락뚜껑을 열었다. 그러나 정작 혼자서 먹자고보니 그림자밖에 없는 자기의 외톨이신세가 서럽게 생각되여 한숨이 나오고 한숨 끝에는 자연히 한탄이 뒤따라 나왔다.

《아이구 내 신세야, 찬밥덩이라도 있건만 이 밥을 누구하고 같이 먹을고?》

그런데 참 별일도 다 있었다. 총각의 한탄소리가 끝나기 바쁘게 그리 멀지 않은 곳에서 귀청이 쨍쨍하게 화답하는 소리가 들렸다.

《누구하고 같이 먹겠소 나하고 같이 먹지.》

나무군총각은 이 소리를 듣고 너무도 반가와 사방을 두루 살펴봤지만 사람은 그림자도 보이지 않았다. 이상한 생각이 든 총각은 다시한번 하던 말을 되뇌여보았다.

《아이구 내 신세야, 찬밥덩이라도 있건만 이 밥을 누구하고 같이 먹을고?》

《누구하고 같이 먹겠소 나하고 같이 먹지.》

이번에도 똑같은 대답소리가 들렸다. 총각이 귀담아듣다가 그 소리나는 곳에 달려가보니 사람은 없고 죄꼬만 남생이란놈이 총각을 쳐다보며 그런 소리를 하고있었다. 총각은 남생이가 말한다는 소리는 생전 들은적이 없는지라 말하는 남생이를 보자 세상없이 귀하게 생각되여 품에 싸안고와서 밥 한 숟가락 떠주니 고놈은 싫다는 말이 없이 넓적넓적 잘도 받아먹었다. 나무군총각은 너무도 대견해서 남생이와 함께 점심을 나누어먹고는 나무짐우에 남생이를 얹어가지고 집으로 돌아왔다.

이날부터 나무군총각은 한집식구처럼 남생이와 살면서 밤이면 재미있게 말을 주고받으며 놀았다. 날이 갈수록 남생이와 친해진 총각은 나무하러 갈 때는 말할 것 없고 장터에 나무팔러 갈 때에도 남생이를 품에 안고가며 한시도 떨어지지 않았다.

어느 하루 나무군총각은 장터에 갔다가 나무사러 오는 사람이 없으니 남생이를 꺼내놓고 말을 시키며 놀았다.

≪남생이야 남생이야, 이 나무를 팔아 돈을 벌어 누구하고 살고?≫

≪누구하고 살겠소 나하고 살지.≫

때마침 장군들이 그앞을 지나다가 이 광경을 보고 너무도 신기해서 하나둘 모여들었다.

≪저런! 남생이가 말을 하네.≫

≪세상에 말하는 남생이도 있구만.≫

그바람에 사람들이 확 모여들어 나무군총각과 남생이를 둘러싸고 담장을 이루었다. 그중 한사람이 남생이를 말을 시키고싶어 엽전 하나를 던져주며 ≪남생이야 남생이야, 나무 한단에 얼마 하니?≫라고 물으니 남생이는 총각이 시키는대로 ≪나무 한단에 한냥이요, 나무 한다네 한냥이요.≫하고 대답했다. 말하는 남생이가 너무 귀여워 너도나도 엽전을 던지며 말을 시키다보니 눈깜짝할새 나무도 다 팔리고 남생이 둘레에 엽전이 수북하게 쌓였다. 총각은 좋아서 입을 다물지 못하며 남생이를 안고 집으로 돌아왔다.

그런데 이 소문이 동리에서도 욕심이 굽빠진 항아리 같은 부자의 귀에까지 들어갔다. 나무군총각이 말하는 남생이를 얻어 하루사이에 큰 부자가 되였다는 소리를 들은 부자량반은 그만 딴 궁리가 생겨서 나무군총각을 찾아갔다.

≪이 사람, 집에 있나?≫

≪예, 이거 어르신님이 어떻게 루추한 집을 찾아오셨습니까?≫

≪듣자니 자네 말하는 남생이를 얻었다면서?≫

≪네, 산에 나무하러 갔다가 얻었습니다.≫

≪허허, 그것참 세상에 말하는 남생이가 다 있다니. 여보게 그 말하는 남생이를 나한테 하루만 빌려주게. 나도 한번 말하는 남생이 소리를 들어보려네.≫

≪어르신님, 그건 안되옵니다. 들으시겠으면 이리 올라와서 듣고가시지요.≫

≪뭣이? 내가 영 가지자는것도 아니고 하루만 빌려달라는데도 안돼?≫

부자어른은 량반등쌀을 믿고 눈을 뚝 부릅떴다. 어리무던한 나무군총각은 뒷일이 겁이 나서 남생이를 빌려주는수밖에 없었다.
　부자량반은 남생이를 손에 쥐자 급히 집으로 달려가서 마누라더러 큰 돈자루를 만들어내라고 호통쳤다. 장밤 닭알갈이를 쌓은 부자량반은 이튿날 날밝기가 무섭게 장터로 갔다.
　《자, 말하는 남생이요. 남생이 말하는걸 들으시오!》
　사람들은 말하는 남생이의 소문을 들었는지라 눈깜짝할새에 구름처럼 모여들어 부자량반을 빙 둘러쌌다.
　《자, 돈을 내시구려. 한번 남생이 말을 듣는데 엽전 한푼, 아니 두푼이요.》
　《허허, 전일 젊은이는 돈내라는 말이 없더니 이 늙은이는 돈부터 내라는군.》
　사람들은 돈부터 내라는것이 아니꼬왔지만 우정 소문을 듣고 희귀한 남생이 말하는걸 들으러 왔는지라 할수없이 한푼 두푼 던져주니 엽전무지가 잠간새에 수북해졌다. 그러나 부자량반은 조금이라도 돈을 더 모으자고 남생이를 말을 시키지않고 대구 구경오라는 소리만 쥐어쳤다.
　《아니 저 량반이 왜 남생이를 말을 시키지 않소? 인젠 해가 지겠소. 남생이 말을 듣고 장도 보고 가야지. 어서 말을 시키오!》
　《옳소. 어서 말을 시키오.》
　사람들이 참다못해 왁작 떠들어대니 그제야 부자량반은 남생이를 말을 시켰다.
　《아이구 내 신세야, 찬밥덩이라도 있건만 이 밥을 누구하고 같이 먹을고?》
　《……》
　웬 일인지 그렇게 말을 잘하던 남생이가 입을 꾹 다물고 아무 대답도 안했다. 바빠난 부자량반은 또 다른 말을 시켜보았다.
　《남생이야, 이 나무를 팔아 돈을 벌어 누구하고 살고?》
　《……》
　그래도 남생이는 말을 안했다. 부자량반은 그만 울상이 되여 남생이의 주둥이를 툭툭 치며 재촉했다.
　《남생이야 남생이야, 어서 말해라. 네가 말해야 내가 부자되지. 자 말하는 남생이요! 한번 말하는데 엽전 두푼이요!》
　《……》
　그러나 남생이는 목을 잔뜩 움츠리고 골을 숙인채 아예 입을 꼭 봉해버렸다. 이렇게 되자 둘러선 사람들이 술렁대기 시작했다.

《저놈의 두상, 사람을 속인다!》
《돈부터 찾아놓고 혼찌검을 내줍세.》
담장같이 둘러선 사람들이 욱 달려들어 돈부터 찾고 주먹질에 발길질로 짓뭉개니 부자량반은 반주검이 되여 늘어졌다. 한참후에 겨우 정신이 든 부자량반은 그만 분김에 남생이를 돌우에다 멨다꼰져 죽여버리고말았다.
부자집으로 남생이를 찾으러 간 나무군총각은 남생이를 죽여버렸다는 말을 듣고는 비오듯 눈물을 흘리며 장터로 달려갔다. 장터에 등이 터져 죽은 남생이를 찾아낸 총각은 너무도 측은하여 죽은 남생이를 안고 울다가 집으로 돌아왔다. 이튿날 총각은 남생이와의 깊은 정을 못이겨 비록 미물짐승이나마 그 죽은 몸뚱이를 앞뜨락에 고이 묻어두었다.
그런데 참 별일이였다. 이튿날 그 무덤에서 신기한 나무가 움트나기 시작했다. 나무군총각은 마치 죽은 남생이가 되살아난것 같아서 날마다 아침저녁으로 그 나무에 물을 주며 정성껏 키웠다. 그랬더니 날마다 그 나무는 몰라보게 자라서 한달도 못되여 꽃이 피여 열매가 맺었는데 총각이 찬찬히 보니 그것은 과일이 아니라 돈열매였다. 그 돈열매는 하루에 한번씩 떨어질만큼 떨어지고는 또 열리며 줄어들줄을 몰랐다. 나무군총각은 그 돈열매를 동리사람들에게 골고루 나누어주었다. 마을사람들은 총각의 마음씨가 하도 고우니 남생이가 죽은 뒤에도 그를 도와준다고 칭찬하였다.
그런데도 이 소문도 욕심많은 부자의 귀에 들어가서 하루는 부자량반이 또 찾아왔다.
《이 사람, 집에 있나?》
《네. 어떻게 되여 또 이렇게 루추한 집에 찾으셨습니까?》
《듣자니 자네집 뜨락에 돈나무가 있다면서? 내가 그 남생이를 죽이지 않았더라면 그 나무가 생겼겠나. 그러니 하루만 빌려주게.》
나무군총각은 안된다고 해봐야 소용없을줄 알고 순순히 대답하는수밖에 없었다.
이튿날 부자량반은 마누라를 시켜 전보다도 더 큰 자루를 만들어가지고 총각의 집으로 왔다. 부자가 입이 함지박만해서 돈자루를 벌리고 돈나무를 마구 흔들어대니 와스스하고 열매가 자루에 떨어져들어갔다.
《하하하! 호호호!》

부자는 너무도 좋아서 너털웃음을 웃으며 나무에 열매가 하나도 남지 않을 때까지 흔들어떨구고는 기분이 날아갈듯 좋아서 배가 불룩한 자루에 손을 넣어보았다. 그런데 이게 웬 일인가. 뭉클하고 쥐우는것은 온통 똥이였다. 아무리 눈을 비비고 다시 보고 손으로 쥐여 주물러봐야 틀림없는 누런 똥이였다. 부자량반은 그만 화김에 도끼를 들고와서 그 돈나무를 찍어버리고말았다.

산에 나무하러 갔던 총각이 저녁에 돌아와보니 밑둥을 찍어넘긴 돈나무가 뜨락에 가로 넘어져있었다. 총각은 또 부자놈이 한짓임을 알았지만 이미 찍어버린 나무를 살릴수는 없는지라 그 나무로 절구를 만들었다.

그런데 그 절구 또한 신기한 절구였다. 벼 한줌을 넣고 찧으면 한정없이 백옥미가 쏟아져나오고 돈 한푼을 넣고 찧으면 엽전이 연신 쏟아져나왔다.

욕심많은 부자는 또 이 소문을 들었다. 개는 죽을 때까지도 똥먹는 버릇을 못고친다고 부자는 번마다 랑패를 보고서도 또 불같은 욕심이 생겨서 헐떡이며 나무군총각을 찾아왔다.

《이 사람, 집에 있나?》

《아유 어르신님, 어떻게 되여 또 이 루추한 집에 찾아오셨습니까?》

《이 사람, 듣자니 자네한테 보배절구가 생겼다면서? 내가 그나무를 찍지 않았더면 그 절구가 생겼겠나? 자네 그만큼 덕을 봤으면 됐네. 인젠 그 절구를 나한테 돌리세!》

이번에도 나무군총각은 아무 말도 못하고 고스란히 절구를 내주었다.

부자는 절구를 집에 가져다 내려놓기 바쁘게 금전 한잎을 꺼내다 절구통에 넣고 찧기 시작했다. 쿵쿵 몇 번 찧지 않았는데 금전을 넣은 절구통에 금전은 오간데 없고 누런 똥이 역한 냄새를 풍기며 흘러나왔다. 혹시나 하여 몇 번이고 씻고 씻으며 돈을 넣고 찧어보기도 하고 벼를 넣고 찧어보기도 했지만 흘러나오는건 그냥 누런 똥뿐이였다. 이바람에 부자에 집두리는 똥천지가 되여 부자는 똥무지에서 헤여나오기조차 어렵게 되였다. 그만 상투밑까지 성이 치민 부자는 그 절구통을 들어내다 불에 살라버렸다. 그러니 이제는 모든 것이 형체도 없이 되고 남은것은 재뿐이였다.

나무군총각은 부자가 절구를 태워버렸다는 소리를 듣자 너무도 안타까와 절구를 태워버린 곳에 가서 절구가 타서 남은 재를 끌어모아다가 전에 남생이를 묻었던 자리에다 묻었다. 그런데 이상하게도 그 자리에서 파란 나무가 자라더니 꽃이 피는데 아름다운 꽃에서 나오는 고운 빛은 해살처럼 원근에 비쳐나가고 향기는 만리를 진동하였다. 그러니 또 이 꽃을 구경하는 사람들이 날마다 구름처럼 모여와서는 꽃도 구경하고 향기도 맡아보고는 갈 때는 저마다 세상에서 보지 못한 꽃을 구경하였다고 아끼지 않고 돈을 주고갔다. 이렇게 되니 나무군총각은 사람들의 칭찬을 자자히 받으며 잘살게 되였다.

 욕심많은 부자는 또 그 소리를 듣고 배를 앓다가 절구통을 태운 자리에 나가보니 천만 다행으로 남은 재가 얼마간 있는지라 너털웃음을 웃으며 저혼자 기뻐 야단이였다.

 ≪그러면 그렇겠지. 이때까지는 내가 그녀석한테 빌어서 얻다보니 일이 번마다 틀려진거야. 이번에는 빚것도 없이 내손으로 남은 재를 긁어다 뜨락에 묻게 되였으니 꽃나무가 아니라 돈나무가 자라날게 틀림없지. 하하하.≫

 부자가 그 남은 재를 담아다 뜨락에 묻으니 과연 며칠이 지나지 않아 재를 묻은 그 자리에서 나무가 자라나는데 크기도 총각네 꽃나무보다 더 크고 아지도 총각네 꽃나무보다 더 무성하게 잘 뻗었다. 부자는 날마다 그 나무를 쳐다보며 언제면 그 가지가 칭칭 휘도록 열매가 열리겠는가고 애타게 기다렸다. 그런데 그 나무에는 돈열매도 열리지 않고 아름답고 향기로운 꽃도 피지 않았다. 그러기는 고사하고 바람이 솔솔 불때마다 그 파란 나뭇잎마다에서 보얀 재가루가 바람타고 날려와 사방에 날려갔다. 동리 한가운데 자리잡은 부자네 뜨락에서 바람이 일때마다 재가 뽀얗게 날려나와 동리사람들은 물론 동리를 오가는 길손들이 눈을 뜨고 다닐수 없게 되니 욕심많고 심사비뚤어진 부자를 욕하지 않는 사람이 없었다. 그래도 부자는 행여나 나무에 돈 열매가 열리면 천하갑부가 되여 보려고 그 나무를 그냥 세워둔채 집에 숨어서 나무만 쳐다보았다.

 그러던 어느날이였다. 고을 원이 이 동리를 지나가는데때마침 바람이 일어 재가 뽀얗게 날려오더니 원님의 눈에도 들어가고 관복에도 재가 부옇게 달라붙었다. 원은 대노하여 령을 내렸다.

 ≪사또행차에 웬놈이 이렇게 재를 날리느냐. 당장 이리 잡아다 엎어놓아라!≫

 그러자 동리사람들이 달려나와 원앞에 부복하고 욕심많은 부자의 지난날 괘씸한 행실을 하나부터 열까지 죄다 고하였다. 고을 원은 백성들의 고하는 소리를 듣더니 노기충천하여 라졸들에게 령하여 즉각 그 나무를 찍어버리게 하고 욕심많은 부자를 잡아 엎어놓고 곤장을 안기는데 윙윙 곤장이 울다가 떨어질 때마다 부자놈의 피둥피둥한 궁둥이의 살점이 묻어떨어지고 부자놈이 ≪아이구, 나 죽는다.≫고 소리를 치니 동리사람들은 너남없이 통쾌해하였다.
  그후 나무군총각은 아름답고 향기로운 꽃나무를 가꾸며 꽃같이 이쁜 안해를 맞아들여 끌날같은 아들을 낳으니 부부간에 금슬이 좋고 가세가 흥해서 세상 부러운것이 따로없이 잘 살아가더라 한다.

금방망이

옛날 한 동리에 두 형제가 살았는데 형은 세상에 부러운것이 따로없이 잘사나 욕심이 많고 마음이 등꼬부라진 나무처럼 구부러진 사람이라 동생을 알몸으로 내쫓고 보는체도 하지 않았다. 그래도 마음씨 비단같이 고운 동생은 아무 말도 하지 않고 동리 한끝에 자그마한 오두막을 짓고 등짐나무를 해다 팔아서 그날그날을 겨우 살아갔다.

어느날 동생은 산에 나무하러 갔다. 헌데 이날따라 맥이 없어 한짐 나무도 겨우 해놓고 쉬는데 동글동글한 개암알이 때그르르 굴러내려왔다. 동생은 굴러내려오는 개암알을 제꺽주어 호주머니에 넣으면서

《이건 가져다 아버님을 대접해야지.》하였다.

그러니 개암 한알이 또 때굴때굴 굴러내려왔다.

《옳지, 이건 가져다 어머님을 대접해야지.》

동생이 두번째 굴러내려온 개암알을 주어 품에 넣는데 또 개암 한알이 때그르르 굴러서 그의 앞에 와 떨어졌다. 그제야 동생은 《이건 내가 먹지.》하며 그 개암알을 주어 호주머니에 넣었다.

그런데 나무를 해가지고 쉬며쉬며 오다보니 그만 동산에 솟았던 해가 서산에 뚝 떨어지고 쥐어 날이 어두웠다. 동생은 맥이 진한데다 날까지 어두워 더 갈수 없었다. 때마침 길가에 상여집이 있었다. 동생은 집에 간대도 외몸이요 집이래야 상여집만 낫지 않은 자그마한 오두막이라 길가에 나무짐을 벗어놓고 상여집에 들어가 자려고 했다. 그러나 상여옆에는 눕기 싫어서 제격 상여집 대들보우에 올라가서 대들보를 가로타고 누웠다.

그런데 동생이 잠이 들가말가할 때 괴상한 소리를 지르며 숱한 도깨비들이 욱 쓸어들어왔다. 도깨비들은 상여집안에 빙둘러앉았더니 금방망이를 꺼내들고 《떡 나오너라 뚝딱》,《채나오너라 뚝딱》,《술 나오너라 뚝딱》하면서 금방망이를 두드려댔다. 그러니 무어나 나오라는것들이 다 나와서 도깨비들은 한상 잘 차려놓고 먹어대기 시작했다. 동생은 저녁도 먹지 못하고 대들보우에 누웠는지라

구수한 냄새가 풍기니 허기증이 나서 참을수 없었다. 그렇다고 도깨비들과 음식을 달라해서 빌어먹을수는 없었다. 그제야 동생은 산에서 굴러내려오는 개암알을 세알을 호주머니에 주어넣은것이 생각났다. 그래서 제몫으로 주어넣은 개암알 한알을 꺼내서 입에 넣고 ≪딱!≫ 깨였다. 헌데 ≪딱≫ 하고 개암깨는 소리가 나자 도깨비들은 ≪대들보가 무너진다!≫라고 기겁한 소리를 지르더니 금방망이까지 버리고 정신없이 도망쳤다.

동생은 도깨비들이 도망치자 대들보에서 뚝 뛰여내려 금빛이 번쩍번쩍하는 그 금방망이를 찾아들었다.

금방망이는 참으로 보배였다. 뭐나 요구 되는대로 말하고 ≪뚝딱≫ 한번 치기만 하면 그 요구되는 물건이 다 나왔다. 그리하여 금방망이를 얻은 동생은 대번에 부자가 되여 고래등같은 기와집을 지어놓고 잘살게 되였다.

동생이 이처럼 잘살게 되니 욕심많은 형이 그를 찾아왔다.

≪이 사람 동생, 집에 있나?≫

≪아이구, 형님 오셨구만요. 어서 들어오세요.≫

형이 동생네 집에 들어가 살펴보니 과연 듣던 말과 같이 동생네 집에는 없는것이 없이 잘사는지라 욕심통이 터지지 않을수 없었다.

≪이 사람 동생, 내 자네가 잘산다는 말은 들었어도 이렇게 잘살리라고는 생각지 못했네. 그래 동생은 대체 어떻게 되여 이렇게 잘살게 됐나?≫

동생은 마음이 비단처럼 고운 사람이라 형님네 집에서 쫓겨난 일은 까맣게 잊고 웃는 낯으로 말했다.

≪네, 산에 나무하러 갔다가 도깨비들이 쓰던 금방망이를 얻어 이렇게 잘사옵니다. 형님 이 금방망이를 구경하시오.≫

동생은 금방망이까지 내보이며 그날 있었던 일을 하나부터 열까지 그대로 들려주었다.

동생의 이야기를 들은 형은 이튿날 날밝기가 무섭게 동생이 나무하던 산으로 나무하러 갔다. 하지만 형은 나무하는데는 생각이 없어 나무 몇 대를 베여놓고는 앉아 쉬면서 어서 개암알이 굴러내려오기만 눈이 까매서 기다렸다. 아니나다를가 동생이 말한대로 개암알이 대굴대굴 굴러내려왔다. 형은 개암알이 굴러내려오는 걸 보자 데꺽 주어들고

≪옳지 됐구나. 이건 내가 먹지.≫

하며 호주머니에 집어넣고 또 개암알이 굴러내려오기를 기다렸다. 그런데 웬일인지 개암알은 더 굴러내려오지 않았다. 형은 어서 급히 금방망이를 얻을 생각에 더는 기다리지 못하고 훌쩍 일어나버렸다.

《동생도 개암 한알을 깨고 금방망이를 얻었을라니 나도 한알이면 되겠지.》
형은 이렇게 생각하고는 나무짐을 대충 해지고 산을 내려왔다.

형은 한시 급히 금방망이를 얻을 생각을 하며 부리나케 걷다보니 상여집에 거의 당도했는데도 해는 중천에 걸려있었다.

《제길, 조놈의 해가 언제나 지려나.》

형은 해가 빨리 넘어가지 않는다고 두덜거리며 상여집부근에다 나무짐을 벗어놓고 바질바질 애를 태우며 기다렸다. 그럭저럭 해가 지고 날이 어두웠다. 형은 그 누가 볼세라 도적놈처럼 상여집에 숨어들어가 대들보우로 타고 올라갔다.

형은 미리 개암알을 손에 꺼내들고 눈이 말뚱해서 도깨비들이 어서 오기만 기다렸다. 과연 얼마 지나지 않아 괴상한 소리가 나더니 숱한 도깨비들이 욱 상여집에 찾아들어와 금방망이를 치며《술 나오라 뚝딱》,《밥 나오라 뚝딱》하며 버쩍 고아댔다. 형은 그 번쩍번쩍 빛나는 금방망이를 보자 욕심통이 터져 개암알을 입에 넣자마자 이발이 부서질 지경으로《딱》하고 개암알을 깼다. 헌데《딱》하는 소리가 나면 혼비백산하여 금방망이를 내던지며 달아날줄만 알았던 도깨비들은 한놈도 달아나지 않았다. 도깨비들은 눈을 디룩디룩 굴리며 아래우를 훑어보더니만《저놈 잡아내려라!》하고 우레같은 소리를 쳤다. 형은 꼼짝도 못하고 도깨비들한테 잡히고말았다.

《아니 전날밤에 금방망이 하나를 얻어가지고 갔으면 됐지 욕심 사납게 또 가지러 왔구나.》

《저놈의 입으로 대들보 끊어지는 소리를 내서 우리를 속인놈이로구나. 그러니 저놈의 입을 댓발 늘궈놓아라.》

말이 떨어지기 바쁘게 도깨비들이 와 쓸어들어 금방망이를 엇갈아 받아쥐고 형의 입술을 내려치는데 눈깜짝할새 형의 입술은 엿처럼 쭉쭉 늘어나서 다섯발이나 되였다. 도깨비들은 형의 입술을 다섯발이나 되게 늘여놓자 금방망이를 들고 어디론가 가버렸다. 형은 금방망이를 얻으러 갔다가 얻지 못하고 입만 댓발이나 늘어나서 그 입으로 밥도 먹지 못하고 말도 하지 못하게 되였으니 살아가기도 막연하게 되였다. 형은 장밤을 상여집에 앉아서 한숨만 내쉬다가 날이 밝으니 늘어난 입술을 건사할수 없어 몸에 빙빙 둘러감고 상여집에서 나와 맥없이 집으로 향했다.

형이 한참 걸어오다보니 길에서 좀 떨어진 곳에 수수밭이 있었다. 그 꼴을 해가지고 대명천지 밝은 날에 동리에 나설수는 없었다. 형은 해가 지고 날이 어두우면 어둠을 타고 남몰래 집에 찾아가리라 생각하고 키넘는 수수밭에 들어가 숨었다. 헌데 맥이 진해 눕자고보니 몸에 칭칭 감은 입술이 까끄러서 누울수 없었다. 형은 빙빙 둘러감아놓은 입술을 풀어서 몸 한컨에 놓고 벌렁 나누웠다. 그런데 금방망이를 얻지도 못하고 오히려 매를 맞아 입술이 늘어난 일을 생각하니 생각할수록 분통이 치밀어 자연 입이 삐죽이 나왔다. 다섯발이나 늘어난 입술을 삐죽 내미니 그놈의 입술이 수수키를 훨씬 넘었다.

때마침 이 고을의 원이 새로 부임해오는 길에 이곳을 지나다가 수수밭우에 무엇인가 우뚝 솟은것을 보았다. 까닭을 모르는 원은 속으로 제좋은 생각을 하며 모든 행차를 멈춰세우고 가마에서 내렸다.

《모두들 저 수수밭을 보아라. 내 오늘 도임하는 길에 저 수수밭에서 룡이 승천하니 이는 필시 길상한 조짐이로다. 모두들 엎드려 저 승천하는 룡을 향하여 세번절을 할지어다.》

원이 이같이 령하고 먼저 절을 하니 그에 따르는 라졸들이 원을 따라 세 번 꿇어엎디여 절을 했다. 그런데 원이 절을 마치고 대회하며 다시 승천하는 《룡》을 보니 그 《룡》은 그냥 그대로 선채 까딱 움직이지 않고있었다. 이에 이상하게 생각한 원이 아전들을 시켜 가보게 했더니 웬놈이 입이 다섯발이나 되여 수수밭에 누워있는지라 잡아서 원님앞에 대령시켰다. 이를 본 원은 속히워 절까지 세번이나 한 일을 생각하고 부아가 치밀어 호령하였다.

《저놈이 입이 닷발이나 나왔을적에는 필시 나라에 불만이 이만저만하지 않겠은즉 매우 쳐라!》

《예잇!》

라졸들이 달려들어 일시에 곤장을 안기니 형은 입술이 늘어나 말은 못하고 애매한 매만 죽게 맞고 길가에 늘어져버렸다.

이리하여 욕심많은 형은 금방망이를 얻으려다 보기 흉한병신몸이 되였고 마음씨 착한 동생은 금방망이덕에 현숙한 안해까지 얻고 금슬좋게 지내며 잘살아가더라 한다.

혹떼러 갔다가 혹을 붙여왔다

옛날옛적 한 산골마을에 혹달린 령감이 지주네 집에서 머슴을 살고있었다. 마음씨 곱고 부지런하기로 마을에서 첫손가락에 꼽히는 로인은 철부지 어린나이 때부터 지주네 머슴살이에서 잔뼈가 굵고 등뼈가 휘였지만 언제나 차례지는것은 얼굴이 들여다보이는 멀건 죽물과 고된 일뿐이였다. 그래서 로인은 오른쪽 볼밑에 달려있는 묵직한 혹 때문에 가난하게 살며 뼈빠지게 일한다고는 할 수가 없다. 왜냐 하면 욕심많기로 소문난 자기 집 주인인 지주도 왼쪽볼밑에 뒤웅박같은 큰 혹이 달려있지만 작은마누라까지 두고 고이 놀면서 호의호식하기때문이였다. 그러고보면 타고난 팔자라고 생각했다.

병신도 한가지 재간씩은 가지고있는 법인지 혹달린 로인은 어릴때부터 산수좋은 고장에서 별을 이고 들에 나가고 달을 지고 들어오면서 산천초목을 벗삼아 말하고 노래를 하다보니 목소리가 어찌나 좋은지 마을에서 첫손가락에 꼽히는 소리군이였다.

어느 하루, 혹달린 령감은 논밭에 나가 일하고 점심먹으러 돌아오니 지주녀편네가 땔나무가 젖어서 불이 안 붙는다며 마른 삭정이를 한수레 해오라고 줄욕을 퍼부었다. 령감은 할수없이 쪽지게를 지고 마른 나무하러 떠났다. 산속을 뒤집으며 마른강대와 마른 그루터기를 줏다보니 해가 서산마루에 걸려서야 한짐 가득 해가지고 산을 내리기 시작했다. 헌데 점심을 굶은데다가 어림증이 나면서 미끄러지는바람에 넘어져 발목을 풀치고말았다. 어느덧 해는 지고 사방은 캄캄해들어오는데 옴짝달싹할수 없게 된 로인은 초조해나고 불안해졌다. 늦게 돌아가 줄욕에 몽둥이찜질을 당하는것쯤은 아무것도 아니고 잘못하다간 산속에서 짐승의 밥이 되겠다고 생각하니 온몸이 오싹해났다. 그래서 로인은 안간힘을 써서 엉금엉금 기여 몸을 의지할 곳을 찾아보았다. 다행히도 얼마를 헤매던 끝에 다 쓰러져 가는 빈집을 만났다. 로인은 그래도 이 집을 사람이 만들었고 그 언젠가는 사람이 살았을것이라는 미련을 두고 의지가 되여 무작정 집안에 들어가 기둥에 기대여

앉았다. 사방을 둘러보니 거미줄 천지인데 하늘의 별이 보이였다. 그렇건만 마음이 안정된 로인은 풀친 발목을 주무르기 시작했다. 동통이 한결 덜어지면서 온몸이 녹작지근해지더니 소르르 잠이 들었다.

　잠간 눈을 붙인것 같은데, 깨고보니 한밤중이 잘된 모양이였다. 달빛이 방안을 환히 비추는지라 그 달을 쳐다보는 로인의 눈앞에는 오막살이집에서 자기를 기다릴 로친네 생각이 났다. 그래서 저도 모르게 ≪달아 달아 밝은 달아, 리태백이 노던달아≫하고 타령을 하기 시작했다. 원래 목청좋고 가락을 잘 넘기기로 소문난 령감인지라 부를수록 힘이 나고 부를수록 흥이 나서 목청껏 부르고 또 불렀다. 구성진 노래소리는 밤의 정적을 깨뜨리고 멀리로 퍼져갔다. 청아한 그 소리에 달속의 옥토끼도 귀를 깨우뚱거리고 잠들었던 뭇새들도 목을 빼들고 귀를 강구었다.

　지긋이 눈을 감고 타령을 부르던 령감은 갑자기 집안이 환해지며 왁작 떠드는 소리에 눈을 번쩍 뜨고 보니 꿈에서도 보지 못했던 괴상한 짐승들이 ≪잘한다!≫고 박수를 치며 우루루 모여들었다. 로인이 깜짝 놀라서 찬찬히 눈여겨보니 옛말에 듣던 괴상망측하게 생긴 도깨비들이 금방망이, 은방망이를 들고있었다. 그중에서 키가 구척이나 되여 그냥 허리를 구부리고있던 괴수도깨비같은놈이 로인앞에 공손히 인사하고는 생긴것과 딴판으로 곱살하게 말했다.

　≪로인님, 놀라지 마십시오. 우리는 로인님의 노래소리를 듣고 들으러 왔으니 노래를 들려주십시오.≫

　로인은 할수무가내로 기둥을 붙잡고 일어선체로 노래가락을 넘기였다. 그러자 도깨비들이 금방망이 은방망이로 벽이며 문짝을 마구 두드리며 장단을 치더니 흥이 나서 로인을 둘러 싸고 ≪좋다!≫ ≪좋지!≫ 소리까지 지르며 너울너울 춤까지 추었다. 로인이 맥이 진하여 흔들거리는 혹을 받쳐들고 앉자 도깨비들이 모여들었다.

　≪로인님, 그 노래소리는 어디서 흘러나옵니까?≫

　로인은 느닷없는 철부지 물음에

　≪목에서 나오지 어디서 나오겠소.≫

　하고 사실대로 대답했다.

　≪아닙니다. 우릴 속이려구요? 로인님의 노래소리는 분명히 이 혹에서 나오는 거지요?≫

괴수도깨비가 로인의 큼찍한 혹을 툭툭 치며 말했다. 로인은 너무 어처구니없어서 앙천대소했다.

《하하하, 혹에서 노래가 나온다니 나는 처음 듣는 소리입니다.》

《로인님, 다른 사람들도 다 목이 있지만 로인님처럼 노래를 부르지 못합니다. 그러니 아깝겠지만 그 노래주머니를 우리에게 파십시오. 이 금방망이와 은방망이를 몽땅 드리겠습니다.》

그 말에 로인은 깜짝 놀라며 혹을 붙잡고 목을 움츠렸다. 그걸 본 도깨비들은 더욱 검질기게 달라붙었다. 마음씨 비단같고 어질기로 한량없는 정직한 로인은 사실대로 말했지만 도깨비들은 어쨌든 혹을 팔라고 못견디게 졸랐다.

《허참, 이런 딱한 일이라구야. 글쎄 나로 말하면 이 우환거리 혹 때문에 일도 제대로 못하고 잘 때도 불편하니 혹만 없어졌으면 앓던 이를 뺀것보다 더 시원하겠지만 내 살에 붙은걸 아파서 어떻게 떼며 피가 나오는건 어찌겠소?》

그제야 영문을 안 도깨비들은

《로인님, 그건 념려마십시오. 이 방망이는 못하는 일이없답니다. 없는것도 나오라면 안 나오는것이 없는데 혹 하나 아프지 않게 못 떼겠습니까. 자, 혹을 아프지 않고 피도 안 나고 자리도 없게끔 살짝 떼여라!》

하고 중얼거리며 혹을 슬쩍 다쳤는데 어느사이에 혹을 떼들고 보란듯이 로인앞에 내들고 좋아했다. 로인은 눈을 펀히 뜨고서도 도깨비놀음에 얼리우는것만 같아서 도정신하여 턱을 만져보니 정말 혹은 떨어지고 민숭민숭하였다. 귀신의 조화라고 할가 조금도 아픈줄을 몰랐고 혹뗀 자리는 없었다. 도깨비들은 감사하다고 인사하며 금방망이와 은방망이를 로인앞에 놓았다.

《아니, 이건 외려 내가 값을 물어야겠는데요?》

《로인님, 이 혹은 이제부터 우리해입니다. 잘 가십시오!》

닭의 울음소리가 들려오자 도깨비들은 감사하다고 인사하고는 눈깜짝할사이에 없어졌다. 로인의 앞에는 광채나는 금방망이와 은방망이가 쌓여있었다. 날이 밝자 로인은 지게우의 나무를 부리우고 대신 금은방망이를 힘껏 지고 돌아왔다. 로인은 은방망이 하나를 팔아서 새집 짓고 밭을 사고 황소까지 샀으며 큰 부자로 되였다.

로인이 혹을 떼고 보물까지 얻어온것은 제 눈으로 직접 본 지주는 배속에서 송충이 먹겠다고 요동을 하는바람에 앉아있을수가 없었다. 로인한테 두세번씩이나 캐여묻고난 지주는 그날로 난생처음 쪽지게를 지고 로인이 말하던 산속으로 들어갔다. 처음으로 낫을 들고 나무를 하자니 남산만한 배가 눌리워서 숨을 제대로 쉴수 없는데다가 알힘이 드는지 낫을 내동댕이쳤다. 그리고 발목을 일부러 절뚝거리며 외딴집을 찾아가서 초저녁부터 들어앉아 노래를 부르기 시작했다. 밤이 깊어지자 그이 목소리는 이미 쉴대로 쉬여서 쌕쌕하고 괴상한 소리가 나왔으나 금방망이한테 미친 지주놈은 안간힘을 다해서 부르고 또 불렀다. 한밤중이 될수록 머리카락이 뻣뻣이 살아나며 온몸에 소름이 끼치는데 정말 괴상망측한 도깨비들이 쓸어왔다. 지주놈은 어찌나 무섭던지 바지에다 똥물을 내갈기며 식은 땀을 좔좔 흘리면서도 이때를 놓쳐서는 안된다고 자갈밭에 양철끄는 소리를 계속했다.

들을수록 오만상을 찌푸리며 구린내가 난다고 코를 쥐고 돌아가던 도깨비 괴수가 지주앞에 다가서서 버득이를 들어냈다.

≪령감, 그 노래소리는 어디서 나오는거요?≫

≪이 노래주머니에서 나옵니다.≫

≪그게 정말이요?≫

≪예, 이 혹은 보배지요. 노래를 부를수록 더 듣기좋은 노래가 나오지요.≫

그 소리에 도깨비 괴수가 하하 하고 웃자 모든 도깨비들이 잇달아 괴상한 웃음소리를 냈다.

≪이놈의 두상! 누굴 속이려고 응? 지난밤에 그 령감은 노래소리가 혹에서 나오는것이 아니라 목에서 나온다고 하는걸 우리가 우겨서 억지로 사가지고가서 목에 붙이고 아무리 노래를 불러도 소리가 안 나오기에 그 로인의 말이 옳다는걸 알고 있는데 두상은 새빨간 거짓말로 우릴 속이고 금방망이를 가져갈라고 왔지? 애들아, 이놈의 두상에게 상을 톡톡히 주어라!≫

괴수의 말이 떨어지자 숱한 도깨비들이 달려들어 지주놈을 붙잡고 전날 로인한테서 때낸 혹을 지주놈의 오른쪽 볼밑에다 철썩 붙여놓았다. 그리고나서는 히히 호호 하하 하고 웃어대며 발로 차고 주먹으로 때리며 조롱하더니 벼새이 되자 안개처럼 사라졌다.

그제서야 제 정신이 든 지주는 금방망이와 은방망이가 있는가 해서 사방을 두리번거리며 아무리 찾아보아야 아무것도 없었다. 아도 맹랑해서 한숨을 내쉬다가 혹시 혹이 없어졌나해서 만져보니 난데없는 큰 혹이 하나 더 붙어있었다.

≪제밀할, 혹떼러 왔다가 하나 더 붙었군!≫

지주는 사람들의 눈이 무서워 하루 종일 산속에 숨어서 쿨쩍거리며 울다가 땅거미질무렵에야 주린배를 끌어안고 간신히 집으로 돌아왔다. 그는 집안에 들어박혀 두문분출하고 외인을 대면하지 않았으나 낮말은 새가 듣도 밤말은 쥐가 듣는다고 며칠 못 가서 심보고약한 지주놈이 혹떼러 갔다가 혹을 붙여왔다는 소문이 쫙 퍼졌다.

그때부터 매일 수많은 사람들이 ≪혹떼러 갔다가 혹을 붙여왔다면서≫하고 놀려주며 구경하러 오는바람에 지주놈은 평생을 집안에서 맴돌다가 혹 두 개를 달고 지옥으로 갔다고 한다.

≪왕의 귀는 나귀귀다≫

옛날 한 임금에게는 두 딸만 있고 아들이 없었다. 왕은 뒤를 이을 왕자를 얻으려고 새 왕비를 맞기도 하고 궁녀들을 번갈아 내실로 끌어들이기도 했으나 어쩌다 낳으면 또 딸이였다. 그래도 혹시나 하여 산천에 제사도 지내고 절에 가서 불공도 드렸으나 모두 허사였다. 이러는 사이에 세월은 흘러 고령에 이른 왕은 아들을 단념하고 과년한 두 딸을 시집보내여 사위로 하여금 자기뒤를 잇게 하려고 맘먹고 대신들을 풀어 인물 잘 생기고 총명하며 도량이 넓은 신랑감을 물색하였다.

이때 한 이찬이 자기 아들을 임금의 사위로 만들기 위해 골을 짜던 끝에 왕이 제일 신임하는 절의 주지를 찾아갔다.

≪지금 대왕전하께서는 훌륭한 사위를 맞으려고 하는데 법사께서는 어이하여 좋은 사람을 추천하지 않습니까?≫

≪대인께서 이렇게 찾아주시여 소승에게 분에 넘치는 말씀을 해주시니 감개무량할뿐이옵니다.≫

≪말씀올리기 황송하오나 법사께서도 아시다싶이 저의 아들 웅렴이는 인물을 놓고말하면 남보다 못지 않고 재주와 한문으로 보면 법사님께서 배양한것이니 구태여 말할것도 없겠으니 법사께서 추천하여주신다면 저는 더 바랄것이 없겠습니다.≫

이찬대감의 말을 들은 주지는 놀란나머지 ≪아, 웅렴도련님 말씀이지요?≫하고는 지그시 눈을 감았다. 그의 눈앞에는 자기의 제자인 웅렴이가 나타났다. 키는 작달막하고 얼굴은 말쑥하나 성품이 악하고 부친의 권세를 믿고 주색에 빠져 공부를 하지 않던 건달이였다.

법사의 눈치를 엿보던 이찬이 밖에 대고 눈짓을 하자 시종들이 눈부신 궤짝들을 주지앞에 갖다가 늘어놓았다. 그러자 이찬은 손수 일어나 궤짝문을 하나하나 열어제끼였다. 갑자기 법당안이 환해졌다. 금은보화가 눈부신 빛을 내뿜었다.

≪약소하나마 법사님께서 저의 성의를 보아 받아주십시오.≫

≪이건 원, 너무나 황송해서…≫

법사가 입이 함박만해서 어쩔줄을 몰라하자 이찬대감은 쓴웃음을 지으며 로골적으로 갈비를 들이댔다.

≪응렴이가 부마로 된다면 자연 대왕의 뒤를 이어 룡상에 앉게 될터인데 그때면 법사님은 국사로 될터인데 요까짓게 무슨겝니가. 안 그렇습니가 국사님! 핫하하.≫

예나제나 황금은 흑사심이요, 먹은 소 똥눈다고 주지는 값을 내였다.

≪대인께서 과히 근심하지 마옵소서. 소승이 귀공자를 대왕님께 추천하겠나이다.≫

≪그렇다면 오죽 좋겠습니가. 그럼 난 법사님만 믿고 물러가오이다.≫

이튿날 주지는 임금을 찾아갔다.

≪법사께서 웬 일이요?≫

≪대왕님께 기쁜 소식을 아뢰러 왔나이다.≫

≪기쁜 소식이라니요? 어서 들려주시오.≫

≪예. 소승이 대왕님께 훌륭한 사위감을 골라달라고 부처님께 정성껏 빌었더니 어제밤 꿈에 부처님의 신령이 나타나서 <대왕님의 사위로 되여 대왕님의 뒤를 이어 선왕의 위업을 대대손손 빛나게 할 사람은 응렴밖에 없느니라!>라고 하였나이다.≫

≪응렴이라구? 응렴이란 누구더냐?≫

≪이찬대감의 장자올시다.≫

≪헌데 여직 내가 몰랐을가? 그리고 많은 대신들의 추천에도 응렴이란 이름이 없었을가?≫

≪대왕님, 개천에서 룡 나고 순금은 땅속에 묻혀있다고 하지 않습니가. 응렴이는 겸손한 귀공자로서 사람들앞에서 자기를 함부로 나타내지 않나이다. 또 많은 대신들이 추천하지 않은것은 필경 자기 자손들과 친속들가운데서 사람을 추천하기 위해서입니다. 그러하오니 대왕님께서 직접 응렴이를 불러서 보시옵고 시험 쳐보는것이 좋을듯하나이다.≫

≪그게 좋겠군.≫

임금이 응렴이를 불러놓고 보니 키는 작아도 팥알처럼 여무지게 생겼는데 훤칠한 얼굴에다 놀음판에 돌아다니면서 배우고 익힌 말재간에다가 법사가 일일이

시켜준것이여서 임금의 하문에 막힘없이 술술 대답하였다.

《과인에겐 두 딸이 있는데 맏딸은 박색이나 성품이 온화하고 둘째는 절색이나 마음이 옹졸한데 자네는 누구를 안해로 택하겠는고?》

임금께서 이런 문제까지는 물으리라고 생각 못한 주지는 응렴에게 알려주지 못한데서 응렴이가 대답하지 못할가봐 은근히 초심하며 아버지 리찬에게 미루라고 눈짓을 하였다.

응렴이로서는 국색으로 소문난 둘째딸을 안해로 삼겠다는 말이 목구멍까지 올라왔으나 법사가 시킨외에 일체는 아버지와 자기에게 밀리던 법사의 말이 생각나서 법사의 눈치를 보니 아버지를 가리키는지라 림기응변할 말이 생각났다.

《황송하오나 혼인은 인륜지대사이고 또 소인을 낳아 기른 부친님이 계시오니 부모님의 뜻을 받들겠사옵니다.》

《그럼 그렇겠지. 핫하하.》

임금은 만족하여 껄껄 웃고는 돌아가서 부모들의 의향을 물어서 아뢰라고 하였다.

응렴이 집에 돌아오자 법사와 리찬이 따라왔다. 응렴이 앉자마자 부친이 물었다.

《너는 어느 공주를 택하겠느냐?》

《둘째공주를 택하렵니다.》

《이 멍텅구리 한치보기놈아! 인물만 보고 안해를 삼아서 인물 뜯어먹고 살겠느냐?》

리찬이 펄펄 뛰며 꾸짖었다. 응렴이 어리둥절해서 주지를 바라보자 법사가 웃으며 해석했다.

《리찬대감의 말씀이 지당하외다. 맏공주는 비록 얼굴이 못생겨서 보기에도 역겨웁고 둘째공주는 국색이라 보기만해도 마음이 황홀합니다. 허지만 맏공주를 안해로 삼으면 세가지 좋은 일이 있고 둘째공주를 안해로 맞으면 세가지 불길한 조짐이 있습니다. 맏공주를 맞으면 첫째, 맏사위가 되여 대왕님의 뒤를 이어 왕위에 오를수 있고 둘째로는 왕위에 오르며 아름다운 둘째공주를 왕비로 삼을수 있고 셋째는 맏공주에게 장가들면 임금과 왕후가 기뻐서 더욱 사랑해줄것이므로 첫두가지 문제가 순리롭게 이룩될것이니 이것이 꿩먹고 알먹고 둥지털어 불까지 때는것이 아니고 뭡니까?》

응렴이 듣고보니 손금보듯 뻔한 리치라 자연히 머리가 숙어지면서도 둘째공주에게 장가 들면 세가지 불길하다니 도대체 무엇인지 알고싶었다.

《둘째공주에게 장가 들면 세가지 불길하다는것은 무엇입니까?》

《이미 우에서 말한 반대이지요. 첫째는 왕과 왕후의 사랑을 받을수 없고 둘째는 왕위에 오를수 없고 셋째는 둘째공주마저 잃게 됩니다.》

응렴은 듣고보니 그럴듯한지라 그날로 맏공주에게 장가들기가 소원이라고 임금에게 아뢰였다. 임금과 왕후는 대희하여 좋은 날을 택하여 큰 잔치를 베풀고 응렴을 사위로 맞아들였다.

그이듬해 임금은 병이 위중하여 정사를 볼수 없게 되자 문무대신들을 불러놓고 유언을 남기였다.

《과인에겐 아들이 없으니 맏사위로 사직을 잇게 하니 경들은 응렴을 왕위에 모시고 나를 대했듯이 잘 섬길지어다.》

며칠후 임금이 별세하자 대신들은 임금의 유언대로 응렴을 왕위에 모시니 그가 바로 경문왕이다.

응렴은 왕위에 오르자마자 본성을 드러내였다. 경문왕이 첫째로 한 일이 둘째공주를 왕후로 선포한것이고 두 번째 한것은 법사를 국사로 지명한것이며 세번째로 한 일은 자기 비위에 맞지 않은 대신들을 죽이거나 축출한것이다. 이렇게 되니 누구나 옳은 말은 하지 않아서 경문왕은 눈뜬 청맹관에다가 귀머거리까지 되였다. 백성들은 헐벗고 굶주림에 시달려 원성이 높아갔으나 임금은 오히려 백성들을 동원하여 화려한 궁실과 절당을 짓게 하였다. 이런데서 경문왕을 미워하는 원성이 날따라 높아가고 왕을 비방하는 류언비어가 도처에서 떠돌았다.

《여보게, 임금은 뱀의 혼을 타고나서 밤에 잘 때면 뱀들과 같이 잔다네.》

《그뿐인줄아나? 임금이 잘 때에는 혀를 빼문것이 가슴에까지 드리운다네.》

《임금의 귀는 나귀귀라서 사람들의 말을 못 알아 듣는대.》

발없는 말이 하루밤새에 천리를 가고 낮말은 새가 듣고 밤말은 쥐가 듣는다고 이런 말들을 전해들은 임금은 대노하여 개구리처럼 풀썩풀썩 뛰였다.

《거짓말을 만들어내자는 물론, 그런 말을 옮기는놈들을 몽땅 잡아죽여라!》

이리하여 그날부터 죄없는 백성들이 련이어 죽었고 머리없는 시체가 산과 들에 널리였다. 임금의 이와 같은 잔인무도한 행위는 백성들의 분노를 더욱 자아냈다.

《임금은 마귀다!》

≪임금의 귀는 나귀귀다!≫

≪요귀같은 임금은 천벌을 받을게다!≫

백성들의 웨침소리가 귀에 쟁쟁하여 귀를 틀어막고 억지로 잠을 자고난 임금이 아침에 일어나 거울을 들여다 보다가 ≪악!≫소리를 지르며 풀썩 주저앉았다. 정신을 차리고 만져보고 잡아당겨봐도 분명한 자기 귀인데 하루밤새에 나귀귀로 자라난것이였다.

≪아니, 이런 해괴망측한 일이 어디 있단말이냐!? 이 일을 어떻게 한단말이냐?≫

임금은 다람쥐 채바퀴돌듯 문을 닫아걸고 방안에서 맴돌며 안절부절 못했다. 그는 하루종일 왕관을 썼다가는 벗고 수건을 동였다가는 풀었다. 왕관과 수건으로는 나귀귀를 감출수가 없었다.

그날 밤 자정이 넘어서야 좋은 생각이 떠오른 임금은 수건으로 나귀귀를 싸맨 다음에 왕관을 만드는 늙은 장인바치를 불렀다.

≪나와 두가지 약속을 하고 그걸 지키면 황금 백냥을 주겠네. 약속을 지킬만한고?≫

아닌 밤중에 불리워나온 장인바치는 무슨 일인지 몰라서 어리둥절해있다가

≪대왕님께서 시키는 일이라면야 무슨 일인들 못하겠나이까.≫

하고 감격해하였다.

≪그럼, 오늘부터 내옆방에 와 있으면서 일생동안 누구와도 만나서는 안되네. 이것이 첫째 약속이고, 두 번째는 오늘부터 죽을 때까지 벙어리가 돼야 한다. 어떠냐? 이 약속을 지킬만한고?≫

임금의 말을 듣고 로인은 너무나 놀라서 부들부들 떨기만 하였다.

≪왜 대답이 없는고?≫

≪무, 무슨 일을 하기에….≫

≪음, 그저 나의 금관을 만들고 매일아침 나의 머리를 빗겨주고 금관을 씌워주면 되느니라. 네가 약속을 지키면 나와같이 평생동안 락을 누릴것이고 만약 약속을 어긴다면 그 즉시로 목을 베겠노라. 들었는고?≫

≪예!≫

그러나 임금이 칭칭감았던 수건을 풀자 로인은 저도 모르게 ≪앗!≫ 하고 소리를 쳤다. 뾰족하고 커다란 나귀귀가 달린 임금은 마치 도깨비같이 보였기 때

문이다.

≪이놈, 벙어리가 되라고 했는데 왜 소리치는거냐? 당장 목을 베야 하겠으나 습관되지 않아서 처음이라 용서하니 그대신 삼일내로 내 귀까지 덮을수 있는 금관을 만들어 바쳐라!≫

로인은 죽기를 면하려고 밤낮 이틀동안 일하여 큼직한 금관을 만들었다. 새로 만든 금관은 아름답고 커서 임금의 나귀귀를 가리울뿐아니라 가벼워서 임금은 매우 흡족해하였다. 그때부터 임금은 자나깨나 금관을 벗을줄 몰랐고 장인바치는 매일아침마다 밀실에 들어가 임금의 머리를 빗겨주고 왕관을 씌운 다음에는 이튼 날아침까지 어둑컴컴한 방에 갇히여 있어야만 하였다. 장인바치는 해빛을 보지 못하여 날이 가고 달이 지날수록 점점 여위여만 갔다. 차라리 소경이라면 보지나 못하고 귀머거리라면 듣지나 못하고 벙어리라면 말이나 못하련만 오관이 편편한 사람이 눈뜬 소경에 귀머거리요. 게다가 벙어리노릇까지 하자니 하루가 십년맞잡이로 지루하고 고생스러웠다. 이렇게 하고 사느라니 차라리 죽느니만 못하였다. 이렇게 삼년이란 세월이 흘러가자 장인바치의 몸은 쇠약할대로 쇠약해져서 드러눕고말았다.

그날, 임금은 머리를 빗겨달라고 장인바치가 있는 방으로 가니 누워있는지라 부르다 못해 발로 건드려보니 다 죽은 송장이나 다름없었다.

≪게 아무도 없느냐? 이 방에 갇힌 늙은 죄인을 래일 이른 새벽에 아무도 모르게 끌어내다가 목을 베여라!≫

꿈결에서처럼 내시에게 하는 임금의 말을 들은 장인바치의 가슴속에서는 분노의 불길이 활활 타올랐다. 자기를 벙어리와 소경으로 3년동안이나 가둬놓고 부려먹다가 지쳐서 눕게 되니 치료는 고사하고 죄인으로 목을 베니 이보다 지독한 임금이 이 세상 그 어디에 또 있단말인가? 나는 죽어도 한이 없다만 임금의 귀가 나귀귀라는것만은 만천하에 알리고싶었다. 임금과 내시가 나가자 어데서 그런 힘이 생겼는지 장인바치령감은 벌떡 일어섰다. 그리고 안간힘을 써서 궁밖으로 도망쳐나왔다. 로인은 앞으로만 향해걷고 넘어지면 기였다. 날이 희붐이 밝아오자 사방을 휘돌아보니 온밤 걷고 기여서 온것이 궁에서 멀지 않은 대나무숲이였다.

≪내가 겨우 여기밖에 못 왔구나! 임금이 내가 없는것을 보고 당장 잡아오라고 천길만길 뛰겠지!≫

장인바치는 일어나서 뛰려고 했지만 손가락 하나 깜짝할 맥이 없었다. 더 지탱해나갈 힘이 없음을 알게 된 그는 맑고 푸른 하늘을 우러러보고 설레이는 참대숲을 돌아보며 자기밖에 모르는, 왕의 귀는 나귀귀라는 비밀을 온세상에 알리지 못하고 죽는것이 한스러웠다. 그래서 마지막 힘을 다하여

《창천아, 대숲아 들으라, 왕의 귀는 나귀귀다! 왕의 귀는 나귀귀다!》

하고 소리쳤다. 3년동안이나 벙어리로 있으면서 하고싶은 말 한마디도 못하고 참고 참았던 울분이 합치고 합쳐 울려나오는지 원한에 찬 그 웨침소리는 하늘에 메아리쳐 산천을 뒤흔들며 울려퍼지는데 대나무숲이 우수수 설레이며 《왕의 귀는 나귀귀다!》 하고 화답했다. 그 소리를 들은 장인바치는 얼굴에 미소를 지으며 스스로 눈을 감았다.

그러나 자기의 나귀귀가 세상에 알려질가봐 무도한 임금은 이미 죽은 장인바치의 목을 잘라 나무에 매달고 반역죄로 처단했다고 고시를 내붙이였다.

그후 어느날 밤 한 대신이 당황하여 임금앞에 꿇어앉아 아뢰였다.

《대왕님께 황송히 아뢰옵니다. 궁밖 대나무숲에서 바람이 불 때마다 <왕의 귀는 나귀귀다!>는 소리가 난다기에 소신이 가서 직접 들은즉 사실인줄로 아뢰옵나이다.》

《뭣이!》

임금은 너무나 놀라서 불맞은 노루처럼 화닥닥 뛰여일어나 가쁜 숨을 몰아쉬며 고래고래 소리쳤다.

《당장, 오늘밤으로 대나무숲을 몽땅 베버려라!》

《마마 분부대로 거행하겠나이다!》

임금의 어명이라 숱한 라졸과 백성들을 동원하여 하루밤사이에 대나무숲을 몽땅 베버렸다. 그런데 이튿날 새날이 밝자 새로운 대나무들이 우쩍우쩍 자라나며 《왕의 귀는 나귀귀다!》라고 했다. 이때부터 우후죽순마냥 자라난다는 말이 생겨났고 하루사이에 더욱 숲을 이룬 대나무들이 바람이 불때마다 《왕의 귀는 나귀귀다!》고 합창을 하였다.

이 소식을 들은 백성들은 구름떼처럼 모여와서 그 소리를 들으며 하하하 호호 하고 웃으면서 하도 악독한 임금이라서 산천초목마저 임금을 질책하는것이니 임금이 며칠 못가서 천벌을 받을것이라고 했다.

이튿날아침 조회때 이찬대감이 이 소식을 전하자 낯이 흙빛이 되여 부들부들

떨던 임금은 미친 사람처럼 벌떡 일어섰다가 입을 벌린채 눈을 흡뜨더니 쿵! 하고 자빠지는바람에 왕관이 벗겨지면서 여지껏 숨겨왔던 나귀귀가 만조백관앞에 드러났다.

≪아니 저런!? 그러고보니 대왕님의 귀는 틀림없는 나귀귀였군그래!≫

≪그러게 아니땐 굴뚝에서 연기날가?!≫

≪백성들의 원성소리가 그리 높아두 듣지 못하더니 원래 나귀귀였군!≫

문무대신들은 임금을 부추길 대신에 놀란 가슴을 달래며 저마다 한마디씩 수군거렸다.

이리하여 그날로 ≪왕의 귀는 나귀귀다!≫는것이 실증되여 온 성안에 쫙 퍼지게 되였으며 임금의 나귀귀를 보려고 홍수처럼 밀려드는 백성들의 발걸음소리와 함성소리에 놀란 임금은 큰 길에 나선 쥐의 신세가 되고말았다 한다.

궁냥깊은 거부기

멀고도 까마아득히 먼 옛날의 일이다.
어느날 거부기와 토끼가 바다가 산기슭에서 놀고있었다. 한창 재미나게 노는데 거부기가 풀숲에서 뒤웅박 하나를 주었다.
《거북아, 그게 뭐냐?》
토끼가 깡충 뛰여와 앙금주춤 앉으며 물었다.
《뒤웅박이야. 그런데 무슨 냄새가 이렇게도 구수할가?》
거부기가 뒤웅박뚜껑을 떼고보니 그속에는 맛갈스러운 음식이 꼴똑 차있었다. 거부기는 군침을 꼴깍 넘겼다. 하지만 둘이 함께 놀다가 주은건데 제가 먼저 주었다고 저혼자 먹을수는 없었다.
《토끼야, 줏기는 내가 주었지만 둘이서 놀다가 주었으니 우리 함께 나누어 먹자꾸나!》
거부기가 혼자 먹을가봐 안달아하던 토끼는 이 말을 들으니 우선 한시름 놓았다. 그러나 인차 저 혼자 다 먹었으면 하는 욕심이 생겼다. 그래서 토끼는 도리도리한 두눈을 뱅글뱅글 굴리더니만 입술을 나풀거리며 잔꾀를 피워댔다.
《거북아, 내 말 들어봐. 나눠먹는게 좋기는 하다만 만약 내가 먼저 먹고 남기면 남은게 적다고 네가 섭섭해할것이고 네가 먼저 먹고 남기면 나도 섭섭하게 아니냐? 그러니 우리 산우에 올라가서 뒤웅박을 산아래로 내리굴리고 그걸 먼저 가서 잡는자가 그속에 있는 음식을 먹도록 하자. 이러면 말썽도 없고 우리 서로 싸우지도 않고 좋지 않냐?》
거부기는 토끼의 고약한 심보가 환히 들여다보였지만 무슨 생각을 하는지 눈을 껌적거리며 뒤웅박을 보더니만 토끼를 보고 그렇게 하자고 대답했다. 토끼는 그만 웃음주머니가 흔들흔들했다. 뒤웅박을 산우에서 내리굴리면 어정어정거리는 거부기가 제보다 먼저 산아래로 내려가 뒤웅박을 잡을수는 없었다.
토끼와 거부기는 산우에 올라가서 뒤웅박을 들어 산아래로 내리굴렸다. 때그르르 굴러떨어지기 시작한 뒤웅박은 아래로 내려가면서 땍대굴땍대굴 점점 더 빨리 굴러내렸다. 토끼는 거부기야 날 보란듯이 긴 허리를 활등처럼 굽혔다가는 쭉펴면서 산아래로 화살처럼 내리뛰였다. 뒤웅박은 틀림없이 토끼가 차지하게 되였다.

단숨에 산아래로 뛰여내려간 토끼는 누가 빼앗기라도 할가봐 산우에서 굴러내려온 뒤웅박을 꽉 틀어잡았다. 그러나 뒤웅박속을 들여다보니 그 맛나는 음식은 꼬물만치도 남아있지 않고 텅텅 비여있었다. 토끼는 그만 분통이 터져 제자리에 주저앉고말았다.

이때 거부기는 뒤웅박이 굴러내린 자리를 따라 어정어정 걸어내려오면서 뒤웅박속에서 쏟아져나온 음식을 주어먹었다. 거부기가 그 맛나는 음식을 마지막 한입에 넣고 오물오물 씹을 때 토끼가 빈 뒤웅박을 들고 쫓아올랐다.

《거북아, 넌 뭘 그렇게 맛있게 먹니?》

《뒤웅박속에 있던 음식이지 뭐겠니?!》

《아니 뭣이라구?》

《이 우둔한 토끼야, 뚜껑을 뗀 뒤웅박이 구을면 그속의 음식이 쏟아지지 않고 남아있겠느냐?》

토끼의 배속에서는 꼬르륵꼬르륵 갈비를 훑는 소리가 났다. 토끼는 거북에게 빌었다.

《얘 거북아, 난 배가 고파 죽겠다. 먹다 남은게라도 좀 있으면 선심을 쓰려무나.》

《없다 없어. 다 이 배속에 들어갔다. 이담엔 먹을것이 생기면 사이좋게 나누어 먹자고 해야지 다시는 그런 잔꾀를 부리지 말라.》

거부기가 불룩해진 배를 툭툭 치며 이렇게 말하니 토끼는 두귀를 축 늘어뜨리고 아무 말도 못하였다. 이때로부터 토끼는 궁냥깊은 거부기앞에서 함부로 잔꾀를 부리지 못하였다 한다.

봉의 김선달의 이야기

1. 봉의 김선달

옛날, 신랄한 풍자와 해학적인 수법으로 량반나리들을 조소하고 골려주기를 잘해서 조선팔도에 소문난 사람이 있었으니 그가 바로 김선달이다.

김선달이 한번은 서울로 나들이를 떠났다. 가는 날이 장날이라더니 난장터에 사람들이 욱실거리는 속을 뚫고 들어가보니 한 시골소년이 엄청나게 큰 수탉을 안고있는데 서울 량반나리들이 값을 깎느라고 소년을 얼리고 닥치는 판이였다.

소년은 어머님 병구완에 쓸 약을 사야 하기에 값을 내릴수없노라고 했다. 그러나 량반들은 기어이 값을 낮추려고 접어들었다.

김선달이 그 꼴을 보니 젖먹던 밸이 올리미는지라 량반들을 골탕먹이려고 앞으로 나섰다.

《애! 이게 봉이 아니냐? 이걸 나한테 팔려무나. 내가 사겠다.》

그 소리에 량반나리들의 눈이 데꾼해서 선달이를 보고는

《아니, 이게 봉이란말이요?》

하고 물었다.

《하아, 보면 모르겠소. 두말하면 잔소리지. 애야, 내가 오백냥을 주마.》

김선달이 단박 돈을 치를 모양으로 품속에 손을 넣으며 쪼크리고 앉으니 그 량반은 수탉부터 끌어안으며 말했다.

《여보시오, 흥정은 내가 먼저 시작했소.》

《누가 먼저 했든간에 난 5백냥에 사겠으니 당신이 더 줄라면 사시오.》

이때 한 재상이 지나가다가 봉이라는 소리에 귀가 번쩍 뜨이며 걸음을 멈추었다.

《여보게, 그게 봉이 틀림없나?》

《나으리께서는 그림에서나 보셨지 산봉을 못보셨는가봅니다. 우리 집에서는

조부때부터 봉을 길렀는데 이와 비슷하지요.≫

≪봉이 틀림없다면 내가 사겠네.≫

≪안됩니다요, 이미 5백냥에 내가 사기로 했습니다요.≫

≪하하, 무슨 말이 그리 많은가. 애야, 내가 6백냥을 주마.≫

≪애야, 내가 8백냥을 주겠다.≫

≪옛다! 천냥이다.≫

재상은 천냥을 던지고는 수탉을 안고 일어섰다.

이러다보니 숱한 구경군들이 모여서 보다가 수탉을 봉이라고 우기는 김선달을 미친놈이라고 수군거렸다. 그러나 수탉을 봉이라며 천냥에 사는 재상을 보고서는 너무나 억이 막혀 입을 딱 벌린채 보고만 있었다. 이때 청직이가 재상을 보고

≪대감님, 이건 수탉이 아니옵니까?≫

하고 물었다.

≪아따 상놈의 눈엔 똥이 핀게 분명해. 그렇지 않고서야 어찌 봉을 닭으로 본단말이야. 잔말말고 어서 가자.≫

이리하여 시골소년은 김선달의 덕분에 돈 천냥을 받아 어머니의 병을 고치게 되였고 이때부터 김선달은 ≪봉의 김선달≫이라 불리우게 되였다고 한다.

2. 묘향산 길안내 값

한번은 평양성안 권문세가의 귀부인들이 할 일없이 모여앉아 공론하던 끝에 석가모니의 생일날인 4월 8일에 불탄재를 계기로 불공을 구실삼아 묘향산유람을 떠나기로 하였다. 불공을 드리고 묘향산을 잘 구경하고 마음껏 놀다가 오자면 묘향산을 잘 아는 길안내자가 있어야 했다. 그래서 물색하던 중에 묘향산을 여러번 다녀왔다는 김선달을 골라잡았다.

김선달은 쾌히 승낙하고 화창한 봄날 말잔등에 올라앉아 길안내를 하였다. 뒤에는 량반집 귀부인들이 가마를 타고 그 뒤로는 몸종들과 하인들이 제물과 식량을 지고 따라섰다.

묘향산 절에 들러 불공을 드린후에 길을 재촉하여 인호대에 올라서서 아래를 굽어보니 아슬한 절벽밑으로 룡연폭포와 산주폭포가 떨어지고 북쪽하늘가에서는 천산폭포가 흘러내리고있었다. 참으로 장쾌한 정경이였다. 멀리 바라보니 웅

장하고 기묘하게 생긴 봉우리들과 기암들, 깊숙한 골짜기와 깎아지른 벼랑들, 거기로 흐르는 구슬같은 맑은 물과 쏟아지는 폭포들, 그리고 꽃향기속을 날아다니며 노래하는 갓가지 이름모를 새들, 이 모든 것이 한데 어울려 절승을 이루었다.

규방에 갇힌 우물안의 개구리요, 담안에서 맴돌이치던 슬기들인 량반녀편네들은 남자로 태여나지 못한것을 탄식하며 입을 다물지 못하고 환성을 올렸다.

《아유! 책에서만 보고듣던것을 제 눈으로 보니 꿈을 꾸는것만 같네!》

《남자로 태여났다면 우리도 기녀들을 끌고와서 풍월놀이를 하련만!》

《세상에 이처럼 아름다운 산천이 또 있을가요?》

《핫하하. 감탄할만한 절승경개지요. 나도 여러번을 다녀갔지만 번마다 이곳에다 별당을 지어놓고 한평생을 살고싶은걸요. 보시오, 금강산의 수려한 조각미와 지리산의 웅대한 모습을 합친 절경으로서 산모습이 기묘하고 우거진 숲이 향기롭다 하여 산이름을 묘향산이라 지은거지요!》

김선달의 소개를 들으며 사방을 돌아보니 절벽가에는 철늦은 진달래와 철죽꽃이 분홍빛을 뿜고있었고 새로 피여나는 연한 나뭇잎들은 뭇산을 연록색으로 물이고있었다.

《아유! 봄의 아름다움이 몽땅 이곳에 모인것 같네요!》

시조깨나 읊조리는 귀부인이 선달을 본받아서 한마디 했다. 부인들이 한창 웃고 떠들 때 김선달은 (기껏 좋아들 해봐라. 이제부터 고생길이 나질게고 돌아가선 울음보를 터뜨릴테니깐. 맘껏 웃어들 봐라.) 속으로 중얼거렸다.

사흘째 되던 날 상원암 구경을 떠났다. 오불꼬불한 산길이라 말과 가마는 못타고 걸어가는데 아랫목 보료우에 앉아 물개며 손끝 하나 까딱하지 않아 피둥피둥 살찐 몸을 뚱기적거리며 벼랑길을 오르다보니 얼마를 못가서 발바닥에 물집이 생기고 온몸이 물에 빠진 병아리신세가 되여 울며불며 쩔쩔매였다. 변덕많은 귀부인들이라 상원암구경을 그만두고 돌아가지는 녀편네도 있었다.

어떻게 해서든지 량반녀편네들을 상원암까지 끌고서라도 올라가야만 구린내나는 귀부인들의 앞잡이가 되여 길안내를 한 보람이 있다는것을 잘아는 김선달은 량미간을 좁히더니 구수한 말로 말래기 시작했다.

《아까 대사님이 말씀하셨지요. 상원암을 못보고서는 묘향산 구경을 했다고 할수 없다고요. 그리고 저 상원암에 올라가서 극락세계와 지옥을 구경해야만 죽어서도 극락세계에 갈수 있답니다.》

이 말을 듣자 부인들은 죽어서 극락세계에 가야겠다는 욕심으로 아픈 다리를 끌며 가파른 산길을 하인들의 몸에 실리다 싶이 하며 겨우 톺아올랐다.

바위밑에 이르러 한숨 쉬며 땀을 들이고나자 김선달은 정숙하게 말하였다.

《이제부터 상원암으로 올라가는 사람은 누구를 불문하고 저 세심대란 바위우에 올라가 산신령님께 무사히 올라가게 해줍시사! 하고 빌고서 올라가야 합니다.》

량반녀편네들이 선달이 가리키는 곳을 올려다보니 깎아세운듯한 돌벼랑이 앞을 막았는데 쳐다만 보아도 눈부리가 아찔하였다. 어찌나 가파로운지 그냥 올라갈수가 없어서 량켠에다 쇠말뚝을 박고 쇠사슬을 늘이였는데 그걸 붙잡고 올라가게 되여있었다. 정말 하느님의 도움이 없이는 올라갈것 같지 못했다.

마나님들을 쭉 훑어보던 김선달이 다시 입을 열었다.

《세심대우에 올라가서 빌 때 우선 마음을 깨끗이 해가지고 올라가야 하는데 그렇지 못하면 떨어져 죽기도 하고 병신도 된답니다. 그러니 빌 때에 오늘까지 살아오는 동안에 저지른 나쁜짓들과 마음에 꺼리는것을 모조리 털어놓아야 하옵니다. 그래야만 마음이 깨끗하여 무사히 올라갈수 있답니다. 그렇지 않으면 천벌을 받아 지옥으로 가게 된답니다.》

그 말을 들은 량반녀편네들은 얼굴이 새까매서 금시에 벙어리로 변하였다. 그런 꼴을 바라보는 김선달의 마음은 상쾌하기만 하였다. 하지만 혹시 올라가지 않으면 예까지 끌고온 보람이 수포로 돌아가는지라

《바위우에 올라가서 빌어도 산신령만 들을수 있기에 마음을 놓으십시오.》

하며 좋은 말로 위로해주었다.

그제야 마님들은 숨을 내쉬였으나 이 엄숙한 마당에서 자기를 돌이켜볼 때 꺼림직한것들이 한두가지가 아니였다. 그렇다고 올라가기를 그만두자니 많은 사람들앞에서 자기는 깨끗하지 못한것이 많다는게 드러나는 판이여서 아니오를수도 없었다.

김선달은 먼저 산우에 올라가 손을 모아 머리우에 높이 추켜들고 참회하기 시작했다. 그는 마님들이 들으라고 일부러 거짓말을 꾸며대여 큰소리로 남의 등을 쳐먹고 난봉을 피우면서 남의 집 유부녀와 간통한 죄가 막심하니 산신령님께서 자비를 베풀어 용서해주시고 극락세계에 보내달라고 빌고는 성큼성큼 올라갔다. 그리고 부인들이 안 보이자 뒤로 돌아서 세심대 바위밑에 가 숨어서 품속에

간직해두었던 지필묵을 꺼내였다.

  이윽고 한사람씩 세심대에 올라서 빌기 시작하는데 김선달의 책에는 량반녀편네들이 남편의 세력을 믿고 종을 구박하고 때린 일, 젊은 사내와 간통한 일 등이 죄다 적히였다.

  어쨌든 량반녀편네들은 빌고 죄를 용서받은 덕분인지 모두 무사히 상원암에 올라 천하 절승을 구경하고 돌아왔다.

  그후 몇 달이 지나자 김선달은 백발로인으로 변장하고 량반녀편네들 집을 한집한집 찾아다니며 묘향산 길안내 값을 받아내는데 모두가 첫마디에는 못주겠다고 앙칼진 목소리로 거절하다가도 남편과 부모조차 모르는 오직 자기만이 알고있는 루추한 비밀까지 한가지 두가지 끄집어내는바람에 곱삭곱삭 말을 들었다. 이리하여 김선달은 가끔가다 돈과 재물을 받아다가는 빈민들을 구제해주었다고 한다.

3. 량반들을 골려주다

  한번은 김선달이 한 고을로 내려가니 량반나리들의 등살에 백성들이 기를 펴지 못했다. 량반과 쌍놈의 차이가 하늘과 땅 같던 때의 일이라 가히 짐작은 할수 있어도 그들의 행패가 너무나 가심한지라 김선달은 차마 눈뜨고는 볼수 없고 듣고서는 참을수가 없어서 그 고을에서 손꼽히는 량반네 집으로 찾아갔다.

  때마침 거만하기 짝이 없는 량반나리는 식후에 차를 마시면서 거들떠보지도 않고 거드름을 피웠다. 더욱 꼴사납게 여겨진 김선달은 아닌보살하고 한마디 슬쩍 물었다.

  《나리님께서는 심신이 불쾌하시여 한약을 자시옵니까?》

  그제서야 량반은 뱁새눈을 지릅뜨고 초라한 선비의 꼴을 훑어보더니

  《쌍놈의 눈은 가죽이 모자라서 뚫어놓았구나. 나는 약이 아니라 차를 마신단 말이야.》

  《차라니요?》

  김선달이 점점 모르쇠를 대고 눈이 둥그레서 물으니 량반놈은 더욱 기고만장해서 우쭐거렸다.

  《아니 차도 몰라? 좀 마셔보겠나?》

  《그걸 마시면 뭐가 좋습니까요?》

《허, 쌍놈은 쌍놈이로다. 이걸 마시면 소화가 잘돼서 몸에 좋단말이야.》

《그럼 저는 항문으로나 마셔야겠군요.》

《뭐, 뭐야?》

량반은 두눈이 뒤집히여 소리쳤다. 그리거나 말거나 김선달은 아닌보살하고 말했다.

《저는 방금 콩밭김을 메고오는 길이여서 소화가 너무 잘 돼 야단인데 차까지 마시면 어찌겠나요. 그러니 거꾸로 마시면 소화가 천천히 될게 아닙니까요?!》

량반나리는 그만 기가 막혀 입을 딱 벌린채 아무 말도 못하고 씨엉씨엉 걸어가는 김선달의 뒤모습만 오래도록 바라보았다.

이튿날 김선달이 거리로 나가니 정자나무 그늘아래 숱한 량반나리들이 모여앉아서 장기를 두고있었다. 그중에는 어제 놀림을 받은 량반나리도 끼여있었다.

《이 세상에서 제일 무서운게 뭔지 알겠소?》

량반나리가 김선달이 오는것을 보고는 좌중에다 물었다.

《거야 호랑이지. 세상에 범을 당할 놈이 또 있나. 안그래?》

《아니지요. 내 보기엔 남의 재물을 탐내는 도적이 제일 무섭지요.》

이건 분명 돈냥이나 있어보이는 량반의 말이였다. 그러자 량반나리가 선달을 흘깃 보고는

《뭣뭣해두 세상에서 제일 무서운게야 량반이지요. 세상의 <노예>와 <쌍놈>치고 량반을 무서워하지 않는놈이 어디 있겠소.》

하고 말했다. 그놈의 심보를 알아차린 김선달은 량반을 무서워 안하는 쌍놈이 여기 있다는 식으로 량반나리의 말을 제깍 받아서

《그렇구말구요. 참말로 지당한 옥같은 금언이외다. 호랑이가죽을 척 깔고앉아서 남의 재물을 마구 삼켜버리는 량반들보다 더 무서운것이 이 세상 또 어디에 있겠습니까. 안 그렇습니까, 량반나리?》하고 맞장구를 쳤다.

량반들이 골을 쳐들고 바라보니 거지같은 쌍놈이라 돌을 들어 제발등을 깨고는 무안에 취하여 아프다는 말 한마디 못하고 꿀먹은 벙어리가 되여 코숨만 쉬고있었다.

4. 겨울벌을 팔아먹다

한 고을의 부자가 목돈을 벌려고 평양엘 왔다. 고을에서 백성들의 피땀을 빨아먹을대로 빨아먹고 재산을 긁어모을대로 긁어모은 부자는 그래도 성차지 않아서 평양에 와서 논을 사가지고 더 많은 돈을 벌어 호의호식하려고 했다. 그는 유명한 기생 초란이네 집에 들어박혀 먹고 마시고 놀면서 숱한 거간군들을 내세워 토지를 사게 하였다.

이 소식을 들은 김선달은 대동벌 지주들을 찾아다니면서 그들의 땅을 먼저 샀다. 김선달이 땅을 사는데는 다른 사람들과 유별나게 땅이 언동안만 사고 땅이 녹으면 원주인의 소유로 한다는 특별조건부를 내걸고서 팔라고 하니 남의 등을 쳐먹는데 이골이 난 지주들이 얼씨구 좋다 하고 춤을 추면서 앞을 다투어 팔다보니 며칠사이에 평양부근의 대동벌은 모두 김선달의 소유로 되였다. 물론 김선달은 겨울동안이란 말을 입밖에 내서는 안된다는 다짐을 받고서 샀다.

그바람에 부자의 거간군들은 찾아간 곳마다에서 김선달이 샀다니 나중에는 김선달을 찾을수밖에 없었다. 거간군들이 손이야발이야 하고 빌어서야 김선달은 못이기는척하고

《임자들의 낯을 봐서 한 백섬지를 눅게 팔겠네.》

하고 대답했다.

일이 성사되고 그도 눅은 값으로 사게 된 부자는 김선달을 따라서 백섬지의 논을 돌아보았다. 돌아보았대야 눈덮인 허허벌판을 구경했을뿐이다. 그러나 그 벌판이 자기가 욕심내던 논들이라 부자는 김선달한테서 땅문서를 받아서 품속에 넣고는 돈을 주었다.

그런데 봄이 돌아와서 삯군들을 구했으나 한사람도 응하지 않고 미친놈이라고 욕을 하였다. 그래서 왜 그러느냐고 물어봤더니 그 땅은 아무 지주네 땅이라고 했다. 그래서 다른 논으로 가봤더니 일군들이 논갈이를 하고있었다. 부자는 눈이 둥그래서 한 농부에게 물었다.

《임자들은 도대체 누구네 논을 가나?》

《최치환어른네 논을 갑니다요.》

《아니, 이건 지난겨울에 내가 샀는데 최지주네 논이라니 웬 말이냐?》

《우리 집 주인께선 겨울동안만 팔았다고 했습니다.》

그제야 의심이 생긴 부자는 기생집으로 달려와 땅문서를 들춰보니 분명히 ≪겨울철 땅이 언동안만≫이라고 똑똑히 씌여있었다.

맹랑하기 짝이 없었으나 수소문하여 김선달을 찾아가서 사정하고 구걸하니 선달의 대답인즉

≪이미 그 돈을 고을의 원임자들에게 돌려주었수다.≫

라고 했다. 그 말에 부자는 빈자루가 되여 그 자리에 주저앉고말았다.

5. 날아다니는 오리떼를 팔아먹다

한번은 서울의 큰 장사군이 돈과 물건을 한바리 싣고 평양에 와서 기생집에 들어있으면서 장사를 하였다.

이 소식을 들은 김선달은 기생집에 찾아가서 장사군과 사귀면서 자기는 오리주인이라고 했다. 오리주인이란 말을 처음 듣는 장사군은 오리주인이란 무얼하느냐고 물었다. 김선달은 넓고넓은 호수와 벌판에 ≪오리벌≫이 있는데 푼돈 한잎 안 쓰고서도 매일 여러섬의 오리알을 얻기에 사람들은 자기를 오리주인이라 부른다고 하였다. 그러자 장사군은 오리알장사가 잘 되는가 물었다.

≪잘 되다뿐이겠소. 하루에 수레로 실어들이는데 그걸 팔면 목돈이 들어오지요.≫

≪거짓말을 해도 분수가 있지. 제 애비를 속인다는 이 장사군을 속이겠소?≫

≪형장께서 그렇게 믿지 못하겠으면 래일 저와 함께 나가봅시다.≫

호기심이 바싹 동한 장사군은 이튿날 김선달을 따라 ≪오리벌≫로 나갔다. 말그대로 넓은 허허벌판가운데 늪이 있고 늪주위엔 풀이 무성하여 수천마리의 오리들이 노니는데 밭뚝과 풀우에 오리알이 허옇게 널려있었다. 자기 눈을 의심하며 다가가 쥐여보니 오리알이 분명했다.

김선달은 장사군을 데리고 벌판가운데 있는 초막으로 갔다. 초막안에 있던 사람들이 나오며 인사를 하였다.

≪주인님 나오셨습니까?≫

≪그래. 오늘은 어째서 알을 걷어들이지 않았느냐?≫

그러자 한사람이 대답했다.

≪이제 걷어들이려던참입니다.≫

《그럼 빨리 걷어들이게. 순천 박첨지가 한수레 사겠다고 며칠전부터 와서 기다리는데 오늘은 거기로 실어가게.》

《예!》

일군들은 구럭을 들고 나가더니 잠간사이에 서너섬 실히 잘되게 걷어들였다.

《요즘은 이것밖에 안되나?》

장사군은 눈이 데꾼해서 입을 딱 벌리는데 김선달은 오히려 시원치 않다는듯이 물었다.

《네, 사흘전만 해도 닷섬안에는 안들었는데 요즈음은 비가 찔금찔금 오는바람에….》

도적질도 손이 맞아야 한다고 오리주인과 머슴이 짜고서 맞장구를 치니 여우같이 역은 서울 장사군도 용빼는수없이얼리워넘어갔다.

《오리벌》을 구경하고 돌아온 서울 장사군은 주야로 오리알과 돈뭉치가 눈에 선히 떠올라서 마음을 진정할 수가 없었다. 그래서 《오리벌》을 어떻게 하면 살수 있을가 하고 골머리를 앓았다. 김선달과 맞대놓고 팔라고 해서 듣지 않으면 칼부림이라도 해서 《오리벌》을 빼앗고싶었다. 그런데 하늘을 봐야 별을 딴다고 《오리벌》주인을 련 며칠동안 볼래야 볼수가 없었다. 그래서 《오리벌》로 찾아 가보니 매일 오리알은 그만큼 줏는데 주인은 볼수가 없었다. 그래서 주인은 어디 가고 없는가 물었더니 어디 가서 놀음에 붙었는지 요즈음은 안 나온다고하였다. 그래서 자기가 꼭 만나서 할 얘기가 있으니 보는대로 자기한테 왔다가라고 열당부하였다.

그러던 어느날 《오리벌》주인이 기생방엘 찾아왔는데 기색이 좋지 않았다.

《요즈음 통 볼수가 없으니 아마 새 단골집이라도 생긴 모양이구려?》

《허참, 말도 마시오. 헌데 로형께선 어인 일로 나를 찾았소이까?》

《자, 이 술잔이나 마시고 얘기함세. 헌데 요즈음 어데 가 숨었길래 통 뵐수 없었나?》

《허, 말도 마시오. 그만 노름을 놀다가 몇천냥을 잃고보니 가만있을수가 없어서 봉창을 하려다가 또 잃었는데 그잘난것보다 <오리벌>을 전당잡히라니 에 참….》

김선달이 여느때없이 술 몇잔을 연거푸 마시자 하늘이 자기의 소원을 알아준다고 생각한 장사군은 바로 이때라 하고 같은 값이면 자기에게 팔라고 찰거마리처럼 검질기게 달라붙었다.

≪형장께선 왜 이리시오. 붙는 불에 키질도 분수가 있지. 이러시려고 날 오라가라 했소? 그게 어떤 노다지판이라고 판단말이요?≫

≪정 그렇다면 내가 만냥을 줄테니 나한테 전당잡히지 않겠나? 그래서 자네가 돈을 따면 물어주고 또 잃으면 아무 때건 돈 만냥을 가져오면 <오리벌>을 돌려주세.≫

≪글세….≫

≪그럼, 홍정은 이만 됐네. 자, 먼저 예약금으로 5천냥을 받게. 나머지는 래일 서울에 가서 가져다주겠네.≫

이렇게 ≪오리벌≫을 산 서울 장사군은 돈을 가져다 물어주고 련 삼일동안 뚜드려 먹고 마시다가 <오리벌>로 나갔다. 오리떼는 전날과 다름없이 수천마리가 오르고 내렸지만 오리알은 한알도 보이지 않았다. 아마도 일군들이 거두어들였겠거니하고 초막으로 찾아가니 텅텅 비여있었다.

≪이런놈들 봤나. 필경 신고가 팔아서 술을 처먹는 모양이지. 괘씸한것들! 한번 새주인의 본때를 보여줘야겠군.≫

장사군은 욕을 하며 혹시나 하고 련 3일동안이나 초막에서 주린창자를 안고 기다렸으나 일군들은 그림자도 얼씬하지 않았고 오리들도 알을 낳지 않았다. 그때야 속은 줄을 알게 된 장사군은 날아다니는 오리떼를 바라보며

≪장사를 하다가 무슨 장사를 못해서 날아다니는 오리떼장사까지 하다보니 가산을 탕진했구나! 아이구!≫

하며 가슴을 쾅쾅 두드렸다.

김선달이 하루동안에 오리알을 섬으로 사들여 널어놓고 또 거두어들일수 있은 것은 백성들의 두터운 신임을 얻고있었기 때문이다.

김선달의 지혜를 잘 아는 백성들은 그의 말이라면 믿었고 또 믿으면 단맛을 보았기에 한맘한뜻이 되여 비밀을 지키고 일을 성사시켰던것이라고 한다.

6. 지주량반에게 쉰죽을 먹였다

그렇게도 유명했던 김선달이 한때는 대동강 선창 가까이에서 녹두죽 장사를 한 일이 있었다. 선달네 녹두죽을 사먹으러 오는 사람들은 대부분이 선창을 끼고

서 돈벌이하는 장사군들이였다. 그중에 단골손님이라고 자칭하는 시골 지주량반이 있었다.

이 지주량반은 기껏해야 한달에 두세번 다녀가지만 어찌나 거만하고 린색한지 김선달이로서는 참을수가 없었다. 지주량반이 올 때면 의례 소작인 두세사람을 데리고오는데 자기는 한그릇을 먹으면서도 작인들에게는 반그릇씩 사주었다. 그런데다가 다른 사람들은 겉인사로나마 의례 《주인장 수고하시오.》하고 인사를 한 다음에는 《녹두죽은 언제 먹어봐도 이집것이 제일 맛있더라. 거 뜨끈뜨끈한 것으로 한그릇 주시오.》하고 말하지만 시골 지주량반은 언제나 《또 죽이나 몇 그릇 팔아줄가. 헌데 이 집 죽은 맛도 신통치 않은데다가 비싸서 탈이야. 여보 주인, 거 죽그릇 좀 후하게 뜨라구. 무슨 사람이 단골손님두 못알아보담!》하고 거들먹거리기때문이였다.

김선달은 부인과 짜고서 시골 지주가 오기를 기다렸다. 범이 제소릴 하면 온다더니 마침 가랑비가 오는 어느날 지주량반이 비를 맞으며 왔다.

《에 쓸데없는 비는…. 여보 주인, 오늘은 비가 퍼붓는데도 임자네 죽을 팔아주자고 일부러 왔으니 죽그릇을 좀 후히 뜨란말이야.》하고 은혜라도 베푸듯이 휜소리를 쳤다.

《단골손님 오셨다. 죽그릇 좀 후하게 떠라. 그러나 초는 치지 말아라.》

김선달이 부엌간에 대고 소리치자 공짜라면 게걸이 감식인 지주량반이 화를 냈다.

《아니 뭐, 뭐라구? 어째서 내 죽엔 초를 치지 말라는거야? 내 돈은 뭐 썩은 돈인줄 아나?》

《죄송합니다. 량반어른께서는 여직 초를 찾으신적 없기에 잡숫지 않는줄로만 알고 그만…. 얘들아, 시골량반님 죽에다 식초를 한방울만 쳐서 보내거라!》

《예!》

부엌에서 대답소리가 나자 지주량반은 그만 성이 머리끝까지 올라서 발을 구르고 손으로 삿대질하며 고함쳤다.

《아니 뭣이 어쩌구 어째? 누굴 촌뜨기로 놀릴셈인가? 왜 평양사람에겐 초를 많이 쳐주고 나에겐 한방울만 치는거야. 응? 내가 이래 뵈여두 평양사람보다 못한게 뭐란말이야? 살기는 시골에 살망정 평양사람 못지않게 사는 내란말이야. 그러니 두말 말고 많이 쳐서 보내라구!》

≪이거 잘못됐습니다! 애들아 시골량반님 죽그릇에다 초를 많이 쳐서 보내거라!≫
≪그러면 그렇겠지. 이래 뵈여도 난 초없이는 무슨 음식이든지 먹지 않는 성미라구!≫
≪초를 많이 치면 너무 시여서….≫
≪하하 시여두 내가 먹지 자네더러 먹으라게 걱정인가?!≫
큰소리를 치던 지주량반은 죽을 몇숟가락 떠먹다가 이마살을 찡그리며
≪죽이 정말 신데….≫
하고 중얼거렸다. 이틀전에 남았던 반그릇짜리 쉰죽을 데워서 들여보냈으니 쉴밖에 없었다.
≪그러게 제가 뭐라고 했습니까. 한방울만 치라고 했는데….≫
≪아니 괜찮아! 그런대로 먹을만하니간….≫
지주량반은 쉰죽 한그릇을 억지로 먹고나서는
≪역시 녹두죽은 초를 쳐야 제맛이 나는군!≫
하면서 문밖을 나가기 바쁘게 왈왈 토하고말았다. 그 꼴을 보던 김선달과 심부름꾼들은 너무나 통쾌하여 눈물이 나오도록 웃었다고 한다.

7. 부처의 목을 달아맸다

어느해 봄, 봉의 김선달이 서울에서 내려온 세도가 리식을 안내하여 묘향산을 유람할 겸 보현사로 갔다.
리식이 절에 도착하자 보현사의 중들은 임금의 행차나 당도한것처럼 성대하게 영접하였다. 그러나 리식을 안내하여온 김선달은 벼슬이 없는 사람이라고 왼눈으로도 거들떠보지 않고 때식도 되는대로 해주었다.
김선달이 아무리 생각해봐야 괘씸하기 그지없었다. 자기가 벼슬이 높은 리식과 같은 대접을 받자는것은 아니지만 어쨌든 그와 같이 온 손님인데 이렇게 차별을 두고 박대한단말인가? 그러지 않아도 량반나리들을 조롱하기 좋아하고 아첨쟁이들은 심줄도 없는놈이라고 조소하기를 똑마치 랭수마시듯하는 선달인지라 꾀를 꾸미였다.
봉의 김선달은 부처의 생일재놀이를 구경하러 온 시골총각 두사람을 으슥한

숲속으로 끌고가서 오늘밤에 ≪불탄제≫놀이를 파탄시키고 제상의 음식을 도적질해 먹자고 부추기였다. 두 총각이 선뜻이 응하자 초저녁에 새끼를 스무발씩 꼬아가지고 자정때 이곳에 모이기로 약조를 하였다.

초생달이 탐밀봉너머로 얼굴을 감추자 세사람은 약속대로 숲속에 모여 대웅전안의 동정을 살피였다. 자정이 넘어서야 부처의 제상준비를 끝낸 중들이 하품을 하며 뿔뿔이 흩어져 돌아가 잠에 곯아떨어지고 만세루에 달아놓은 등불만이 대웅전앞마당에 희미한 빛을 뿌리고있었다.

김선달은 두 총각을 데리고 슬그머니 대웅전안으로 들어갔다. 법당안에는 수십대의 초불을 켜놓아서 대낮처럼 환한데 제상에는 수백가지의 별의별 떡과 과일이 상다리 부러지게 차려져있었다. 그걸 본 총각들은 닭알같은 군침을 꿀꺽꿀꺽 삼키였다.

김선달은 총각들이 가지고온 새끼줄을 두겹 네겹으로 든든히 이어가지고 올가미를 만들어 보짱에 건 다음에 새끼올가미를 부처의 목에 걸고 새끼줄을 당기였다. 그러자 부처는 대번에 둥둥 떠서 보짱에 매달렸다. 장난꾸러기 총각들은 그 꼴이 너무나 우스워서 숨을 죽이고 키득거렸다. 김선달은 그사이에 돌아가며 보상들을 자빠뜨리고는 총각들과 같이 띠를 풀어놓고 제상의 맛나는 음식을 배불리 먹은 다음 나머지는 몽땅 거둬가지고 대웅전을 감쪽같이 빠져나왔다.

이튿날, 주지와 중들은 제를 지내기 위해 제상나리 리식을 모시고 대웅전으로 나왔다. 대웅전의 문을 열던 주지가 깜짝 놀라 초풍기절하였다. 중들이 우르르 모여가보니 석가모니상은 보짱에 매달려있고 그옆에 있던 보상들은 모두가 모로 자빠져서 보짱에 매달린 석가모니상을 보고있는데 제상우의 음식은 하나도 없고 제상만 덩그렁하니 놓여있었다. 귀신이 곡할 노릇이였다.

≪나무아미타불 관세음보살….≫

주지가 자기들의 신앙심이 부족하여 이런 봉변을 당했다고 벌벌 떨면서 불공을 드렸다.

대웅전마당에 가득 모인 사람들속에 끼여 아닌보살하고 구경하던 김선달과 두 총각은 웃음이 나오는것을 억지로 참고 있었다.

이리하여 보현사에서의 부처의 생일놀이는 파탄이 되고 세도가 리식도 묘향산유람을 걷어치우고 서울로 돌아가는바람에 리식을 통해 재물을 얻으려던 중들은 닭쫓던 개 지붕쳐다보듯 멀어져가는 리식과 김선달 일행을 바라보다가 그 자리에 주저앉아 나무아미타불만 련속 불렀다고 한다.

8. 깨여진 벼루로 왕을 속이다

어느해 평양감사는 선물로 벼루를 받았다. 평안도 특산이 벼루인데 감사가 이 벼루를 보니 어찌나 정교하고 아담지게 만들었던지 손에서 놓고싶지 않았다. 거기에다 먹을 갈아 황모필로 글을 쓰거나 그림을 그린다면 저절로 술술 써지고 그려질것만 같았다.

감사가 한창 벼루를 감상하며 황금몽을 꾸는데 리방이 들어와서 돌아오는 임금의 생일에 무슨 례물을 진상하겠는가고물었다. 그 말을 들은 감사는 무릎을 툭 치며

《선물은 이미 내가 마련했으니 힘세고 걸음 빠른 포졸만불러주게.》

하였다. 그때 임금은 서법에 능하다보니 문방구갖추는것을 무엇보다 중히 여기고있다는것을 잘 아는 평양감사는 이 기회에 선물받은 벼루를 임금께 진상하려 했다.

그런데 포졸이 집에 가서 부인한테 서울 다녀온다는 말을 하고 문턱을 넘어서다가 바지가 문돌쩌귀에 걸리면서 엎어지는바람에 벼루를 땅에 떨군것이 두동강이 나고 말았다. 포졸은 너무나 놀라고 기가 막혀 그 자리에 선채 오도가도 못하고 동강난 벼루를 손에 들고 목놓아 울었다. 사연을 들은 부인도 임금님께 올리는 벼루를 마샀으니 역적으로 몰리워 목을 잘리우거나 경해야 정배살이를 가게 된다는것을 알고 남편을 붙잡고 울고울었다.

이때 그 집앞을 지나가던 김선달이 그 사연을 듣고는 뭣인가 잠간 생각하더니 껄껄 웃으며 한마디 하였다.

《핫하하, 너무 근심마시오. 그 벼루를 잘 싸가지고 나와 같이 서울로 갑시다.》

그 사람이 유명한 김선달임을 잘 아는 포졸이건만 아무리 뛰고 나는 재간이 있어도 동강난 벼루를 가지고 가봤자 무슨 방법이 있겠는가고 반신반의하면서도 다른 방도가 없으니 그를 따라나서는수밖에 없었다.

서울에 도착한 김선달은 포졸한테서 벼루를 싼 보자기를 달라고 해서 자기 허리에다 띠고 포졸에게 아무 말없이 예서구경이나 하라고 당부하고는 다짜고짜 대궐문을 향해 걸어갔다.

《뭣 하러 오는놈이기에 예가 어디라고 함부로 들어가려느냐?》
문지기들이 앞을 막으며 소리쳤다.
《난 임금님을 만나러 온 사람이요.》
봉의 김선달은 단마디로 대답하고는 또다시 들어가려고하였다.
《웬 미친 시골놈이 와서 지랄이야. 한 몸뚱이가 두동강나기전에 썩 물러가지 못해!》
문지기들은 종지같은 눈알을 딜딜 구을리며 김선달에게 방망이 찜질을 들이대며 그를 내쫓았다. 그럴수록 김선달은 죽기내기로 문지기들을 마구 밀어치며
《난 급한 일이 있어서 임금님을 꼭 만나야겠소!》
하며 소리를 쳤다. 그바람에 더욱 성이 난 문지기들은 방망이로 김선달의 어깨박죽과 엉덩이를 두들겨팼다.
《내 허리는 치지 말아! 내 허리는 치지 말라는데두!》
김선달이 허리에 띤 벼루를 손으로 막으며 일부러 요란스레 소리치자 문지기들은 보라는듯이 김선달의 허리를 명절날떡치듯 두들겨팼다. 그러자 김선달은 냉큼 꿇어앉아 허리에 쳤던 보자기를 풀어놓고 헤치니 예상했던대로 벼루는 여러쪼각이 났다. 때가 되였는지라 김선달은 눈물코물 쥐여짜며 깨여진 벼루쪼각을 이리저리 맞추면서 넉두리를 했다.
《어이구 난 죽었다! 이 일을 어쩐단말이야!》
갑자기 김선달이 울며불며 죽는다기에 문지기들이 김선달한테 다가서보니 김선달은 깨여진 벼루쪼각을 맞추며 그 야단이였다. 문지기들도 그때는 이상한 생각이 들어 김선달을 보고 그 까닭을 물었다.
《너 어인 일로 대궐문전에 와서 이 야단이냐?》
《아이구 말도 마오. 평양감사가 임금님께 진상 올리는 진귀한 벼루를 가지고 왔는데 당신들이 때리지 말라는 내 허리를 두들겨 패는바람에 벼루가 이렇게 산산쪼각이 됐으니 이 일을 어쩌면 좋단말이요. 아이구 내 팔자야!》
그 말을 들은 문지기들은 더럭 겁이 났다.
《망할자식같으니라구, 그럼 왜 진작 그렇다고 말을 못했느냐?》
《언제 나보고 말할 틈이나 줬소? 어쨌든 임금님을 만나서 잘못했다고 용서를 빌고 다시 가서 가져오는수밖에 없지요.》
《그게 좋겠네.》

이리하여 김선달은 왕앞에 꿇어앉아 평양감사가 임금님께 올리는 천하에 둘도 없는 벼루를 가지고왔으나 문지기들한테 얻어맞아서 박산난 이야기를 하며 보자기를 풀어보이였다. 그러면서 속으로는 ≪이쯤하면 영락없이 속아넘어갔지?≫하였다. 아니나갈가 천하에 둘도 없는 벼루라는바람에 귀가 솔깃했던 임금은 산산쪼각난 벼루를 보자 문지기를 불러 문초하니 사실인지라 눈이 빠지게 꾸짖어 내쫓고는

≪먼길에 수고했노라. 문지기가 잘못해서 그렇게 됐으니 념려할것 없다.≫
고 하면서 평양감사에게 고맙다는 인사와 또 좋은 벼루가 있으면 보내달라는 서찰을 써서 선달을 준 다음에 내시를 불렀다.

≪주안상을 잘 차려 평양에서 온 포졸을 대접하고 로비를 후히 줘서 돌려보내도록 하라.≫

이리하여 김선달은 깨여진 벼루로 왕을 속여넘기고 사경에 빠진 포졸을 구했으며 난생처음 진수성찬까지 대접받았다고 한다.